Zu diesem Buch

Wer immer sich mit der Zeit der nationalsozialistischen Gewaltherrschaft beschäftigt, stößt auf Begriffe und Schlagwörter, die heute
nicht ohne weiteres verständlich sind. Dieses Lexikon erklärt nicht
allein die Grundbegriffe der nationalsozialistischen Ideologie, sondern erläutert auch Namen und Funktionen der zahlreichen Einrichtungen und Organisationen des «Dritten Reichs». Zugleich erleichtern Hinweise auf Dokumente der Zeitgeschichte die gründliche
Auseinandersetzung mit Geschichte und Bedeutung des Nationalsozialismus.

Die Autorinnen

Elisabet Bartsch, geboren 1932 in Berlin, Journalistin, lebt in Hannover,
Hilde Kammer, geboren 1928 in Hamburg, lebt in Berlin.
Sie sind Autorinnen des erfolgreichen «Jugendlexikon Politik»
(rororo handbuch 16 183).
Manon Eppenstein-Baukhage, geb. 1950, Studienrätin, lebt in Starnberg.

Hilde Kammer, Elisabet Bartsch
Unter Mitarbeit von Manon Eppenstein-Baukhage

Lexikon Nationalsozialismus

Begriffe, Organisationen und Institutionen

Rowohlt Taschenbuch Verlag

Redaktion Wolfgang Müller
Umschlaggestaltung Ingrid Albrecht
(Foto: Ullstein Bilderdienst)

Überarbeitete und erweiterte Neuausgabe des 1992 erschienenen Bandes
«Nationalsozialismus. Begriffe aus der Zeit der Gewaltherrschaft
1933–1945.»

6. Auflage Mai 2002
Veröffentlicht im Rowohlt Taschenbuch Verlag GmbH,
Reinbek bei Hamburg, September 1999
Copyright © 1999 by Rowohlt Taschenbuch Verlag GmbH,
Reinbek bei Hamburg
Quellennachweis der Abbildungen s. Seite 350
Innentypografie Daniel Sauthoff
Satz Lexicon № 1
Gesamtherstellung Clausen & Bosse, Leck
Printed in Germany
ISBN 3 499 60795 6

Dieses Lexikon vermittelt grundlegende Informationen zu wichtigen Begriffen aus der Zeit der nationalsozialistischen Gewaltherrschaft 1933–1945. Die Verweise am Schluß der Artikel bieten die Möglichkeit, über den einzelnen Begriff hinausgehende Zusammenhänge herzustellen. Das Personenregister und ein Orientierungsrahmen sollen ergänzend einen Einstieg in das Themengebiet erleichtern.

Das Lexikon soll bei der Lektüre einschlägiger Literatur hilfreich sein und zum besseren Verständnis von Dokumentationen und Diskussionen in den Medien beitragen.

Aus der Lexikonform ergibt sich, daß eine zusammenfassende Darstellung des Nationalsozialismus, seiner Ursprünge und Folgen nicht erwartet werden kann.

Die Autorinnen

Einige Hinweise für die Leser

1. Am Anfang des Buches, Seite 7 bis Seite 13, ist ein Register zu finden. In diesem alphabetischen Verzeichnis sind Begriffe aufgeführt, die nicht unter einem eigenen Stichwort, sondern innerhalb eines anderen Artikels erklärt werden: der Begriff «Aufnordung» zum Beispiel unter *Nordische Rasse*, «Geschwister Scholl» unter *Weiße Rose*.

2. Im Orientierungsrahmen auf den Seiten 14–16 sind Begriffe zusammengestellt, die ein bestimmtes Sachgebiet erschließen.

3. In vielen Artikeln sind einige Wörter *kursiv* gedruckt. Das bedeutet, sie sind als Begriffe für sich mit Artikeln im Buch erklärt.

4. In vielen Artikeln erscheinen nach Zitaten Hochziffern. Sie stehen für die Zitatquellen, die in der Liste der «Quellenangaben» auf den Seiten 293 bis 318 aufgeführt sind.

5. Das Lexikon enthält auf den Seiten 319–323 eine Zeittafel und auf den Seiten 324–349 ein Personenregister.

Register

DJ-Leistungsabzeichen → *Jungvolk*

Ehegesundheitsgesetz → *Ehetauglichkeitszeugnis*
Ehrengerichte → *Betriebsführer*
Einsatzgruppen-Prozeß → *Nürnberger Prozeß*
Eintopfsonntag → *Winterhilfswerk*
Entjudung → *Arisierung*
Entwarnung → *Fliegeralarm*
Erbgesundheitsgericht → *Erbkranker Nachwuchs*
Ernährungshilfswerk des Deutschen Volkes → *NSV-Schweinchen*
Ernteeinsatz → *Hitlerjugend*
Erster Mai → *Feiertag der nationalen Arbeit*

Fachschaften → *Reichskulturkammer*
Feindpropaganda → *Rundfunkmaßnahmen*
Flaggen → *Hakenkreuz, Hakenkreuzfahne*
Frontbann → *SA*
Führerhauptquartier → *Führerbunker*

Gefolgsmann → *Deutsche Arbeitsfront*
Geltungsjuden → *Reichsbürgergesetz*
Generalbevollmächtigte → *Vierjahresplan*
Germanisches Reich → *Germanisierung*
Gemeinnützige Stiftung für Anstaltspflege → *Euthanasiebefehl*
Geschwister Scholl → *Weiße Rose*
Gesetz gegen die Neubildung von Parteien → *NSDAP*
Gesetz gegen heimtückische Angriffe auf Staat und Partei und zum
    Schutz der Parteiuniform → *Heimtückegesetz*
Gesetz über das Staatsoberhaupt des Deutschen Reiches → *Führer*
    und Reichskanzler
Gesetz über den Neuaufbau des Reiches → *Gleichschaltung*
Gesetz über den vorläufigen Aufbau des Reichsnährstandes und
    Maßnahmen zur Markt- und Preisregulierung für
    landwirtschaftliche Erzeugnisse → *Reichsnährstand*
Gesetz über den Widerruf von Einbürgerungen und die
    Aberkennung der deutschen
    Staatsangehörigkeit → *Bücherverbrennung*
Gesetz über die Bildung der
    Reichskulturkammer → *Reichskulturkammer*
Gesetz über Einziehung von Erzeugnissen entarteter
    Kunst → *Entartete Kunst*

Gesetz über Maßnahmen der Staatsnotwehr → **Machtübernahme**
Gesetz zum Schutze der Erbgesundheit des deutschen
    Volkes → **Ehetauglichkeitszeugnis**
Gesetz zum Schutze des deutschen Blutes und der deutschen
    Ehre → **Blutschutzgesetz**
Gesetz zur Befriedigung des Arbeitskräftebedarfs in der
    Landwirtschaft → **Arbeitsbuch**
Gesetz zur Behebung der Not von Volk und
    Staat → **Ermächtigungsgesetz**
Gesetz zur Ordnung der nationalen Arbeit → **Betriebsführer**
Gesetz zur Sicherung der Einheit von Partei und
    Staat → **Gleichschaltung, Stellvertreter des Führers**
Gesetz zur Verhütung erbkranken Nachwuchses → **Erbkranker**
    Nachwuchs
Gesetz zur Wiederherstellung des
    Berufsbeamtentums → **Berufsbeamtengesetz**
Gestapa → **Gestapo, Reichssicherheitshauptamt**
Gesundes Volksempfinden → **Volksempfinden**
Goldenes Parteiabzeichen → **Pg**

Harnack-Schulze-Boysen-Gruppe → **Rote Kapelle**
Haus der Deutschen Kunst → **Bauten des Führers**
Hitlergruß → **Deutscher Gruß**
Hitlerjungen → **Hitlerjugend**
Hitler-Putsch → **Marsch auf die Feldherrnhalle**
HJ-Streifendienst → **Hitlerjugend**
Hoheitsträger → **Block, Blockleiter**
Hohe Schule → **Ordensburgen**

Judenbann → **Judenverfolgung**
judenfrei → **Juden unerwünscht**
Judenhäuser → **Judenverfolgung**
Judenknechte → **Der Stürmer**
Judenrat → **Warschauer Getto**
Judenreservat → **Madagaskarplan**
jüdische Konsulenten → **Judenverfolgung**
Jugendführer des Deutschen Reiches → **Reichsjugendführer**
Jungmannen → **Napola**
Junker → **Ordensburgen**
Junkerschulen → **Waffen-SS**

Kapo → **Schutzhaftlager**

Kasernierte Hundertschaften → **SS**

KL → **KZ**

Kletterweste → **BDM, Jungmädel**

Kommissarbefehl → **Wehrmacht**

Krankenbehandler → **Judenverfolgung**

Kreisbauernführer → **Reichsnährstand**

Kriegsgerichtsbarkeit → **Wehrmacht**

Krupp-Prozeß → **Nürnberger Prozeß**

kv-gestellt → **UK-Stellung**

Landesbauernführer → **Reichsnährstand**

Lichtspielgesetz → **Reichskulturkammer**

Luftschutzpflicht → **Luftschutzwart**

Luftwaffenhelfer → **Flakhelfer**

Märzveilchen → **Alte Kämpfer**

Milch-Prozeß → **Nürnberger Prozeß**

Mischling 1. Grades und Mischling 2. Grades → **Halbjude**

Nationalpolitische Erziehungsanstalten → **Napola**

Nationalsozialistischer Führungsoffizier → **Wehrmacht**

Nationalsynode → **Deutsche Christen**

Neue Reichskanzlei → **Bauten des Führers**

November-Putsch → **Marsch auf die Feldherrnhalle**

N.P.E.A. → **Napola**

NS-Bund Deutscher Technik → **Gliederungen und Angeschlossene Verbände der NSDAP**

NSD-Ärztebund → **Gliederungen und Angeschlossene Verbände der NSDAP**

NSD-Dozentenbund → **Gliederungen und Angeschlossene Verbände der NSDAP**

NSD-Studentenbund → **Gliederungen und Angeschlossene Verbände der NSDAP**

NS-Lehrerbund → **Gliederungen und Angeschlossene Verbände der NSDAP**

NS-Rechtswahrerbund → **Gliederungen und Angeschlossene Verbände der NSDAP**

Nürnberger Rassengesetze → **Nürnberger Gesetze**

Obersalzberg → *Berghof*
Ordnertruppe → *SA*
Ortsbauernführer → *Reichsnährstand*
Ortsbauernschaft → *Reichsnährstand*
Ostarbeiter → *Fremdarbeiter*
Ostmark → *Anschluß Österreichs an das Deutsche Reich*

Parteiabzeichen → *Pg*
Parteigenosse → *Pg*
Pfarrernotbund → *Bekennende Kirche*
Pimpfenprobe → *Jungvolk*
Politische Bereitschaften → *SS*
Prinz-Albrecht-Straße → *Reichssicherheitshauptamt, Gestapo*
Privatgefängnisse → *Reichstagsbrandverordnung*
Propagandakompanie, PK → *Deutsche Wochenschau*

Rapportführer → *Schutzhaftlager*
Rasseamt → *SS*
Rassenpflege → *Rassenkunde*
Rassenpolitik → *Rassenkunde*
Rasse- und Siedlungshauptamt (RSHA) → *SS, Schema S. 238–239*
Raucherkarte → *Kleiderkarte*
Reichsarbeitsgemeinschaft Heil- und
    Pflegeanstalten → *Euthanasiebefehl*
Reichsbauernführer → *Reichsnährstand*
Reichsbischof → *Deutsche Christen*
Reichsbund der Deutschen Beamten → *Gliederungen und Angeschlossene Verbände der NSDAP*
Reichsdeutsche → *Volksdeutsche*
Reichsdramaturg → *Reichskulturkammer*
Reichserbhofgesetz → *Erbhof*
Reichsfachschaften → *Reichskulturkammer*
Reichsfilmdramaturg → *Reichskulturkammer*
Reichsfilmkammer → *Reichskulturkammer*
Reichsflaggengesetz → *Nürnberger Gesetze*
Reichsführer → *Reichsleiter, Reichsleitung*
Reichskammer der Bildenden Künste → *Reichskulturkammer*
Reichskommissar für die Festigung deutschen Volkstums,
    RKF → *Volksdeutsche, Fremdvölkische*
Reichsluftschutzbund → *Luftschutzwart*
Reichsminister für Bewaffnung und Munition → *Organisation Todt*

Orientierungsrahmen

Ideologie

arisch – artfremd, artverwandt – Blut und Boden – Der Mythus des 20. Jahrhunderts – Deutschblütiger – erbkranker Nachwuchs – Führergrundsatz – Gefolgschaft – Germanisierung – lebensunwertes Leben – Lebensraum – Mein Kampf – Nordische Rasse – Rassenkunde, Rassenlehre – Untermensch – völkisch – Volksgemeinschaft – Volksgenossen

NSDAP

Geschichte

Alte Kämpfer – Blutfahne, Blutorden – Machtübernahme – Marsch auf die Feldherrnhalle – Röhm-Putsch

Organisation

Block, Blockleiter – Gau, Gauleiter – Gliederungen und Angeschlossene Verbände der NSDAP – Kreis, Kreisleiter – NSFK – NS-Frauenschaft – NSKK – NSV – Ortsgruppe, Ortsgruppenleiter – Pg – Politische Leiter – Reichsleiter, Reichsleitung – Stellvertreter des Führers – SA

Jugend – Erziehung

Adolf-Hitler-Schulen – BDM – Glaube und Schönheit – Heimabend – Hitlerjugend-HJ – Jungmädel – Jungvolk – Napola, Nationalpolitische Erziehungsanstalten – Ordensburgen – Pimpf – Reichsjugendführer – Wehrertüchtigungslager

Herrschaftsstruktur

Gesetze, Verordnungen

Arierparagraph – Berufsbeamtengesetz – Erbhof – Ermächtigungsgesetz – Führererlaß – Führer und Reichskanzler – Heimtückegesetz – Nürnberger Gesetze – Reichstagsbrandverordnung – Schriftleitergesetz – Wehrkraftzersetzung

Verwaltung

Beauftragter der NSDAP – Deutsche Christen – Ehetauglichkeitszeugnis – Eindeutschung – Gestapo – Gleichschaltung – Reichsgau –

Reichskommissar – Reichskulturkammer – Reichsnährstand – Reichstatthalter – Sicherheitspolizei – Volksdeutsche

Gerichte
Oberster Gerichtsherr – Sondergerichte – Volksempfinden – Volksgerichtshof

SS

Blockführer – Das Schwarze Korps – Einsatzgruppen – Lebensborn – Reichsführer-SS, Reichsführer-SS und Chef der Deutschen Polizei – Reichssicherheitshauptamt, RSHA – SD – Sonderbehandlung – SS-Totenkopfverbände – Waffen-SS

Verfolgung

Arbeitserziehungslager, Arbeitslager – Arisierung – Asoziale – Auschwitz – Bücherverbrennung – Endlösung – Entartete Kunst – Euthanasiebefehl – Fremdvölkische – Gaskammern – Halbjude – Israel und Sara – Judenstern – Juden unerwünscht – Judenverfolgung – KZ – Kristallnacht – Madagaskarplan – Rassenschande – Schutzhaft – Schutzhaftlager – Sippenhaftung – Vernichtungslager – Wannsee-Konferenz – Warschauer Getto

Propaganda

Bückeberg – Das Reich – Der Stürmer – Deutsche Wochenschau – Endsieg – Feindmächte – Hakenkreuz, Hakenkreuzfahne – Heimatfront – Heldengedenktag – Langemarckfeiern – Propagandaministerium – Reichsparteitage – Sonnwendfeier – Thingspiele – Völkischer Beobachter – Volksempfänger – Winterhilfswerk, WHW – Wunderwaffen

Arbeit und Wirtschaft

Arbeitsbuch – Arbeitsscheue – Betriebsführer – Deutsche Arbeitsfront, DAF – Dienstverpflichtung – Feiertag der nationalen Arbeit – KdF – NSBO – Organisation Todt – Pflichtjahr – RAD, Reichsarbeitsdienst – Schönheit der Arbeit – Treuhänder der Arbeit – Vierjahresplan – Wehrwirtschaftsführer

Alltag

ausgebombt – Deutscher Gruß – Heil Hitler – Kampf dem Verderb – Kleiderkarte – Kohlenklau – Lebensmittelkarte – Mutterkreuz – NSV-Schweinchen – Wunschkonzert

Zweiter Weltkrieg 1939–1945
Besetzte Gebiete – Ferntrauung – Flakhelfer – Fliegeralarm – Fremdarbeiter – Führerbunker – Generalgouvernement – KLV – Kriegshilfsdienst – Lidice – Luftschutzwart – Nacht-und-Nebel-Erlaß –
Notabitur – Oradour-sur-Glane – Rundfunkmaßnahmen – Sondermeldung – Totaler Krieg – Uk-Stellung – Volksschädling – Volkssturm – Wehrmacht

Widerstand
Bekennende Kirche – Bürgerbräukeller – Edelweißpiraten – Kreisauer Kreis – Rote Kapelle – Weiße Rose – 20. Juli

Außenpolitik
Achse, Achsenmächte – Anschluß Österreichs an das Deutsche Reich
– Antikominternpakt – Dreimächtepakt – Großdeutsches Reich,
Großdeutschland – Hitler-Stalin-Pakt – Münchener Abkommen –
Protektorat Böhmen und Mähren – Reichskonkordat – Stahlpakt

A

Achse, Achsenmächte. Achse war ein von dem italienischen Diktator Benito Mussolini geprägtes Schlagwort für die Zusammenarbeit zwischen dem Deutschen Reich und Italien.

Mussolini benutzte den Ausdruck 1937 auch in einer Rede, die er auf dem Maifeld in Berlin in deutscher Sprache hielt: «Das, was man nunmehr in der ganzen Welt als die Achse Berlin–Rom kennt, entstand im Herbst 1935 und hat in den letzten zwei Jahren für die immer stärkere Annäherung unserer beiden Völker aneinander ... gearbeitet ...»[1]

Diese Zusammenarbeit wurde 1937 durch den Beitritt Italiens zum *Antikominternpakt* bekräftigt, vor allem aber durch den von Adolf Hitler betriebenen Abschluß des *Stahlpaktes* im Mai 1939.

Der Begriff Achsenmächte, der aus dem Schlagwort Achse Berlin–Rom gebildet worden war, galt später auch für die Mitglieder des *Dreimächtepaktes*, der im September 1940 zwischen Deutschland, Italien und Japan geschlossen wurde. Dem Dreimächtepakt traten später Ungarn, Rumänien, die Slowakei, Bulgarien und Jugoslawien bei.

Siehe *Volksdeutsche*, *Wehrmacht*.

Adolf-Hitler-Schulen. Die Adolf-Hitler-Schulen, abgekürzt AHS, waren sechsklassige Schulen für 12- bis 18jährige Jungen. Die Schulen wurden 1937 von dem Reichsorganisationsleiter der *NSDAP*, Robert Ley, und dem *Reichsjugendführer*, Baldur von Schirach, gegen den Willen des Reichserziehungsministers gegründet. Die Schulaufsicht führte nicht die Schulbehörde, sondern der für das Standortgebiet der Schule zuständige *Gauleiter*.

Die AHS waren Einrichtungen der *NSDAP* mit dem Ziel, den Führernachwuchs für die Partei auszubilden, der auf den *Ordensburgen* der NSDAP weitergeschult werden sollte.

Nachdem Adolf Hitler verfügt hatte, daß die Schulen seinen Namen tragen durften, verkündeten Robert Ley und Baldur von Schirach am 17. 1. 1937: «NSDAP und Hitlerjugend haben damit einen neuen gewaltigen Auftrag erhalten, der weit über diese Zeit hinaus in die ferne Zukunft reicht.»[2]

An dem Ausleseverfahren für die Lehrer der Adolf-Hitler-Schulen waren keine staatlichen Stellen beteiligt. Die Schulpläne waren denen der Oberschulen angeglichen.

In die AHS wurden 12jährige Jungen aufgenommen, die sich im *Deutschen Jungvolk*, einer Organisation der *Hitlerjugend*, bewährt haben mußten. Ausgewählt wurden sie von den für sie zuständigen Partei- oder Hitlerjugendführern. Anfangs wurde vor allem Wert auf körperliche Leistung und äußere Erscheinung gelegt. Nach schlechten Erfahrungen mit dem Ausbildungsstand der ersten beiden Jahrgänge wurden die Anforderungen an die geistigen Fähigkeiten der Jungen erweitert. In verschiedenen Fächern, zum Beispiel Geschichte und *Rassenkunde*, gab es für die Adolf-Hitler-Schulen besondere Schulbücher, ausgerichtet auf das vorrangige Ziel der Schulen, zukünftige Parteiführer auszubilden. Es gab keine Zeug-

nisse, nur Beurteilungen; der Schulab-
schluß wurde durch ein Diplom bescheinigt. Nach Abschluß der Ausbildung und
einem anschließenden Besuch der Ordensburgen sollte den Schülern jede
Laufbahn im Partei- und Staatsdienst of-
fenstehen. Die Ausbildung auf den Adolf-
Hitler-Schulen war unentgeltlich.

1939 – bei Beginn des Zweiten Weltkrieges – gab es zehn Adolf-Hitler-Schulen, deren Schüler nach Beendigung
der Schule Soldat werden mußten. Ursprünglich war eine AHS für jeden der 40
Gaue der NSDAP geplant worden.

Die Adolf-Hitler-Schulen dürfen nicht
mit den *Napola*, den Nationalpolitischen
Erziehungsanstalten, verwechselt werden.

Siehe *Hitlerjugend*, *Führergrundsatz*,
NSDAP.

Alte Kämpfer wurden die Mitglieder
der *NSDAP* genannt, die der Partei vor der
Machtübernahme 1933 beigetreten waren.
Die Zeit vor der Machtergreifung wurde
von den Nationalsozialisten oft als
Kampfzeit der NSDAP bezeichnet.

Parteimitglieder, die sich nach dem 30.
Januar 1933 – dem Tag der Machtübernahme – um eine Mitgliedschaft beworben hatten, wurden von den Alten Kämpfern verächtlich als Märzveilchen bezeichnet. Diese neuen Bewerber mußten
sich einer zweijährigen Bewährungszeit
unterziehen, da «... eine Gewähr für
die unbedingte Zuverlässigkeit der Neu-
hinzugekommenen nicht immer gegeben ...» [3] schien.

Im April 1933 erließ die NSDAP eine
Mitgliedersperre, die 1937 durch Anordnung des *Stellvertreters des Führers* dahin-

gehend geändert wurde, daß Bewerber
nach einer zweijährigen Parteianwärter-
schaft Parteimitglied, *Pg*, werden konnten. Im Mai 1939 wurde auch diese Bedingung aufgehoben.

Die hohen Parteiposten der *Gauleiter*
wurden in der Mehrzahl mit Alten
Kämpfern besetzt.

Siehe *NSDAP*, *Bürgerbräukeller*, *Pg*.

Altreich war die von den Nationalsozialisten häufig benutzte Bezeichnung für
das Gebiet des Deutschen Reiches in den
Grenzen von 1937. Siehe Karte S. 19.

Am 13. Mai 1938 fand der widerrechtliche *Anschluß Österreichs an das Deutsche
Reich* statt, im Oktober 1938 die erzwungene Eingliederung des Sudetenlandes
auf der Grundlage des *Münchener Abkommens* vom 29./30. September 1938. Das
um diese Gebiete vergrößerte Deutsche
Reich bezeichneten die Nationalsozialisten auch als *Großdeutschland* oder als
Großdeutsches Reich.

Siehe *Großdeutsches Reich*, *Protektorat
Böhmen und Mähren*, *Lebensraum*, *besetzte
Gebiete*.

**Anschluß Österreichs an das Deutsche
Reich** war die beschönigende Bezeichnung für die widerrechtliche Eingliederung der seit 1918 bestehenden selbständigen Republik Österreich in das Deutsche Reich. Der als freiwillig bezeichnete
Anschluß wurde am 13. März 1938 von
der österreichischen Regierung unter
Leitung des *NSDAP*-Mitgliedes Dr. Arthur Seyß-Inquart erklärt. Diese Regierung war am 11. März 1938 nach den Wün-
schen Adolf Hitlers, der militärisches
Eingreifen angedroht hatte, gebildet

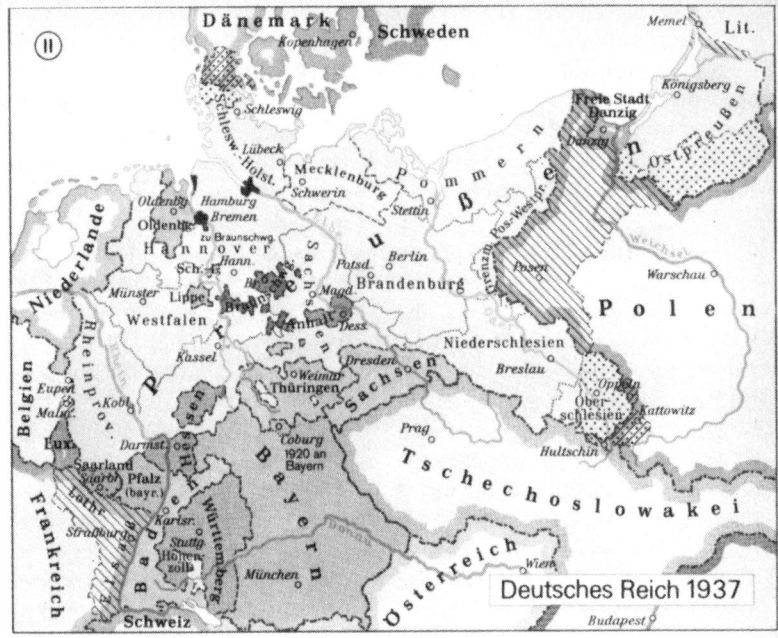

Das Deutsche Reich in den Grenzen von 1937 (Altreich)

worden. Am selben Tag erteilte Hitler den Befehl zum Einmarsch der deutschen Truppen in Österreich, der am 12. März 1938 erfolgte. Österreich wurde – aufgeteilt in *Reichsgaue* – zur Ostmark des *Großdeutschen Reiches*.

Nachdem der Erste Weltkrieg, 1914 bis 1918, zur Auflösung der österreich-ungarischen Monarchie geführt hatte, befaßten sich immer wieder deutsche und österreichische Politiker – unter anderem aus wirtschaftlichen Gründen – mit der Idee des Anschlusses der österreichischen an die deutsche Republik. Im Friedensvertrag von Versailles war 1919 dieser Anschluß von den vertragschließenden Staaten ausdrücklich abgelehnt worden.

1925 griff Adolf Hitler in seinem Buch «*Mein Kampf*» die Anschlußidee, allerdings mit einer völlig anderen Begründung, auf: «Deutschösterreich muß wieder zurück zum großen deutschen Mutterlande, und zwar nicht aus Gründen irgendwelcher wirtschaftlichen Erwägungen heraus. Nein, nein: Auch wenn diese Vereinigung, wirtschaftlich gedacht, gleichgültig, ja selbst wenn sie schädlich wäre, sie müßte dennoch stattfinden. Gleiches Blut gehört in ein gemeinsames Reich.»[4] Während in Österreich das Interesse an einem Anschluß an das Deutsche Reich stetig abnahm, verlor Hitler dieses Ziel nie aus den Augen.

Seit 1926 gab es in Österreich organisierte Nationalsozialisten. Die österreichische NSDAP wurde seit 1933 unter anderem auch finanziell aus Deutschland unterstützt.

Die NSDAP wurde in Österreich am 19. Juli 1933 verboten, betrieb jedoch im Untergrund weiterhin den politischen Umsturz.

1934 mußte Hitler sich von einem Umsturzversuch der österreichischen Nationalsozialisten distanzieren, bei dem der österreichische Bundeskanzler Engelbert Dollfuß ums Leben gekommen war. Hitler befürchtete zu diesem Zeitpunkt noch außenpolitische Schwierigkeiten mit England, Frankreich und Italien, die die Unabhängigkeit Österreichs unterstützten: In Italien wurden sogar Truppen an die österreichische Grenze verlegt.

1938 hatte sich die internationale Lage so entwickelt, daß Adolf Hitler – wie er nachträglich in einer Rede am 30. 1. 1939 verkündete – den Entschluß fassen konnte, die so bezeichnete Österreichfrage in Angriff zu nehmen. Jetzt konnte er erwarten, daß sich Italien, England und Frankreich nicht einmischen würden: Hitlers Beziehungen zu Italien waren bereits freundschaftlich, in Frankreich gab es zu dieser Zeit innenpolitische Schwierigkeiten, und England hatte zu verstehen gegeben, daß es auf friedlichem Wege vollzogenen Grenzregelungen des Deutschen Reiches nicht entgegentreten werde. Die vor allem von dem britischen Premierminister betriebene Friedenspolitik war auf Verständigung und Ausgleich mit dem im Ersten Weltkrieg besiegten Deutschen Reich ausgerichtet.

Unter dem Vorwand, «... das Selbstbestimmungsrecht für die sechsein-halb Millionen Österreich-Deutschen in Österreich ...»[5] unterstützen zu wollen, ließ Hitler am 12. Februar 1938 dem österreichischen Bundeskanzler Kurt Schuschnigg auf dem *Berghof* in Berchtesgaden ultimative Forderungen überreichen. Unter Festsetzung einer Frist von drei Tagen und unter Androhung von Gewalt verlangte Hitler von Schuschnigg, das österreichische NSDAP-Mitglied Arthur Seyß-Inquart zum Innenminister zu ernennen. Diese Forderung beinhaltete nationalsozialistische Kontrolle über die österreichischen Polizeiorganisationen und die Erlaubnis der ungehinderten politischen Betätigung der österreichischen Nationalsozialisten. Weiterhin verlangte Hitler den Austausch von Offizieren, um die Beziehungen der Armeen beider Staaten enger zu gestalten, und er verlangte die Angleichung des österreichischen an das deutsche Wirtschaftssystem. Bundeskanzler Schuschnigg gab den Forderungen nach. Drei Tage später wurde das von ihm unterschriebene Dokument – unter dem Druck des Ultimatums – auch vom österreichischen Bundespräsidenten Wilhelm Miklas unterschrieben.

Seyß-Inquart und mit ihm die österreichischen Nationalsozialisten betrieben eine sich immer weiter von den Richtlinien des Bundeskanzlers entfernende Politik. Bundeskanzler Schuschnigg rief daraufhin – als letzten Rettungsversuch – am 9. März die Bevölkerung auf, am 13. März in einer Volksabstimmung über die Selbständigkeit der Republik oder den Anschluß an Deutschland zu entscheiden. Welches Ergebnis Hitler von einer solchen Volksabstimmung erwartete, geht aus seiner Reaktion hervor: «... Ich beabsichtige, wenn andere Mittel nicht zum Ziele führen, mit bewaffneten Kräften in Österreich einzurücken.»[6]

Am 11. März 1938 entsprach Österreich der deutschen Forderung nach dem Rücktritt Bundeskanzler Schuschniggs, lehnte aber zunächst die Ernennung Seyß-Inquarts zum Bundeskanzler ab. Daraufhin forderte Hermann Göring Seyß-Inquart auf, in seiner Eigenschaft als Innenminister die deutsche Regierung um die Entsendung deutscher Truppen zu bitten, damit nach dem Rücktritt der Regierung Schuschnigg Ruhe und Ordnung in Österreich wiederhergestellt werden können. Nachdem der Inhalt des von Göring gewünschten Telegramms mit Seyß-Inquart telefonisch vereinbart worden war, liefen in Deutschland die militärischen Maßnahmen zum Einmarsch an.

Obwohl noch um Mitternacht Seyß-Inquart von Bundespräsident Miklas zum Bundeskanzler ernannt worden war, überschritten am 12. März die deutschen Truppen die österreichische Grenze.

Am Abend des 12. März traf Hitler in Linz ein. Er wurde von einem Teil der Bevölkerung jubelnd begrüßt. Am 13. März wurde das «Gesetz über die Wiedervereinigung Österreichs mit dem Deutschen Reich» erlassen, dessen erster Artikel lautete: «Österreich ist ein Land des Deutschen Reiches.»[7]

Das Ausland protestierte formell. Weitere Folgen traten nicht ein. Der Anschluß Österreichs an das Deutsche Reich stellte sich als Erfolg Adolf Hitlers und seiner politischen Methoden dar.

Für den 10. April 1938 wurden das deutsche und das österreichische Volk von den Nationalsozialisten aufgerufen, in einer gemeinsamen Volksabstimmung der Vereinigung beider Länder zuzustimmen und einen neuen – großdeutschen – Reichstag zu wählen. Der alte Reichstag wurde aufgelöst.

Die Volksabstimmung wurde von den Nationalsozialisten mit allen Mitteln der Propaganda vorbereitet und hatte folgendes Ergebnis: Im Deutschen Reich stimmten nach Angaben der Nationalsozialisten 99 Prozent, in Österreich 99,75 Prozent der Bevölkerung mit «Ja».

Anfang April wurde in Österreich von der *SS* das *KZ* Mauthausen eingerichtet. Die ersten Verhaftungen von Gegnern des Nationalsozialismus, von Menschen, die zu Feinden erklärt wurden, und von Juden, hatten gleich nach dem Einmarsch begonnen.

Siehe *Münchener Abkommen*, *Protektorat Böhmen und Mähren*, *Großdeutsches Reich*.

Antikominternpakt ist die Bezeichnung für den Vertrag, der am 25. 11. 1936 zwischen dem Deutschen Reich und Japan zur gemeinsamen «Abwehr gegen die Kommunistische Internationale»[8] für die Dauer von 5 Jahren abgeschlossen wurde; der Vertrag wurde 1941 verlängert.

Die *Kom*munistische *Intern*ationale, Abkürzung Komintern, wurde 1919 in Moskau als Weltorganisation aller kommunistischen Parteien gegründet. Die Parteien waren sich einig in der Vorstellung, daß der Kommunismus auf der ganzen Welt verwirklicht werden solle. Anfangs waren die kommunistischen Parteien in der Komintern gleichberechtigt, später mußten sie sich der Führung der Kommunistischen Partei der Sowjetunion unterordnen.

In dem Antikominternpakt vereinbarten Deutschland und Japan, «... sich gegenseitig über die Tätigkeit der Kommunistischen Internationale zu unterrichten, über die notwendigen Abwehrmaßnahmen zu beraten und diese in enger Zusammenarbeit durchzuführen».[9]

In einem geheimen Zusatzabkommen wurde Neutralität, das heißt Nichtbeteiligung, vereinbart für den Fall, daß einer der beiden Staaten von der Sowjetunion angegriffen oder mit Angriff bedroht würde. Außerdem verpflichteten sich die Vertragspartner, für die Dauer des Abkommens ohne gegenseitige Zustimmung keinerlei politische Verträge mit der Sowjetunion zu schließen, «die mit dem Geiste dieses Abkommens nicht übereinstimmen»[10]. Der Vertrag war Ausdruck einer feindlichen Haltung gegen die Sowjetunion.

1937 trat Italien dem Vertrag bei, später eine Reihe kleinerer Staaten, die in dem Einflußgebiet der vertragschließenden Staaten lagen: Mandschukuo, Ungarn, Spanien, Bulgarien, Kroatien, Dänemark, Finnland, Nanking-China, Rumänien und die Slowakei.

1939 schloß das Deutsche Reich einen Nichtangriffspakt mit der Sowjetunion, den so bezeichneten *Hitler-Stalin-Pakt*, und verstieß damit gegen den Antikominternpakt.

Im Juni 1941 überfiel die deutsche *Wehrmacht* die Sowjetunion, gemäß dem Antikominternpakt griff Japan nicht zugunsten des Deutschen Reiches in den Krieg ein.

Siehe *Dreimächtepakt, Lebensraum*.

Arbeitsbuch. Das Arbeitsbuch war ein von der nationalsozialistischen Regierung eingeführtes wichtiges persönliches Dokument, das jeder Arbeitnehmer bei Antritt eines Arbeitsverhältnisses dem Arbeitgeber vorlegen mußte. Der Arbeitgeber hatte die wichtigsten Angaben über Art und Dauer der Beschäftigung und die Beendigung in das Arbeitsbuch einzutragen.

Das Arbeitsbuch wurde durch das «Gesetz über die Einführung eines Arbeitsbuches» vom 26. Februar 1935 eingeführt mit der Begründung, «... die zweckentsprechende Verteilung der Arbeitskräfte in der deutschen Wirtschaft zu gewährleisten ...»[11]

Einzelheiten über die Einführung des Arbeitsbuches wurden durch die erste Durchführungsverordnung des Gesetzes vom 16. Mai 1935 geregelt. Danach durften Arbeiter und Angestellte mit Wirkung vom 1. Juni 1935 nur noch beschäftigt werden, wenn sie im Besitz dieses Dokuments waren. Arbeitsbücher wurden auf Antrag von den Arbeitsämtern ausgestellt, die nach Angaben des Antragstellers die Eintragungen über bisherige Tätigkeiten vornahmen und darüber Karteien anlegten. So war es möglich, nicht nur die Verteilung des Arbeitseinsatzes zu kontrollieren, sondern auch so bezeichnete *Arbeitsscheue* zu erfassen. Die Durchführungsverordnung bestimmte weiter, daß der Arbeitnehmer bei Aufnahme einer Beschäftigung sein Arbeitsbuch dem Unternehmer zu übergeben hatte, der «... den Tag des Beginns und die genaue Art der Beschäftigung sowie den Tag der Beendigung der Beschäftigung ...»[12] im Arbeitsbuch zu bescheinigen hatte.

Während der Zeit der Beschäftigung verblieb das Arbeitsbuch bei dem Arbeitgeber, der von jeder Eintragung dem zuständigen Arbeitsamt Kenntnis geben mußte. Auf Verlangen des Arbeitsamtes mußte das Arbeitsbuch dem Arbeitsamt vorgelegt werden; die Arbeitsämter hatten über die Arbeitsbücher Karteien zu führen.

Die Durchführungsverordnung legte Geld- oder Gefängnisstrafen für Fälle fest, in denen im Arbeitsbuch falsche Angaben gemacht wurden oder Arbeitnehmer wissentlich das Arbeitsbuch eines anderen vorlegten.

Siehe *Dienstverpflichtung, Arbeitsscheue, Asoziale, Vierjahresplan.*

Arbeitserziehungslager, Arbeitslager.

Arbeitslager waren meist in Baracken, oft auch in anderen primitiven Unterkünften in oder in der Nähe von Produktionsstätten eingerichtete Lager zur Unterbringung von Zwangsarbeitern. Sie wurden während des Zweiten Weltkrieges, 1939–1945, im ganzen Deutschen Reich, in den eingegliederten Ostgebieten und in den als besetzt geltenden eroberten Gebieten errichtet. Sie unterstanden dem *Reichsführer-SS und Chef der Deutschen Polizei* Heinrich Himmler und wurden von Mannschaften der SS und der Polizei bewacht. Die größeren Lager unterschieden sich nicht von den Konzentrationslagern, *KZ*, durften aber – aus SS-internen verwaltungstechnischen Gründen – nicht so bezeichnet werden. Das wurde in einem Erlaß des Chefs der *Sicherheitspolizei* und des *SD* Reinhard Heydrich vom Mai 1940 bestimmt.

1941 ließ der Reichsführer-SS und Chef der Deutschen Polizei außerdem so bezeichnete Arbeitserziehungslager errichten. Die Mehrzahl der hier eingewiesenen Personen waren ausländische, im Reich eingesetzte zivile Arbeitskräfte, Franzosen, Belgier, Tschechen und andere. Ihnen wurden zum Beispiel nachlässige Arbeit, unentschuldigtes Fehlen, aber auch geringfügigere Verstöße gegen geltende Regeln am Arbeitsplatz zur Last gelegt.

Die Einweisung in die Arbeitserziehungslager erfolgte durch die *Gestapo*.

Nach einem Erlaß Himmlers vom Mai 1941 waren als Haftdauer höchstens 56 Tage vorgesehen. Während der Haftzeit mußte täglich bis zu 12 Stunden härteste Arbeit geleistet werden, unter ähnlich unmenschlichen Bedingungen wie in den KZ: Die Arbeitserziehungshäftlinge sollten bestraft, gleichzeitig eine allgemein abschreckende Wirkung erzielt werden.

Die meisten Inhaftierten wurden nach der vorgesehenen Zeit wieder an ihre Arbeitsplätze entlassen, im Fortlauf des Krieges wurde jedoch die Zahl der aus Arbeitserziehungslagern unmittelbar in KZ überwiesenen Häftlinge zunehmend größer.

Siehe *KZ, Fremdarbeiter, besetzte Gebiete.*

Arbeitsscheue

war eine von den Nationalsozialisten willkürlich benutzte Bezeichnung für Menschen ohne Arbeit, die am 26. Januar 1938 in einem Erlaß des *Reichsführers-SS und Chefs der Deutschen Polizei* Heinrich Himmler näher bestimmt wurde:

«Arbeitsscheue im Sinne dieses Erlasses sind Männer im arbeitsfähigen Lebensalter, deren Einsatzfähigkeit in der letzten Zeit durch amtsärztliches Gutachten festgestellt worden ist oder noch festzustellen ist, und die nachweislich in zwei Fällen die ihnen angebotenen Arbeitsplätze ohne berechtigten Grund abgelehnt oder die Arbeit zwar aufgenommen, aber nach kurzer Zeit ohne stichhaltigen Grund wieder aufgegeben haben.»[13]

In dem Erlaß wurde die Verhaftung des beschriebenen Personenkreises durch die *Gestapo*, die *Ge*heime *Sta*atspolizei, und die Einweisung in das Konzentrationslager, KZ, Buchenwald, angeordnet. Die Arbeitsämter hatten bereits Anweisung erhalten, «die ihnen bekannten Arbeitsscheuen ... zu ermitteln»[14] und sie der Gestapo zu melden. Als Arbeitsscheuer konnte zum Beispiel ein arbeitsloser Buchhalter gemeldet werden, der zweimal eine ihm angebotene Tätigkeit als Hilfsarbeiter abgelehnt hatte. Als Hilfsmittel bei der Ermittlung diente das *Arbeitsbuch*, das 1935 zur Eintragung von Arbeitsverhältnissen und Beschäftigungszeiten für Arbeiter und Angestellte eingeführt worden war.

Im November 1938 wurde die Durchführung der Aktion gegen Arbeitsscheue[15] vom 26. Januar 1938 in einem Rundschreiben der Gestapo bestätigt. Gegen die Festnahme konnten Betroffene keine Klage erheben; Maßnahmen der Gestapo unterlagen keiner gerichtlichen Kontrolle.

Siehe *Gestapo, Schutzhaft, KZ, Arbeitserziehungslager*.

Arierparagraph war die Bezeichnung für eine Bestimmung in Gesetzen, Erlässen, Verordnungen, auch in Satzungen und Statuten von Verbänden und Organisationen, durch die Juden die Mitgliedschaft verwehrt, ihre Beschäftigung untersagt und die Ausübung bestimmter Berufe verboten wurde.

Zum erstenmal erschien der Arierparagraph im *Berufsbeamtengesetz*, dem «Gesetz zur Wiederherstellung des Berufsbeamtentums» vom 7. April 1933: «... Beamte, die nicht arischer Abstammung sind, sind in den Ruhestand ... zu versetzen; soweit es sich um Ehrenbeamte handelt, sind sie aus dem Amtsverhältnis zu entlassen ...»[16]

In der ersten Durchführungsverordnung zum Berufsbeamtengesetz vom 11. April 1933 wurde bestimmt: «... Als nicht arisch gilt, wer von nicht arischen, insbesondere jüdischen Eltern oder Großeltern abstammt. Es genügt, wenn ein Elternteil oder ein Großelternteil nicht arisch ist. Dies ist insbesondere dann anzunehmen, wenn ein Elternteil oder ein Großelternteil der jüdischen Religion angehört hat ...»[17]

Die in der Durchführungsverordnung bestimmte «arische Abstammung» wurde auch von allen Angestellten und Arbeitern des Reiches, der Gemeinden und der öffentlich-rechtlichen Körperschaften gefordert; am 30. Juni 1933 wurde gesetzlich bestimmt, daß Bewerber für eine Beamtenstellung «... arischer Abstammung» sein mußten und daß sie «nicht mit einer nichtarischen Frau verheiratet»[18] sein durften.

Die Bedingungen für den Nachweis – es wurde auch der Ausdruck «Abstammungsnachweis»[19] benutzt – waren unterschiedlich. Neben dem «Arierparagraphen im Sinne der Beamtengesetze»[20] gab es den «verschärften Arierparagraphen»[21], der den Nachweis nichtjüdischer Vorfahren bis zum Jahr 1800 verlangte, zum Beispiel in den Aufnahmebedingungen der *NSDAP* und ihrer *Gliederungen* und im Reichs*erbhof*gesetz.

Zweck der judenfeindlichen Gesetze und Verordnungen – von nationalsozialistischen Juristen als «bewußt völkische Gesetzgebung»[22] bezeichnet – war es, die jüdischen Bürger im Deutschen Reich aus allen Berufs- und Lebensbereichen zu verdrängen.

Am 15. September 1935 wurden das *Blutschutzgesetz* und das *Reichsbürgergesetz* verkündet, deren Ziel die «politische und biologische Scheidung des jüdischen Volkes vom deutschen Volke»[23] war. In den Gesetzen mit ihren Ausführungsverordnungen wurde der Begriff *arisch* durch «deutschen oder artverwandten Blutes»[24] ersetzt.

Siehe *Arisierung, arisch, Judenverfolgung, Schriftleitergesetz, artfremd, Deutsche Christen*.

arisch. Der Begriff arisch – ein von dem Sanskrit-Wort ‹arya›, der Edle, abgeleiteter Fachausdruck der Sprachwissenschaftler – erhielt in der nationalsozialistischen *Rassenkunde* eine wissenschaftlich unhaltbare Auslegung: «... Für die Gesamtheit der im deutschen Volke unter dem bestimmenden Einfluß der Nordischen Rasse vereinigten eigenrassischen Bestandteile verwendet man den Ausdruck ‹arisch›. Arischer Abstammung ist also ein Mensch, der frei von anderem (fremdem) Rassenerbgut (‹Blut›) ist. Als fremd gelten außer den Juden alle eingeborenen Rassen der nicht-europäischen Erdteile sowie die Zigeuner ...»[25]

Durch diese Begriffsbestimmung des Wortes arisch galten in der Zeit der nationalsozialistischen Herrschaft die im Deutschen Reich oft seit Jahrhunderten ansässigen deutschen Bürger jüdischen Glaubens ebenso wie die Sinti und Roma (Zigeuner) und Teile der slawischen Völker als Angehörige minderwertiger Rassen.

Die *nordische Rasse* war nach Ansicht der Nationalsozialisten die unter den menschlichen Rassen am höchsten entwickelte, die «... zu allen Zeiten eine hervorragende kulturschöpferische Befähigung bewiesen hat ...»[26]

Der Nachweis «arischer Abstammung» wurde durch Gesetz zum erstenmal im *Berufsbeamtengesetz* vom 7. April 1933 gefordert. Diese Forderung wurde mit der Bezeichnung *Arierparagraph* Bestandteil zahlreicher Gesetze, Verordnungen, Erlasse und Organisationssatzungen.

Die wissenschaftlich eindeutig widerlegte Rassenkunde, auf der die willkürliche Auslegung des Begriffs arisch und die Einteilung der Menschen in Angehörige höher- und minderwertiger Rassen beruhte, wurde von den Nationalsozialisten benutzt, um die furchtbaren Verbrechen an Juden, Zigeunern, Polen und Russen zu rechtfertigen.

Siehe *artfremd, Judenverfolgung, Untermensch, Germanisierung*.

Arisierung ist eine nationalsozialistische Wortprägung. Sie bezeichnete die Enteignung der Juden und die Überführung ihres Eigentums in *arischen*, das bedeutete in nichtjüdischen Besitz. Abgeleitet von der falschen Auslegung der Wörter Arier und arisch – als Kennzeichnung einer höherstehenden arischen Rasse im Gegensatz zu einer minderwertigen jüdischen –, wurde der Begriff für Maßnahmen verwendet, die den wirtschaftlichen Ruin der Juden in Deutschland und die Bereicherung insbesondere von Parteigenossen der NSDAP ermöglichten.

Der Erlaß der *Nürnberger Gesetze* von 1935 bestimmte die Juden in Deutschland zu Staatsbürgern zweiter Klasse. Infolge zahlreicher zusätzlicher Verordnungen und Bestimmungen mußten die Juden in allen persönlichen und beruflichen Bereichen erniedrigende Beeinträchtigungen ertragen. Anfang 1938 war ihnen bereits die Ausübung zahlreicher Berufe verboten worden. Sie wurden arbeitslos.

Eine erste «Arisierungsverordnung»[27] vom 26. 4. 1938 bestimmte weiterhin, daß alle Juden ihre Werte und Vermögen über 5000 Reichsmark anmelden mußten. Sie durften darüber – zum Beispiel über ihre Bankkonten – nicht mehr frei verfügen. Am 14. 6. 1938 folgte die Anordnung zur Registrierung aller jüdischen Gewerbebetriebe. Das hatte zur Folge, daß Juden ihre Geschäfte, Firmen oder Grundstücke nur noch weit unter Wert und nur an Mitglieder der NSDAP oder an andere Personen, die sich nicht scheuten, die Zwangslage der Juden auszunutzen, verkaufen konnten. Lag der Ankauf jüdischen Besitzes im Interesse der Partei oder eines einzelnen Parteigenossen, wurde der Verkauf mit brutalen Mitteln erzwungen. In dem Bericht einer Untersuchungskommission über Arisierungen im Raum Franken an Hermann Göring hieß es zum Beispiel: «Wolf hatte ... den Auftrag, die jüdischen Grundstücks-eigentümer in Nürnberg zu veranlassen, ihre Grundstücke der Gauleitung Franken zu etwa 10 Prozent des Einheitswertes zum Kauf anzubieten. Alle Juden, die sich weigerten, ... übergab Wolf den bei der parteiamtlichen Arisierungsstelle tätigen SA-Männern ‹zur weiteren Behandlung›.» Weiter hieß es, «... daß die Juden nach dieser Behandlung stets zur Aufgabe des Kaufangebotes bereit waren»[28].

Zwei Tage nach der berüchtigten *Kristallnacht* am 9. November 1938, in der jüdische Synagogen und Geschäfte zerstört und zahlreiche Juden in KZ verschleppt worden waren, verlangte eine weitere Arisierungsverordnung die fortlaufende «Entjudung der deutschen Wirtschaft»[29]: Juden durften keine Einzelhandelsverkaufsstellen, Versandgeschäfte oder Bestellkontore sowie Handwerksbetriebe mehr betreiben. Sie mußten ihre Geschäfte und Betriebe schließen. Auf Märkten, Messen und Ausstellungen durften sie ihre Ware nicht mehr anbieten. Um zu verhindern, daß nichtjüdische Deutsche den Juden halfen, zum Beispiel durch eine nur namentliche Übernahme des Geschäftes, wurde eine «Verordnung gegen die Unterstützung der Tarnung jüdischer Gewerbebetriebe»[30] erlassen. Schon der Versuch der Hilfe wurde mit Geld- oder Zuchthausstrafe belegt.

Am 3. Dezember 1938 folgte die Verordnung, nach der die Juden außer ihren Betrieben nun auch ihren Grundbesitz offiziell nicht mehr zu dem eigentlichen Wert verkaufen durften, sondern zu amtlich festgesetzten Preisen. Das Geld, das sie erhielten, mußten sie auf Sperrkonten legen und duften darüber nur in festgesetzter Höhe verfügen. Wertpapiere mußten angemeldet, Schmuck und Kunstgegenstände durften nur in vom Reich eingerichteten Ankaufsstellen – und damit unter ihrem Wert – verkauft werden.

Im November 1941 beziehungsweise im Juli 1943 bestimmten Folgeverordnungen des *Reichsbürgergesetzes*, daß das gesamte Vermögen der in die KZ verschleppten beziehungsweise der zu Tode gekommenen Juden dem Deutschen Reich zufiel.

Die Zwangsmaßnahmen der Arisierung sollten auch als Druckmittel dienen, die Juden zur Auswanderung zu veranlassen. Viele Juden verfügten jedoch nach den Arisierungsmaßnahmen nicht mehr über die zur Auswanderung notwendigen Mittel.

Siehe *Judenverfolgung, Endlösung, Reichsvereinigung der Juden in Deutschland, Kristallnacht.*

artfremd, artverwandt waren Begriffe, die von den Nationalsozialisten – ausgehend von ihrer wissenschaftlich eindeutig widerlegten *Rassenkunde* – auch in Gesetzen angewendet wurden, um Menschen als höherstehend oder minderwertig zu kennzeichen.

Nach der nationalsozialistischen *Rassenkunde* wurden die Menschen in Angehörige höher- und minderwertiger Rassen eingeteilt; als Träger der Rasseeigenschaften galt das Blut. Die Deutschen gehörten nach Ansicht der Nationalsozialisten in ihrer Mehrzahl der hochwertigen *nordischen Rasse* an, während Juden, Sinti und Roma (Zigeuner) und Schwarze zu Angehörigen minderwertiger Rassen erklärt wurden. Auf der Grundlage dieser Rassentheorie wurden 1935 die «*Nürnberger Gesetze*» verkündet.

Das zu den Nürnberger Gesetzen gehörende «Gesetz zum Schutze des deutschen Blutes und der deutschen Ehre» wurde «... zur Abwehr Artfremder...»[31] erlassen und bestimmte, daß Eheschließungen zwischen «... Juden und Staatsangehörigen deutschen oder artverwandten Blutes...»[32] verboten seien.

Als den Deutschen artverwandt galten «... die Angehörigen der Völker..., in denen die Rassen, die für das Blut des deutschen Volkes bestimmend sind, in ähnlicher oder anderer Verteilung maßgebend für den Volkstyp sind. Das sind im wesentlichen die europäischen Völker ... ohne artfremde Blutbeimischung. Ausgeschlossen sind die Fremdrassigen, die unter diesen Völkern leben, also in erster Linie die Juden ...»[33]

Der Begriff artfremd wurde jedoch von den Nationalsozialisten nicht nur im Sinne der rassischen Abstammung verwendet. Als artfremd wurde alles bezeichnet, was als fremd, schädlich oder unerwünscht angesehen wurde.

Die Willkür, mit der die Nationalsozialisten die Begriffe Rasse und Art auslegten, kennzeichnete auch die Anwendung für die Betroffenen: Die Polen, die 1935 nach der Auslegung des Begriffes artverwandt noch zu den artverwandten Völkern zählten, wurden nach Beginn des Zweiten Weltkrieges – wie später auch die Russen – als *Fremdvölkische* und damit als artfremd bezeichnet.

Siehe *Blutschutzgesetz, Fremdvölkische, Judenverfolgung, Euthanasiebefehl.*

Asoziale. Die Bezeichnungen «Asoziale»[34] und «asoziale Elemente»[35] wurden von den Nationalsozialisten während der Zeit ihrer Herrschaft, 1933–1945, auf verschiedene Personenkreise angewendet, die angeblich das Leben der von ihnen oft beschworenen *Volksgemeinschaft* störten. Sie zählten Menschen dazu, die nach ihrer Ansicht *Arbeitsscheue*, Müßiggänger und Querulanten waren oder die nach ihrer Meinung gezeigt hatten, «daß sie sich in die Ordnung der Volksgemeinschaft nicht einfügen wollen».[36]

Im Juli 1938 führte das Reichskriminalpolizeiamt eine große Verhaftungsaktion gegen «asoziale Menschen»[37] durch. Es wurde bestimmt, daß «Landstreicher ..., Bettler ..., Zigeuner und nach Zigeunerart umherziehende Personen ... Zuhälter»[38] sowie schon vorbestrafte Personen verhaftet und in ein *KZ* eingewiesen werden sollten. Unter Ausschaltung der Gerichte erfolgten die Festnahmen im Rahmen der so bezeichneten polizeilichen Vorbeugungshaft. Das war eine Maßnahme, die im Gegensatz zur *Schutzhaft* – mit der sie zu vergleichen war – nicht von der *Gestapo*, der *Ge*heimen *Sta*ats*p*olizei, durchgeführt wurde, sondern von der Kriminalpolizei.

Derartige Verhaftungsaktionen wurden unter anderem durchgeführt, um genügend Arbeitskräfte für den von Adolf Hitler – vor allem zur Aufrüstung – 1936 verkündeten *Vierjahresplan* und in die KZ für die *SS*-eigenen Wirtschaftsunternehmen zur Verfügung zu haben.

Siehe *Gestapo, Schutzhaft, KZ, Ehrenbuch für die deutsche kinderreiche Familie, Reichstagsbrandverordnung.*

Auschwitz. Der Name Auschwitz ist zum Symbol geworden für den Völkermord in den *KZ* und *Vernichtungslagern* des *Dritten Reiches.*

Das Lager Auschwitz lag zwischen den Städten Krakau und Kattowitz am Zusammenfluß von Weichsel und Sola. Zuletzt hatte der Lagerkomplex eine Ausdehnung von 40 Quadratkilometern, er bestand aus drei Lagerbereichen: Auschwitz I, das Stammlager; Auschwitz II, Birkenau; Auschwitz III, Monowitz. Sieben polnische Dörfer hatten für den Ausbau geräumt werden müssen.

Auschwitz I – das Stammlager – wurde im Mai 1940 unter Aufsicht des Lagerkommandanten Rudolf Höß aus einem Kasernenkomplex nahe der Stadt Oswiecim (Auschwitz) für zunächst 7000 weibliche und männliche Zwangsarbeiter errichtet, die in den in der Umgebung angesiedelten Industrieunternehmen eingesetzt wurden.

Der eigentliche Häftlingsbereich des Stammlagers – von einem doppelten, mit Starkstrom geladenen Zaun umgeben – bestand aus 28 doppelstöckigen roten Backsteingebäuden, einer Baracke für die Wäscherei und einem Küchenhaus. Über dem Lagertor stand – wie zum Hohn für die Häftlinge – die Parole «Arbeit macht frei»: In den 28 auch als Blocks bezeichneten Häftlingsbauten wurden die Gefangenen nach mehr als zwölfstündiger täglicher Arbeitszeit auf Holzpritschen und Strohsäcken unter katastrophalen hygienischen Bedingungen zusammengepfercht. Dieser Teil des Lagers war durchschnittlich mit 18 000 Häftlingen belegt.

Im Block 10 des Lagers führten SS-Ärzte

medizinische Experimente durch, die meist zum Tode der Behandelten führten. Block 11 war der Arrestblock, der auch als «Bunker»[39] bezeichnet wurde. Zwischen den Blocks 10 und 11 war eine als «Schwarze Wand»[40] bezeichnete Mauer, an der besonders in der Anfangszeit des Lagers Erschießungen von unzähligen Häftlingen stattfanden. Im Block 11, dem «Bunker», wurden zum erstenmal in einem KZ Menschen «vergast»[41]: Im September 1941 wurde zur Tötung von 600 russischen Kriegsgefangenen und 200 kranken sowie arbeitsunfähigen Häftlingen das Giftgas Zyklon B verwendet.

Mit dem Anwachsen der Häftlingszahlen wurde das Lagergebiet weiter ausgedehnt. 1941 wurden die Lager Auschwitz II und III errichtet.

Im Frühjahr 1941 hatte die IG Farben AG ein Buna-Werk zur Herstellung synthetischen Gummis gebaut. Für Häftlinge, die in diesem Werk arbeiteten, wurde das Außenlager Monowitz (Auschwitz III) erstellt, das größte von zuletzt rund 50 Außenkommandos des Lagers Auschwitz. Neben bereits bestehenden hatten weitere Industriebetriebe – zur vollen Ausnutzung der billigen Arbeitskräfte – neue Werke im Umkreis des Lagers errichtet. 3 bis 4 Reichsmark mußten die Betriebe pro Tag und Häftling an die SS bezahlen. Außerdem wurden die Häftlinge in Bergwerken eingesetzt.

Schlecht ernährt, bei der Arbeit immer zur Eile angetrieben, wurde ihre Arbeitskraft rücksichtslos bis zur lebensendlichen Erschöpfung ausgebeutet.

Im Oktober 1941 wurde auf Anweisung des *Reichsführers-SS und Chefs der Deutschen Polizei* Heinrich Himmler mit dem Bau des Vernichtungslagers Auschwitz-Birkenau – auch Auschwitz II genannt – begonnen. Die gemauerten Häftlingsbaracken wurden zum Teil ohne Fundamente und ohne Fußboden auf die festgestampfte Erde, die sich oftmals in Morast verwandelte, in dem sumpfigen Gelände gebaut. Die Baracken waren für je 300 bis 400 Häftlinge vorgesehen, wurden aber meist mit der doppelten Anzahl von Menschen belegt. Andere Baracken wurden aus Holz errichtet, wie Pferdeställe für etwa 52 Tiere. Durch nur kleine Veränderungen wurden sie zu Unterbringungsräumen für je fast 1000 Häftlinge.

Nach der berüchtigten *Wannsee-Konferenz* am 20. Januar 1942, auf der die Organisation der *Endlösung* der Judenfrage – das heißt die planmäßige Ermordung der Juden in Europa – von den beteiligten Dienststellen und Ministerien besprochen worden war, wurden Juden aus ganz Europa nach Auschwitz transportiert. Zuständig für die Einweisungen waren das *Reichssicherheitshauptamt* der SS, der Inspekteur der *Sicherheitspolizei* und des *SD* in Breslau und der Befehlshaber der Sicherheitspolizei und des SD in Krakau.

1942 wurden zwei auf dem Gelände von Auschwitz stehende Bauernhäuser zu Vergasungsanlagen umgebaut.

Die Züge mit den Juden aus allen von deutschen Truppen *besetzten Gebieten* Europas – meist fand der Transport in Viehwagen statt – fuhren 800 Meter weit in das Lager Auschwitz / Birkenau hinein. Die Gleisanlagen innerhalb des Lagers wurden als «Rampe»[42] bezeichnet. Auf ihr fanden unmittelbar nach der Ankunft

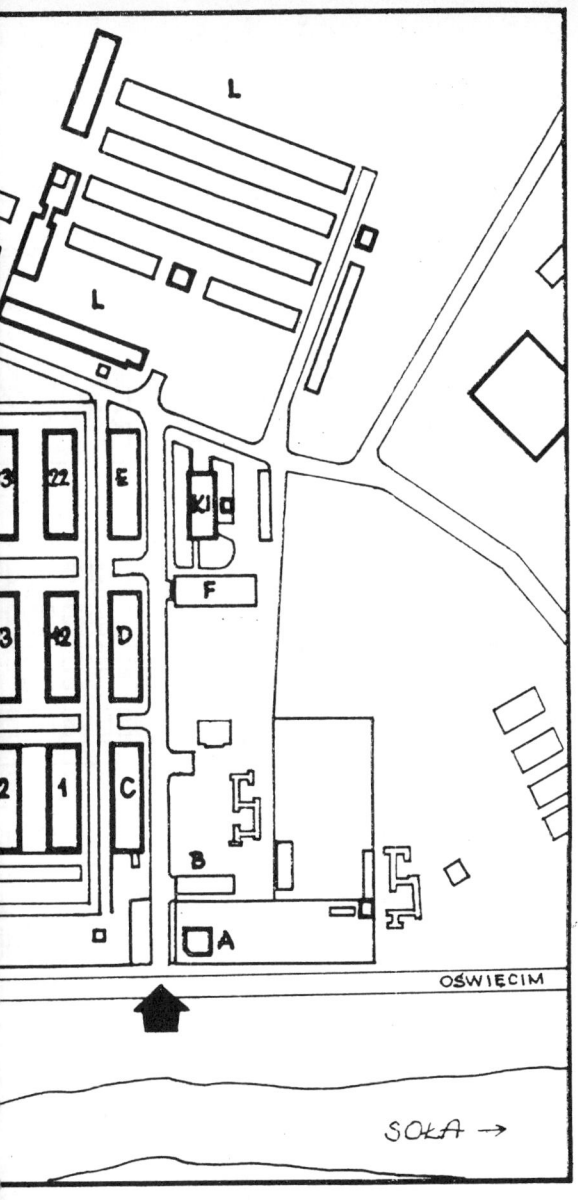

KZ Auschwitz I

A   Haus der Lagerkom-
    mandanten
B   Hauptwache
C   Büros der Lagerkom-
    mandantur
D   Büros der Lagerverwal-
    tung
E   SS-Krankenhaus
F   Büros der Politischen Ab-
    teilung (Lager-Gestapo)
G   Aufnahmegebäude
H   Eingangstor mit der Auf-
    schrift «Arbeit macht frei»
I   Küche
K I Gaskammer und Krema-
    torium I
L   Wirtschaftsgebäude und
    Werkstätten
M   Lagerhallen für Effekten,
    die verstorbenen Häftlin-
    gen abgenommen wurden
N   Kiesgrube – Hinrichtungs-
    stätte
O   Ort, an dem das Lager-
    orchester spielte
P   Wäschereibaracken für die
    SS
R   Blockführerstube
S   Hinrichtungswand
1–28 Wohnblocks für Häftlinge

KZ Auschwitz II Birkenau

A Hauptwache mit Turm
B I erster Lagerbauabschnitt
B II zweiter Lagerbauabschnitt
B III dritter Lagerbauabschnitt im Bau (Mexiko)
B Ia Frauenlager
B Ib anfangs Männerlager, ab 1943 Frauenlager
B IIa Quarantäne
B IIb Familienlager für Juden aus Theresienstadt (Terezin)
B IIc Lager für ungarische Juden
B IId Männerlager
B IIe Zigeunerlager
B IIf Häftlingskrankenbau
C Kommandantur und SS-Baracken
D Effektenlager für geraubte Effekten der Ermordeten (Kanada)
E Rampe, Ausladungsort für Transporte, an dem Selektionen durchgeführt wurden
F Saunen
G Scheiterhaufen, auf denen Leichen verbrannt wurden
H Massengräber sowjetischer Kriegsgefangener
I erste provisorische Gaskammer
J zweite provisorische Gaskammer
K II Gaskammer und Krematorium II
K III Gaskammer und Krematorium III
K IV Gaskammer und Krematorium IV
K V Gaskammer und Krematorium V
L Latrinen und Waschräume

Wohnbaracken für Häftlinge sind mit arabischen Ziffern bezeichnet

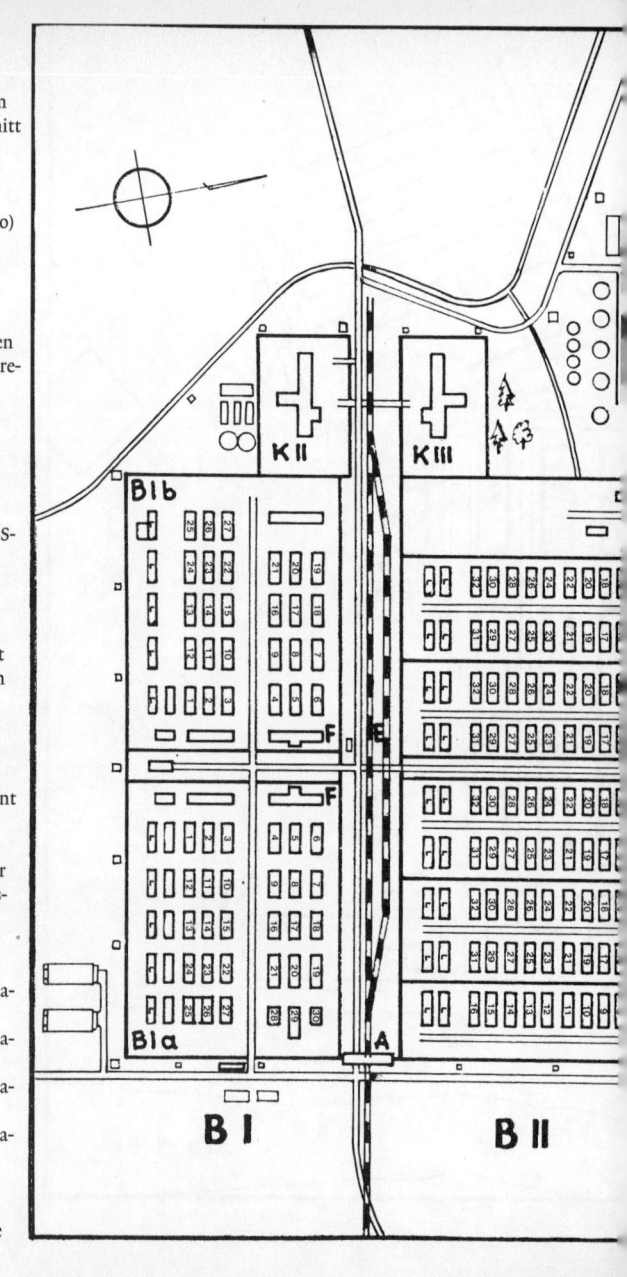

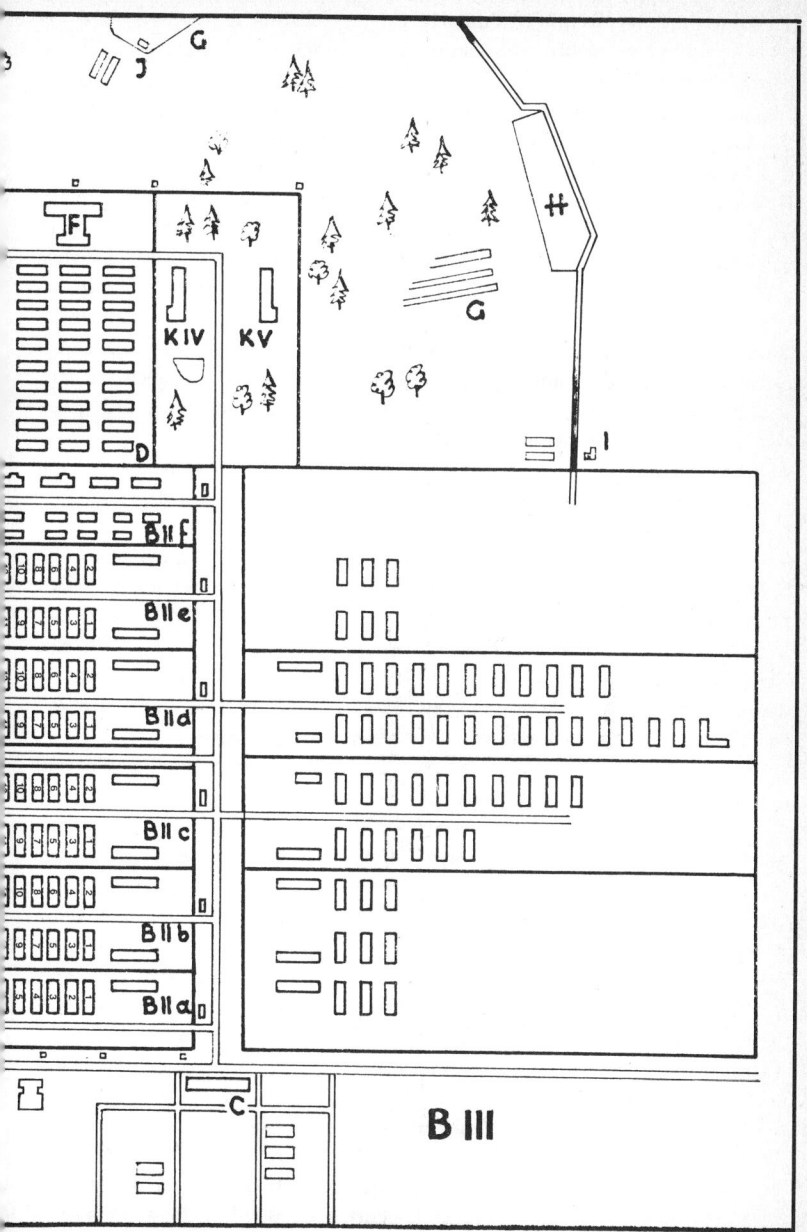

der Züge im Lager die von SS-Führern und -Ärzten durchgeführten «Selektionen»[43] statt.

Die erste Selektion war am 4. Mai 1942: Die Angekommenen wurden eingeteilt in arbeitsfähige und nicht arbeitsfähige Häftlinge. Die als nicht arbeitsfähig Erklärten – in der Regel waren es 75 Prozent jedes Transportes – wurden zur *Sonderbehandlung* in die *Gaskammern* geschickt. Das bedeutete ihre Ermordung. Die Leichen wurden in Gruben verscharrt. Ein Angehöriger der Wachmannschaften schilderte in einem Interview: «Ganz zuerst hat man sie eingegraben. Die vergasten Leute. Dann ist aber nach einiger Zeit ist das Blutwasser raufgetreten. Das hat sich gehoben das Ganze. Da hat man sie wieder ausgegraben und alle verbrannt. Und dafür waren dann ja die Krematorien da. Die sind ja 1943 in Betrieb genommen worden. Vier Stück.»[44]

Die 1943 erbauten Krematorien bestanden aus Gaskammern zur Ermordung der Häftlinge und aus Verbrennungsöfen zur Vernichtung der Leichen. In den beiden größeren Gaskammern konnten mehrmals täglich je 2000–3000 Menschen umgebracht werden. In den Öfen konnten täglich fast 5000 Leichen verbrannt werden. Nach Schätzungen des Lagerkommandanten Höß wurden in Auschwitz 1,135 Millionen Häftlinge in den Gaskammern ermordet. Die Schätzungen von Historikern liegen höher.

Auch unter den mehr als 405000 als arbeitsfähig eingestuften und registrierten Häftlingen – ihre Häftlingsnummer wurde ihnen auf den Unterarm tätowiert – war die Sterblichkeit hoch. Ihre Lebenserwartung im Lager betrug – aufgrund der unmenschlichen Arbeits- und Lebensbedingungen – durchschnittlich 5 bis 6 Monate, für die Arbeiter in den Kohlengruben nur einen Monat. In den Krankenrevieren fanden wie auf der Rampe Selektionen statt. Ein Unterscharführer der Wachmannschaften berichtete: «Die Kranken wurden selektiert. Es war so gewesen, es waren so viele Zugänge gewesen, daß der Bettenbestand war voll, und da hat man dann selektiert. Manchmal hundert, manchmal hundertfünfzig, es war auch passiert, daß über zweihundert waren auch gewesen manchmal.»[45]

Vereinzelte Widerstandsversuche von Häftlingen wurden von den SS-Mannschaften brutal niedergeschlagen.

Im November 1944 – die sowjetischen Truppen waren auf dem Vormarsch nach Westen – wurden die Vergasungen auf Anordnung Himmlers eingestellt, die Gaskammern und Krematorien von der SS gesprengt, um die Spuren ihrer Verbrechen zu verwischen.

Der Lagerkommandant Rudolf Höß wurde 1947 in Polen zum Tode verurteilt. 1963 bis 1967 fanden in Frankfurt/Main drei Auschwitz-Prozesse gegen Personal der Wachmannschaften des Lagers statt.

Eine holländische überlebende Jüdin sagte in einem Gespräch: «Heute wissen alle Leute, was Auschwitz war. Aber kaum einer weiß, wo es lag, und daß es den Ort und das Lager noch gibt. Alle tun, als wäre es auf dem Monde oder jedenfalls nicht auf der Welt. Und wenn ich ihnen sage: Auf dem Mond? Es war keine fünfzig Kilometer von Gleiwitz und Hindenburg entfernt, und das waren zwei deutsche Großstädte damals! Dann sagen sie: Hat euch denn keiner gehört? – Aber das mag Gott wissen.» [46]

Siehe *Untermensch*, *Judenverfolgung*.

ausgebombt war während des Zweiten Weltkrieges, 1939–1945 – seit etwa 1940 –, der umgangssprachliche Ausdruck für «obdachlos durch Luftangriff»: Als ausgebombt galten alle Menschen, deren Wohnungen durch einen Luftangriff zerstört oder unbewohnbar wurden.

Im Zweiten Weltkrieg war der Bombenkrieg – das heißt militärisch definiert «Kampfführung aus der Luft zur Ausschaltung gegnerischer Versorgungsbasen» – Teil der gesamten Kriegführung. Luftangriffe wurden aber nicht nur auf militärisch oder wirtschaftlich wichtige Ziele geflogen. Sie wurden von den Kriegsgegnern beider Seiten auch als Kampfmittel gegen die Zivilbevölkerung eingesetzt. Die Bevölkerung sollte entmutigt, ihre Widerstandskraft geschwächt werden. Im völkerrechtlichen Sinne gilt die Zivilbevölkerung als nicht kampfbeteiligte Bevölkerung. Die Nationalsozialisten aber bezeichneten die Zivilstädte als *Heimatfront*, die deutsche Bevölkerung wurde vom Reichspropagandaminister Joseph Goebbels 1943 zum *totalen Krieg* aufgerufen. Nachdem die deutsche Luftwaffe 1939/40 Warschau und Rotterdam bombardiert hatte, flog ab Mai 1940 auch die britische Air Force Luftangriffe auf deutsche Zivilstädte.

Im Deutschen Reich wurden – und zwar ausgehend von den Grenzen von 1942 – nach Schätzungen bis Kriegsende insgesamt 13,7 Millionen Menschen durch Bombenschäden obdachlos.

In der Amtssprache wurden die Ausgebombten als «Fliegergeschädigte» [47] bezeichnet. Zu den Fliegergeschädigten zählten aber auch die Menschen, deren Wohnungen und Besitz nicht vollständig, sondern nur teilweise zerstört worden waren, und die somit nicht obdachlos wurden. Die Zahl der insgesamt Fliegergeschädigten war ungleich höher als die der Ausgebombten.

In der Kriegsschädenverordnung vom 30. 11. 1940 wurde grundsätzlich der Anspruch der Geschädigten auf staatliche Entschädigung für erlittene Kriegsschäden anerkannt. Allerdings bestimmte das Gesetz, daß der Zeitpunkt der Entschädigung sich «nach den volkswirtschaftlichen Notwendigkeiten und Möglichkeiten» [48] zu richten habe.

Für Juden sollte das Gesetz nur nach «Maßgabe besonderer Richtlinien Anwendung» [49] finden. Eine Verordnung vom selben Tag bestimmte, daß Juden kein «Kriegsausgleichsverfahren» [50] beantragen durften. Das bedeutete, daß sie keinerlei Anspruch auf Entschädigung hatten.

Siehe *Fliegeralarm*, *Luftschutzwart*, *Judenverfolgung*.

ausmerzen, siehe *Untermensch*.

ausrotten, siehe *Untermensch*.

B

Bauten des Führers oder «Gemeinschaftsbauten» nannten die Nationalsozialisten Großbauten, die während der Zeit ihrer Herrschaft, 1933 bis 1945, hauptsächlich in Berlin, München und Nürnberg errichtet wurden und die zu einem großen Teil nach Ideen Adolf Hitlers geplant worden waren: «... Überall in Deutschland erheben sich schon ein halbes Jahrzehnt nach der Machtübernahme die überwältigendsten Bauten der Gemeinschaft ... Die Bauten des Führers sind die Zeugen der weltanschaulichen Wende unserer Zeit. Sie sind gebauter Nationalsozialismus. Seit den frühen deutschen Domen entstehen zum erstenmal wieder Gemeinschaftsbauten, die völlig von jeder Zweckbestimmung des Alltags losgelöst sind ...»[51]

Die nationalsozialistischen Bauwerke sollten in ihrer Größe alle bisher bestehenden übertreffen. Alle Bauvorhaben wurden von Hitler persönlich überwacht, seine Planungen reichten weit in die Zukunft: «... Sie dürfen auch nicht übersehen, daß das, was wir bauen, einmalig ist für zwei bis drei Generationen ...»[52]

Zu den fertiggestellten nationalsozialistischen Bauwerken gehörten unter anderen das Olympiastadion und die Neue Reichskanzlei in Berlin, das «Haus der Deutschen Kunst» und die Parteibauten in München und das Parteitagsgelände in Nürnberg.

Innerhalb der städtebaulichen Planungen hatte Berlin den Vorrang: «... Berlin wird eines Tages die Hauptstadt der Welt sein ...»[53], erklärte Hitler 1940; durch Erlaß vom 30. Januar 1937 ernannte er Albert Speer zum «Generalbauinspektor für die Reichshauptstadt»[54].

Zu den gewaltigsten Bauten nationalsozialistischer Architektur gehörten die auf dem Gelände der *Reichsparteitage* in Nürnberg. Das gesamte Gelände, das seit 1933 unter der Leitung von Albert Speer zu einer riesigen Versammlungsstätte ausgebaut, jedoch nie ganz vollendet wurde, umfaßte eine Fläche von 16,5 Quadratkilometern; es bot Platz für fast eine Million Menschen. Das Parteitagsgelände bestand aus dem «Märzfeld», dem «Zeppelinfeld», der «Kongreßhalle» und dem «Deutschen Stadion»[55].

Zu den nationalsozialistischen Großbauten gehörten auch die Gebäude der *Ordensburgen*, Denkmäler und Ehrenmale: «... Wir werden den Krieg gewinnen, aber sichern werden wir den Sieg durch unsere Bauten ...»[56], erklärte Hitler nach der Niederlage Frankreichs 1940.

Siehe *Reichsparteitage*, *entartete Kunst*, *Bücherverbrennung*, *Reichskulturkammer*.

BDM. Der «Bund Deutscher Mädel in der HJ», abgekürzt BDM, war innerhalb der *Hitlerjugend* die Organisation für die 14- bis 18jährigen Mädchen, die im Frühjahr 1930 mit der Zusammenfassung mehrerer nationalsozialistischer Mädchengruppen entstanden war.

Vor der *Machtübernahme* leistete der BDM keine auf die Mädchen ausgerichtete Jugendarbeit im eigentlichen Sinne. Hauptsächlich waren die Mädchen bei der Vorbereitung der Veranstaltungen der *SA* und der *NSDAP* behilflich, sie schmückten die Räume aus, verteilten Flugblätter und klebten Plakate.

Nach der Machtübernahme 1933 wurden allgemeine Richtlinien für die Arbeit des BDM aufgestellt. Adolf Hitler forderte: «Und ihr im BDM erzieht mir die Mädel zu starken und tapferen Frauen!»[57] Der *Reichsjugendführer* Baldur von Schirach, der auch oberster Führer der Mädchenorganisation BDM war, erklärte: «Im BDM sollen die Mädel zu Trägerinnen der nationalsozialistischen Weltanschauung erzogen werden.»[58]

Der BDM-Dienst, an dem teilzunehmen ab 1939 für alle Mädchen von 14–18 Jahren gesetzlich vorgeschriebene Pflicht war, sah wöchentliche *Heimabende* und Sportnachmittage vor, außerdem Tagesfahrten, Aufenthalte in Freizeitlagern, Feierstunden und Sportfeste.

Die Heimabende fanden in Gruppen zu je 10 Mädchen statt, wenn gesungen oder gebastelt wurde auch in größeren Einheiten. Einen großen Teil der Heimabende nahm die weltanschauliche Schulung ein. Hauptthemen waren Geschichte – insbesondere die Geschichte der *NSDAP* – und die Inhalte der nationalsozialistischen *Rassenkunde* mit der aus ihr abgeleiteten Forderung der Ächtung der Juden. Die Liebe zwischen einem Juden und einem nicht jüdischen Mädchen wurde als *Rassenschande* gebrandmarkt. Kenntnisse über die behandelten Themen mußten – außer sportlichen Leistungen – für das BDM-Leistungsabzeichen erbracht werden. Als zweiter Schwerpunkt der Heimabende der Mädchen galt die «Kulturarbeit der Hitlerjugend» als «eine wesentliche Vorbereitung für ihre Mission als Mutter». Die Mädchen sollten unter anderem durch «umfangreiche Werkarbeit ... Herstellung von Kinderbekleidung sowie einfachen Holz- und Papparbeiten – oder durch die Ausgestaltung der Heime der Jugend – zu einem guten Geschmack erzogen werden».[59]

Fahrten in die nähere Umgebung fanden einmal monatlich statt, Lageraufenthalte, die einmal im Jahr durchgeführt wurden, dauerten in der Regel 8 bis 10 Tage. Das gemeinsame Erleben des Tages – ohne durch Elternhaus, Schule oder Beruf eingeschränkt zu sein – sollte das Gemeinschaftsgefühl der Mädchen und ihr Zugehörigkeitsgefühl zu der deutschen *Volksgemeinschaft* entwickeln. Die Uniform, die alle Mädchen tragen sollten, die aber selbst bezahlt werden mußte, sollte als Ausdruck des «gemeinsamen Wollens»[60] gelten. Die Mädchen trugen eine kurzärmelige weiße oder silbergraue Bluse, blauen Rock, Halstuch und Lederknoten, in den ersten Jahren der Hitlerjugend eine Trachtenjacke oder eine braune Jacke, die als Kletterweste bezeichnet wurde, später eine blaue Jacke.

Wie in allen Organisationen der Hitlerjugend wurde auch im BDM besonderer Wert auf die sportliche Leistung gelegt. Adolf Hitler hatte sie schon in seinem Buch «*Mein Kampf*» als besonders wichtig für die Erziehung der jungen Mädchen hervorgehoben: «Analog der Erziehung des Knaben kann der völkische Staat auch die Erziehung des Mädchens von den gleichen Gesichtspunkten aus leiten. Auch dort ist das Hauptgewicht vor allem auf die körperliche Ausbildung zu legen, erst dann auf die Förderung der seelischen und zuletzt der geistigen Werte.»[61]

Unter dem «Gesichtspunkt einer gesunden, den weiblichen Anlagen entsprechenden Erziehung»[62], nicht zuletzt aber auch, um dem weiblichen Arbeitskräftemangel in hauswirtschaftlichen, landwirtschaftlichen und pflegerischen Berufen zu begegnen, wurden vom BDM eine Reihe von entsprechenden Einrichtungen geschaffen oder unterstützt. Es gab zum Beispiel BDM-Haushaltungsschulen zur Vorbereitung auf Berufe wie Kindergärtnerin, Gemeinde-, Haus- und Haushaltspflegerin und Krankenschwester sowie Umschulungslager für landwirtschaftliche Arbeit und den «Landdienst der HJ». Das Hilfswerk «Mutter und Kind» wurde durch Mitarbeit unterstützt. Die 1934 von BDM, dem Deutschen Frauenwerk und der Reichsanstalt für Arbeitsvermittlung und Arbeitslosenversicherung gemeinsam geschaffene Einrichtung «Das hauswirtschaftliche Jahr» vermittelte zum Beispiel 1937 25 000 Mädchen als Haushaltshilfen.

Während des Zweiten Weltkrieges, 1939–1945, wurden die BDM-Mädchen im «Kriegseinsatz der Hitlerjugend» eingesetzt. Dazu gehörten unter anderem Hilfsdienste in Heimatlazaretten und anderen Krankenhäusern, damit möglichst viele Schwestern für den Einsatz in Frontlazaretten frei wurden, sowie in Nähstuben, damit die in der Rüstungsindustrie tätigen Mütter entlastet werden konnten. Die Mädchen wurden außerdem im Ernteeinsatz im Deutschen Reich und im Rahmen des «Osteinsatzes»[63] auch in den *besetzten Gebieten* Polens eingesetzt. 1942 gab es im Osten «162 Einsatzlager»[64] mit je etwa 15 Mädchen. In halb- bis einjährigem Einsatz leisteten sie nicht nur Erntehilfe, sondern betreuten auch die *Volksdeutschen*, die zum Beispiel aus den baltischen Ländern und der Ukraine in die eingegliederten Ostgebiete des von deutschen Truppen besetzten Polen umgesiedelt wurden. Im Rahmen der *Wehrmacht* leisteten sie Telefondienst; sie wurden bei der Verpflegungszubereitung für Soldatentransporte eingesetzt. In den größeren Städten leisteten sie Dienst als Schaffnerinnen; die Führerinnen wurden außerdem in der *KLV*, der Kinderlandverschickung, zur Betreuung der aus den luftkrieggefährdeten Gebieten verschickten Kinder eingesetzt.

Siehe *Hitlerjugend, Glaube und Schönheit, Pflichtjahr, NS-Frauenschaft, KLV, Volksgemeinschaft.*

Beauftragter der NSDAP. Beauftragte der *NSDAP* wurden die 1935 «... zur Sicherung des Einklangs der Gemeindeverwaltung mit der Partei ...»[65] eingesetzten Parteigenossen genannt, deren Aufgaben in der neuen «Deutschen Gemeindeordnung» vom 30. Januar 1935 bestimmt waren.

Nach der neuen Gemeindeordnung hatte der Beauftragte der NSDAP für die jeweilige Gemeinde das Vorschlagsrecht für die Besetzung der Ämter von Bürgermeistern, Gemeinderäten und Beigeordneten. Die Vertreter der Gemeindeverwaltung wurden nun nicht mehr von der Gemeindeversammlung gewählt. Bürgermeister, Räte und Beigeordnete wurden – je nach Größe der Gemeinde – entweder vom Regierungspräsidenten oder vom *Reichsstatthalter* oder vom Reichsinnenministerium nach Vorschlag des Beauftragten der NSDAP berufen.

Die Beauftragten wurden vom *Stellvertreter des Führers* ernannt; in der Regel übernahm der örtliche *Kreisleiter* das Amt des Beauftragten der NSDAP.

Siehe *NSDAP, Führer und Reichskanzler.*

Bekennende Kirche. Die Bekennende Kirche, auch als Bekenntniskirche bezeichnet, war ab 1933, dem Jahr der *Machtübernahme*, eine zunächst innerkirchliche Erneuerungsbewegung der deutschen evangelischen Kirche. Die evangelische Kirche setzte sich aus 28 selbständigen Landeskirchen und Gruppen unterschiedlicher Bekenntnisrichtungen zusammen.

Die Bekennende Kirche setzte sich gegen Einflüsse und Eingriffe der Nationalsozialisten in kirchliche Angelegenheiten zur Wehr. Insbesondere wandte sie sich gegen den Einfluß der von den Nationalsozialisten nachdrücklich unterstützten *Deutschen Christen*, die sich 1932 als Gruppe innerhalb der evangelischen Kirche organisiert hatten.

Die Bekennende Kirche äußerte sich zuerst auf ihren Synoden öffentlich gegen den Nationalsozialismus. Zur Regelung innerkirchlicher Angelegenheiten hatten und haben die Kirchen das Recht einer eigenen Gesetzgebung. Die Synoden sind die kirchenleitenden und gesetzgebenden Ausschüsse der evangelischen Landeskirchen, die von gewählten Geistlichen und Laien gebildet werden.

Zusätzlich zu ihren Kundgebungen auf den Synoden versuchte die Bekennende Kirche, die Gemeindemitglieder mit Kanzelverkündigungen in den Kirchen zu beeinflussen. Durch diese Stellungnahmen und durch die Auflehnung einzelner evangelischer Christen gegen den Nationalsozialismus wurde der Widerstand aus der Kirche auch auf das politische Leben übertragen.

Die Bekennende Kirche war aus dem von Pfarrer Martin Niemöller am 21. September 1933 gegründeten Pfarrernotbund entstanden. Anlaß für die Gründung war ein Beschluß der preußischen Generalsynode vom 5. September 1933. Unter dem Druck der nationalsozialistischen Deutschen Christen, die in der Synode die Mehrheit bildeten, wurde für die innerkirchliche Gesetzgebung die Einführung eines *Arierparagraphen* für evangelische Geistliche und Kirchenbeamte beschlossen: Geistlicher und Kirchenbeamter sollte nur noch sein dürfen, wer nichtjüdischer Abstammung war. Der Kampf des Notbundes richtete sich nicht nur gegen die Einführung des Arierparagraphen, sondern später auch gegen die Berufung eines für die gesamte evangelische Kirche zuständigen Reichsbischofs. Der Bund wollte verhindern, «daß sich ... ein unevangelischer ‹Führer›begriff bei uns einschleicht ...»[66].

1934 gehörten etwa 7000 Geistliche zum Pfarrernotbund, etwa 2000 zu den nationalsozialistischen Deutschen Christen. Die übrigen etwa 9000 Pfarrer schlossen sich keiner der beiden Seiten an.

1935 errichtete die nationalsozialistische Führung ein Reichskirchenministerium. Der Reichskirchenminister wurde ermächtigt, «... Verordnungen mit rechtsverbindlicher Kraft» zu erlassen «... zur Wiederherstellung geordneter Zustände in der Deutschen Evangelischen Kirche».[67]

Als die Bemühungen des Kirchenministers fehlschlugen, die kirchlichen Leiter zu einem Bekenntnis zum Nationalsozialismus zu veranlassen, nahmen Verhaftungen, Ausreiseverbote, Aufenthaltsverbote, Redeverbote und andere Amtsbehinderungen gegen die Geistlichen zu. 1937 kam Pastor Martin Niemöller ins Gefängnis und anschließend bis 1945 ins Konzentrationslager, *KZ*. Als Gruppe verstummte daher die Bekennende Kirche nahezu, nur kleine Gruppierungen und einzelne Gemeindemitglieder setzten ihre Arbeit gegen den Nationalsozialismus fort; einige gehörten später auch zu der Widerstandsgruppe *Kreisauer Kreis*. Bischof Wurm und Dietrich Bonhoeffer, der am 6. 4. 1945 im KZ Flossenbürg ermordet wurde, waren herausragende Männer des kirchlichen Widerstandes gegen den Nationalsozialismus.

1938, nach dem widerrechtlichen *Anschluß Österreichs an das Deutsche Reich* – nach damaliger Ansicht vieler Menschen ein politischer Erfolg –, hatten mit zunehmender Zahl auch Pfarrer der Bekennenden Kirche den Treueeid auf Adolf Hitler abgelegt mit der Formel: «Ich ... schwöre ..., daß ich als ein berufener Diener im Amt der Verkündigung ..., dem Führer des Deutschen Volkes und Staates Adolf Hitler treu und gehorsam sein ... werde.» [68]

Im Oktober 1945, fünf Monate nach dem Ende des Zweiten Weltkrieges, 1939–1945, bekannten führende Männer der evangelischen Kirche, an ihrer Spitze Martin Niemöller und Otto Dibelius, in dem Stuttgarter Schuldbekenntnis: «... wir klagen uns an, daß wir nicht mutiger bekannt, nicht treuer gebetet, nicht fröhlicher geglaubt und nicht brennender geliebt haben ...» [69]

Siehe *Deutsche Christen*, *Reichskonkordat*, *gottgläubig*, *arisch*.

Berghof war der 1936 zu einem großen Anwesen ausgebaute private Wohnsitz Adolf Hitlers auf dem Obersalzberg bei Berchtesgaden in Bayern. Hitler empfing hier auch wichtige politische Besucher. 1938 zum Beispiel wurde der österreichische Bundeskanzler Kurt Schuschnigg vor dem *Anschluß Österreichs an das Deutsche Reich* auf den Berghof zitiert; in der Krisenzeit vor dem *Münchener Abkommen* empfing Hitler den britischen Premierminister Neville Chamberlain auf dem Berghof.

Hitlers Amtssitz war die Neue Reichskanzlei in Berlin.

Siehe *Führer und Reichskanzler*.

Berufsbeamtengesetz war die Kurzbezeichnung für das «Gesetz zur Wiederherstellung des Berufsbeamtentums», das am 7. April 1933, zwei Monate nach der *Machtübernahme*, verkündet wurde. Das Gesetz gab den Nationalsozialisten die Möglichkeit, ihnen unbequeme Beamte aus der öffentlichen Verwaltung zu entfernen, «... auch wenn die nach dem geltenden Recht hierfür erforderlichen Voraussetzungen nicht vorliegen».[70]

Nach Paragraph 4 des Gesetzes konnten «... Beamte, die nach ihrer bisherigen politischen Betätigung nicht die Gewähr dafür bieten, daß sie jederzeit rückhaltlos für den nationalen Staat eintreten, ... aus dem Dienst entlassen werden».[71]

Nach der ersten Durchführungsverordnung zum Berufsbeamtengesetz vom 11.

April 1933 hatten alle Beamten auf Aufforderung die Zugehörigkeit zu politischen Parteien anzugeben. Es wurde bestimmt: «... Ungeeignet sind alle Beamten, die der kommunistischen Partei oder kommunistischen Hilfs- oder Ersatzorganisationen angehören. Sie sind daher zu entlassen.»[72]

Hinsichtlich der Zugehörigkeit zur SPD wurde in einem Runderlaß des Reichsinnenministers vom 14. Juli 1933 bestimmt, daß «... mit dem offen zu Tage liegenden landesverräterischen Charakter der sozialdemokratischen Bestrebungen ... eine weitere Zugehörigkeit von Beamten, Angestellten und Arbeitern des öffentlichen Dienstes zur SPD unvereinbar ...»[73] sei.

Mit dem Paragraphen 3 des Berufsbeamtengesetzes erschien zum erstenmal der *Arierparagraph* in einem Gesetz, der in den folgenden Jahren noch in zahlreichen Gesetzen, Verordnungen und Organisationssatzungen zur Anwendung kam. Der Paragraph bestimmte: «Beamte, die nicht arischer Abstammung sind, sind in den Ruhestand zu versetzen; soweit es sich um Ehrenbeamte handelt, sind sie aus dem Amtsverhältnis zu entlassen.»[74]

Als nichtarisch galt, «wer von nicht-arischen, besonders von jüdischen Eltern oder Großeltern»[75] abstammte. Im Gegensatz zu den späteren Bestimmungen der *Nürnberger Gesetze* galt im Berufsbeamtengesetz ein Bürger bereits als Jude, wenn ein Großelternteil «nichtarisch» war. Ausgenommen von der Bestimmung des Paragraphen 3 waren bis 1935 die jüdischen Beamten, die am Ersten Weltkrieg, 1914–1918, teilgenommen hatten oder deren Väter oder Söhne in diesem Krieg gefallen waren.

Außer Entlassungen und Versetzungen in den Ruhestand schuf das Berufsbeamtengesetz gegen unliebsame Beamte auch die Möglichkeit der «... Versetzung in ein Amt von geringerem Rang ...»[76] und die Kürzung des Ruhegeldes für die «... nach §§ 3, 4 in den Ruhestand versetzten oder entlassenen Beamten ...»[77]

Nach Schätzungen sollen rund zwei Prozent der etwa 1,5 Millionen Beamten im Deutschen Reich aufgrund des Berufsbeamtengesetzes entlassen oder in den Ruhestand versetzt worden sein.

Siehe *arisch*, *Schriftleitergesetz*, *Judenverfolgung*, *Reichstagsbrandverordnung*.

Besetzte Gebiete

Besetzte Gebiete war die Bezeichnung der Nationalsozialisten für die Länder, die während des Zweiten Weltkrieges, 1939–1945, von der deutschen *Wehrmacht* besetzt waren. Die deutsche Besatzungsmacht ordnete in den verschiedenen Gebieten unterschiedliche Verwaltungsformen an. Teilweise wurden die besetzten Gebiete nur von Dienststellen der Wehrmacht, teilweise von Behörden der Reichsregierung in Zusammenarbeit mit Dienststellen der Wehrmacht, der *NSDAP*, der *SS* und der Polizei verwaltet; es gab auch Länder, in denen landeseigene, deutschfreundliche Regierungen unter Aufsicht der deutschen Besatzungsbehörden die Verwaltung übernahmen.

In allen besetzten Gebieten bedeutete die nationalsozialistische Besatzungspolitik für die einheimische Bevölkerung unverschuldetes Leid, das von der Einschränkung persönlicher Freiheit über Verfolgung und Ausbeutung bis zur Ermordung von Millionen Menschen reichte.

In allen Gebieten wurde die einheimische Industrieproduktion für die Zwecke der deutschen Kriegswirtschaft ausgenutzt; aus allen besetzten Gebieten wurden Zivilarbeiter als *Fremdarbeiter* zum Arbeitseinsatz im Deutschen Reich zwangsverpflichtet, und überall wurden die Juden verfolgt.

In allen besetzten Gebieten organisierten sich Widerstandsgruppen gegen die Besatzung; in einigen Ländern gab es kleine politische Gruppen und Bewegungen, die mit den deutschen Besatzern zusammenarbeiteten.

Am 1. September 1939 überfielen deutsche Truppen Polen. Das Gebiet des polnischen Staates wurde entsprechend dem *Hitler-Stalin-Pakt* vom 23. August 1939 zwischen dem Deutschen Reich und der Sowjetunion aufgeteilt. Die neu gebildeten *Reichsgaue* Danzig-Westpreußen und Wartheland und das Gebiet Oberschlesien wurden als «eingegliederte Ostgebiete»[78] zu deutschem Reichsgebiet erklärt. Das übrige von deutschen Truppen besetzte Polen stand als *Generalgouvernement* unter deutscher «Machthoheit»[79] Generalgouverneur wurde der im *Nürnberger Prozeß* zum Tode verurteilte Hans Frank.

Am 9. April 1940 besetzten deutsche Truppen Dänemark, obwohl zwischen Dänemark und Deutschland ein Nichtangriffspakt bestand. Zum gleichen Zeitpunkt griffen deutsche Truppen Norwegen an, das erbitterten Widerstand leistete.

Am 10. Mai 1940 überfielen deutsche Truppen die neutralen Staaten Niederlande, Belgien und Luxemburg. Unter Umgehung der französischen Grenzbefestigungen an der deutsch-französischen Grenze konnten die deutschen Truppen so Frankreich über seine Nordgrenze angreifen und bis zum Waffenstillstandsangebot Frankreichs am 17. Juni 1940 große Teile des Landes besetzen.

In den unbesetzten Teilen Frankreichs wurde ein von Deutschland abhängiger selbständiger Staat Frankreich gebildet mit dem Sitz der Regierung in Vichy. 1942 besetzten deutsche Truppen auch das südliche Frankreich.

Am 11. Februar 1941 unterstützten deutsche Truppen die Kampfhandlungen des verbündeten Italien in Afrika.

Am 6. April 1941 begann der Angriff der deutschen Wehrmacht gegen Jugoslawien und Griechenland. Beide Länder wurden von deutschen und italienischen Truppen besetzt.

Am 22. Juni 1941 überfiel die deutsche Wehrmacht die Sowjetunion. Nach der Besetzung eines großen Gebietes im europäischen Teil des Landes wurde Alfred Rosenberg zum «Reichsminister für

Legende zur Karte auf Seite 43

1 *Generalgouvernement*
2 *Danzig, Westpreußen, Süd-Ostpreußen, Wartheland, Ostoberschlesien*
3 *Bezirk Bialystok*
4 *Distrikt Lemberg*
5 *Sudetenland*

6 *Protektorat Böhmen und Mähren*
7 *Elsaß-Lothringen, Luxemburg*
8 *Memelland*
9 *Reichskommissariat Ostland*
10 *Reichskommissariat Ukraine*
11 *Oberkrain und Südsteiermark*

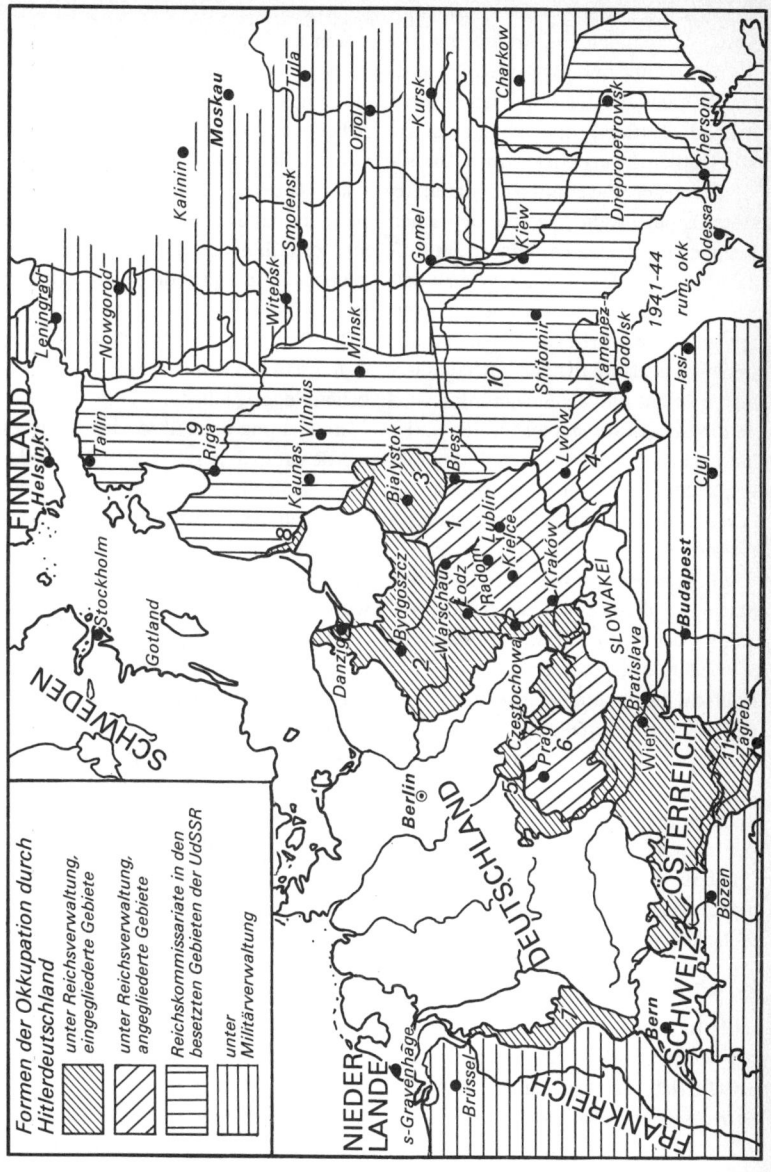

Formen der Okkupation durch
Hitlerdeutschland

- unter Reichsverwaltung,
  eingegliederte Gebiete
- unter Reichsverwaltung,
  angegliederte Gebiete
- Reichskommissariate in den
  besetzten Gebieten der UdSSR
- unter
  Militärverwaltung

FINNLAND

Helsinki

Leningrad

Nowgorod

Kalinin

Moskau

Tula

Orol

Kursk

Charkow

Dnepropetrowsk

Cherson

Odessa

rum. okk

1941-44

Iasi

Kamenez-Podolsk

Shitomir

Kiew

Gomel

Smolensk

Witebsk

Minsk

Lwow

Brest

Bialystok

Vilnius

Kaunas

Riga

Tallin

SCHWEDEN

Stockholm

Gotland

Danzig

Bydgoszcz

Warschau

Lodz

Radom

Kielce

Lublin

Krakow

Czestochowa

Prag

SLOWAKEI

Bratislava

Wien

ÖSTERREICH

SCHWEIZ

Bern

Zagreb

Bozen

Cluj

Budapest

DEUTSCHLAND

Berlin

NIEDER-
LANDE

s-Gravenhage

Brüssel

FRANKREICH

1
2
3
4
5
6
8
9
10

43

die besetzten Ostgebiete»[80] ernannt. Ihm unterstanden die *Reichskommissare* für die Ukraine und für das Gebiet «Ostland»[81], das aus den baltischen Staaten Estland, Lettland und Litauen sowie Weißruthenien gebildet wurde. Die bis dahin von der Sowjetunion besetzten Gebiete Ostpolens, die jetzt von deutschen Truppen besetzt waren, wurden neu aufgeteilt: Der Bezirk Bialystok kam zu Ostpreußen, Galizien zum Generalgouvernement, das restliche Gebiet zur Ukraine und zum Ostland. In allen besetzten Gebieten Polens und der Sowjetunion wurde die *Germanisierung*spolitik der Nationalsozialisten – die die Vertreibung und Ermordung unzähliger Menschen zur Folge hatte – mit großer Grausamkeit betrieben.

Auf dem Höhepunkt der deutschen Machtausdehnung 1942 waren mit Ausnahme der neutralen Staaten Schweiz, Schweden und Spanien und der mit Deutschland verbündeten oder sympathisierenden Staaten Italien, Finnland, Rumänien, Bulgarien, Ungarn, Slowakei und Kroatien nahezu ganz Europa und Teile Nordafrikas von deutschen Truppen besetzt.

Siehe *Lebensraum, Judenverfolgung, Eindeutschung, Fremdarbeiter, Germanisierung, SS, Endlösung, Reichskommissar.*

Betriebsführer. Verantwortliche Leiter eines Industrie- oder Handwerksbetriebes wurden von den Nationalsozialisten als «Betriebsführer, genauer ‹Führer des Betriebs›»[82] bezeichnet.

Durch das «Gesetz zur Ordnung der nationalen Arbeit» vom 20. Januar 1934 wurde dieser Begriff auch in die Amtssprache eingeführt. Führer des Betriebes waren im Regelfall die Eigentümer. Sie mußten einen Vertreter bestellen, wenn sie nicht selbst im Betrieb arbeiteten. Die Arbeiter und Angestellten eines Betriebes wurden aufgrund des Gesetzes als *Gefolgschaft* bezeichnet. Der Betriebsführer stand an der Spitze dieser Gefolgschaft. Sie hatte ihm «... die in der Betriebsgemeinschaft begründete Treue zu halten ...»[83]

Der Betriebsführer entschied «... der Gefolgschaft gegenüber in allen betrieblichen Angelegenheiten ...»[84]

Die Stellung der Führer des Betriebes wurde dadurch gestärkt, daß die bis dahin bestehende Interessenvertretung der Arbeitnehmer im Betrieb, der Betriebsrat, abgeschafft und durch die Einrichtung eines «Vertrauensrates»[85] ersetzt wurde. Aufgaben des Vertrauensrates waren nach dem Gesetz zur Ordnung der nationalen Arbeit «... das gegenseitige Vertrauen innerhalb der Betriebsgemeinschaft zu vertiefen ..., alle Maßnahmen zu beraten, die der Verbesserung der Arbeitsleistung, ... der Stärkung der Verbundenheit aller Betriebsangehörigen untereinander und mit dem Betriebe und dem Wohle aller Glieder der Gemeinschaft dienen ...»[86] Aus dem Aufgabenbereich des Vertrauensrates und der Tatsache, daß der Betriebsführer laut Gesetz den Vorsitz im Vertrauensrat innehatte, geht hervor, daß der Vertrauensrat nicht als Interessenvertretung der Arbeitnehmer gelten konnte.

Die Listen für die Wahl der «Vertrauensmänner»[87] – sie wurden jeweils für ein Jahr bestellt – wurden von den Betriebsführern im Einvernehmen mit den

Vertretern der *NSBO*, der Nationalsozialistischen Betriebszellenorganisation, und nach 1935 mit den Vertretern der *Deutschen Arbeitsfront*, DAF, aufgestellt. Die Belegschaft des Betriebes konnte der Liste nur zustimmen oder sie ablehnen. Im Falle der Ablehnung bestimmte das Gesetz, daß der *Treuhänder der Arbeit* Vertrauensmänner berufen konnte. Die Treuhänder der Arbeit waren vom Staat eingesetzt, um Lohntarife und Arbeitsbedingungen festzulegen. Sie hatten außerdem die Aufgabe, bei innerbetrieblichen Streitigkeiten zu schlichten.

Neu war die im Gesetz vom Januar 1934 bestimmte Einrichtung von «Ehrengerichten»[88], die die staatliche Kontrolle der Vorgänge in den Betrieben erleichtern und für jeden Bezirk eines Treuhänders der Arbeit eingerichtet werden sollten.

Die Ehrengerichte bestanden aus einem richterlichen Beamten als Vorsitzenden, der vom Reichsminister der Justiz im Einvernehmen mit dem Reichsarbeitsminister ernannt wurde, einem Betriebsführer und einem Vertrauensmann als Beisitzer. Auf Antrag des Treuhänders der Arbeit verhandelten und entschieden die Ehrengerichte nach den Grundsätzen einer «Sozialen Ehrengerichtsbarkeit»[89] Verstöße gegen die «durch die Betriebsgemeinschaft begründeten sozialen Pflichten»[90]. Derartige Verstöße lagen vor, wenn zum Beispiel ein Betriebsführer «böswillig die Arbeitskraft der Angehörigen der Gefolgschaft»[91] ausnutzte oder «Angehörige der Gefolgschaft den Arbeitsfrieden im Betriebe durch böswillige Verhetzung der Gefolgschaft»[92] gefährdeten.

Die Stellung eines Unternehmers konnte durch die Entscheidung eines Ehrengerichts grundlegend eingeschränkt werden. Das Gesetz bestimmte: «Wird dem Führer des Betriebs die Befähigung zum Führer ... durch das Ehrengericht rechtskräftig aberkannt, so ist ein anderer Führer des Betriebs zu bestellen.»[93] War der Betriebsführer Eigentümer des Betriebes, blieb er es trotz eines solchen Urteils.

Durch eine Verordnung vom 12. November 1938 wurde bestimmt, daß Juden ab 1. Januar 1939 nicht mehr als Führer des Betriebes im Sinne des Gesetzes zur Ordnung der nationalen Arbeit tätig sein konnten.

Siehe *Arbeitsbuch*, *Deutsche Arbeitsfront*, *Judenverfolgung*.

Block, Blockleiter.

Block war die Bezeichnung für die kleinste Organisationseinheit der *NSDAP*. Ein Block umfaßte etwa 40 bis 60 Haushaltungen mit rund 160 bis 240 Personen.

Der Block wurde in der Organisation der NSDAP als «Hoheitsgebiet»[94] bezeichnet.

Führer dieser Organisationseinheit war der Blockleiter; er galt in der Partei, da er ein Hoheitsgebiet leitete, als unterster «Hoheitsträger»[95] der NSDAP. Er war für die «... gesamtpolitische Lage ...» in seinem Hoheitsgebiet «... verantwortlich ...»[96]. Der Blockleiter wurde von dem ihm übergeordneten *Kreisleiter* eingesetzt.

Zu den Aufgaben des Blockleiters gehörte es, die Mitgliedsbeiträge einzusammeln und eine Kartei mit Angaben über die Mitglieder der einzelnen Haushaltungen zu führen. Über die Ziele der Arbeit des Blockleiters stand im Organisationsbuch der NSDAP von 1936: «... Die Verbreiter schädigender Gerüchte hat er feststellen zu lassen und sie an die Ortsgruppe ... zu melden, damit die zuständige staatliche Dienststelle benachrichtigt werden kann ... Der Blockleiter treibt nationalsozialistische Propaganda von Mund zu Mund ... Es ist Ziel des Blockleiters, weitmöglichst zu erreichen, daß die Söhne und Töchter der Familien des Blockgebietes den entsprechenden Formationen der HJ., SA., SS., des NSKK wie auch den entsprechenden der Partei angeschlossenen Verbänden, wie DAF, angehören ...»[97] Als «... Prediger und Verfechter der nationalsozialistischen Weltanschauung ...»[98] sollte der Blockleiter dafür sorgen, daß die Bewohner des Blocks die «... nationalsozialistischen Veranstaltungen, Kundgebungen und Feierstunden ...»[99] besuchten.

Viele Blockleiter waren gefürchtet, weil sie sich eifrig als Spitzel, Aufpasser und Denunzianten betätigten.

Dem Blockleiter unterstellt waren ein Blockwalter und Blockwalterinnen der *Deutschen Arbeitsfront, DAF,* der *NSV,* der Nationalsozialistischen Volkswohlfahrt, und der *NS-Frauenschaft.*

Die nächstgrößere Organisationseinheit nach dem Block war die Zelle; sie setzte sich aus vier bis acht Blocks zusammen. Sie wurde von einem «Zellenleiter»[100] geführt.

Siehe *NSDAP, SD, Schema S. 165.*

Blockführer waren *SS*-Führer unterer Dienstränge, die in den Konzentrationslagern, *KZ,* das Kommando, das heißt die Befehlsgewalt, über jeweils einen Wohnblock der Häftlinge führten.

1935, zwei Jahre nach der *Machtübernahme,* bestand zum Beispiel das *Schutzhaftlager* Dachau – das erste KZ – aus zehn Barackenblocks für je etwa 250 Häftlinge. Die Wohnbaracken waren später meist mit einer das ursprüngliche Fassungsvermögen weit übersteigenden Zahl von Häftlingen belegt.

Die Blockführer hatten nahezu uneingeschränkte Vollmacht über die Häftlinge, ihre Gesundheit und ihr Leben. Zwar waren sie der Lagerführung für ihre Handlungsweisen verantwortlich, wurden aber meist durch deren Befehle noch mehr aufgehetzt, die Gefangenen zu erniedrigen und zu mißhandeln.

Die Decknamen, die ihnen die Häftlinge gaben, zum Beispiel «Henker von Buchenwald»[101], lassen erkennen, welche Lebensbedrohung sie für die Häftlinge waren.

Siehe *Schutzhaft, KZ, SS, Untermensch.*

Blockwart war die Bezeichnung sowohl für den Leiter der untersten Dienststelle im Reichsluftschutzbund als auch für den «Leiter eines Blocks der NS-Gemeinschaft Kraft durch Freude»[102]. *KdF* war eine Organisation der *Deutschen Arbeitsfront, DAF.*

Bei der *NSDAP* dagegen gab es die Bezeichnung Blockwart offiziell nicht: Der unterste Dienstrang war der eines *Blockleiters.* Die Blockleiter der NSDAP waren aber oft auch gleichzeitig Blockwart im Luftschutzbund oder bei «Kraft durch Freude».

Im allgemeinen Sprachgebrauch wurde es üblich, den Blockleiter der Partei – zu dessen Aufgaben die genaue Beobachtung der Bewohner des ihm unterstellten Blocks gehörte – als Blockwart zu bezeichnen.

Siehe *Blockleiter*, *SD*, *Luftschutzwart*, *Schutzhaftlager*.

Blutfahne, Blutorden. Blutfahne war die offizielle Bezeichnung der *NSDAP* für eine *Hakenkreuzfahne*, die am 9. November 1923 bei Adolf Hitlers gescheitertem Novemberputsch, dem *Marsch auf die Feldherrnhalle*, mitgetragen worden war.

Bei dem Putschversuch waren 16 Anhänger Hitlers erschossen worden; als «Blutzeugen»[103] wurden sie in der Folgezeit von der NSDAP verehrt, Hitler widmete ihnen sein Buch «*Mein Kampf*». Die Fahne, angeblich getränkt mit dem Blut des erschossenen Fahnenträgers, wurde zu einem Kultgegenstand der Partei. Seit 1926 wurden neue Standarten der *SS* und andere Parteifahnen durch Berührung mit dem Tuch der Blutfahne geweiht. Standarten sind Fahnen, die an einem metallenen Querbalken befestigt sind und die auf einer Stange getragen werden.

1933 stiftete Hitler den Blutorden als höchstes Ehrenzeichen der Partei: Hitler verlieh diesen Orden an die etwa 1500 Teilnehmer des Münchener Putschversuches vom November 1923, unter denen auch eine Frau war.

Aufgrund einer Verfügung Hitlers vom Mai 1938 wurde der Blutorden auch an Parteimitglieder verliehen, die im Kampf um die Macht der Partei zum Tode verurteilt und zu lebenslänglicher Kerkerstrafe begnadigt worden waren, die Freiheitsstrafen von mehr als einem Jahr verbüßt hatten, und an Parteigenossen, die besonders schwer verletzt worden waren.

Siehe *Marsch auf die Feldherrnhalle*, *Pg.*

Blutschutzgesetz war die Bezeichnung für das vom Reichstag auf dem *Reichsparteitag* der *NSDAP* in Nürnberg beschlossene «Gesetz zum Schutze des deutschen Blutes und der deutschen Ehre» vom 15. September 1935. Das Gesetz verbot die Eheschließung zwischen Juden und Nichtjuden sowie den außerehelichen Geschlechtsverkehr zwischen ihnen. Das Blutschutzgesetz gehörte zusammen mit dem am gleichen Tag beschlossenen *Reichsbürgergesetz* zu den nationalsozialistischen Nürnberger Rassengesetzen, die auch als *Nürnberger Gesetze* bezeichnet werden.

Die Einleitung des Blutschutzgesetzes lautete: «... Durchdrungen von der Erkenntnis, daß die Reinheit des deutschen Blutes die Voraussetzung für den Fortbestand des deutschen Volkes ist, und beseelt von dem unbeugsamen Willen, die deutsche Nation für alle Zukunft zu sichern, hat der Reichstag einstimmig das folgende Gesetz beschlossen ...»[104]

Das Gesetz bestimmte im ersten Paragraphen: «... Eheschließungen zwischen Juden und Staatsangehörigen deutschen oder artverwandten Blutes sind verboten ...»[105]; in Paragraph 2 war festgelegt, daß «... außerehelicher Verkehr zwischen Juden und Staatsangehörigen deutschen oder artverwandten Blutes ...»[106] verboten war.

Zuwiderhandlungen wurden mit Gefängnis oder Zuchthaus bestraft.

Die Worte «Reinheit des deutschen Blutes» und «deutschen oder artverwandten Blutes» waren Begriffe aus der wissenschaftlich eindeutig widerlegten nationalsozialistischen *Rassenkunde*, nach der behauptet wurde, die Menschen seien in höherstehende und minderwertige Rassen eingeteilt, das Blut sei Träger der Rasseeigenschaften. Als den Deutschen *artverwandt* galten «... im wesentlichen die europäischen Völker... ohne artfremde Blutbeimischung...»[107]

Wer als Jude gelten sollte, wurde nicht im Blutschutzgesetz, sondern erst in der ersten Durchführungsverordnung zum Reichsbürgergesetz vom 14. November 1935 festgelegt: «... Jude ist, wer von mindestens drei der Rasse nach volljüdischen Großeltern abstammt ... Als volljüdisch gilt ein Großelternteil ohne weiteres, wenn er der jüdischen Religionsgemeinschaft angehört hat...»[108]

In diesem Satz zeigt sich deutlich, daß den Nationalsozialisten eine Festlegung des Begriffs Jude aus ihrer Rassenlehre nicht möglich war. Die Zugehörigkeit zu der Religionsgemeinschaft mußte ihnen als Nachweis für die Zugehörigkeit zu einer angeblich minderwertigen menschlichen Rasse dienen.

In der ersten Ausführungsverordnung zum Blutschutzgesetz vom 14. November 1935 wurde dann bestimmt, daß Eheschließungen zwischen «Staatsangehörigen deutschen oder artverwandten Blutes» und «jüdischen Mischlingen»[109] der Genehmigung des Reichsinnenministers und der des *Stellvertreters des Führers* bedurften. Als «jüdische Mischlinge» – wieder nach den Bestimmungen der ersten Durchführungsverordnung zum Reichsbürgergesetz – wurden Menschen mit zwei jüdischen Großeltern bestimmt, die im amtlichen Sprachgebrauch als «Mischlinge 1. Grades»[110] oder auch als *Halbjuden* bezeichnet wurden; «jüdische Mischlinge» mit nur einem jüdischen Großelternteil wurden als «Mischlinge 2. Grades»[111] bezeichnet. «Mischlinge 2. Grades» wurden im allgemeinen den Menschen «deutschen Blutes» gleichgestellt. Ihnen war laut Verordnung die Eheschließung mit Juden verboten.

Paragraph 6 der ersten Ausführungsverordnung zum Blutschutzgesetz bestimmte eine willkürlich auszulegende Erweiterung des Eheverbots: «... Eine Ehe soll ferner nicht geschlossen werden, wenn aus ihr eine die Reinerhaltung des deutschen Blutes gefährdende Nachkommenschaft zu erwarten ist ...»[112] Diese Bestimmung wurde auch auf Eheschließungen zwischen Deutschen und Sinti und Roma (Zigeuner) oder Schwarzen angewendet.

Außer den Verboten über Eheschließungen enthielt das Blutschutzgesetz zwei weitere Verbote: Den Juden wurde untersagt, die Reichs- und Nationalflagge zu hissen. Durch das Blutschutzgesetz war es jüdischen Bürgern außerdem verboten, nichtjüdische Angestellte in ihren Haushaltungen zu beschäftigen.

Siehe *Judenverfolgung, Rassenkunde, Rassenschande, Israel und Sara, Endlösung.*

Blut und Boden – ein Propaganda-Schlagwort der Nationalsozialisten – war nach ihrer Erklärung «ein Grundgedanke des Nationalsozialismus, der von der Erkenntnis ausgeht, daß ein gesunder Staat im eigenen Volk (Blut) und im eigenen Boden seinen Schwerpunkt haben muß».[113] Es wurde weiter erklärt, daß «der Blutsgedanke ... den Schlüssel zum Verständnis der nationalsozialistischen Weltanschauung überhaupt» bilde und daß «die Rassenfrage ... zur Achse aller politischen Überlegungen»[114] werden müsse.

Ausgangspunkt dieser Gedanken waren die Behauptungen der wissenschaftlich eindeutig widerlegten nationalsozialistischen *Rassenkunde*, nach der die Menschen in höher- und minderwertige Rassen eingeteilt wurden. Das Blut galt als Träger der Rasseeigenschaften.

Die Nationalsozialisten sahen das «Bauerntum als Blutsquelle des deutschen Volkes»[115] an. Ein «bodenständiges deutsches Bauerntum»[116] sollte gesichert werden.

Auf der Grundlage dieser Blut-und-Boden-Theorie wurden im September 1933 durch das «Reichserbhofgesetz» rund 35 Prozent aller land- und forstwirtschaftlichen Besitzungen im Deutschen Reich zu Erbhöfen bestimmt, ihre Besitzer zu *Erbhof*bauern erklärt. Der Erbhof durfte nicht verkauft werden, er mußte ungeteilt und unbelastet an einen Anerben übergehen.

In das «Hoheitszeichen»[117] des 1933 gebildeten *Reichsnährstandes* – der «Selbstverwaltungsorganisation der deutschen Ernährungswirtschaft»[118] – wurden die Worte Blut und Boden aufgenommen. Verbreitet wurde der Begriff insbesondere auch durch das 1930 erschienene Buch des zeitweiligen Leiters des Rasse- und Siedlungsamtes der *SS* und späteren Landwirtschaftsministers Walter Darré «Neuadel aus Blut und Boden».

Die Blut-und-Boden-Theorie war eine der Grundlagen der nationalsozialistischen *Germanisierung*spolitik in Osteuropa, die im Verlauf des Zweiten Weltkrieges, 1939–1945, die Vertreibung und Ermordung unzähliger Menschen zur Folge hatte.

Siehe *Germanisierung, Volksdeutsche, Lebensraum, besetzte Gebiete.*

Braunes Haus war die zunächst volkstümliche, später von der *NSDAP* übernommene Bezeichnung für das Haus Brienner Straße 45 am Königsplatz in München, in dem sich seit 1931 der Sitz der *Reichsleitung* der NSDAP befand.

Der Name war abgeleitet von den braunen Partei- und *SA*-Uniformen.

Das Braune Haus wurde während des Zweiten Weltkrieges durch Bomben zerstört. Die Ruine wurde nach Kriegsende abgetragen.

Siehe *NSDAP, Bauten des Führers.*

Braunhemden war eine volkstümliche Bezeichnung für die braun uniformierte *SA*, die Sturmabteilung der *NSDAP*. Der Ausdruck wurde aber auch offiziell verwendet, zum Beispiel am 3. 3. 1933 in einer Rede Hermann Görings, die er vor SA-Männern hielt. Er richtete die Rede an die «Feinde der Nation», das bedeutete an die Feinde der Partei: «Hier habe ich keine Gerechtigkeit zu üben, hier habe ich zu vernichten und auszurotten, weiter nichts ... aber den Todeskampf, in dem ich euch die Faust in den Nacken setze, führe ich mit denen da unten, das sind die Braunhemden!»[119]

Siehe *SA, Reichstagsbrand, Judenverfolgung.*

Bücherverbrennung. Am 10. Mai 1933, drei Monate nach der *Machtübernahme*, fanden in Berlin und anderen Hochschulstädten öffentliche Bücherverbrennungen statt. Verbrannt wurden Bücher, die von den Nationalsozialisten als «Schriften und Bücher der Unmoral und Zersetzung»[120] geschmäht wurden. Es waren darunter die Werke berühmter Persönlichkeiten wie Albert Einstein, Ricarda Huch, Thomas und Heinrich Mann, Carl Zuckmayer, Anna Seghers, Stefan Zweig, Alfred Kerr.

Die Bücherverbrennungen am 10. Mai 1933 waren Höhepunkt einer vierwöchigen Aktion, die von der Deutschen Studentenschaft als «Aufklärungsfeldzug ‹Wider den undeutschen Geist›»[121] bezeichnet wurde.

Die «Deutsche Studentenschaft» – der Zusammenschluß der Allgemeinen Studentenausschüsse der Hochschulen – wurde von den Mitgliedern des 1926 gegründeten Nationalsozialistischen Deutschen Studentenbundes geführt und beherrscht. In dem 1933 eingerichteten «Hauptamt für Presse und Propaganda» organisierte und leitete der NS-Studentenbund Aktionen an den Universitäten, wie zum Beispiel die Verunglimpfung jüdischer Professoren und die gewaltsame Störung von deren Vorlesungen. Zusammen mit dem «Kampfbund für Deutsche Kultur» – einer 1928 gegründeten nationalsozialistischen Organisation – stellte die «Deutsche Studentenschaft» am Anfang der Aktion Listen auf, in denen die Büchertitel der verfemten Schriftsteller verzeichnet waren; die Listen wurden an allen Universitäten und Hochschulen verteilt. Vertreter der «Deutsche Studentenschaft» hatten den Auftrag, diese Bücher aus Büchereien und Bibliotheken, auch aus Buchhandlungen, zu entfernen. Ab 12. April veröffentlichte die Studentenschaft an allen Hochschulen Anschläge: «... Wir fordern vom deutschen Studenten den Willen und die Fähigkeit zur Überwindung des jüdischen Intellektualismus und der damit verbundenen liberalen Verfallserscheinungen im deutschen Geistesleben ...»[122] Der Aufruf endete mit der Ankündigung der auf den 10. Mai festgesetzten öffentlichen Bücherverbrennungen.

In Anwesenheit von Dr. Joseph Goebbels, dem Reichsminister für Volksaufklärung und Propaganda, verbrannten die Studenten in Berlin auf dem Opernplatz rund 20000 Bücher. Kapellen von *SA* und *SS*, der *S*turmabteilung und der *S*chutzstaffel der *NSDAP*, spielten Marschmusik, während Vertreter der Studentenschaft als Rufer unter anderen die folgenden Worte ausriefen: «Gegen Frechheit und Anmaßung, für Achtung und Ehrfurcht vor dem unsterblichen deutschen Volksgeist! Verschlinge, Flamme, auch die Schriften der Tucholsky und Ossietzky! ... Gegen seelenzerfasernde Überschätzung des Trieblebens, für den Adel der menschlichen Seele! Ich übergebe der Flamme die Schriften des Sigmund Freud! ...»[123]

Mit den Bücherverbrennungen begann die Verfolgung aller Autoren, deren mündliche oder schriftliche Äußerungen den Anschauungen des Nationalsozialismus widersprachen. Manche der verfolgten Autoren konnten ins Ausland emigrieren. Nach dem «Gesetz über den Widerruf von Einbürgerungen und die Aberkennung der deutschen Staatsangehörigkeit» vom Juli 1933 wurde vielen der Verfemten die deutsche Staatsangehörigkeit aberkannt. Ihre Namen wurden in den Zeitungen veröffentlicht.

Nach den von den Nationalsozialisten aufgestellten Listen wurden die Bücher aus allen öffentlichen Bibliotheken und Leihbüchereien entfernt. Dieser Vorgang wurde im nationalsozialistischen Sprachgebrauch als «Säuberung» [124] bezeichnet. Insgesamt verfielen etwa 12 400 Titel der Ächtung.

Nach der «Säuberung» erhielten die öffentlichen Büchereien von der NSDAP Listen, auf denen Bücher aufgeführt waren, die von der Partei empfohlen wurden.

Siehe *entartete Kunst*, *Reichskulturkammer*, *Propagandaministerium*, *Schriftleitergesetz*.

Bückeberg. Auf dem Bückeberg bei Hameln veranstalteten die Nationalsozialisten seit dem 1. Oktober 1933 alljährlich einen Erntedanktag, der gleichzeitig als Reichsbauerntag gefeiert wurde.

Zur Ehrung der deutschen Bauern hatte Adolf Hitler diesen Tag zum Nationalen Feiertag erklärt. Zu der Veranstaltung wurden Bauern aus allen Teilen des Reiches in Sonderzügen herangefahren. Als Höhepunkt der mit großem Aufwand an Fahnen, Musik- und Trachtengruppen organisierten Feier galt die Ansprache Adolf Hitlers.

Auf dem ersten Erntedanktag 1933 wurde auf dem Bückeberg das Reichserbhofgesetz vom 29. September 1933 verkündet.

Siehe *Reichsnährstand*, *NSDAP*, *Blut und Boden*, *Erbhof*.

Bürgerbräukeller. Der Bürgerbräukeller in München war wie der Hofbräuhausfestsaal in der Zeit vor der *Machtübernahme* 1933 ein Versammlungslokal der NSDAP.

Nach 1933 fand im Bürgerbräukeller alljährlich am 8. November ein Erinnerungstreffen der *Alten Kämpfer* der NSDAP statt. An diesem Treffen nahm auch Adolf Hitler teil. Vom Bürgerbräukeller aus hatte er am 9. November 1923 den *Marsch auf die Feldherrnhalle* begonnen. Das war Hitlers erster gewaltsamer Versuch, die Machtverhältnisse in Deutschland zu verändern. Der 9. November wurde für die Partei zum Gedenktag für die bei dem Putschversuch ums Leben gekommenen 16 Anhänger der NSDAP.

Bei der Gedenkversammlung am 8. November 1939 fand ein Attentat statt. Kurz nachdem Hitler, früher als gewöhnlich, den Saal verlassen hatte, explodierte eine Bombe. Sieben Personen wurden getötet, über 60 verwundet. Der deutschen Öffentlichkeit wurde der Eindruck vermittelt, hinter diesem Attentat stehe der britische Geheimdienst.

Die nationalsozialistische Propaganda nutzte das mißglückte Attentat, um den Eindruck zu vermitteln, die «Vorsehung» [125] – ein von den Nationalsozialisten oft benutztes Wort – habe Hitler beschützt.

Tatsächlich wurde das Attentat von einem Einzeltäter, dem württembergischen Schreiner Georg Elser, ausgeführt. Elser war es gelungen, sich an mehr als 30 Abenden unbemerkt im Bürgerbräukeller einschließen zu lassen, um an einer Säule des Saales eine Zeitbombe einzubauen.

Noch am Abend des Attentats versuchte Elser, Deutschland zu verlassen, wurde dabei aber – allerdings nicht im Verfolg der Fahndungsmaßnahmen – verhaftet. Er wurde im *KZ* Dachau inhaftiert und erst im April 1945 erschossen.

Siehe *Propagandaministerium, Machtübernahme, gottgläubig.*

D

DAF   siehe *Deutsche Arbeitsfront*.

Das Reich – mit dem Untertitel «Deutsche Wochenzeitung» – war der Titel einer politisch-kulturellen Wochenzeitung, die am 26. Mai 1940 zum erstenmal im Deutschen Verlag, Berlin, erschien.

Mit dieser Zeitung wollte Dr. Joseph Goebbels, der Reichsminister für Volksaufklärung und Propaganda und Präsident der *Reichskulturkammer*, Leserkreise im In- und Ausland gewinnen, die mit den durch die Parteilenkung der Presse eintönig gewordenen Zeitungen nicht zu erreichen waren: «... Neben einer stärkeren Auswertung ausländischen Nachrichtenmaterials, das aus taktischen Gründen in der Tagespresse nicht gebracht werden kann, ist ... die Erschließung von Sonderinformationen aus deutschen Quellen notwendig, die in den Tageszeitungen ebenfalls nicht voll zur Geltung kommen können ...» [126]

Viele der Leitartikel schrieb Goebbels selbst; den anderen Zeitungen wurde der honorarfreie Abdruck seiner Artikel vom *Propagandaministerium* empfohlen: «... Die Artikel des Herrn Reichsministers im ‹Reich› sind ohne Honorar mit der Maßgabe frei, daß sie in vollem Umfang übernommen werden. Auszüge sind nicht zulässig ... Ein Nachdruck von Artikeln, die eine grundlegende Bedeutung für die Gesamtausrichtung des Volkes haben, kann zur Auflage gemacht werden ...» [127]

Die Auflage der Wochenzeitung «Das Reich» stieg von 300000 im Jahre 1940 auf 1421000 Stück im Jahre 1944. Die letzte Ausgabe der Zeitung erschien am 15. April 1945, drei Wochen vor dem Ende des Zweiten Weltkrieges.

Siehe *Völkischer Beobachter*, *Der Stürmer*, *Propagandaministerium*.

Das Schwarze Korps mit den Untertiteln «Organ der Reichsführung SS» – «Zeitung der Schutzstaffeln der NSDAP» war das «Kampf- und Werbeblatt» der *SS*. Die Zeitung erschien jeden Mittwoch im freien Verkauf. Jeder SS-Mann war verpflichtet, das Blatt zu lesen und «... sich dafür einzusetzen, daß es im ganzen deutschen Volke Verbreitung findet». [128]

In den Artikeln der Zeitung wurden insbesondere die katholische und evangelische Kirche angegriffen, Freimaurer und Intellektuelle beschimpft und gegen die Juden gehetzt. In anderen Artikeln wurde die SS verherrlicht und über ihre Veranstaltungen und Einrichtungen ausführlich berichtet.

«Das Schwarze Korps» wurde in enger Zusammenarbeit mit dem *SD*, dem SS-eigenen Geheimdienst, herausgegeben. Hauptschriftleiter war Gunter d'Alquen. Der SD versorgte die Zeitung mit Meldungen und Nachrichten. Wichtige Artikel wurden zwischen Mitarbeitern des SD und der Zeitung abgesprochen.

Eine andere Form der Zusammenarbeit war die Übergabe eines großen Teils der Leserzuschriften des «Schwarzen Korps» an den SD «mit der Bitte um Stellungnahme / Kenntnisnahme» [129]. Die Kenntnisnahme des SD konnte unter Umständen die Verhaftung durch die *Gestapo*, die *Ge*heime *Sta*ats*po*lizei, zur Folge haben, zum Beispiel, wenn ein Leser von einem Mitbürger behauptete, daß dieser – trotz der Ächtung der Juden durch die Nationalsozialisten – weiterhin Beziehungen zu Juden habe.

Die erste Auflage des «Schwarzen Korps» war am 6. 3. 1935, zwei Jahre nach der *Machtübernahme*, mit 70 000 Exemplaren erschienen. Im November betrug die Auflage bereits 200 000 Stück, für 1944 ist die Zahl von 750 000 Exemplaren belegt.

Siehe *Judenverfolgung, SS, Propagandaministerium*.

Der Mythus des 20. Jahrhunderts. Unter diesem Titel erschien 1930 ein Buch von Alfred Rosenberg, der damals Hauptschriftleiter der Parteizeitung der *NSDAP*, «*Völkischer Beobachter*», war. Rosenberg gab dem Buch den Untertitel «Eine Wertung der seelisch-geistigen Gestaltenkämpfe unserer Zeit». Auf 700 Seiten versuchte er, eine Lehre der nationalsozialistischen Weltanschauung zu entwerfen.

Nach Rosenbergs Ansicht waren die großen Kulturen des Altertums Werke nordischer Menschen. Er behauptete, die großen Kulturen seien untergegangen, weil die Menschen *nordischer Rasse* sich mit Menschen anderer, minderwertiger Rassen vermischt hätten: «... Und an dieser Blutschande sterben dann Persönlichkeit, Volk, Rasse, Gesittung. Dieser Rache des Blutes ist niemand entgangen, der die Religion des Blutes mißachtet ... Dieser Rache wird auch das nordische Europa nicht entgehen, wenn es nicht Umkehr hält und sich von geistig leeren Nebengebilden, blutlosen absoluten Ideen abwendet und wieder vertrauend hinzuhorchen beginnt auf den verschütteten Spru-

del seines ureigenen Lebenssaftes und seiner Werte ...»[130]

Die gesamte europäische Kulturentwicklung stellte Rosenberg als ein Ergebnis der Leistung germanischer Stämme dar. Der verderbliche Einfluß der römisch-christlichen Priester sowie Jesuiten, Freimaurer und Juden hätten dann den Niedergang dieser Kultur bewirkt. Rosenberg wollte seine Leser davon überzeugen, daß mit dem Nationalsozialismus eine neue Zeit angebrochen sei.

Im *Hakenkreuz*, dem von den Nationalsozialisten gewählten Sinnbild des Nationalsozialismus, sah Rosenberg den Ausdruck einer neuen Zukunft: «... die es schauen, denken an Volksehre, an Lebensraum, an nationale Freiheit und soziale Gerechtigkeit, an Rassenreinheit und lebenserneuernde Fruchtbarkeit ...»[131]

Die Gesamtauflage des Buches betrug nach der letzten Ausgabe 1943 1 075 000 Exemplare. Adolf Hitler äußerte sich recht abfällig über Rosenbergs Buch: «... Er ... freue sich immer, wenn er feststellen müsse, daß eigentlich nur unsere Gegner in dem Buch richtig Bescheid wüßten. Ebenso wie viele Gauleiter habe auch er es nämlich nur zum geringen Teil gelesen, da es seines Erachtens auch zu schwer verständlich geschrieben sei ...»[132]

Alfred Rosenberg, der sich als Wegbereiter für «eine rassische Geschichtsbetrachtung»[133] sah, gehörte zu den *Alten Kämpfer*n der NSDAP. 1934 ernannte ihn Hitler zum «Beauftragten des Führers für die Überwachung der gesamten geistigen und weltanschaulichen Schulung und Erziehung der NSDAP»; 1941 erhielt er das Amt des Reichsministers für die besetzten Ostgebiete.

Siehe *Rassenkunde, Lebensraum, Judenverfolgung*.

Der Stürmer – mit dem Untertitel «NS-Kampfblatt»[134] – war eine in ganz Deutschland in zahlreichen öffentlichen Schaukästen ausgehängte nationalsozialistische propagandistische Wochenzeitung, die rücksichtslose Verleumdungen und Hetzpropaganda gegen Juden verbreitete. Auf jeder Ausgabe stand auf der ersten Seite als Unterzeile «Die Juden sind unser Unglück»[135]; Blickfang der ersten Seite war immer eine Karikatur, die Juden als hakennasige schmutzige und böswillige Ungeheuer darstellte.

Die Wochenzeitung erschien von 1923 bis 1945. Ihr Herausgeber war Julius Streicher, der 1946 im *Nürnberger Prozeß* zum Tode verurteilt wurde. «Der Stürmer» galt nicht als offizielles Parteiorgan.

Artikel und Illustrationen des Blattes dienten nur dem einen Zweck: Judenhaß zu verbreiten und die Deutschen gegen ihre jüdischen Mitbürger aufzuhetzen. Die Zeitung – Auflage 1940 ca. 600 000 Exemplare – fand starke Verbreitung durch den öffentlichen Aushang. Die Stürmerkästen waren auch in kleinen Ortschaften an viel besuchten Plätzen angebracht.

Der Inhalt der Zeitschrift war bösartige Hetzpropaganda mit Berichten über angebliche Sexualmorde und religiöse Menschenopfer der Juden. «Judenblut – Wissenschaftliche Blutforschungen und deren Ergebnisse ...» oder «Blut und Rasse – Der Mischling folgt der ärgeren Hand ...»[136] waren Überschriften im «Stürmer».

«Der Stürmer» veröffentlichte in jeder Ausgabe Leserzuschriften, angeblich aus allen Kreisen der Bevölkerung: «... Seit etlichen Jahren lese ich jetzt Deine Zeitung und möchte Dir dafür danken, daß ich durch diese Zeitung so über die Juden aufgeklärt wurde ... Aber welche Gefahr der Jude für die Menschheit ist, das wußten doch nur wenige ... Die Judenfrage ist erst dann gelöst, wenn mal auf der ganzen Welt die Juden ausgerottet sind. Und restlos ausgerottet müssen sie werden, je schneller, desto besser ...»[137]

Eine besondere Rubrik der Zeitung unter der Überschrift «Kleine Nachrichten»[138] berichtete über deutsche Staatsbürger, die weiterhin Juden als gleichberechtigte Menschen behandelten. Sie wurden als «Judengenossen»[139] oder «Judenknechte»[140] beschimpft und verleumdet; die Zeitung veröffentlichte außerdem Listen mit Namen von Bürgern, die, solange das möglich war, in jüdischen Geschäften kauften oder jüdische Ärzte aufsuchten.

Siehe *Judenverfolgung, Rassenschande*.

Deutschblütiger. Nach nationalsozialistischem Wortverständnis war die Bezeichnung Deutschblütiger vor allem im Gegensatz zu Juden und Sinti und Roma (Zigeunern) anzuwenden, die auf der Grundlage der nationalsozialistischen *Rassenkunde* zu Angehörigen minderwertiger Rassen erklärt worden waren. Die Deutschen dagegen gehörten nach nationalsozialistischer Auffassung in ihrer Mehrheit der hochstehenden *nordischen Rasse* an.

Als amtliche Bezeichnung wurde der Begriff Deutschblütiger in einem Runderlaß des Reichsministers des Innern zum *Blutschutzgesetz* vom 26. November 1935 festgelegt: «Im Geschäftsverkehr sind künftig in der Regel folgende Bezeichnungen zu verwenden: ... für eine Person deutschen oder artverwandten Blutes Deutschblütiger ...»[141]

Als den Deutschen artverwandt galten nach einer nationalsozialistischen Darstellung von 1942 «... die Angehörigen der Völker ..., in denen die Rassen, die für das Blut des deutschen Volkes bestimmend sind, in ähnlicher oder anderer Verteilung maßgebend für den Volkstyp sind. Das sind im wesentlichen die europäischen Völker ...»[142]

Als Adjektiv wurde deutschblütig im Gegensatz zu «fremdrassig» benutzt: «... Natürlich beziehen sich unsere Rassenschutzgesetze auch auf die Zigeuner, da sie ja nicht ‹deutschblütig›, sondern fremdrassig sind ...»[143]

Als Rassenschutzgesetze oder Nürnberger Rassengesetze bezeichneten die Nationalsozialisten das *Reichsbürgergesetz* und das Blutschutzgesetz vom 15. September 1935.

Siehe *Rassenschande*, *Judenverfolgung*, *Endlösung*, *Untermensch*, *Rassenkunde*.

Deutsche Arbeitsfront, DAF. Die Deutsche Arbeitsfront, DAF, wurde am 10. Mai 1933 von der *NSDAP* gegründet, nachdem die Freien Gewerkschaften am 2. Mai 1933 in einer gewaltsamen Aktion von den Nationalsozialisten zerschlagen worden waren. Die DAF war jedoch keine Arbeitnehmer-Schutzorganisation, sondern eine Einheitsorganisation für Arbei-

ter, Angestellte, Handwerker und Gewerbetreibende sowie für Unternehmer, die nach nationalsozialistischer Darstellung als «... gleichberechtigte Mitglieder zusammengeschlossen ...»[144] waren. Die DAF besaß nicht das Recht zum Abschluß von Tarifverträgen.

Zu den Leistungen der DAF gehörten arbeits- und sozialrechtliche Betreuung sowie Berufserziehung und Programme zur Freizeitgestaltung ihrer Mitglieder. Im Vordergrund aber stand die Aufgabe, für Propaganda und für die politische Schulung und Überwachung der Arbeiter zu sorgen: «Nach dem Willen unseres Führers Adolf Hitler ist die Deutsche Arbeitsfront nicht die Stätte, wo die materiellen Fragen des täglichen Arbeitslebens entschieden ... werden ... Das hohe Ziel der Arbeitsfront ist die Erziehung aller im Arbeitsleben stehenden Deutschen zum nationalsozialistischen Staat und zur nationalsozialistischen Gesinnung ...»[145]

Mit der Bildung und Führung der Deutschen Arbeitsfront war Dr. Robert Ley beauftragt, der Reichsorganisationsleiter der NSDAP, der wesentlichen Anteil an der Vernichtung der Gewerkschaften hatte: «... Deshalb schlagen wir dem marxistischen Gesindel seine Hauptwaffe aus der Hand ...»[146], war seine Aufforderung.

Die Arbeitsfront wurde keine Ersatzorganisation für die zerschlagenen Gewerkschaften; sie war keine Arbeitnehmervertretung. Lohntarife, Arbeits- und Urlaubszeiten wurden von *Treuhändern der Arbeit* festgelegt. Die Treuhänder wurden nach den Gesetzen vom 19. Mai 1933 und 20. Januar 1934 von der Reichsregierung bestimmt; ihnen war auch das Aufsichtsrecht in sozialpolitischen Fragen übertragen.

In einer Verordnung Adolf Hitlers vom 24. Oktober 1934 waren «Wesen und Ziel der Deutschen Arbeitsfront» festgesetzt: «... Die Deutsche Arbeitsfront ist die Organisation der schaffenden Deutschen der Stirn und der Faust ... Das Ziel der Deutschen Arbeitsfront ist die Bildung einer wirklichen Volks- und Leistungsgemeinschaft aller Deutschen ...»[147]

Die Hauptaufgaben der DAF waren die politische Schulung der Mitglieder im Sinne des Nationalsozialismus und die vielfältige und zielgerichtete Betreuung der Arbeitnehmer, damit «... jeder einzelne seinen Platz im wirtschaftlichen Leben der Nation in der geistigen und körperlichen Verfassung einnehmen kann, die ihn zu höchsten Leistungen befähigt und damit den größten Nutzen für die Volksgemeinschaft gewährleisten ...»[148]

Bei Schulungsabenden in den Betrieben und bei anderen Veranstaltungen sollten den Arbeitnehmern Ziele und Absichten der Nationalsozialisten nähergebracht werden. Um die Freizeit im Sinne der Leistungssteigerung auszurichten, gründete die DAF die NS-Gemeinschaft «Kraft durch Freude», *KdF*, eine weitverzweigte «Freizeitbewegung»[149], die die Freizeit der Arbeitnehmer von der Tanz- bis zur Reiseveranstaltung organisierte.

Die DAF war wie die NSDAP in die Ebenen *Block, Ortsgruppe, Kreis, Gau* und eine «Reichswaltung»[150] unterteilt. Alle DAF-Führer wurden von dem Führer der DAF, Ley, ernannt, der selbst Hitler unmittelbar unterstellt war.

Die Mitgliedschaft in der Deutschen Arbeitsfront war freiwillig. Wie schwer sich Arbeiter und Angestellte jedoch dem Beitritt entziehen konnten, geht aus einem Urteil des Arbeitsgerichtes Helmstedt vom 8. August 1936 hervor: «... Ein Gefolgsmann, der sich hartnäckig weigert, in die DAF einzutreten, verstößt gegen den Gedanken der Betriebsgemeinschaft. Eine aus diesem Grunde ausgesprochene Kündigung ist nicht unbillig hart ...»[151]

Die DAF war die größte Massenorganisation des nationalsozialistischen Staates. Außer den Einzelmitgliedern gehörten ihr die Mitglieder der *Reichskulturkammer*, der Organisation der gewerblichen Wirtschaft und des *Reichsnährstandes* automatisch an. Die Mitgliederzahl wurde für März 1934 mit 14 Millionen angegeben, sie stieg bis 1942 auf 25 Millionen. Die DAF beschäftigte über 40 000 hauptamtliche Funktionäre. Der Mitgliedsbeitrag für die DAF betrug 1,5 Prozent des monatlichen Einkommens, er wurde bei der Lohn- und Gehaltszahlung gleich einbehalten. Die Gesamteinnahmen der DAF – sie besaß nicht nur die beschlagnahmten Vermögen der früheren Gewerkschaften, sondern auch zahlreiche Wirtschaftsunternehmen, wie zum Beispiel das *Volkswagen*werk – betrugen im Jahre 1939 etwa 540 Millionen Reichsmark.

Siehe *Betriebsführer, Arbeitsbuch, Führergrundsatz, Volksgemeinschaft, Schönheit der Arbeit.*

Deutsche Christen war die Bezeichnung für eine 1932 unter starker Einflußnahme der *NSDAP* entstandene nationalsozialistische Glaubensbewegung innerhalb der deutschen evangelischen Kirche. Ihr Ziel war, die 28 selbständigen Landeskirchen und die Gruppen unterschiedlicher Bekenntnisrichtungen innerhalb der evangelischen Kirche zu einer «Reichskirche» [152] unter ihrer Einflußnahme und Kontrolle zu vereinigen und zentral zu lenken. Auf ihrer ersten Reichstagung im April 1933 – kurz nach der *Machtübernahme* – hieß es entsprechend: «Der Staat Adolf Hitlers ruft nach der Kirche, die Kirche hat den Ruf zu hören.» [153]

Ihre Glaubensrichtlinien äußerten die Deutschen Christen im Dezember 1933 mit Bekenntnissätzen wie: «Wir sind durch Gottes Schöpfung hineingestellt in die Blut- und Schicksalsgemeinschaft des deutschen Volkes und sind als Träger dieses Schicksals verantwortlich für seine Zukunft ... Wie jedem Volk, so hat auch unserem Volk der ewige Gott ein arteigenes Gesetz eingeschaffen. Es gewann Gestalt in dem Führer Adolf Hitler und in dem von ihm geformten nationalsozialistischen Staat ... Ein Volk! – Ein Gott! – Ein Reich! – Eine Kirche!» [154]

Der Plan der Deutschen Christen für die organisatorische Einheit der evangelischen Kirche sah die Einrichtung einer zentralisierten Verwaltung vor in Form einer so bezeichneten Nationalsynode mit einem Reichsbischof an der Spitze. Er sollte von einem innerkirchlichen Gremium, das als Geistliches Ministerium bezeichnet werden sollte, unterstützt werden. Diesen organisatorischen Plänen stimmte auch eine Vielzahl derjenigen Geistlichen und Gläubigen zu, die mit den theologischen Ansichten der Deutschen Christen nicht übereinstimmten, aber eine zentrale Lenkung der evangelischen Kirche begrüßt hätten.

Am 27. 5. 1933 wurde Pfarrer Dr. Friedrich von Bodelschwingh, Leiter der Anstalten in Bethel, von den Vertretern der 28 Landeskirchen zum ersten Reichsbischof der Deutschen Evangelischen Kirche gewählt.

Pfarrer Bodelschwingh war aber nicht der von den Deutschen Christen gewünschte Kandidat; er wurde zum Rücktritt veranlaßt. Unter massiver Beeinflussung des kirchlichen Wahlkampfes durch die Nationalsozialisten setzten die Deutschen Christen am 27. 9. 1933 einen Mann ihrer Wahl als neuen Reichsbischof durch, den Militärpfarrer Ludwig Müller aus Ostpreußen.

Die Zweidrittelmehrheit der Deutschen Christen in der preußischen Generalsynode ermöglichte auch den Erlaß eines innerkirchlichen Gesetzes über die Rechtsverhältnisse der Geistlichen und Kirchenbeamten. Zur Regelung innerkirchlicher Verhältnisse haben die Kirchen das Recht einer eigenen Gesetzgebung. Das neue Gesetz bestimmte, daß Geistlicher oder Kirchenbeamter nur sein dürfe, wer rückhaltlos für den nationalen Staat eintrete und *arischer* Abstammung sei. Das bedeutete, daß unter seinen Großeltern kein Jude sein durfte. In einer Entschließung der Deutschen Christen in Thüringen vom 13. November 1933 hieß es entsprechend: «Wir erwarten von unserer Landeskirche, daß sie den Arierparagraphen – entsprechend dem von der Generalsynode beschlossenen Kirchengesetz – schleunigst und ohne Abschwächung durchführt.» [155]

Vor allem aus Protest gegen die Einführung des *Arierparagraphen* für Geistliche und Kirchenbeamte rief Pastor Martin

Niemöller zur Gründung des Pfarrernotbundes auf, aus dem sich die *Bekennende Kirche* entwickelte. Durch sie vor allem verstärkte sich der innerkirchliche Widerstand gegen die Deutschen Christen, die bald in viele kleine Gruppierungen auseinanderfielen.

Reichsbischof Müller verlor seinen Einfluß und seine Befugnisse, behielt aber seinen Titel.

1935 wurde ein Reichskirchenministerium eingerichtet mit der Aufgabenstellung, die Kirche von staatlicher Seite zu kontrollieren.

Siehe *Bekennende Kirche*, *Reichskonkordat*, *gottgläubig*, *Arierparagraph*, *artfremd*.

Deutsche Wochenschau. «Die Deutsche Wochenschau» war der Titel, unter dem 1940 vier Wochenschauen privater Filmgesellschaften unter der Leitung des *Propagandaministeriums* zusammengefaßt wurden.

Die Deutsche Wochenschau war eine ungefähr zwanzig Minuten dauernde Zusammenstellung von dokumentarischen Tonfilmberichten über aktuelle Ereignisse, die in allen Kinos vor Beginn des Spielfilms gezeigt wurde. Die Herstellung jeder Wochenschau wurde vom Ministerium für Volksaufklärung und Propaganda – kurz als Propagandaministerium bezeichnet – überwacht. Jede Wochenschau mußte vom Reichspropagandaminister Dr. Joseph Goebbels persönlich zur Vorführung freigegeben werden.

Da es zu dieser Zeit noch keine Fernsehberichterstattung gab, war das Kino nicht nur eine bedeutende Unterhaltungseinrichtung, sondern auch die einzige Möglichkeit, Filmberichte über wichtige politische, kulturelle oder sportliche Ereignisse zu sehen. Auch in den Außenbezirken der Städte und in kleinen Landgemeinden gab es regelmäßig Kinovorführungen.

Die Nationalsozialisten erkannten klar, daß die Wochenschau im Kino eines der wirksamsten Propagandamittel war: «Die Wochenschau insbesondere ist der gegebene Ort propagandistischer Einwirkung, um die Welt des Führers allen Volksgenossen nahezubringen und sein Wesen als Verkörperung des gesamtdeutschen Seins fühlbar werden zu lassen ...»[156]

Während des Zweiten Weltkrieges, 1939–1945, begleiteten Propagandakompanien, PK – Sondereinheiten der *Wehrmacht* –, die kämpfenden Truppen. In den Kompanien waren Zeitungsjournalisten, Radio- und Filmberichterstatter tätig, deren Berichte vom Propagandaministerium, so auch für die Wochenschau, gesichtet wurden.

Siehe *Propagandaministerium*.

Deutscher Gruß – auch Hitlergruß genannt – war die Bezeichnung für die offizielle Grußform in der Zeit der nationalsozialistischen Herrschaft 1933 bis 1945. Er wurde ausgeführt durch Erheben des ausgestreckten rechten Armes auf Schulterhöhe und die Worte «*Heil Hitler*».

Schon vor der *Machtübernahme* 1933 war diese Begrüßung zwischen Nationalsozialisten üblich. Nach der Machtergreifung wurde offiziell versucht, den Deutschen Gruß in allen Lebensbereichen durchzusetzen. In den «Leitgedanken zur Schulordnung» vom 18. Dezember

1934 zum Beispiel wurde in genauen Vorschriften ausgeführt, wie sich Lehrer und Schüler zu Beginn und am Schluß jeder Schulstunde voreinander stehend mit dem Deutschen Gruß zu begrüßen hatten.

Selbstverständlich war der Gruß in allen Organisationen der *NSDAP* und bei offiziellen Veranstaltungen. Auch vor Fahnen der NSDAP und ihrer *Gliederungen und Angeschlossenen Verbände*, vor Fahnen der *Wehrmacht*, der Polizei, der *Waffen-SS* und des *RAD*, des Reichsarbeitsdienstes, sollte der Deutsche Gruß ohne Aufforderung vollzogen werden. Amtliche Briefe wurden «Mit deutschem Gruß Heil Hitler» [157] unterschrieben.

Obwohl es im öffentlichen Leben und im Verkehr mit Behörden nicht vorgeschrieben war, grüßten viele Menschen mit «Heil Hitler». Viele taten es sicher aus Überzeugung, viele aber auch aus Angst, um nicht als politisch unzuverlässig eingestuft zu werden. Nach den Ereignissen des 20. *Juli* wurde der Deutsche Gruß im August 1944 auch für die *Wehrmacht* verbindlich.

Siehe *Führer, NSDAP, Hakenkreuz, Heil Hitler.*

Deutsches Jungvolk, siehe *Jungvolk.*

Dienstverpflichtung. Die Maßnahme der Dienstverpflichtung bedeutete, daß Arbeiter und Angestellte auf Anweisung staatlicher Behörden aus bestehenden Arbeitsverhältnissen gelöst und zu bestimmten, ihnen zugewiesenen Arbeiten herangezogen werden konnten.

Die Dienstverpflichtung wurde durch Verordnung vom 22. Juni 1938 für «... be-

sonders bedeutsame Aufgaben, deren Durchführung aus staatspolitischen Gründen keinen Aufschub duldet ...» [158] eingeführt. Aufgrund der Verordnung konnten bestehende Beschäftigungsverhältnisse von Arbeitern und Angestellten ohne Kündigung und gegen ihren Willen gelöst werden. Die Arbeitnehmer konnten für eine «... begrenzte Zeit verpflichtet werden, auf einem ihnen zugewiesenen Arbeitsplatz Dienste zu leisten ...» oder «... sich einer bestimmten beruflichen Ausbildung zu unterziehen ...» [159]

Diese Verordnung wurde aufgrund der Verordnung über den *Vierjahresplan* vom Oktober 1936 erlassen. Unmittelbarer Anlaß für die Verordnung zur Dienstverpflichtung war der Ausbau der militärischen Befestigungen an der Westgrenze des Deutschen Reiches, des 630 Kilometer langen Westwalls. Für den Bau der Befestigungsanlage, die von der Schweizer Grenze bis nach Aachen reichte und die aus Panzersperren, Bunkern und Kampfständen bestand, wurden etwa 400 000 Personen dienstverpflichtet. Seit Herbst 1938 wurden zunehmend auch Dienstverpflichtungen für Wirtschaftsbetriebe verfügt, die im Rahmen des Vierjahresplans und für die Rüstung wichtig waren.

Die Dienstverpflichtung wurde zu einer ständigen Maßnahme des nationalsozialistischen Staates; sie bedeutete in der Praxis die zunehmende Lenkung der Arbeitskräfte bei gleichzeitiger Einschränkung ihrer Freizügigkeit, das heißt ihres Rechts, Ausbildngs- und Arbeitsplatz frei zu wählen.

Am 15. Oktober 1938 wurde – auch im Rahmen des Vierjahresplans – die «Notdienstverordnung» erlassen, nach der die

Bevölkerung zu «Notdienstleistungen» [160] wiederum für einen begrenzten Zeitraum herangezogen werden konnte.

Am 13. Februar 1939 wurde mit der «Verordnung zur Sicherstellung des Kräftebedarfs für Aufgaben von besonderer staatspolitischer Bedeutung» bestimmt, daß Dienstverpflichtungen auch für eine unbegrenzte Zeit ausgesprochen werden konnten, in diesen Fällen «... erlischt das bisherige Beschäftigungsverhältnis...» [161] Zu den Aufgaben «von besonderer staatspolitischer Bedeutung» gehörten insbesondere Tätigkeiten in Betrieben der Rüstungsindustrie.

In den Jahren 1938 bis 1940 wurden rund 1,75 Millionen Dienstverpflichtungen angeordnet, ein großer Teil davon allerdings für befristete Zeit.

Im Januar 1943, im vierten Jahr des Zweiten Weltkrieges, 1939–1945, wurde mit der «Verordnung über die Meldung von Männern und Frauen für Aufgaben der Reichsverteidigung» die Dienstverpflichtung auch für Frauen zwischen 17 und 45 Jahren eingeführt.

Siehe *Arbeitsbuch*, *Vierjahresplan*, *Arbeitsscheue*, *besetzte Gebiete*.

Dreimächtepakt. Der Dreimächtepakt wurde während des Zweiten Weltkrieges am 27. September 1940 von Deutschland, Italien und Japan auf 10 Jahre geschlossen.

In der Präambel, das heißt in der Einleitung, hieß es: «Sie haben deshalb beschlossen, bei ihren Bestrebungen im großostasiatischen Raum und in den europäischen Gebieten ... eine neue Ordnung der Dinge zu schaffen ...» [162]

In den Artikeln 1 und 2 wurde diese neu zu schaffende Ordnung näher beschrieben: «Artikel 1. Japan anerkennt und respektiert die Führung Deutschlands und Italiens bei der Schaffung einer neuen Ordnung in Europa. Artikel 2. Deutschland und Italien anerkennen und respektieren die Führung Japans bei der Schaffung einer neuen Ordnung im großostasiatischen Raum.» [163]

In Artikel 3 verpflichteten sich die drei Staaten, «... sich mit allen ... Mitteln gegenseitig zu unterstützen, falls einer der drei vertragschließenden Teile von einer Macht angegriffen wird, die gegenwärtig nicht in den europäischen Krieg oder in den chinesisch-japanischen Konflikt verwickelt ist». [164] Mit dieser Macht waren die USA gemeint, deren Einmischung in den europäischen Krieg oder in den chinesisch-japanischen Konflikt die Vertragschließenden zu verhindern hofften.

Das jeweilige Verhältnis der vertragschließenden Staaten zur Sowjetunion sollte durch den Vertrag nicht berührt werden.

Einen Tag nach ihrem Überfall auf den amerikanischen Flottenstützpunkt Pearl Harbor im Pazifik – am 7. 12. 1941 – erklärten die Japaner den USA auch formell den Krieg. Die Kriegserklärung der USA und Großbritanniens an Japan folgte am 8. 12. 1941. Obwohl durch den Dreimächtepakt keinerlei Verpflichtung zur Hilfestellung geboten war, erklärten das Deutsche Reich und Italien am 11. 12. 1941 Amerika den Krieg. Am selben Tag wurde der Dreimächtepakt durch ein Abkommen ergänzt, nach dem keiner der Vertragschließenden einen Waffenstillstand oder Frieden mit England oder den USA schließen durfte. Am 18. 1. 1942 wurde ein zusätzliches Militärabkommen zwischen Deutschland, Italien und Japan geschlossen.

Aus unterschiedlichen Gründen – zum Teil unter dem Druck, den die nationalsozialistische Regierung auf sie ausübte – traten Ungarn, Rumänien, die Slowakei, Bulgarien und Jugoslawien dem Dreimächtepakt bei. Jugoslawien unterschrieb den Vertrag am 25. 3. 1941, zog aber zwei Tage später seine Unterschrift im Zusammenhang mit einem Staatsstreich gegen die deutschfreundliche jugoslawische Regierung zurück. Das gab den Anlaß für den Angriff der Achsenmächte Deutschland, Italien, Ungarn und Bulgarien auf Jugoslawien, für den so bezeichneten Balkanfeldzug.

Siehe *Achsenmächte, Stahlpakt, Lebensraum, besetzte Gebiete.*

Drittes Reich   ist eine Bezeichnung für das Deutsche Reich zwischen 1933 und 1945. Der Begriff ist ohne staats- oder völkerrechtliche Bedeutung; er wurde auch bereits vor der Zeit der nationalsozialistischen Herrschaft benutzt. In der Propaganda und in der Geschichtsdarstellung der Nationalsozialisten sollte der Begriff die Überzeugung vermitteln, daß «durch die Tat und den Willen Adolf Hitlers» – mit der Errichtung des nationalsozialistischen Staates – im «Dritten Reich ... die

tausendjährige Sehnsucht der besten Teile des deutschen Volkes erfüllt» [165] werde. Nach nationalsozialistischer Geschichtsdarstellung bestand das Erste Reich, das Heilige Römische Reich Deutscher Nation, von 962 bis 1806, das Zweite Reich, das Kaiserreich der Hohenzollern, von 1871 bis 1918. Die Weimarer Republik wurde als «Zwischenreich» [166] bezeichnet. Der Begriff Drittes Reich wurde außerdem «mit der Erwartung eines tausendjährigen Reiches» [167] verquickt.

Der Begriff Drittes Reich wurde in Reden und Veröffentlichungen häufig benutzt. Am 10. 7. 1939 jedoch wurde auf einer Pressekonferenz des *Propagandaministeriums* angeordnet, daß in der gesamten deutschen Presse der Ausdruck Drittes Reich «nicht mehr verwendet werden» [168] dürfe. Aus Berichten der *Gestapo,* der *Geheimen Staatspolizei,* war bereits seit längerer Zeit hervorgegangen, daß Gegner des Nationalsozialismus in Spottversen und Glossen den Begriff «im vierten Reich» [169] als Ausdruck ihrer Ablehnung des Ewigkeitsanspruches des Dritten Reiches benutzt hatten.

Als Bezeichnung für die Zeit der nationalsozialistischen Gewaltherrschaft ist der Begriff Drittes Reich in Presse, Buchtiteln, Reden, Diskussionen und historischen Betrachtungen in den heutigen Sprachgebrauch übernommen worden.

E

Edelweißpiraten waren Schüler und Lehrlinge, die sich vornehmlich in den größeren Städten im Ruhrgebiet und im Rheinland zu kleineren und größeren Widerstandsgruppen gegen die national-sozialistische Erziehung und Beeinflussung in der *Hitlerjugend* zusammengeschlossen hatten. Die Bezeichnung Edelweißpiraten erhielten die Jugendlichen von den Behörden, die sie verfolgten, vor allen Polizei und *Gestapo, Ge*heime *Staat*spolizei. Die Widerstandshaltung der Jugendgruppen äußerte sich unterschiedlich und reichte von Schlägereien mit HJ-Führern bis zu Überfällen auf Dienststellen der *NSDAP*.

Im Bericht eines Kölner Jugendrichters vom November 1943 wurden die Edelweißpiraten so beschrieben: «... die einfachste Form, in der die Edelweißpiraten nach außen hin in Erscheinung treten, ist das Edelweißabzeichen, das auf oder unter dem linken Rockaufschlag getragen wird ... Beliebter und weiter verbreitet als das immerhin schwer zu beschaffende Edelweißabzeichen ist das Tragen bunter Stecknadeln, die in der Reversecke des linken Rockaufschlages einzeln (Edelweißfarbe) oder zu mehreren (Edelweiß, schwarz, rot, gelb) getragen werden ...»[170] In dem Bericht wurde betont, daß die Bekämpfung der Edelweißpiraten «... augenblicklich das brennendste Problem der Jugendgefährdung darstellt ...»[171].

Im November 1944 wurden 13 Edelweißpiraten aus Köln – ohne Anklage und ohne Gerichtsverfahren – von der Gestapo als Kriminelle gehängt. Von der Gestapo verhängte Strafmaßnahmen unterlagen keinerlei gerichtlicher Kontrolle. Die Kölner Edelweißpiraten hatten sowjetische Kriegsgefangene mit Lebensmitteln versorgt, sie hatten kleinere Anschläge auf Parteiführer der NSDAP oder deren Dienststellen verübt.

Jugendliche Widerstandsgruppen wurden von den Nationalsozialisten auch als «Wilde Jugendgruppen»[172] oder als «jugendliche Cliquen»[173] bezeichnet. Ihr Widerstand richtete sich in vielen Fällen nur gegen den Pflichtdienst in der HJ. Es gab auch politisch aktive Gruppen, die in Flugblättern auf die Verbrechen und das Unrecht der Nationalsozialisten aufmerksam machten, und es gab kriminelle Jugendgruppen.

Im Gegensatz zu den Edelweißpiraten, die zumeist aus Arbeiterfamilien stammten, fanden sich, vorwiegend in Berlin und Hamburg, Protestgruppen von Jugendlichen bürgerlicher Herkunft zusammen. Sie wurden als Swing-Cliquen bezeichnet; ihr Widerstand zeigte sich vornehmlich in langen Haaren, lässiger Kleidung und Körperhaltung und in der Vorliebe für Swingmusik – alles Erscheinungsformen, die im nationalsozialistischen Staat verpönt waren und bekämpft wurden.

Der Reichsminister der Justiz erließ 1944 im Einvernehmen mit dem *Reichsführer-SS und Chef der Deutschen Polizei* und mit dem *Reichsjugendführer* «Richtlinien zur Bekämpfung jugendlicher Cliquen»[174], in denen es unter anderem hieß: «... die ständig zunehmende Zahl von Cliquenbildungen begründet die ernste Gefahr einer politischen und moralischen Zersetzung der Jugend. Die nachdrückliche Bekämpfung der Cliquen gehört daher zu den wichtigsten Aufgaben der Jugendstrafrechtspflege ... Bei der Auswahl der Maßnahmen darf jedoch der Gesichtspunkt der Abschreckung nicht außer Betracht gelassen werden. Unangebrachte Milde ist ... fehl am Platze ...»[175].

Aus amerikanischen Ermittlungen wurde bekannt, daß das «... Konzentrationslager in Neuwied ausschließlich für Jungen unter 20 Jahre bestimmt war (April 1944) ...»[176].

Siehe *Hitlerjugend, Weiße Rose, Kreisauer Kreis, 20. Juli, Bekennende Kirche, Rote Kapelle.*

Ehetauglichkeitszeugnis. Das Ehetauglichkeitszeugnis war eine Bescheinigung des Gesundheitsamtes, die jedes Brautpaar vor der Hochzeit auf dem Standesamt vorlegen sollte. Das am 18. Oktober 1935 verkündete «Gesetz zum Schutze der Erbgesundheit des deutschen Volkes», das auch Ehegesundheitsgesetz genannt wurde, sollte alle nach Ansicht der Nationalsozialisten unerwünschten und nach ihrer Auffassung minderwertigen Nachkommen verhindern. Das Gesetz verbot daher in einer Reihe von Fällen die Eheschließung: «... Vor der Eheschließung haben die Verlobten durch ein Zeugnis des Gesundheitsamtes (Ehetauglichkeitszeugnis) nachzuweisen, daß ein Ehehindernis nach § 1 nicht vorliegt ...»[177]

Als Ehehindernis galt, wenn einer der Partner an einer mit Ansteckungsgefahr verbundenen Krankheit litt, die nach nationalsozialistischer Ansicht eine erhebliche gesundheitliche Schädigung des Partners oder der Nachkommen befürchten ließ. Zu derartigen Krankheiten zählten die Nationalsozialisten Geschlechtskrankheiten und Tuberkulose sowie geistige Störungen, «... die die Ehe für die Volksgemeinschaft unerwünscht erscheinen ...»[178] ließen. Die weiteren Verbote des Gesetzes bezogen sich auf die im «Gesetz zur Verhütung erbkranken Nachwuchses» vom 14. Juli 1933 aufgeführten Krankheiten, zu denen erbliche Blindheit, erbliche Taubheit, Epilepsie und schwere körperliche Mißbildungen zählten.

Weiterhin sollte auf den Ehetauglichkeitszeugnissen bescheinigt werden, daß einer Eheschließung nach Paragraph 6 der ersten Durchführungsverordnung zum *Blutschutzgesetz* – das Blutschutzgesetz verbot Ehen zwischen Nicht-Juden und Juden – nichts entgegenstünde: «Eine Ehe soll ferner nicht geschlossen werden, wenn aus ihr eine die Reinerhaltung des deutschen Blutes gefährdende Nachkommenschaft zu erwarten ist.»[179] In einem Gesetzeskommentar hieß es, daß diese Bestimmungen die Eheschließungen «zum Beispiel mit Negern und Zigeunern»[180] betreffe. Sie wurde später auch auf Eheschließungen zwischen Deutschen und Angehörigen osteuropäischer Völker ausgedehnt.

Zuwiderhandlungen gegen die Anordnungen des Ehegesundheitsgesetzes konnten mit Gefängnis bestraft werden.

Siehe *erbkranker Nachwuchs, Rassenkunde, lebensunwertes Leben, Euthanasiebefehl.*

Ehrenbuch für die deutsche kinderreiche Familie war die Bezeichnung für einen Ausweis, mit dem die kinderreiche Familien alle für sie verfügten Vergünstigungen, zum Beispiel Kinderbeihilfen, in Anspruch nehmen konnten.

Das Ehrenbuch wurde als «Auszeichnung für die Pflichterfüllung zur Zukunftssicherung des deutschen Volkes»[181] bezeichnet und auf Antrag vom «Reichsbund der Kinderreichen» an seine Mitglieder ausgehändigt. Der Reichsbund bestand seit 1920, wurde vom Rassenpolitischen Amt der *NSDAP* «betreut»[182] und war der «allein anerkannte Zusammenschluß der deutschen kinderreichen Familien».[183]

Eine «Ehrenkarte für kinderreiche deutsche Mütter» sollte Müttern Ehrenplätze bei Veranstaltungen und zum Beispiel das Vortrittsrecht an Behördenschaltern sichern. Die Vergünstigungen wurden nur «deutschblütigen, lebenstüchtigen und erbgesunden Familien»[184] zuerkannt. Auf welche Familien das zutraf, entschied die Partei oder stellvertretend für sie der Reichsbund der Kinderreichen. Die nach Ansicht der Nationalsozialisten «asozialen und die erbkranken Familien, die hemmungslos unerwünschte Kinder in die Welt setzten», durften den «Ehrennamen ‹kinderreich›»[185] nicht tragen und keinen Antrag auf Vergünstigungen stellen. Sie hatten zwar viele Kinder, galten aber nach nationalsozialistischer Auffassung nicht als «kinderreich».

Siehe *Mutterkreuz, erbkranker Nachwuchs, lebensunwertes Leben, Asoziale, deutschblütig.*

Eindeutschung, seltener ist «Rückdeutschung»[186], oder «Wiedereindeutschung»[187] waren Ausdrücke der nationalsozialistischen Amtssprache für Maß-nahmen zur Feststellung der Volkszugehörigkeit und der Festlegung der Staatsangehörigkeit nach unterschiedlichen Gesichtspunkten und Stufungen für

1. *Volksdeutsche* – Menschen deutscher Abstammung, die – zum Beispiel durch Gebietsabtrennungen nach dem Ersten Weltkrieg 1914–1918 – Staatsangehörige fremder oder neugebildeter Staaten geworden waren – und

2. für Angehörige fremder Völker, soweit sie nach nationalsozialistischer Beurteilung «rassisch einen wertvollen Bevölkerungszuwachs»[188] bedeuten konnten.

Die Maßnahmen waren Teil der von den Nationalsozialisten angestrebten *Germanisierung* Osteuropas, die die Vertreibung der dort ansässigen Bevölkerung aus ihrer Heimat beinhaltete. Den Ausführungsauftrag erhielt der *Reichsführer-SS* Heinrich Himmler mit dem «Erlaß des Führers und Reichskanzlers zur Festigung deutschen Volkstums». Himmler erklärte 1942: «Unsere Aufgabe ist es, den Osten nicht im alten Sinne zu germanisieren, das heißt, den dort wohnenden Menschen deutsche Sprache und deutsche Gesetze beizubringen, sondern dafür zu sorgen, daß im Osten nur Menschen wirklich deutschen germanischen Blutes wohnen.»[189]

Die ersten Eindeutschungsmaßnahmen wurden 1939 in den eingegliederten Ostgebieten – den *Gauen* Danzig-Westpreußen, Wartheland und Oberschlesien – durchgeführt. Die Eingliederung dieser westpolnischen Gebiete in das Deutsche Reich war kurz nach Beendigung der Kampfhandlungen im Oktober 1939 von Adolf Hitler verfügt worden. Eine zwangsläufige Zuerkennung der deutschen Staatsangehörigkeit für die dort lebenden Bewohner war nicht vorgesehen. Die in diesen Gebieten ansässige Bevölkerung einschließlich der Volksdeutschen wurde einem entwürdigenden System der abgestuften Eindeutschung unterzogen. Grundlage dafür war einerseits die völkische Abstammung – es mußte der Nachweis erbracht werden, ob der betreffende Bürger überwiegend deutscher oder polnischer Abstammung war –, andererseits die politische Haltung in der Vergangenheit.

In den einzelnen Gauen wurden die Maßnahmen sehr unterschiedlich gehandhabt. Nach Auseinandersetzungen insbesondere zwischen dem Reichsinnenminister und dem Reichskommissar für die Festigung deutschen Volkstums, Heinrich Himmler, über Strenge und Maßstäbe des Verfahrens, lag am 4. 3. 1941 die Verordnung über die Deutsche Volksliste, DVL, mit einheitlichen Bestimmungen vor.

Nach der Deutschen Volksliste wurde die Volks- und Staatszugehörigkeit in vier Klassen mit unterschiedlichen Rechten unterteilt und auf verschiedenfarbigen Ausweisen bescheinigt. Zu den Gruppen 1 und 2 wurden Personen deutscher Abstammung gerechnet, die sich «nachweislich ihr Deutschtum bewahrt»[190] hatten. Sie erhielten die deutsche Staatsbürgerschaft. Angehörige der Gruppe 1 wurden auch für die Mitgliedschaft in der NSDAP vorgesehen.

In die Gruppe 3 wurden Personen von überwiegend deutscher Herkunft und Gesinnung aufgenommen, die aber «Bindungen zum Polentum»[191] eingegangen waren, sowie Angehörige kaschu-

bischer, masurischer und oberschlesischer Volksgruppen. Sie erhielten nach einer weiteren Verordnung vom 31. 1. 1942 die «Staatsangehörigkeit auf Widerruf»[192]. Diese Gruppe mußte sich nach Himmlers Forderung vor der Einstufung einer rasse-gesundheitlichen Untersuchung des Rasse- und Siedlungshauptamtes der SS unterziehen.

Der Gruppe 4 wurden die «polonisierten Deutschen»[193] zugeordnet. Das waren zum Beispiel mit Polen verheiratete Deutsche oder solche, die sich in «rein polnischer Umgebung»[194] bewegt und damit angeblich ihr Deutschtum aufgegeben hatten. Sie erhielten nur die Anwartschaft auf eine deutsche Staatsangehörigkeit auf Widerruf. Sie sollten im Deutschen Reich arbeiten, jedem polnischen Einfluß entzogen und einer nationalsozialistischen Umerziehung unterworfen werden: Sie sollten sich die Eindeutschung sozusagen erdienen.

«Erbbiologisch minderwertige Personen»[195] – zum Beispiel Menschen mit Behinderungen – und «Politisch besonders schwer belastete Personen»[196] – zum Beispiel Angehörige politischer Verbände – wurden in ein *KZ* eingeliefert.

Den Gruppen 3 und 4 wurden auch Polen und zu einem späteren Zeitpunkt Ukrainer, Russen, Tschechen und Litauer zugeordnet. Sie hatten sich entweder wegen der damit verbundenen Vergünstigung freiwillig um eine Eindeutschung beworben, oder sie waren dazu gezwungen worden, weil sie nach Ansicht der SS einen «rassisch wertvollen Bevölkerungszuwachs» bedeuteten.

Zu den «eindeutschungsfähigen Personen»[197] wurden auch «polnische Kinder, die als rassisch wertvoll befunden worden waren»[198] gezählt. Zu Tausenden wurden sie von ihren Eltern getrennt, in *Lebensborn*-Heime der SS gebracht oder deutschen Familien übergeben.

Die Maßnahmen der Eindeutschung sollten nicht nur zur «Vermehrung des rassisch erwünschten Bevölkerungszuwachses für das deutsche Volk»[199] beitragen, sondern auch «eine qualitative Minderung der Führerschicht im fremden Volkstum»[200] bewirken.

1944 waren in den eingegliederten Ostgebieten rund 2,75 Millionen Menschen in der Deutschen Volksliste registriert, davon etwa 1,7 Millionen in den Gruppen 1 und 2 und etwa die gleich große Anzahl in der Gruppe 3. In der Gruppe 4 waren es etwa 83 000. Etwa 6 Millionen Menschen waren als recht- und staatenlose Schutzangehörige registriert, die zahlreichen herabwürdigenden Ausnahmebestimmungen unterworfen wurden, die vor allem eine strenge Trennung zwischen ihnen – den sogenannten *Fremdvölkischen* – und den deutschen Staatsangehörigen bewirken sollten.

Siehe *Volksdeutsche, Germanisierung, Untermensch, besetzte Gebiete, Reichskommissar, SS.*

Einsatzgruppen waren besondere mobile Einrichtungen der *Sicherheitspolizei* und des *SD*, des Sicherheitsdienstes der SS. Zur Erfüllung von «Sonderaufgaben im Auftrag des Führers»[201] aufgestellt, bildeten sie eines der Terrorwerkzeuge des nationalsozialistischen Herrschaftsapparates. Sie wurden bei der Verfolgung und dem organisierten Massenmord an politischen Gegnern und den als rassisch minderwertig bezeichneten Juden, Polen und Sinti und Roma (Zigeunern) in den annektierten, das heißt angeeigneten, und in den *besetzten Gebieten* Europas eingesetzt.

Die Einsatzgruppen waren motorisierte, nicht dauernd an den gleichen Standort gebundene Polizeieinheiten, die jeweils für einen besonderen Auftrag gebildet wurden. Geführt wurden sie von Angehörigen der *Gestapo*, der *Ge*heimen *Sta*ats*po*lizei, der Kriminalpolizei und des SD. Das Führungspersonal stellte sich freiwillig zur Verfügung. Die Mannschaften bestanden aus Angehörigen der Ordnungspolizei und der *Waffen-SS*. Die Größe der Einheiten, zu denen auch technisches und Schreibstubenpersonal gehörte, lag zwischen 600 und 900 Mann.

Bereits während der Besetzung Österreichs im März 1938, des Sudetenlandes im Oktober 1938 und der Rest-Tschechoslowakei im März 1939 waren Einsatzkommandos der Sicherheitspolizei den einmarschierenden Truppen gefolgt. Ihre Aufgabe war es, «systematisch durch Verhaftung, Beschlagnahme und Sicherstellung wichtigsten politischen Materials heftige Schläge gegen die reichsfeindlichen Elemente»[202] zu führen. Die Verhafteten wurden nach willkürlichen Verfahren, Verhören und Folterungen in Konzentrationslager, *KZ*, überstellt.

Die Umwandlung der Einsatzgruppen in Mordkommandos erfolgte mit ihrem Einsatz bei Beginn des Zweiten Weltkrieges am 1. September 1939. Sechs Einsatzgruppen – zu diesem Zeitpunkt lediglich als Einsatzgruppen der Sicherheitspolizei bezeichnet, obwohl ihnen auch SD-Männer angehörten – folgten den in Polen einmarschierenden Truppen der *Wehrmacht*. Im Operationsgebiet der Wehrmacht unterstellt, führten sie ihre Aktionen tatsächlich aber weitgehend selbständig durch. In den eroberten Gebieten Polens – unmittelbar hinter der Front – führten die Einsatzgruppen nicht mehr nur einzelne Mordaktionen durch: Nach vorbereiteten Fahndungslisten ermordeten sie Tausende von einflußreichen polnischen Bürgern, Adlige, Intellektuelle, Geistliche, Arbeiter und Gewerkschafter.

Durch Erlaß vom 20. 11. 1939 wurden die Einsatzgruppen aufgelöst und mit ihnen die örtlichen Dienststellen der Gestapo, der Kriminalpolizei und des SD beziehungsweise der Sicherheitspolizei und des SD gebildet.

Im Krieg gegen Rußland, der am 22. 6. 1941 begann, wurde jeder der vier Heeresgruppen der Wehrmacht eine neu errichtete Einsatzgruppe zugeordnet. Die Kommandos trugen jetzt die Bezeichnung «Einsatzgruppen der Sicherheitspolizei und des SD». Sicherheitspolizei und SD waren 1939 im *Reichssicherheitshauptamt* zusammengefaßt worden, dem mächtigsten Amt in der Institution *Reichsführer-SS und Chef der Deutschen Polizei*, deren Chef Heinrich Himmler war. Das Reichssicherheitshauptamt erteilte den Einsatzgruppen die Weisungen.

Aus einem Befehl des Oberkommandos des Heeres vom 28. 4. 1941 ging hervor, daß der SS – bereits bei den Vorbereitungen des Angriffs auf die Sowjetunion – von der Wehrmacht zugesichert worden war, daß sie ihre Maßnahmen «in eigener Verantwortlichkeit» durchführen konn-

te. Sie war «berechtigt, im Rahmen ihres Auftrages in eigener Verantwortung gegenüber der Zivilbevölkerung Exekutivmaßnahmen zu treffen»[203], das bedeutete zu verhaften, zu bestrafen, zu töten. Die Aktionen der Einsatzgruppen erfolgten in Zusammenarbeit mit den Armee-Oberkommandos der Wehrmacht.

Außer mündlich erteilten Befehlen bekamen die Einsatzgruppen am 2. 7. 1941 den schriftlichen Befehl des Chefs der Sicherheitspolizei und des SD Reinhard Heydrich: «4. Exekutionen

Zu exekutieren sind alle Funktionäre der Komintern (wie überhaupt die kommunistischen Berufspolitiker schlechthin), die höheren, mittleren und radikalen unteren Funktionäre der Partei, der Zentralkomitees, der Gau- und Gebietskomitees, Volkskommissare, Juden in Partei- und Staatsstellungen, sonstige radikale Elemente (Saboteure, Propagandeure, Heckenschützen, Attentäter, Hetzer usw.).»[204]

Der Befehl sollte zur Handhabe für die Ermordung unzähliger Menschen der sowjetischen Zivilbevölkerung werden. Außer den in diesem Befehl einschränkend angeführten «Juden in Partei- und Staatsstellungen» wurde nahezu die gesamte jüdische Bevölkerung der eroberten Gebiete durch Massenerschießungen ermordet und in Massengräbern verscharrt: «die sicherheitspolizeiliche Säuberungsarbeit» hatte «gemäß den grundsätzlichen Befehlen eine möglichst umfassende Beseitigung der Juden zum Ziel».[205]

Das Reichssicherheitshauptamt gab in sogenannten Ereignismeldungen Zahlen über die Tätigkeit der Einsatzgruppen in der Sowjetunion an: Die Einsatzgruppe A im Baltikum liquidierte, das heißt ermordete etwa 250 000 Männer, Frauen und Kinder; die Einsatzgruppe B in Weißruthenien etwa 70 000 Menschen; die Einsatzgruppe C in der Ukraine etwa 150 000 Menschen; die Einsatzgruppe D in der Südukraine und auf der Krim etwa 90 000 Menschen.

In dem Zeitraum von Juni 1941 bis April 1942 wurden fast 560 000 Menschen von den Einsatzgruppen umgebracht. Die vier Einsatzgruppen bestanden 1941 aus insgesamt 3000 Mann.

Die Einsatzgruppe B war die erste SS-Einheit, die ihre Mordaktionen nicht nur durch Massenerschießungen ausführte, sondern vor allem für die Tötung von Frauen und Kindern auch Gaswagen benutzte. Das waren LKW mit einem kastenartigen Holzaufbau auf der Ladefläche, in den die Auspuffgase mit Schläuchen eingeführt wurden.

Ohlendorf, der Leiter dieser Einsatzgruppe, schilderte: «Den Gaswagen sah man von außen den Verwendungszweck nicht an ... Sie waren so eingerichtet, daß nach Anlaufen der Motore Gas ... den Tod in etwa zehn bis fünfzehn Minuten herbeiführte.»[206]

Einzelne Einsatzgruppen waren dafür zuständig, daß in den Kriegsgefangenenlagern Gegner des Nationalsozialismus und Juden «ausgesondert»[207] wurden.

Später wurden weitere Einsatzgruppen gebildet, zuständig für den Balkan, Rumänien und die Slowakei. Zu ihnen gehörte das Sondereinsatzkommando Adolf Eichmann. Es schickte etwa 200 000 Juden zur Ermordung in das Konzentrations- und *Vernichtungslager Auschwitz*.

Seit 1943, nach der Niederlage in Stalin-

grad, befand sich die deutsche Wehrmacht in Rußland auf dem Rückzug. Die SS wollte die Spuren ihrer Vernichtungsaktionen, die zahllosen Massengräber, beseitigen. Dafür wurde das Sonderkommando 1005 eingerichtet: Die Massengräber wurden geöffnet, die Leichen ausgegraben und verbrannt. Diese Arbeiten mußten Juden und andere Häftlinge aus Konzentrationslagern, später auch Männer aus der einheimischen Bevölkerung durchführen. Die meisten von ihnen wurden danach als Mitwisser von der SS getötet.

Im Rahmen der gesamten SS wurden die Einsatzgruppen im *Nürnberger Prozeß* zu verbrecherischen Organisationen erklärt.

Siehe *Gaskammern, Untermensch, besetzte Gebiete, Wehrmacht.*

Endlösung, im vollen Wortlaut «Endlösung der Judenfrage»[208], war die Umschreibung der Nationalsozialisten für die Vertreibung und Ermordung der Juden aus Deutschland, aus allen von deutschen Truppen besetzten und vom Deutschen Reich beherrschten Gebieten Europas.

Adolf Hitler hatte seine Absicht, die Juden zu vernichten, schon am 30. Januar 1939 in einer Rede vor dem Reichstag offen zu erkennen gegeben: «Wenn es dem internationalen Finanzjudentum innerhalb und außerhalb Europas gelingen sollte, die Völker noch einmal in einen Weltkrieg zu stürzen, dann wird das Ergebnis nicht die Bolschewisierung der Erde und damit der Sieg des Judentums sein, sondern die Vernichtung der jüdischen Rasse in Europa!»[209]

Am 12. März 1941 wurde die Formulierung «Endlösung der Judenfrage» von Adolf Eichmann, dem Leiter des Judenreferats im *Reichssicherheitshauptamt* der *SS*, und am 29. Mai 1941 in einem Befehl des Reichssicherheitshauptamtes an *Gestapo*- und *SD*-Behörden in Form eines Hinweises auf die «... kommende Endlösung der Judenfrage»[210] verwendet.

Zu diesem Zeitpunkt waren in Polen bereits Tausende von Juden bei Massenerschießungen der *SS-Einsatzgruppen* ermordet worden; die Verschleppung der polnischen Juden in Gettos und *KZ* hatte begonnen. Seit dem 22. Juni 1941 folgten Einsatzgruppen mit der Aufgabe, «... eine möglichst umfassende Beseitigung der Juden»[211] herbeizuführen, auch den in die Sowjetunion einmarschierenden deutschen Truppen der *Wehrmacht*.

Der schriftliche Auftrag, den Massenmord planmäßig zu organisieren, erging am 31. Juli 1941 von Hermann Göring an den Chef der *Sicherheitspolizei* und des *SD*, dem Leiter des Reichssicherheitshauptamtes, Reinhard Heydrich: «Ich beauftrage Sie weiter, mir in Bälde einen Gesamtentwurf über die organisatorischen, sachlichen und materiellen Vorausmaßnahmen zur Durchführung der angestrebten Endlösung der Judenfrage vorzulegen.»[212] Dieser Aufforderung zur umfassenden Organisation der «Endlösung der Judenfrage» wurde am 20. Januar 1942 auf der *Wannsee-Konferenz* mit Teilnehmern aller zu beteiligenden Dienststellen und Ministerien entsprochen.

Im September 1941 – vier Monate vor der Wannsee-Konferenz – hatten in dem *KZ Auschwitz* erste Versuche, Menschen mit Giftgas zu töten, stattgefunden. Im Oktober 1941 war der erste Befehl für Judendeportationen aus dem Deutschen Reich erlassen worden. Am 23. Oktober folgte das Emigrationsverbot. Im Dezember 1941 wurde in dem *Vernichtungslager* Chelmno in Polen mit der Massentötung in fahrbaren *Gaskammern*, in die Motorgase einströmten, begonnen.

Die Wannsee-Konferenz diente also nicht dem Beschluß der Massentötung, sondern der Koordinierung bereits erfolgter und der Planung zukünftiger Maßnahmen.

Die Leitung der systematischen Durchführung der Endlösung übernahm das Reichssicherheitshauptamt, das mächtigste Amt der Institution *Reichsführer-SS und Chef der Deutschen Polizei*.

Ab 1942 wurden die Juden aus allen Ländern im nationalsozialistischen Herrschaftsbereich mit Massentransporten in die KZ und Vernichtungslager gebracht. In den Konzentrationslagern wurde ihre Arbeitskraft bis zur Erschöpfung ausgenutzt, sie starben unter Mißhandlungen und an den Folgen medizinischer Experimente. In den Vernichtungslagern wurden sie in Gaskammern und bei Massenerschießungen getötet, ihre Leichen wurden anschließend in den Krematorien der Lager verbrannt oder in Massengräbern verscharrt.

Die Worte des Generalgouverneurs von Polen Hans Frank vom 16. Dezember 1941 waren grausame Wirklichkeit geworden: «Mitleid wollen wir grundsätzlich nur mit dem deutschen Volk haben, sonst mit niemandem auf der Welt ... Aber was soll mit den Juden geschehen? ... Wir müssen die Juden vernichten, wo immer wir sie treffen.»[213]

Die Länder Europas beklagen nach Forschungsergebnissen, die sich fast ausschließlich auf Unterlagen der SS stützen, als Opfer der Endlösung ungefähr fünf Millionen Juden.

Siehe *Judenverfolgung, Vernichtungslager.*

Endsieg war in den letzten Jahren des Zweiten Weltkrieges, 1939–1945, ein häufig benutztes Schlagwort der nationalsozialistischen Propaganda.

Im Oktober 1944, als sowjetische Truppen sich der Ostgrenze des Deutschen Reiches, amerikanische und englische Verbände sich Aachen näherten, schrieb Goebbels in der Wochenzeitung «*Das Reich*»: «... Wenn die allgemeine Kriegsentwicklung auch unseren Chancen gegenüber stark rückfällig geworden ist..., unsere Aussichten auf den kommenden Endsieg bleiben weiterhin völlig intakt...»[214]

Siehe *Totaler Krieg, Volkssturm, besetzte Gebiete.*

entartete Kunst war ein Begriff der Nationalsozialisten für Werke von Malern und Bildhauern der modernen – zum Beispiel der abstrakten, expressionistischen oder kubistischen – Kunstrichtungen; als entartet galten außerdem Werke, deren sozialpolitischer Gehalt von den Nationalsozialisten abgelehnt wurde. Als entartete Kunst verboten wurden die Bilder weltberühmter Künstler wie Pablo Picasso, Otto Dix, Marc Chagall, Franz Marc, Paul Klee, Max Beckmann, Paula Modersohn-Becker, George Grosz oder Käthe Kollwitz. Die Nationalsozialisten erklärten dazu: «Wir lehnen die Modernen nicht ab, weil sie modern sind, sondern weil sie in ihrer zügellosen individualistischen Willkür geistig destruktiv gewirkt ... und ein Untermenschentum propagiert haben ...»[215]

«Entartete Kunst» war im Juli 1937 auch der Titel einer Wanderausstellung, die in München eröffnet wurde; in ihr wurden Kunstwerke der jetzt verfemten Künstler gezeigt, die vorher in Galerien und Museen beschlagnahmt worden waren. Rund 5000 Gemälde und etwa 12000 Grafiken wurden damals aus öffentlichen Sammlungen im Deutschen Reich als entartete Kunst entfernt.

Viele der als entartet gebrandmarkten Künstler mußten Deutschland verlassen. Für die Werke deutscher Künstler, die Juden waren, prägten nationalsozialistische Kunstkritiker die Bezeichnung «jüdische Kunst»[216].

Eine andere Gruppe von Künstlern «der Verfallszeit»[217] wurde als «Kunstbolschewisten»[218] bezeichnet: gemeint waren Künstler, die in ihren Werken soziale Mißstände, die Not armer und das Elend kranker Menschen darstellten.

Im Mai 1938 wurde das «Gesetz über Einziehung von Erzeugnissen entarteter Kunst» erlassen. Danach konnten Kunstwerke, die vor dem Inkrafttreten des Gesetzes als Erzeugnisse entarteter Kunst beschlagnahmt worden waren, ohne Entschädigung für den Besitzer oder den Künstler «... zu Gunsten des Reiches ...»[219] eingezogen werden.

In Luzern in der Schweiz wurden im Mai 1938 125 Werke so bezeichneter entarteter Kunst öffentlich versteigert; im März 1939 wurden in Berlin über 1000 Ölgemälde und über 3000 Aquarelle, Zeichnungen und Grafiken öffentlich verbrannt.

Der Begriff entartete Kunst bezeichnete zwar vor allem Kunstwerke der bildenden Kunst, wurde aber ebenso auf Werke aus Musik, Literatur, Theater, Film und Architektur angewendet, die dem Kunstverständnis der Nationalsozialisten nicht entsprachen. Ihre Verbreitung wurde verboten.

Siehe *Bücherverbrennung, Reichskulturkammer, Untermensch, Bauten des Führers.*

Erbhof war nach nationalsozialistischem Recht der «... unveräußerliche und unbelastbare, unteilbar auf den Anerben übergehende land- und forstwirtschaftliche Besitz eines Bauern ...»[220]

Mit der Begründung, «... unter Sicherung alter deutscher Erbsitte das Bauerntum als Blutquelle des deutschen Volkes ...»[221] zu erhalten, erließen die Nationalsozialisten am 29. September 1933 das Reichserbhofgesetz, durch das rund 35 Prozent der land- und forstwirtschaftlich genutzten Besitzungen im Deutschen Reich zu Erbhöfen erklärt wurden. Ein Erbhof durfte nicht kleiner als 7,5 und nicht größer als 125 Hektar sein. Die Größe von 7,5 Hektar – ein Hektar sind 10 000 Quadratmeter – entsprach laut Gesetz einer «Ackernahrung», das war «... diejenige Menge Landes ..., welche notwendig ist, um eine Familie unabhängig vom Markt und der allgemeinen Wirtschaftslage zu ernähren und zu bekleiden sowie den Wirtschaftsablauf des Erbhofes zu erhalten ...»[222]

Zum Erbhof konnte nur Grundeigentum erklärt werden, das sich im Alleineigentum einer «... bauernfähigen Person ...»[223] befand; die Befähigung war im Gesetz erklärt: «... Er muß fähig sein, den Hof ordnungsgemäß zu bewirtschaften. Mangelnde Altersreife allein bildet keinen Hinderungsgrund ...»[224] Der Eigentümer eines Erbhofes erhielt durch das Gesetz die Bezeichnung Bauer: «Nur der Eigentümer eines Erbhofes heißt Bauer. Der Eigentümer oder Besitzer anderen land- oder fortwirtschaftlich genutzten Grundeigentums heißt Landwirt ...»[225]

Im Paragraph 13 bestimmte das Gesetz: «... Bauer kann nur sein, wer deutschen oder stammesgleichen Blutes ist. Deutschen oder stammesgleichen Blutes ist nicht, wer unter seinen Vorfahren väterlicher- oder mütterlicherseits jüdisches oder farbiges Blut hat ...»[226] Stichtag für den geforderten Nachweis der Vorfahren war der 1. Januar 1800.

Grundlage dieser Bestimmung war die nationalsozialistische *Rassenkunde*, nach der die Menschen in Angehörige höher- oder minderwertiger Rassen eingeteilt wurden.

Die wirtschaftlichen Bestimmungen des Reichserbhofgesetzes brachten für die betroffenen Bauern nicht nur Vorteile: Der Erbhof mußte ungeteilt auf den Anerben, im allgemeinen einen Sohn des Bauern, übergehen; der Erbhof war unveräußerlich und unbelastbar: das heißt, der Erbhof durfte nicht verkauft und nicht verschuldet werden.

«Zur Erhaltung der bäuerlichen Lebensordnung»[227] wurden «Bauerngerichte»[228] gebildet, in denen neben den Richtern mit «gleicher Richtermacht»[229] ausgestattete Bauern saßen. Sie hatten über alle «den Erbhof und seine Sippe»[230] – das bedeutete hier Familie – betreffenden Belange zu entscheiden.

Zusammen mit dem Gesetz über den *Reichsnährstand* war das Reichserbhofgesetz wichtigster Inhalt der nationalsozialistischen Landwirtschaftspolitik.

Siehe *Blut und Boden, Reichsnährstand, Lebensraum.*

Erbkranker Nachwuchs. Zu den erklärten Absichten der Nationalsozialisten gehörte der Plan, aus dem deutschen Volk ein allen anderen Völkern überlegenes «Herrenvolk»[231] zu züchten. Nach Adolf Hitlers Aussagen in seinem Buch «*Mein Kampf*» sollte «jenes edlere Zeitalter» herbeigeführt werden, «in dem die Menschen ihre Sorge nicht mehr in der Höherzüchtung von Hunden, Pferden und Katzen erblicken, sondern im Emporheben des Menschen selbst»[232]. Der «völkische Staat» habe alles, «was irgendwie ersichtlich krank und erblich belastet und damit weiterbelastend ist, zeugungsunfähig zu erklären und dies praktisch auch durchzusetzen»[233].

Mit dem «Gesetz zur Verhütung erbkranken Nachwuchses» vom 14. Juli 1933 bestimmten die Nationalsozialisten, daß Menschen in acht Krankheitsfällen auch gegen ihren Willen sterilisiert, das heißt unfruchtbar gemacht werden konnten.

Die im Gesetz aufgeführten Krankheiten waren angeborener Schwachsinn, Schizophrenie, manisch-depressives Irresein, Epilepsie, Veitstanz, erbliche Blindheit und Taubheit und schwere körperliche Mißbildungen. Ferner konnten Personen, die an schwerem Alkoholismus litten, unfruchtbar gemacht werden. Anträge auf Sterilisation sollten entweder von dem Patienten selbst oder seinem gesetzlichen Vertreter oder von einem beamteten Arzt oder einem Anstaltsleiter an die dafür eingerichteten «Erbgesundheitsgerichte»[234] gestellt werden.

Mit diesem im Gesetz vorgesehenen Verfahren war der Weg zur zwangsweisen Sterilisation offen – und zwar nicht nur auf Antrag der Angehörigen der Betroffenen, sondern auch auf Antrag der Behörden.

Die Erbgesundheitsgerichte bestanden aus einem Richter, einem beamteten und einem niedergelassenen Arzt. In dem Gesetz hieß es: «... Hat das Gericht die Unfruchtbarmachung endgültig beschlossen, so ist sie auch gegen den Willen des Unfruchtbarzumachenden auszuführen ... Soweit andere Maßnahmen nicht ausreichen, ist die Anwendung unmittelbaren Zwanges zulässig ...»[235]

Die Auslegung des Gesetzes erlaubte weiterhin – nach einem Runderlaß des Reichsinnenministeriums vom 27. Februar 1934 –, sogenannte Erbkranke, die sich in Anstalten befanden, dort für unbegrenzte Zeit festzuhalten: «... Handelt es sich um einen Erbkranken i. S. des Gesetzes vom 14. 7. 1933, so muß der Kranke auch gegen seinen oder seiner Angehörigen Willen in der Anstalt zurückbehalten werden ...»[236] Weiter hieß es in dem Runderlaß: «... Besonders hervorzuheben ist, daß nach dem Zwecke des Gesetzes als ‹geschlossene Anstalt› ... nur eine Anstalt angesehen werden kann, die volle Gewähr dafür bietet, daß die Fortpflanzung unterbleibt ...»[237]

Nach den Grundsätzen nationalsozialistischer «Erbgesundheitspflege»[238] gehörte die Maßnahme der Sterilisation zur künstlichen «Ausmerze»[239], die nach nationalsozialistischer Darstellung als

«... Hemmen oder Unterbinden der weiteren Fortpflanzung der Erbkranken sowie der Erbuntüchtigen ...»[240] bestimmt war.

In den Jahren 1933 bis 1945 wurden aufgrund des Gesetzes ca. 400000 Männer und Frauen mit erblichen Krankheiten sterilisiert, darunter auch schwere Alkoholiker.

Im Juni 1935 folgte ein Änderungsgesetz zum Gesetz über den erbkranken Nachwuchs. Es bestimmte, daß bei so bezeichneten erbkranken Frauen eine Schwangerschaft abgebrochen werden sollte.

Dem Gesetz über den erbkranken Nachwuchs folgte zwei Jahre später, im Oktober 1935, das «Gesetz zum Schutze der Erbgesundheit des deutschen Volkes», das Ehegesundheitsgesetz. Dieses Gesetz verbot die Eheschließung in bestimmten Krankheitsfällen.

Siehe *Ehetauglichkeitszeugnis, lebensunwertes Leben, Blutschutzgesetz, Rassenkunde.*

Ermächtigungsgesetz ist die Kurzbezeichnung für das verhängnisvolle «Gesetz zur Behebung der Not von Volk und Staat» vom 24. März 1933. Es ermöglichte den Nationalsozialisten, den Reichstag – das Parlament des Deutschen Reiches – auszuschalten und damit eine wesentliche Voraussetzung für die Übernahme der uneingeschränkten Macht im Staat zu schaffen.

Das Gesetz ermächtigte die Regierung Hitler, Gesetze auch «... außer in dem in der Reichsverfassung vorgesehenen Verfahren»[241] – das heißt ohne Lesung und Verabschiedung der Gesetze durch das Parlament – zu beschließen.

Artikel 2 bestimmte: «Die von der Reichsregierung beschlossenen Reichsgesetze können von der Reichsverfassung abweichen ...»[242] Das weitere Bestehen des Reichstages und des Reichsrates – das war die Vertretung der Länder im Reich – sollte jedoch nach dem Text des Gesetzes gesichert sein, die Rechte des Reichspräsidenten unberührt bleiben.

Die Befristung des Gesetzes auf vier Jahre wurde in Artikel 5 bestimmt.

Zur Verabschiedung des Ermächtigungsgesetzes, das verfassungsändernden Charakter hatte, benötigte die Regierung eine Zweidrittelmehrheit bei der Abstimmung im Reichstag. Nur mit den Stimmen der Regierungsparteien – NSDAP und DNVP – war diese Mehrheit nicht zu erhalten. Die übrigen bürgerlichen Parteien mußten ebenfalls für die Annahme des Gesetzes stimmen.

Am Tag der Abstimmung in der Kroll-Oper in Berlin waren vor und in dem Gebäude SA- und SS-Männer postiert. Die SA-Einheiten auf der Straße forderten in lauten Sprechchören die Annahme des Gesetzes.

Hitler beendete seine in kluger Berechnung gemäßigte Rede vor der Abstimmung mit der Drohung, daß die Regierung in jedem Fall eine klare Entscheidung erwarte: «Sie bietet den Parteien des Reichstages die Möglichkeit einer ruhigen Entwicklung und einer sich daraus in Zukunft anbahnenden Verständigung. Die Regierung ist aber ebenso entschlossen und bereit, die Bekundung der Ablehnung und damit die Ansage des Widerstandes entgegenzunehmen. Mögen Sie, meine Herren, nunmehr selbst entscheiden über Frieden oder Krieg!»[243]

Wahlberechtigte: 44,7 Mill., Wahlbeteiligung: 88,7 Prozent

	NSDAP	DNVP	Zentrum	BVP	Sonstige	SPD	KPD	Gesamt
Mill. Stimmen	17,3	3,1	4,4	1,1	1,4	7,2	4,8	39,3
Prozent	43,9	8,0	11,2	2,7	3,6	18,3	12,3	100,0
Abgeordnete	288	52	74	18	14	120	81	647

Ergebnis der Reichstagswahlen vom 5. März 1933

Das Gesetz wurde mit 441 Stimmen gegen 94 Stimmen der SPD von allen Abgeordneten der anderen Parteien angenommen.

Nach den Aufzeichnungen eines Mitgliedes der Zentrumspartei hofften deren Mitglieder mit ihrer Zustimmung, einen «... mäßigenden Einfluß auf die Nationalsozialisten»[244] ausüben zu können.

Die 81 kommunistischen Abgeordneten nahmen an der Sitzung nicht teil; die meisten von ihnen waren – wie auch einige sozialdemokratische Abgeordnete – nach dem *Reichstagsbrand* und nach der in der Folge erlassenen *Reichstagsbrandverordnung*, die wesentliche Grundrechte der Bürger außer Kraft setzte, verhaftet worden oder wurden verfolgt.

Mit der Ermächtigung der Reichsregierung, Gesetze ohne Beratung und Verabschiedung durch das Parlament zu beschließen, war eine wesentliche Grundlage der Demokratie – die Trennung von gesetzgebender und ausführender Gewalt im Staat – aufgehoben worden. Der Reichstag wurde zu einem reinen Zustimmungsorgan für die von der Reichsregierung beschlossenen Gesetze. Er wurde von Hitler in den Jahren 1938 bis 1942 insgesamt nur sechsmal einberufen.

Die Reichsregierung trat ab 1935 nur noch zu unregelmäßigen Sitzungen zusammen; sie verabschiedete dann zahlreiche Gesetze ohne beratende Auseinandersetzungen. 1938 fand die letzte Sitzung des Kabinetts statt.

Der Reichsrat wurde entgegen der Aussage des Ermächtigungsgesetzes im Februar 1934 endgültig aufgelöst.

Das Gesetz wurde zunächst im Janaur 1937 um vier weitere Jahre verlängert; erneute Verlängerungen erfolgten durch Gesetz im Januar 1939 und, für unbegrenzte Zeit, im Mai 1943 durch *Führererlaß*.

Mit dem «Gesetz gegen die Neubildung von Parteien» vom 14. Juli 1933 verfügten die Nationalsozialisten – nicht ganz vier Monate nach Beschluß des Ermächtigungsgesetzes – das Ende des demokratischen Staates und bestimmten die NSDAP zur einzigen politischen Partei in Deutschland.

Zusammen mit der Reichstagsbrandverordnung bildete das Ermächtigungsgesetz die Grundlage für die 12 Jahre – von 1933 bis 1945 – dauernde nationalsozialistische Diktatur in Deutschland.

Siehe *Machtübernahme, Reichstagsbrandverordnung, Gleichschaltung, NSDAP, Führer und Reichskanzler.*

Euthanasiebefehl ist eine nachträgliche Bezeichnung für ein geheimes Ermächtigungsschreiben Adolf Hitlers, das er Ende Oktober 1939 geschrieben und auf den 1. September 1939 zurückdatiert hatte. Darin bestimmte er, «... die Befugnisse namentlich zu bestimmender Ärzte so zu erweitern, daß nach menschlichem Ermessen unheilbar Kranken bei kritischster Beurteilung ihres Krankheitszustandes der Gnadentod gewährt werden kann ...»[245]

Der fragwürdige Begriff Gnadentod verschleierte die Absicht der auch nach nationalsozialistischer Rechtsauffassung ungesetzlichen Tötung von Kindern und Erwachsenen, der über 120 000 Menschen zum Opfer fielen, deren Dasein von den Nationalsozialisten als «lebensunwert»[246] angesehen wurde.

Die Verwirklichung des von Hitler angeordneten Euthanasieprogramms sollte vor der Öffentlichkeit geheimgehalten werden. Deshalb wurde die Hitler unmittelbar unterstellte «Kanzlei des Führers der NSDAP»[247] mit der Vorbereitung und Durchführung der Tötungsmaßnahmen beauftragt. Die Kanzlei des Führers war ein Parteiamt, das Hitler benutzte, um private Angelegenheiten sowie an ihn gerichtete Anfragen und Gesuche zu erledigen.

Um die von Hitler geforderte strenge Geheimhaltung der Tötungsaktionen zu gewährleisten, wurden Tarnorganisationen gegründet, die die nach Maßgabe der Nationalsozialisten als unheilbar krank Eingestuften in den Kranken- und Heilanstalten registrieren und auswählen, den Transport in die einzurichtenden Tötungsanstalten organisieren und die Tötung selbst durchführen sollten. Für die Erfassung und Auswahl der Opfer wurde die «Reichsarbeitsgemeinschaft Heil- und Pflegeanstalten»[248] gegründet. Außerdem war aber, um diese Aufgabe zu erfüllen, die Einbeziehung der entsprechenden Abteilung im Reichsinnenministerium notwendig. Die Nationalsozialisten veranlaßten die Mitarbeit eines Sachbearbeiters des Reichsinnenministeriums in der «Reichsarbeitsgemeinschaft Heil- und Pflegeanstalten», die gegenüber den anderen Abteilungen des Ministeriums geheimgehalten wurde.

Dieses zuständige Amt des Reichsinnenministeriums verschickte an alle Pflege- und Heilanstalten im Deutschen Reich Meldebogen; die Anstalten hatten sämtliche Patienten zu melden, die unter anderen an folgenden Krankheiten litten: Schizophrenie, Epilepsie, senile Erkrankungen, Schwachsinn jeder Ursache, alle Stadien der Geschlechtskrankheit Lues, Gehirnentzündungen und Veitstanz. Außerdem mußten die Anstalten alle Patienten melden, die sich seit mindestens fünf Jahren dauernd in Anstalten befanden, die als kriminelle Geisteskranke verwahrt wurden, und die Patienten, die keine deutsche Staatsangehörigkeit besaßen oder nicht «deutschen oder artverwandten Blutes»[249] waren. Nach den Behauptungen der wissenschaftlich eindeutig widerlegten nationalsozialistischen *Rassenkunde* wurden die Menschen in eine hochstehende und andere minderwertige Rassen eingeteilt; vor allem Juden galten als Angehörige einer minderwertigen Rasse.

Die in den Anstalten ausgefüllten Meldebogen wurden von dem entsprechenden Amt im Reichsinnenministerium an die «Reichsarbeitsgemeinschaft der Heil- und Pflegeanstalten» weitergegeben, deren ärztliche Gutachter auf Grund dieser Formulare über Leben und Tod der betroffenen Menschen entschieden. Gelegentlich kamen die ärztlichen Gutachter auch selbst in die Anstalten. Nach den als Gutachten bezeichneten Meldebogen stellte die «Reichsarbeitsgemeinschaft Heil- und Pflegeanstalten» Transportlisten zusammen, die an die betreffenden Anstalten geschickt wurden, damit diese die Verlegung der Opfer ohne Angabe von Zweck und Ziel vorbereiten sollten. Der Transport der Opfer wurde wiederum von einer eigens für diesen Zweck gegründeten Tarnorganisation der «Gemeinnützigen Kranken-Transport-GmbH»[250] übernommen.

Die zur Tötung ausgesuchten Opfer wurden in dazu vorgesehene Anstalten übergeführt, vor allem nach Grafeneck in Württemberg, später nach Hadamar, Brandenburg an der Havel, nach Bernburg in Sachsen-Anhalt, Hartheim bei Linz und Sonnenstein bei Pirna. Diese Anstalten wurden von einer weiteren Tarnorganisation, der «Gemeinnützige(n) Stiftung für Anstaltspflege»[251], betrieben und von der *NSDAP* finanziert.

Die «Gemeinnützige Stiftung für Anstaltspflege» war zuständig für die Anstellung sämtlicher Personen, die an der von den Nationalsozialisten durchgeführten Euthanasieaktion beteiligt waren. Sie wurden zum Teil aus der *NSDAP* und der *SS* geworben, zum Teil wurden sie dienstverpflichtet und waren zur strengsten Geheimhaltung verpflichtet worden.

Die Euthanasieaktion der Nationalsozialisten wurde inoffiziell als Aktion «T 4» bezeichnet nach dem Sitz der zuständigen Dienststelle in der Berliner Tiergartenstraße 4.

Anfang 1940 begannen die Ermordun-gen in großem Umfang. Während die Kinder vorwiegend durch Tabletten vergiftet wurden, richtete man für die Erwachsenen *Gaskammern* ein. Die Leichen wurden sofort verbrannt.

Die bei den Massentötungen eingesetzten Fachleute, vor allem Chemiker, wurden später auch bei dem Bau der *Vernichtungslager* als Berater tätig.

In den Tötungsanstalten wurden eigene Standesämter zur Ausstellung von Todesurkunden eingerichtet, um bei den örtlichen Standesämtern keinen Verdacht zu erregen. Die Angehörigen der Opfer erhielten lediglich eine Mitteilung, daß der Kranke unerwartet an einer Krankheit gestorben und bereits eingeäschert sei und die Urne übersandt werde.

Im August 1941 ließ Hitler die Tötungsaktion in den Anstalten einstellen, weil trotz des Versuchs strengster Geheimhaltung zuerst Gerüchte, später bewiesene Tatsachen an die Öffentlichkeit drangen. Vor allem waren es katholische und evangelische Geistliche, die öffentlichen Protest gegen die Ermordungen erhoben; am 3. August 1941 verlas der Bischof von Münster, Clemens August Graf von Galen, während einer Predigt einen Strafantrag: «... Da ein derartiges Vorgehen ... als Mord nach Paragraph 211 des Reichsstrafgesetzbuches mit dem Tode zu bestrafen ist, erstatte ich ... pflichtgemäß Anzeige ...»[252]

Der Tötungsaktion der Nationalsozialisten fielen über 100 000 Erwachsene und 20 000 Kinder zum Opfer.

Nachdem die organisierte Massentötung 1941 eingestellt wurde, fielen bis 1945 dennoch Tausende von Menschen in den Kranken- und Heilanstalten den nationalsozialistischen Vorstellungen von Euthanasie zum Opfer.

Seit März 1941 wurden auch in Konzentrationslagern unter der verschleiernden Bezeichnung Aktion 14f13 KZ-Häftlinge, die von den Nationalsozialisten als lebensunwert eingestuft waren, ermordet.

Siehe *lebensunwertes Leben, erbkranker Nachwuchs, arisch, Gaskammern, Sonderbehandlung.*

F

Feiertag der nationalen Arbeit. Am 10. April 1933 erklärte Adolf Hitler den 1. Mai zum «Feiertag der nationalen Arbeit»[253].

Seit 1891 war der 1. Mai internationaler «Festtag der Arbeiter aller Länder, an dem die Arbeiter die Gemeinsamkeit ihrer Forderungen und ihre Solidarität bekunden ...»[254] Alljährlich sollte an die Kämpfe amerikanischer Arbeiter für den Achtstundentag am 1. Mai 1886 erinnert werden.

Mit der Erklärung des 1. Mai zum gesetzlichen und bezahlten nationalen Feiertag wollte Hitler die Arbeiter für sich und seine Partei gewinnen; nur fünf Prozent der rund 25 Millionen Arbeitnehmer waren bis dahin Mitglieder der *NSDAP*.

Die Nationalsozialisten begingen den 1. Mai 1933 mit großem propagandistischem Aufwand; am Abend hielt Hitler vor Hunderttausenden von Menschen eine Ansprache auf dem Tempelhofer Feld in Berlin: «... Dieser 1. Mai, er soll dokumentieren, daß wir nicht zerstören wollen, sondern aufzubauen gedenken. Man kann nicht den schönsten Frühlingstag des Jahres zum Symbol des Kampfes wählen, sondern nur zu dem einer aufbauenden Arbeit, nicht zum Zeichen der Zersetzung und damit des Verfalls, sondern nur zu dem der völkischen Verbundenheit und damit des Emporstiegs. Es ist kein Zufall, daß es unseren Gegnern, die diesen Tag seit 70 Jahren feiern wollen und die 14 Jahre lang in Deutschland an der Macht gewesen sind, trotz allem nicht gelungen ist, das deutsche Volk an diesem Tage so zu erfassen, wie wir es bereits im ersten zuwege brachten ...»[255]

Der propagandistische Aufwand zum 1. Mai 1933 sollte vor allem von den anlaufenden Vorbereitungen zur Zerschlagung der Gewerkschaften ablenken.

Am 2. Mai 1933 ließ Hitler die Büros und Versammlungsräume der Freien Gewerkschaften besetzen, ihre Vermögen beschlagnahmen, ihre Vorsitzenden und Funktionäre verhaften und in *Schutzhaft* nehmen. In den freien, liberalen und christlichen Gewerkschaften waren rund sechs Millionen Arbeiter organisiert. Die gewaltsamen Besetzungen und Verhaftungen am 2. Mai 1933 wurden von Gruppen der *SA*, der *S*turm*a*bteilung der NSDAP, und der *SS*, der *S*chutz*s*taffel der Partei, durchgeführt.

Siehe *Deutsche Arbeitsfront, Treuhänder der Arbeit, Betriebsführer, Gleichschaltung.*

Feindmächte war eine Bezeichnung der nationalsozialistischen Propaganda für die im Zweiten Weltkrieg, 1939–1945, gegen Deutschland verbündeten Kriegsgegner, die Alliierten.

Im Januar 1940 – vier Monate nach dem deutschen Überfall auf Polen und den daraufhin ausgesprochenen Kriegserklärungen Großbritanniens und Frankreichs an Deutschland – untersagte das *Propagandaministerium* die weitere Anwendung des Begriffs «Alliierte»: «... Das Wort ‹Entente› oder ‹Alliierte› soll für die Feindmächte ab jetzt nicht mehr verwendet werden. Es soll möglichst immer heißen ‹westliche Demokraten› oder Franzosen bzw. Engländer ...»[256] Aus einer späteren Erklärung ging hervor, daß diese Sprachregelung getroffen wurde, um keine Erinnerung an den Sieg der Alliierten im Ersten Weltkrieg, 1914–1918, aufkommen zu lassen.

Siehe *besetzte Gebiete, totaler Krieg.*

Ferntrauung. Während des Zweiten Weltkrieges, 1939–1945, wurden – außer den üblichen – auch Trauungen durchgeführt, bei denen nur ein Partner persönlich anwesend war. In den meisten Fällen dieser als Ferntrauung oder auch als Nottrauung bezeichneten Eheschließungen – die genaue Zahl ist nicht bekannt – waren die männlichen Ehepartner als Soldaten an der Front oder im Wehrdienst unabkömmlich.

Die Bedingungen für «Eheschließungen vor dem Standesbeamten in Abwesenheit des Mannes oder der Frau» waren in der «Personenstandsverordnung der Wehrmacht» vom 17. Oktober 1942 festgelegt: «... Wer als Angehöriger der Wehrmacht an einem Kriege, einem kriegsähnlichen Unternehmen oder einem besonderen Einsatz teilnimmt und seinen Standort verlassen hat, kann seinen Willen, die Ehe einzugehen, auch zur Niederschrift des Bataillonskommandeurs ... erklären. Die Erklärung ist unwiderruflich; sie verliert jedoch nach sechs Monaten ihre Kraft, wenn die Frau ihre Erklärung, die Ehe einzugehen, bis zu diesem Zeitpunkt nicht vor dem Standesbeamten abgegeben hat ...»[257]

Die Ehe galt zu dem Zeitpunkt als geschlossen, an dem die Frau – nach Eingang der Niederschrift des Mannes beim Standesbeamten – ihren Ehewillen erklärt hatte. War der Verlobte zu diesem Zeitpunkt bereits verstorben, wurde die Ehe dennoch geschlossen; als Termin der Eheschließung galt in diesem Fall der Tag, an dem der Mann seine Niederschrift des Ehewillens abgegeben hatte.

Siehe *Ehetauglichkeitszeugnis, Wehrmacht, besetzte Gebiete.*

Flakhelfer war während des Zweiten Weltkrieges, 1939–1945, die allgemein übliche Bezeichnung für Luftwaffenhelfer. Ab Anfang 1943 wurden alle Ober- und Mittelschüler der Jahrgänge 1926/27 im Auftrag Adolf Hitlers als Flakhelfer zum «Kriegshilfeeinsatz»[258] bei den Luftabwehreinheiten eingezogen, damit mehr Soldaten der entsprechenden Einheiten im Frontdienst eingesetzt werden konnten. 100 Luftwaffenhelfer sollten laut einem Schreiben des Oberbefehlshabers der Luftwaffe vom 26. 1. 1943 siebzig Soldaten ersetzen. Ab Januar 1944 folgten die Schüler des Jahrgangs 1928, sobald die Jungen 15 Jahre alt waren. Bis zu ihrer Einberufung zur *Wehrmacht* mit 17 Jahren leisteten sie Dienst bei der Luftabwehr. Unter dem Kommando von Angehörigen der Luftwaffe mußten die Jungen Scheinwerfer und Flak-Geschütze bedienen und Munition heranschleppen. Flak ist die Abkürzung für Flugabwehrkanone.

Der Luftkrieg, das heißt der Einsatz von Fliegerverbänden und Flugabwehrgeräten, war im Zweiten Weltkrieg von großer Bedeutung. Die Bombardierung von Städten wurde von den Kriegsgegnern beider Seiten als Kampfmittel gegen die Zivilbevölkerung eingesetzt, um deren Widerstandskraft zu schwächen und sie zu entmutigen. Zur Abwehr feindlicher

Luftangriffe mußte die Flak Tag und Nacht einsatzbereit sein.

Die 15- bis 17jährigen Schüler wurden in der Regel in der Nähe ihres Wohnortes eingesetzt; sie wohnten in Baracken oder Kasernen. Außer ihrem Dienst hatten sie anfangs 4 bis 6 Schulstunden täglich. Der Schulunterricht wurde jedoch infolge der steigenden Zahl der Tagesluftangriffe zunehmend eingeschränkt.

Kurz vor Kriegsende mußten viele der Flakhelfer wie der *Volkssturm* im sogenannten Erdeinsatz gegen die feindlichen Truppen kämpfen. Viele verloren noch in den letzten Kriegstagen ihr Leben.

Siehe *Hitlerjugend, Notabitur, Kriegshilfsdienst, besetzte Gebiete.*

Fliegeralarm war während des Zweiten Weltkrieges, 1939–1945, die Bezeichnung für Luftalarm. Luftalarm wird bei feindlichen Luftangriffen auf die Wohnorte der Zivilbevölkerung durch einen Luftschutzwarndienst ausgelöst.

Während des Zweiten Weltkrieges wurden Luftangriffe gegen die Zivilbevölkerung von den kriegführenden Staaten beider Seiten als Kampfmittel eingesetzt. Die Zivilbevölkerung sollte zermürbt und in ihrer Widerstandskraft beeinträchtigt werden. Die ersten Angriffe flog 1939/40 die deutsche Luftwaffe gegen die Städte Warschau und Rotterdam. Die englische Air Force flog ab Mai 1940 erste Angriffe gegen deutsche Städte, einen Tag nach dem Angriff auf Rotterdam.

Der Fliegeralarm hatte drei Stufen. Voralarm – die Luftschutzsirenen heulten drei gleichbleibende, gleichlange Töne –

bedeutete, daß die Bevölkerung sich auf einen möglichen Angriff vorbereiten sollte. Bei Voralarm vor nächtlichen Fliegerangriffen zogen sich die meisten Menschen so weit an, daß ein schnelles Verlassen der Wohnung in allerkürzester Zeit möglich war. Familien mit kleinen Kindern und alten oder gebrechlichen Menschen machten sich bereits bei Voralarm auf den Weg in die Luftschutzräume.

Vollalarm – ausgelöst durch auf- und abheulende gellende Sirenentöne – bedeutete, daß feindliche Bomberverbände weniger als 100 km von dem gewarnten Ort entfernt waren und ein Angriff erwartet werden mußte. Die Mehrzahl der Zivilbevölkerung verbrachte den Vollarm, der Stunden dauern konnte, zu Beginn des Krieges meist in den Luftschutzkellern der eigenen Häuser oder ihrer Arbeitsstätten. In den letzten Jahren des Krieges liefen die meisten in die weiter entfernt liegenden Tief- oder Hochbunker, die inzwischen gebaut worden waren.

Entwarnung, die den Alarm beendete, wurde durch einen gleichbleibenden, langgezogenen Sirenenton gegeben. Nach der Entwarnung – häufig noch während des Vollalarms – wurde mit den notwendigen Lösch- oder Aufräumungsarbeiten begonnen.

Im Deutschen Reich wurden – und zwar innerhalb der Grenzen von 1942 – 4,11 Millionen Wohnungen ganz oder teilweise durch Luftangriffe zerstört. Es kamen zwischen 500 000 und 600 000 Menschen ums Leben.

Siehe *ausgebombt, Luftschutzwart, Totaler Krieg, besetzte Gebiete.*

Fremdarbeiter war die Bezeichnung für Männer und Frauen, die während des Zweiten Weltkrieges, 1939–1945, aus den von deutschen Truppen *besetzten Gebieten* – freiwillig oder zwangsweise – als ausländische Zivilarbeiter in das Deutsche Reich gebracht wurden. Es waren vor allem Polen, Russen, Franzosen, Belgier und Niederländer. Sie mußten vorwiegend in Betrieben der Landwirtschaft und der Rüstungsindustrie arbeiten.

Nach Errechnungen im *Nürnberger Prozeß* wird angenommen, daß während der Kriegszeit insgesamt 12 Millionen ausländische Zivilarbeiter aus den besetzten Gebieten angeworben oder zwangsverpflichtet wurden.

Nur ein geringer Teil der ins Deutsche Reich gebrachten Arbeiter kam freiwillig; die als freiwillig bezeichneten Meldungen zum Arbeitseinsatz in Deutschland waren in vielen Fällen durch Maßnahmen der deutschen Verwaltungen in den besetzten Gebieten erzwungen worden. Arbeitsunwilligen wurde zum Beispiel die *Lebensmittelkarte* verweigert, in zunehmendem Maße wurden die Arbeits- und Lebensbedingungen erschwert: «... Die Bewohner der besetzten Gebiete haben keinen Anspruch darauf, in der Versorgung mit zivilen Verbrauchsgütern über das unerläßliche Maß hinauszugehen ...»[259]

1944 erklärte Gauleiter Fritz Sauckel, der durch *Führererlaß* vom 21. März 1942 zum «Generalbevollmächtigten für den Arbeitseinsatz»[260] ernannt worden war: «... Von den 5 Millionen ausländischen Arbeitskräften, die nach Deutschland gekommen sind, sind keine 200 000 freiwillig gekommen ...»[261] Im besetzten Polen

erfolgten die ersten Zwangsverpflichtungen – teilweise unter Einsatz brutaler Mittel – im Frühjahr 1940. Seit Anfang 1942 wurden auch Kinder und Jugendliche zur Zwangsarbeit in Deutschland verpflichtet, wie aus einem Schreiben der deutschen Besatzungsbehörden im *Generalgouvernement* hervorging; «... Der Reichsarbeitsminister hat mir durch Schreiben vom 3. März 1942 mitgeteilt, daß ziemlich viele Jugendliche zur Arbeit in der deutschen Landwirtschaft gebraucht werden, unter denen sich schwächere Jungen im Alter von 13 bis 15 Jahren befinden können ...»[262]

Unterstützt von Einheiten der *Sicherheitspolizei* und der SS führten Einsatzkommandos der Arbeitsämter Fahndungsstreifen durch, bei denen polnische Bürger zusammengetrieben und zum Arbeitseinsatz nach Deutschland verschleppt wurden. Derartige Methoden wandten die deutschen Besatzer in den von ihnen seit Frühjahr 1940 besetzten Ländern Frankreich, Belgien und Niederlande zunächst nicht an. Die Ursache dafür war einerseits, daß zum Beispiel Franzosen und Niederländer als den Deutschen *artverwandt* galten, während Polen und auch Russen von den Nationalsozialisten als *Untermenschen* angesehen wurden. Andererseits waren aus den westlichen Staaten dringend benötigte Facharbeiter für die deutsche Industrie zu gewinnen, die es in den nicht in diesem Maß industrialisierten Ländern im Osten nicht gab.

Da aber durch Anwerbung auf freiwilliger Grundlage nicht genügend Arbeiter für einen Einsatz im Deutschen Reich geworben werden konnten, wurden auch in

Belgien und Frankreich seit 1942 Zwangsverpflichtungen vorgenommen. Grundlage dafür war ein Erlaß Sauckels vom 22. August 1942, durch den die Aushebung von Arbeitskräften in allen besetzten Gebieten angeordnet wurde.

Die praktische Durchführung der Anwerbung und der Zwangsverpflichtung von Arbeitskräften aus den westlichen besetzten Gebieten war Aufgabe der landeseigenen Verwaltungsbehörden. Ihnen war von den deutschen Arbeitseinsatzbehörden die Erfüllung bestimmter Soll-Zahlen auferlegt, die allerdings – auch infolge des Widerstandes der landeseigenen Behörden – nur selten erreicht wurden.

Den Einsatz sowjetischer Bürger zur Arbeit in Deutschland umriß Sauckel am 20. April 1942: «... Es ist daher unumgänglich notwendig, die in den eroberten sowjetischen Gebieten vorhandenen Menschenreserven voll auszuschöpfen. Gelingt es nicht, die benötigten Arbeitskräfte auf freiwilliger Grundlage zu gewinnen, so muß unverzüglich zur Aushebung derselben bzw. Zwangsverpflichtung geschritten werden ... Alle diese Menschen müssen so ernährt, untergebracht und behandelt werden, daß sie bei denkbar sparsamstem Einsatz die größtmögliche Leistung hervorbringen ...»[263]

In einem Bericht an Adolf Hitler vom 15. April 1943 führte Sauckel unter anderem aus, «... daß vom 1. April v. Js. bis zum 31. März ds. Js. der deutschen Kriegswirtschaft 3 638 056 neue fremdvölkische Arbeitskräfte zugeführt werden konnten ... Außer den fremdvölkischen Zivilarbeitern werden noch 1 622 829 Kriegsgefangene in der deutschen Wirtschaft beschäftigt ...»[264] Alle ausländischen Zivilarbeiter durften sich während ihres Arbeitseinsatzes in Deutschland Arbeitsstelle und Wohnort nicht selbst wählen, sie durften sich nicht versammeln oder organisieren. In den meisten Fällen waren die Lebensbedingungen der Arbeiter aus den besetzten Gebieten des Ostens schlechter als die der Arbeiter aus westlichen Staaten. «... alle Zivilarbeiter polnischen Volkstums ...» waren «zum Tragen des Kennzeichens ‹P› auf sämtlichen Kleidungsstücken verpflichtet ...»[265]; unter der Maßgabe, daß der Lebensstandard der Polen von jeher unter dem der Deutschen gelegen habe, wurde den polnischen Arbeitern eine so bezeichnete Sozialausgleichsabgabe vom Lohn abgezogen, die 15 Prozent des Lohnes betrug.

Die sowjetischen Zivilarbeiter trugen zur Kennzeichnung als «Ostarbeiter»[266] das Wort «OST»[267] auf ihrer Kleidung; sie hatten eine «Ostarbeiterabgabe»[268] zu leisten. Alle Arbeiter aus dem Osten mußten von ihrem Verdienst ihre Unterkunft und die ihnen zugeteilte Verpflegung bezahlen – als Arbeiter in Industriebetrieben hatten sie in der Regel Massenunterkünfte und -verpflegung.

Im Gegensatz zu den Zivilarbeitern aus den westlichen Staaten, deren Löhne und Gehälter etwa denen deutscher Arbeitnehmer mit gleicher Arbeit entsprachen, verblieb den Zivilarbeitern aus den besetzten Ländern im Osten auf Grund der Sonderabgaben nur ein geringfügiger Barlohn.

Rechtlich unterlagen die polnischen und sowjetischen Zwangsarbeiter von Beginn ihres Arbeitseinsatzes an dem unmittelbaren Zugriff der Sicherheitspolizei. Für die Überwachung der ausländischen Zivilarbeiter wurde ein besonderes Referat «Ausländische Arbeiter»[269] bei der *Gestapo*, der *Geheimen Staatspolizei*, eingerichtet. Für die Unterstellung unter die sonderrechtliche Verfügungsgewalt der Polizei gab es zwei Grundlagen, die zunächst nur für Polen, später auch für Russen, Tschechen und Serben galten: den Runderlaß des Chefs der Sicherheitspolizei und des *Sicherheitsdienstes, SD,* vom 3. September 1939 über die «Grundsätze der inneren Staatssicherheit während des Krieges»[270] und eine «geheime Ermächtigung»[271] Hermann Görings, des Beauftragten für den *Vierjahresplan*, an den *Reichsführer-SS und Chef der Deutschen Polizei*, Heinrich Himmler. In dieser Ermächtigung wurde der Polizei die Regelung der Lebensführung der polnischen Zivilarbeiter übertragen. Dem Erlaß und der Ermächtigung folgten zahlreiche Anordnungen, Erlässe, Bestimmungen und Leitlinien, durch die das Leben der aus dem Osten kommenden Arbeiter bis ins einzelne geregelt wurde.

Aus der Vielzahl der Verbote, die nicht veröffentlicht wurden, werden hier nur einige aufgeführt: Zivilarbeiter aus dem Osten durften ihren Aufenthaltsort nicht wechseln, während der nächtlichen Sperrstunde ihre Unterkunft nicht verlassen; durch Runderlaß vom 8. März 1940 war ihnen der Besuch deutscher Veranstaltungen kultureller, kirchlicher oder gesellschaftlicher Art und der Besuch von Gaststätten untersagt; Radioapparate, auch deutsche Zeitungen durften sie nicht besitzen.

Siehe *Fremdvölkische, Arbeitslager, KZ, besetzte Gebiete.*

Fremdvölkische war nach den Behauptungen der wissenschaftlich eindeutig widerlegten nationalsozialistischen *Rassenkunde* die Bezeichnung für Menschen, die nicht dem deutschen oder einem ihm *artverwandten* Volk angehörten. Im Gegensatz zu den Deutschen, die in ihrer Mehrheit angeblich einer hochwertigen *nordischen Rasse* angehören sollten, galten die als fremdvölkisch eingestuften Menschen als minderwertig. Sie wurden von den Nationalsozialisten auch als *Untermenschen* bezeichnet.

Als Fremdvölkische wurden vor allem Polen, Russen und Sinti und Roma (Zigeuner) geächtet.

Der *Reichsführer-SS und Chef der Deutschen Polizei* Heinrich Himmler schrieb 1940 in einer Denkschrift «Einige Gedanken über die Behandlung der Fremdvölkischen im Osten». Sie wurden von Hitler ausdrücklich als Richtlinie der Polenpolitik anerkannt. «Für die nichtdeutsche Bevölkerung des Ostens darf es keine höhere Schule geben als die vierklassige Volksschule. Das Ziel dieser Volksschule hat lediglich zu sein: Einfaches Rechnen bis höchstens 500, Schreiben des Namens, eine Lehre, daß es ein göttliches Gebot ist, den Deutschen gehorsam zu sein, und ehrlich, fleißig und brav zu sein. Lesen halte ich nicht für erforderlich ... Diese Bevölkerung wird als führerloses Arbeitsvolk zur Verfügung stehen und Deutschland jährlich Wanderarbeiter für besondere Arbeitsvorkommen ... stellen ...»[272]

Bereits ein Jahr davor – fünf Wochen nach dem deutschen Angriff auf Polen – war Himmler von Adolf Hitler durch *Führererlaß* vom 7. Oktober 1939 beauftragt worden, für die «Festigung deutschen Volkstums» und die «Ausschaltung des schädigenden Einflusses von solchen volksfremden Bevölkerungsteilen, die eine Gefahr für das Reich und die deutsche Volksgemeinschaft bedeuten...»[273], zu sorgen.

Im Dezember 1941 wurde mit der «Verordnung über Strafrechtspflege gegen Polen und Juden in den eingegliederten Ostgebieten» ein Sonderstrafrecht eingeführt. Danach konnte jede Meinungsäußerung von Polen oder Juden als «deutschfeindliche Äußerung»[274] und damit als Verbrechen gewertet werden, das mit der Todesstrafe bedroht war.

Nach dem Einmarsch deutscher Truppen in die Sowjetunion im Juni 1941 und der anschließenden Besetzung großer Teile des Landes waren die dort lebenden Einwohner den gleichen Maßnahmen der Unterdrückung, der Ausbeutung und der Vernichtung durch die deutschen Besatzer unterworfen wie die Polen. Bereits vor dem deutschen Angriff auf Rußland hatte das Oberkommando der *Wehrmacht* festgelegt: «... Im Operationsgebiet des Heeres erhält der Reichsführer-SS zur Vorbereitung der politischen Verwaltung Sonderaufgaben im Auftrage des Führers, die sich aus dem endgültig auszutragenden Kampf zweier entgegengesetzter politischer Systeme ergeben. Im Rahmen dieser Aufgaben handelt der Reichsführer-SS selbständig und in eigener Verantwortung...»[275]

1943 erklärte Himmler auf einer Tagung hoher SS-Führer in Posen: «... Wie es den Russen geht, wie es den Tschechen geht, ist mir total gleichgültig ... Ob die anderen Völker im Wohlstand leben oder ob sie verrecken vor Hunger, das interessiert mich nur soweit, als wir sie als Sklaven für unsere Kultur brauchen ... Wir Deutschen, die wir als einzige auf der Welt eine anständige Einstellung zum Tier haben, werden ja auch zu diesen Menschentieren eine anständige Einstellung einnehmen ...»[276]

Auf Grund vorhandener Unterlagen und Zählungen wird geschätzt, daß die nationalsozialistischen Greueltaten in Polen 5,4 Millionen, in der Sowjetunion über zehn Millionen Opfer unter der Zivilbevölkerung forderten.

Siehe *Fremdarbeiter, besetzte Gebiete, Untermensch, Volksdeutsche, Eindeutschung.*

Führerbunker

Führerbunker war die Bezeichnung des im jeweiligen Führerhauptquartier für Adolf Hitler und seine unmittelbare Begleitung eingerichteten bombensicheren Bunkers. Berühmtester Bunker wurde das letzte der «Führerhauptquartiere»[277]: der befestigte Bunker im Garten der Reichskanzlei in Berlin, 16 Meter unter der Erde.

Vom November 1944 bis zu seinem Selbstmord im April 1945 befehligte Hitler von hier aus die deutsche *Wehrmacht*. 1938 hatte Hitler den unmittelbaren Oberbefehl über die Wehrmacht übernommen, seit 1941 war er auch Oberbefehlshaber des Heeres.

Hitlers verschiedene Hauptquartiere hatten Tarnnamen; das bekannteste war die «Wolfsschanze»[278] bei Rastenburg im damaligen Ostpreußen, in dem am 20. *Juli* 1944 ein Attentat auf Hitler verübt wurde.

Siehe *Führer und Reichskanzler, Schema S. 279, besetzte Gebiete.*

Führererlaß. Adolf Hitler war als *Führer und Reichskanzler* des Deutschen Reiches nicht nur Regierungschef, sondern auch oberster Repräsentant des Staates mit allen Vollmachten eines Reichspräsidenten. Führererlasse waren von Hitler verfügte Anordnungen, die ohne weitere Bestätigung durch andere Staatsorgane im gesamten Reich für alle Ämter und Staatsbürger verbindlichen Gesetzesrang hatten. Führererlasse konnten geltendes Recht verändern oder neues Recht begründen. Im Gegensatz zu Gesetzen mußten Führererlasse nicht veröffentlicht werden, sie wurden lediglich auf dem Dienstweg den Obersten Reichsbehörden bekannt gemacht.

Die Möglichkeit zu Erlassen war aus dem Recht des Reichspräsidenten der Weimarer Republik, 1919–1933, entstanden, durch Erlaß die Organisation der Reichsregierung und der Obersten Reichsbehörden zu bestimmen und zu verändern.

Mit dem Beginn des Zweiten Weltkrieges 1939 gingen Hitlers Führererlasse zunehmend über die Bestimmung von Organisationsveränderungen hinaus.

Der «Erlaß des Führers und Reichskanzlers zur Festigung deutschen Volkstums»[279] vom 7. Oktober 1939 ist ein Beispiel für die Gewissenlosigkeit, mit der Hitler seine Machtvollkommenheit zum Schaden unzähliger Menschen angewandt hat.

Siehe dazu *Volksdeutsche*.

Führergrundsatz. Der Führergrundsatz – oder das Führerprinzip – wurde von den Nationalsozialisten als «... Grundgesetz der nationalsozialistischen Weltanschauung ...»[280] bezeichnet. Jede *Gefolgschaft* hatte ihrem Führer blinden Gehorsam und bedingungslose Treue entgegenzubringen. Jeder Führer war Teil einer größeren Gefolgschaft, über die der jeweils höherstehende Führer uneingeschränkte Befehlsgewalt haben sollte. Oberster Führer war Adolf Hitler, der über das gesamte deutsche Volk als Gefolgschaft verfügen sollte. «Autorität nach unten, Verantwortlichkeit nach oben kennzeichnen organisatorisch den Führergrundsatz. Gemeinsames Blut und gemeinsamer Kampf, der Glaube an eine große Idee und ihre Aufgabe, die einheitliche Weltanschauung schaffen die schicksalhafte Einheit von Führer und Gefolgschaft, die unlösbare gegenseitige Treue ...»[281]

Das Besondere des nationalsozialistischen Führergrundsatzes lag darin, daß die Rolle des Führers jenseits aller vernunftmäßigen Begründungen als «... vom Schicksal gesandt ...»[282] gerechtfertigt wurde; besonders war auch, daß das Führerprinzip in einem für moderne Staaten bisher unbekannten Maß für unbedingt gültig erklärt wurde.

Schon in seinem Buch «*Mein Kampf*» hatte Hitler hervorgehoben, daß der Führergrundsatz über die nationalsozialistische Bewegung hinaus auf das gesamte deutsche Volk einschließlich seiner staatlichen Einrichtungen angewendet werden sollte: «... der völkische Staat hat demgemäß die gesamte, besonders aber die oberste, also die politische Leitung restlos vom parlamentarischen Prinzip ... zu befreien, um an Stelle dessen das Recht der Person einwandfrei sicherzustellen ...»[283]

Für die Nationalsozialisten hatte das Führerprinzip «... seine höchste Verkörperung und letzte Verwirklichung ... in der Persönlichkeit Adolf Hitlers gefunden ...»[284] Nach Hitlers Ernennung zum Reichskanzler am 30. Januar 1933 und der Vereinigung der beiden höchsten Staatsämter Reichskanzler und Reichspräsident am 1. August 1934 vereinigte Adolf Hitler als *Führer und Reichskanzler* nach nationalsozialistischer Darstellung «... alle hoheitliche Gewalt des Reiches ...»[285] in seiner Person. Nicht mehr «... von ‹Staatsgewalt›, sondern von ‹Führergewalt›»[286] sollte gesprochen werden: «... Die Führergewalt ist umfassend und total; sie vereinigt in sich alle Mittel der politischen Gestaltung; sie erstreckt sich auf alle Sachgebiete des völkischen Lebens; sie erfaßt alle Volksgenossen, die dem Führer zu Treue und Gehorsam verpflichtet sind. Die Führergewalt ist nicht durch ... Kontrollen ... gehemmt, sondern ist frei und unabhängig, ausschließlich und unbeschränkt ...»[287]

Siehe *Gefolgschaft, Volksgemeinschaft, völkisch, Oberster Gerichtsherr, Ermächtigungsgesetz.*

Führer und Reichskanzler war seit dem 1. August 1934 der offizielle Titel Adolf Hitlers.

Hitler war seit 1921 Führer der *NSDAP*. Er wurde am 30. Januar 1933 von dem damaligen Reichspräsidenten Paul von Hindenburg zum Reichskanzler ernannt. Nach dem Tod des Reichspräsidenten trat am 2. August 1934 das «Gesetz über das Staatsoberhaupt des Deutschen Reiches» vom 1. August 1934 in Kraft. Das Gesetz bestimmte, daß das Amt des Reichspräsidenten, dem Staatsoberhaupt des Deutschen Reiches, mit dem des Reichskanzlers, dem Regierungschef, vereinigt wurde: «... Infolgedessen gehen die bisherigen Befugnisse des Reichspräsidenten auf den Führer und Reichskanzler über ...»[288]

Da nach der Verfassung mit dem Amt des Reichspräsidenten der militärische Oberbefehl verbunden war, wurde Hitler dadurch auch Oberster Befehlshaber der deutschen Streitkräfte. Die Vereinigung der beiden höchsten Staatsämter bedeutete die Zusammenfassung aller staatlichen Macht in einer Person. Als Führer und Reichskanzler beanspruchte Hitler aber nicht nur auf Grund höchster staatlicher Gewalt zu handeln, sondern vor allem auf Grund einer neuen, durch die nationalsozialistische Bewegung eingeführten «Führergewalt»: «... Denn nicht der Staat als eine unpersönliche Einheit ist der Träger der politischen Gewalt, sondern diese ist dem Führer als dem Vollstrecker des völkischen Gemeinwillens gegeben. Die Führergewalt ist umfassend und total ...»[289] In einem anderen Kommentar hieß es: «... Der Wille zur Führung, gleich in welcher Form er zum Ausdruck gelangt – ob durch Gesetz, Verordnung, Erlaß, Einzelbefehl, Gesamtauftrag, Organisations- und Zuständigkeitsregelung usw. – schafft Recht und ändert bisher geltendes Recht ab ...»[290]

Dieser grundsätzlichen Änderung entsprechend wurde auch der Eid, den Soldaten, Beamte und Minister seit dem August 1934 ablegen mußten, geändert. Ihr Schwur galt nicht mehr der Verfassung und den Gesetzen des Staates, sondern der Person Adolf Hitlers.

Das Gesetz über das Staatsoberhaupt wurde in einer nachträglichen Volksabstimmung am 19. August 1934 bestätigt; nach nationalsozialistischen Angaben stimmten 89,9 Prozent des deutschen Volkes für das Gesetz.

Seit dem Frühjahr 1939 wurde auf ausdrücklichen Wunsch Hitlers im Behördenverkehr nur noch die Bezeichnung «Der Führer»[291] verwendet. Im April 1944 erging eine Anordnung der Parteikanzlei, in der es hieß: «... Die Bezeichnung Adolf Hitlers als ‹Führer› hat sich zu einem der ganzen Welt bekannten, fest umrissenen geschichtlichen Begriff entwickelt, der seine Stellung als Führer der NSDAP, als Staatsoberhaupt des Großdeutschen Reiches, als Regierungschef (Reichskanzler) und als Oberster Befehlshaber der Wehrmacht durch ein Wort zum Ausdruck bringt...»[292]

Die Nationalsozialisten bezeichneten das Deutsche Reich während ihrer zwölfjährigen Gewaltherrschaft von 1933 bis 1945 als «Führerstaat»[293], in dem nach ihrer Auffassung Hitler «... für das gesamte deutsche Volk schon heute zum Inbegriff eines neuen Mythos ...»[294] geworden war.

Siehe *Wehrmacht, oberster Gerichtsherr, Volksempfinden, Volksgemeinschaft, NSDAP.*

G

Gaskammern waren in den *Vernichtungslagern* und *KZ* von der *SS* eingerichtete Anlagen zur Massentötung der Häftlinge. Es waren meist als Brausebäder getarnte kahle, luftdicht abgeschlossene Räume, in die durch Öffnungen an der Decke tödliches Gas geleitet wurde. Das Verfahren des Massenmordes durch Gas wurde von der SS entwickelt, weil damit bei geringstem Aufwand weit mehr Menschen getötet werden konnten als zum Beispiel durch Massenerschießungen, wie sie in den besetzten polnischen und sowjetischen Gebieten seit Beginn des Zweiten Weltkrieges 1939 von den SS-*Einsatzgruppen* durchgeführt wurden.

Schon vor Beginn der Massenmorde in den Vernichtungslagern waren Gaskammern eingesetzt und zur Tötung von Menschen benutzt worden. Nach Ansicht der Nationalsozialisten unheilbar Kranke wurden seit Anfang 1940 in Kranken- und Heilanstalten transportiert, in denen sie in eigens dafür eingerichteten Gaskammern umgebracht wurden. Bis Sommer 1941 fanden bei diesen Massentötungen 120 000 Menschen den Tod.

Die in den Krankenanstalten gemachten Erfahrungen sollten, so geht es unter anderem aus einem Brief vom Oktober 1941 an den *Reichskommissar* Lohse in Riga hervor, bei den Vernichtungsaktionen gegen Polen, Russen und Juden in Osteuropa ausgewertet werden. Fachleute, insbesondere Chemiker, die das Verfahren entwickelt und erprobt hatten, sollten bei «... der Herstellung der erforderlichen Unterkünfte sowie der Vergasungsapparate ...»[295] mitwirken.

Anfangs wurden Gaswagen – fahrbare Gaskammern – eingesetzt: 5-Tonner-Lastwagen, deren Aufbauten so getarnt waren, daß ihr furchtbarer Zweck von außen nicht zu erkennen war. Mit Abgasschläuchen wurden die Motorabgase ins Innere des Aufbaus geleitet.

Solche Gaswagen wurden während des Krieges in Rußland zunächst von einigen Einsatzkommandos der SS-Einsatzgruppen hinter den vormarschierenden Truppen der *Wehrmacht* eingesetzt. Im Laufe des Jahres 1942 hatten alle Einsatzgruppen in Rußland Gaswagen zur Verfügung, in denen insbesondere Frauen und Kinder ermordet wurden.

Auch in Chelmno, dem ersten Vernichtungslager, waren die Gaskammern fahrbar gebaut. Hier wurden von Herbst 1941 bis Mitte 1944 mindestens 152 000 Menschen in Gaswagen getötet.

In Belzec waren es 4 × 5 Meter große und 1,90 Meter hohe Räume, die wie Garagen aussahen. In diese Räume wurden die Menschen gepreßt und mit den Abgasen von Dieselmotoren getötet: «Endlich, nach 32 Minuten, sind alle tot! – ... Die Toten stehen noch immer aufrecht, wie Säulen aus Basalt; sie konnten nicht umsinken, oder sich neigen, weil ihnen nicht der geringste Raum verblieben war. Selbst im Tode erkennt man noch die einzelnen Familien, die sich noch fest an den Händen halten.»[296]

Die größte Vergasungsanlage der Konzentrations- und Vernichtungslager war in *Auschwitz*-Birkenau. Sie wurde im Gegensatz zu den meisten anderen mit Zyanwasserstoff oder «Zyklon B»-Kristallen betrieben. Auch hier waren die vier, als Krematorien bezeichneten Anlagen, die sowohl Gaskammern wie Einäscherungsöfen enthielten, wie Bäder getarnt, um die Opfer zu täuschen, damit das Morden möglichst reibungslos verlaufen konnte. In jede der vier Kammern wurden jeweils 1200 bis 1500 nackte Menschen gesperrt und getötet: «Es dauerte je nach den klimatischen Verhältnissen drei bis fünfzehn Minuten, um die Menschen in der Todeskammer zu töten. Wir wußten, wann Menschen tot waren, weil ihr Schreien aufhörte. Wir warteten gewöhnlich ungefähr eine halbe Stunde, bevor wir die Türen öffneten und die Leichen entfernten. Nachdem man die Körper herausgeschleppt hatte, nahmen unsere Sonderkommandos den Leichen die Ringe ab und zogen das Gold aus den Zähnen dieser Leichname.»[297]

Die Leichen wurden in Verbrennungsöfen oder in große Gruben geworfen. Infolge der Verbrennung oder Verwesung der Leichen lagen nach Aussagen von Zeugen über den Lagern und der Umgebung oft tagelang schmierige Wolken und Gestank: «Der Gestank ... oh, mein Gott, der Gestank. Er war überall ... die Gruben ... voll ... sie waren voll. Ich kann's Ihnen nicht sagen: nicht Hunderte, Tausende, Tausende von Leichen ... mein Gott.»[298]

Siehe *Vernichtungslager, KZ, Endlösung, Untermensch, SS, Euthanasiebefehl.*

Gau, Gauleiter. Der Gau war eine Gebietseinheit innerhalb der Organisation der *NSDAP*: Städte wie Hamburg oder Berlin oder ein Gebiet wie Schleswig-Holstein bildeten je einen Partei-Gau.

Die Einteilung des Reiches in Partei-Gaue wurde von Adolf Hitler nach der Neugründung der NSDAP 1925 veranlaßt, als sich die Partei über Bayern hinaus auszubreiten begann. 1939 gab es im Reichsgebiet 41 Gaue, die Auslandsorganisation der NSDAP galt als der 42. Gau.

Der Gau wurde – wie die kleineren Gebietseinheiten der Partei *Kreis, Ortsgruppe* und *Block* – als «Hoheitsgebiet»[299] der NSDAP bezeichnet. Führer dieser Organisationseinheit war der Gauleiter. Da er ein Hoheitsgebiet leitete, galt er als «Hoheitsträger»[300].

Die Gauleiter waren Adolf Hitler unmittelbar unterstellt beziehungsweise dem in seinem Namen handelnden *Stellvertreter des Führers*.

Fast ausnahmslos waren die Gauleiter *Alte Kämpfer*, die der Partei vor 1933 beigetreten waren. Sie konnten nur von Adolf Hitler persönlich ernannt oder abgesetzt werden: «... Der Gauleiter trägt dem Führer gegenüber die Gesamt-Verantwortung für den ihm anvertrauten Hoheitsbereich. Die Rechte, Pflichten und Zuständigkeiten des Gauleiters ergeben sich vornehmlich aus dem vom Führer erteilten Auftrag ...»[301]

Die Gauleiter hatten in ihrem Zuständigkeitsbereich das «... Aufsichtsrecht über sämtliche der Partei, deren Gliederungen und angeschlossenen Verbänden als Aufgaben obliegenden Pflichten ...»[302]

Mit zwei Ausnahmen übten die Gauleiter der NSDAP gleichzeitig das staatliche Amt der *Reichsstatthalter* aus, die seit April 1933 an der Spitze der Länder eingesetzt worden waren. Mit der Besetzung eines Staats- und eines Parteiamtes in Personalunion erreichten die Nationalsozialisten auch in den Länderverwaltungen die *Gleichschaltung*, das heißt die Ablösung demokratischer Richtlinien und die Übertragung entscheidender Vollmachten auf nationalsozialistische Führungskräfte.

Zu Beginn des Zweiten Weltkrieges 1939 wurden die Befugnisse derjenigen Gauleiter, die zugleich das Staatsamt eines Oberpräsidenten oder Reichsstatthalters innehatten, erweitert: mit der «Verordnung über die Bestellung von Reichsverteidigungskommissaren» vom 1. September 1939 wurden sie zu Reichsverteidigungskommissaren ernannt. Am 16. November 1942 wurden durch eine weitere Verordnung auch alle anderen Gauleiter zu Reichsverteidigungskommissaren ernannt. Ihre Aufgabe war es, «... die gesamte zivile Reichsverteidigungsverwaltung einheitlich zu lenken ...», und die «... Schlagkraft und reibungslose Zusammenarbeit der Zivilverwaltung mit der Wehrmacht ...»[303] sicherzustellen.

In der letzten Phase des Krieges wurden die Gauleiter am 25. September 1944 mit der Aufstellung des *Volkssturms* beauftragt. In Zusammenarbeit mit der *Wehrmacht* waren sie für die Befestigung und Verteidigung des ihnen unterstellten Gebietes verantwortlich.

Die Gauleiter waren *Politische Leiter* der NSDAP, die als verbrecherische Gruppe im *Nürnberger Prozeß* 1946 verurteilt wurden.

Siehe *NSDAP, Reichsgau, Reichskommissar, Führer und Reichskanzler.*

Gefolgschaft. Die Nationalsozialisten verstanden unter Gefolgschaft eine «... echte Gemeinschaft ...»[304], die durch den «... disziplinierten Gehorsam, mit dem ihre Mitglieder der geistigen Führung Gefolgschaft leisten ...»[305], verbunden war.

Unbedingte Unterordnung unter die Weisungen ihres Führers gehörte nach Ansicht der Nationalsozialisten zu den «... sittlichen Verpflichtungen ...»[306] einer Gefolgschaft, die «... in der Treue zum Führer, in der Kameradschaft innerhalb der Gefolgschaft und in der Bewahrung der eigenen Ehre ...»[307] ihre Erfüllung finden sollte.

Nach diesem Führer-Gefolgschaft-Grundsatz waren die *NSDAP* und die *Gliederungen und Angeschlossenen Verbände der NSDAP* aufgebaut.

Das gleiche Führer-Gefolgschaft-Prinzip herrschte seit 1934 im Verhältnis zwischen Arbeitgebern und Arbeitnehmern: an der Spitze eines Betriebes stand der *Betriebsführer*, dem die Belegschaft – sie wurde als Gefolgschaft bezeichnet – zu Treue und Gehorsam verpflichtet war.

Die größte Gefolgschaft bildete nach nationalsozialistischer Auffassung das deutsche Volk; an seiner Spitze stand der Führer Adolf Hitler.

Noch kurz vor der Kapitulation wollte Dr. Joseph Goebbels, Reichsminister für Volksaufklärung und Propaganda, am 19. April 1945, als sowjetische Truppen bereits in Berlin kämpften, den Geist der bedingungslosen Gefolgschaft beschwören: «... Wer anders könnte die Richtung aus der Weltkrise weisen als der Führer! ... Wir stehen zu ihm wie er zu uns in germanischer Gefolgschaftstreue, wie wir es geschworen haben und wie wir es halten wollen. Wir rufen es ihm nicht zu, weil er es auch so weiß und wissen muß: Führer, befiehl, wir folgen! ...»[308]

Siehe *Führer und Reichskanzler, Betriebsführer, NSDAP, Totaler Krieg, Führergrundsatz.*

Geheime Staatspolizei, siehe *Gestapo.*

Generalgouvernement bezeichnete nach dem deutschen Überfall auf Polen und nach der polnischen Kapitulation am 27./28. September 1939 den Landesteil Polens, der von deutschen Truppen erobert und nicht in das Deutsche Reich eingegliedert oder von russischen Truppen besetzt worden war.

Mit dem Angriff auf Polen hatte am 1. September 1939 der Zweite Weltkrieg begonnen. Wenige Tage zuvor hatten das Deutsche Reich und die Sowjetunion einen Vertrag geschlossen, den sogenannten *Hitler-Stalin-Pakt.* Dieser Pakt legte in einem Geheimabkommen die «Interessensphären»[309] der beiden Staaten «... für den Fall einer territorial-politischen Umgestaltung»[310] Polens fest. Eine Demarkationslinie – ungefähr entlang der Flüsse Narew, Weichsel und San – wurde als Grenze zwischen den Interessengebieten festgelegt. Am 17. September 1939 marschierten sowjetische Truppen in Ostpolen ein und besetzten das ihnen von Deutschland zugestandene Gebiet.

Ein Teil der von der deutschen *Wehrmacht* besetzten polnischen Gebiete wurde als «eingegliederte Ostgebiete»[311] zu deutschem Reichsgebiet; der verbleibende Teil Polens wurde zunächst mit den vier Distrikten Warschau, Krakau, Radom und Lublin durch Erlaß Adolf Hitlers zum Generalgouvernement erklärt. 1941, nach dem deutschen Überfall auf die Sowjetunion, wurde das Gebiet um Lemberg als fünfter Distrikt Galizien Teil des Generalgouvernements.

Staats- und völkerrechtlich gehörte das Generalgouvernement nicht zum Deutschen Reich; es wurde von den Nationalsozialisten als «Nebenland des Reiches»[312] betrachtet, die Einwohner als Staatenlose polnischer Volkszugehörigkeit.

Die zunächst amtierende Militärregierung wurde im Oktober 1939 durch eine Zivilverwaltung abgelöst, an deren Spitze der deutsche Generalgouverneur Dr. Hans Frank stand. Er war mit *Führererlaß* eingesetzt worden, Adolf Hitler direkt unterstellt und nur ihm verantwortlich.

Frank leitete die gesamte Verwaltung selbständig und alleinverantwortlich, einschließlich einer eigenen Justiz- und Finanzverwaltung und der Befugnis, Rechtsverordnungen zu erlassen. Sein Amtssitz war Krakau. Die polnische Verwaltung arbeitete weiter, allerdings nur auf unterster Ebene und bei einem «totalen Aufsichtsrecht»[313] der deutschen Verwaltung. Gerichtsbarkeit und Strafverfolgung wurden zeitweise und in unterschiedlichem Umfang von *SS* und Polizei wahrgenommen; die Zuständigkeiten wechselten zwischen Verwaltung, SS und Wehrmacht.

Im Oktober beziehungsweise im Dezember 1939 ordnete die deutsche Besatzungsmacht die Melde- und Arbeitspflicht für alle Polen zwischen 14 und 60 Jahren an. Seit November 1939 mußten sich alle jüdischen Polen mit dem so bezeichneten *Judenstern* kennzeichnen.

Am 7. Oktober 1939 hatte Hitler den *Reichsführer-SS und Chef der Deutschen Poli-*

zei, Heinrich Himmler, mit der «Festigung deutschen Volkstums» sowie der «Ausschaltung des schädigenden Einflusses von solchen volksfremden Bevölkerungsteilen, die eine Gefahr für das Reich und die deutsche Volksgemeinschaft bedeuten ...»[314], beauftragt. Für die Mehrheit der polnischen Bevölkerung im Generalgouvernement bedeutete das Terror und Tod.

Himmler verfügte auf Grund seiner Vollmacht die zwangsweise Umsiedlung von Juden und Polen aus den eingegliederten Ostgebieten in das Generalgouvernement und die Ansiedlung von *Volksdeutschen* in diesen Gebieten.

Unter Anwendung grausamer Methoden wurden die Polen aus ihrer Heimat vertrieben und in das Generalgouvernement verschleppt, das nach den Plänen der Nationalsozialisten zum Verwahrgebiet für Polen, polnische Juden und jüdische Bürger des Deutschen Reiches werden sollte, um sie – jederzeit abrufbereit – als Arbeitssklaven für die Deutschen mißbrauchen zu können. In vielen Städten, vor allem in Warschau, führte dies während des Winters 1939/40 zu einer katastrophalen Ernährungs- und Wohnungslage aufgrund der plötzlich anwachsenden Bevölkerung.

Die polnischen Juden – rund drei Millionen Juden lebten in Polen – wurden in Zwangsgettos zusammengetrieben; es gab große Gettos in Warschau, Krakau, Radom, Lublin und Lemberg.

Im Zuge der von den Nationalsozialisten beschlossenen *Endlösung* der Judenfrage wurde der größte Teil der polnischen Juden ab Frühjahr 1942 von der SS in die im Generalgouvernement eingerichteten *Vernichtungslager* gebracht und dort getötet.

Im November 1942 begann in Ausführung der nationalsozialistischen *Germanisierungspläne* auch im Generalgouvernement – im Bezirk Lublin – die Zwangsaussiedlung von Polen. Dieser Bezirk sollte nach Himmlers Weisungen zum ersten deutschen «Großsiedlungsgebiet»[315] im Generalgouvernement werden. Die ausgesiedelten Polen wurden zu einem Teil in Lagern und in besonderen Dörfern untergebracht, zum anderen Teil, wenn sie arbeitsfähig waren, zur Zwangsarbeit in der Landwirtschaft und der Rüstungsindustrie ins Deutsche Reich transportiert. Dies geschah zum Teil in brutalen Zwangsaushebungen, die die deutsche Zivilverwaltung zusammen mit Polizeieinheiten durchführte. Viele der nicht arbeitsfähigen Polen wurden in das Lager *Auschwitz*, das größte der von der SS im Generalgouvernement eingerichteten Vernichtungslager, gebracht und dort ermordet.

Im Januar 1943 führten Einheiten der *Sicherheitspolizei* in Warschau und in anderen größeren Städten des Generalgouvernements Fahndungsstreifen durch. Die rund 20 000 Opfer dieser Aktion wurden auf Grund eines Befehls von Himmler zum Arbeitseinsatz in Konzentrationslager, *KZ*, übergeführt.

Überall im Lande wurden Widerstandsgruppen gebildet. Besonders tragisch endete die am 1. August 1944 begonnene Erhebung der Warschauer Bevölkerung, der Warschauer Aufstand. Einheiten von Wehrmacht, Luftwaffe, SS und Polizei schlugen den Aufstand mit äußerster Härte nieder, während die sowjetischen

Truppen knapp vor Warschau ihren Vormarsch unterbrochen hatten. Warschau wurde beinahe gänzlich zerstört. In den achtwöchigen Kämpfen fanden über 200 000 Einwohner der Stadt den Tod; Polizei- und SS-Truppen führten Massenerschießungen durch und ermordeten mehr als 10 000 Zivilisten.

Siehe *besetzte Gebiete, Fremdvölkische, Endlösung, Wehrmacht, Judenstern, Volksdeutsche, Führer und Reichskanzler.*

Germanisierung,

«germanisieren» und «Germanisation»[316] waren von den Nationalsozialisten in Büchern, anderen Schriften und Reden häufig benutzte Begriffe. Sie waren eine Umschreibung für die Vertreibung der slawischen Völker aus ihrer Heimat in Osteuropa, die Ansiedlung von Deutschen an ihrer Stelle und die *Eindeutschung* von Angehörigen fremder Völker, soweit sie nach Ansicht der Nationalsozialisten «rassisch einen wertvollen Bevölkerungszuwachs»[317] bedeuten konnten.

Dieses Wortverständnis hat seinen Ausgangspunkt in der von den Nationalsozialisten – insbesondere von Adolf Hitler und Alfred Rosenberg – schon vor der *Machtübernahme* in unterschiedlicher Weise aufgestellten Behauptung, daß «alle Staaten des Abendlandes und ihre schöpferischen Werte von den Germanen erzeugt»[318] seien. Auf der Grundlage der wissenschaftlich eindeutig widerlegten nationalsozialistischen *Rassenkunde* wurde behauptet, daß die Deutschen in ihrer Mehrzahl der hochwertigen *nordischen Rasse* angehören sollten. Die Angehörigen der slawischen Völker dagegen wurden zu *Untermenschen* erklärt. Der «Neu-aufbau der seelischen Zellen der nordisch bestimmten Völker»[319] wurde von Rosenberg zum eigentlichen Kampfziel der Nationalsozialisten erhoben. Alfred Rosenberg war seit 1934 «Beauftragter des Führers für die Überwachung der gesamten geistigen und weltanschaulichen Schulung und Erziehung der NSDAP». Adolf Hitler erklärte in seinem Buch «*Mein Kampf*» die Eroberung des europäischen Ostens als neuen *Lebensraum* für die Deutschen zum Ziel: «Wir stoppen den ewigen Germanenzug nach dem Süden und Westen Europas und weisen den Blick nach dem Land im Osten.»[320] Diese Zielsetzung verband er mit der Forderung, «einen germanischen Staat deutscher Nation»[321] zu errichten.

Der *Reichsführer-SS* Heinrich Himmler führte 1938 zur Frage der Germanisierung aus: «Es ist ... jeder Germane mit bestem Blut, den wir nach Deutschland holen und zu einem deutschbewußten Germanen machen, ein Kämpfer für uns und auf der anderen Seite ist einer weniger. Ich habe wirklich die Absicht, germanisches Blut in der ganzen Welt zu holen, zu rauben und zu stehlen, wo ich kann.»[322] Die slawische Bevölkerung sollte dagegen als «Arbeitsvolk»[323] für das «Herrenvolk»[324] der Deutschen arbeiten, keine Schulbildung erhalten und keine Nachkommen zeugen dürfen.

Mit dem Beginn des Zweiten Weltkrieges 1939 wurden die nationalsozialistischen Forderungen grausame Wirklichkeit: Polen und weite Teile der Sowjetunion wurden von deutschen Truppen erobert. Die *SS* – insbesondere die eigens zur Durchsetzung der Germanisierungsforderungen der Nationalsozialisten errichtete Institution «Reichskommissar für die Festigung deutschen Volkstums» – übernahm die Planung und Durchführung der Germanisierung. Eine Minderheit der Bevölkerung der besetzten Gebiete wurde von der SS zu «eindeutschungsfähigen Personen»[325] erklärt, darunter Tausende von Kindern, die ihren Eltern weggenommen und in deutsche Familien oder in *Lebensborn*-Heime gebracht wurden. Häufig war die Eindeutschung der Erwachsenen mit der Auflage verbunden, im Deutschen Reich zu arbeiten und sich der nationalsozialistischen Umerziehung zu unterwerfen. Millionen Polen, Russen und Juden beider Völker aber wurden aus ihren Wohnungen, Häusern und Höfen vertrieben und in Gettos, *Arbeitslager, KZ* und *Vernichtungslager* verschleppt, zu Tode gequält und ermordet. An ihrer Stelle wurden Tausende von *Volksdeutschen* angesiedelt. Sie hatten zum Teil freiwillig, zum Teil unfreiwillig ihre Heimat verlassen. Millionen Menschen wurden Opfer der von der SS übernommenen Aufgabe, «dem Führer das germanische Reich zu bauen».[326]

Siehe *Eindeutschung, Untermensch.*

Gestapo war die Abkürzung für *Geheime Staatspo*lizei. Während der Zeit der nationalsozialistischen Herrschaft, 1933–1945, hatte die Gestapo die Machtbefugnis, ohne gerichtliche Kontrolle Haussuchungen durchzuführen, Menschen zu verhaften, sie in Konzentrationslager, *KZ,* einzuweisen, sie zu quälen, zu foltern und sie zu ermorden.

Die Gestapo – die offizielle Bezeichnung war Stapo – ging 1933 auf Betreiben Hermann Görings aus der politischen Polizei Preußens, dem größten Land des Deutschen Reiches, hervor. Göring führte damals die Geschäfte des preußischen Innenministers. Zur gleichen Zeit bildete der *Reichsführer-SS* Heinrich Himmler in München, wo er kommissarischer, das heißt beauftragter Polizeipräsident war, die «Bayerische Politische Polizei». Unter politischer Polizei wird der Teil der Polizei verstanden, der dem Schutz des Staates und der Verfassung vor staats- und verfassungsfeindlichen Bestrebungen einzelner Menschen oder Gruppen dient. In einem Rechtsstaat ist die politische Polizei – wie die gesamte Polizei – Teil der Verwaltung, das bedeutet, sie wird von ihr beauftragt und kontrolliert. Im Deutschen Reich unterstand die politische Polizei vor der *Machtübernahme* durch die Nationalsozialisten – ähnlich wie in der Bundesrepublik Deutschland – der jeweiligen Landesregierung der einzelnen Länder.

Bis Anfang 1934 gelang es Heinrich Himmler, Chef der politischen Polizeien in allen Ländern des Deutschen Reiches zu werden. Im April 1934 übernahm er auch den Befehl über die politische Polizei Preußens. Die Zentrale der preußischen Gestapo war das Geheime Staatspolizeiamt (Gestapa) in Berlin, Prinz-Albrecht-Straße 8. Himmler ernannte Reinhard Heydrich zum Chef dieses Amtes, das für alle Gestapo-Ämter – auch für die der anderen Länder – verbindliche Anordnungen treffen konnte.

Am 10. Februar 1936 erhielt die preußische Gestapo ein neues Gesetz, das am 20. September auf ganz Deutschland ausgedehnt wurde und dessen erster Paragraph lautete: «Die Geheime Staatspolizei hat die Aufgabe, alle staatsgefährlichen Bestrebungen im gesamten Staatsgebiet zu erforschen und zu bekämpfen, das Ergebnis der Erhebungen zu sammeln und auszuwerten, die Staatsregierung zu unterrichten und die übrigen Behörden über für sie wichtige Feststellungen auf dem laufenden zu halten und mit Anregungen zu versehen.»[327]

In Paragraph 7 des Gesetzes war bestimmt: «Verfügungen und Angelegenheiten der Geheimen Staatspolizei unterliegen nicht der Nachprüfung durch die Verwaltungsgerichte.»[328]

Diesen Auftrag erfüllte die Gestapo laut einem Kommentar über ihre Arbeit aus dem Jahr 1936 unter der Maßgabe, daß sie «unabhängig von jeder Bindung jedes zur Erreichung des notwendigen Zwekkes geeignete Mittel»[329] anzuwenden habe. Das wichtigste Terrormittel zur Erreichung des Zieles um jeden Preis war die *Schutzhaft*: Die Gestapo verhaftete Menschen nach eigenem Gutdünken, es gab keine rechtliche Möglichkeit, sich dagegen zu wehren.

Am 17. Juni 1936 wurde der Reichsführer-SS Heinrich Himmler von Adolf Hitler zum Chef der gesamten deutschen Polizei ernannt. Dadurch wurde die staatliche Polizei der *SS* – einer *Gliederung* der *NSDAP* – unterstellt: alle leitenden Stellen der Polizeiorgane wurden mit SS-Führern besetzt.

Der Polizeiapparat wurde neu organisiert: die Gestapo – einschließlich der Grenzpolizei – wurde mit der Kriminalpolizei unter der Bezeichnung *Sicherheitspolizei* zusammengefaßt. Damit wurde auch die Kriminalpolizei zentralisiert und zur Hilfskraft der Gestapo.

1939 fand die neuerliche Umorganisation statt: Sicherheitspolizei und *SD*, der Sicherheitsdienst der SS, wurden im *Reichssicherheitshauptamt* der SS, RSHA, in einem Amt vereinigt.

In den von der SS geleiteten Konzentrationslagern, KZ, unterstanden der Gestapo die Politischen Abteilungen mit dem Erkennungsdienst, der zuständig war für die Vernehmung der Häftlinge. Die Gestapo-Beamten konnten unkontrolliert bestimmen, welchen Verhörmethoden die Gefangenen ausgesetzt und welche einer *Sonderbehandlung* zugeführt werden sollten. Sonderbehandlung bedeutete im Sprachgebrauch der SS und Gestapo Hinrichtung des Häftlings ohne gerichtliches Verfahren.

Im Krieg stellte die Gestapo Beamte für die *Einsatzgruppen* der SS zur Verfügung, die mordend den deutschen Truppen in den *besetzten Gebieten* folgten. Außerdem waren Kommandos der Gestapo zuständig für die Deportation, das heißt für die Verschleppung der Juden aus allen von deutschen Truppen besetzten Teilen Europas in die *Vernichtungslager* der SS.

1944 gehörten über 30 000 Personen der Gestapo an.

Im *Nürnberger Prozeß* 1945 / 46 wurde die Gestapo zur verbrecherischen Organisation erklärt.

Siehe *Reichsführer-SS und Chef der Deutschen Polizei, Schutzhaft, Reichssicherheitshauptamt, Gleichschaltung, Heimtückegesetz.*

Glaube und Schönheit war die Bezeichnung für eine Abteilung des *BDM*, die 1938 unter der Bezeichnung BDM-Werk «Glaube und Schönheit» für die 17- bis 21jährigen Mädchen gegründet wurde.

Der BDM, Bund Deutscher Mädel, in dem die 14- bis 21jährigen Mädchen organisiert waren, war Teil der *Hitlerjugend*.

Das BDM-Werk «Glaube und Schönheit» sollte zur «gemeinschaftsgebundenen Persönlichkeit»[330] erziehen und «dem natürlichen Wandel im jungen Mädel zur Frau»[331] Rechnung tragen. Mit der Gründung wurde die Erfahrung der Reichsjugendführung berücksichtigt, daß die Mädchen dieser Altersgruppe, abgelenkt durch persönliche Interessen, sich mehr und mehr dem organisierten Dienst der Hitlerjugend zu entziehen versuchten.

In «Glaube und Schönheit» sollten die Mädchen in kleinen Einheiten, sogenannten Arbeitsgemeinschaften, unter anderem auf den Gebieten Sport, Gymnastik, Körperpflege, Hauswirtschaft, Musik, Wohn- und Raumgestaltung sowie im Gesundheitsdienst geschult werden.

Die Arbeit in dem BDM-Werk war ausgerichtet auf das Frauenideal der Nationalsozialisten, nach dem die Frau «dem Manne ... das Leben schöner und inhaltsreicher ...» gestalten und «... vor allem auch Mutter zu sein vermag».[332]

Mit Beginn des Zweiten Weltkrieges 1939 trat die Arbeit von «Glaube und Schönheit» in den Hintergrund. Die Mädchen wurden im «Kriegseinsatz der Hitlerjugend» eingesetzt: sie halfen beim Roten Kreuz, in Lazaretten und bei der Landarbeit.

Siehe *Hitlerjugend, Kriegshilfsdienst, Mutterkreuz, BDM, RAD.*

Gleichschaltung nannten die Nationalsozialisten ihre unmittelbar nach der *Machtübernahme* begonnenen Maßnahmen, deren Ziel es war, die bestimmenden Führungskräfte in allen Bereichen der Gesellschaft des bisher demokratisch regierten Deutschen Reiches abzulösen und alle Vollmachten auf die Führung der *NSDAP* und die von ihr gestellte Reichsregierung zu übertragen, um jeden Bereich des Staates und des sozialen Lebens nationalsozialistisch zu durchdringen und zu beherrschen.

Das Deutsche Reich war auf Grund der Weimarer Verfassung von 1919–1933 – ähnlich gegliedert wie die Bundesrepublik Deutschland – ein Bundesstaat, bestehend aus 17 deutschen Ländern. Die Länder hatten eigene Parlamente und Regierungen, sie hatten das Recht, eigene Gesetze zu beschließen, sie verfügten über die Polizeihoheit in ihrem Gebiet. Mit dem Amt des Reichskanzlers hatten Adolf Hitler und die Nationalsozialisten am 30. Januar 1933 somit nur einen Teil der von ihnen angestrebten Macht im Deutschen Reich erhalten. Die Maßnahmen der Gleichschaltung sollten ihren unbeschränkten Einfluß und ihre Alleinherrschaft im Staat erzwingen.

Der erste Schritt unmittelbar nach der Machtübernahme war die Ablösung der für die Polizeigewalt zuständigen demokratischen Politiker durch Parteigenossen in allen Ländern, in denen es nach Lage der Dinge möglich war. Die von den nunmehr verantwortlichen Nationalsozialisten als Hilfspolizei eingesetzten Verbände der *SA* und der *SS* schufen mit die Voraussetzung für einen rücksichtslos geführten Wahlkampf der NSDAP für die am 5. März 1933 angesetzten Reichstagsneuwahlen. SA und SS behinderten den Wahlkampf der demokratischen Parteien, bedrohten ihre Anhänger und begünstigten die Aktionen der NSDAP. Die NSDAP wurde mit 43,9 Prozent der Stimmen und 288 Mandaten stärkste Partei im deutschen Reichstag, sie konnte mit den acht Prozent der Stimmen der DNVP, der Deutschnationalen Volkspartei, eine regierungsfähige Mehrheit bilden.

Am 31. März 1933 beschloß die Reichsregierung unter Leitung Adolf Hitlers – nach dem *Ermächtigungsgesetz* vom 24. März 1933 ohne Mitwirkung des Parlaments – das «Vorläufige Gesetz zur Gleichschaltung der Länder mit dem Reich», das vereinfacht das «Gleichschaltungsgesetz»[333] genannt wurde. Das Gesetz bestimmte, daß die Länderparlamente aufgelöst und nach dem Ergebnis der Reichstagswahl umgebildet werden mußten. Nicht mehr das Wahlergebnis der demokratischen Landtagswahlen bestimmte die Zusammensetzung der Länderparlamente, sondern das Ergebnis der Reichstagswahlen vom 5. März 1933. Die für die kommunistische Partei abgegebenen Stimmen wurden dabei nicht berücksichtigt. Durch das Gleichschaltungsgesetz wurden die Nationalsozialisten somit in allen Landesparlamenten und Gemeindevertretungen die stärkste Partei. Siehe dazu Schema S. 75.

Das «Zweite Gesetz zur Gleichschaltung der Länder mit dem Reich» vom 7. April 1933 ermächtigte dann den Reichskanzler Adolf Hitler, in den einzelnen Ländern *Reichsstatthalter* einzusetzen, die «für die Beobachtung der vom Reichskanzler aufgestellten Richtlinien der Politik zu sorgen ...»[334] hatten. Die Reichsstatthalter hatten das Recht, Mitglieder der Landesregierungen und Be-

amte der Länder zu entlassen und zu ernennen. Ziel der Gleichschaltungsgesetze war es, alle Behörden und Einrichtungen von Ländern und Gemeinden der Reichsregierung unmittelbar zu unterstellen.

Am 30. Januar 1934 – zum ersten Jahrestag der Machtübernahme – wurde durch das «Gesetz über den Neuaufbau des Reiches» beschlossen: «...1. Die Volksvertretungen ... werden aufgehoben ... 2.(1) Die Hoheitsrechte der Länder gehen auf das Reich über. (2) Die Landesregierungen unterstehen der Reichsregierung ... 3. Die Reichsstatthalter unterstehen der Dienstaufsicht des Reichsministers des Innern ... 4. Die Reichsregierung kann neues Verfassungsrecht setzen ...»[335]

Die Länder hörten staatsrechtlich auf zu bestehen. Das Deutsche Reich war zu einem Einheitsstaat unter zentraler Lenkung geworden.

Am 14. Februar 1934 wurde der Reichsrat – die Vertretung der Länder auf Reichsebene – aufgelöst.

Mit der gleichen brutalen Energie betrieben die Nationalsozialisten vom Tag der Machtübernahme an auch die «Gleichschaltung» aller gesellschaftlichen Einrichtungen und Organisationen des demokratischen Staates. Gleichschaltung bedeutete auf dieser Ebene die Übernahme der wichtigsten bestehenden Verbände und Organisationen in die Organisation der Partei und ihre Umwandlung in *Gliederungen und Angeschlossene Verbände der NSDAP*, um der Partei eine lückenlose Kontrolle aller Berufe und aller gesellschaftlichen Gruppen und deren Durchdringung mit nationalsozialistischen Grundsätzen zu sichern. Weitere

Verbände und Organisationen wurden einer umfassenden staatlichen Kontrolle zugeführt.

Am 2. Mai 1933 wurden die Freien Gewerkschaften zerschlagen und am 10. Mai 1933 die *Deutsche Arbeitsfront, DAF,* gegründet.

Am 3. und 4. Mai 1933 wurden der «Reichsstand des deutschen Handels» und der «Reichsstand des deutschen Handwerks» gebildet. Der «Reichsverband der Industrie» wurde, umgewandelt in eine «Reichsgruppe Industrie», staatlicher Kontrolle unterstellt.

Am 17. Juni 1933 wurde mit der Ernennung des *Reichsjugendführers* der NSDAP zum «Jugendführer des Deutschen Reiches» die gesamte Jugendarbeit des Deutschen Reiches der NSDAP unterstellt, am 1. Dezember 1936 die gesamte Jugend in der *Hitlerjugend* als Staatsjugend zusammengefaßt.

Am 14. Juli 1933 wurde in dem «Gesetz gegen die Neubildung von Parteien» bestimmt, daß die NSDAP die einzige Partei in Deutschland sein sollte. Die KPD war bereits nach dem *Reichstagsbrand* am 27. Februar 1933 zerschlagen, die SPD am 22. Juni 1933 verboten, viele Mitglieder beider Parteien verhaftet worden. Die Selbstauflösung der übrigen Parteien hatte sich im Zeitraum vom 27. Juni bis 5. Juli 1933 vollzogen.

Am 13. September 1933 wurden die Bauern im *Reichsnährstand* zusammengefaßt.

Am 22. September 1933 wurde die *Reichskulturkammer* eingerichtet, eine Zwangsorganisation für alle in freien oder künstlerischen Berufen tätigen Menschen.

Am 1. Dezember 1933 wurde das «Gesetz zur Sicherung der Einheit von Partei und Staat» erlassen, nach dem die NSDAP «die Trägerin des deutschen Staatsgedankens und mit dem Staat unlöslich verbunden»[336] sein sollte.

Nach einem Bericht des «*Berliner Lokalanzeigers*» vom 11. September 1935 nahm die deutsche Bevölkerung die Gleichschaltung aller ihrer gesellschaftlichen Organisationen nicht ohne Gegenwehr hin: «… In letzter Zeit mehren sich die Fälle, daß auf geistigem und weltanschaulichem Gebiet … bestehende Vereine angeblich zum Zwecke der Gleichschaltung bei den Registergerichten … Anträge auf Genehmigung von Satzungen und Satzungsänderungen stellen. Da die Gefahr besteht, hierbei zu versuchen, unter harmloser Maske das vom Nationalsozialismus bekämpfte liberale Geistesgut wieder aufleben zu lassen, hat der Reichs- und preußische Minister des Innern angeordnet, daß dem Beauftragten des Führers … in allen Fällen … Anträge auf Genehmigung … zugehen …»[337]

Siehe *Gliederungen und Angeschlossene Verbände der NSDAP, Gestapo, RAD, Reichstagsbrandverordnung, Volksgemeinschaft.*

Gliederungen und Angeschlossene Verbände der NSDAP. Die NSDAP – die Nationalsozialistische Deutsche Arbeiterpartei – war seit dem 14. Juli 1933 die einzige Partei in Deutschland. Ihr Führer war Adolf Hitler, der seit dem 1. August 1934 durch die Vereinigung der Ämter des Reichspräsidenten und des Reichskanzlers als *Führer und Reichskanzler* über die unumschränkte Macht im Staat verfügte. Der Parteiapparat sollte den Bestand dieser Macht sichern. Mit dem weit verzweigten Aufbau der Parteiorganisation und dem Anschluß aller wichtigen gesellschaftlichen Gruppierungen an die Partei wollten die Nationalsozialisten den Einfluß der nationalsozialistischen «Bewegung»[338] in allen Bereichen der Gesellschaft sichern.

Seit 1935 wurden die Organisationen in «Gliederungen»[339] und «Angeschlossene Verbände»[340] eingeteilt. Als Gliederungen galten die *SA*, die *SS*, das *NSKK*, die *Hitlerjugend*, der NSD-Studentenbund, die *NS-Frauenschaft* und der NSD-Dozentenbund.

Der NSDAP angeschlossene Verbände waren der NSD-Ärztebund, der Bund Nationalsozialistischer Deutscher Juristen, der 1936 in den NS-Rechtswahrerbund umgewandelt wurde, der NS-Lehrerbund, die *NSV*, die NS-Kriegsopferversorgung, der Reichsbund der Deutschen Beamten, der NS-Bund Deutscher Technik und die *Deutsche Arbeitsfront* einschließlich der NS-Gemeinschaft Kraft durch Freude, *KdF*.

Die Gliederungen waren Teil der Partei. Die angeschlossenen Verbände wurden im Zuge der nationalsozialistischen *Gleichschaltung* als Zusammenschlüsse bereits bestehender Berufsverbände und Interessengemeinschaften mit schon vor 1933 gegründeten Parteiorganisationen gebildet. Die Verbände waren in der Regel eingetragene Vereine, sie besaßen eigenes Vermögen – meist das der Berufsvereinigungen, aus denen sie hervorgegangen waren. Sie unterstanden aber der Finanzaufsicht der NSDAP und waren entsprechenden Ämtern oder Hauptämtern in der *Reichsleitung* der NSDAP unterstellt.

Wie die Organisation der Partei waren auch die angeschlossenen Verbände in *Gau*- und *Kreis*gebiete unterteilt; wie in der NSDAP sollte auch in den Verbänden der *Führergrundsatz* gelten, damit sie in «organisatorischer, weltanschaulicher, politischer, aufsichtsführender und personeller Beziehung ... der NSDAP unterstellt»[341] blieben.

Die Bedeutung der Partei und ihrer angeschlossenen Verbände wurde durch das am 1. Dezember 1933 verkündete «Gesetz zur Sicherung der Einheit von Partei und Staat» auch rechtlich im Staatsaufbau verankert. Zur Gewährleistung engster Zusammenarbeit der Partei mit der Regierung bestimmte das Gesetz, daß «der Stellvertreter des Führers und der Chef des Stabes der SA Mitglieder der Reichsregierung»[342] wurden.

Siehe *NSDAP, SA, SS, Hitlerjugend, NS-Frauenschaft, NSV, Deutsche Arbeitsfront, KdF, Gleichschaltung.*

Goldfasan war eine volkstümliche, verspottende Bezeichnung für die höheren *Politischen Leiter* der *NSDAP*.

Die Bezeichnung bezog sich auf die goldbraune Farbe der Parteiuniform mit den roten Kragenspiegeln.

Politische Leiter waren Mitglieder der NSDAP, die in der Partei ein Amt innehatten.

Siehe *NSDAP*.

gottgläubig. Nach einem Erlaß vom 26. 11. 1936 wurden Personen, die aus ihrer Kirche ausgetreten waren und demnach keiner Religionsgemeinschaft mehr angehörten, offiziell als gottgläubig bezeichnet. 1940 hieß es in der Zeitung «*Das*

Reich»: «Wer sich als gottgläubig auswies, handelte nach einer Empfehlung, die das Reichsministerium ausgegeben hatte...»[343]

Schon 1933 hatte Adolf Hitler in einer Wahlrede betont, daß an der Spitze Deutschlands keine «Atheisten»[344] stünden. Als Atheisten zu gelten, das heißt als Menschen, die nicht an die Existenz eines Gottes glauben, schien den Nationalsozialisten nicht angebracht, verwendeten sie doch häufig religiöse Ausdrücke und Bilder, wie «die Vorsehung» und «der Allmächtige»[345], wenn sie die Gefühle der Menschen beeinflussen und lenken wollten. Die Bezeichnung gottgläubig entsprach nach ihrer Ansicht «... der arteigenen Frömmigkeit des deutschen Wesens und der Menschen artverwandten Blutes».[346] Juden, die aus ihrer Gemeinde austraten, durften die Bezeichnung gottgläubig nicht verwenden. Nach den Behauptungen der wissenschaftlich eindeutig widerlegten nationalsozialistischen *Rassenkunde* galten sie nicht als Mitglieder einer Glaubensgemeinschaft, sondern als Angehörige einer minderwertigen Rasse und als Menschen *artfremden* Blutes.

Siehe *artfremd, Rassenkunde, Deutsche Christen*.

Großdeutsches Reich, Großdeutschland

waren Bezeichnungen der Nationalsozialisten für ein Deutsches Reich, dessen Gebiet nach ihrer Forderung größer sein sollte, als es nach dem Ende des von Deutschland verlorenen Ersten Weltkrieges, 1914–1918, im Versailler Vertrag von 1919 festgelegt worden war.

Schon im Punkt 1 des Parteiprogramms der *NSDAP* hieß es 1920: «Wir fordern den Zusammenschluß aller Deutschen auf Grund des Selbstbestimmungsrechts der Völker zu einem Groß-Deutschland.»[347] Fünf Jahre später wurde bereits in Adolf Hitlers Buch «*Mein Kampf*» erkennbar, daß nicht das angeführte Selbstbestimmungsrecht der Völker und nicht nur die unter dem großdeutschen Gedanken üblicherweise verstandene Forderung nach einer Vereinigung Deutschlands und Österreichs Grundlage der nationalsozialistischen Forderung war. Hitler war bereit, für ein Großdeutsches Reich auch Krieg zu führen: «So wie unsere Vorfahren den Boden, auf dem wir heute leben, nicht vom Himmel geschenkt erhielten, sondern durch Lebenseinsatz erkämpfen mußten, so wird auch uns in Zukunft den Boden und damit das Leben für unser Volk keine göttliche Gnade zuweisen, sondern nur die Gewalt eines siegreichen Schwertes.»[348]

1938, nach dem am 13. März erfolgten *Anschluß Österreichs an das Deutsche Reich*, wurde durch eine Anweisung des *Propagandaministeriums* der gesamten deutschen Presse empfohlen, das Wort großdeutsch nur noch eingeschränkt zu benutzen: «Es soll lediglich der Eindruck vermieden werden, als ob die deutschen Ansprüche mit der Herstellung der deutsch-österreichischen Einheit erledigt wären. Dies ist nicht der Fall. Zu dem wirklichen großdeutschen Reich gehören natürlich noch andere Gebiete, die wir zu gegebener Zeit beanspruchen werden.»[349]

Am 1. Oktober 1938 besetzte die deutsche *Wehrmacht* auf Grund des *Münchener Abkommens* das Sudetenland, nachdem

Adolf Hitler am 26. September 1938 vor aller Welt erklärt hatte, daß es, «wenn dies Problem gelöst ist – ... für Deutschland in Europa kein territoriales Problem mehr gibt».[350] Am 15. März 1939 wurde das Versprechen von Adolf Hitler gebrochen und auch die Tschechoslowakei besetzt, auf deren Gebiet das *Protektorat Böhmen und Mähren* und die als selbständig bezeichnete, aber von Deutschland völlig abhängige Republik Slowakei errichtet wurden.

Nach Gewaltandrohung von deutscher Seite gab am 23. März 1939 Litauen das Memelgebiet zurück, das Litauen nach dem Ersten Weltkrieg durch den Versailler Vertrag zugesprochen worden war.

Mit dem Angriff deutscher Truppen auf Polen am 1. September 1939 begann der Zweite Weltkrieg, 1939–1945, und die gewaltsame Eroberung Europas.

Am 7. 5. 1945 unterzeichneten Vertreter des Deutschen Reiches die bedingungslose Kapitulation, die am 9. 5. 1945 in Kraft trat.

Siehe *Lebensraum, besetzte Gebiete*.

H

Hakenkreuz, Hakenkreuzfahne. Das Hakenkreuz war seit 1920 das Kennzeichen der *NSDAP*, der Nationalsozialistischen Deutschen Arbeiterpartei. Es wurde zum Symbol des Nationalsozialismus und der nationalsozialistischen Herrschaft in Deutschland von 1933 bis 1945.

Das Hakenkreuz, als segensreiches, vermutlich die Kräfte der Sonne symbolisierendes Heilszeichen, ist seit etwa 4000 Jahren vor Christi Geburt in Nord- und Mitteleuropa, Vorderasien, Indien, China und Japan verbreitet. Auch bei semitischen, vor allem bei arabischen Völkern war es anzutreffen.

Um 1900 erfuhr das Hakenkreuz eine Bedeutungswandlung zu einem politischen Zeichen. Es wurde von unterschiedlichen politischen Gruppierungen als antisemitisches, das heißt judenfeindliches Symbol benutzt.

Adolf Hitler, der an dem Entwurf für die Hakenkreuzfahne der NSDAP mitarbeitete, wollte das Zeichen so verstanden wissen: «Im Rot sehen wir den sozialen Gedanken der Bewegung, im Weiß den nationalistischen, im Hakenkreuz die Mission des Kampfes für den Sieg des arischen Menschen und zugleich mit ihm auch den Sieg des Gedankens der schaffenden Arbeit, die selbst ewig antisemitisch war und antisemitisch sein wird.»[351]

Die Hakenkreuzfahne wurde zu einem wichtigen Mittel der Massenbeeinflussung. Bei Versammlungen wurde sie breit an der Wand hinter dem Redner ausgespannt, bei allen Aufmärschen an der Spitze des Zuges getragen. Die Fahne, die 1923 bei Adolf Hitlers gescheitertem Novemberputsch, dem *Marsch auf die Feldherrnhalle*, mitgetragen wurde und angeblich mit dem Blut des erschossenen Fahnenträgers getränkt worden war, wurde zur *Blutfahne*: durch die Berührung mit ihr wurden alle Standarten der NSDAP, der *SA* und *SS* geweiht. Für die Fahnenträger des *Reichsparteitages* von 1926 schrieb Alfred Rosenberg: «Und Ihr, die Ihr die Fahnen und Standarten tragt und hinter ihnen marschiert, seid Euch bewußt, daß Ihr um die größte Sache kämpft, um die je in Deutschland seit über 1000 Jahren gefochten wurde...»[352]

Am 15. 9. 1935, zwei Jahre nach der *Machtübernahme*, wurde die Hakenkreuzfahne durch das Reichsflaggengesetz im Rahmen der *Nürnberger Gesetze* zur alleinigen Reichs- und Nationalflagge erklärt. Sie löste damit endgültig die bisherige schwarz-rot-goldene Reichsflagge ab. Bis zu diesem Zeitpunkt war bei offiziellen Anlässen sowohl die schwarz-weiß-rote als auch die Hakenkreuzfahne aufgezogen worden. Die Bevölkerung hatte bis September zwischen beiden Fahnen wählen können. In zwei weiteren Erlassen wurde den Ländern des Deutschen Reiches das Zeigen der eigenen herkömmlichen Landesfarben verboten. Die Maßnahme der *Gleichschaltung* der Länder mit dem Reich fand hier ihren sichtbaren Ausdruck: der Versuch, das Eigenleben der Länder zu unterdrücken und sie auf eine zentrale Lenkung auszurichten.

An allen nationalen Feiertagen wurde die Bevölkerung verpflichtet zu flaggen.

An allen Häusern mußte aus Fenstern oder von Balkons, auf Dächern oder an den Haustoren mindestens eine Hakenkreuzfahne hängen. Ein Versäumnis mußte von den *Blockleitern* der NSDAP angezeigt werden und wurde nach freiem Ermessen der *Gestapo*, der *Ge*heimen *Staats*polizei, bestraft.

Das Hakenkreuz sollte allgegenwärtig sein: auf Zeitungsköpfen, an Uniformen, auf Parteiformularen und -stempeln, Amtsschildern und Bauten. Im Hoheitszeichen des Reiches hielt der Reichsadler ein von einem Eichenlaubkranz umzogenes Hakenkreuz. Hitler hatte 1935 bestimmt: «Um der Einheit von Partei und Staat auch in ihren Sinnbildern Ausdruck zu verleihen, bestimme ich: Das Reich führt als Sinnbild seiner Hoheit das Hoheitszeichen der Nationalsozialistischen Deutschen Arbeiterpartei.»[353]

Das Hakenkreuz war das Hoheitszeichen des Deutschen Reiches während der Zeit nationalsozialistischer Herrschaft, in der Millionen Menschen in den *KZ* und auf den Schlachtfeldern des Krieges, der von den Nationalsozialisten entfesselt wurde, den Tod fanden.

Siehe *Marsch auf die Feldherrnhalle, Lebensraum, Volksgemeinschaft, Rassenkunde, Untermensch, Der Mythus des 20. Jahrhunderts, NSDAP*.

Halbjude oder Halbjüdin wurden, nach den 1935 erlassenen *Nürnberger Gesetzen* und ihren Zusatzverordnungen, die Menschen genannt, unter deren vier Großeltern zwei Juden oder Jüdinnen waren. Der wissenschaftlich eindeutig widerlegten *Rassenkunde* folgend, nach der Juden zu Angehörigen einer minderwertigen Rasse erklärt wurden, bestimmten die Nürnberger Gesetze die Juden zu Staatsbürgern zweiter Klasse. Ehen mit ihnen wurden verboten.

In der «Ersten Verordnung zum Reichsbürgergesetz», das Teil der Nürnberger Gesetze war, wurden Unterscheidungen aufgestellt zwischen Juden und «jüdischen Mischlingen»[354]. In der Presse wurden dazu ausführliche Erläuterungen gegeben. Die Zeitungen verbreiteten die Bezeichnungen «Volljude»[355], «Halbjude»[356] für den «Mischling ersten Grades»[357] und «Vierteljude»[358] für den «Mischling zweiten Grades»[359]. Volljude war nach nationalsozialistischer Auffassung, wer mindestens drei jüdische Großeltern hatte. Vierteljude war derjenige, unter dessen Großeltern ein Jude oder eine Jüdin war. Dabei galt nach dem Gesetz ein «Großelternteil ohne weiteres» als volljüdisch, «wenn er der jüdischen Religionsgemeinschaft angehört hat».[360] Das bedeutete, die Nationalsozialisten kamen mit den von ihnen aufgestellten rassischen Gesichtspunkten nicht aus, um zu bestimmen, wer Jude sein sollte. Sie mußten auf die Zugehörigkeit zur jüdischen Religionsgemeinschaft zurückgreifen, um ihre widersinnige Einteilung der Menschen in Juden, jüdische Mischlinge und *Deutschblütige* zu begründen.

Nach der Volkszählung vom Mai 1939 soll es in Deutschland und Österreich zusammen 72 738 Halbjuden gegeben haben; die Zahlen späterer Schätzungen liegen höher.

Im Verlauf des Zweiten Weltkrieges, 1939–1945, mußten die Halbjuden, die zunächst nur geringen Einschränkungen ausgesetzt waren, zunehmende Herabsetzungen erdulden.

Zu Beginn des Krieges wurden sie noch als Wehrpflichtige an der polnischen Front eingesetzt. Seit April 1940 durften sie jedoch nach einer Entscheidung Adolf Hitlers nur noch bei der «Ersatzreserve II bzw. der Landwehr»[361] dienen.

Für die Kinder, die nach nationalsozialistischer Auffassung Halbjuden waren, galt seit 1941, daß sie Haupt-, Mittel- und Höhere Schulen nicht mehr besuchen durften.

Auf der *Wannsee-Konferenz* am 20. Januar 1942, auf der die Organisation der systematischen Ermordung der deutschen und europäischen Juden von Angehörigen der beteiligten Dienststellen und Ministerien erörtert wurde, wurde festgelegt, daß die Halbjuden «im Hinblick auf die Endlösung der Judenfrage den Juden gleichgestellt»[362] oder in bestimmten Fällen sterilisiert, das heißt unfruchtbar gemacht werden sollten. Die Gleichstellung kam nicht zur Ausführung, die Sterilisation in wenigen Fällen.

Am 25. September 1942 wurden halbjüdischen Kindern jegliche Kinderbeihilfen mit der Begründung verwehrt: «Jüdische Mischlinge sind ohne Rücksicht auf den Grad des jüdischen Blutanteils immer unerwünschter Nachwuchs.»[363]

Siehe *Reichsbürgergesetz, Blutschutzgesetz, Judenverfolgung, Endlösung, Rassenschande.*

Heil Hitler war seit etwa 1925 der offizielle Gruß der Mitglieder der Nationalsozialistischen Deutschen Arbeiterpartei, der *NSDAP*.

Das Wort «heil» mit der Grundbedeutung von gesund, unversehrt, war in verschiedenen Sprachen schon im Altertum Wunsch- oder Grußwort für die Herrscher sowie für Gönner und Freunde. Seit ungefähr 1100 war es auch in der deutschen Sprache als Gruß verbreitet. In jüngerer Zeit – im 19. Jahrhundert – wurde «Heil» in Österreich als allgemeines Grußwort häufig verwendet, in Deutschland in der Verbindung «Gut Heil» als Turnergruß.

Die Nationalsozialisten benutzten außer «Heil Hitler» auch die Begrüßung «Heil, mein Führer», wenn sie Adolf Hitler gegenüberstanden.

Bei großen Versammlungen wurde die Verbindung «Siegheil» als Abschlußgruß verwendet: Der Redner rief «Sieg», die versammelte Menge schrie im Gegenruf «Heil», und zwar in dreimaliger Abfolge.

Siehe *Deutscher Gruß, Führer und Reichskanzler.*

Heimabend. Als Heimabende wurden die wöchentlich einmal stattfindenden Veranstaltungen der *Hitlerjugend* bezeichnet, an denen teilzunehmen laut Gesetz alle Mitglieder verpflichtet waren. Seit 1936 sollten alle Jugendlichen von 10 bis 18 Jahren in der Hitlerjugend, einer *Gliederung* der *NSDAP*, zusammengefaßt werden. 1939 bestimmte eine Verordnung, daß die Teilnahme an den Veranstaltungen der Hitlerjugend «Ehrendienst am Deutschen Volk» sei. Die Jugendlichen oder ihre Erziehungsberechtigten konnten bestraft werden, wenn die Jugendlichen den Dienst versäumten.

Ziel der Heimabende – wie der gesamten Hitlerjugendarbeit – war, die Jugend «zu echten, starken Nationalsozialisten»[364] heranzubilden. Innerhalb dieser übergreifenden Zielsetzung war die der einzelnen Heimabende unterschiedlich. Bastelabende, auf denen unter anderem Spielzeug für das *Winterhilfswerk* gebastelt wurde, und Singabende, auf denen die Lieder für die zahlreichen nationalsozialistischen Feiern und Gedenkstunden und später für das Singen in den Heimatlazaretten geübt wurden, sollten das Zusammengehörigkeits- und Gemeinsamkeitsgefühl der Jugend im Rahmen der Hitlerjugend entwickeln. Die Schulungsabende sollten sie alle «im Geiste des Nationalsozialismus zum Dienst am Volk und zur Volksgemeinschaft»[365] erziehen. Die Themen für die Schulungsabende wurden von der Reichsjugendführung in Berlin nach einem festgelegten Schulungsplan verbindlich für alle Einheiten angeordnet. Schulungsmappen, die alle 14 Tage an die Hitlerjugendführer und -führerinnen ausgegeben wurden, legten Inhalt und Form der Heimabende bis in alle Einzelheiten fest. Zwei Hauptthemen waren Geschichte – vor allem die der NSDAP – und die nationalsozialistische *Rassenkunde*.

Themen für Jungmädel und Jungvolk, die 10- bis 14jährigen Mädchen und Jungen, waren zum Beispiel 1938 «Germanische Götter und Helden», «Die ersten SA-Abteilungen», «HJ in der Kampfzeit», «Adolf Hitler und seine Mitkämpfer»[366].

Zur gleichen Zeit waren die Themen für *BDM* und *HJ*, die 14- bis 18jährigen Mädchen und Jungen, unter anderen «Vom Weltkrieg zum Dritten Reich», «Die Blutsgemeinschaft Volk», «Die Reinerhaltung des Blutes», «Wir brauchen Lebensraum», «Das Werden der Bewegung, das Aufbauwerk des Führers»[367].

Im Rundfunk fand jede Woche eine Heimabendsendung statt – die «Stunde der jungen Nation» –, in der die entsprechenden Themen in der vorgeschriebenen Form behandelt wurden. Die Sendung war vor allem für die ländlichen Gebiete gedacht, in denen auf Grund der Entfernungen oder aus Mangel an geeigneten Führern und Führerinnen keine regelmäßigen Heimabende stattfinden konnten.

Die Heimabende der Hitlerjugendeinheiten wurden von einem Führer beziehungsweise einer Führerin geleitet, die in der Regel etwa 2 bis 4 Jahre älter waren als die Mitglieder der Einheiten. Das jeweilige Thema wurde in Form eines Vortrages von dem Führer oder der Führerin abgehandelt. Zwischendurch wurden von einzelnen Teilnehmern an entsprechenden Stellen Gedichte oder Bekenntnissprüche aufgesagt oder vorgelesen. Alle gemeinsam sangen dem jeweiligen Thema entsprechende Lieder. Außer alten Volksliedern wurden – von Jungen und Mädchen – Kriegslieder gesungen oder Hymnen, die ein Bekenntnis zum Nationalsozialismus zum Inhalt hatten: «Unsere Fahne flattert uns voran», «Es zittern die morschen Knochen der Welt vor dem großen Krieg», «Bomben auf Engeland» zum Beispiel. Trotz der in den Schulungsheften vorgeplanten Durchführung war die Gestaltung der einzelnen Heimabende abhängig von der Persönlichkeit und den Fähigkeiten der einzelnen Führer und Führerinnen. Bei ihnen lag es, wie lange das gemeinsame Antreten und das Begrüßen der vorgesetzten Führer dauerte und in welcher Form – mehr oder weniger militärisch – es durchgeführt wurde. Sie bestimmten – oft auch abhängig von ihren Begabungen und Neigungen –, wie oft die Heimabende zum Singen oder Basteln oder als Schulungsabende benutzt wurden.

Allerdings mußten sie innerhalb der weltanschaulichen Schulung ein bestimmtes Pensum schaffen: alle Jungen und Mädchen mußten bei den von ihnen geforderten Leistungsnachweisen für die DJ-, JM-, BDM- und HJ-Leistungsabzeichen sowohl sportliche Leistungen erbringen als auch Schulungsfragen beantworten gemäß der Forderung des *Reichsjugendführers* Baldur von Schirach, daß die Hitlerjugend «eine weltanschauliche Erziehungsgemeinschaft»[368] zu sein habe.

Siehe *Hitlerjugend, Lebensraum, Untermensch, Rassenkunde, Volksgemeinschaft.*

Heimatfront oder «Front der Heimat» waren während des Zweiten Weltkrieges, 1939–1945, Bezeichnungen der nationalsozialistischen Propaganda für die Bevölkerung in Deutschland. Adolf Hitler verwendete den Ausdruck häufig in seinen Reden, so zum Beispiel am 3. Oktober 1941, knapp vier Monate nach dem deutschen Überfall auf die Sowjetunion: «... Wenn ich Ihnen aber nun so nur in wenigen Sätzen ein Bild der einmaligen Leistung unserer Soldaten gebe und all derer, die heute hier im Osten kämpfen oder tätig sind, dann möchte ich auch den Dank der Front der Heimat übermitteln ... Denn hinter dieser Front des Opfers, des Todesmutes und des Lebenseinsatzes steht ja auch eine Front der Heimat, eine Front, die gebildet wird von

Stadt und Land ... Wir können wirklich sagen, zum erstenmal in der Geschichte: ein ganzes Volk ist jetzt im Kampf, teils an der Front, teils in der Heimat ...»[369]

Der geradezu beschwörende Ton, in dem Hitler eine Gemeinschaft zwischen der Kriegsfront und der Bevölkerung in Deutschland herzustellen versuchte, wurde in Ansprachen hoher Parteiführer der *NSDAP*, in Zeitungs- und Rundfunkberichten übernommen, in denen die Deutschen in der Heimat zu weiterer Entbehrungen und zu erhöhtem Durchhaltevermögen aufgerufen wurden.

Siehe *Totaler Krieg, ausgebombt, Dienstverpflichtung, Vierjahresplan.*

Heimtückegesetz. Am 20. Dezember 1934 wurde das «Gesetz gegen heimtückische Angriffe auf Staat und Partei und zum Schutz der Parteiuniform» erlassen. Es löste die am 21. März 1933, kurz nach der *Machtübernahme,* erlassene «Verordnung zur Abwehr heimtückischer Angriffe gegen die Regierung der nationalen Erhebung» ab. Mit der Verordnung und dem Gesetz hatten sich die neuen Machthaber in Deutschland die Möglichkeit geschaffen, jede Kritik an der nationalsozialistischen Regierung mit härtesten Strafen zu verfolgen.

Neben Paragraphen, die dem Schutz der Mitgliedschaft in der *NSDAP* und in ihren Verbänden sowie dem Schutz der Parteiuniformen dienten und den Mißbrauch mit Gefängnis belegten, bestimmte das Gesetz in seinen bedeutungsvollsten Teilen: «Wer vorsätzlich eine unwahre oder gröblich entstellte Behauptung tatsächlicher Art aufstellt oder verbreitet, die geeignet ist, das Wohl des

Reiches oder das Ansehen der Reichsregierung oder das der Nationalsozialistischen Deutschen Arbeiterpartei oder ihrer Gliederungen schwer zu schädigen, wird ... mit Gefängnis bis zu zwei Jahren ... bestraft.»[370] Wahre Tatsachen konnten somit, wenn sie den Nationalsozialisten nicht paßten, als unwahr hingestellt, ihre Verbreitung nach dem nationalsozialistischen Gesetz bestraft werden.

Im Paragraphen 2 Absatz 1 hieß es weiter: «Wer öffentlich gehässige, hetzerische oder von niedriger Gesinnung zeugende Äußerungen über leitende Persönlichkeiten des Staates oder der NSDAP, über ihre Anordnungen oder die von ihnen geschaffenen Einrichtungen macht, die geeignet sind, das Vertrauen des Volkes zur politischen Führung zu untergraben, wird mit Gefängnis bestraft.» In Absatz 2 wurde bestimmt: «Den öffentlichen Äußerungen stehen nichtöffentliche böswillige Äußerungen gleich, wenn der Täter damit rechnet oder damit rechnen muß, daß die Äußerung in die Öffentlichkeit dringen werde.» Und Paragraph 3, Absatz 2, verfügte: «Wer die Tat in der Absicht begeht, ... in der Bevölkerung Angst oder Schrecken zu erregen oder dem Deutschen Reich außenpolitische Schwierigkeiten zu bereiten, wird mit Zuchthaus ... bestraft. In besonders schweren Fällen kann auf die Todesstrafe erkannt werden.»[371]

Heimtückeverordnung und Heimtückegesetz ließen jede Auslegung offen. Sie ermöglichten, selbst die harmloseste Kritik strafrechtlich zu verfolgen, und gaben die Möglichkeit, politische Gegner zu terrorisieren. Der Bespitzelung und De-nunziation, das heißt der Anzeige aus persönlichen niedrigen Beweggründen, waren damit alle Möglichkeiten, der Lüge und Verleumdung jeder Spielraum gegeben.

Am Tag der Bekanntgabe der Heimtückeverordnung wurde die Einrichtung von *Sondergerichten* zur Aburteilung aller durch die Verordnung neu geschaffenen Straftaten gesetzlich verfügt.

Siehe *Volksgemeinschaft, Ermächtigungsgesetz, Gestapo, Blockleiter, NSDAP.*

Heldengedenktag war ein seit 1934 zum Staatsfeiertag erklärter Sonntag, an dem der Toten gedacht werden sollte. Als Helden galten nicht nur die im Krieg gefallenen Soldaten, sondern auch die im Parteikampf ums Leben gekommenen Parteigenossen der NSDAP.

Seit 1932 war auf Veranlassung des «Volksbundes deutscher Kriegsgräberfürsorge» am 5. Sonntag vor Ostern, der im kirchlichen Jahr Reminiszere genannt wird, ein Volkstrauertag begangen worden. Er war besonders den Gefallenen des Ersten Weltkrieges, 1914–1918, gewidmet. Er sollte in Trauer an die Toten und an die Leiden des Krieges erinnern.

1934, ein Jahr nach der *Machtübernahme*, wurde der Totensonntag zum Heldengedenktag erklärt. Von nun an sollte der Tod der Kriegsopfer nicht mehr Anlaß zur Trauer sein; vielmehr wurde der Heldentod für das Vaterland zum edelsten Ziel junger Menschen erklärt. Die Umbenennung des Volkstrauertages in Heldengedenktag war demnach folgerichtig: Den vollbrachten Taten sollte die Erinnerung gelten, und die sie vollbracht hatten, sollten Helden sein. Der Verlust sollte vergessen, zu nacheifernder Tat sollte aufgerufen werden. So wurde die psychologische Vorbereitung auf einen neuen Krieg eingeleitet.

Am 10. März 1940, ein halbes Jahr nach Beginn des Zweiten Weltkrieges, 1939–1945, sagte Adolf Hitler am Heldengedenktag, der nun auch Gedenktag für die Toten des neuen Krieges war: «Jeder dieser Helden aber hat sein Leben gegeben nicht in der Meinung, damit spätere Generationen von der gleichen Pflicht befreien zu können ... Es hat daher niemand das Recht, Helden zu feiern, der nicht selbst einer ähnlichen Gesinnung fähig ist»; und er erklärte diejenigen zu Helden, «... die bereit waren, sich selbst aufzugeben, um der Gemeinschaft das Leben zu erhalten».[372]

Der Tod für die Gemeinschaft wurde als ehrenvoll gepriesen, ihren Eid aber schworen die Soldaten seit 1934 auf Adolf Hitler: «Ich schwöre bei Gott diesen heiligen Eid, daß ich dem Führer des Deutschen Reiches und Volkes Adolf Hitler, dem Oberbefehlshaber der Wehrmacht, unbedingten Gehorsam leisten und als tapferer Soldat bereit sein will, jederzeit für diesen Eid mein Leben einzusetzen.»[373]

Siehe *Lebensraum, Wehrmacht, Volksgemeinschaft, Langemarckfeiern, besetzte Gebiete.*

Hitlerjugend, abgekürzt HJ, war die Bezeichnung für die gesamte nationalsozialistische Jugendorganisation mit ihren verschiedenen Untergliederungen. Sie wurde 1926 als Jugendorganisation der *NSDAP* gegründet und nach der *Machtübernahme* 1933 zu einer umfassen-

den Staatsjugendorganisation aufgebaut. Das «Gesetz über die Hitlerjugend» vom 1. 12. 1936 bestimmte, daß die «gesamte deutsche Jugend innerhalb des Reichsgebietes ... in der Hitlerjugend zusammengefaßt»[374] werden sollte. Damit war die Hitlerjugend für die gesamte Erziehung der Jugend außerhalb von Schule und Elternhaus zuständig. Die Verwirklichung des Anspruchs der Hitlerjugend, alle Jugendlichen zwischen 10 und 18 Jahren in einer Organisation zu erfassen, wurde im März 1939 mit einer Durchführungsverordnung zum Gesetz über die Hitlerjugend abgeschlossen. Die Verordnung leitete aus dem Gesetz eine Jugenddienstpflicht ab und erklärte die Teilnahme an den Veranstaltungen der Hitlerjugend zum «Ehrendienst am Deutschen Volke»[375]. Die Jugenddienstpflicht stand damit gleichgeordnet neben Arbeitsdienst und Wehrpflicht. Versäumten die Jugendlichen die Teilnahme an den Veranstaltungen, konnten sie oder die Erziehungsberechtigten bestraft werden.

Nach ihrer Gründung 1926 war die Hitlerjugend bis zur Machtübernahme eine Art Jugendabteilung der *SA*, der Sturmabteilung der NSDAP. Sie leistete keine Jugendarbeit im eigentlichen Sinne, sondern nahm gemeinsam mit der SA an Straßenkämpfen und Demonstrationen der Partei teil.

Nach der Machtübernahme 1933 stellte der *Reichsjugendführer* Baldur von Schirach das neue Ziel für die Hitlerjugend auf: «Wie die NSDAP nunmehr die einzige Partei ist, so muß die HJ die einzige Jugendorganisation sein.»[376] Die gewaltsame Übernahme der Geschäftsstelle des

Organisation der HJ und angeschlossener Jugendverbände

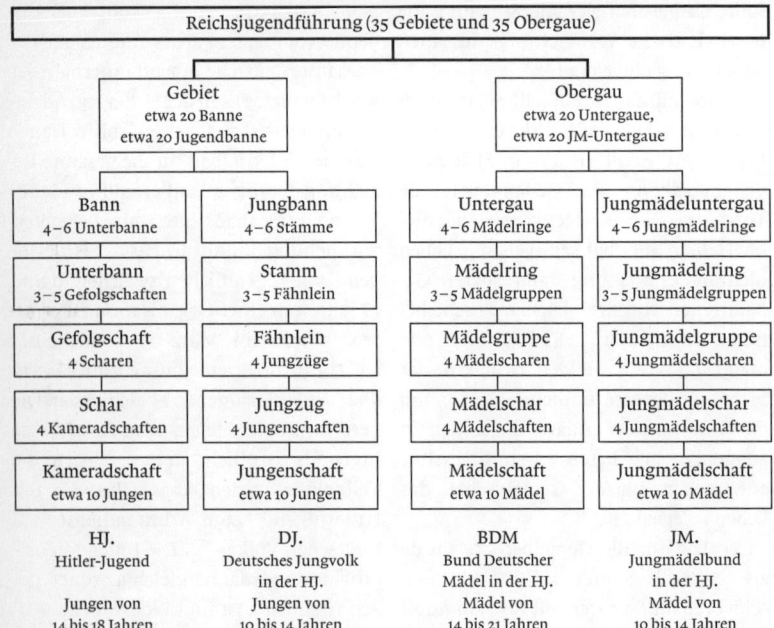

Reichsjugendführung (35 Gebiete und 35 Obergaue)			
Gebiet etwa 20 Banne etwa 20 Jugendbanne		**Obergau** etwa 20 Untergaue, etwa 20 JM-Untergaue	
Bann 4–6 Unterbanne	**Jungbann** 4–6 Stämme	**Untergau** 4–6 Mädelringe	**Jungmädeluntergau** 4–6 Jungmädelringe
Unterbann 3–5 Gefolgschaften	**Stamm** 3–5 Fähnlein	**Mädelring** 3–5 Mädelgruppen	**Jungmädelring** 3–5 Jungmädelgruppen
Gefolgschaft 4 Scharen	**Fähnlein** 4 Jungzüge	**Mädelgruppe** 4 Mädelscharen	**Jungmädelgruppe** 4 Jungmädelscharen
Schar 4 Kameradschaften	**Jungzug** 4 Jungenschaften	**Mädelschar** 4 Mädelschaften	**Jungmädelschar** 4 Jungmädelschaften
Kameradschaft etwa 10 Jungen	**Jungenschaft** etwa 10 Jungen	**Mädelschaft** etwa 10 Mädel	**Jungmädelschaft** etwa 10 Mädel
HJ. Hitler-Jugend Jungen von 14 bis 18 Jahren	**DJ.** Deutsches Jungvolk in der HJ. Jungen von 10 bis 14 Jahren	**BDM** Bund Deutscher Mädel in der HJ. Mädel von 14 bis 21 Jahren	**JM.** Jungmädelbund in der HJ. Mädel von 10 bis 14 Jahren

«Reichsausschusses deutscher Jugendverbände», in dem alle Jugendverbände des Deutschen Reiches freiwillig vereint waren, war ein Schritt auf diesem Wege. Baldur von Schirach übernahm die Leitung des Reichsausschusses: Nach und nach wurden nahezu alle Jugendverbände aufgelöst oder verboten oder sie traten freiwillig zur Hitlerjugend über. Die kirchlichen Jugendverbände blieben bestehen, verloren aber mehr und mehr an Einfluß.

Am 17. 6. 1933 wurde der Reichsjugendführer der Hitlerjugend zum «Jugendführer des Deutschen Reiches» ernannt, um dem Gedanken einer «einigen Jugend»[377] Ausdruck zu verleihen. Die daraufhin neu eingerichtete Dienststelle «Jugendführer des Deutschen Reiches» hatte zum Beispiel die Entscheidung über Zulässigkeit bestehender Jugendverbände und ihrer Führung oder über Neugründungen zu treffen: die gesamte Jugendarbeit – auch auf dem Gebiet des Sportes und der beruflichen Förderung – kam unter den Einfluß der Hitlerjugend.

Am 1. 12. 1936 erhielt der Jugendführer des Deutschen Reiches durch das Gesetz über die Hitlerjugend die Stellung einer Obersten Reichsbehörde und war «dem Führer und Reichskanzler unmittelbar unterstellt».[378] Die 1939 folgende Durchführungsverordnung, die die Teilnahme

Rangtafel der Jugendorganisationen

HJ	DJ	BDM	JM
Reichsjugendführer			
Stabschef			
Obergebietsführer			
Gebietsführer		Obergauführerin (Gebietsführerin)	
Hauptbannführer		Gauführerin (Hauptmädelführerin)	
Oberbannführer			
Bannführer		Untergauführerin (Bannmädelführerin)	
Oberstammführer	Oberjungstammführer		
Stammführer	Jungstammführer	Mädelringführerin	Jungmädelringführerin
Hauptgeschäftsführer	Hauptfähnleinführer		
Obergefolgschaftsführer	Oberfähnleinführer		
Gefolgschaftsführer	Fähnleinführer	Mädelgruppenführerin	Jungmädelgruppenführerin
Oberscharführer	Oberjungzugführer		
Scharführer	Jungzugführer	Mädelscharführerin	Jungmädelscharführerin
Oberkameradschaftsführer	Oberjungenschaftsführer		
Kameradschaftsführer	Jungenschaftsführer	Mädelschaftsführerin	Jungmädelschaftsführerin
Rottenführer	Oberhordenführer		
	Hordenführer		
Hitlerjunge	Pimpf	Mädel	Jungmädel

an den Veranstaltungen der Hitlerjugend zur Pflicht machte, bestimmte: «Alle Jungen und Mädchen der Hitlerjugend unterstehen einer öffentlich-rechtlichen Erziehungsgewalt nach Maßgabe der Bestimmungen, die der Führer und Reichskanzler erläßt.»[379] Paragraph 12 bestimmte: «Jugendliche können durch die zuständige Ortspolizeibehörde angehalten werden, den Pflichten nachzukommen, die ihnen ... auferlegt worden sind.»[380]

Schon die 10jährigen Jungen und Mädchen mußten beim Eintritt in die Hitlerjugend die Treueformel sprechen: «Ich verspreche, in der Hitler-Jugend allzeit meine Pflicht zu tun in Liebe und Treue zum Führer und unserer Fahne.»[381] Die 10- bis 14jährigen Jungen mußten im Deutschen *Jungvolk*, DJ, Dienst tun, die 14- bis 18jährigen Jungen in der *HJ*. Die Abkürzung «HJ» war die gebräuchliche Bezeichnung für diese Untergliederung innerhalb der gesamten Hitlerjugend. Die 10- bis 14jährigen Mädchen kamen in den *Jungmädel*bund, JM, die 14- bis 18jährigen Mädchen in den Bund Deutscher Mädel, *BDM*, dem für die 17- bis 21jährigen das BDM-Werk *«Glaube und Schönheit»* angeschlossen wurde.

Die vier Untergliederungen der Hitlerjugend waren in weitere Einheiten unterteilt. Siehe dazu Schema und Übersicht S. 110 f.

Außerdem gab es in der Hitlerjugend, insbesondere für die Jungen, verschiedene Sondereinheiten, wie zum Beispiel die Flieger- und Motor-HJ sowie den HJ-Streifendienst. Der Streifendienst hatte die Aufgabe, die Jugendlichen in ihrem Verhalten zu kontrollieren. Er arbeitete eng mit der *SS* und der *Sicherheitspolizei* zusammen.

Der Schwerpunkt der Hitlerjugendarbeit lag neben der weltanschaulichen Schulung bei Sportveranstaltungen, vormilitärischer Ausbildung der Jungen, Fahrten und beruflichen Leistungswettkämpfen.

Nach der von Adolf Hitler aufgestellten Forderung «Jugend muß von Jugend geführt werden»[382] baute sich die Hitlerjugend auf der «Grundlage der Selbstführung auf»[383]. Die Führer und Führerinnen der unteren Einheiten waren höchstens 2–4 Jahre älter als die Jungen und Mädchen selbst. «Die Auslese der Unterführer» erfolgte «aus den bewährtesten Gliedern der Einheiten».[384] Sie wurden auf Gebiets- oder Reichsführerschulen und auf Lehrgängen unterschiedlicher Dauer und Qualität geschult. Die überwiegende Mehrzahl leistete den Führerdienst neben- und nicht hauptberuflich, eine große Anzahl waren Schüler und Schülerinnen der Oberschulen. 1939 hatte die Hitlerjugend insgesamt 8 870 000 Mitglieder und etwa 765 000 Führer und Führerinnen.

Aufgaben und Forderungen, die der Hitlerjugenddienst erfüllen sollte, waren von der Reichsjugendführung – der ein riesiger Organisationsapparat zur Verfügung stand – bis in nahezu alle Einzelheiten vorgeschrieben. Zum Dienst in der Hitlerjugend gehörten wöchentliche *Heimabende* und Sportnachmittage. Einmal im Monat waren Fahrten in die nähere Umgebung und einmal im Jahr ein Aufenthalt in einem Freizeitlager vorgesehen. Dazu kamen Feierstunden, Sportfeste und Aufmärsche bei öffentlichen Veranstaltungen der Partei. Als Ausdruck des «gemeinsamen Wollens»[385] sollten alle Jungen und Mädchen zu allen Hitlerjugendveranstaltungen eine vorgeschriebene Uniform tragen, die aber von den Eltern bezahlt werden mußte, was sich bei weitem nicht alle leisten konnten.

Das Ziel der Hitlerjugend, die Jungen und Mädchen durch «weltanschauliche

Erziehung und die haltungsmäßige Ausrichtung»[386] auf Führer und Partei auszurichten und sie dadurch dem Elternhaus zu entfremden, wurde nachdrücklich verfolgt. Jugendliche Verhaltensweisen und Bedürfnisse – der Wunsch nach Verantwortung, Geltungsdrang, Wetteifer, Abenteuerlust, Bewegungsdrang – wurden in den verschiedenen Veranstaltungen in unterschiedlicher Weise ausgenutzt. Zahlreiche Sondereinheiten – unter anderem Laienspielscharen, Rundfunkspielscharen, HJ-Orchester, Flieger-, Motor-, Reiter- und Marine-HJ – wurden gegründet, um möglichst alle Interessen der Jugendlichen in der Hitlerjugend aufzufangen. Im Vordergrund aber standen sportliche Leistungen, bei den Jungen vor allem unter dem Gesichtspunkt der vormilitärischen Ausbildung. Die so bezeichneten Sportwarte und Sportwartinnen, die die sportlichen Veranstaltungen leiteten, wurden besonders ausgebildet.

Während des Zweiten Weltkrieges, 1939–1945, wurden alle Jungen und Mädchen im «Kriegseinsatz der Hitlerjugend»[387] eingesetzt. Dazu gehörten: Geldsammlungen für das *Winterhilfswerk*, Altmaterial-, Altkleider- und Kräutersammlungen, Hilfsdienste bei der Partei, der *Wehrmacht*, Aufräumungsarbeiten nach Bombenangriffen, Landeinsatz und Erntehilfe, Einsatz in den *besetzten Gebieten* im Osten bei der Betreuung der Haushalte und Kinder der umgesiedelten *Volksdeutschen*, Lazarett- und Soldatenbetreuung. Die Führer und Führerinnen kamen in der *KLV*, der Kinderlandverschickung, zum Einsatz. Die Jungen wurden als *Flakhelfer* und in den letzten Wochen des Krieges im *Volkssturm* eingesetzt. Viele fanden dabei den Tod.

Siehe *Wehrertüchtigungslager, Pflichtjahr, Gleichschaltung, Edelweißpiraten, Führergrundsatz, Reichsjugendführer.*

Hitler-Stalin-Pakt wurde der am 23. August 1939 zwischen dem Deutschen Reich und der Sowjetunion abgeschlossene Vertrag genannt, dessen offizielle Bezeichnung «Nichtangriffspakt zwischen Deutschland und der Union der Sozialistischen Sowjetrepubliken» war. Mit diesem Vertrag konnte Adolf Hitler für den schon geplanten Angriff gegen Polen die Möglichkeit eines sowjetischen Kriegseintritts auf der Seite Polens ausschalten. Noch im Januar 1934 hatte Hitler mit Polen einen Nichtangriffs- und Freundschaftspakt geschlossen.

Im Hitler-Stalin-Pakt wurden in sieben Artikeln Abmachungen getroffen, um «die Sache des Friedens zwischen Deutschland und der UdSSR zu festigen...»[388]

Die entscheidenen Abmachungen zwischen den Vertragspartnern wurden in einem geheimen Zusatzprotokoll festgelegt, nach dem «... die unterzeichneten Bevollmächtigten der beiden Teile ... die Frage der Abgrenzung der beiderseitigen Interessensphären in Osteuropa erörtert»[389] hatten. Es wurde vereinbart: «Für den Fall einer territorial-politischen Umgestaltung in den zu den baltischen Staaten (Finnland, Estland, Lettland, Litauen) gehörenden Gebieten bildet die nördliche Grenze Litauens zugleich die Grenze der Interessensphäre Deutschlands und der UdSSR.» Hinsichtlich Südosteuropas bekundete die Sowjetunion ihr Interesse an Bessarabien, die deutsche Seite ihr Desinteresse.

Im Artikel 2 des Zusatzprotokolls wurde Polen betreffend vereinbart: «Für den Fall einer territorial-politischen Umgestaltung der zum polnischen Staate gehörenden Gebiete werden die Interessensphären Deutschlands und der UdSSR ungefähr durch die Linie der Flüsse Narew, Weichsel und San abgegrenzt. – Die Frage, ob die beiderseitigen Interessen die Erhaltung eines unabhängigen polnischen Staates erwünscht erscheinen lassen, und wie dieser Staat abzugrenzen wäre, kann endgültig erst im Laufe der weiteren politischen Entwicklung geklärt werden. – In jedem Falle werden beide Regierungen diese Frage im Wege einer freundschaftlichen Verständigung lösen...»[390]

Am 1. September 1939 marschierten deutsche Truppen in Polen ein. Zwei Tage später erklärten England und Frankreich zur Unterstützung Polens dem Deutschen Reich den Krieg.

Am 17. September marschierten sowjetische Truppen in Polen ein und besetzten die Gebiete, die der Hitler-Stalin-Pakt der Sowjetunion als Einflußsphäre zugestanden hatte und die auch heute noch zum Gebiet Rußlands gehören.

Am 28. September 1939, nach der Kapitulation Polens, wurde der Hitler-Stalin-Pakt durch einen deutsch-sowjetischen Grenz- und Freundschaftsvertrag ergänzt. In einem begleitenden Geheimdokument wurde die einvernehmliche Teilung Polens und des Baltikums vollzogen, die neue Grenze festgelegt und die Aussiedlung der *Volksdeutschen* in den baltischen Staaten vereinbart. (Siehe Kar-

te S. 156 f.) Mit dem Überfall auf die Sowjetunion im Juni 1941 brach das Deutsche Reich den Hitler-Stalin-Pakt ohne vorherige Kündigung oder Kriegserklärung.

Siehe *Lebensraum, Dreimächtepakt, Antikominternpakt, besetzte Gebiete*.

HJ war die Abkürzung für *Hitlerjugend*. Insbesondere wurde mit dem Kürzel «HJ» die Organisation für die 14- bis 18jährigen Jungen innerhalb der gesamten Hitlerjugend bezeichnet. Die Mitglieder der HJ wurden auch Hitlerjungen genannt.

1926 als Jugendorganisation der NSDAP gegründet, war die Hitlerjugend damals der SA, der Sturmabteilung der NSDAP, unterstellt. Das Schwergewicht ihrer Arbeit lag vor der *Machtübernahme* in der Unterstützung der Parteiarbeit. «Der Kampf um die Macht im Reich ließ die HJ nicht dazu kommen, eine Jugendarbeit im großen Umfange zu gründen»[391], hieß es 1936 in einem Kommentar über die Hitlerjugendarbeit.

Nach der Machtübernahme 1933 wurde eine neue Aufgliederung der Hitlerjugend in *Jungvolk*, HJ, BDM und *Jungmädelbund* vorgenommen, verbunden mit einer straffen Organisationsform. Schwerpunkt der Arbeit der HJ wurde die vormilitärische Ausbildung der 14- bis 18jährigen Jungen.

Der HJ-Dienst, an dem teilzunehmen ab 1939 für alle Jungen gesetzliche Pflicht war, sah wöchentliche *Heimabende* und Sportnachmittage vor, außerdem Tagesfahrten, Aufenthalte in Freizeitlagern, Feierstunden und Sportfeste. Die Heimabende fanden in Gruppen zu je 10 Jungen statt, wenn gesungen oder Werkarbeit gemacht wurde, auch in größeren Einheiten. Hauptthemen der Schulungsabende waren Geschichte – insbesondere die Geschichte der NSDAP – und die Inhalte der nationalsozialistischen *Rassenkunde* mit der aus ihr abgeleiteten Forderung nach Ächtung der Juden.

Der HJ-Sport entsprach der Forderung: «Erziehung zum Wehrwillen ist ... das erste und zunächst Gebotene ...»[392] Körperliches Training und vormilitärische Übungen waren gleichermaßen Bestandteil der Sportnachmittage und -abende. Schon fünf Monate vor Beginn des Zweiten Weltkrieges 1939–1945 hieß es im April in einer Breslauer Zeitung: «Scharfschützen erwachsen aus der Hitlerjugend ... die Hitlerjugend erzieht durch ihren Schießdienst ... ein Heer von Scharfschützen ... denn Deutschland braucht eine Armee von Scharfschützen!»[393]

Die Fahrten in die nähere Umgebung fanden einmal im Monat statt, Lageraufenthalte, die einmal im Jahr durchgeführt wurden, dauerten 8–10 Tage. Die Fahrten waren keine Ferienreisen, sie hatten die Form von straff organisierten Lagern mit militärähnlicher Disziplin. Insbesondere sollten diese Veranstaltungen der vormilitärischen Ausbildung der Jungen dienen und sie an soldatisches Verhalten gewöhnen. Flaggenappelle – Hissen der Fahne am Morgen, Einziehen der Fahne am Abend, begleitet von Liedern und Bekenntnissprüchen –, Ordnungsappelle mit Kontrollen der körperlichen Sauberkeit und dem ordnungsgemäßen Zustand der Uniform, Geländeübungen mit Entfernungsschätzen, Kartenlesen und Schießen sowie Sport und weltanschauliche Schulung bestimmten den bis ins kleinste geregelten Tagesablauf.

Als Leistungsnachweis mußte das HJ-Leistungsabzeichen abgelegt werden: sportliche Leistungen und Kenntnisse über die auf den Heimabenden behandelten Themen wurden gefordert.

Sondereinheiten der HJ, die auch unter dem vormilitärischen Ausbildungsgesichtspunkt eingerichtet wurden, waren Flieger-, Marine-, Nachrichten-, Reiter- und Motor-HJ, für die die Jungen sich freiwillig melden konnten.

Die HJ-Uniform, die alle Jungen tragen sollten, die aber selbst bezahlt werden mußte, bestand aus schwarzer Hose, braunem Hemd mit Schulterklappen, Halstuch und Lederknoten, Schulterriemen mit Schnalle, Fahrtenmesser. Das Koppelschloß des Gürtels und der Griff des Fahrtenmessers waren mit dem *Hakenkreuz* versehen.

Während des Zweiten Weltkrieges, 1939–1945, wurden die Jungen im «Kriegseinsatz der Hitlerjugend» eingesetzt. Dazu gehörten unter anderem Meldedienst beim Reichsluftschutzbund und der Feuerwehr, Hilfsdienst bei der Post und den Verkehrsbetrieben, Aufräumarbeiten nach Luftangriffen, Landeinsatz und Erntehilfe. Die Jungen kamen in *Wehrertüchtigungslager* und wurden *Flakhelfer*. 1945 wurden sie zum letzten Einsatz im *Volkssturm* aufgerufen, bei dem viele ums Leben kamen.

Siehe *Hitlerjugend, Heimabend, KLV, Adolf-Hitler-Schule, Napola, Rassenkunde, Judenverfolgung.*

Horst-Wessel-Lied. Das Horst-Wessel-Lied war seit 1930 das offizielle Parteilied der *NSDAP*.

Während der Zeit der nationalsozialistischen Herrschaft in Deutschland, 1933–1945, wurde das Lied im Anschluß an die Nationalhymne gesungen: «Die Fahne hoch! Die Reihen fest geschlossen! SA marschiert mit ruhig festem Schritt! Kameraden, die Rotfront und Reaktion erschossen, marschier'n im Geist in unsern Reihen mit!», war der Text, den der SA-Führer Horst Wessel verfaßt und mit einer alten, gängigen Marschmelodie unterlegt hatte.

Horst Wessel, seit 1926 Mitglied der NSDAP und *SA*, starb 1930 an den Folgen einer Schießerei, zu der es während einer persönlichen Auseinandersetzung gekommen war. Joseph Goebbels, *Reichsleiter* für Propaganda der NSDAP, ließ verbreiten, Horst Wessel sei von Kommunisten, den politischen Gegnern der Nationalsozialisten, ermordet worden. Horst Wessel wurde zum Helden und Märtyrer der Partei erklärt.

Siehe *SA, Propagandaministerium*.

I

Israel und Sara sind biblische Vornamen. Nach einer Verordnung vom 17. August 1938 galt ab 1. Januar 1939 für alle Juden und Jüdinnen im Deutschen Reich, zu dem seit März 1938 auch Österreich gehörte, die Vorschrift: alle jüdischen Männer mußten auf allen offiziellen Papieren, zum Beispiel auf Verträgen oder Vollmachten, ihrem Vornamen «Israel»[394], alle jüdischen Frauen ihrem Vornamen «Sara»[395] beifügen. Auf diese Weise wurde erreicht, daß sie bei allen amtlichen, rechtlichen und geschäftlichen Unternehmungen sofort als Juden und damit als Menschen ohne Rechte zu erkennen waren.

Schon am 5. Oktober 1938 hatten alle Juden ihre Reisepässe abliefern müssen. Die Pässe wurden «auf Seite 1 links oben»[396] durch einen Stempel in roter Farbe mit einem drei Zentimeter hohen «J» für Jude versehen. So war der Inhaber des Passes auch im Ausland als Jude aus Deutschland gekennzeichnet, falls ihm die Ausreise unter Zurücklassung fast seines gesamten Vermögens gestattet wurde.

Außerdem hatten alle Juden bis zum 31. Dezember 1938 eine mit J und den Namen Israel oder Sara versehene Kennkarte beantragen müssen, die sie unaufgefordert auf allen Ämtern und Dienststellen der NSDAP, mit denen sie zu tun hatten, vorlegen mußten.

Diese entwürdigenden Kennzeichnungen waren nur ein geringer Teil der Folgeverordnungen des im Rahmen der *Nürnberger Gesetze* erlassenen *Reichsbürgergesetzes* vom 15. September 1935, das die Juden zu Bürgern zweiter Klasse erklärt hatte.

Siehe *Judenverfolgung, Judenstern, Endlösung, Rassenkunde.*

J

JM, siehe *Jungmädel*.

Judenstern. Der Judenstern war ein sechseckiger Stern aus zwei ineinandergeschobenen, schwarz umrandeten gelben Stoffdreiecken. In der Mitte stand die schwarze Aufschrift «Jude».

Seit dem 23. November 1939 mußten sich alle Juden in den von deutschen Truppen besetzten polnischen Gebieten so kennzeichnen. Am 2. September 1941 wurde durch Polizeiverordnung auch für alle Juden im Deutschen Reich und im *Protektorat Böhmen und Mähren* verfügt, daß sie ab 19. September 1941 den Stern zu tragen hatten. Es wurde angeordnet, daß es allen Juden ab dem sechsten Lebensjahr verboten sei, «sich in der Öffentlichkeit ohne einen Judenstern zu zeigen».[397] 1942 wurde eine entsprechende Verordnung für alle von deutschen Truppen besetzten Länder erlassen.

Wie den Aussätzigen im Mittelalter, die eine Glocke um den Hals tragen mußten, damit sie von weither zu erkennen waren, wurde den unter deutscher Herrschaft lebenden Juden auferlegt, auf allen Kleidungsstücken auf der linken Brustseite weithin sichtbar den gelben Stern zu tragen, um sie als minderwertige und weitgehend rechtlose Menschen zu kennzeichnen.

Die Juden mußten den Stern, der ihnen ausgeteilt wurde, bezahlen und auf einer Empfangsbestätigung bescheinigen: «Ich verpflichte mich, das Kennzeichen sorgfältig und pfleglich zu behandeln und bei seinem Aufnähen auf das Kleidungsstück den über das Kennzeichen hinausragenden Stoffrand umzuschlagen.»[398]

Im Frühjahr 1942 folgte, obwohl bereits die Massendeportationen der Juden in die *Vernichtungslager* in Polen begonnen hatten, eine weitere Kennzeichnungsverordnung. Die Juden mußten auch an ihren Wohnungstüren den Judenstern anbringen, der «jedoch in weißer Farbe gehalten wird, damit er sich von den meistenteils braunen Türen besser abhebt».[399]

Als besondere Demütigung für die Juden hatten die Nationalsozialisten für das sie entwürdigende Kennzeichen den Davidstern ausgewählt. Er wird von den Juden, nach ihrer Überlieferung seit biblischen Zeiten, als religiöses und nationales Symbol verehrt.

Siehe *Judenverfolgung, Israel und Sara, Juden unerwünscht.*

Juden unerwünscht, auch «Juda verrecke»[400] waren Schlagworte der nationalsozialistischen Propaganda, deren Ziel es von Anfang an war, die Juden zu diskriminieren, das heißt, sie herabzuwürdigen und sie aus der Gesellschaft zu verdrängen. Die Nationalsozialisten scheuten kein Mittel, die Deutschen zu beeinflussen, sie bereit zu machen, die Verfolgung der Juden, die mit der *Endlösung* zur nahezu vollständigen Vernichtung der Juden in Europa führte, zu betreiben oder sie doch geschehen zu lassen.

Für Kinder wurde ein Brettspiel verkauft, das «Juden raus»[401] genannt wurde; die Presse verbreitete «Die Juden sind unser Unglück»[402]. Die *SA*, die Sturmabteilung der *NSDAP*, marschierte mit Schildern durch die Straßen, auf denen stand: «Deutsche! Wehrt Euch! Kauft nicht bei Juden!»[403]

Eifrige Nationalsozialisten befestigten, ohne dazu gezwungen zu sein, Schilder mit der Aufschrift «Juden sind hier unerwünscht»[404] an den Türen ihrer Geschäfte oder sogar unter den Namensschildern ihrer Ortseinfahrten. Das Wort «judenfrei»[405] wurde als Ausdruck des Erfolgs benutzt, wenn aus einer Gemeinde, einer Stadt, einem ganzen Gebiet alle Juden ausgewandert oder deportiert, das heißt verschleppt worden waren.

Siehe *Judenverfolgung, Israel und Sara, Judenstern, Der Stürmer.*

Judenverfolgung. Das Wort kennzeichnet den leidensvollen Weg der deutschen und europäischen Juden während der Zeit der nationalsozialistischen Gewaltherrschaft 1933 bis 1945.

Ziel der nationalsozialistischen Politik und Propaganda war von Anfang an, die Juden zu verleumden und sie aus der Gesellschaft zu verdrängen. Auf der Grundlage der wissenschaftlich eindeutig widerlegten *Rassenkunde* wurde behauptet, daß Juden einer minderwertigen Rasse angehörten, vor der es die nach nationalsozialistischer Auffassung in der Mehrzahl der *nordischen Rasse* angehörenden Deutschen zu schützen gelte. Als Träger der Rasseeigenschaften galt das Blut.

Im Punkt 4 des Parteiprogramms der *NSDAP* von 1920 hieß es dementsprechend: «Staatsbürger kann nur sein, wer Volksgenosse ist. Volksgenosse kann nur sein, wer deutschen Blutes ist, ohne Rücksicht auf Konfession. Kein Jude kann daher Volksgenosse sein.»[406] Gleichzeitig wurde in Reden, auf Schulungen, auf Plakaten, in parteieigenen Zeitungen und in Büchern das Feindbild Jude sorgfältig und folgerichtig aufgebaut. Adolf Hitler behauptete 1925 in seinem Buch «*Mein Kampf*» in verleumderischer Absicht, daß das Ziel der Juden sei, «… die ihnen verhaßte weiße Rasse zu zerstören, von ihrer kulturellen und politischen Höhe zu stürzen und selber zu ihren Herren aufzusteigen».[407]

Schon vor der *Machtübernahme* 1933 wurden Juden – vor allem von der *SA*, der Sturmabteilung der NSDAP – bedroht und in einzelnen Fällen auch gewalttätig verfolgt.

Am 1. April 1933, zwei Monate nach der Machtergreifung, wurde die erste allgemeine Gewaltmaßnahme verkündet. Die NSDAP rief in aller Öffentlichkeit, ohne Widerspruch der Regierung, zum Boykott, das heißt zur Ächtung jüdischer Geschäfte auf. Auf Plakatanschlägen und Flugblättern wurde gefordert: «Kein Deutscher kauft noch bei einem Juden.»[408] Es wurden «Aktionskomitees»[409] gebildet. Auf Massenversammlungen erhoben Angehörige dieser Komitees die Forderung, daß Juden nur noch entsprechend ihrem Anteil an der Bevölkerung die Berufe des Arztes und des Rechtsanwalts ausüben oder Mittel- und Hochschulen besuchen dürften.

Am 7. April 1933 wurde das «Gesetz zur Wiederherstellung des Berufsbeamtentums» verkündet. In Paragraph 3 dieses Gesetzes wurde – in dem später auch in zahlreichen anderen Gesetzen angewendeten *Arierparagraphen* – bestimmt, daß Beamte «nicht arischer»[410] Abstammung zu pensionieren seien. Als nichtarisch galt, «wer von nicht-arischen, besonders von jüdischen Eltern oder Großeltern»[411] abstammte. Im Gegensatz zu den späteren Bestimmungen der *Nürnberger Gesetze* genügte, «wenn ein Elternteil oder ein Großelternteil nichtarisch»[412] war. Sofern die betroffenen Beamten noch nicht zehn Jahre im Dienst waren – was auf viele der jüngeren Beamten zutraf –, erhielten sie kein Ruhegeld, waren also unter Umständen sofort mittellos. Die Bestimmungen fanden zunächst keine Anwendung auf Juden, die schon am 1. August 1914 Beamte waren, die während des Ersten Weltkrieges, 1914–1918, Frontkämpfer oder deren Väter oder Söhne an der Front gefallen waren. Diese Ausnahmebestimmungen wurden 1935 aufgehoben.

In kurzen Abständen folgten weitere Maßnahmen, die die Juden diskriminierten, das heißt herabwürdigten, so das «Gesetz gegen die Überfüllung von deutschen Schulen und Hochschulen» vom 25. 4. 1933 – nach dem nichtarische Studenten nur noch in einer geringen Anzahl studieren durften –, die *Bücherverbrennungen* im Mai 1933, das *Schriftleitergesetz* vom 4. 10. 1933 und für viele Berufe und Tätigkeiten die Forderung nach einem Abstammungsnachweis. Das bedeutete, daß ein Berufsbewerber oder zum Beispiel ein Examenskandidat eine «Erklärung über die arische Abstammung»[413] erbringen, also nachweisen mußte, daß er *arisch* war. Diese Erklärung mußte nach und nach für alle freien und akademischen Berufe erbracht werden.

Am 15. September 1935 wurden die *Nürnberger Gesetze* mit dem *Reichsbürgergesetz* und dem *Blutschutzgesetz* erlassen: Durch das Reichsbürgergesetz wurden Juden zu Staatsbürgern zweiter Klasse erklärt, das Blutschutzgesetz verbot Ehen und den außerehelichen Geschlechtsverkehr zwischen «Juden und Staatsangehörigen deutschen oder artverwandten Blutes».[414]

Die «Erste Verordnung zum Reichsbürgergesetz» vom 14. November 1935 bestimmte zum ersten Mal, wer nach nationalsozialistischer Auffassung Jude und wer «jüdischer Mischling»[415] war. Die Verordnung bestimmte außerdem, daß Juden das politische Stimmrecht aberkannt wurde und sie kein öffentliches Amt mehr ausüben durften.

Zum Reichsbürgergesetz wurden bis zum 1. 7. 1943 insgesamt 13 Folgeverordnungen erlassen. Bis zum Beginn des Zweiten Weltkrieges 1939 gab es insgesamt 250 Gesetze, Verordnungen, Erlasse, Verfügungen und Anordnungen, durch die Freiheit und Lebensmöglichkeiten für Juden beschränkt wurden. Die zweite Verordnung zum Reichsbürgergesetz vom 21. 12. 1935 verfügte, daß Juden nicht mehr leitende Ärzte in Krankenhäusern und nicht mehr Vertrauensärzte sein durften. Schon im April 1933 war den nichtarischen Ärzten durch eine Verordnung die Zulassung zu den Krankenkassen entzogen worden. Es folgten weitere Einschränkungen der Betätigungsmöglichkeiten für Juden in den verschiedensten Berufsbereichen.

1936 war Deutschland Austragungsland der XI. Olympischen Spiele. Die ganze Welt beobachtete deshalb die Vorgänge im Deutschen Reich mit erhöhter Aufmerksamkeit. Noch waren die Nationalsozialisten um ihr Ansehen im Ausland besorgt. Manche Unterdrückungsmaßnahmen, zum Beispiel auf sportlichem Gebiet, wurden für kurze Zeit gemildert, es wurden nur wenige Verordnungen erlassen, ohne daß sich aber dadurch die Lage der Juden grundsätzlich verbessert hätte.

1938 folgten in kurzen Abständen weitere Verordnungen. Juden mußten ihr Vermögen über 5000 Reichsmark angeben, bestimmt am 26. 4. 1938. Jüdische Handwerksbetriebe und Fabriken mußten registriert und sichtbar als jüdische Betriebe gekennzeichnet werden, bestimmt am 14. 6. 1938. Die deutsche Bevölkerung wurde immer wieder aufgefordert, nicht in jüdischen Betrieben zu kaufen oder arbeiten zu lassen.

Jüdische Ärzte mußten sich, wenn sie praktizieren durften, «Krankenbehandler»[416] nennen, durften aber nur noch jüdische Patienten behandeln, verfügt am 25. 7. 1938. Alle jüdischen Männer und Frauen mußten auf ihren Papieren ihren Vornamen die Zwangsnamen *Israel und Sara* hinzufügen, verfügt am 17. 8. 1938. Jüdische Rechtsanwälte wurden als «jüdische Konsulenten»[417] bezeichnet; sie durften nur noch Juden vertreten, verfügt am 27. 9. 1938.

Am 9. 11. 1938, in der berüchtigten *Kristallnacht*, wurden jüdische Gotteshäuser, Wohnungen und Betriebe zerstört, mehr als 20 000 Juden verhaftet und in Konzentrationslager, *KZ*, eingewiesen. Es folgten die *Arisierung*smaßnahmen. Durch sie wurden die deutschen Juden endgültig aus dem Wirtschaftsleben ausgeschaltet. Durch die Enteignung ihrer Betriebe, Grundstücke und Vermögen wurde ihnen praktisch jede Lebensmöglichkeit genommen.

Zusätzlich zu der Zerstörung ihrer wirtschaftlichen Existenz wurde auch das persönliche und gesellschaftliche Leben der Juden weiter und weiter eingeschränkt. Juden durften keine Theater, Kinos, Konzerte und schließlich überhaupt keine öffentlichen Veranstaltungen mehr besuchen, verfügt am 12. 11. 1938. Juden durften «bestimmte Bezirke nicht betreten»[418] oder sich zu bestimmten Zeiten nicht in der Öffentlichkeit zeigen, verfügt am 28. 11. 1938. In Berlin wurde «der Judenbann verhängt»[419], der sich unter anderem auf Museen, Sportplätze, Eisbahnen, Badeanstalten und Schwimmbäder erstreckte, verfügt am 6. 12. 1938. Juden durften keine Führerscheine besitzen, die Zulassungen für ihre Autos wurden eingezogen, bestimmt am 3. 12. 1938. Juden durften keine Universitäten mehr besuchen, bestimmt am 8. 12. 1938. Juden konnten zwangsweise in so bezeichnete Judenhäuser eingewiesen werden, ermöglicht durch das Gesetz über Mietverhältnisse mit Juden, erlassen am 30. 4. 1939. Juden durften ihre Wohnungen oder Unterkünfte im Sommer ab 21.00, im Winter ab 20.00 Uhr nicht mehr verlassen, bestimmt am 1. 9. 1939, dem Beginn des Zweiten Weltkrieges, 1939–1945.

Die Rundfunkgeräte der Juden wurden beschlagnahmt, bestimmt am 23. 9. 1939.

Die sich steigernden Schikanen und Bedrohungen wurden auch erlassen, um die Juden – unter Zurücklassung ihres Vermögens – zur Auswanderung aus

Deutschland zu treiben. Viele von ihnen – vor allem die ärmeren, die sich eine Ausreise nach Übersee nicht leisten konnten – flüchteten in die benachbarten europäischen Länder, soweit sie eine Einreiseerlaubnis erhielten. Nicht alle Länder waren bereit, vermögenslose Einwanderer aufzunehmen, die sofort der sozialen Fürsorge des Gastlandes zur Last fallen würden. Die Bemühungen einzelner Menschen sowie vieler Organisationen im In- und Ausland blieben die einzige Hoffnung der zur Auswanderung Getriebenen. Nach Beginn des Zweiten Weltkrieges wurden sie – die deutschen Truppen besetzten in rascher Folge Polen, Dänemark, Norwegen, die Niederlande, Belgien, Nordfrankreich – von den Nationalsozialisten wieder eingeholt.

Ab 23. 11. 1939 mußten die Juden im von deutschen Truppen besetzten Polen, ab 1. 9. 1941 die Juden im Deutschen Reich den gelben *Judenstern* mit der Aufschrift «Jude» tragen, der sie wie Aussätzige im Mittelalter kennzeichnete. 1942 wurden entsprechende Verordnungen für die anderen von deutschen Truppen besetzten Länder erlassen.

Am 23. 10. 1941 wurde das Auswanderungsverbot für Juden verfügt.

In den von deutschen Truppen *besetzten Gebieten* Osteuropas waren die dort ansässigen Juden zum Teil in Gettos zusammengetrieben worden, zum Teil hatte bereits ihre physische Vernichtung, das heißt ihre Ermordung, durch die *Einsatzgruppen* der *SS*, die den Truppen der *Wehrmacht* folgten, begonnen. Die Juden wurden in Einzelaktionen, durch Massenerschießungen und durch in geschlossene Lastwagen geleitete Motorabgase ermordet.

Am 14. 10. 1941 begannen die Deportationen, das heißt die Verschleppungen der Juden aus dem *Altreich*.

Am 20. 1. 1942 wurde auf der berüchtigten *Wannsee-Konferenz* die Koordinierung aller zuständigen Behörden für die «Endlösung der Judenfrage»[420] – die planmäßige Ermordung nahezu aller Juden in Europa – besprochen.

Danach wurden die Juden in Massentransporten in die *Vernichtungslager* in Polen verschleppt.

Am 1. 7. 1943 wurde die «Dreizehnte Verordnung zum Reichsbürgergesetz» erlassen. Ihr erster Paragraph mutet – nachdem die Juden schon seit Jahren weitgehend entrechtet der Willkür der Beamten ausgeliefert und die meisten von ihnen bereits in den Vernichtungslagern umgekommen waren – wie Hohn an: Der Paragraph bestimmte: «Strafbare Handlungen von Juden werden durch die Polizei geahndet.»[421] Der zweite Paragraph der Verordnung lautete: «Nach dem Tode eines Juden verfällt sein Vermögen dem Reich.»[422]

1933 lebten etwa 500 000 Juden in Deutschland, am 1. September 1944 noch 14 574.

Siehe *Endlösung, Reichsvereinigung der Juden in Deutschland*.

Jungmädel wurden die 10- bis 14jährigen Mitglieder des «Jungmädelbundes in der Hitlerjugend», abgekürzt JM, genannt. Die Teilnahme an den Veranstaltungen der *Hitlerjugend* war seit 1939 für alle 10- bis 18jährigen Jungen und Mädchen gesetzliche Pflicht.

Der JM-Dienst sah wöchentliche Heim- und Sportnachmittage vor, außerdem Tagesfahrten, Aufenthalte in Freizeitlagern, Feierstunden und Sportfeste.

Die *Heimabende*, die für die Jungmädel nachmittags durchgeführt wurden, fanden in Gruppen zu je 10 Mädchen statt, wenn gesungen oder gebastelt wurde auch in größeren Gruppen zu 20 oder 40 Mädchen. Sie wurden von Führerinnen geleitet, die meist wenig älter waren als die Mädchen selbst. Die Jungmädel lernten die Geschichte der NSDAP und der Hitlerjugend, den Lebensweg Adolf Hitlers und die Namen und Funktionen der wichtigsten nationalsozialistischen Führer. Sie sangen außer Volks- und Wanderliedern kämpferische HJ-Lieder und die Hitlerjugendhymne, in der es – auch für die Mädchen – hieß: «Wir marschieren für Hitler durch Nacht und durch Not ... Unsere Fahne ist mehr als der Tod.»

Im Jungmädelsport wurde «die sinnvolle Ergänzung zur Erziehungsarbeit in der jüngsten Gemeinschaft der Mädel»[423] gesehen. «Mut, Geschicklichkeit und Geistesgegenwart»[424] sollten erworben werden, aber auch – ähnlich wie bei den Jungen – Disziplin und vor allem die Bereitschaft, Anordnungen und Kommandos der Führerinnen sofort Folge zu leisten.

Die Fahrten in die nähere Umgebung fanden einmal monatlich statt, Lageraufenthalte, die einmal im Jahr durchgeführt wurden, dauerten 8 bis 10 Tage. Das gemeinsame Erleben des Tagesablaufes – ohne Einschränkung durch Schule oder Elternhaus – sollte das Gemeinschaftsgefühl der Mädchen und ihr Zugehörig-keitsgefühl zu der deutschen *Volksgemeinschaft* entwickeln; stand doch die gesamte Arbeit des Jungmädelbundes unter dem Motto: «... Über dem gesamten Jungmädeldienst soll die Verpflichtung auf den Führer stehen, der uns in seinen Kämpfen und Arbeiten Vorbild und Ausrichtung ist.»[425]

Die Uniform, die alle Mädchen tragen sollten, die aber selbst bezahlt werden mußte, sollte als Ausdruck des «gemeinsamen Wollens»[426] gelten. Die Jungmädel trugen eine weiße Bluse mit angeknöpftem blauem Rock, Halstuch und Lederknoten, in den ersten Jahren der Hitlerjugend eine Trachtenjacke oder eine braune Jacke, die Kletterweste genannt wurde, später wie die *BDM*-Mädel eine blaue Jacke und dunkle Schnürschuhe.

Bevor die Jungmädel – jedes Jahr am Tag des Geburtstages Adolf Hitlers – in den BDM überwiesen wurden, mußten sie eine Leistungsprüfung, das Leistungsabzeichen, die JM-Probe, ablegen: sportliche Leistungen und Kenntnisse über die auf den Heimabenden behandelten Themen wurden gefordert.

Während des Zweiten Weltkrieges, 1939–1945, wurden auch die Jungmädel schon im «Kriegseinsatz der Hitlerjugend» eingesetzt: sie sangen in Lazaretten für verwundete Soldaten, sie packten Feldpostpäckchen und schrieben Briefe an ihnen unbekannte Soldaten, sie sammelten Geld für das *Winterhilfswerk*, Altkleider und Altmaterial zur Wiederverwertung und Kräuter zur Herstellung von Tees.

Die zahlreichen Aktivitäten – neben der Schule – füllten einen großen Teil ihrer Freizeit aus.

Siehe *Hitlerjugend, Heimabend, Volks-gemeinschaft.*

Jungvolk. Das «Deutsche Jungvolk in der HJ», abgekürzt DJ, kurz Jungvolk genannt, war in der *Hitlerjugend* die Organisation für die 10- bis 14jährigen Jungen, die auch als *Pimpfe* bezeichnet wurden. Die Teilnahme an den Veranstaltungen der Hitlerjugend war seit 1939 für alle 10- bis 18jährigen Jungen und Mädchen gesetzliche Pflicht.

Der Jungvolkdienst sah wöchentliche Heim- und Sportnachmittage vor, außerdem Tagesfahrten, Aufenthalte in Freizeitlagern, Feierstunden und Sportfeste.

Die so bezeichneten *Heimabende* fanden in Gruppen zu je 10 Jungen statt, wenn gesungen oder gebastelt wurde auch in größeren Gruppen zu 20 oder 40 Jungen. Die Heimabende wurden von Führern geleitet, die meist wenig älter waren als die Jungen selbst. Die Pimpfe lernten die Geschichte und den Aufbau der *NSDAP* und der Hitlerjugend, den Lebenslauf Adolf Hitlers und die Namen und Funktionen der wichtigsten nationalsozialistischen Führer. Außerdem lernten sie die Bestimmungen der Hitlerjugend: «Befehle sind ohne Wenn und Aber durchzuführen. Disziplin und Ordnung sind nationalsozialistische Grundtugenden.»[427]

Der Jungvolksport wurde außer für das körperliche Training weitgehend für vormilitärische Übungen benutzt; «bereits die elfjährigen Pimpfe» hielten «mit dem Luftgewehr Schießübungen»[428] ab.

Die Fahrten in die nähere Umgebung fanden einmal im Monat statt, Lageraufenthalte, die einmal im Jahr durchgeführt wurden, dauerten acht bis zehn Tage. Das gemeinsame Erleben des Tagesablaufes – ohne Einschränkungen durch Elternhaus oder Schule – sollte das Gemeinschaftsgefühl und ihr Zugehörigkeitsgefühl zu der deutschen *Volksgemeinschaft* entwickeln. Die Lageraufenthalte dienten wie die Sportnachmittage in erster Linie der vormilitärischen Schulung. Appelle mit dem Hissen und Einziehen der Fahne, der Kontrolle von Sauberkeit und Ordnung, dem Entgegennehmen von Befehlen und Tagesparolen sowie Übungen im Zeltbauen, im Geländekartenlesen und der Geländesport sollten schon bei den kleinen Jungen soldatische Fähigkeiten entwickeln und schulen.

Bevor die Pimpfe – jedes Jahr am Tag des Geburtstages Adolf Hitlers – in die HJ überwiesen wurden, mußten sie eine Leistungsprüfung, das Leistungsabzeichen, die «Pimpfenprobe»[429] genannt, ablegen: sportliche Leistungen und Kenntnisse der auf den Heimabenden behandelten Themen wurden gefordert.

Die Pimpfe sollten – wie alle Mitglieder der Hitlerjugend – bei allen Veranstaltungen eine Uniform tragen, die aber von den Eltern der Jungen selbst bezahlt werden mußte, was sich bei weitem nicht alle leisten konnten. Die Pimpfe trugen schwarze Hosen, braunes Hemd, Halstuch und Lederknoten, Schulterriemen; das Koppelschloß des Gürtels war mit einer *Sigrune* versehen.

Während des Zweiten Weltkrieges, 1939–1945, wurden auch die Pimpfe im «Kriegseinsatz der Hitlerjugend» eingesetzt: sie bastelten zum Beispiel Spielzeug und Kerzenleuchter für Kinder von Soldaten, sie sammelten Geld für das

Winterhilfswerk, Altkleider und Altmaterial zur Wiederverwertung, sie machten erste Meldegänge für Partei- und Luft-
schutzdienststellen.

Die zahlreichen Aktivitäten – neben der
Schule – füllten einen großen Teil ihrer
Freizeit aus.

Siehe *Hitlerjugend, Heimabend, Volksgemeinschaft, Adolf-Hitler-Schule, Napola.*

K

Kampf dem Verderb war ein Schlagwort der nationalsozialistischen Propaganda, mit dem auf großen Plakaten in Lebensmittelgeschäften und an öffentlichen Anschlagsäulen und -tafeln gegen eine Vergeudung von Speiseresten aufgerufen wurde. Der Aufruf, der «... der Verschleuderung wertvoller Lebensmittel entgegentritt ...»[430], war eine Propaganda-Aktion, die von der NSV, der Nationalsozialistischen Volkswohlfahrt e. V., durchgeführt wurde, als sich während des Zweiten Weltkrieges, 1939–1945, die deutsche Niederlage abzuzeichnen begann und in Deutschland Lebensmittel und Rohstoffe immer knapper wurden.

Siehe *Lebensmittelkarten*.

Karinhall war der Landsitz Hermann Görings in der Schorfheide bei Berlin, auf dem häufig auch ausländische Staatsgäste empfangen wurden.

Göring war unter anderem Ministerpräsident von Preußen, Reichsluftfahrtminister und Beauftragter für den *Vierjahresplan*.

Kurz vor Ende des Zweiten Weltkrieges, als sich die sowjetischen Truppen Berlin näherten, ließ Göring die Gebäude zerstören.

KdF war die Abkürzung für Kraft durch Freude, eine Organisation der *Deutschen Arbeitsfront*, DAF; KdF wurde im November 1933 gegründet. Die «NS-Gemeinschaft Kraft durch Freude» – so der offizielle Titel – sollte als «Freizeitbewegung»[431] die Freizeitbeschäftigungen der Arbeiter und Angestellten aller Berufsgruppen im Sinne des Nationalsozialismus lenken; das Angebot reichte von Tanzveranstaltungen über verbilligte Konzert-, Theater- und Opernkarten bis zu Reiseveranstaltungen.

Die Organisation Kraft durch Freude war in mehrere Ämter unterteilt; Aufbau und Aufgaben der einzelnen Ämter wurden mehrfach verändert. Das Amt Feierabend zum Beispiel organisierte verbilligte Konzerte, Bunte Abende oder Theateraufführungen. Das Sportamt führte im Jahr 1936 unter dem Begriff «politische Leibesübung»[432] den Betriebssport ein. Das Amt Werkscharen hatte die Aufgabe, die KdF-Werkscharen in den Betrieben zu schulen; die Werkscharen galten als «weltanschaulicher Stoßtrupp»[433], sie hatten «... Werk- und Feierabende zur Durchdringung der Betriebe mit nationalsozialistischem Ideen- und Gedankengut ...»[434] zu veranstalten. Das Amt *«Schönheit der Arbeit»* war unter anderem für bauliche Verschönerungen in Industriebetrieben zuständig. Es gab außerdem ein Amt «Deutsches Volksbildungswerk» und ein Verbindungsamt zu *Wehrmacht* und Reichsarbeitsdienst, *RAD*.

Größte Propagandawirkung erreichte das Amt «Reisen, Wandern und Urlaub»[435]: Millionen Urlauber nahmen in den sechs Jahren vor Beginn des Zweiten Weltkrieges, 1939–1945, an den von KdF veranstalteten Fahrten teil. Rund sechs Millionen Urlauber beteiligten sich an Wanderausflügen, 33 Millionen an preiswerten Ferienreisen in Deutschland und etwa 500000 an Auslandsreisen auf den so bezeichneten KdF-Schiffen. Die Schiffe wurden während des Krieges als Truppentransporter und Lazarettschiffe eingesetzt.

Bei allen Freizeitangeboten verfolgte KdF das Ziel, die Veranstaltungen «... in engster Beziehung zum Arbeitsleben durchzuführen ...»[436], die von ihr betreuten Arbeiter und Angestellten «... nicht: weg von der Arbeit!, sondern hin zur Arbeit! ...»[437] zu führen. Nationalsozialistische Freizeitgestaltung hatte nach den Ausführungen in einem Rechenschaftsbericht der Deutschen Arbeitsfront von 1940 den Zweck, die Arbeitsleistung zu steigern: «... Wir schickten unsere Arbeiter nicht auf eigenen Schiffen auf Urlaub oder bauten ihnen gewaltige Seebäder, weil uns das Spaß machte ... Wir taten das nur, um die Arbeitskraft des einzelnen zu erhalten und um ihn gestärkt und neu ausgerichtet an seinen Arbeitsplatz zurückkehren zu lassen. KdF überholt gewissermaßen jede Arbeitskraft von Zeit zu Zeit, genauso wie man den Motor eines Kraftwagens nach einer gewissen gelaufenen Kilometerzahl überholen muß. Betriebssport, Schönheit der Arbeit, Werkkonzerte sind alles keine Dinge an sich, sondern sie dienen immer wieder dem großen Gesamtziel, die Leistungen des deutschen Volkes auf allen Gebieten zu steigern ...»[438] Als materielle Grundlage für ihr Freizeitangebot dienten der Deutschen Arbeitsfront und KdF die Geldmittel, Häuser und Heime der früheren Gewerkschaften, die nach deren gewaltsamer Zerschlagung im Mai 1933 von den Nationalsozialisten beschlagnahmt worden waren.

Siehe *Schönheit der Arbeit, Dienstverpflichtung, Vierjahresplan.*

Kleiderkarte. Mit Beginn des Zweiten Weltkrieges 1939 wurden Lebensmittel und Textilien mit Hilfe von Berechtigungsscheinen behördlich zugeteilt. Die Kleiderkarte, offiziell «Reichskleiderkarte»[439], berechtigte zum Einkauf von Textilien. Alle Deutschen – Frauen, Kinder und nicht zum Wehrdienst eingezogene Männer – erhielten sie ab November 1939.

Die Kleiderkarte war jeweils für ein Jahr gültig. Sie hatte 100 Abschnitte, die Punkte genannt wurden. Alle zwei Monate wurden 25 Punkte, die numeriert und datiert waren, für den Verbraucher freigegeben. Frauen zum Beispiel benötigten 25 Punkte für einen Pullover, für eine Garnitur Unterwäsche je nach Stoffart 10 bis 20 Punkte, für einen Rock 20, für ein Kostüm 45 oder für einen Sommermantel 35 Punkte. Der Einkauf von Textilien – auf einem «Merkblatt für Verbraucher» hieß es «von Spinnstoffwaren»[440] – mußte also genau geplant werden. Unter Umständen mußten die Punkte für einen bestimmten Einkauf über längere Zeit angespart werden. Zur 4. Reichskleiderkarte gab es «Zusatzkleiderkarten»[441] für Jugendliche mit dem Aufdruck für «Burschen bzw. Maiden».[442]

Für Wintermäntel, Berufskleidung und andere Textilien – wie Gardinen, Bett- und Tischwäsche – sowie für Schuhe gab es besondere Bezugsscheine. Das waren «behördliche Bescheinigungen über die Bezugsberechtigung der Verbraucher».[443] Bezugsscheine mußten auf Wirtschaftsämtern beantragt werden und wurden nur begrenzt zugeteilt.

Auf den Wirtschaftsämtern erhielt die Bevölkerung außer diesen Bezugsscheinen auch ihre *Lebensmittelkarten* und für Hunde zum Beispiel einen «Futtermittelschein».[444] Alle Erwachsenen erhielten hier ihre Raucherkarten, die zum Einkauf von Zigaretten und Tabakwaren berechtigten und die von Nichtrauchern als begehrte Tauschobjekte benutzt wurden.

Ab 1. März 1943 gab es auf den Wirtschaftsämtern außerdem die «Sonderbezugsscheine für Fliegergeschädigte»[445], die bei Luftangriffen ihre Kleidung oder Wohnungseinrichtung ganz oder teilweise verloren hatten.

Juden waren seit 1940 durch einen Erlaß des Reichswirtschaftsministers von der Zuteilung der Kleiderkarte ausgeschlossen.

Siehe *Lebensmittelkarten, ausgebombt, Totaler Krieg, Judenverfolgung.*

KLV war die Abkürzung für Kinderlandverschickung.

Vor dem Zweiten Weltkrieg war die Kinderlandverschickung eine der Aufgaben der *NSV*, der Nationalsozialistischen Volkswohlfahrt: gesundheitsgefährdete Stadtkinder wurden zur Erholung in ländliche Gebiete verschickt. Die Auswahl der Kinder wurde von der NSV nach dem für die Arbeit der NSV insgesamt aufgestellten Gesichtspunkt getroffen, daß «nur rassisch wertvolle, erbgesunde Familien von der NSV unterstützt»[446] werden sollten. Jüdische Kinder zum Beispiel gehörten nicht zu den verschickten Kindern, auch nicht, wenn ihr Gesundheitszustand es erfordert hätte.

Mit Beginn des Zweiten Weltkrieges 1939 wurden die Verschickungen auf Kinder in unmittelbar kriegsgefährdeten Gebieten ausgedehnt. 1942 – die Kriegsgegner des Deutschen Reiches verstärkten ihre Luftangriffe auf deutsche Städte – wurde die KLV eine großangelegte Maßnahme für alle Oberschüler in besonders luftkriegsgefährdeten Gebieten. Schullandheime, Klöster, Jugendherbergen, Schlösser, Ferienpensionen und Hotels in meist ländlichen Gebieten in Ost- und Süddeutschland, auch im *Protektorat Böhmen und Mähren*, in der Slowakei und in Ungarn, wurden zu KLV-Lagern hergerichtet. Manchmal wurden die Kinder auch bei einzelnen Familien untergebracht.

In den letzten Kriegsjahren wurden die Schüler ganzer Klassen und Schulen mit Sonderzügen in die KLV-Lager transportiert. Die Eltern wurden zwar nicht durch Gesetze oder Verordnungen gezwungen, ihre Kinder zu verschicken, aber die Schulsituation ließ ihnen praktisch keine andere Wahl.

Von 1940 bis 1944 wurden insgesamt etwa 850000 Jungen und Mädchen im Alter zwischen 10 und 14 Jahren verschickt; etwa die gleiche Anzahl Kinder im Alter von 6 bis 10 Jahren wurde in Pflegefamilien untergebracht.

Die Organisation und Betreuung der Lager war Aufgabe der *Hitlerjugend*. Die Reichsjugendführung sah darin eine neue Möglichkeit, ihre Aufgabe zu erfüllen, die Jugend zu «echten, starken Nationalsozialisten»[447] heranzubilden: «Die Einrichtung der KLV-Lager bietet die Möglichkeit, Jugendliche in großem Rahmen und für längere Zeit total zu erziehen. Schulische Arbeit, HJ-Dienst und Freizeit lassen sich hier erzieherisch gleichmäßig beeinflussen.»[448] Alle Voraussetzungen für diesen Anspruch der Hitlerjugendführung waren gegeben: der Einfluß der Eltern war nahezu ausgeschaltet, die Unterrichtsdauer wurde immer weiter eingeschränkt, da nicht für alle Fächer die entsprechenden Lehrer zur Verfügung standen. Der gesamte Tagesablauf wurde weitgehend von den Führern und Führerinnen der Hitlerjugend bestimmt.

Der Lagerleiter eines KLV-Lagers war zwar immer ein Lehrer – meist einer aus der Heimatschule der Kinder –, für den gesamten Tagesablauf außerhalb der Schulstunden aber waren die HJ-Führer oder -führerinnen verantwortlich. Sie stellten den sogenannten Lagermannschaftsführer oder die Lagermädelführerin. Je nach Größe des Lagers hatten sie Unterführer oder -führerinnen. Bis auf höchstens zwei kurze Freizeiten in der Woche wurde der Tagesablauf weitgehend von ihnen geplant und beaufsichtigt. Bei den Jungen wurde außerdem die vormilitärische Ausbildung so intensiv wie möglich betrieben. Das war vor allem dann der Fall, wenn der Lagermannschaftsführer von einer *Napola*, einer Nationalpolitischen Erziehungsanstalt, kam.

In den Wirren des Kriegsendes brach die Organisation der KLV nahezu zusammen. Die Postverbindungen waren gestört. Es fuhren kaum noch Züge. Die Führer und Führerinnen, die meist selbst noch sehr jung waren, zeigten sich den Anforderungen, die durch die Flucht aus den östlichen Gebieten an sie gestellt wurden, häufig nicht gewachsen. Viele der Kinder, die den Weg in ihre Heimatstadt suchten, gerieten in das Kampfgeschehen der letzten Kriegstage, viele kamen dabei ums Leben.

Die Vermißtenstellen des Deutschen Roten Kreuzes fahndeten noch lange nach dem Krieg und oft vergeblich für Eltern nach ihren Kindern und für Kinder nach ihren Eltern.

Siehe *ausgebombt, Hitlerjugend, Judenverfolgung.*

Kohlenklau war der Name eines für eine große Propagandaaktion gezeichneten Monstrums, das halb Mensch, halb Tier zu sein schien – und Kohlen klaute. Die äußerst häßliche und erschreckende Figur mit dem Sack auf dem Rücken war seit dem Winter 1942/43 auf zahllosen Plakaten dargestellt. An Häuserwänden und Litfaß-Säulen, in öffentlichen Verkehrsmitteln und in Geschäften, selbst auf Streichholzschachteln geklebt, sollte Kohlenklau die Bevölkerung mahnen und auffordern, mit Heizmaterial zu sparen.

Wie im heutigen Werbefunk für die Werbung wurden damals die Sendepausen des Rundfunks propagandistisch genutzt. Nach schrillem Pfeifen wies eine warnende Stimme auf den allgegenwärtigen Kohlenklau, auf überflüssig brennende Lampen, auf offene Türen und schlecht schließende Fenster hin.

Kohlenklau wurde zum Sinnbild für Sparsamkeit während des Krieges, zum Inbegriff des von den Nationalsozialisten gebrandmarkten *Volksschädlings.*

Siehe *Vierjahresplan, Heimatfront.*

Konzentrationslager, siehe KZ.

Kreis, Kreisleiter. Der Kreis war eine Gebietsbezeichnung innerhalb der Organisation der *NSDAP*. Der Kreis galt als «Hoheitsgebiet»[449]. Die NSDAP-Kreise entsprachen in ihrer Ausdehnung ungefähr den Landkreis oder Bezirk genannten staatlichen Verwaltungsgebieten.

Oberster Parteiführer in einem Kreis war der Kreisleiter: er wurde, da er einem Partei-«Hoheitsgebiet» vorstand, als «Hoheitsträger»[450] bezeichnet. Der Kreisleiter wurde auf Vorschlag des *Gauleiters* von Adolf Hitler ernannt. Kreisleiter arbeiteten hauptberuflich für die NSDAP und wurden von der Partei bezahlt.

Dem Kreisleiter unterstanden die Ortsgruppenleiter in seinem Kreis und die *Politischen Leiter* in der Kreisleitung. Als Politische Leiter wurden alle Parteimitglieder bezeichnet, die ein Parteiamt innehatten.

Der Kreisleiter war verantwortlich «... für die politische und weltanschauliche Erziehung und Ausrichtung der Politischen Leiter, Parteigenossen sowie der Bevölkerung ...»[451]; er hatte «... das Recht und die Pflicht, öffentliche und nichtöffentliche Veranstaltungen und Handlungen, die der Zielsetzung der Partei zuwiderlaufen, zu unterbinden ...»[452]

In der Regel nahm der örtliche Kreisleiter auch das in der «Deutschen Gemeindeordnung»[453] von 1935 bestimmte Amt des Beauftragten der NSDAP wahr; der *Beauftragte der NSDAP* hatte das Vorschlagsrecht für die Besetzung der Posten von Bürgermeistern und Gemeinderäten.

Rund 31 Prozent der Kreisleiter bekleideten selbst neben ihrem Parteiamt das staatliche Amt des Bürgermeisters oder Oberbürgermeisters. Mit der Besetzung eines Staats- und eines Parteiamtes in Personalunion erreichten die Nationalsozialisten auch in den Gemeindeverwaltungen die *Gleichschaltung*, das heißt die Ablösung demokratischer Richtlinien und die Übertragung staatlicher Vollmachten auf nationalsozialistische Führungskräfte.

Siehe *NSDAP, Blockleiter, Gau.*

Kreisauer Kreis war die Bezeichnung der *Gestapo* für eine Widerstandsgruppe, in der sich Konservative, Sozialisten, Gewerkschafter, Protestanten und Katholiken seit dem Sommer 1940 zum Widerstand gegen Adolf Hitler und die nationalsozialistische Herrschaft zusammengeschlossen hatten. Im Mittelpunkt des Kreises stand Graf Helmuth James von Moltke, dessen Gut Kreisau im damaligen Schlesien einer der Treffpunkte der Gruppe war.

Der Kreisauer Kreis bestand aus etwa 40 Mitgliedern unterschiedlicher politischer wie sozialer Herkunft. Zu der Gruppe gehörten sozialdemokratische Politiker wie Dr. Julius Leber, Theo Haubach oder Carlo Mierendorff, die nach der nationalsozialistischen *Machtübernahme* 1933 wegen ihres Kampfes für eine freiheitliche Demokratie Verhaftungen, Folterungen und Gefängnisstrafen erlitten hatten. Dazu gehörten auch protestantische und katholische Geistliche wie Jesuitenpater Delp oder Eugen Gerstenmaier und Harald Poelchau von der *Bekennenden Kirche*. Erfahrene Fachleute staatlicher

Verwaltung, wie der konservative Politiker Carl Goerdeler – 1937 Oberbürgermeister von Leipzig –, und führende Angestellte in Ministerien und Dienststellen der *Wehrmacht*, die über einflußreiche Verbindungen verfügten wie zum Beispiel Graf von Moltke, hatten sich ebenfalls der Widerstandsgruppe angeschlossen.

Der Kreisauer Kreis befaßte sich mit der Erarbeitung von Grundsatzdokumenten für einen künftigen demokratischen Staats- und Gesellschaftsaufbau Deutschlands. Im Mittelpunkt staatlichen Lebens sollte nach Überzeugung der Mitglieder der Gruppe der einzelne Bürger, nicht der Staat stehen: «... Gegenüber der großen Gemeinschaft, dem Staat ... wird nur der das rechte Verantwortungsgefühl haben, der in kleinen Gemeinschaften in irgendeiner Form an der Verantwortung mitträgt; anderenfalls entwickelt sich bei denen, die nur regiert werden, das Gefühl, daß sie am Geschehen unbeteiligt und nicht dafür verantwortlich sind, und bei denen, die nur regieren, das Gefühl, daß sie niemandem Verantwortung schuldig sind als der Klasse der Regierenden ...»[454]

Die Kreisauer planten, daß Deutschland bundesstaatlich verwaltet und die Kirchen vor Eingriffen des Staates geschützt werden sollten. Das Schulsystem sollte sich auf eine christliche Staatskirche – mit Privat-, aber ohne Konfessionsschulen – gründen. In der wirtschaftlich-sozialen Entwicklung eines neuen deutschen Staates wurde die soziale Gerechtigkeit betont, bei zu starker Zusammenballung wirtschaftlicher Macht sollte der Staat eingreifen können.

Außenpolitisch stellten sich die Männer des Kreisauer Kreises eine gemeinsame Politik der europäischen Staaten vor. Die nationalsozialistischen Kriegsverbrecher sollten sich vor einem internationalen Gerichtshof verantworten müssen.

Die Frage des gewaltsamen Umsturzes der nationalsozialistischen Herrschaft wurde innerhalb des Kreisauer Kreises gegensätzlich erörtert. Seit 1943 teilten alle Mitglieder der Widerstandsgruppe die Ansicht, daß geistiger Widerstand allein nicht ausreichend sei. 1944 nahmen Mitglieder des Kreisauer Kreises daher direkten Kontakt auf zu der Widerstandsgruppe der Offiziere, die zu dieser Zeit unter der Führung von Oberst Claus Schenk Graf von Stauffenberg einen Umsturz und einen Anschlag auf Hitler vorbereiteten. Die Mitglieder des Kreisauer Kreises, denen die Nationalsozialisten eine enge Verbindung zu Stauffenberg und dem Attentatsversuch vom *20. Juli* nachweisen konnten, wurden nach dem fehlgeschlagenen Attentat auf Hitler am 20. Juli 1944 vom *Volksgerichtshof* zum Tode verurteilt und nach schweren Folterungen hingerichtet. Es gelang der *Gestapo*, der *Geheimen Staatspolizei*, weder alle Pläne noch alle Angehörigen des Kreisauer Kreises zu erfahren.

Siehe *Weiße Rose, Edelweißpiraten, Rote Kapelle, Bekennende Kirche, 20. Juli, Volksempfinden.*

Kriegshilfsdienst.
Mit dem «Erlaß des Führers und Reichskanzlers über den weiteren Kriegseinsatz des Reichsarbeitsdienstes für die weibliche Jugend» vom 29. Juli 1941 wurde bestimmt, daß Frauen im Anschluß an die halbjährige Pflicht-

zeit im *RAD*, dem Reichsarbeitsdienst, ein weiteres halbes Jahr Kriegshilfsdienst leisten mußten: «... Der Kriegshilfsdienst wird abgeleistet ... 1. durch Hilfsdienst im Bürobetrieb bei Dienststellen der Wehrmacht und bei Behörden, 2. ... in Krankenhäusern und bei sozialen Einrichtungen, 3. ... bei hilfsbedürftigen, insbesondere kinderreichen Familien ...»[455] Ab Sommer 1942 arbeiteten im Kriegshilfsdienst verpflichtete Frauen auch in Verkehrs- und Rüstungsbetrieben. Der Kriegshilfsdienst bedeutete, daß die zwangsweise Verpflichtung zu einer vom Staat bestimmten Arbeit um ein halbes Jahr verlängert wurde. Die Arbeit im Kriegseinsatz wurde mit 45 Reichsmark monatlich entlohnt.

Im Winter 1942/43 waren rund 50000 Frauen im Kriegshilfsdienst beschäftigt, über 30000 von ihnen arbeiteten in Betrieben der Rüstungsindustrie.

Als vorübergehend eingeführte Maßnahme hatte es Kriegshilfsdienst für Schüler und Schülerinnen höherer Schulen bereits im September 1939, zu Beginn des Zweiten Weltkrieges, gegeben. Auf Grund eines Erlasses des Reichsministeriums für Wissenschaft, Erziehung und Volksbildung vom 9. September 1939 waren Schüler zum Beispiel bei der Verteilung von *Lebensmittelkarten* eingesetzt worden.

Siehe *Pflichtjahr, NS-Frauenschaft, Dienstverpflichtung, besetzte Gebiete.*

Kristallnacht wurde die Bezeichnung für den in der Nacht vom 9. zum 10. November 1938 von der *SA* und Parteimitgliedern der *NSDAP* verübten Judenpogrom. Pogrom bedeutet Ausschreitungen gegen nationale, religiöse oder rassische Gruppen. Auf Veranlassung von Joseph Goebbels, Reichsminister für Volksaufklärung und Propaganda, und von Adolf Hitler gebilligt, wurden in ganz Deutschland mehr als 20000 Juden verhaftet und in Konzentrationslager, *KZ*, verschleppt. Im ganzen Reich wurden in dieser Nacht die Synagogen, die jüdischen Gebetshäuser, in Brand gesteckt, unzählige jüdische Wohnungen und Geschäfte verwüstet und zerstört. Der Name Kristallnacht soll vom Berliner Volksmund wegen der scherbenübersäten Straßen geprägt worden sein.

Anlaß für die Aktionen, die sich in einigen Städten bis zum 13. November hinzogen, war – so behauptete die nationalsozialistische Propaganda – die Ermordung eines deutschen Gesandtschaftsrates am 7. November 1938 in Paris durch den 17jährigen Herschel Grynszpan. Grynszpan wollte mit der Ermordung des deutschen Diplomaten vom Rath die Welt auf das Schicksal seiner Eltern und weiterer 17000 polnischer Juden aufmerksam machen, die aus Deutschland ausgewiesen worden waren.

Jahrelange planmäßige Hetze der nationalsozialistischen Propaganda gegen die Juden hatte zahllose Parteigenossen der NSDAP zu verbissenen Antisemiten, das heißt Judenfeinden, gemacht. So konnten einzelne fanatische *Ortsgruppenleiter* der NSDAP bereits am Abend nach der Bekanntgabe des Attentates auf Versammlungen den Haß gegen die Juden so schüren, daß es zu ersten Ausschreitungen kam.

Am Abend des 9. November löste dann Joseph Goebbels mit einer Rede vor höchsten Führern der NSDAP und der SA die Kristallnacht aus. Nach dem Bericht des anwesenden Obersten Parteirichters war die Rede von allen so verstanden worden, «daß die Partei nach außen nicht als Urheber der Demonstrationen in Erscheinung treten, sie in Wirklichkeit aber organisieren und durchführen sollte».[456] Die telegrafischen und telefonischen Anordnungen der bei der Rede Anwesenden an ihre Unterführer in ganz Deutschland hatten nach den Notizen eines SA-Führers in Abwandlungen folgenden Inhalt: «Sämtliche jüdischen Geschäfte sind sofort von SA-Männern in Uniform zu zerstören ... Die Verwaltungsführer der SA stellen sämtliche Wertgegenstände einschließlich Geld sicher. Die Presse ist heranzuziehen. Jüdische Synagogen sind sofort in Brand zu stecken, jüdische Symbole sind sicherzustellen ... Die Polizei darf nicht eingreifen. Der Führer wünscht, daß die Polizei nicht eingreift.»[457]

Die Greueltaten wurden in ganz Deutschland von der SA, in einigen Städten auch von der *SS* ausgeführt. In einem vom Chef der *Sicherheitspolizei* und des *SD*, Reinhard Heydrich, verfaßten Schnellbrief an Hermann Göring vom 11. November 1938 wurde eine erste Übersicht über die bis dahin erfaßten Maßnahmen und Schäden dieser Nacht gegeben: «... 815 zerstörte Geschäfte, 29 in Brand gesteckte oder sonst zerstörte Warenhäuser ... An Synagogen wurden 191 in Brand gesteckt, weitere 76 vollständig demoliert ... Festgenommen wurden rund 20 000 Juden ... An Todesfällen wurden 36, an Schwerverletzten ebenfalls 36 gemeldet ...»[458] Die Täter wurden nicht zur Verantwortung gezogen.

Der Plan, diesen Pogrom als einen Ausdruck der Volkswut erscheinen zu lassen, mißglückte. «Die Bevölkerung verhielt sich den Demonstrationen gegenüber passiv»[459], hieß es in einem Bericht. Nur wenige Menschen ließen sich mitreißen. Die meisten waren vielmehr stumme Zuschauer, vielleicht aus Angst, was mit ihnen geschähe, wenn sie sich einmischten. In einem Bericht des Obersten Parteigerichtes hieß es: «Die Öffentlichkeit weiß bis auf den letzten Mann, daß politische Aktionen wie die des 9. November von der Partei organisiert und durchgeführt sind, ob dies zugegeben wird oder nicht.»[460] Als besonderen Hohn ließen die Nationalsozialisten die Juden für die erlittenen Schäden selbst aufkommen: sie mußten die Zerstörungen beseitigen und die Wiederherstellung selbst bezahlen. Ihre Versicherungsansprüche wurden laut Verordnung zur Wiederherstellung des Straßenbildes bei jüdischen Gewerbebetrieben «zugunsten des Reichs beschlagnahmt».[461]

Der Sprecher der Versicherungsgesellschaften wehrte sich im Interesse der Versicherten in einer Besprechung mit Hermann Göring und Joseph Goebbels vergeblich gegen diese Maßnahmen. Höhepunkt des unverschämten Druckes auf die Juden aber war die Verordnung über eine Sühneleistung der Juden deutscher Staatsangehörigkeit, nach der den Juden die Zahlung von einer Milliarde Reichsmark als «Sühne»[462] auferlegt wurde für einen Schaden, den sie nicht angerichtet hatten.

Das Ziel der Terroraktionen und der nachfolgenden Maßnahmen kann in drei Hauptpunkten zusammengefaßt werden: das jüdische Gemeindeleben zu unterbinden; die Juden in Panik zu versetzen und dadurch ihre Ausreise aus Deutschland unter Zurücklassung nahezu ihres gesamten Vermögens zu veranlassen; die Enteignung ihres Eigentums zu beschleunigen.

Siehe *Arisierung, Judenverfolgung, Endlösung, Untermensch, Nürnberger Gesetze.*

KZ ist die abkürzende Bezeichnung für Konzentrationslager. Es ist die nach dem Zweiten Weltkrieg üblich gewordene Bezeichnung für alle im nationalsozialistischen Herrschaftsbereich von 1933 bis 1945 errichteten Häftlingslager. In den KZ wurden seit der *Machtübernahme* Gegner des Nationalsozialismus und Menschen, die zu Gegnern erklärt wurden – später auch Juden, Sinti und Roma (Zigeuner) und Kriegsgefangene –, inhaftiert und anfangs vereinzelt, später zu Hunderttausenden ermordet.

Im Amtsdeutsch der Nationalsozialisten galten 1940 20 Lager mit der offiziellen Abkürzung KL als Konzentrationslager. Zahllose andere Lager im Machtbereich des nationalsozialistischen Staates, wie Durchgangs-, *Arbeits-, Arbeitserziehungs-*, Polizeihaft- oder Jugend*lager* durften aus SS-internen Verwaltungsgründen nicht so bezeichnet werden. In den meisten dieser Lager herrschten jedoch die gleichen Zustände und Arbeitsbedingungen wie in den KZ.

Von den in Polen errichteten *Vernichtungslagern*, die ausschließlich für die Ermordung von Menschen gebaut wurden, waren die beiden größten, *Auschwitz*-Birkenau und Majdanek, sowohl Vernichtungs- als auch Konzentrationslager.

Die heutige Forschung benennt als KZ – außer den Vernichtungslagern – 22 Hauptlager mit 1202 Außenlagern und Außenkommandos. Siehe dazu Aufstellung S. 136/137.

Von den Nationalsozialisten wurden die KZ anfangs lediglich als «Verwahrungs- und Erziehungslager»[463] bezeichnet. Hier sollten Menschen, «die sich als Schädlinge am deutschen Volkskörper erwiesen haben und deren Sinnesänderung insoweit aussichtslos erscheint»[464], festgehalten werden, um sie – wie es an anderer Stelle hieß – «vorübergehend unschädlich zu machen und sie zu brauchbaren Volksgenossen zu erziehen».[465] Die KZ wurden zu dem berüchtigtsten Terrorinstrument der Nationalsozialisten.

Durch die am 28. Februar 1933, kurz nach der *Machtübernahme*, erlassene *Reichstagsbrandverordnung*, die unter anderen die Grundrechte der persönlichen Freiheit und der freien Meinungsäußerung außer Kraft setzte, wurde es möglich, den Nationalsozialisten mißliebige Menschen und politische Gegner ohne Gerichtsurteil in politische *Schutzhaft* zu nehmen und in KZ einzuweisen. Nach Erlaß der Heimtückeverordnung vom 21. März 1933 waren als Verhaftungsgrund zum Beispiel schon beleidigende Äußerungen über Parteiführer oder ähnliches ausreichend.

SA und *SS*, Organisationen der *NSDAP*, wurden nach der Machtübernahme zu polizeilichem Hilfsdienst herangezogen, das bedeutet zu staatlichen Aufgaben. Im März/April 1933 verhafteten sie allein in Preußen – dem größten Land des Deutschen Reiches – mehr als 25000 Menschen. Die ordentlichen Gefängnisse konnten die Menge der Festgenommenen nicht mehr aufnehmen, obwohl SA und SS die Verhafteten von vornherein nur zum geringeren Teil dorthin überwiesen. Sie hatten von Anfang an so bezeichnete wilde Lager und «Privatgefängnisse»[466] eingerichtet, die nach späteren Angaben des damaligen Chefs der Politischen Abteilung des Polizeipräsidiums zu «infernalischen Stätten der Menschenquälerei»[467] wurden. Insbesondere das Columbia-Gefängnis der SS in Berlin bezeichnete er als «die allerschlimmste Marterstätte».[468]

Im März 1933 wurde auf Veranlassung des *Reichsführers-SS* Heinrich Himmler das erste staatliche Konzentrationslager Dachau bei München errichtet. Im Sommer 1933 gab es bereits weitere große Lager wie Esterwegen bei Papenburg und Oranienburg.

Nach dem sogenannten *Röhm-Putsch* wurden 1934 die Hilfspolizeieinheiten der SA aufgelöst. Die SS übernahm den alleinigen Befehl über die KZ. Der Kommandant von Dachau, Theodor Eicke, wurde von Heinrich Himmler zum «Inspekteur der Konzentrationslager und der SS-Wachverbände» ernannt.

Himmlers Absicht entsprechend, die Lager außerhalb der Strafgesetzordnung zu führen, stellte Eicke eine eigene Ordnung für die Häftlingsbehandlung und -bestrafung auf. Die Maßnahmen reichten von Entzug von Nahrung und Schlafmatratzen über Einzelhaft in «vollkommen dunkler Kammer»[469], dem sogenannten Bunker, bis zu «Stockhieben»[470], Erhängen und Erschießen.

Nach Aussagen des Lagerkommandanten von Auschwitz wurden die Wachmannschaften von Eicke entsprechend geschult: «Jegliches Mitleid mit ‹Staatsfeinden› sei aber eines SS-Mannes unwürdig ... Eickes Absicht war, seine SS-Männer ... von Grund auf gegen die Häftlinge einzustellen, sie auf die Häftlinge ‹scharf zu machen› ...»[471]

Mit geringfügigen Abwandlungen, die sich unter anderem aus der Lage des KZ, aus den Arbeitsbereichen, aus der Person des Lagerführers ergaben, waren alle KZ nach dem von Eicke in Dachau entwickelten Muster aufgebaut. Danach waren die Lager in fünf Bereiche nach Aufgaben und Zuständigkeitsverteilung gegliedert:

1. Kommandantur mit Lagerkommandant, Adjutant und Postzensurstelle. Der Kommandant hatte im Rahmen der von der SS vorgegebenen Richtlinien die volle Verfügungsgewalt über das KZ. Sein Adjutant sorgte für die Durchführung der Befehle des Kommandanten und führte den amtlichen Verkehr mit allen über- und untergeordneten Dienststellen.

2. Politische Abteilung und Erkennungsdienst. Leiter dieser Abteilung war immer ein Beamter der *Gestapo*, der *Ge*heimen *Sta*atspolizei, oder der Kriminalpolizei. Die Abteilung war unter anderem zuständig für Vernehmungen der Häftlinge, Führung der Häftlingskartei mit Bildern, Personenbeschreibungen, Fingerabdrücken, für die Registrierung von Neuzugängen und Entlassungen, von Verlegungen, Tod oder Flucht der Häftlinge. Die Verhöre durch die Beamten der Gestapo waren bei allen Häftlingen gefürchtet. Es kam dabei zu grausamen Mißhandlungen.

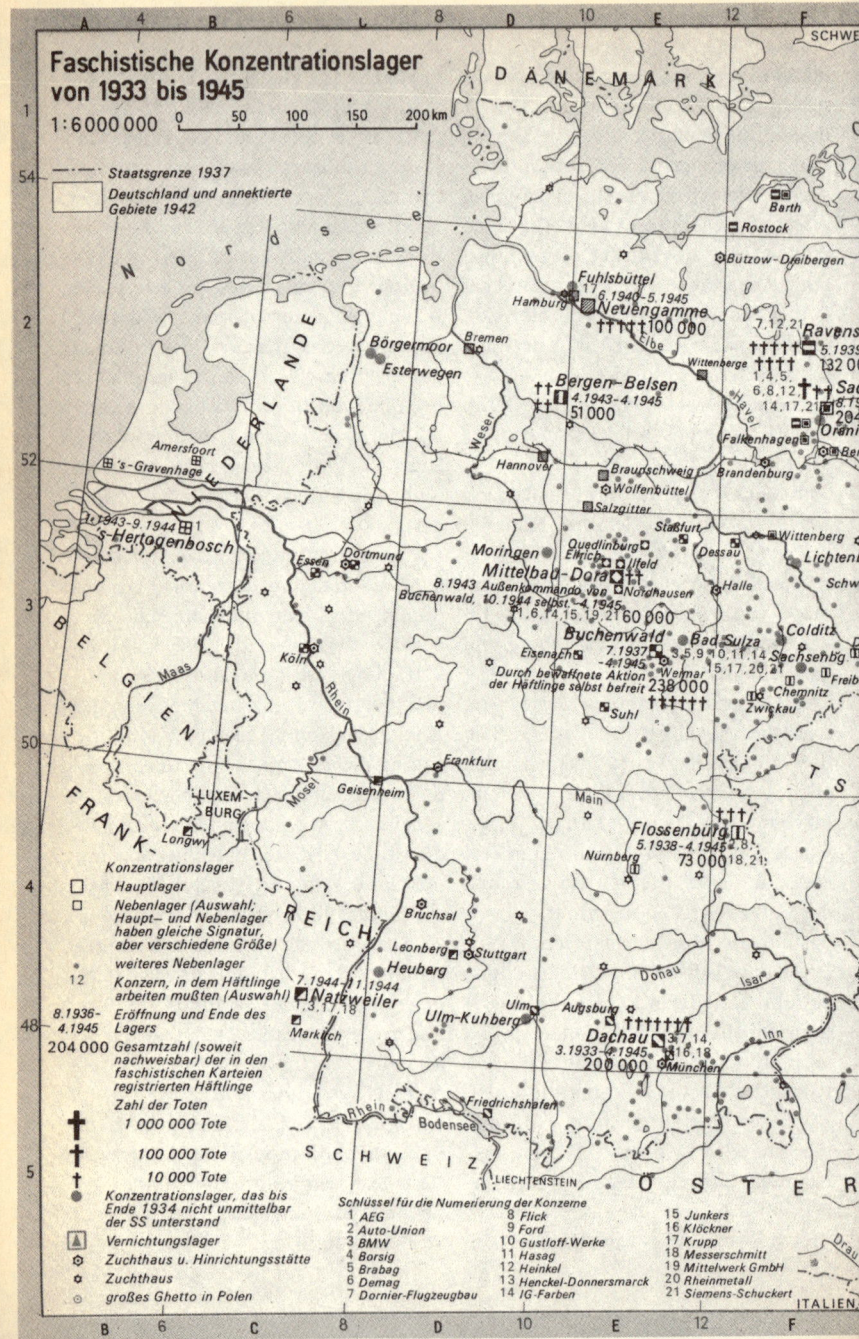

Faschistische Konzentrationslager von 1933 bis 1945

1 : 6 000 000

0   50   100   150   200 km

--- Staatsgrenze 1937

☐ Deutschland und annektierte Gebiete 1942

DÄNEMARK

SCHWE

Barth

Rostock

Bützow-Dreibergen

Fuhlsbüttel
6.1940–5.1945
Hamburg Neuengamme
†††† 100 000

Bremen

Börgermoor
Esterwegen

Wittenberge

Ravens
5.1939
132 0

Sac

Ori

Hannover Braunschweig
Wolfenbüttel
Salzgitter

Brandenburg

Falkenhagen

Ber

Bergen-Belsen
†† ⊞ 4.1943–4.1945
51 000

Amersfoort
's-Gravenhage

1.4.5.
6.8.12
14.17.21

1.1943–9.1944 ⊞
's-Hertogenbosch

Essen Dortmund

Moringen
Quedlinburg
Eichte Ilfeld

Mittelbau-Dora ☐††
8.1943 Außenkommando von
Buchenwald, 10.1944 selbst. Lager
1.6.14.15.19.21

Dessau

Halle

Staßfurt

Wittenberg

Lichten

Schw

Köln

Rhein

Nordhausen
160 000

Buchenwald ☐
7.1937 ††
–4.1945
Durch bewaffnete Aktion
der Häftlinge selbst befreit 238 000
†††††

Bad Sulza

Coldit

3.5.9
10.11.14
15.17.20,21

Sachsenb

Eisenach
Weimar

Suhl

Chemnitz
Zwickau

Freib

Frankfurt

Geisenheim
Mosel

Main

Flossenbürg ☐†††
5.1938–4.1945 8.
Nürnberg 73 000 18.21

LUXEM-
BURG

Longwy

Konzentrationslager

☐ Hauptlager

☐ Nebenlager (Auswahl; Haupt- und Nebenlager haben gleiche Signatur, aber verschiedene Größe)

• weiteres Nebenlager

12 Konzern, in dem Häftlinge arbeiten mußten (Auswahl)

8.1936– Eröffnung und Ende des
4.1945 Lagers

204 000 Gesamtzahl (soweit nachweisbar) der in den faschistischen Karteien registrierten Häftlinge

Bruchsal

Leonberg Stuttgart

Heuberg

7.1944–11.1944
Natzweiler
1.3.17.18

Markirch

Ulm-Kuhberg
Ulm

Donau

Augsburg
††††††

Dachau ☐ 3.7.14.
3.1933–1.1945 ⊞ 16.18,
200 000 München

Isar

Friedrichshafen

† Zahl der Toten
1 000 000 Tote

† 100 000 Tote

† 10 000 Tote

● Konzentrationslager, das bis Ende 1934 nicht unmittelbar der SS unterstand

▲ Vernichtungslager

✿ Zuchthaus u. Hinrichtungsstätte

✿ Zuchthaus

⊙ großes Ghetto in Polen

Rhein Bodensee

SCHWEIZ

LIECHTENSTEIN

ÖSTER

Schlüssel für die Numerierung der Konzerne

1 AEG
2 Auto-Union
3 BMW
4 Borsig
5 Brabag
6 Demag
7 Dornier-Flugzeugbau

8 Flick
9 Ford
10 Gustloff-Werke
11 Hasag
12 Heinkel
13 Henckel-Donnersmarck
14 IG-Farben

15 Junkers
16 Klöckner
17 Krupp
18 Messerschmitt
19 Mittelwerk GmbH
20 Rheinmetall
21 Siemens-Schuckert

ITALIEN

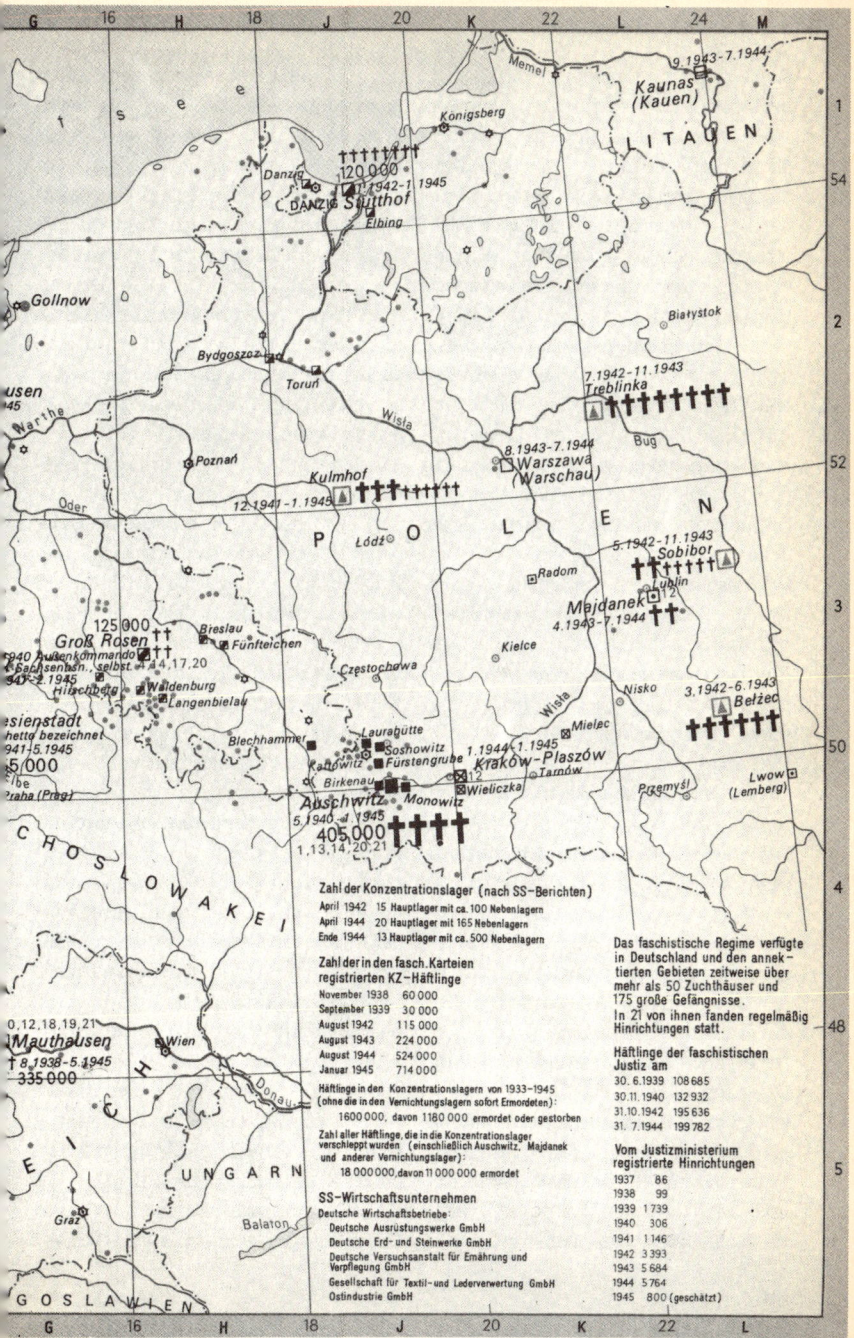

Zahl der Konzentrationslager (nach SS-Berichten)
April 1942 15 Hauptlager mit ca. 100 Nebenlagern
April 1944 20 Hauptlager mit 165 Nebenlagern
Ende 1944 13 Hauptlager mit ca. 500 Nebenlagern

Zahl der in den fasch. Karteien
registrierten KZ-Häftlinge
November 1938   60 000
September 1939   30 000
August 1942   115 000
August 1943   224 000
August 1944   524 000
Januar 1945   714 000

Häftlinge in den Konzentrationslagern von 1933–1945
(ohne die in den Vernichtungslagern sofort Ermordeten):
1 600 000, davon 1 180 000 ermordet oder gestorben

Zahl aller Häftlinge, die in die Konzentrationslager
verschleppt wurden (einschließlich Auschwitz, Majdanek
und anderer Vernichtungslager):
18 000 000, davon 11 000 000 ermordet

SS-Wirtschaftsunternehmen
Deutsche Wirtschaftsbetriebe:
Deutsche Ausrüstungswerke GmbH
Deutsche Erd- und Steinwerke GmbH
Deutsche Versuchsanstalt für Ernährung und
Verpflegung GmbH
Gesellschaft für Textil- und Lederverwertung GmbH
Ostindustrie GmbH

Das faschistische Regime verfügte
in Deutschland und den annektierten Gebieten zeitweise über
mehr als 50 Zuchthäuser und
175 große Gefängnisse.
In 21 von ihnen fanden regelmäßig
Hinrichtungen statt.

Häftlinge der faschistischen
Justiz am
30. 6.1939   108 685
30.11.1940   132 932
31.10.1942   195 636
31. 7.1944   199 782

Vom Justizministerium
registrierte Hinrichtungen
1937   86
1938   99
1939   1 739
1940   306
1941   1 146
1942   3 393
1943   5 684
1944   5 764
1945   800 (geschätzt)

3. Schutzhaftlager. Das war der eigentliche, von einem hohen Stacheldrahtzaun begrenzte Gefangenenbereich. Zum Personal des Schutzhaftlagers gehörten Schutzhaftlagerführer, Rapportführer, *Blockführer*, Arbeitsdienstführer und anderes SS-Aufsichtspersonal. Dieser Wächterhierarchie war in ähnlicher Ordnung eine von der SS eingesetzte Selbstverwaltung der Häftlinge zugeordnet: Lagerältester, Schreibstube sowie Blockälteste und Kapos – zur Aufsicht bestimmte Häftlinge – waren mit weitreichenden Aufgaben in die gesamte Lagerverwaltung einbezogen. Diese Posten wurden von der SS entweder mit politischen oder kriminellen Häftlingen besetzt. Siehe dazu Schutzhaftlager, S. 230 f.

Spätestens ab 1935 wurden die verschiedenen Häftlingsgruppen gekennzeichnet: rote Stoffdreiecke – die auf die Häftlingsjacken aufgenäht wurden – für politische Häftlinge, lila für Bibelforscher, schwarz für *Asoziale*, grün für Kriminelle, rosa für Homosexuelle, blau für zurückgekehrte Emigranten, zeitweilig braun für Sinti und Roma (Zigeuner) und gelbe Dreiecke für Juden. Doppelkennzeichnungen – wie homosexueller politischer Häftling u. ä. – wurden vorgenommen. Außerdem bekamen die Häftlinge Nummern, die ihnen in manchen Lagern auf den Unterarm tätowiert wurden.

4. Verwaltung mit Verwaltungsführer, Gefangenen-Eigentumsverwaltung und Lager-Ingenieur.

5. Lagerarzt. Er war zuständig für die medizinische Versorgung der Häftlinge, die in allen KZ aus Mangel an Krankenbetten und Medikamenten bei weitem nicht ausreichend war. Im Vordergrund der Tätigkeit der KZ-Ärzte stand auch nicht die Heilung kranker Gefangener, vielmehr sorgten sie durch gezielte Tötung kranker Häftlinge immer wieder für Platz für Neuzugänge in den Lagern. Anzahl der KZ und ihre Belegstärke wechselten. 1935 gab es nach Zusammenlegungen 7 größere KZ mit insgesamt 7000 bis 9000 Häftlingen. Die Häftlinge hatten interne Lager- und Lageraufbauarbeiten zu leisten. Darüber hinaus wurden sie auch zu Arbeiten außerhalb des Lagers eingesetzt, zum Beispiel beim Trockenlegen von Moorgebieten.

In den Jahren 1937/38 wurde der Personenkreis der Verhafteten erweitert. Außer den Menschen, die die Nationalsozialisten als politische Straftäter bezeichneten, wurden jetzt auch sogenannte *Arbeitsscheue*, Asoziale, zu denen Müßiggänger, Raufbolde, Sinti und Roma (Zigeuner) und Landfahrer gezählt wurden, sowie Homosexuelle, Kriminelle und Bibelforscher verhaftet. Einerseits sollten Personen, die «der Gemeinschaft zur Last fallen und sie dadurch schädigen»[472], isoliert werden, andererseits sollte der «Einsatz aller arbeitsfähigen Kräfte»[473] zur Durchführung des *Vierjahresplanes* ermöglicht werden. Außerdem wurden Arbeitskräfte für SS-eigene Firmen zur Baustoffgewinnung und -verarbeitung benötigt. Die Baustoffe wurden vor allem für die von Adolf Hitler und Albert Speer zur Selbstdarstellung des *Dritten Reiches* geplanten und zum Teil ausgeführten Großbauten wie der Neuen Reichskanzlei in Berlin verwendet. Die Belegkapazität der KZ mußte erhöht werden.

1938 bestanden nach Auflösungen und Umordnungen vier große KZ: Dachau,

Sachsenhausen, Buchenwald und Flossenbürg. Nach dem 1938 erfolgten *Anschluß Österreichs an das Deutsche Reich* und der Eingliederung des Sudetenlandes gemäß den Abmachungen des *Münchener Abkommens* kam es auch hier zu Massenverhaftungen von Gegnern der Nationalsozialisten. Das führte zu katastrophalen Überbelegungen der KZ. Fast die doppelte Anzahl von Menschen mußte die bestehenden hygienischen Einrichtungen und Schlafplätze teilen. Die neuen Lager Flossenbürg und Mauthausen, in deren Nähe sich Granitsteinbrüche für die *Bauten des Führers* befanden, wurden eingerichtet.

Die Verhaftung von über 20 000 Juden im Verlauf der Terrorakte der *Kristallnacht* im November 1938 ließ die Häftlingszahlen zeitweilig auf etwa 60 000 ansteigen. Die Juden sollten durch die Inhaftierungen und die bereits vorher gegen sie gerichteten Schreckensmaßnahmen verstärkt zur Auswanderung unter Zurücklassung ihres gesamten Vermögens veranlaßt werden. Die meisten von ihnen wurden aus diesem Grund nach kurzer Zeit wieder entlassen. Die Häftlingszahl ging kurzzeitig auf 25 000 zurück.

Bis zum Beginn des Zweiten Weltkrieges 1939 waren Entlassungen aus den Lagern durchaus üblich. Die Haftdauer lag bis zu diesem Zeitpunkt – bei anfänglichen Fristen von manchmal nur wenigen Tagen oder Wochen – bei durchschnittlich etwa einem Jahr. Für die Häftlinge allerdings war völlig undurchsichtig, zu welchem Zeitpunkt ihre Entlassung erfolgen würde. Vor ihrer Freilassung mußten sie schriftlich versichern, über alle Vorgänge im Lager vollständiges Stillschweigen zu bewahren. Zuwiderhandlungen wurden mit Strafe bedroht. Viele der Entlassenen bekamen außerdem die Auflage, sich regelmäßig bei der Gestapo oder der Polizei zu melden.

Mit Beginn des Krieges am 1. September 1939 kam «die große Wende im Leben der KL»[474]: Im Verlauf des Krieges wurde die Zahl der Lager und der Verhafteten ins Ungeheure vergrößert, die Vernichtung der Inhaftierten wurde zur Selbstverständlichkeit. Häftlinge wurden – von wenigen Ausnahmen abgesehen – nun nicht mehr entlassen.

Drei Tage nach Kriegsbeginn, am 3. September 1939, wurde auf Grund einer Anweisung des Chefs der *Sicherheitspolizei* und des *SD* Reinhard Heydrich «gegen jede Person …, die in ihren Äußerungen am Sieg des deutschen Volkes zweifelt oder das Recht des Krieges in Frage stellt …»[475], die sofortige Festnahme angeordnet, da «gegebenenfalls auf höhere Weisung brutale Liquidierung solcher Elemente»[476], das heißt ihre Ermordung, befohlen werde. Die Hinrichtungen einer steigenden Zahl politisch Mißliebiger und den Nationalsozialisten unerwünschter Menschen – sie erfolgten ohne rechtliches Verfahren oder Urteil – wurden in den KZ vollzogen.

Die fortschreitenden Eroberungen der deutschen Truppen lieferten im Verlauf des Krieges immer mehr Menschen der Gewalt der Nationalsozialisten aus. Die Zahl der ausländischen und jüdischen Häftlinge aller europäischen Nationalitäten aus den *besetzten Gebieten* stieg an. Der Anteil der deutschen Häftlinge sank auf etwa 5 bis 10 Prozent. Außer der Kennzeichnung für die unterschiedliche Gruppenzugehörigkeit der Häftlinge wurde nun zusätzlich die Nationalität mit großen Druckbuchstaben auf der Häftlingskleidung sichtbar gemacht.

Neue große Lager wurden errichtet: *Auschwitz*, Groß-Rosen, Neuengamme, Stutthof, Natzweiler und das Frauen-KZ Ravensbrück. Zu den Aufgaben gehörte jetzt verstärkt die Ausnutzung der Arbeitskraft der Häftlinge. Auf Anweisung Heinrich Himmlers wurde die Inspektion der KZ daher im März 1942 dem Wirtschaftsverwaltungshauptamt, WVHA, in der Institution *Reichsführer-SS und Chef der Deutschen Polizei* unterstellt. Das WVHA verwaltete die wirtschaftlichen Belange der SS. Für die Bewaffnung und militärische Ausbildung der Bewachungsmannschaften blieb weiterhin das SS-Führungshauptamt/Kommandoamt *Waffen-SS* zuständig, dem die KZ seit dessen Errichtung unterstanden.

Die Häftlinge aller Lager mußten unter schwersten Bedingungen in Rüstungsbetrieben, bei Bauvorhaben, in Steinbrüchen und anderen, oft SS-eigenen Unternehmen täglich nicht unter zwölf Stunden arbeiten. Ohne Rücksicht auf ihren körperlichen und gesundheitlichen Zustand wurden sie angetrieben. Für die unterernährten und unzureichend bekleideten Häftlinge konnte die Versetzung zu einem schwereren Arbeitskommando den Tod bedeuten.

In einer Reihe von KZ – unter anderen Dachau und Buchenwald – wurden medizinische Versuche an Häftlingen durchgeführt. Bei diesen Experimenten kamen unzählige von ihnen zum Beispiel bei der Erprobung chemischer Kampf-stoffe, bei Unterkühlungsversuchen und künstlich herbeigeführten Infektionen, oft unter großen Qualen, ums Leben. Himmler nahm 1942 zu diesen Experimenten in einem Brief Stellung: «Leute, die heute noch diese Menschenversuche ablehnen ..., sehe ich auch als Hoch- und Landesverräter an.»[477]

Kranke und arbeitsunfähige Häftlinge wurden einer *Sonderbehandlung* zugeführt, was bedeutete, daß sie getötet wurden.

Seit 1941/42 wurden die Mitteilungen über Todesfälle nicht mehr an die zuständigen Standesämter geleitet, sondern von lagereigenen Standesämtern registriert. Die Todesursache wurde mit unzutreffenden Angaben verschleiert.

Ab 1944, in großem Umfang ab Januar 1945 wurden die Häftlinge aus den Konzentrationslagern – insbesondere vor den anrückenden sowjetischen Truppen – ins Innere des Reiches evakuiert. Die SS pferchte die Häftlinge in Güterwagen, die in teilweise wochenlangen Irrfahrten durch Deutschland fuhren, oder sie trieb sie in tagelangen Fußmärschen vor sich her. Zehntausende der Häftlinge gingen bei diesen Todesmärschen durch Hunger, Krankheit und Schwäche zugrunde.

Es wird geschätzt, daß von 1933–1945 in den Konzentrations- und Vernichtungslagern über 5 Millionen Menschen gestorben sind oder getötet wurden.

Siehe *Gestapo, SS, Vernichtungslager, Gaskammern, Auschwitz, Untermensch, Heimtückegesetz, Reichstagsbrandverordnung.*

Aufstellung der 22 Hauptlager mit 1202 Außenlagern und Außenkommandos:

Hauptlager Arbeitsdorf
keine Außenlager oder Außenkommandos

Hauptlager Auschwitz
50 Außenlager oder Außenkommandos

Hauptlager Bergen-Belsen
keine Außenlager oder Außenkommandos

Hauptlager Buchenwald
129 Außenlager oder Außenkommandos

Hauptlager Dachau
197 Außenlager oder Außenkommandos

Hauptlager Flossenbürg
97 Außenlager oder Außenkommandos

Hauptlager Groß-Rosen
118 Außenlager oder Außenkommandos

Hauptlager Herzogenbusch
13 Außenlager oder Außenkommandos

Hauptlager Kaunas
14 Außenlager oder Außenkommandos

Hauptlager Krakau-Plaszów
10 Außenlager oder Außenkommandos

Hauptlager Lublin-Majdanek
14 Außenlager oder Außenkommandos

Hauptlager Mauthausen
50 Außenlager oder Außenkommandos

Hauptlager Mittelbau-Dora
32 Außenlager oder Außenkommandos

Hauptlager Natzweiler-Struthof
50 Außenlager oder Außenkommandos

Hauptlager Neuengamme
90 Außenlager oder Außenkommandos

Hauptlager Ravensbrück
45 Außenlager oder Außenkommandos

Hauptlager Riga-Kaiserwald
29 Außenlager oder Außenkommandos

Hauptlager Sachsenhausen
74 Außenlager oder Außenkommandos

Hauptlager Stutthof
146 Außenlager oder Außenkommandos

Hauptlager Vaivara
27 Außenlager oder Außenkommandos

Hauptlager Warschau
keine Außenlager oder Außenkommandos

Hauptlager Wewelsburg
keine Außenlager oder Außenkommandos

In den KZ Mauthausen, Natzweiler-Struthof, Neuengamme, Ravensbrück, Sachsenhausen und Stutthof gab es wie in den Vernichtungslagern Gaskammern für die Ermordung von Menschen.

L

Langemarckfeiern wurden während der Zeit der nationalsozialistischen Herrschaft, 1933–1945, vor allem in *Hitlerjugend*-Einheiten zur «Heldenehrung»[478] abgehalten.

Die Schlacht bei Langemarck war eine der berühmten Schlachten des Ersten Weltkrieges, 1914–1918. Am 22./23. 10. 1914 sollen in diesen Kämpfen deutsche Kriegsfreiwillige, das Deutschlandlied singend, die französischen Stellungen erobert haben. Viele von ihnen fanden dabei den Tod.

Langemarck wurde für die nationalsozialistische Propaganda «das Sinnbild der deutschen Vaterlandsliebe und Einsatzbereitschaft bis zum Tode».[479] Der *Reichsjugendführer* schrieb 1938: «Pflichterfüllung in dem Sinne, wie die Toten von Langemarck und die Jugend von heute das verstehen, ist Dienst an einer Idee, die größer ist als wir selbst.»[480]

Die heldischen Vorbilder wurden für die Jugend aufgerichtet, damit sie Adolf Hitler folgen würde auf dem Weg, «dem deutschen Volk den ihm gebührenden Grund und Boden auf dieser Erde zu sichern».[481]

Siehe *Heldengedenktag, Lebensraum.*

Lebensborn e. V. Der Lebensborn war ein eingetragener Verein, e. V., der 1935 von Heinrich Himmler, dem *Reichsführer-SS*, gegründet wurde. Das 1938 in den Satzungen des Vereins festgelegte Ziel war, «... den Kinderreichtum in der SS zu unterstützen, jede Mutter guten Blutes zu schützen und zu betreuen und für hilfsbedürftige Mütter und Kinder guten Blutes zu sorgen».[482]

Der Gedanke des «guten Blutes» basierte auf der nationalsozialistischen *Rassenkunde*, in der behauptet wurde, es gebe minderwertige menschliche Rassen und eine hochwertige, die *nordische Rasse*, zu der die Mehrheit der Deutschen zu zählen sei. Es wurde behauptet, daß das Blut Träger der Rasseeigenschaften sei. Die SS sollte die Elite des «Herrenvolkes»[483] der Deutschen werden und die «... erbgesundheitlich wertvolle Sippe deutscher nordisch bestimmter Art»[484] erhalten und vermehren.

1936 hatte Heinrich Himmler die Aufgaben des Vereins im einzelnen bestimmt. Mindestens vier Kinder sollten in jeder SS-Familie aufwachsen, da die «Frage vieler Kinder ... nicht Privatangelegenheit des einzelnen, sondern Pflicht gegenüber seinen Ahnen und unserem Volk»[485] sei. «Falls unglückliche Schicksalsumstände der Ehe eigene Kinder versagen, sollte jeder SS-Führer rassisch und erbgesundheitlich wertvolle Kinder annehmen und sie im Sinne des Nationalsozialismus erziehen ...»[486] Punkt 2 bestimmte als Aufgabe des Vereins: «Rassisch und erbbiologisch wertvolle werdende Mütter unterzubringen und zu betreuen, bei denen nach sorgfältiger Prüfung der eigenen Familie und der Familie des Erzeugers ... anzunehmen ist, daß gleich wertvolle Kinder zur Welt kommen.»[487] Wenn schwangere Frauen nachweisen konnten, daß unter ihren Vorfahren keine Juden waren, und wenn ihnen SS-Ärzte ihre sogenannte erbbiologische Gesundheit bestätigten, wurde ihnen – um eine Abtreibung zu verhindern – die Aufnahme in ein Entbindungsheim des Lebensborn versprochen.

1940 gab es im Reichsgebiet 9 und in den besetzten Gebieten 11 Lebensborn-Heime. Sie hatten eigene Standesämter, damit Geburten auch geheimgehalten werden konnten. Die Vormundschaft für die unehelichen Kinder übernahm der Lebensborn. Der Verein vermittelte die Kinder entweder zur Adoption in SS-Familien oder sie blieben in Heimen oder bei ihren Müttern.

In den Lebensborn-Heimen sollen etwa 8000 Kinder geboren worden sein, davon vor 1940 etwa 80 Prozent, nach 1940 etwa 50 Prozent unehelich. Fast alle Akten und Unterlagen des Lebensborn e. V. wurden vernichtet, so daß genaue Einzelheiten nur schwer festzustellen sind. Die Richtigkeit der ab 1944 aufgestellten Behauptung, daß es Heime gegeben habe zu dem ausschließlichen Zweck der Zeugung «rassisch und erbbiologisch wertvollen» Nachwuchses, ist durch amtliche Unterlagen nicht zu belegen, nach einigen Zeugenaussagen gegenüber französischen Forschern aber auch nicht auszuschließen.

Insbesondere herrscht Unklarheit über die Anzahl der Kinder, die aus den *besetzten Gebieten* in Lebensborn-Heime gebracht wurden. Seit 1941 übernahm der Verein aus diesen Gebieten Tausende von Kindern, die entweder ihren Eltern fortgenommen wurden oder die verwaist waren. Sie wurden von SS-Familien adoptiert oder in Heime eingewiesen. Ihre äußeren Merkmale mußten sie als «reinrassisch»[488] und zur Vermehrung des «guten Blutes» geeignet erscheinen lassen,

denn – so hatte Heinrich Himmler SS-Führern im besetzten Polen erklärt: «Das, was in den Völkern an gutem Blut unserer Art vorhanden ist, werden wir uns holen, indem wir ihnen, wenn notwendig, die Kinder rauben und sie bei uns großziehen.»[489]

Siehe *Eindeutschung, nordische Rasse, SS.*

Lebensmittelkarten. Während des Zweiten Weltkrieges, 1939–1945, wurden Lebensmittel und Textilien mit Hilfe von Berechtigungsscheinen behördlich zugeteilt. Die Lebensmittelkarten berechtigten vom 28. August 1939 – über die Zeit des Zweiten Weltkrieges hinaus – bis zum 30. April 1950 zum Kauf von Lebensmitteln.

Die bereits 1937 gedruckten und für den Fall des Krieges in Tresoren aufbewahrten Karten wurden am 27. August 1939, schon vier Tage vor Beginn des Krieges, «allen Haushaltungen in Deutschland... zugestellt».[490]

In der ersten «Zuteilungsperiode»[491], die vier Wochen dauerte, gab es eine Karte für mehrere Arten von Lebensmitteln und lebenswichtigen Verbrauchsgütern. Danach – die Dauer der Zuteilungsperioden wechselte – wurden insgesamt 12 Lebensmittelkarten pro Person, getrennt für die Warenarten und nach Altersstufen eingeteilt, in verschiedenen Farben ausgegeben. Im Laufe der Zeit erhöhte sich die Zahl der Karten weiter, die zum Teil nur für eine Zuteilungsperiode, zum Teil auch für einen längeren Zeitraum Gültigkeit hatten. Es gab für jede Person eines Haushaltes unter anderem eine «Reichsbrot-, Reichsfleisch-, Reichsfett- oder Reichseierkarte»[492]. Außer Kartoffeln, Obst und Gemüse, die aber auch nicht immer in ausreichendem Maße zur Verfügung standen, kauften die Menschen alle Lebensmittel rationiert über die Abschnitte dieser Karten.

Im Verlauf des Krieges wurden die anfangs nicht zu knapp bemessenen Lebensmittelzuteilungen immer geringer. So bekam zum Beispiel 1945 ein Erwachsener in der Woche 1700 g Brot, 250 g Fleisch, 125 g Fett.

So bezeichnete Sonderzulagen bekamen Kinder bis zu 6 Jahren, Jugendliche von 6 bis 18 Jahren, Schwer- und Schwerstarbeiter sowie Lang- und Nachtarbeiter und seit 1944 auch werdende und stillende Mütter.

Außerdem gab es «Reise- und Gaststättenmarken»[493]. In einem Restaurant mußten zum Beispiel für ein Frühstück 10 g Buttermarken und 100 g Brotmarken abgegeben werden. Soldaten auf Heimaturlaub erhielten die «Reichskarte für Urlauber»[494].

Juden, deren Lebensmittelkarten mit der Aufschrift «Jude» gekennzeichnet waren, durften ihre – im Vergleich mit der nicht-jüdischen Bevölkerung geringeren – Rationen nur in besonders bezeichneten Geschäften und zu bestimmten Zeiten einkaufen.

Außer den Juden erhielten die in den von deutschen Truppen *besetzten Gebieten* lebende Bevölkerung und die im Deutschen Reich lebenden *Fremdarbeiter* – soweit sie nicht in Lagern verpflegt wurden – geringere Lebensmittelzuteilungen als die deutsche Bevölkerung.

Siehe *Kleiderkarte, Judenverfolgung, Fremdarbeiter, besetzte Gebiete.*

Lebensraum war die Bezeichnung der Nationalsozialisten für das Landgebiet, das ihrer Ansicht nach notwendig war, um dem deutschen Volk die Ernährung aus eigener Landwirtschaft zu sichern und es wirtschaftlich unabhängig von ausländischen Einfuhren zu machen. Die Nationalsozialisten behaupteten, daß dem deutschen Volk seit dem Ende des Ersten Weltkrieges 1918 kein ausreichender Lebensraum zur Verfügung stünde. Sie vertraten außerdem die Ansicht, die Deutschen seien Angehörige eines «Herrenvolkes»[495], dessen Anspruch auf mehr Grund und Boden lebensnotwendig sei und daher seine Berechtigung habe.

In seinem Buch «*Mein Kampf*» forderte Adolf Hitler die «nationalsozialistische Bewegung» auf, «unser Volk und seine Kraft zu sammeln zum Vormarsch auf jener Straße, die aus der heutigen Beengtheit des Lebensraumes dieses Volk hinausführt zu neuem Grund und Boden und damit auch für immer von der Gefahr befreit, auf dieser Erde zu vergehen oder als Sklavenvolk die Dienste anderer besorgen zu müssen».[496]

Er fuhr fort: «... diese Aktion ist die einzige, die vor Gott und unserer deutschen Nachwelt einen Bluteinsatz gerechtfertigt erscheinen läßt.»[497]

Wo dieser Lebensraum für das deutsche Volk zu erkämpfen sei, wurde von Hitler schon am 3. 2. 1933, wenige Tage nach der *Machtübernahme*, vor Oberbefehlshabern des Heeres und der Marine mit der Forderung nach der «... Eroberung neuen Lebensraumes im Osten und dessen rücksichtslose Germanisierung ...»[498] festgelegt. Im Zusammenhang mit dem erhobenen Anspruch auf mehr Lebensraum ließ Hitler keinen Zweifel daran, daß Pakte oder Verträge, die er schließen werde, immer dem Ziel der Eroberung durch Krieg oder dem Zeitgewinn für die dazu notwendige Vorbereitung dienen müßten: «Ein Bündnis, dessen Ziel nicht die Absicht zu einem Krieg umfaßt, ist sinn- und wertlos»[499], hieß es unmißverständlich in «Mein Kampf».

Siehe *Germanisierung, Hitler-Stalin-Pakt, Münchener Abkommen, Protektorat Böhmen und Mähren, besetzte Gebiete, Volksdeutsche, Großdeutschland.*

lebensunwertes Leben. Die Nationalsozialisten erklärten das Leben geistig oder körperlich kranker Menschen, die von ihnen als unheilbar angesehen wurden, zum «… lebensunwerten Leben …»[500]. Nach nationalsozialistischer Auffassung galten Menschen, die zum Beispiel an Schizophrenie, an erblicher Blindheit oder Taubheit oder an schwerem Alkoholismus litten, als «… Träger minderwertigen Erbgutes …»[501].

Die von den Nationalsozialisten durchgeführten Maßnahmen gegen «… die körperlich und geistig Minderwertigen …»[502] reichten von der zwangsweisen Sterilisation, das heißt Unfruchtbarmachung, bis zur «… Vernichtung lebensunwerten Lebens …»[503], das waren Tötungsaktionen an geisteskranken Erwachsenen und Kindern, die für unheilbar erklärt worden waren.

Nach einem von den Nationalsozialisten aufgestellten «Gesetz der ‹Auslese›»[504] wurde im Juli 1933 im «Gesetz zur Verhütung erbkranken Nachwuchses» bestimmt, daß in acht Krankheitsfällen die Sterilisation auch gegen den Willen des Kranken vorgenommen werden konnte. Im September 1939 erging ein geheimes Ermächtigungsschreiben Adolf Hitlers, das die planmäßige Tötung von rund 120 000 Menschen zur Folge hatte. Hitlers Ermächtigungsschreiben wurde nachträglich als *Euthanasiebefehl* bezeichnet.

Siehe *erbkranker Nachwuchs, Euthanasiebefehl, Ehetauglichkeitszeugnis, Rassenkunde.*

Leibstandarte Adolf Hitler, siehe SS.

Lidice, ein Dorf in Böhmen, wurde am 10. Juni 1942 auf Anordnung des Höheren SS- und Polizeiführers Karl Hermann Frank von der *SS* in einer grausamen Vergeltungsaktion für die Ermordung Reinhard Heydrichs dem Erdboden gleichgemacht. Unter Leitung des SS-Hauptsturmführers M. Rostock führten Angehörige der *Gestapo*, der *Ge*heimen *Sta*ats*po*lizei, und des *SD*, des Sicherheitsdienstes der SS, die Aktion durch.

Alle Männer des Dorfes, vermutlich 172 – die genaue Zahl der Opfer wurde von der SS nicht registriert –, und 7 Frauen wurden erschossen. 19 aus Lidice stammende Männer wurden einige Tage später in Prag ermordet. Mindestens 192 Frauen wurden in das KZ Ravensbrück transportiert, 52 von ihnen kamen dort ums Leben. Etwa 98 Kinder wurden ihren Müttern fortgenommen. Sie wurden in Heime gebracht und von dem Verein *Lebensborn* des *Reichsführers-SS und Chefs der Deutschen Polizei* Heinrich Himmler SS-Familien zur *Eindeutschung* übergeben. Nur einige der Kinder konnten 1947, zwei Jahre nach Ende des Zweiten Weltkrieges, 1939–1945, in Bayern als Kinder aus Lidice wiedererkannt werden.

Am 27. 5. 1942 war von tschechischen Widerstandskämpfern in Prag das Attentat auf den Stellvertretenden Reichsprotektor des *Protektorats Böhmen und Mähren* Reinhard Heydrich ausgeführt worden, zu dessen Vergeltung die grauenvollen Maßnahmen in Lidice angeordnet wurden. Heydrich war als Leiter des *Reichssicherheitshauptamtes* und als Chef der deutschen *Sicherheitspolizei* und des SD einer der am meisten gefürchteten und gehaßten SS-Führer. Er starb am 4. 6. 1942 an den Folgen des Attentats.

Von deutscher Seite wurde erklärt, Lidice sei als Ort der Vergeltung bestimmt worden, weil Dorfbewohner die Attentäter beherbergt hätten. Diese Behauptung stellte sich später als falsch heraus. Die Attentäter, die aus Großbritannien gekommen und mit dem Fallschirm abgesprungen waren, wurden in einer Kirche in Prag gestellt und hingerichtet. Der SS-Hauptsturmführer Rostock wurde 1951 in Prag zum Tode verurteilt.

Siehe *SS, Protektorat Böhmen und Mähren, Oradour-sur-Glane*.

Luftschutzwart war während der Zeit der nationalsozialistischen Herrschaft 1933–1945 die volkstümliche Bezeichnung für den Luftschutzhauswart oder den Luftschutz-Blockwart. Der «Luftschutzwart»[505] war im Rahmen des Selbstschutzes innerhalb des zivilen Luftschutzes der Leiter der kleinsten Einheit, der «Luftschutzgemeinschaft»[506]. Diese bestand aus den Bewohnern eines oder mehrerer Häuser. Ziviler Luftschutz

umfaßt alle Maßnahmen von Zivilbehörden und der Bevölkerung zum Schutz vor feindlichen Luftangriffen für den Fall eines Krieges oder im Krieg.

Der Luftschutzwart wurde ausgebildet und eingesetzt von dem 1933 gegründeten Reichsluftschutzbund, abgekürzt RLB. Die zu Luftschutzwarten ernannten Männer und Frauen übten den Posten ehrenamtlich aus. Sie erhielten die Aufgabe, im Rahmen ihrer Luftschutzgemeinschaft für die Ausführung der für die gesamte deutsche Bevölkerung 1935 gesetzlich bestimmten «Luftschutzpflicht»[507] zu sorgen. Sie sollten die vorschriftsmäßige Herrichtung des Hauses veranlassen; dazu gehörte das Einrichten des Luftschutzkellers und die Verdunkelung, das bedeutete die lichtundurchlässige Abdichtung der Fenster. Sie sollten die geeigneten Personen für die Hausfeuerwehr, für die Brandwachen und für die Ausbildung zur Ersten Hilfe aussuchen und einteilen. Außerdem sollten sie ihre Luftschutzgemeinschaft über das richtige Verhalten während eines *Fliegeralarms* aufklären sowie sie bei der Brandbekämpfung und den Aufräumarbeiten nach Bombenschäden anleiten.

Der mit der Ausbildung der Luftschutzwarte beauftragte Reichsluftschutzbund unterstand zunächst dem Reichsminister für Luftfahrt und Oberbefehlshaber der Luftwaffe, ab 1944 der *NSDAP*. Laut Luftschutzgesetz vom Mai 1935 mit seinen Durchführungsverordnungen und Ausführungsbestimmungen oblag dem Reichsluftschutzbund die Aufgabe der Organisation und Ausbildung der Selbstschutzkräfte. Dieser Ausbildung konnte sich auf Grund des Luftschutzgesetzes niemand entziehen. Die darin bestimmte Luftschutzpflicht stand «wertmäßig neben der Wehrpflicht»[508]. Zuwiderhandlungen konnten mit hohen Strafen bis zu Zuchthaus belegt werden.

Siehe *ausgebombt, Fliegeralarm, Wehrmacht.*

M

Machtübernahme. Die Begriffe Machtübernahme und «Machtergreifung»[509] wurden von den Nationalsozialisten vor allem für den 30. Januar 1933 – den Tag, an dem Adolf Hitler zum Reichskanzler ernannt wurde – als dem «Tag der Machtübernahme der NSDAP»[510] verwendet. Später ist es üblich geworden, unter diesen Begriffen die Ereignisse und die Maßnahmen zusammenzufassen, durch die es den Nationalsozialisten gelungen ist – etwa in dem Zeitraum von 1932 bis 1934 –, ihre Alleinherrschaft in Deutschland zu erzwingen.

Die *NSDAP* strebte von Anfang an nach der Macht im Staat, ihre Führer dachten jedoch nie an die Verwirklichung eines politischen Programms in Zusammenarbeit mit den demokratischen Parteien und den Institutionen des demokratischen Staates. Die wirtschaftliche Entwicklung – besonders Ende der zwanziger Jahre – begünstigte den Machtzuwachs der NSDAP. Wesentliche Voraussetzungen für ihren Erfolg waren unter anderem Hitlers unbestreitbares rednerisches Talent, seine Fähigkeit, sich publikumswirksam in Szene zu setzen, und die Geschicklichkeit, mit der die Nationalsozialisten die Propagandamöglichkeiten zu nutzen wußten, die sich aus der Entwicklung der modernen Medien – Rotationspresse, Rundfunk und öffentliche Filmvorführungen – nach dem Ersten Weltkrieg ergaben. So wird es nie ganz aufzuklären sein, ob Hitler selbst an einen möglichen Erfolg seines Putschver-

suches am 9. November 1923 geglaubt hat oder ob er nur geschickt die Möglichkeit nutzen wollte, seine Partei durch einen aufsehenerregenden Zwischenfall als große nationale Bewegung darzustellen. Dieser Putschversuch in München wurde später als «*Marsch auf die Feldherrnhalle*» zur Heldenlegende der NSDAP.

Nach dem gescheiterten Putschversuch betonte Hitler immer wieder seine Absicht, die Macht nur auf gesetzlichem Wege erobern zu wollen: «Jeder legale Vorgang ist langsam ... früher oder später aber werden wir die Mehrheit haben – und damit Deutschland.»[511]

1924 verfügten die Nationalsozialisten im Deutschen Reichstag über 32 von 472 Sitzen, die SPD als stärkste Partei hatte 100 Sitze, die Deutschnationale Volkspartei, DNVP, 95, das Zentrum 65 und die KPD 62.

Das Ende der zwanziger Jahre brachte mit der Verschlechterung der Wirtschaftslage einen raschen Stimmenzuwachs für die Nationalsozialisten. Mit dem – «Schwarzer Freitag» genannten – Zusammenbruch der New Yorker Börse am 24. Oktober 1929 brach die Weltwirtschaftskrise aus. 1929 gab es zwei Millionen Arbeitslose in Deutschland.

Der damalige Reichskanzler Heinrich Brüning von der Zentrumspartei versuchte, mit Hilfe der in Artikel 48 der Reichsverfassung vorgesehenen Notverordnungen die Wirtschafts- und Finanzkrise in Deutschland zu bewältigen.

Bei den Reichstagswahlen im September 1930 erhielten die Nationalsozialisten 6,4 Millionen Stimmen und 107 Sitze. Stärkste Partei war immer noch die SPD mit 8,57 Millionen Stimmen und 143 Sitzen; die KPD erhielt 4,59 Millionen Stimmen und 77 Sitze.

In der aussichtslosen Wirtschaftslage konnte sich die nationalsozialistische Propaganda wirkungsvoll entfalten: mit dem Ansteigen der Arbeitslosigkeit wuchs die Unzufriedenheit nicht nur bei der erwerbslosen Arbeiterschaft, sondern durch den Umsatzrückgang während der Krise auch die in den bürgerlichen Kreisen. Nach der durch die Notverordnung vom 1. Dezember 1930 verfügten Kürzung der Beamtengehälter wandten sich auch zahlreiche Beamte den Nationalsozialisten zu.

Da im Reichstag keine entscheidungsfähigen Mehrheiten mehr zustande kamen, verlagerte sich die Verantwortung für die Regierungsgeschäfte zunehmend auf den Reichspräsidenten. Seit 1930 mußten immer öfter Notverordnungen erlassen werden.

Am 11. Oktober 1931 wurde die «Harzburger Front»[512] gebildet. Das war der Zusammenschluß konservativer, reaktionärer Kräfte zu einer «Nationalen Opposition» unter Führung von Alfred Hugenberg, DNVP, Franz Seldte vom «Stahlhelm»[513] – einem politischen Wehrverband ehemaliger Soldaten des Ersten Weltkrieges – und Adolf Hitler. Sie verbündeten sich gegen die von der SPD geduldete Minderheitenregierung des Reichskanzlers Brüning.

Zu dieser Zeit gab es in Deutschland 5,6 Millionen Arbeitslose.

1932 stieg die Zahl der Arbeitslosen auf über sechs Millionen. In diesem Jahr versuchten die Nationalsozialisten den ersten legalen Griff nach der Macht. Hitler stellte sich zur Wahl für das Amt des Reichspräsidenten. Er kandidierte gegen den amtierenden Reichspräsidenten Paul von Hindenburg und den kommunistischen Bewerber Ernst Thälmann. Im zweiten Wahlgang wurde Hindenburg mit 19,36 Millionen Stimmen oder 53 Prozent gewählt. Hitler erhielt 13,42 Millionen Stimmen oder 36 Prozent.

Durch Notverordnung vom 13. April 1932 waren die Kampforganisationen der NSDAP, die *SA* und *SS*, verboten worden. Nach dem Rücktritt der Regierung Brüning im Mai 1932 wurde Franz von Papen Reichskanzler. Er hob das Verbot von SA und SS wieder auf.

Bei der Reichstagswahl am 31. Juli 1932 wurde die NSDAP mit 13,74 Millionen Stimmen – das waren 37,3 Prozent – und 230 Sitzen die stärkste Partei. Sie erhielt mehr Stimmen als die SPD – 133 Sitze – und KPD – 89 Sitze – zusammen. Die Wahl kann als der eigentliche Beginn der Machtübernahme angesehen werden.

Am 13. April 1932 bot Reichspräsident v. Hindenburg Hitler den Posten des Vizekanzlers in der von Franz v. Papen gebildeten Regierung an, nachdem er sich geweigert hatte, Hitler zum Reichskanzler zu ernennen. Hitler lehnte ab; nach nationalsozialistischer Darstellung gab es für ihn «keine Zwischenlösung»[514] auf dem Weg zur Macht, er wollte Reichskanzler werden.

Nach einer abermaligen Regierungsauflösung im September 1932 erhielten die Nationalsozialisten bei den erneuten Reichstagswahlen am 6. November 1932 zwei Millionen Stimmen weniger als im Juli, das waren 33,1 Prozent der Stimmen insgesamt.

Die starken Verluste verschärften eine

schwelende Krise in der NSDAP. Im Gegensatz zu Hitler wäre der Reichsorganisationsleiter der NSDAP Gregor Strasser bereit gewesen, mit der Partei in die Regierungsverantwortung einzutreten, auch wenn die NSDAP nicht den Reichskanzler stellte. Sein Versuch, als Vizekanzler in das am 3. Dezember 1932 gebildete Kabinett des parteilosen Generals Kurt von Schleicher einzutreten, mißlang.

Am 4. Januar 1933 kam es in Köln im Hause des Bankiers von Schröder, der über weitreichende Beziehungen zu zahlreichen Industriellen im Deutschen Reich verfügte, zu einer Begegnung zwischen Hitler und von Papen. Zu diesem Treffen sagte von Schröder im *Nürnberger Prozeß*: «... Bevor ich diesen Schritt unternahm, besprach ich mich mit einer Anzahl von Herren der Wirtschaft ... Die allgemeinen Bestrebungen der Männer der Wirtschaft gingen dahin, einen starken Führer in Deutschland an die Macht kommen zu sehen ...»[515]. Bei dem Treffen am 4. Januar 1933 wurde die Bildung eines Kabinetts unter Beteiligung Hitlers besprochen. Etwa um die gleiche Zeit beschloß der Reichsverband der deutschen Industrie auf Anregung seines Vorsitzenden, Gustav Krupp, den Wahlkampf der NSDAP, der DNVP und der DVP, der Deutschen Volkspartei, durch Spenden zu unterstützen. Mehrere Mitglieder des Verbandes erklärten sich dazu bereit. Im Laufe des Jahres schlug Krupp die Einrichtung der «Adolf-Hitler-Spende der deutschen Wirtschaft» vor. Das bedeutete, daß statt der einzelnen Spenden nun eine Gesamtspende der Wirtschaft – bis 1945 insgesamt 700 Millionen Reichs-

mark – nur noch an Hitler und die NSDAP geleistet wurde.

Am 28. Januar 1933 trat der amtierende Reichskanzler General von Schleicher zurück, dem der Reichspräsident die Auflösung des Reichstages und Neuwahlen verweigert hatte. Am 30. Januar 1933 wurde Adolf Hitler Reichskanzler, nachdem er sich bereit erklärt hatte, die zwischen DNVP, dem Reichspräsidenten und Franz von Papen ausgehandelte Ministerliste anzunehmen.

Dem Kabinett gehörten außer Hitler nur noch zwei Nationalsozialisten an. Franz von Papen wurde Vizekanzler. Viele der politisch Verantwortlichen scheinen damals geglaubt zu haben, daß er, der erfahrene Regierungspolitiker, die eigentlich bestimmende Kraft in der Regierung sein werde. Er selbst äußerte gegenüber einem Kritiker der Kabinettsliste: «Was wollen Sie denn? Ich habe das Vertrauen Hindenburgs. In zwei Monaten haben wir Hitler in die Ecke gedrückt, daß er quietscht.»[516] Die Einstellung Hitlers und seiner Partei zu der neu gewonnenen Macht beschrieb Goebbels mit brutaler Offenheit: «... Wir Nationalsozialisten haben aber niemals behauptet, daß wir Vertreter eines demokratischen Standpunktes seien, sondern wir haben offen erklärt, daß wir uns demokratischer Mittel nur bedienten, um die Macht zu gewinnen, und daß wir nach der Machteroberung unseren Gegnern rücksichtslos alle die Mittel versagen würden, die man uns in Zeiten der Opposition zugebilligt hatte ...»[517]

Bereits einen Tag nach seiner Ernennung, am 1. Februar 1933, veranlaßte Hitler den Reichspräsidenten Hindenburg zur Auflösung des Reichstages und Neuwahlen am 5. März.

Am 27. Februar brach im Berliner Reichstagsgebäude ein Brand aus. Es ist nicht möglich gewesen, mit letzter Sicherheit zu klären, wer die Brandstifter gewesen sind. Nutznießer dieses Brandes waren aber eindeutig die Nationalsozialisten. Sie beschuldigten die Kommunisten der Brandstiftung und stellten den *Reichstagsbrand* als den Anfang eines kommunistischen Aufstandes dar. Vermutlich unter dem Eindruck dieser Darstellung erließ der Reichspräsident von Hindenburg am 28. Februar 1933 die «Verordnung zum Schutz von Volk und Staat» – die *Reichtagsbrandverordnung* –, durch die wesentliche, in der Verfassung garantierte demokratische Grundrechte außer Kraft gesetzt wurden. Die Bestimmungen dieser Verordnung ermöglichten den Nationalsozialisten, den Wahlkampf mit aller Rücksichtslosigkeit zu führen.

Am 5. März erhielt die NSDAP 43,9 Prozent der Stimmen und 288 Sitze im Reichstag; die SPD 18,3 Prozent der Stimmen und 120 Sitze; die KPD 12,3 Prozent und 81 Sitze; das Zentrum 14 Prozent der Stimmen und 74 Sitze; die DNVP 8 Prozent Stimmen und 52 Sitze; die Bayerische Volkspartei 1 Million Stimmen und 18 Sitze.

Diese Wahl hatte aber keine praktische Bedeutung mehr, denn schon am 24. März setzten die Nationalsozialisten im Reichstag die Annahme des *Ermächtigungsgesetzes* durch, das der Reichsregierung die Vollmacht gab, Gesetze auch ohne Zustimmung des Reichstages zu erlassen.

Durch die Reichstagsbrandverordnung und das Ermächtigungsgesetz hatten die Nationalsozialisten die Möglichkeit erhalten, die Demokratie in Deutschland zu zerstören und die Grundlagen für ihre Alleinherrschaft zu errichten.

Die politisch Andersdenkenden wurden als Staatsfeinde verfolgt; am 1. April wurde zum Boykott der Juden aufgerufen. Am 2. Mai wurden die Gewerkschaften zerschlagen und ihr Besitz beschlagnahmt. Am 22. Juni wurde die SPD verboten – die KPD konnte seit der Reichstagsbrandverordnung nur noch im Untergrund arbeiten –, die anderen Parteien lösten sich unter Druck selbst auf. Am 14. Juli wurde die NSDAP durch Gesetz zur einzigen Partei in Deutschland erklärt.

Im Januar 1934 wurden durch das «Gesetz über den Neuaufbau des Reiches» die Länderparlamente aufgelöst, ihre Hoheitsrechte übernahm das Reich. Deutschland wurde zu einem zentral gelenkten Staat.

Im Juni 1934 ließ Hitler, angeblich einem Putsch des Stabschefs der *SA* Ernst Röhm zuvorkommend, seine Gegner innerhalb der NSDAP und andere der Partei mißliebige Personen ermorden. Hitlers Aktion gegen den sogenannten *Röhm-Putsch* wurde durch das nachträglich erlassene «Gesetz über Maßnahmen der Staatsnotwehr» vom 3. Juli 1934 zu einer rechtmäßigen Handlung erklärt.

Am 2. August 1934 starb Reichspräsident von Hindenburg, Hitler übernahm dessen Amt und erklärte sich zum *Führer und Reichskanzler*. Durch das «Gesetz über das Staatsoberhaupt des Deutschen Reiches» vom 1. August 1934 gab er seiner verfassungswidrigen Eigenmächtigkeit die gesetzliche Grundlage. Hitler hatte dadurch endgültig die uneingeschränkte Macht im Staat übernommen.

Siehe *Gleichschaltung, Judenverfolgung, Volksgemeinschaft.*

Madagaskarplan war die Bezeichnung für einen Plan, nach dem Millionen von Juden aus Europa auf die Ostafrika vorgelagerte Insel Madagaskar, die in französischem Besitz war, ausgesiedelt werden sollten. Der Plan wurde seit dem Sommer 1938 von den nationalsozialistischen Führern zwar diskutiert, seine Verwirklichung aber nie ernsthaft in Erwägung gezogen.

Im Verlauf der *Judenverfolgung* in Deutschland war ein stetig zunehmender Druck auf die Juden ausgeübt worden, um sie zur Auswanderung zu veranlassen. Durch den von den Nationalsozialisten entfesselten Zweiten Weltkrieg, 1939–1945, wurden die Auswanderungsmöglichkeiten immer schlechter, so daß vorübergehend andere Pläne von den zuständigen Dienststellen diskutiert wurden: 1. die Absicht, die «Ostjuden»[518] in ein «Judenreservat»[519] bei Lublin in Polen abzuschieben. Das wurde durch den Generalgouverneur Hans Frank verhindert, der durch diesen Plan die Ernährungssituation im gesamten *Generalgouvernement* gefährdet sah. 2. der Madagaskarplan, der 1942 endgültig mit der Begründung abgetan wurde, daß Adolf Hitler entschieden habe, «daß die Juden nicht nach Madagaskar, sondern nach dem Osten abgeschoben werden sollen. Madagaskar braucht mithin nicht mehr für die Endlösung vorgesehen zu werden.»[520]

Siehe *Judenverfolgung, Endlösung.*

Marsch auf die Feldherrnhalle wurde nach der *Machtübernahme* 1933 die offizielle Bezeichnung der Nationalsozialisten für einen gescheiterten Putschversuch Adolf Hitlers und der *NSDAP* am 8./9. November 1923 in München, der auch als Hitler- oder November-Putsch bezeichnet wird.

Hitler versuchte, für seinen Putschversuch die seit längerer Zeit bestehenden Spannungen zwischen der bayerischen Landesregierung und der Reichsregierung in Berlin zu nutzen. Die Schwierigkeiten zwischen den Regierungen in Berlin und München beruhten zu einem Teil darauf, daß die bayerische Landesregierung ihre Eigenständigkeit gegenüber der Reichsregierung mit unterschiedlichen Mitteln durchzusetzen suchte. Seit September 1923 redeten die Vertreter verschiedener Gruppen mit der NSDAP über einen gemeinsamen Putsch gegen die Reichsregierung. Hitler und seine Anhänger versuchten, am 8. November 1923 vollendete Tatsachen zu schaffen.

Am Abend des 8. November fand im Münchener *Bürgerbräukeller* eine von nationalen und monarchistischen Gruppen organisierte, als Vaterländische Kundgebung bezeichnete Veranstaltung statt, an der auch Persönlichkeiten der bayerischen Regierung und Verwaltung sowie Offiziere der Reichswehr teilnahmen. Reichswehr war seit 1919 die Bezeichnung für die Streitkräfte des Deutschen Reichs.

In diese Versammlung brachen Hitler und seine Anhänger mit einer bewaffneten Einheit der *SA*, der Sturmabteilung der NSDAP, ein. Hitler verschaffte sich mit einem Pistolenschuß Gehör und bestieg das Rednerpult: «... die nationale Revolution ist ausgebrochen. Der Saal ist von sechshundert Schwerbewaffneten besetzt. Niemand darf den Saal verlassen. Die bayerische und die Reichsregierung sind gestürzt. Eine provisorische nationale Regierung ist gebildet worden ...»[521] In der Versammlung herrschte große Verwirrung. General Ludendorff – hoher Militär im Ersten Weltkrieg, 1914 – 1918, und einflußreicher Vertreter rechtsradikaler, republikfeindlicher Verbände – unterstützte zunächst den Putschversuch.

Nach anfänglicher Zustimmung wandten sich jedoch – nach Hitlers Erklärung am Abend des 8. November – noch während der Nacht einflußreiche Führer der Vaterländischen Kundgebung gegen den Putsch; Vertreter der bayerischen Landesregierung, der Landespolizei und der Reichswehr leiteten Gegenmaßnahmen ein. Hitler und Ludendorff aber befahlen für den Vormittag des folgenden Tages einen Marsch ihrer Anhänger durch München in Richtung auf das Regierungsviertel. Am Vormittag des 9. November marschierten sie mit rund 1500 Anhängern durch München. Der Demonstrationszug wurde an der Feldherrnhalle aufgehalten, wo Einheiten der Landespolizei die Straße sperrten.

Es ist nicht geklärt, von welcher Seite die ersten Schüsse abgegeben wurden. Sicher ist, daß 15 bewaffnete Anhänger Hitlers und vier Angehörige der Landespolizei erschossen wurden. Hitler selbst floh. Er wurde einige Tage später verhaftet. Die NSDAP wurde verboten. Am 26. Februar 1924 begann der Hochverratsprozeß gegen Hitler und zehn andere Hauptangeklagte. Hitler nutzte den Prozeß zu langen Propagandareden für die NSDAP. In der Presse wurde ausführlich darüber berichtet. Im April 1924 wurde er zu fünf Jahren Festungshaft, der Mindeststrafe, verurteilt. Ludendorff wurde freigesprochen. Bereits im Dezember 1924 wurde Hitler wieder entlassen.

Während der Haftzeit in der Festung Landsberg schrieb Hitler den ersten Teil seines Buches «*Mein Kampf*». Nach der Erfahrung des mißglückten Putschversuchs beschloß Hitler, von nun an die Machtergreifung auf legalem Weg zu betreiben: «... Wir erkannten, daß es nicht genügt, den alten Staat zu stürzen, sondern daß zuvor der neue Staat praktisch ausgebaut sein muß. Damals faßte ich daher ... einen neuen Entschluß: nun in aller Ruhe die Voraussetzungen zu schaffen, die ein neuerliches Scheitern ausschließen mußten ...»[522]

Nach seiner Entlassung gründete Adolf Hitler im Februar 1925 die NSDAP neu, nachdem kurz vorher das Verbot der Partei aufgehoben worden war.

Nach der Machtübernahme 1933 wurde der 9. November zum Gedenktag der NSDAP. Jedes Jahr an diesem Tag wiederholten Hitler und die *Alten Kämpfer* den Marsch, wobei die von ihnen zum Kultgegenstand erhobene *Blutfahne* – sie war angeblich mit dem Blut des am 9. November erschossenen Fahnenträgers getränkt – vorangetragen wurde.

In der nationalsozialistischen Propaganda und in der Partei-Legende nahm der Marsch auf die Feldherrnhalle einen zentralen Platz ein; die Zeit von der Gründung der Partei 1919/20 bis zur

Machtübernahme 1933 wurde als Kampfzeit bezeichnet.

Es wird nie ganz aufzuklären sein, ob
Hitler selbst an einen Erfolg seines
Putschversuches am 9. November 1923
geglaubt hat oder ob er nur geschickt die
Möglichkeit nutzen wollte, seine Partei
durch einen aufsehenerregenden Zwischenfall als große nationale Bewegung
darzustellen.

Siehe *Mein Kampf, Machtübernahme,
NSDAP*.

Mein Kampf ist der Titel des Buches, in
dem Adolf Hitler in zwei Bänden seine
Weltanschauung und seine politischen
Absichten beschrieben hat, weitschwei-
fig, aber in allen verheerenden Zielsetzungen zu erkennen. Adolf Hitler war
seit 1921 Vorsitzender der *NSDAP*. Am 30.
Januar 1933 wurde er Reichskanzler des
Deutschen Reiches, als dessen Führer –
wie er sich später ausschließlich bezeichnen ließ – die Politik der nationalsozialistischen Gewaltherrschaft, 1933–1945,
bestimmte.

Den ersten Band seines Buches diktierte
Hitler 1924 während seiner Festungshaft
in Landsberg dem späteren *Stellvertreter
des Führers*, Rudolf Heß. Hitler war nach
dem mißglückten Versuch, die bayerische und die Reichsregierung zu stürzen,
am 1. 4. 1924 wegen Hochverrats zu 5 Jahren Gefängnis verurteilt worden, wurde
aber bereits am 20. 12. 1924 entlassen.

1925 erschien der erste Band von «Mein
Kampf» mit dem Untertitel «Eine Abrechnung» zum Preis von 12 Reichsmark,
ein damals hoher Preis für ein Buch. Band
zwei mit dem Untertitel «Die nationalsozialistische Bewegung» erschien 1927.

1929 wurde eine Ausgabe in einem Band
für 8 Reichsmark herausgegeben.

In den zwei Bänden mit insgesamt 27
Kapiteln und 782 Seiten beschrieb Adolf
Hitler schwülstig und wortreich, mit vielen Wiederholungen, seine politischen
Ansichten und Pläne. Die menschenver-
achtenden Grundzüge der nationalsozialistischen Politik sind in diesem Buch
Adolf Hitlers in aller Deutlichkeit zu erkennen.

1929 wurden 7664 Exemplare verkauft,
1932 90351. 1938 betrug die «Gesamtauflage sämtlicher Ausgaben bisher
4 030 000 Exemplare».[523] Nach Angaben
aus demselben Jahr gab es «fremdspra-
chige Ausgaben in Amerika, England,
Dänemark, Schweden, Spanien, Italien,
Brasilien, Ungarn».[524]

1939 hieß es in einem Rundschreiben
der Partei: «Die weitmöglichste Verbreitung des Buches ‹Mein Kampf› ist vor-
dringlichste Pflicht aller Stellen der Partei, ihrer Gliederungen und angeschlossenen Verbände. Es ist anzustreben, daß
eines Tages jede deutsche Familie, auch
die ärmste, des Führers grundlegendes
Werk besitzt.»[525]

1943 betrug die «Gesamtauflage sämtlicher Ausgaben bisher 9 840 000 Exemplare».[526]

Es ist nicht zu prüfen, wieviele Menschen das Buch nicht nur besaßen, sondern es auch gelesen haben.

Siehe *NSDAP, Lebensraum, Judenverfolgung, Germanisierung, Mythus des 20. Jahrhunderts, Führer und Reichskanzler*.

Münchener Abkommen. Das Münchener Abkommen wurde am 29. / 30. September 1938 zwischen den Regierungs-

chefs des Deutschen Reiches, vertreten durch Adolf Hitler, Großbritanniens, vertreten durch Neville Chamberlain, Frankreichs, vertreten durch Edouard Daladier, und Italiens, vertreten durch Benito Mussolini, verhandelt und unterschrieben. Der Vertrag bestimmte, daß die 1918 nach dem Zusammenbruch der Monarchie Österreich-Ungarn gegründete Republik Tschechoslowakei ein rund 28 000 qkm großes Gebiet in Etappen vom 1.–10. 10. 1938 an das Deutsche Reich abtreten mußte. In diesem Gebiet lebten rund 3 Millionen deutschsprachige Einwohner, die Sudetendeutschen, und etwa 800 000 Tschechen. Die tschechoslowakische Regierung war weder an den Verhandlungen noch an dem Abschluß des Münchener Abkommens beteiligt worden.

Die Tschechoslowakische Republik war ein Vielvölkerstaat, in dem Tschechen, Slowaken, Deutsche, Ungarn und Polen lebten. 1930 hatte die Republik insgesamt 17,75 Millionen Einwohner. Seit Gründung der Tschechoslowakischen Republik hatten die verschiedenen Volksgruppen untereinander Konflikte. Nach der *Machtübernahme* der Nationalsozialisten in Deutschland 1933 – in ihrem Parteiprogramm forderten sie den «Zusammenschluß aller Deutschen»[527] in einem Staat – verstärkten die Sudetendeutschen ihre Bemühungen um mehr Autonomie, das heißt um mehr rechtliche Eigenständigkeit. Die Nationalsozialisten unter ihnen erstrebten eine Angliederung des Sudetenlandes an das Deutsche Reich. Die nationalsozialistischen Gruppierungen wurden 1933 von der tschechischen Regierung verboten. Sie schlossen sich einer politischen Sammlungsbewegung an, die ab 1935 Sudetendeutsche Partei genannt wurde und sich unter Führung Konrad Henleins zunehmend zum Nationalsozialismus bekannte. Seit 1935 erhielt die Sudetendeutsche Partei geheime Geldzuwendungen vom deutschen Auswärtigen Amt. Außerdem wurde sie ab 1936 von der Volksdeutschen Mittelstelle, einer Einrichtung der *SS* für Kontakte mit *Volksdeutschen*, mit Geld und Propagandamaterial unterstützt. Gleichzeitig erhielten die Sudetendeutschen die Anweisung, Konflikten mit anderen Volksgruppen und mit der tschechoslowakischen Regierung nicht auszuweichen, sondern sie zu schüren. 1938 faßte Henlein diese Bemühungen in einem Satz zusammen: «Wir müssen immer so hohe Forderungen stellen, daß sie niemals erfüllt werden können. Der Führer billigt diese Absicht.»[528]

Adolf Hitler billigte nicht nur die Absicht, es lag vielmehr in seinem Interesse, daß die Konflikte in der Tschechoslowakei sich zuspitzten, bekam er doch dadurch die Möglichkeit, militärisches Eingreifen von deutscher Seite und die Besetzung der beanspruchten Gebiete vor der Weltöffentlichkeit rechtfertigen zu können. Am 30. Mai 1938 hatte er in einer «Geheimen Kommandosache» festgelegt: «Es ist mein unabänderlicher Entschluß, die Tschechoslowakei in absehbarer Zeit durch eine militärische Aktion zu zerschlagen. Den politisch und militärisch geeigneten Zeitpunkt abzuwarten oder herbeizuführen, ist Sache der politischen Führung. Eine unabwendbare Entwicklung der Zustände innerhalb der Tschechoslowakei oder sonstige politi-

UNTER
NATIONALSOZIALISTISCHER
DIKTATUR 1933-1945

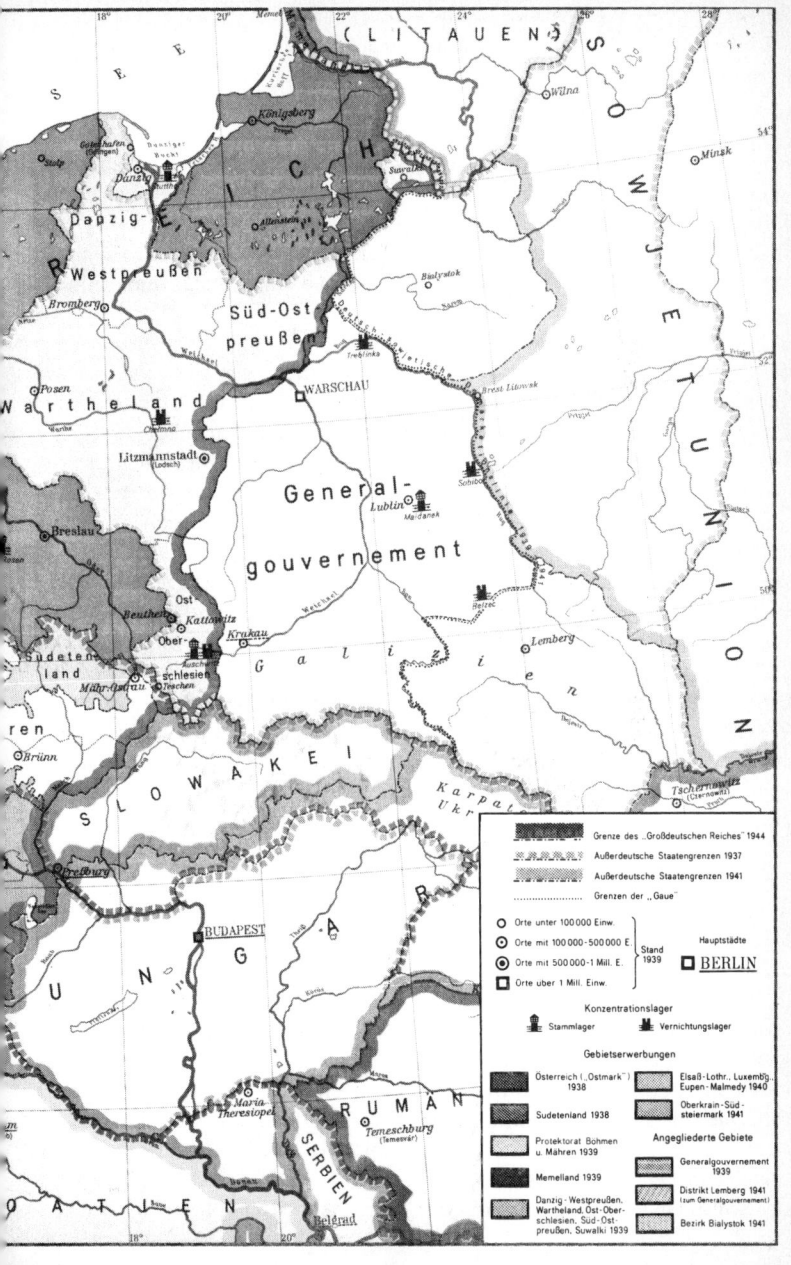

Grenze des „Großdeutschen Reiches" 1944
Außerdeutsche Staatengrenzen 1937
Außerdeutsche Staatengrenzen 1941
Grenzen der „Gaue"

O   Orte unter 100 000 Einw.
◉   Orte mit 100 000-500 000 E.   } Stand 1939
◉   Orte mit 500 000-1 Mill. E.
▣   Orte über 1 Mill. Einw.

Hauptstädte
▢ BERLIN

Konzentrationslager
🏰 Stammlager   🏰 Vernichtungslager

Gebietserwerbungen

Österreich („Ostmark") 1938
Sudetenland 1938
Protektorat Böhmen u. Mähren 1939
Memelland 1939
Danzig-Westpreußen, Wartheland, Ost-Oberschlesien, Süd-Ostpreußen, Suwalki 1939

Elsaß-Lothr., Luxembg., Eupen-Malmedy 1940
Oberkrain-Südsteiermark 1941

Angegliederte Gebiete

Generalgouvernement 1939
Distrikt Lemberg 1941 (zum Generalgouvernement)
Bezirk Bialystok 1941

sche Ereignisse in Europa ... können mich zu frühzeitigem Handeln veranlassen ...»[529]

Am 15. September wurde vom Deutschen Nachrichtenbüro die Proklamation Henleins verbreitet, mit der er nach einem Aufstand im Sudetenland alle Verbindungen zu der Prager Regierung abbrach. Der letzte Satz hieß: «Wir wollen heim ins Reich.»[530]

Am selben Tag traf der britische Premierminister Chamberlain auf dem *Berghof* bei Berchtesgaden mit Adolf Hitler zusammen. Chamberlain hoffte im Rahmen der von ihm betriebenen Friedenspolitik, die auf Verständigung und Ausgleich mit dem im Ersten Weltkrieg, 1914–1918, besiegten und durch den Versailler Friedensvertrag schwer belasteten Deutschland ausgerichtet war, auf eine Einigung. Aber weder dieser Besuch des Premierministers noch ein weiterer am 22./23. September in Bad Godesberg, bei dem Chamberlain im Interesse des Friedens Bereitschaft zu weitgehenden Zugeständnissen an Hitlers Forderungen darlegte, veranlaßten Hitler, seine Pläne zu ändern.

Durch die Vermittlung Mussolinis konnte Chamberlain die am 29./30. September im Münchener Abkommen niedergelegte friedliche Lösung erreichen. Am 1. Oktober 1938, einen Tag nach Abschluß des Abkommens, marschierten deutsche Truppen – wie es im Abkommen beschlossen worden war – kampflos in das beanspruchte, mehrheitlich von Sudetendeutschen bewohnte Gebiet ein.

Adolf Hitler erklärte, daß es damit «für Deutschland in Europa kein territoriales Problem mehr»[531] gebe und seine dahingehenden Forderungen erfüllt seien. Österreich war bereits im März 1938 besetzt worden.

Wenige Monate später mußte die Weltöffentlichkeit erkennen, daß Hitlers Ansprüche mit friedlichen Mitteln nicht abgewehrt werden konnten. Im März 1939 brach Hitler das Münchener Abkommen:

Deutsche Truppen marschierten in die so bezeichnete Rest-Tschechoslowakei ein. Aus dem bis dahin selbständigen Staat wurde das deutsche *Protektorat Böhmen und Mähren* und die vom Deutschen Reich abhängige Republik Slowakei. Im selben Jahr erklärte Hitler in einer Rede vor den militärischen Oberbefehlshabern: «Vom ersten Augenblick an war mir klar, daß ich mich nicht mit dem sudetendeutschen Gebiet begnügen könnte. Es war nur eine Teil-Lösung. Der Entschluß zum Einmarsch in Böhmen war gefaßt.»[532]

Siehe *Protektorat Böhmen und Mähren, Anschluß Österreichs an das Deutsche Reich, Lebensraum, Volksdeutsche, besetzte Gebiete.*

Mutterkreuz. Das «Ehrenkreuz der Deutschen Mutter»[533] wurde 1938 als Auszeichnung in Form eines Ordens von der *NSDAP* gestiftet: «Als sichtbares Zeichen des Dankes des Deutschen Volkes an kinderreiche Mütter.»[534]

1939 wurde das Kreuz zum erstenmal 3 Millionen Müttern verliehen. Es gab drei Stufen des Ordens: die 1. Stufe war das goldene Mutterkreuz für Mütter mit acht und mehr Kindern, die 2. Stufe – das silberne Kreuz – war für Mütter mit sechs und sieben Kindern, die 3. Stufe war das bronzene Kreuz für Mütter mit vier oder fünf Kindern. Der Orden – mit dem *Ha-kenkreuz* in der Mitte und der Schriftum-randung «Das Kind adelt die Mutter»[535] – wurde an einem Ordensband um den Hals oder mit einem Schleifchen am Kleid oder Jackenrevers getragen.

Anläßlich der Stiftung hatte der Reichs-ärzteführer festgestellt: «Die deutsche kinderreiche Mutter soll den gleichen Ehrenplatz ... erhalten wie der Frontsol-dat, denn ihr Einsatz von Leib und Leben ... war der gleiche wie der des Frontsol-daten im Donner der Schlachten.»[536] In der «Fruchtbarkeit vieler Jahrgänge von Millionen Frauen» sahen die Nationalso-zialisten das «wichtigste Kapital», wie es in einer Denkschrift über die «Sicherung der Zukunft des deutschen Volkes»[537] hieß.

Für die Frauen in den von deutschen Truppen *besetzten Gebieten* Osteuropas – sie wurden nach den Behauptungen der wissenschaftlich eindeutig widerlegten nationalsozialistischen *Rassenkunde* in ihrer Mehrzahl zu Angehörigen minder-wertiger Rassen erklärt – wurden andere Forderungen aufgestellt: «Durch Propa-gandamaßnahmen ... muß der Bevölke-rung immer wieder der Gedanke eingere-det werden, wie schädlich es ist, sich viele Kinder anzuschaffen ... Die Säuglings-sterblichkeit darf nicht bekämpft werden ... Kinderzulagen wie überhaupt alle Maßnahmen, die Kinderreiche bevorzu-gen, müssen vermieden werden.»[538]

Siehe *Ehrenbuch für die deutsche kinder-reiche Familie, Lebensraum, Rassenkunde.*

N

Nacht-und-Nebel-Erlaß war die Bezeichnung für einen auf Anordnung Adolf Hitlers am 7. Dezember 1941 von Generalfeldmarschall Wilhelm Keitel verfügten Erlaß. In dem Erlaß wurde angeordnet, aus den *besetzten Gebieten* alle Menschen, die verdächtig waren, Widerstand gegen das Deutsche Reich oder gegen die deutsche Besatzungsmacht zu leisten, festzunehmen und sie aus «Abschreckungsgründen»[539] über die Grenze nach Deutschland zu bringen. Die Verhafteten sollten nicht in ihrem Heimatland angeklagt und verurteilt werden. Ihre Angehörigen durften über ihren Aufenthaltsort keine Auskunft erhalten. Die Nacht-und-Nebel-Aktionen und die daraus entstehende Ungewißheit über das Schicksal der Menschen sollte als bewußte Terrormaßnahme abschreckende Wirkung auf die Bevölkerung ausüben.

In einer Anordnung zum «Nacht-und Nebel-Erlaß» hieß es: «Da es der Zweck dieses Erlasses ist, Angehörige, Freunde und Bekannte über das Schicksal der Häftlinge im Ungewissen zu lassen, dürfen diese keinerlei Verkehr mit der Außenwelt haben. Sie dürfen daher weder selbst schreiben noch Briefe, Pakete oder Besuche empfangen.»[540]

Die Gefangenen sollten von den deutschen *Sondergerichten* oder vom *Volksgerichtshof* verurteilt werden. Das waren 1933 geschaffene Gerichte, die außerhalb der normalen Rechtsprechung Urteile fällten, gegen die keine Berufung möglich war. In vielen Fällen wurden die Gefangenen ohne Gerichtsverfahren «... unter Schutzhaftverhängung in ein Konzentrationslager eingewiesen».[541] Andere wurden nach der Verbüßung einer Haftstrafe in *Wehrmachts*- oder Justizgefängnissen in ein Konzentrationslager, *KZ*, übergeführt.

Die für die Nacht-und-Nebel-Verfahren zuständigen Sondergerichte bearbeiteten die Fälle nur etwa zwei Jahre und erließen in dieser Zeit zahlreiche Todesurteile.

Im Herbst 1944 befahl Adolf Hitler, die Verfahren nicht mehr bei den Sondergerichten durchzuführen, sondern die Gefangenen unmittelbar der *Gestapo* zu übergeben.

Insgesamt sind etwa 7000 Nacht-und-Nebel-Häftlinge nach Deutschland gebracht worden, die meisten aus Frankreich.

Siehe *Schutzhaft, KZ, besetzte Gebiete*.

Napola. Die «Nationalpolitischen Erziehungsanstalten», gebräuchliche Abkürzung Napola, amtliche Abkürzung N. P. E. A., waren Internatsoberschulen, die von den Nationalsozialisten als «Gemeinschaftserziehungsstätten»[542] bezeichnet wurden. Sie führten zur Hochschulreife.

Die ersten drei Napola wurden 1933, im Jahr der *Machtübernahme*, von Reichserziehungsminister Wilhelm Rust gegründet. Sie waren staatliche Einrichtungen und unterstanden dem Minister «direkt und persönlich»[543]. 1941 gab es 32 Napola mit etwa 6000 Schülern. Drei der Schulen waren in den *besetzten Gebieten*, drei der Schulen waren für Mädchen eingerichtet. Aufgabe der Napola war «die Heranbildung ... zu Nationalsozialisten, tüchtig an Leib und Seele für den Dienst an Volk und Staat».[544]

In den Richtlinien für die Schülerauswahl hieß es, die Napola hätten die Aufgabe, «dem deutschen Volke Männer zur Verfügung zu stellen, die den Anforderungen gewachsen sind, die an die kommende Führergeneration gestellt werden müssen. Um diese Aufgabe erfüllen zu können, brauchen sie laufend einen völlig gesunden, rassisch einwandfreien, charakterlich sauberen und geistig überdurchschnittlich begabten Nachwuchs.»[545] Zumindest was die geistigen Fähigkeiten der Napola-Schüler betraf, äußerte sich Erziehungsminister Rust 1940 in einer Rede nicht ganz den Richtlinien entsprechend. Er erklärte, daß gemäß den von Adolf Hitler in seinem Buch «*Mein Kampf*» aufgestellten Erziehungsrichtlinien nicht «das Einpumpen großen Wissens», sondern «das Heranzüchten kerngesunder Körper» vorrangig sei. Er fuhr fort: «Die nationalpolitischen Erziehungsanstalten verwirklichen diesen Erziehungswillen des Führers ... Denn die Haltung macht den Mann und den Soldaten und den Nationalsozialisten, nicht die Vielseitigkeit des Wissens und Könnens.»[546]

In drei der Napola entsprachen die Lehrpläne denen humanistischer Gymnasien. Andere Napola hatten neben Schulunterricht und üblicher vormilitärischer Ausbildung in Geländesport, im Reiten, Auto- und Motorradfahren besondere Möglichkeiten für die fliegerische oder seemännische Ausbildung. Die gesamte Schulzeit dauerte in der Regel vom 10. bis 18. Lebensjahr, in den Aufbauzügen vom

13. bis 18. Jahr. Die Schüler wurden als Jungmannen bezeichnet und waren Angehörige der *Hitlerjugend*. Es mußte Schulgeld bezahlt werden, das sich nach dem Einkommen des Vaters richtete. Bevorzugt aufgenommen wurden Söhne von *Alten Kämpfern*, von Gefallenen oder schwerkriegsbeschädigten Kriegsteilnehmern. Bei der Überprüfung der körperlichen und «rassischen Eignung»[547] vor der Aufnahme in die Napola waren Eignungsprüfer des Rasse- und Siedlungshauptamtes der *SS* beteiligt. Die SS hatte im Verlauf der Jahre 1936 bis 1943 zunehmend Einfluß auf die Anstalten gewonnen. Obwohl Erziehungsminister Rust – der Inhaber eines Staatsamtes – weiterhin «Chef der Nationalpolitischen Erziehungsanstalten» blieb, wurde SS-Obergruppenführer Heißmeyer – der Inhaber eines Parteiamtes – «Inspekteur der N. P. E. A.» und nahm Weisungen des *Reichsführers-SS* Heinrich Himmler über die Erziehungsrichtlinien der Napola entgegen: Ein Beispiel für die Verflechtung staatlicher und parteilicher Befugnisse, wie sie für die nationalsozialistische Herrschaft 1933 bis 1945 typisch war.

Die Schüler der Napola hatten freie Berufswahl; sie mußten weder Parteiführer noch – vor dem Krieg – Offizier werden, sie hatten andererseits aber auch keinen Anspruch auf einen besonderen Beruf oder eine Führerposition in der Partei. Das war unter anderem ein Unterschied zu den *Adolf-Hitler-Schulen*, mit denen die Napola nicht zu verwechseln sind. Die Adolf-Hitler-Schulen sahen für ihre Schüler ausdrücklich eine Laufbahn im Partei- oder Staatsdienst vor.

Viele der Napola-Schüler übernahmen

kurz vor Beendigung ihrer Ausbildung in den letzten Kriegsjahren die Aufgaben der Lagermannschaftsführer in den Lagern der Kinderlandverschickung, *KLV*.

Die ersten Abgangsjahrgänge der Schüler der Napola meldeten sich vornehmlich zur *Wehrmacht*, die späteren Jahrgänge hauptsächlich zur *Waffen-SS*; 1944 waren das 53,9 Prozent der Schüler.

Siehe *SS, Hitlerjugend, Rassenkunde, NSDAP, Ordensburgen.*

Nordische Rasse. Auf der Grundlage ihrer wissenschaftlich eindeutig widerlegten *Rassenkunde*, deren Auswirkungen für Millionen Menschen den Tod bedeuteten, teilten die Nationalsozialisten die Menschen in Angehörige einer hochstehenden nordischen Rasse und in Angehörige anderer unterschiedlich minderwertiger Rassen ein. Die nordische Rasse sollte nach nationalsozialistischer Auffassung Schöpferin aller großen Kulturen gewesen sein. Die Angehörigen dieser Rasse galten in der nationalsozialistischen Lehre nach Körperbau, Charakter und geistigen Fähigkeiten als allen anderen Menschen überlegen. Die germanischen Völker und somit die Deutschen, so wurde behauptet, seien Nachkommen dieser nordischen Menschen: «Es hat sich ... gezeigt, daß alles, was wir deutsch nennen, ausschließlich und allein von dem germanischen Menschen geschaffen wurde, den man heute den Menschen nordischer Rasse nennt, und daß das Germanentum in jedem Falle der Grundstoff der deutschen Kultur und Geschichte gewesen ist.»[548]

Nach weiteren Behauptungen der nationalsozialistischen Rassenlehre waren Menschen nordischer Rasse von hohem, schlankem Wuchs, langschädelig und schmalgesichtig, sie hatten blonde Haare, blaue Augen und helle Haut: «... Bei Menschen mit diesen körperlichen Merkmalen», so die Charakterbeschreibung, «setzt man ohne weiteres eine zurückhaltende, vielleicht sogar kühle Haltung voraus; sie halten Abstand. Man traut ihnen aber auch ebenso kühnes und mutiges Zupacken zu und man hält sie für fähig, der mannigfachsten Schwierigkeiten mit Härte und klarer Entschlußkraft Herr zu werden ...»[549] Die äußeren Unterschiede zwischen Menschen und die aus ihnen abgeleiteten Charaktereigenschaften wurden von den Nationalsozialisten als Wertunterschiede zwischen hochstehenden und minderwertigen Rassen ausgelegt.

Nach den Ausführungen Alfred Rosenbergs – des Mitgestalters der nationalsozialistischen Rassenkunde – in seinem Buch «*Der Mythus des 20. Jahrhunderts*» waren in der Welt zwei extreme Gegenkräfte «... in der organischen Gegenüberstellung nordisch-germanisch (bzw. vernordetes Blut) und Untermensch ...»[550] wirksam. Als *Untermenschen* wurden von den Nationalsozialisten vor allem die Juden bezeichnet.

Da es den Nationalsozialisten trotz aller Bedenkenlosigkeit nicht möglich war zu behaupten, daß alle Angehörigen des deutschen Volkes die von ihnen aufgestellten Merkmale der nordischen Rasse aufwiesen, stellten sie die Forderung auf, daß die Anteile nordischer Rasse im deutschen Volk erhalten und vermehrt werden müßten. Grundlage für diese als «Aufnordung»[551] bezeichneten Bestrebungen war die Behauptung, daß das Blut Träger der Rasseeigenschaften sei. Um einen weiteren Rückgang nordischer Rasseanteile im deutschen Volk zu verhindern, erließen die Nationalsozialisten mehrere Rassegesetze, die zum Teil als Maßnahmen zur Förderung der öffentlichen Gesundheitspflege und Erbgesundheit ausgegeben wurden oder sich direkt gegen die Juden richteten. Zu den letztgenannten Gesetzen gehörte das *Blutschutzgesetz* von 1935, das Ehen zwischen Juden und Nichtjuden verbot.

Siehe *Rassenkunde, erbkranker Nachwuchs, Ehetauglichkeitszeugnis, Lebensborn, SS, arisch, artfremd*.

Notabitur war während der Zeit des Zweiten Weltkrieges, 1939–1945, die volkstümliche Bezeichnung für einen Reifevermerk, der vor Ablauf der allgemein üblichen Oberschulzeit ausgesprochen wurde, wenn die Jugendlichen wegen Einberufung zur *Wehrmacht* oder aus anderen kriegsbedingten Gründen ihre Schulzeit nicht regelrecht beenden konnten.

Im Januar 1938 hatte das Reichserziehungsministerium mit der «Neuordnung des höheren Schulwesens» bestimmt, daß die neunjährige Oberschulzeit «... aus wichtigen bevölkerungspolitischen Gründen ...»[552] um ein Jahr verkürzt, die Reifeprüfung daher bereits nach dem 8. Oberschuljahr abgenommen wurde. Diese Bestimmung war zunächst nur für Jungen gültig; sie wurde 1940 auch auf Oberschülerinnen ausgedehnt.

Am 8. September 1939, wenige Tage nach Beginn des Zweiten Weltkrieges, wurde mit der «Anordnung über Reifezeugnisse und Abgangszeugnisse der höheren Schulen» die erste einer Reihe von Anordnungen erlassen, die bestimmte, «... das einem Schüler der Klasse 8 bei der Einberufung zum Heeresdienst auszustellende Abgangszeugnis gilt als Reifezeugnis, wenn es den Vermerk enthält ‹dem Schüler wird aufgrund der nachgewiesenen Einberufung zum Heeresdienst ... die Reife zuerkannt› ...»[553] Die vorgezogene Reifeprüfung erfolgte im allgemeinen in Form einer mündlichen Prüfung, die schriftlichen Arbeiten entfielen.

Seit 1941 entfiel auch die mündliche Abiturprüfung; die zum *RAD* oder zur Wehrmacht einberufenen Oberschüler erhielten lediglich einen Reifevermerk und die Erlaubnis für ein Vorsemester. Während dieses Vorsemesters sollten die Notabiturienten nach der Ableistung des Dienstes bei der Wehrmacht oder im RAD die für ein Studium notwendigen Kenntnisse nachholen können.

Im Februar 1942 wurde durch Erlaß des Erziehungsministeriums bestimmt, daß Schüler, die 17 Jahre alt und bereits fünf Monate die 7. Klasse durchlaufen hatten, eine vorzeitige Versetzung in die 8. Klasse und die Genehmigung zu einem Vorsemester erhielten.

Nach Kriegsende 1945 wurden alle seit dem 1. Januar 1943 erteilten Reifevermerke und Vorsemesterbescheinigungen für ungültig erklärt.

Die Begriffe Notabitur und Notabiturient waren keine Erfindungen aus der Zeit nationalsozialistischer Herrschaft: sie wurden zum erstenmal – ähnlich begründet – während des Ersten Weltkrieges, 1914–1918, verwendet.

Siehe *Volkssturm, Pflichtjahr, Flakhelfer*.

NSBO war die Abkürzung für National-sozialistische Betriebszellen-Organisation. Sie sollte «... dem Nationalsozialismus Eingang in die Betriebe ... verschaffen und alle Werktätigen für den Nationalsozialismus ... gewinnen ...»[554]

Seit 1927 hatten sich in mehreren Groß-betrieben – zunächst in Berlin – Mitglieder der NSDAP als Gegenorganisation gegen die Freien Gewerkschaften in Betriebsgruppen zusammengeschlossen. Aus diesen Betriebsgruppen bildete sich seit 1928 die NSBO. Am 15. Januar 1931 wurde sie endgültig als «Reichsbetriebszellenabteilung der NSDAP» organisiert.

Unter dem Schlagwort «Hib» – das hieß: Hinein in die Betriebe – organisierte die NSDAP nach nationalsozialistischer Methode mit Propaganda und Terror die Mitgliederwerbung. Im Mai 1932 zählte die NSBO ungefähr 100000 Mitglieder. Am Ende des Jahres hatten sie trotz aller Bemühungen nicht mehr als 300000 Mitglieder. In den unabhängigen, das heißt in den Freien und christlichen Gewerkschaften, waren zu dieser Zeit 5,8 Millionen Arbeitnehmer organisiert.

Am 10. Mai 1933 gründete die NSDAP – nach der gewaltsamen Zerschlagung der Gewerkschaften – die *Deutsche Arbeitsfront*, DAF, eine Einheitsorganisation von Arbeitnehmern und Arbeitgebern. Die NSBO ging 1935 in der DAF auf.

Siehe *Deutsche Arbeitsfront, DAF, Feiertag der nationalen Arbeit, Betriebsführer.*

NSDAP. Die Nationalsozialistische Deutsche Arbeiterpartei, NSDAP, war vom Juli 1933 bis zur bedingungslosen Kapitulation des nationalsozialistischen Deutschland im Mai 1945 die einzige zugelassene Partei in Deutschland. Adolf Hitler war der Führer der NSDAP. Das «Gesetz zur Sicherung der Einheit von Partei und Staat» vom 31. Dezember 1933 bestimmte, daß die NSDAP «Trägerin des deutschen Staatsgedankens und mit dem Staat unlöslich verbunden»[555] sei. Der *Stellvertreter des Führers* in allen Parteiangelegenheiten – bis 1941 Rudolf Heß – war Mitglied der Reichsregierung. *SA* und *SS* waren – *Gliederungen* genannte – Unterorganisationen der NSDAP.

Die Nationalsozialisten bezeichneten ihre Partei als «... die organisatorische Form der von Adolf Hitler geschaffenen nationalsozialistischen Bewegung...»[556] Nicht das Parteiprogramm oder der Wille der Mehrheit der Parteimitglieder bestimmten somit die Grundlinien der Politik, sondern allein und ausschließlich Adolf Hitler.

Nach nationalsozialistischer Darstellung war «... die entscheidende Grundlage des Nationalsozialismus ... die Erkenntnis von der Bedeutung des Blutes, der Rasse und damit des Volkes ...»[557] Nach Adolf Hitler sah «die völkische Weltanschauung ... im Staat prinzipiell nur ein Mittel zum Zweck und faßt als seinen Zweck die Erhaltung des rassischen Daseins der Menschen auf».[558] Nach dem nationalsozialistischen *Führergrundsatz* mußte die Partei ihrem Führer, gemäß dem Eid ihrer Mitglieder, ohne zu zögern gehorchen. Von der Partei wurde gesagt, «... sie ist das Werkzeug des Führers zur endgültigen Lösung dieser Aufgaben...»[559].

In ihrer Entwicklung durchlief die NSDAP drei Phasen. Von ihrer Grün-

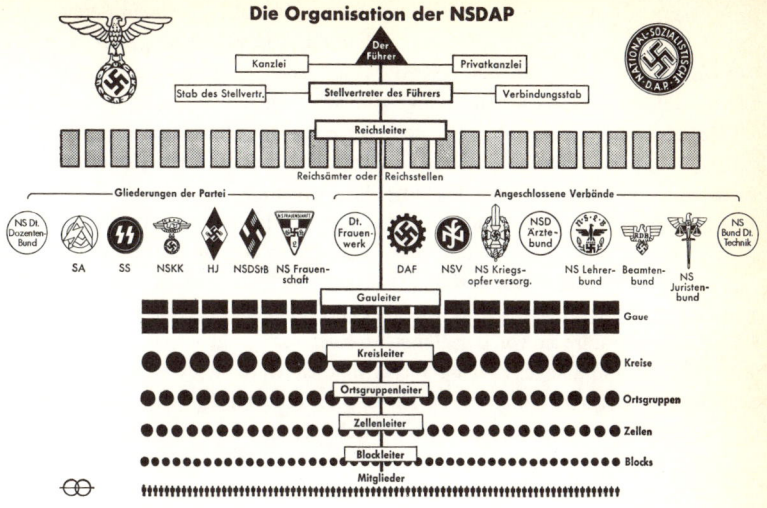

Die Organisation der NSDAP

dung 1920 bis zum Verbot 1923 war sie eine Sammlung von antidemokratischen Nationalisten und verbitterten Teilnehmern des Ersten Weltkrieges, die ohne reale Aussicht auf Erfolg einen bewaffneten Umsturz in Deutschland anstrebten. Am 9. November 1923 mißlang ein – später *Marsch auf die Feldherrnhalle* genannter – Putschversuch. Die NSDAP wurde danach verboten, Hitler im April 1924 zu fünf Jahren Festungshaft verurteilt. Bereits Ende 1924 wurde er auf Bewährung entlassen. 1925 konnte Adolf Hitler die Partei neu gründen, da er versicherte und es später auch beschwor, daß er und seine Partei nur noch mit den einer demokratischen Partei zustehenden gesetzlichen Mitteln um die Macht kämpfen würden. In dieser nun folgenden zweiten Phase war die Parteiführung be-

müht, von der Bevölkerung als Volkspartei anerkannt zu werden. Die Führung suchte glauben zu machen, daß ihre Terrororganisationen SA und SS nur zum Schutz der Partei gegen den Straßenterror anderer Parteien aufgestellt worden seien. In dieser Zeit entfaltete die Partei eine Strategie aus Propaganda und Terror, um Einfluß und Wählerstimmen zu gewinnen.

Die meisten Historiker stimmen darin überein, daß es der NSDAP ohne die Weltwirtschaftskrise 1929 bis 1932 nicht gelungen wäre, die angestrebte *Machtübernahme* tatsächlich zu erreichen.

Die dritte Phase begann mit dem 30. Januar 1933, dem Tag, an dem Adolf Hitler zum Reichskanzler berufen wurde und von dem an die NSDAP vornehmlich als Werkzeug für die Erhaltung und Ausübung der Macht der Nationalsozialisten diente.

Organisation Mitglied der NSDAP konnte «jeder unbescholtene Angehörige des deutschen Volkes»[560] werden, der das 18. Lebensjahr vollendet hatte und «... deutschblütiger Abstammung»[561] war. Jeder Parteigenosse – die Abkürzung *Pg* war offiziell üblich – wurde von einem *Ortsgruppenleiter* der NSDAP verpflichtet. In einer Mitgliederversammlung mußte er vor der *Hakenkreuzfahne* den Eid ablegen: «Ich gelobe meinem Führer Adolf Hitler Treue. Ich verspreche, ihm und den Führern, die er mir bestimmt, jederzeit Achtung und Gehorsam entgegenzubringen.»[562]

Die Parteigenossen waren verpflichtet, an Mitgliederversammlungen, Kundgebungen und Schulungsabenden teilzunehmen. Nach zweijähriger Mitgliedschaft war der Pg berechtigt, das Braunhemd der Parteiuniform auch zum Zivilanzug zu tragen.

1945 hatte die NSDAP ungefähr 8,5 Millionen Mitglieder.

Mitglieder, die in der Partei ein Amt innehatten, wurden *Politische Leiter* genannt; sie unterstanden jeweils einem politischen Leiter, der als «Hoheitsträger»[563] ein ihm unterstelltes «Hoheitsgebiet»[564] der Partei leitete. Vom Ortsgruppenleiter an aufwärts waren die Hoheitsträger mit «besonderen Befugnissen ausgestattet»[565].

Ziel der Parteiarbeit war es, das gesamte deutsche Volk zu erfassen, zu beeinflussen und zu beobachten. Dazu war die Partei bis in die kleinsten Gebiete straff organisiert. Als unterste Gemeinschaft galt die Haushaltung, deren Haushaltungsvorstand für alle in seinem Bereich, das heißt, in seiner Wohnung oder in seinem Haus lebenden Personen politisch verantwortlich sein sollte. Ein Gebiet, das etwa 40–60 Haushaltungen umfaßte, wurde – als das kleinste Hoheitsgebiet – *Block* genannt.

Ein vier bis acht Blocks umfassendes Hoheitsgebiet wurde als «Zelle der NSDAP»[566] bezeichnet. Drei bis fünf Zellen bildeten die *Ortsgruppe*. Für dieses Gebiet war angeordnet, daß es nach Möglichkeit nicht größer sein durfte «... als es eine tatsächliche Übersicht des Gebietes durch den Ortsgruppenleiter und seine ehrenamtlichen Mitarbeiter zuläßt ...»[567]

Die *Kreise* der NSDAP umfaßten meist eine sehr unterschiedliche Anzahl von Ortsgruppen. Die Grenzen der Kreise und der staatlichen Verwaltungsbereiche mußten übereinstimmen. Es konnten aber auch mehrere Verwaltungskreise einen Parteikreis bilden.

Die größte Gebietszusammenfassung als Parteihoheitsgebiet war der *Gau*. Die Grenzen der Gaue wurden vom Führer der NSDAP oder nach seinen Anweisungen vom Reichsorganisationsleiter bestimmt. Das Hoheitsgebiet des Gaues umfaßte alle in seinen Grenzen liegenden Kreise.

Oberster Hoheitsträger für das gesamte Reich war der Führer der NSDAP Adolf Hitler, der *Führer und Reichskanzler* des Deutschen Reiches. Der Stellvertreter des Führers war «... zur Gewährleistung engster Zusammenarbeit der Dienststellen der Partei mit den öffentlichen Behörden Mitglied der Reichsregierung».[568]

Dem Führer und seinem Stellvertreter

standen in der *Reichsleitung* der NSDAP für die verschiedenen Sachbereiche zuständige *Reichsleiter* zur Verfügung, die politische Leiter, jedoch keine Hoheitsträger waren. Hoheitsträger gab es nur in der Rangordnung der Hoheitsgebiete: Führer, Gauleiter, Kreisleiter, Ortsgruppenleiter, Zellenleiter, Blockleiter.

Zu den Aufgaben der politischen Leiter gehörte vor allem auch die Überwachung der politischen Haltung der Bevölkerung, wobei sie oft mit der *Gestapo*, der *Ge*heimen *Sta*ats*p*olizei, und dem *SD*, dem *S*icherheits*d*ienst der SS, zusammenarbeiteten, um gegen der Partei mißliebige oder unbequeme Bürger entsprechende Maßnahmen anzuwenden – das konnte für den einzelnen Verhaftung oder Einweisung in ein *KZ* bedeuten.

Im *Nürnberger Prozeß* wurde 1946 das gesamte Korps der politischen Leiter einschließlich aller Hoheitsträger und ihrer Stäbe – das waren insgesamt ungefähr 700 000 Parteiführer – als verbrecherisch verurteilt.

In den *Gliederungen und Angeschlossenen Verbänden der NSDAP* hatte die Partei sich für nahezu jeden Lebensbereich in der Gesellschaft geeignete Organisationen zur Kontrolle und Beeinflussung der Bevölkerung geschaffen. Zu den angeschlossenen Verbänden zählten die *NSV* – Nationalsozialistische Volkswohlfahrt – und die DAF – *Deutsche Arbeitsfront*. SS, SA und *Hitlerjugend* waren Gliederungen. Zur Heranbildung von Führernachwuchs verfügte die NSDAP über eigene Schulen und zur Aburteilung von Verstößen gegen die Parteidisziplin über eine eigene Parteigerichtsbarkeit.

Geschichte   Vor dem Ersten Welt-krieg, 1914–1918, war Deutschland eine Monarchie. Es gab zwar ein Parlament – den Reichstag –, dessen Zusammensetzung durch Wahlen bestimmt wurde und dem die Regierung Bericht zu geben hatte, die entscheidende Macht im Staat aber war der Kaiser. In der Niederlage des Ersten Weltkrieges zerbrach die Monarchie. Nach der Abdankung des Kaisers wurde die Republik ausgerufen. Die demokratischen Parteien mußten den Aufbau einer Demokratie unter schwersten Bedingungen versuchen. Sie mußten harte Forderungen im Friedensvertrag von Versailles annehmen und hohe Reparationszahlungen an die Sieger garantieren. Reparationszahlungen sind Ersatzzahlungen für die durch den Krieg entstandenen Schäden. Nicht alle gesellschaftlichen Kräfte in Deutschland waren mit der Abschaffung der Monarchie einverstanden. Viele waren über die Niederlage enttäuscht und verbittert. Es entstand die Dolchstoß-Legende, in der verbreitet wurde, die republikanischen Kräfte, die jetzt den neuen Staat lenkten, hätten durch ihre Revolution den Kaiser verraten, dem an sich siegreichen deutschen Heer einen Dolch in den Rücken gestoßen und dadurch den Zusammenbruch herbeigeführt.

Im September 1919 trat der ehemalige österreichische Staatsbürger und jetzt Staatenlose Adolf Hitler, der als Gefreiter am Weltkrieg teilgenommen hatte, in München der Deutschen Arbeiterpartei, DAP, bei. Die kleine Organisation war erst einige Monate zuvor gegründet worden. Hitler war im Anfang als Werberedner für die Partei tätig. Die erste größere Versammlung mit der gleichzeitigen

Umbenennung der Partei in NSDAP – von den Parteihistorikern später als Massenkundgebung bezeichnet – fand am 24. Februar 1920 im Festsaal des Münchner Hofbräuhauses statt. In dieser Versammlung verkündete Hitler das aus 25 Thesen bestehende Parteiprogramm.

Die Forderungen der ersten vier Punkte waren: 1. der Zusammenschluß aller Deutschen in einem *Großdeutschland*; 2. die Aufhebung der Friedensverträge von Versailles und St. Germain; 3. der Anspruch auf Land und Boden und Kolonien für Deutschland; 4. die Ausbürgerung aller Juden aus Deutschland.

Das Parteiprogramm wurde von Hitler später als «Werbeprogramm»[569] bezeichnet, das «auf das Menschenmaterial Rücksicht» nehme, das der «Bewegung ... zur Verfügung steht»[570]

Im September 1920 erhielt die Partei endgültig den Namen NSDAP – Nationalsozialistische Deutsche Arbeiterpartei – und wurde unter der Bezeichnung «Nationalsozialistischer Deutscher Arbeiterverein e. V.»[571] am 30. September 1920 als Verein eingetragen. Im Dezember wurde von der Partei die Halbwochenzeitung «*Völkischer Beobachter*» erworben und zum «Zentralorgan»[572] der Partei gemacht.

Am 29. Juli 1921 fand auf Grund heftiger Krisen innerhalb der Partei eine außerordentliche Generalmitgliederversammlung statt, auf der Adolf Hitler zum 1. Vorsitzenden der Partei gewählt wurde. Danach wurde «... das System der Mehrheitsbeschlüsse und der nach parlamentarischem Vorbild aufgebauten Ausschüsse ... durch Adolf Hitler beseitigt und an seiner Stelle der Führergrundsatz

... zur Grundlage der Organisation der NSDAP gemacht»[573]. 1921 wurde die SA, die *Sturmabteilung* der NSDAP, gegründet, die, militärisch organisiert, mit gewalttätigem Einsatz eine wichtige Rolle im Kampf um die Erringung der Macht der NSDAP spielte.

Wegen der Anwendung von Gewalt und Terror auf den Straßen wurde die NSDAP 1922 von der preußischen Regierung für das Land Preußen verboten. Zu Hitlers Vertrauten in dieser Anfangszeit der NSDAP gehörten Ernst Röhm – Offizier, der die SA aufbaute und über einflußreiche Verbindungen verfügte –, Rudolf Heß – Offizier, der zunächst Hitlers Sekretär, nach der Machtübernahme 1933 Stellvertreter des Führers wurde –, Hermann Göring – Luftwaffenoffizier und später Reichsluftfahrtminister –, Alfred Rosenberg – zunächst Herausgeber des «Völkischen Beobachters», später «Beauftragter des Führers für die gesamte geistige und weltanschauliche Schulung und Erziehung der NSDAP» und ab 1941 «Reichsminister für die besetzten Ostgebiete» –, Julius Streicher – Lehrer, der ab 1923 die judenfeindliche Zeitung «*Der Stürmer*» herausgab – und Wilhelm Frick, von 1933–1945 Reichsminister des Innern.

Im Sommer 1922 war es durch den raschen Verfall der deutschen Währung zu einer schnell anwachsenden Inflation gekommen. Die daraus entstehenden wirtschaftlichen Schwierigkeiten begünstigten die Entwicklung radikaler Parteien, deren Propagandasprüche den Notleidenden die Möglichkeit rascher Besserung vorgaukelten.

In fast ganz Nord- und Mitteldeutschland und auch in Baden war die NSDAP inzwischen verboten worden.

Im November 1923 glaubte Hitler, er könne die schweren Zerwürfnisse zwischen der bayerischen Landesregierung und der Reichsregierung für seine Absichten nutzen. Sein Putschversuch am 9. November 1923 mißlang. Die Partei feierte die Aktion aber als Heldentat, nannte sie *Marsch auf die Feldherrnhalle* und erklärte den 9. November zum Gedenktag der Partei.

Nach dem mißglückten Putschversuch wurde die NSDAP verboten. Der nachfolgende Prozeß hatte auch nach Aussage der nationalsozialistischen Geschichtsschreiber größten Propagandawert für Adolf Hitler und die Partei: «Vom 26. 2.–1. 4. 1924 fand vor dem Volksgericht München I der ... Prozeß gegen Adolf Hitler, Ludendorff und die anderen ... wegen Hochverrats statt, durch den der Name Adolf Hitler in alle Teile des Reiches und weit darüber hinaus getragen wurde ...»[574]

Hitler wurde zu fünf Jahren Festungshaft verurteilt, jedoch schon nach acht Monaten zur Bewährung entlassen. In der Haft diktierte er Rudolf Heß den ersten Teil seines Buches «*Mein Kampf*».

Bereits während seiner Haftzeit äußerte Hitler in einem Gespräch: «... Wenn ich meine Tätigkeit wieder aufnehme, werde ich eine neue Politik einschlagen müssen. Statt die Macht durch Waffengewalt zu erringen, werden wir zum Ärger der katholischen und marxistischen Abgeordneten unsere Nasen in den Reichstag stecken. Wenn es auch länger dauert, sie zu überstimmen als sie zu erschießen, so wird uns schließlich ihre eigene Verfassung den Erfolg garantieren ...»[575]

Nachdem Mitte Februar 1925 das Verbot der NSDAP aufgehoben worden war, verkündete Hitler am 27. Februar 1925 in einer Versammlung im Münchner *Bürgerbräukeller* die Neugründung der Partei. Gleichzeitig erklärte er seinen «Verzicht auf alle Versuche, diesen Staat mit Gewalt zu stürzen».[576] Mit der Partei wurde auch sofort die SA neu gegründet.

1925 wurde – zunächst als Unterverband der SA – die SS zum persönlichen Schutz Adolf Hitlers eingerichtet. 1929 wurde Heinrich Himmler ihr Führer.

1925 hatte die NSDAP rund 27 000, 1926 nicht ganz 50 000, 1927 etwa 72 000 Mitglieder. Im September 1930 zählte die Partei rund 130 000 Mitglieder, Anfang Januar 1932 waren es etwa 686 000 und Ende Januar 1933 ca. 850 000. Nach der Machtübernahme gab es Ende Mai 1933 rund 2,5 Millionen eingetragene Nationalsozialisten.

In den Wahlkämpfen, die von den politischen Parteien zunehmend heftiger geführt wurden, hatte die NSDAP neben ihrer aufwendigen Propaganda zunehmend Mittel der Gewalt eingesetzt, besonders in der Auseinandersetzung mit den Kommunisten. Bei den Reichstagswahlen 1930 erhielt die NSDAP 18,5 Prozent der Wählerstimmen; sie wurde mit 107 Sitzen im Reichstag nach der Sozialdemokratischen Partei Deutschlands, SPD, zweitstärkste Partei. Die anderen großen Parteien im Reichstag waren die Deutschnationale Volkspartei, DNVP, das Zentrum, die Bayerische Volkspartei, BVP, die Kommunistische Partei Deutschlands, KPD. Auch in den Landtagen, den Volksvertretungen in den 17 Bundesländern des Reiches, vergrößerte die NSDAP ihre Sitzanteile; sie erreichte aber in keinem Land die absolute Mehrheit.

Nach ihrem Wahlerfolg wurden die Kontakte der konservativen und reaktionären Kreise zu den Nationalsozialisten verstärkt. Im Oktober bildeten die DNVP, der «Stahlhelm»[577] – ein politischer Wehrverband ehemaliger Soldaten des Weltkrieges – und die NSDAP die «Harzburger Front»[578].

Bei der Reichstagswahl 1932 erreichte die NSDAP 37,3 Prozent der Wählerstimmen; sie wurde mit 230 Sitzen stärkste Partei im Reichstag.

Das ihm angebotene Amt des Vizekanzlers lehnte Hitler mit der Forderung ab, als Führer der stärksten Partei selbst Reichskanzler werden zu wollen. Hitlers Anspruch wurde vom Reichspräsidenten zunächst zurückgewiesen.

Zu Beginn des Jahres 1933 gelang es Vertretern der konservativen und nationalen Parteien, Hitlers Anspruch auf die Kanzlerschaft beim Reichspräsidenten durchzusetzen.

Am 30. Januar 1933 ernannte der Reichspräsident Paul von Hindenburg Hitler zum Reichskanzler, und am selben Tag leiteten die Nationalsozialisten ihre skrupellosen Maßnahmen zur *Machtübernahme* ein.

Siehe dazu *Machtübernahme* und *Gleichschaltung*.

Durch das «Gesetz gegen die Neubildung von Parteien» vom 14. Juli 1933 wurde die NSDAP zur einzigen zugelassenen Staatspartei in Deutschland.

Die Führer der NSDAP übernahmen zu ihren Parteiämtern wesentliche Funktionen in der Staatsorganisation, zum Beispiel:

Parteiamt		Staatsamt:
Führer der NSDAP	Adolf Hitler	Reichskanzler (mit allen Vollmachten des Reichspräsidenten)
Stellvertreter des Führers	Rudolf Heß	Minister der Reichsregierung mit Mitspracherecht in allen Bereichen
Reichspropagandaleiter der NSDAP	Joseph Goebbels	Reichsminister für Volksaufklärung und Propaganda
Leiter des Amtes für Agrarpolitik	Walter Darré (bis 1942)	Reichsminister für Ernährung und Landwirtschaft
Reichsführer-SS	Heinrich Himmler	Chef der Deutschen Polizei – zuletzt auch Reichsinnenminister
Reichspressechef	Otto Dietrich	Pressechef der Reichsregierung
Reichsjugendführer	Baldur v. Schirach (bis 1940)	Jugendführer des Deutschen Reiches
Gauleiter		*Reichsstatthalter* oder Oberpräsidenten

Im Laufe des Zweiten Weltkrieges übernahm die NSDAP weitere Aufgaben des Staates. So wurden zu Beginn des Krieges zuerst die Gauleiter, die auch ein staatliches Amt ausübten, und 1942 alle Gauleiter zu Reichsverteidigungskommissaren ernannt. 1944 übernahm die NSDAP die Aufsicht über die Aufgaben des Luftschutzes. Im September 1944 wurde die NSDAP mit der Aufstellung des *Volkssturmes* beauftragt.

Im *Nürnberger Prozeß* wurde – außer den Schuldsprüchen gegen einzelne Führer der Partei, des Staates, der Wirtschaft und der *Wehrmacht* – das Führerkorps der NSDAP zur verbrecherischen Organisation erklärt, soweit es sich um den Führer Adolf Hitler, die Reichsleitung, die Gauleiter und ihre Stäbe, die Ortsgruppenleiter, die Zellen- und Blockleiter und damit um eine Gruppe von rund 700 000 Personen handelte.

Die Begründung für den Urteilsspruch war, daß diese Politischen Leiter während der Zeit der nationalsozialistischen Herrschaft, 1933–1945, «... zu Zwecken benutzt ...»[579] wurden, «die vom Statut als verbrecherisch bezeichnet werden und die folgendes bedeuten: Die Germanisierung einverleibter Gebiete, die Verfolgung der Juden, die Durchführung des Slawenarbeitsprogramms und die Mißhandlung von Kriegsgefangenen ...»[580]

Im September 1945 wurde die NSDAP sowie alle ihr angegliederten, ihr untergeordneten oder von ihr überwachten Organisationen von den alliierten Siegermächten des Zweiten Weltkrieges, 1939–1945, verboten. Die nach 1945 von den Siegermächten in unterschiedlicher Weise in Deutschland durchgeführten Maßnahmen der Entnazifizierung sollten dem Zweck dienen, den Einfluß des Nationalsozialismus im öffentlichen Leben, in der Wirtschaft und in der Erziehung auszuschalten und den aktiven Nationalsozialisten eine Strafe aufzuerlegen.

Siehe *Machtübernahme, Gleichschaltung,* *Führer und Reichskanzler, Führergrundsatz, Versailler Diktat, Röhm-Putsch, SS, Judenverfolgung, Germanisierung, Fremdarbeiter.*

NSFK war die Abkürzung für das Nationalsozialistische Fliegerkorps, das 1937 von Adolf Hitler gegründet wurde mit der Aufgabe der «fliegerisch-vormilitärischen Ausbildung des Nachwuchses der Luftwaffe»[581].

Das NSFK war eine nationalsozialistische Organisation, unterstand jedoch nicht der *NSDAP*, sondern dem Reichsluftfahrtminister und Oberbefehlshaber der Luftwaffe, Hermann Göring.

Zu den Aufgaben des NSFK gehörten auch die «in-Übung-Haltung der Reservisten der Fliegertruppe»[582] und die «Zusammenfassung und Steuerung des gesamten deutschen Luftsportes».[583] Die Zielsetzung des Fliegerkorps hatte Hitler bei der Gründung des NSFK ganz deutlich gegeben: «... der deutschen Luftwaffe einen zahlenmäßig starken und fachlich gut vorbereiteten Nachwuchs zu sichern ...»[584]

Bei der Ausbildung des Fliegernachwuchses arbeitete das NSFK auch mit der Flieger-HJ zusammen, die interessierte Jungen zur Ausbildung an das Fliegerkorps überstellte.

Wie in anderen nationalsozialistischen Organisationen – zum Beispiel dem *NSKK* – war auch für die Angehörigen des Fliegerkorps eine «... weltanschauliche Erziehung und Weiterbildung ...»[585] vorgesehen, ebenso wie eine «wehrsportliche Ausbildung»[586] im Geländedienst und im Kleinkaliberschießen.

Die Angehörigen des NSFK trugen Uniform. Die Mitgliedschaft im Fliegerkorps war freiwillig; Mitglieder mußten nicht der NSDAP angehören.

Siehe *HJ, Wehrmacht, NSDAP.*

NS-Frauenschaft. Die NS-Frauenschaft – NS stand für nationalsozialistisch – wurde im Oktober 1931 als Zusammenschluß mehrerer nationaler und nationalsozialistischer Frauenverbände gegründet; die NSDAP erklärte sie zur «... einzigen parteiamtlichen Frauenorganisation ...»[587]. 1935 wurde die NS-Frauenschaft *Gliederung* der NSDAP mit der Aufgabe, «... dem Führer politisch und weltanschaulich zuverlässige Führerinnen zu erziehen, die die Arbeitsgebiete der NS-Frauenschaft und des Deutschen Frauenwerkes führen und die in sonstigen Verbänden tätigen Frauen ausrichten ...»[588].

Die NS-Frauenschaft sollte über gezielte und vielfältige Schulungsarbeit «... Lehre und Gedankengut ...» des Nationalsozialismus in die «... Köpfe und Herzen aller deutschen Frauen ... versenken»[589]; sie war verantwortlich dafür, daß die Ausrichtung und Arbeit aller Frauenverbände den Zielsetzungen der Partei entsprach. Die NS-Frauenschaft stellte auf Grund ihrer politischen Aufgabenstellung eine Auslese dar, in der nur bereits bewährte Frauen Mitglieder werden konnten.

Das Deutsche Frauenwerk dagegen war das Sammelbecken für alle Frauen, die entweder als einzelne Mitglieder oder über ihre Zugehörigkeit zu Vereinen aufgenommen wurden. Das Deutsche Frauenwerk war ein eingetragener Verein mit eigenem Vermögen.

Beide Organisationen waren jedoch eng verbunden, weil die Führerinnen der NS-Frauenschaft gleichzeitig auch Führerinnen im Deutschen Frauenwerk waren. Im Februar 1934 wurde Gertrud Scholtz-Klink zur Führerin der NS-Frauenschaft und des Deutschen Frauenwerkes ernannt.

Wie die NSDAP war die NS-Frauenschaft in *Gau, Kreis, Ortsgruppe, Zelle, Block* beziehungsweise «Haushaltungsgruppe»[590] unterteilt. Für die nationalsozialistische Frauenschulung standen der NS-Frauenschaft eigene Reichs- und Gauschulen zur Verfügung.

An wöchentlich stattfindenden Frauenschaftsabenden mußten die Frauenschaftsmitglieder mindestens einmal im Monat teilnehmen.

Ein besonderer Schwerpunkt der Frauenschaftsarbeit lag in der Erziehung der Frauen zu Hausfrauen und Müttern. 1934 wurde der «Reichsmütterdienst»[591] eingerichtet zur «... Heranbildung von körperlich und seelisch tüchtigen Müttern, die überzeugt sind von den hohen Pflichten der Mutterschaft, die erfahren sind in der Pflege und Erziehung ihrer Kinder und die ihren hauswirtschaftlichen Aufgaben gewachsen sind ...»[592]

Eine besondere Einrichtung des Reichsmütterdienstes waren die auf Grund eines Abkommens zwischen SS und Reichsmütterdienst 1936 geschaffenen Bräuteschulen für Bräute von SS- und SA-Angehörigen. Für die Bräute von SS-Angehörigen war der Besuch dieser Schulen von Heinrich Himmler, *Reichsführer-SS*, als Pflicht angeordnet worden. In sechswöchigen Kursen wurden den Frauen hier neben der politischen Schulung

Kenntnisse in Haushaltsführung und Kindererziehung vermittelt.

Nach nationalsozialistischer Darstellung wurden von 1934 bis 1938 insgesamt 1,7 Millionen Frauen im Rahmen des Reichsmütterdienstes geschult.

Bis zum Januar 1939 zählten NS-Frauenschaft und das Deutsche Frauenwerk zusammen etwa 3,3 Millionen Mitglieder. Ihr politischer Einfluß in der NSDAP und im Staat war gering.

Siehe *Dienstverpflichtung, Pflichtjahr, Deutsche Arbeitsfront, DAF, SS, Lebensborn.*

NSKK war die Abkürzung für Nationalsozialistisches *Kraftfahrkorps*, eine *Gliederung* der *NSDAP*.

Unter dem Leitspruch «Je höher der Stand der Motorisierung, desto stärker die Abwehrkraft der Nation!»[593] hatte das NSKK vor allem die Aufgabe, «... die in der HJ und im Arbeitsdienst heranwachsende motorsportbegeisterte Jugend ...»[594] in ihren Motorsportschulen im Auto- und Motorradfahren auszubilden.

1930 war unter der Bezeichnung NS-Automobil-Korps, NSAK, eine Sondereinheit der *SA* gegründet worden. 1934 entstand durch Zusammenlegung von NSAK und Motor-SA das NSKK.

Ganz eindeutig dienten die NSKK-Schulungen der Vorbereitung auf militärische Aufgaben: «... Der junge Fahrer, der aus ihnen hervorgeht, wird, wenn die Zeit seiner Wehrpflicht gekommen ist, wohlvorbereitet an Körper und Geist mit Stolz das Kleid des Waffenträgers der Nation – der Wehrmacht – tragen und nach ihrer Ablegung als ganzer Mann wieder in die Reihen des Korps zurückkehren ...»[595]

Das NSKK war nach Gebieten in vier Motorobergruppen, drei Motorgruppen und 21 Motorbrigaden unterteilt; unterhalb dieser geographischen Einteilung gab es Motorstandarten, Motorstaffeln und Motorstürme. Die Angehörigen des NSKK trugen Uniform. Der Eintritt in das NSKK war nicht von dem Besitz eines Fahrzeuges oder eines Führerscheines abhängig.

Eine Mitgliedschaft im NSKK hatte nicht die gleichzeitige Mitgliedschaft in der NSDAP zur Bedingung oder zur Folge.

Das NSKK war – sein Führer war auch «Präsident der Obersten Nationalen Sportbehörde für die deutsche Kraftfahrt»[596] – staatliche Aufsichtsorganisation für alle Veranstaltungen und Tätigkeiten des deutschen Kraftfahrsportes. Zu den Aufgaben des NSKK gehörten auch die Vertretung des deutschen Kraftfahrsportes gegenüber dem Ausland sowie Leitung und Überwachung nationaler und internationaler Großveranstaltungen.

Siehe *NSDAP, Gliederungen und Angeschlossene Verbände der NSDAP, Hitlerjugend.*

NSV war die Abkürzung für Nationalsozialistische *Volkswohlfahrt* e. V., eine drei Monate nach der *Machtübernahme* im Mai 1933 gegründete Organisation der *NSDAP*, die zuständig war «... für alle Fragen der Volkswohlfahrt und Fürsorge ...»[597]. Durch Verordnung vom 29. März 1935 wurde die NSV zu einem der NSDAP angeschlossenen Verband, blieb jedoch ein eingetragener Verein mit Sitz in Berlin. Ihre politischen Richtlinien erhielt die NSV vom «Hauptamt für Volkswohlfahrt»[598] in der *Reichsleitung* der NSDAP. Die NSV war wie die NSDAP organisiert; von einer Reichswaltung geleitet und in *Gau-, Kreis- und Ortsgruppen*verwaltungen, auf der untersten Ebene in *Blocks* der NSV untergliedert.

Die Ziele nationalsozialistischer Wohlfahrtspflege umriß Dr. Joseph Goebbels, Reichsminister für Volksaufklärung und Propaganda, 1938 anläßlich eines der *Reichsparteitage*: «… Wir gehen nicht vom einzelnen Menschen aus, wir vertreten nicht die Anschauung: man muß die Hungernden speisen, die Durstigen tränken und die Nackten bekleiden – das sind für uns keine Motive. Unsere Motive sind ganz anderer Art. Sie lassen sich am lapidarsten in dem Satz zusammenfassen: Wir müssen ein gesundes Volk besitzen, um uns in der Welt durchsetzen zu können …»[599] Daraus ergab sich, wem geholfen werden durfte und wem nicht: «Maßgebend für die Leistung der NSV ist die Verantwortung gegenüber der Gemeinschaft. Darum werden nur rassisch wertvolle erbgesunde Familien von der NSV unterstützt …»[600] Das bedeutete, daß zum Beispiel jüdische Familien oder Menschen mit vermeintlich erbbedingten Krankheiten oder der Partei mißliebige Personen keine Hilfe erhielten.

Neben dem Staat als Träger öffentlicher Wohlfahrt – seine Fürsorgeverpflichtung blieb auch während der Zeit nationalsozialistischer Herrschaft bestehen – hatte es vor 1933 sieben Organisationen in der freien Wohlfahrtspflege gegeben, die von den politischen Parteien, den Gewerkschaften und den Kirchen getragen wurden. Im März 1934 wurden die freien Or-

ganisationen zu der «Reichsgemeinschaft der freien Wohlfahrtspflege Deutschlands»[601] zusammengeschlossen und unter die uneingeschränkte Führung der NSV gestellt.

In den folgenden Jahren versuchte die NSV zum Teil mit Erfolg, bis dahin bestehende einschlägige Rechte und Befugnisse der staatlichen Fürsorgeverwaltung zu übernehmen. Im April 1941 wurde durch Erlaß verfügt, daß die NSV weitgehende Rechte gegenüber den staatlichen Behörden bei der Betreuung von Kindertagesstätten erhielt; im September des gleichens Jahres wurde die Mitarbeit der NSV in der Jugendhilfe deutlich erweitert. Die Übernahme staatlicher Aufgaben der Wohlfahrtspflege durch die NSV wurde im August 1944 durch eine Verfügung Adolf Hitlers bekräftigt: «… Träger und Repräsentant der Volkspflege ist die Nationalsozialistische Volkswohlfahrt …»[602] Der Schwerpunkt der NSV-Arbeit lag in der Gesundheitsfürsorge. Neben Klein- und Schulkinderfürsorge gab es ein Tuberkulosehilfswerk, Schulzahnpflege, Hauskrankenpflege, Heilverschickungen und das Hilfswerk «Mutter und Kind»[603], das von der nationalsozialistischen Propaganda besonders hervorgehoben wurde, denn «…Mutter und Kind sind das Unterpfand für die Unsterblichkeit des Staates …»[604]. In enger Zusammenarbeit mit dem Reichsmütterdienst der *NS-Frauenschaft* begann die Fürsorge bereits bei der Eheberatung, die für «… rassehygienische und erbbiologische Aufklärung …»[605] sorgen sollte. Vor und nach der Geburt wurden Frauen in Fragen der Säuglingspflege und gesunder Kinderernährung beraten und betreut, in manchen Fällen wirtschaftlicher Not auch unterstützt.

Kindergärten wurden eingerichtet, erholungsbedürftige Mütter wurden zu so bezeichneten Mütterfreizeiten verschickt. Wenn nicht schon vorher, versuchte die NSV spätestens hier während der Erholungsaufenthalte, die Mütter im Sinne des Nationalsozialismus zu beeinflussen. «... Neben der sozialen Leistung ...», hieß es in einer Aufgabenbeschreibung der NSV von 1937, «steht aber die noch höher zu bewertende politische ...»[606]

Die NSV hatte 1938 rund 6,5 Millionen Mitglieder, die monatliche Beiträge zahlen mußten, über das Beitragsaufkommen hinaus finanzierte die NSV ihre Einrichtungen aus Einnahmen des *Winterhilfswerkes* sowie zu einem großen Anteil aus staatlichen Mitteln.

1943 zählte die NSV rund 17 Millionen Mitglieder. Vielen Menschen, die es aus unterschiedlichen Gründen für zweckmäßig hielten, einer der Parteiorganisationen beizutreten, war eine Mitgliedschaft in der NSV angenehmer als der Eintritt in die NSDAP.

Siehe *Rassenkunde, Ehrenbuch für die deutsche kinderreiche Familie, Gleichschaltung, erbkranker Nachwuchs, Arbeitsscheue, Judenverfolgung.*

NSV-Schweinchen war die volkstümliche Bezeichnung für eine Merktafel aus Holz oder Pappe, die wie ein Schwein geformt war. Auf der Schweinchen-Merktafel war aufgeschrieben, welche Küchenabfälle ein Schwein frißt und welche nicht: «Ich fresse: Abfälle von Kartoffeln, Gemüse, Salat und Obst ...

aber nicht: Chemikalien, Putzmittel, Gewürze ...»[607]

NSV war die Abkürzung für Nationalsozialistische Volkswohlfahrt e. V., die Organisation der *NSDAP* für Wohlfahrtspflege. Das Schwein war die Kennmarke des «Ernährungshilfswerkes des deutschen Volkes»[608], das 1937 von der NSV eingerichtet wurde. Aufgabe des Ernährungshilfswerkes war, alle bis dahin nicht verwerteten Küchenabfälle in den städtischen Haushaltungen zu sammeln und sie der Landwirtschaft zur Schweinemast zuzuleiten. Die Merktafel sollte die Hausfrauen zu sorgfältiger Sammlung der notwendigen Abfälle anhalten. Wie auch die Sammlungen von Altwaren aller Art – Metalle, Flaschen, Textilien oder Papier – gehörte die Verwertung von Küchenabfällen zu den nationalsozialistischen Propagandaaktionen, in denen die Bevölkerung aufgefordert wurde, ihren Teil zur Verwirklichung des *Vierjahresplans* beizutragen. Für die Sammlungen von Altmaterialien wurden in regelmäßigen Aktionen Schüler und Jungen und Mädchen der *Hitlerjugend* eingesetzt.

Mangelnde Bereitschaft der Hausfrauen, Abfälle zu sammeln, wurde häufig zum Anlaß für Denunziationen bei dem zuständigen *Blockwart*.

Siehe *NSV, Vierjahresplan, Winterhilfswerk.*

Nürnberger Gesetze. Mit diesem Begriff bezeichnet die Weltöffentlichkeit die zwei berüchtigten Gesetze, die am 15. September 1935 auf dem Nürnberger Parteitag der *NSDAP* verkündet wurden. Durch das *Reichsbürgergesetz* wurden alle deutschen Staatsbürger jüdischen Glaubens oder mit zwei Großeltern jüdischen

Glaubens zu Menschen mit eingeschränkten Rechten herabgestuft. Durch das «Gesetz zum Schutze des deutschen Blutes und der deutschen Ehre», *Blutschutzgesetz* genannt, wurde die Eheschließung zwischen Nicht-Juden und Juden verboten und unter Strafe gestellt. Die *Judenverfolgung* – die bereits seit 1933 mit der nationalsozialistischen *Machtübernahme* begonnen hatte – erhielt eine gesetzliche Grundlage.

Die Nationalsozialisten bezeichneten das Reichsbürgergesetz und das Blutschutzgesetz als «Nürnberger Rassengesetze»: «Die Nürnberger Rassengesetze sind die Grundpfeiler der deutschen Rassegesetzgebung. Dem deutschen Volke werden sie, das Rassenproblem staatsrechtlich wie erbbiologisch angehend, die rassische Kraft sichern, ein ‹germanisches Volk deutscher Nation› heranzuziehen, das sich durch Fernhaltung jeder fremdartigen Rassenmischung seine Art erhält.»[609]

Die Nürnberger Gesetze wurden weltweit zum Sinnbild der nationalsozialistischen Menschenverachtung. Sie waren Grundlage der furchtbarsten Verfolgung in der Geschichte der Menschheit, durch die Millionen Juden in unendliches Leid und in den Tod getrieben wurden.

Der Parteitag von 1935 stand unter dem zynischen Leitspruch «Reichsparteitag der Freiheit»[610]. Der Reichstag – seit der Annahme des *Ermächtigungsgesetzes* am 24. März 1933 nur noch ein Zustimmungsparlament ohne das Recht, die Gesetzgebung zu beeinflussen – war, nur um dem Gesetz zuzustimmen, nach Nürnberg einberufen worden.

Das dritte der Nürnberger Gesetze, das Reichsflaggengesetz, bestimmte, daß die Farben des Deutschen Reiches schwarzweiß-rot waren und daß die *Hakenkreuzfahne* die Reichs- und Nationalflagge wurde.

Siehe *Reichsbürgergesetz, Blutschutzgesetz, Judenverfolgung, Endlösung.*

Nürnberger Prozeß. Der Nürnberger Prozeß fand vom 20. 11. 1945 bis 1. 10. 1946 vor einem Internationalen Militärtribunal, IMT, der Siegermächte des Zweiten Weltkrieges – Großbritannien, Frankreich, USA und Sowjetunion – statt. Angeklagt wurden 24 Männer, die während der Zeit der nationalsozialistischen Herrschaft in Deutschland, 1933 – 1945, in führenden Stellungen der Partei, des Staates, der Wirtschaft und der *Wehrmacht* tätig gewesen waren, sowie sechs nationalsozialistische Organisationen.

Der Prozeß wurde durchgeführt auf Grund des am 8. August 1945 in London von den alliierten Mächten geschlossenen «Abkommens über die Verfolgung und Bestrafung der Hauptkriegsverbrecher der Mächte der Europäischen Achse».

Dem Gericht gehörten je ein Richter und ein stellvertretendes Mitglied der vier beteiligten Staaten an. Jeder Staat stellte einen Hauptanklagevertreter. Als Verteidiger waren deutsche Anwälte zugelassen.

Die Anklagepunkte lauteten:

1. Gemeinsamer Plan oder Verschwörung.
2. Verbrechen gegen den Frieden.
3. Kriegsverbrechen.
4. Verbrechen gegen die Menschlichkeit.

Zur Beweisführung wurden zahllose

Dokumente geprüft, die mündlichen und schriftlichen Aussagen von über 200 Zeugen gehört und gelesen.

Von den 24 in der Anklageschrift aufgeführten Angeklagten fehlten vor Gericht Reichsorganisationsleiter Robert Ley, der am 25. Oktober 1945 Selbstmord begangen hatte, Gustav Krupp v. Bohlen und Halbach wegen Krankheit und Martin Bormann, der nicht aufgefunden werden konnte. Gegen Bormann wurde in Abwesenheit verhandelt. 22 der Angeklagten wurden am 1. Oktober 1946 verurteilt, davon 12 zum Tode. Das waren

Martin Bormann, *Reichsleiter* und Chef der Parteikanzlei der NSDAP
Anklagepunkte: 1, 3, 4.
Schuldig nach: 3, 4.

Hans Frank, Generalgouverneur von Polen
Anklagepunkte: 1, 3, 4.
Schuldig nach: 3, 4.

Wilhelm Frick, Reichsminister des Innern
Anklagepunkte: 1, 2, 3, 4.
Schuldig nach: 2, 3, 4.

Hermann Göring, Reichsmarschall, Preußischer Ministerpräsident und Reichsluftfahrtminister
Anklagepunkte: 1, 2, 3, 4.
Schuldig nach allen 4 Punkten.

Alfred Jodl, Generaloberst und Chef des *Wehrmachts*führungstabes
Anklagepunkte: 1, 2, 3, 4.
Schuldig nach allen 4 Punkten.

Ernst Kaltenbrunner, SS-Obergruppenführer, seit 1943 Chef des *Reichssicherheitshauptamtes*, RSHA
Anklagepunkte: 1, 3, 4.
Schuldig nach: 3, 4.

Wilhelm Keitel, Generalfeldmarschall und Chef des Oberkommandos der Wehrmacht
Anklagepunkte: 1, 2, 3, 4.
Schuldig nach allen 4 Punkten.

Joachim von Ribbentrop, Reichsaußenminister
Anklagepunkte: 1, 2, 3, 4.
Schuldig nach allen 4 Punkten.

Alfred Rosenberg, Reichsminister für die besetzten Ostgebiete
Anklagepunkte: 1, 2, 3, 4.
Schuldig nach allen 4 Punkten.

Fritz Sauckel, *Gauleiter* von Thüringen und Reichsbevollmächtigter für den Arbeitseinsatz
Anklagepunkte: 1, 2, 3, 4.
Schuldig nach: 3, 4.

Arthur Seyss-Inquart, *Reichskommissar* für die Niederlande
Anklagepunkte: 1, 2, 3, 4.
Schuldig nach: 2, 3, 4.

Julius Streicher, Gauleiter von Franken und Herausgeber der Zeitung «*Der Stürmer*»
Anklagepunkte: 1, 4.
Schuldig nach: 4.

Drei Angeklagte wurden zu lebenslanger Freiheitsstrafe verurteilt. Das waren

Walter Funk, Reichswirtschaftsminister
Anklagepunkte: 1, 2, 3, 4.
Schuldig nach: 2, 3, 4.

Rudolf Heß, *Stellvertreter des Führers*
Anklagepunkte: 1, 2, 3, 4.
Schuldig nach: 1, 2.

Erich Raeder, Großadmiral und Oberbefehlshaber der Kriegsmarine
Anklagepunkte: 1, 2, 3.
Schuldig nach: 1, 2, 3.

Vier Angeklagte wurden zu zeitlich begrenzten Freiheitsstrafen verurteilt. Das waren

Karl Dönitz, Großadmiral und Nachfolger Raeders als Oberbefehlshaber der Kriegsmarine, letzter Reichspräsident
zu 10 Jahren Freiheitsentzug
Anklagepunkte: 1, 2, 3.
Schuldig nach: 2, 3.

Konstantin von Neurath, Reichsaußenminister und Reichsprotektor von Böhmen und Mähren
zu 15 Jahren Freiheitsentzug
Anklagepunkte: 1, 2, 3, 4.
Schuldig nach allen 4 Punkten.

Baldur von Schirach, *Reichsjugendführer* und Gauleiter von Wien
zu 20 Jahren Freiheitsentzug
Anklagepunkte: 1, 4.
Schuldig nach: 4.

Albert Speer, Rüstungsminister
zu 20 Jahren Freiheitsentzug
Anklagepunkte: 1, 2, 3, 4.
Schuldig nach: 3, 4.

Drei Angeklagte wurden freigesprochen. Das waren

Hans Fritzsche, Abteilungsleiter im Reichs*propagandaministerium*
Anklagepunkte: 1, 3, 4.

Franz von Papen, Vizekanzler und später Botschafter in Österreich und der Türkei
Anklagepunkte: 1, 2.

Hjalmar Schacht, Reichsbankpräsident und Reichswirtschaftsminister
Anklagepunkte: 1, 2.

Die Todesurteile wurden in Nürnberg vollstreckt. Göring beging vor der Vollstreckung Selbstmord. Die Haftstrafen verbüßten die Verurteilten im Kriegsverbrecher-Gefängnis in Berlin-Spandau, bewacht von Soldaten der vier Siegerstaaten.

Von den sechs angeklagten nationalsozialistischen Organisationen wurden drei zu verbrecherischen erklärt: das Führerkorps der NSDAP, die *SS* – einschließlich *Waffen-SS, SS-Totenkopfverbände* und *SD* – sowie die *Gestapo.* Nicht zu verbrecherischen Organisationen erklärt wurden die *SA,* die Reichsregierung sowie Generalstab und Oberkommando der Wehrmacht.

Die Urteile hatten keine Auswirkung auf die deutsche Rechtsprechung. Personen, die während der nationalsozialistischen Herrschaft einer der schuldig gesprochenen Organisationen angehört hatten, muß in Prozessen ihre persönliche Schuld nach den Straftatbeständen des geltenden deutschen Rechts nachgewiesen werden.

Die Amerikaner führten nach Abschluß des Hauptprozesses weitere Prozesse in Nürnberg durch, 1. gegen Ärzte wegen Teilnahme an grausamen und lebensgefährlichen Menschenversuchen, 2. gegen Generalfeldmarschall Milch wegen Mitarbeit an dem Zwangsarbeiterprogramm, 3. gegen Juristen, 4. gegen Angehörige des Wirtschaftsverwaltungshauptamtes der SS, denen die Verwaltung der Konzentrationslager, *KZ,* unterstand, 5. gegen Friedrich Flick und fünf seiner Mitarbeiter wegen Ausnutzung von Zwangsarbeitern, 6. gegen die Leitung der IG-Farbenindustrie, 7. gegen Südost-Generale wegen Geiselerschießungen, 8. gegen Angehörige des Rasse- und Siedlungshauptamtes der SS, unter anderem wegen der Mitwirkung an der Massentötung von Polen und Juden, 9. gegen die Mitglieder von *Einsatzgruppen* der SS, denen Morde an Millionen von Menschen zur Last gelegt wurden, 10. gegen Krupp und leitende Angestellte der

Firma Krupp, unter anderem wegen der Ausnutzung von Zwangsarbeitern, 11. der Wilhelmstraßen-Prozeß gegen führende Personen, unter anderem Minister und Staatssekretäre der nationalsozialistischen Regierung, 12. gegen Angehörige des Oberkommandos der Wehrmacht. Außerdem fanden weitere Prozesse gegen das Personal mehrerer Konzentrationslager statt.

In den folgenden Jahren wurden zahlreiche Folge- und Kriegsverbrecherprozesse geführt: von den Besatzungsmächten in Deutschland und in den Staaten, die während des Zweiten Weltkrieges, 1939–1945, von deutschen Truppen besetzt waren, sowie in der DDR und in der Bundesrepublik Deutschland. Anklagepunkte waren Kriegsverbrechen und Verbrechen gegen die Menschlichkeit und den Frieden.

Siehe *NSDAP, SS, SD, Gestapo, KZ, Wehrmacht, Fremdarbeiter, Judenverfolgung, Sondergerichte, Volksgerichtshof.*

O

Oberster Gerichtsherr. Am 26. 4. 1942 –
auf der letzten Sitzung des Deutschen
Reichstages – erhielt Adolf Hitler durch
«Beschluß des Großdeutschen Reichstages» die Vollmacht, nach eigenem Ermessen in die Rechtsprechung des Deutschen Reiches eingreifen zu können. Der
Reichstag verkündete: «Der Führer muß
daher – ohne an bestehende Rechtsvorschriften gebunden zu sein – in seiner
Eigenschaft als Führer der Nation, als
Oberster Befehlshaber der Wehrmacht,
als Regierungschef und oberster Inhaber
der vollziehenden Gewalt, als oberster
Gerichtsherr und als Führer der Partei jederzeit in der Lage sein, nötigenfalls jeden Deutschen», gleichgültig, welchen
Beruf er ausübte oder welche Stellung er
innehatte, «mit allen ihm geeignet erscheinenden Mitteln zur Erfüllung seiner Pflicht anzuhalten und bei Verletzung dieser Pflichten nach gewissenhafter Prüfung ohne Rücksicht auf sogenannte wohlerworbene Rechte mit der
ihm gebührenden Sühne zu belegen, ihn
im besonderen ohne Einleitung vorgeschriebener Verfahren aus seinem Amte,
aus seinem Rang und seiner Stellung zu
entfernen.»[611]

Durch diesen Beschluß wurde Adolf
Hitler gesetzlich berechtigt, willkürlich
in die Rechtsprechung einzugreifen und
rechtskräftige Gerichtsurteile nachträglich zu korrigieren. Die sachliche Unabhängigkeit der Richter – eine unverzichtbare Grundlage des Rechtsstaates – war
damit aufgehoben. Sachliche Unabhängigkeit eines Richters bedeutet, daß ihm
niemand vorschreiben darf, wie er im
Einzelfall zu entscheiden habe. Er ist nur
dem Gesetz unterworfen.

In seiner Reichstagsrede am Tag des Beschlusses machte Hitler mündlich noch
einmal deutlich, daß er «Richter, die ersichtlich das Gebot der Stunde nicht erkennen, ihres Amtes entheben»[612] werde.

Ohne gesetzliche Grundlage hatte sich
Hitler bereits am 13. Juli 1934 als «des
deutschen Volkes oberster Gerichtsherr»[613] bezeichnet. Er rechtfertigte damit den Erlaß eines Gesetzes vom 3. Juli
1934, das rückwirkend die von der *SS*, der
Schutzstaffel der *NSDAP*, verübten Morde
im Zusammenhang mit dem angeblichen
Röhm-Putsch als «rechtens»[614] bezeichnete.

Siehe *Volksempfinden, Ermächtigungsgesetz, Führer und Reichskanzler.*

Oradour-sur-Glane, eine Ortschaft in
Südfrankreich, wurde am 10. 6. 1944 von
einem Kommando der *SS*-Division «Das
Reich» besetzt und völlig zerstört. Alle
männlichen Einwohner, ungefähr 190,
wurden in Scheunen erschossen. Die über
400 Frauen und Kinder des Ortes wurden
von den SS-Männern in die Kirche getrieben, die mit allen anderen Gebäuden des
Ortes in Brand gesteckt wurde. Frauen
und Kinder, die zu flüchten versuchten,
wurden mit Handgranaten und Schnellfeuerwaffen getötet. Nur wenige konnten entkommen.

Die SS-Kompanie führte die Aktion wegen eines vermißten SS-Führers und fortgesetzter Partisanentätigkeit in diesem
Gebiet durch. Die Untersuchung des SS-

Einsatzes in Oradour durch ein deutsches Kriegsgericht blieb ohne Ergebnis. Beweise für die Zusammenarbeit der Einwohner des Ortes mit einer Widerstandsbewegung gab es nicht. Der Führer des Einsatzes, SS-Sturmbannführer Dieckmann, fiel kurze Zeit nach dem Ereignis.

1953, acht Jahre nach dem Ende des Zweiten Weltkrieges, 1939–1945, wurden 59 ehemalige Angehörige der Kompanie vor einem französischen Kriegsgericht angeklagt. 19 Angeklagte waren bei dem Prozeß anwesend, gegen 40 wurde in Abwesenheit verhandelt. Ein SS-Führer und ein SS-Mann wurden zum Tode verurteilt, die anderen erhielten Freiheitsstrafen zwischen fünf und zwölf Jahren, einer der Angeklagten wurde freigesprochen.

Die Verurteilung durch das französische Gericht wurde durch die Lex Oradour ermöglicht. Dieses Gesetz wurde eigens für den Prozeß beschlossen: Die Zugehörigkeit zu einer an Kriegsverbrechen beteiligten Einheit reichte danach für einen Schuldspruch aus.

Siehe *SS, Nürnberger Prozeß, besetzte Gebiete, Lidice.*

Ordensburgen hießen drei neu errichtete Burgen in Pommern (Krössinsee), im Bayerischen Oberallgäu (Sonthofen) und in der Eifel (Vogelsang), in denen im Mai 1936 schulische Einrichtungen der *NSDAP* eröffnet wurden, die außerhalb des üblichen Schulsystems standen. Sie wurden von dem Organisationsleiter der NSDAP, Dr. Robert Ley, mit dem Ziel gegründet, in dreijährigen Schulungskursen erwachsene «wertvolle Parteigenossen», 25 bis 30 Jahre alt, die «rassisch, körperlich und

geistig eine Auslese darstellen»[615], als Führernachwuchs für die Partei auszubilden. Noch im Februar desselben Jahres hatte der *Stellvertreter des Führers*, Rudolf Heß, festgestellt: «...Die Abgabe führender Parteigenossen zur Durchsetzung der nationalsozialistischen Linie im Staat und die Inangriffnahme zahlreicher neuer Aufgaben durch die Partei haben seit der Machtübernahme zu einem sich immer stärker fühlbar machenden Mangel an Parteigenossen, die Führerstellen vom Kreisleiter aufwärts bekleiden können, geführt...»[616]

Für die Aufnahme in die Ordensburgen waren keine anderen Voraussetzungen erforderlich als die vorherige Mitgliedschaft in der *Hitlerjugend*, die Ableistung des Dienstes in Reichsarbeitsdienst, *RAD* und *Wehrmacht* sowie praktische Erfahrung in den Parteiorganisationen. Eine Aufnahmeprüfung mußte nicht abgelegt werden. Weiteren Nachwuchs sollten später die 1937 von Robert Ley und dem Führer der Hitlerjugend, Baldur von Schirach, eingerichteten *Adolf-Hitler-Schulen* stellen.

Jede Burg war für 1000 Mann geplant, die als Junker bezeichnet wurden, sowie für 500 Angestellte, Lehrer, Diener, Köche und anderes Personal. Finanziert wurden die Schulen nicht von der Partei, sondern vom Staat.

Die Bezeichnung Junker für die Schüler der Ordensburgen hat nichts mit den «Junkerschulen» der *SS* zu tun, deren Aufgabe die Ausbildung des Führernachwuchses der *Waffen-SS* war.

Die drei Ordensburgen sollten mit unterschiedlichem Schwerpunkt arbeiten, und alle Schüler sollten jeweils ein Jahr auf jeder Burg verbringen. Zu den Unterrichtsfächern aller drei Schulen gehörten außer der körperlichen Ausbildung insbesondere *Rassenkunde*, aber auch Geschichte, Philosophie, Kunst und Kultur, Wirtschafts- und Soziallehre.

Die Leistungen der Schüler der Ordensburgen wurden in einem Bericht von Parteibeauftragten an die NSDAP-*Reichsleitung* eher abwertend beurteilt: «Einen von Geist und Wissen getragenen Vortrag können viele Junker nicht verarbeiten. Sie geben sich alle Mühe, das Gehörte zu behalten, aber selbst dann steht das Erlernte vielfach einsam im Raum. Die oft mangelnde Vorbildung läßt sie keine Beziehung zu dem Gehörten finden ...»[617] Im Organisationsbuch der NSDAP von 1937 hieß es: «Die Schulung wird erforderlichenfalls so lange fortgesetzt, bis die Führeranwärter als ausgebildete Politische Leiter entlassen werden können.»[618]

Die Einstellung Adolf Hitlers und anderer nationalsozialistischer Führer zu den Ordensburgen war eher zurückhaltend. Einige von ihnen verfolgten eigene Pläne, zum Beispiel Reichserziehungsminister Rust mit den *Napola*, den Nationalpolitischen Erziehungsanstalten, oder Alfred Rosenberg, der die Idee einer sogenannten Hohen Schule der NSDAP als Parteiakademie entwickelte, die aber nicht weit über die Planung hinauskam.

Bis zu Beginn des Zweiten Weltkrieges 1939 hatte kein Lehrgang der Ordensburgen die Ausbildung abgeschlossen. Die Junker wurden zur Wehrmacht eingezogen, die Gebäude für Lehrgänge kriegsversehrter Parteigenossen oder Verwaltungsbeamter benutzt oder den Adolf-Hitler-Schulen zur Verfügung gestellt.

Siehe *NSDAP, Politische Leiter, Rassenkunde*.

Organisation Todt. Die Organisation Todt, Abkürzung OT, war eine nach ihrem Leiter, Dr. Fritz Todt, benannte staatliche Bauorganisation, die 1938 für den Bau militärischer Anlagen eingerichtet wurde und während des Zweiten Weltkrieges, 1939–1945, in den von deutschen Truppen *besetzten Gebieten* kriegswichtige Bauvorhaben ausführte.

1933 war Todt von Adolf Hitler mit dem Bau der *Reichsautobahnen* beauftragt und im Rahmen dieses Auftrages bei weitestgehender Selbständigkeit und außerordentlichen Befugnissen als «Generalinspektor für das deutsche Straßenwesen»[619] Hitler unmittelbar unterstellt worden.

1938 wurde Todt die Aufsicht über den Bau des Westwalls, der militärischen Befestigungsanlage an der Grenze zu Frankreich, übertragen. Im Zusammenhang mit dem Bau der Befestigungsanlage ergingen im Juni 1938 mehrere staatliche Verordnungen, die umfangreiche *Dienstverpflichtungen* von Arbeitern und Angestellten und die Beauftragung privater Baufirmen anordneten.

Nach Kriegsbeginn 1939 wurde die Organisation Todt besonders in den eroberten Gebieten verstärkt eingesetzt. Es wurden «Frontbauleitungen»[620] eingerichtet, die für den Wiederaufbau zerstörter Straßen, Brücken oder Eisenbahnlinien verantwortlich waren. Im Verlauf des Krieges gingen alle militärischen Bauaufgaben auf die OT über; Leiter der OT-Einsatzgruppen wurden gleichzeitig die Baubeauftragten der einzelnen Heeresgruppen, denen auch die Bauformationen der *Wehrmacht* unterstellt wurden.

Die Angehörigen der Organisation Todt trugen olivgrüne Uniformen mit einer *Hakenkreuz*binde am Ärmel; die Frontkommandos der OT waren militärisch organisiert.

Auf den Baustellen beschäftigte die OT ausländische Zivilarbeiter – sie wurden als *Fremdarbeiter* bezeichnet –, Kriegsgefangene und in Lagernähe auch Juden und andere Häftlinge aus Konzentrationslagern, *KZ*.

1940 wurde Todt zum Reichsminister für Bewaffnung und Munition ernannt. Die Organisation Todt, deren Zentrale eine Amtsgruppe des neu errichteten Ministeriums bildete, wurde zu einer der bedeutendsten Sonderorganisationen des nationalsozialistischen Staates. Todt erhielt für bestimmte Aufträge weitgehende Vollmachten staatlicher Amtsbefugnis. Sie befreiten ihn weitgehend von sonst üblichen bürokratischen Erfordernissen und verschafften seiner Organisation eine hohe Leistungsfähigkeit bei der Ausführung der Bauaufträge.

Dr. Todt verunglückte 1942 tödlich. Sein Nachfolger als Reichsminister für Bewaffnung und Munition wurde Albert Speer, der seit 1937 «Generalbauinspektor für die Neugestaltung der Reichshauptstadt»[621] war; er übernahm 1943 auch die Leitung der Organisation Todt.

Siehe *Fremdarbeiter, besetzte Gebiete, Bauten des Führers.*

Ortsgruppe,   Ortsgruppenleiter. Die Ortsgruppe war eine Gebietseinheit innerhalb der Organisation der *NSDAP*. Auf dem Lande umfaßte sie eine oder mehrere Gemeinden; die Städte wurden je nach ihrer Größe unterteilt. Eine Ortsgruppe bestand aus mindestens 50, höchstens 500 Parteimitgliedern; die Zahl der Haushaltungen in einem Ortsgruppengebiet durfte nur in Ausnahmefällen 3000 betragen, in der Regel waren es weniger, eine Mindestgrenze war nicht vorgesehen. Die Ortsgruppen waren in Zellen und *Blocks* unterteilt. Die Ortsgruppe galt wie *Gau, Kreis* und Block als «Hoheitsgebiet»[622] der NSDAP.

Höchster Parteiführer in der Ortsgruppe war der Ortsgruppenleiter; er war, da er einem Partei-«Hoheitsgebiet» vorstand, ein «Hoheitsträger»[623], verantwortlich «... für die gesamtpolitische Lage ...»[624] in seinem Hoheitsbereich. Ihm übergeordnet war als Hoheitsträger im Kreis der *Kreisleiter.* Der Ortsgruppenleiter wurde auf Vorschlag des Kreisleiters vom *Gauleiter* ernannt. Der Sitz der Ortsgruppe und des Ortsgruppenleiters war die Ortsgruppendienststelle; hier arbeitete der «Ortsgruppenstab»[625], das waren jeweils nur für ein Sachgebiet zuständige Amtsleiter, zum Beispiel für Organisation, Schulung oder Propaganda. Die Ortsgruppendienststelle war im allgemeinen auch der Sitz der Leiterin der *NS-Frauenschaft* und der für die jeweilige Ortsgruppe zuständigen *NSV*-Dienststelle. Die NSV war die Nationalsozialistische Volkswohlfahrt.

Es war Aufgabe des Ortsgruppenleiters, «... durch geeignete Veranstaltungen die Bevölkerung nationalsozialistisch auszurichten ...»[626] und «... sich durch die der Gemeindevertretung angehörenden Politischen Leiter seines Stabes über kommunale Vorhaben und Beschlüsse Bericht erstatten zu lassen und nötigenfalls Meldung an den Beauftragten der Partei zu machen ...»[627] *Politische Leiter* waren alle Mitglieder der NSDAP, die ein Parteiamt innehatten. Der *Beauftragte der Partei* – in der Regel war das ein Kreisleiter – hatte seit 1935 das Vorschlagsrecht für die Besetzung der Posten von Bürgermeistern und Gemeinderäten.

Die Ortsgruppenleiter waren beauftragt, Fragebogen nicht nur über Mitglieder der Partei, sondern auch über alle anderen Einwohner in der Ortsgruppe auszufüllen. In 45 Fragen wurde die politische Zuverlässigkeit im Sinne des Nationalsozialismus überprüft.

Siehe *NSDAP, Gefolgschaft.*

P

Pflichtjahr. Seit 1938 waren alle unverheirateten weiblichen Jugendlichen unter 25 Jahren gezwungen, ein Pflichtjahr in der Land- oder Hauswirtschaft abzuleisten. Von der Verpflichtung ausgenommen wurden nur Frauen, die ohnehin in Haus- oder Landwirtschaft beruflich tätig waren. Das Pflichtjahr mußte im *Arbeitsbuch* eingetragen werden. Ohne diese Eintragung durften Frauen nicht außerhalb der Landwirtschaft oder Hauswirtschaft beschäftigt werden.

Das Pflichtjahr wurde durch die «Anordnung zur Durchführung des Vierjahresplans über den verstärkten Einsatz von weiblichen Arbeitskräften in der Land- und Hauswirtschaft» vom 15. Februar 1938 eingeführt. Der Präsident der Reichsanstalt für Arbeitsvermittlung und Arbeitslosenversicherung erließ dazu am 23. Dezember 1938 die Durchführungsbestimmung. Ziel der Anordnung und ihrer Durchführungsbestimmung war, die «Berufslenkung und ... den Fehlbedarf an Arbeitskräften zu decken»[628].

Das Pflichtjahr konnte in einem ländlichen oder städtischen Haushalt, nach Vollendung des 17. beziehungsweise 18. Lebensjahres auch sechs Monate im Reichsarbeitsdienst, *RAD*, und im Anschluß daran sechs Monate in einem freien Arbeitsverhältnis abgeleistet werden oder im zweijährigen Frauenhilfsdienst des Deutschen Frauenwerkes zur Entlastung von Krankenschwestern und Kindergärtnerinnen. «Eine nicht arbeitsbuchpflichtige Tätigkeit im Elternhaus oder bei Verwandten» wurde «als Pflichtjahr angerechnet, wenn es sich um Familien mit vier oder mehr Kindern unter 14 Jahren»[629] handelte. Vermittelt wurde die Tätigkeit grundsätzlich durch die Arbeitsämter. Wer sich selbst eine Stelle besorgt hatte, mußte die Genehmigung des zuständigen Arbeitsamtes einholen.

Im Jahr 1940 befanden sich etwa 200 000 Frauen im Pflichtjahr.

Siehe *RAD*, *NS-Frauenschaft*, *Dienstverpflichtung*, *BDM*, *Mutterkreuz*.

Pg war die Abkürzung für die Parteigenosse oder Parteigenossin genannten Mitglieder der *NSDAP*. Parteimitglied konnte «... jeder unbescholtene Angehörige des deutschen Volkes ...»[630] werden, der das 18. Lebensjahr vollendet hatte und bis zum Jahre 1800 von keinem Juden abstammte.

«... Wer Nationalsozialist wird, tritt nicht irgendeiner Organisation bei, sondern wird Soldat der deutschen Freiheitsbewegung ...»[631] hieß es im Organisationsbuch der NSDAP von 1936. Als Voraussetzung für einen «... wahren Nationalsozialisten ...» wurden «... Kampfbereitschaft, Opferbereitschaft, Charakterstärke ...»[632] gefordert.

Bei seiner Aufnahme in die NSDAP mußte der Parteigenosse angesichts der Parteifahne ein Treuegelöbnis ablegen: «... Ich gelobe meinem Führer Adolf Hitler Treue. Ich verspreche, ihm und den Führern, die er mir bestimmt, jederzeit Achtung und Gehorsam entgegenzubringen ...»[633] Die Pflichten des Parteigenossen waren in der Form von «Geboten»[634] niedergeschrieben: «Der Führer hat immer recht! Verletze nie die Disziplin! ... Sei stolz, aber nicht dünkelhaft! ... Im Kampfe sei zäh und verschwiegen! Mut ist nicht Rüpelhaftigkeit! Recht ist, was der Bewegung und damit Deutschland, d. h. deinem Volke nützt! ...»[635]

Als äußeres Zeichen der NSDAP-Mitgliedschaft wurde das Parteiabzeichen als Anstecknadel am Jackettaufschlag getragen; das runde Abzeichen war weiß emailliert und hatte am Rande einen roten Schriftring mit der Inschrift «Nationalsozialistische D. A. P.»; in der Mitte befand sich in weißem Medaillon ein schwarzes schrägstehendes *Hakenkreuz.*

Neben dem gewöhnlichen Mitgliedsabzeichen gab es das «Goldene Ehrenzeichen der NSDAP»[636], das auch Goldenes Parteiabzeichen genannt wurde. Es unterschied sich von dem einfachen Parteiabzeichen durch einen goldenen Eichenblattkranz am äußeren Rand. Das Goldene Parteiabzeichen wurde durch Verfügung Adolf Hitlers im November 1933 gestiftet; verliehen wurde es an Parteigenossen, «... welche nach Neugründung der NSDAP am 27. Februar 1925 eine Mitgliedsnummer zwischen 1 und 100000 zugewiesen erhielten und vom Tage des Eintritts in die Bewegung an gerechnet ihre Mitgliedschaft niemals unterbrochen haben ...»[637]

Nach zweijähriger Mitgliedschaft war «der Parteigenosse berechtigt, zum Zivilanzug» das braune Hemd der Parteiuniform «anzulegen»[638].

Es gab während der Zeit des Nationalsozialismus keinen direkten Zwang, der NSDAP beizutreten. Die Partei übte je-

doch auf viele Menschen Druck aus – mit dem Hinweis auf bessere Ausbildungschancen, berufliche Aufstiegsmöglichkeiten, auf aussichtsreiche Vergünstigungen oder auf drohende Entlassungen.

Nach der *Machtübernahme* 1933 traten viele Deutsche der Partei auch bei, weil sie Angst um ihre Existenz hatten, weil sie schnell Karriere machen wollten oder weil es ihnen ganz einfach günstig und vorteilhaft erschien.

1945 zählte die NSDAP rund 8,5 Millionen Mitglieder.

Siehe *NSDAP, Gliederungen und Angeschlossene Verbände der NSDAP, Hitlerjugend, Machtübernahme.*

Pimpf war seit 1934 die amtliche Bezeichnung für die 10- bis 14jährigen Mitglieder des Deutschen *Jungvolks,* einer Abteilung der *Hitlerjugend,* der Jugendorganisation der *NSDAP.*

Kluges Etymologisches Wörterbuch – ein Lexikon über Ursprung und Grundbedeutung von Wörtern – weist nach, daß «Pimpf»[639] ursprünglich ein Schimpfwort für Halbstarke oder Halbwüchsige war. Seit ungefähr 1920 war das Wort – ohne verächtlichen Beiklang – Bezeichnung für die kleinsten, etwa zehnjährigen Mitglieder in der Jugendbewegung.

Siehe *Hitlerjugend.*

Politische Leiter. Alle Mitglieder der *NSDAP,* die ein Amt in der Partei innehatten, waren Politische Leiter. Sie waren in den verschiedenen Dienststellen der Partei, dem *Block,* der *Zelle,* der *Ortsgruppe,* dem *Kreis,* dem *Gau* oder in der *Reichsleitung,* zum Beispiel in den Ämtern für Organisation, Schulung oder Propaganda tätig.

Alle Politischen Leiter zusammen bildeten das «Korps der Politischen Leiter»[640], das im Jahre 1937 aus mehr als 700 000 Parteiführern bestand. Die Zugehörigkeit zum Korps der Politischen Leiter war auf allen Stufen freiwillig. Alle Politischen Leiter trugen die goldbraune Uniform der NSDAP.

Unter den Politischen Leitern gab es die «Hoheitsträger»[641], die den Partei-«Hoheitsgebieten»[642] vorstanden. Die Hoheitsgebiete waren örtlich abgegrenzte Bereiche, in denen die Hoheitsträger für alle Parteiangelegenheiten verantwortlich waren. Entsprechend dem Gebiet, das ihnen unterstellt war, wurden sie als Blockleiter, Ortsgruppenleiter, Kreisleiter und Gauleiter bezeichnet.

Eignung und Auswahl der Politischen Leiter waren von der NSDAP genau bestimmt: «Der Politische Leiter ist kein Beamter, sondern immer der politische Beauftragte des Führers ... Der Politische Leiter muß Prediger und Soldat zugleich sein... Sage nie ‹Ich meine, man müßte, es ist zu empfehlen›. Deine Meinung ist gleichgültig, dagegen verlangt jeder zu wissen, was du willst. Dann kannst du auch jeden zur Verantwortung ziehen, dann gibt es keinen Zweifel.»[643]

Von der Ebene der Kreisleitung an waren die Politischen Leiter hauptamtlich tätig, das heißt, sie arbeiteten hauptberuflich für die NSDAP und wurden von der Partei bezahlt.

Zu den Aufgaben der Politischen Leiter gehörte neben der Verbreitung der nationalsozialistischen Propaganda vor allem auch die Überwachung der politischen Haltung der Bevölkerung. Dabei arbeiteten sie oft mit der *Gestapo*, der *Ge*heimen *Sta*ats*po*lizei, und dem *SD*, dem Sicherheitsdienst der *SS*, zusammen, um gegen der Partei mißliebige oder unbequeme Bürger entsprechende Maßnahmen anzuwenden – das konnte für den einzelnen Verhaftung oder Einweisung in ein *KZ* bedeuten. Im Rahmen dieser politischen Überwachung der Bevölkerung spielten nach dem Urteil des *Nürnberger Prozesses* «... die niederen politischen Leiter eine besondere wichtige Rolle. Durch das Handbuch der Partei wurden die Blockleiter angewiesen, den Ortsgruppenleitern all jene Personen anzuzeigen, die schädliche Gerüchte oder Kritik des Regimes verbreiteten ...»[644]

Im Nürnberger Prozeß wurde 1946 das gesamte Korps der Politischen Leiter einschließlich aller Hoheitsträger als verbrecherisch verurteilt.

Siehe *Pg, NSDAP, SD, Gefolgschaft, Führer und Reichskanzler, Heimtückegesetz.*

Propagandaministerium war die gebräuchliche Bezeichung für das «Reichsministerium für Volksaufklärung und Propaganda», das am 13. März 1933 eingerichtet und von Dr. Joseph Goebbels, dem *Reichsleiter* für Propaganda der *NSDAP*, geleitet wurde. Das Propagandaministerium bestimmte, welche Nachrichten in Rundfunk und Zeitungen gesendet und geschrieben und welche nicht veröffentlicht werden durften. Filme und Theaterstücke sowie wichtige Bücher mußten den Ämtern des Ministeriums – oft auch dem Minister selbst – vor Arbeitsbeginn oder Veröffentlichung zur Genehmigung vorgelegt werden.

Das Propagandaministerium wurde zur umfassenden Lenkungszentrale der öffentlichen Meinung in allen Bereichen entsprechend der Verordnung des Reichskanzlers Adolf Hitler vom 30. Juni 1933: «... Der Reichsminister für Volksaufklärung und Propaganda ist zuständig für alle Aufgaben der geistigen Einwirkung auf die Nation, der Werbung für Staat, Kultur und Wirtschaft, der Unterrichtung der in- und ausländischen Öffentlichkeit über sie und der Verwaltung aller diesen Zwecken dienenden Einrichtungen ...»[645]

Um Abweichungen von der vorbestimmten Propagandarichtung zu verhindern, wurden dem neuen Ministerium ganze Geschäftsbereiche anderer Reichsministerien zugeordnet: Goebbels übernahm unter anderem die Presseabteilung aus dem Geschäftsbereich des Auswärtigen Amtes, aus dem Geschäftsbereich des Reichsministeriums des Innern übernahm er den Rundfunk, dessen technischer Betrieb im Verantwortungsbereich des Postministers verblieb, die «Theaterangelegenheiten sowie das Lichtspielwesen»[646] und die Presse.

Der Reichsminister für Volksaufklärung und Propaganda war damit zuständig für die gesamte Presse, den Rundfunk, den Film, für den Bereich der Kunst einschließlich Kunstausstellungen, der Musik, des Theaters, für die «Bekämpfung von Schund und Schmutz» in der Literatur, für «Nachrichtenwesen und Aufklärung»[647] im In- und Ausland sowie für die Gestaltung aller nationalsozialistischen Feiertage und staatlichen Feiern.

Auf allen diesen Gebieten war das Propagandaministerium nach der Verordnung vom 30. Juni 1933 «... federführend ...»[648]

Im Juli 1933 wurden 13 Landes- und 18 Nebenstellen des Propagandaministeriums im Reichsgebiet gebildet; im September desselben Jahres erhielten die Landesstellen die Bezeichnung Reichspropagandaämter. Wichtigste Aufgabe der Reichspropagandaämter war es, die Richtlinien des Ministeriums für alle Veröffentlichungen in ihrem Gebiet durchzusetzen. Jedes Amt mußte regelmäßig vertrauliche Berichte über die Stimmung der Bevölkerung nach Berlin geben. Diese Stimmungsberichte und Berichte des SD, des Sicherheitsdienstes der SS, gaben dem Ministerium die Möglichkeit, die zentral gelenkte Propaganda genau auf das Verhalten der Bevölkerung auszurichten.

Mit dem *Reichskulturkammergesetz* vom 22. September 1933 wurde der Reichsminister für Volksaufklärung und Propaganda ermächtigt, alle «... Angehörigen der Tätigkeitszweige, die seinen Aufgabenkreis betreffen, in Körperschaften des öffentlichen Rechts zusammenzufassen ...»[649] Damit verfügte Goebbels über das entscheidende Rechtsmittel zur *Gleichschaltung* der gesamten Publizistik mit der Weltanschauung des Nationalsozialismus. Die Einzelkammern der Reichskulturkammer – Schrifttum, Presse, Theater, Rundfunk, Musik, Bildende Kunst und Film – hatten nach der ersten Durchführungsverordnung zum Kulturkammergesetz darüber zu entscheiden, ob Publizisten und Künstler ihren Beruf weiterhin ausüben durften oder nicht. Goebbels wurde auch Präsident der Reichskulturkammer.

Den Einzelkammern der Reichskultur-kammer waren die jeweils entsprechen-den Abteilungen im Propagandaministe-rium übergeordnet. Abteilung V im Pro-pagandaministerium war die Filmabtei-lung. Sie hatte «... auf die gesamte Spiel-film- und Kulturfilmproduktion sowie auf den gesamten Filmeinsatz entschei-denden Einfluß ...»[650] zu nehmen.

Abteilung III, die Rundfunkabteilung, galt als «... Befehlszentrale des Deut-schen Rundfunks ...»[651] Die Bedeutung des Rundfunks hatte Goebbels sehr früh erkannt: «... Ich halte den Rundfunk für das allermodernste und für das allerwich-tigste Massenbeeinflussungsinstrument, das es überhaupt gibt ... Damit ist der Rundfunk wirklicher Diener am Volk, ein Mittel zum Zweck, und zwar zu einem sehr hohen und idealen Zweck, ein Mittel zur Vereinheitlichung des deutschen Vol-kes ... Der Rundfunk muß eine zentrale geistige Leitung haben. Diese übernimmt die Verantwortung, damit aber auch die Machtmöglichkeit ...»[652] Das Propagan-daministerium war daher bemüht, die Bevölkerung im Alltag fortwährend durch nationalsozialistische Propaganda zu beeinflussen: Es veranlaßte zum Bei-spiel die Herstellung eines billigen Rund-funkgeräts, des *Volksempfängers*; in Gast-stätten, Betrieben sowie Schulen und Be-hörden wurde der Gemeinschaftsemp-fang bestimmter Rundfunksendungen empfohlen oder angeordnet.

Das Mittel zur Ausrichtung der Presse-berichterstattung auf eine einheitliche nationalsozialistische Linie war die «Reichspressekonferenz»[653] – die Pres-sekonferenz der Reichsregierung –, die im Haus des Propagandaministeriums am Wilhelmplatz in Berlin abgehalten wurde. Hier erhielten die Pressevertreter strikte Anweisungen für ihre Berichter-stattung: «... Es muß immer wieder fest-gestellt werden, daß in der deutschen Presse noch Nachrichten und Schilderun-gen erscheinen, die geradezu von selbst-mörderischer Objektivität triefen und in keiner Weise verantwortet werden können. Man will keine Zeitungsge-staltung im alten liberalen Sinne, son-dern will, daß jede Zeitung mit den Grundsätzen des nationalsozialistischen Staatsaufbaus in eine Linie gebracht wird ...»[654] Zu jedem wichtigen politi-schen Ereignis gab das Propagandamini-sterium «Sprachregelungen»[655] für die Berichterstattung aus.

Im November 1940 führte das Propa-gandaministerium die «Tagesparole» ein: «... Als Anlaß der Einführung der Tagesparole wird gesagt, daß in ihr die täglichen politischen Weisungen an die deutschen Zeitungen auf die kürzeste Formel gebracht werden. Die Tages-parole ist verbindlich für die Zeitun-gen ...»[656]

Siehe *Reichskulturkammer, entartete Kunst, Bücherverbrennung, Juden unerwünscht, Rundfunkmaßnahmen, Schriftleitergesetz, Hakenkreuz, Heldengedenktag.*

Protektorat Böhmen und Mähren. Das Protektorat Böhmen und Mähren war der im März 1939, sechs Monate vor Beginn des Zweiten Weltkrieges, von deutschen Truppen besetzte tschechische Teil der Republik Tschechoslowakei, bestehend aus den Gebieten Böhmen und Mähren. Die wichtigste Stadt in diesem Gebiet war die Hauptstadt Prag.

Das besetzte Gebiet wurde mit einer nur sehr beschränkt selbständigen Regierung unter die Oberhoheit und den angeblichen Schutz – unter das Protektorat – des Deutschen Reiches gestellt.

Die Tschechoslowakische Republik wurde nach dem Ersten Weltkrieg am 28. Oktober 1918 ausgerufen. Sie wurde hauptsächlich aus Gebieten gebildet, die bis dahin zur Doppelmonarchie Österreich-Ungarn gehört hatten. Die an Deutschland und Österreich angrenzenden nördlichen und westlichen Randgebiete mit einer Größe von rund 28 000 Quadratkilometer wurden als Sudetenland bezeichnet; es lebten dort etwa 3 Millionen deutschsprachige Einwohner, die Sudetendeutschen. Siehe dazu Karte S. 156. Im *Münchener Abkommen* vom 29./30. September 1938 wurde von den Regierungschefs Großbritanniens, Frankreichs, Italiens und Deutschlands ohne Mitwirkung der tschechoslowakischen Regierung beschlossen, daß die Tschechoslowakei das sudetendeutsche Gebiet an Deutschland abzutreten habe. Adolf Hitler erklärte daraufhin, daß damit alle seine territorialen Ansprüche in Europa befriedigt seien. Schon drei Wochen nach der Münchener Konferenz jedoch befahl Hitler in einer geheimen Weisung vom 21. Oktober 1938 an die Befehlshaber der deutschen *Wehrmacht* die Aufstellung von Verbänden der Wehrmacht zur «Erledigung der Rest-Tschechei»[657].

Gleichzeitig mit den militärischen Vorbereitungen ließ die nationalsozialistische Regierung im slowakischen Teil der seit 1938 so bezeichneten Zweiten Tschecho-Slowakischen Republik Politiker unterstützen, die einen selbständigen Staat Slowakei errichten wollten. Hitler drohte, er werde den ungarischen Anspruch auf die Slowakei unterstützen, falls die Politiker nicht bereit seien, die Slowakei aus dem Staatsverband der Tschechoslowakei zu lösen. Unter diesem Druck beschloß am 14. März 1939 das slowakische Parlament die Gründung eines selbständigen, mit Deutschland verbündeten Staates Slowakei, der «unter den Schutz des Deutschen Reiches gestellt»[658] wurde.

Am selben Tag wurden auf Anordnung Hitlers der Staatspräsident Dr. Emil Hacha und der Außenminister der Tschechoslowakei nach Berlin gerufen. Hitler setzte den Staatspräsidenten davon in Kenntnis, daß am nächsten Tag deutsche Truppen in die Tschechoslowakei einmarschieren würden. Die Tschechoslowakei habe lediglich zu wählen, ob dies mit oder ohne Gegenwehr geschehen sollte. Göring ergänzte die Drohung, indem er ankündigte, im Falle der Gegenwehr werde er Prag bombadieren lassen: «... Mein Amt ist schwer, ich habe gar nichts gegen Ihre schöne Stadt; wenn ihr aber gegen den Entschluß des Führers irgend etwas machen wollt, besonders falls ihr versuchen solltet, Hilfe vom Westen zu erlangen, wäre ich gezwungen, der Welt die hundertprozentige Wirksamkeit meiner Luftwaffe zu zeigen ...»[659] Am Morgen des 15. März 1939 unterzeichnete Dr. Emil Hacha die ihm von den Nationalsozialisten diktierte Erklärung: «... Der tschechoslowakische Staatspräsident hat erklärt, daß er ..., um eine endgültige Befriedigung zu erreichen, das Schicksal des tschechischen Volkes und Landes vertrauensvoll in die

Hände des Führers des Deutschen Reiches legt ...»[660] Die deutschen Truppen marschierten in die Tschechoslowakei ein, und am 16. März 1939 verkündete Hitler in Prag die Gründung des Protektorats Böhmen und Mähren.

33 000 Flüchtlinge – politisch Verfolgte und Juden aus Deutschland, dem Sudetenland und aus Österreich –, denen es gelungen war, aus dem deutschen Herrschaftsbereich zu entkommen, fielen nun wieder in die Hände der Nationalsozialisten. Einsatzkommandos der *Sicherheitspolizei* folgten den einmarschierenden Truppen der *Wehrmacht*, um die führenden Persönlichkeiten des politischen und des kulturellen Lebens auszuforschen, sie mit Drohungen und notfalls mit Gewalt zum Schweigen zu bringen.

Dem von den Deutschen besetzten Gebiet sollte «... eine seiner Eigenart gemäße autonome Entwicklung seines völkischen Lebens ...»[661] gewährleistet werden.

An der Spitze des Protektorats verblieb der Staatspräsident, der weiterhin den Schutz und die Ehrenrechte eines Staatsoberhauptes besaß. Das hatte jedoch nur geringe Bedeutung, denn der Staatspräsident benötigte «... zu seiner Amtsführung jederzeit das Vertrauen des Führers ...»[662] Adolf Hitler. Der Staatspräsident hatte zwar formal das Recht, die Regierung des Protektorates zu bestimmen, jedoch mußte jedes Regierungsmitglied vom Deutschen Reich bestätigt werden. Die Regierung des Protektorates durfte ihre Hoheitsrechte nur im Einklang mit den politischen, militärischen und wirtschaftlichen Interessen des Deutschen Reiches ausüben. Die auswärtigen Beziehungen des Protektorates wurden vom Deutschen Reich wahrgenommen, dem auch die alleinige Kontrolle über Verkehrs-, Post- und Fernmeldewesen vorbehalten war. Sehr beschönigend hieß es in einer offiziellen Verlautbarung, daß das Deutsche Reich dem Protektorat militärischen Schutz gewähre: Zur Durchführung dieser Aufgabe erhielt die deutsche Wehrmacht das Recht, «militärische Anlagen zu errichten und in der von ihr notwendig gehaltenen Stärke zu halten».[663]

Repräsentant des Deutschen Reiches war der Reichsprotektor. Er war Hitler direkt unterstellt und erhielt nur von ihm Weisungen. Der Reichsprotektor war befugt, sich über alle Maßnahmen der autonomen Protektoratsregierung unterrichten zu lassen, und er durfte «... bei Gefahr im Verzug die im gemeinsamen Interesse notwendigen Anordnungen treffen ...»[664]

Mit der Besetzung fiel auch der für die Rüstung wichtigste Teil der tschechischen Industrie in deutsche Hände, die Stahl-, Waffen- und Chemieindustrie. Rücksichtslos wurde die Produktion dieser Industriezweige auf deutsche Erfordernisse umgestellt.

Die Sicherheitspolizei und der *SD* gingen bei der Ausführung ihrer Aufgabe, «... alle staats- und volksfeindlichen Bestrebungen im Gebiet des Protektorats Böhmen und Mähren zu erforschen und zu bekämpfen ...»[665], mit brutalen Methoden gegen die tschechische Bevölkerung vor.

In der Zeit der nationalsozialistischen Herrschaft kamen etwa 40 000 Tschechen und 65 000 Juden ums Leben; von ungefähr 13 000 im Protektorat lebenden Sinti und Roma (Zigeuner) wurde mehr als die Hälfte in Konzentrationslagern getötet.

Am 27. September 1941 wurde SS-Obergruppenführer und General der Polizei Reinhard Heydrich als Nachfolger von Konstantin Freiherr von Neurath mit der Führung der Geschäfte des Reichsprotektors beauftragt.

Im Juni 1942 starb SS-Obergruppenführer Heydrich an den Folgen eines von Tschechen auf ihn verübten Attentates. Die Vernichtung des Dorfes *Lidice* mit allen Bewohnern, auch den Frauen und Kindern, war die unmenschliche Rache der angeblichen Schutzmacht.

Siehe *Münchener Abkommen, Lidice, Anschluß Österreichs an das Deutsche Reich, Reichsführer-SS und Chef der Deutschen Polizei.*

R

RAD, Reichsarbeitsdienst. Der Reichsarbeitsdienst war seit 1935 eine staatliche Einrichtung, durch die alle Jugendlichen ab 18 Jahre zu einem sechs Monate dauernden Arbeitseinsatz und zum Lagerleben mit militärischer Disziplin verpflichtet wurden. Der RAD war eine besondere Reichsorganisation, keine Einrichtung der *NSDAP*. Nach nationalsozialistischer Darstellung war jedoch die «... innere Zusammengehörigkeit der NSDAP und des Reichsarbeitsdienstes ... durch die gestellte nationalsozialistische Erziehungsaufgabe ...»[666] gewährleistet.

Die Arbeitsdienstpflicht wurde am 26. Juni 1935 durch Gesetz eingeführt: «... Der Reichsarbeitsdienst ist Ehrendienst am Deutschen Volke. Alle jungen Deutschen beiderlei Geschlechts sind verpflichtet, ihrem Volk im Reichsarbeitsdienst zu dienen. Der Reichsarbeitsdienst soll die deutsche Jugend im Geiste des Nationalsozialismus zur Volksgemeinschaft und zur wahren Arbeitsauffassung, vor allem zur gebührenden Achtung der Handarbeit erziehen ...»[667] Das Gesetz bestimmte, daß jeder Mann und jede Frau im Alter von 18 Jahren für sechs Monate zum Arbeitsdienst eingezogen werden konnte. Die gesetzlich eingeführte Arbeitsdienstpflicht fand zunächst nur auf männliche Jugendliche Anwendung, die Verpflichtung junger Frauen zum Arbeitsdienst wurde aus finanziellen und organisatorischen Gründen erst im Laufe der folgenden Jahre schrittweise durchgesetzt.

Während der Arbeitsdienstzeit wurden die Männer als Arbeitsmänner, die Frauen als Arbeitsmaiden bezeichnet. Frauen und Männer trugen während der Arbeitsdienstzeit eine braune Uniform mit einer *Hakenkreuz*-Binde am Ärmel; Kennzeichen des RAD auf Fahnen und Abzeichen war ein von zwei Kornähren gerahmtes Spatenblatt.

Die Männer wurden bei Erd- und Forstarbeiten, beim Straßenbau und bei Moorentwässerungen eingesetzt; die Frauen arbeiteten meist zur Unterstützung der Landfrauen auf Bauernhöfen. Neben der Vermittlung praktischer Kenntnisse erhielten die Männer eine vormilitärische Ausbildung: «... Der Reichsarbeitsdienst der Männer (RAD/M) ist dank seiner soldatischen Wesensart, der Gliederung in geschlossene Verbände und vermöge seiner besonderen Erziehung und Ausbildung ein jederzeit einsatzbereites kraftvolles Werkzeug des nationalsozialistischen Reiches ...»[668]

Während der Arbeitsdienstzeit unterlagen alle Angehörigen des RAD der gezielten Erziehung zu nationalsozialistischer Gemeinschaft. Die Erziehung in den RAD-Lagern – Männer und Frauen waren in der Regel in Baracken untergebracht – sollte «... soldatische Haltung, Bodenverbundenheit, Arbeitsgesinnung und Gemeinschaftsgeist ...»[669] vermitteln; «... Im Reichsarbeitsdienst der weiblichen Jugend (RAD/w.J.) sollen die deutschen Mädchen wie im Reichsarbeitsdienst der Männer nach den Gesetzen der Treue, des Gehorsams und der Kameradschaft in der Gemeinschaft des Lagers erzogen werden ...»[670]

Zwei Monate nach der *Machtübernahme*

1933 wurde der NS-Beauftragte für den damals noch freiwilligen nationalsozialistischen Arbeitsdienst, Konstantin Hierl, zum Leiter des gesamten Freiwilligen Arbeitsdienstes in Deutschland berufen. Der Freiwillige Arbeitsdienst hatte sich seit 1926 zur Erfüllung gemeinnütziger Aufgaben aus der Arbeit unterschiedlicher Jugendorganisationen entwickelt. Innerhalb weniger Monate gelang es Hierl, die kirchlichen, parteipolitischen und sonstigen Träger des Freiwilligen Arbeitsdienstes auszuschalten und seine *Gleichschaltung* in dem nationalsozialistischen Verein «NS-Arbeitsdienst» herzustellen. Im Juli 1934 wurde Hierl zum *Reichskommissar* für den Arbeitsdienst ernannt, der in dieser Eigenschaft dem Reichsinnenminister unterstand, den Arbeitsdienst jedoch weitgehend selbständig leitete.

1937 erhielt Hierl durch Erlaß «... die Leitung aller Angelegenheiten des Reichsarbeitsdienstes im Reichsministerium des Innern»[671].

Im August 1943 wurde der RAD aus dem Bereich des Innenministeriums herausgelöst und zu einer Obersten Reichsbehörde erklärt, die Adolf Hitler unmittelbar unterstellt war. Das bedeutete, daß Hierl nur noch Hitler für seine Maßnahmen und Anordnungen verantwortlich war.

Nach nationalsozialistischer Darstellung waren 1939 300 000 Männer und 25 000 Frauen im RAD eingezogen. Nach Beginn des Zweiten Weltkrieges, 1939–1945, wurde der größte Teil der Männer im Anschluß an die Arbeitsdienstzeit zum Kriegsdienst in der *Wehrmacht* eingezogen. Durch Verordnung vom 4. September 1939 konnten ledige Frauen zwischen 17 und 25 Jahren, die nicht voll berufstätig waren oder in der Ausbildung standen, «... zur Erfüllung der Reichsarbeitsdienstpflicht ...»[672] herangezogen werden; ab Juli 1941 wurden die Frauen nach ihrer Pflichtzeit im RAD zum *Kriegshilfsdienst* verpflichtet. Das bedeutete, die Frauen mußten ein weiteres halbes Jahr in Dienststellen der Wehrmacht, in Krankenhäusern oder Rüstungsbetrieben als so bezeichnete Kriegshilfsdienstmädchen arbeiten.

Siehe *Führer und Reichskanzler, Dienstverpflichtung, Pflichtjahr, BDM, Volksgemeinschaft.*

Rassenkunde, Rassenlehre. Im Mittelpunkt der von den Nationalsozialisten verbreiteten, wissenschaftlich eindeutig widerlegten «Rassenkunde»[673] oder «Rassenlehre»[674] stand die Behauptung, daß es eine hochstehende nordische Rasse und andere unterschiedlich minderwertige menschliche Rassen gebe.

In seinem Buch «*Mein Kampf*» führte Adolf Hitler dazu aus, daß «... die völkische Weltanschauung ... keineswegs an eine Gleichheit der Rassen ...» glaube, «... sondern ... mit ihrer Verschiedenheit auch ihren höheren oder minderen Wert ...»[675] erkenne. Alfred Rosenberg – schon seit der Anfangszeit der NSDAP Parteigenosse und später «Beauftragter des Führers für die Überwachung der gesamten geistigen und weltanschaulichen Schulung und Erziehung der NSDAP» – behauptete in seinem Buch «*Der Mythus des 20. Jahrhunderts*»: «daß alle Staaten des Abendlandes und ihre schöpferischen Werte von den Germanen erzeugt wurden ...»[676], und setzte dagegen als minderwertig «... die aufgewühlten Schlammfluten der Mischlinge Asiens, Afrikas, des ganzen Mittelmeerbeckens und seine Ausläufer ...»[677] Seine Vorstellungen waren aufgebaut auf den Gedanken unklarer, wissenschaftlich nicht haltbarer und schon damals widerlegter Rassenlehren verschiedener wissenschaftlicher Außenseiter wie J. A. Gobineau und H. St. Chamberlain. Abgeleitet von dem Sanskrit-Wort arya – der Edle – wurde der Rassenbegriff *arisch* geprägt: die Nationalsozialisten setzten arisch gleich mit nordisch und germanisch.

Adolf Hitler behauptete, Träger der Rasseneigenschaften sei das Blut: «... Die Rasse ... liegt nicht in der Sprache, sondern ausschließlich im Blute ...»[678]; Hitler erhob es zur «... heiligsten Verpflichtung ..., dafür zu sorgen, daß das Blut rein erhalten ...»[679] bliebe, da «... die Blutsvermischung und das dadurch bedingte Senken des Rassenniveaus ... die alleinige Ursache des Absterbens aller Kulturen ...»[680] sei. Auch für das deutsche Volk – so Hitler – ergäbe sich diese Forderung, da die «... blutsmäßigen Vergiftungen ...» im deutschen Volk bereits so weit fortgeschritten seien, daß «... unser deutsches Volktum ... leider nicht mehr auf einem einheitlichen rassischen Kern ...»[681] beruhe.

Die abwegige Unterscheidung zwischen hoch- und minderwertigen Rassen verbanden die Nationalsozialisten mit der Folgerung, die stärkere und damit bessere Rasse habe das Recht zur Herrschaft: «... Der Stärkere hat zu herrschen und sich nicht mit dem Schwächeren zu verschmelzen ...»[682] Diesem Grundsatz

war nach nationalsozialistischer Auffassung auch der Staat in seinem Handeln verpflichtet; der Staat habe aus dem deutschen Volk «... die wertvollsten Bestände an rassischen Urelementen nicht nur zu sammeln und zu erhalten, sondern langsam und sicher zur beherrschenden Stellung emporzuführen ...»[683]

Die Nationalsozialisten behaupteten, das deutsche Volk setze sich aus sechs verschiedenen einander verwandten Rassen zusammen: Neben der *nordischen Rasse* – die als die am höchsten stehende verherrlicht wurde – gäbe es die fälische, die westische, die dinarische, die ostische und die ostbaltische Rasse. Die nordische Rasse sollte nach nationalsozialistischer Darstellung mit einem Anteil von 50 Prozent «... ein einendes Band ...»[684] im deutschen Volk sein, das der nationalsozialistische Staat durch Maßnahmen der «Rassenpflege» zu stärken habe. Dabei «... gibt es kein gleiches Recht für alle. Der Hochwertige hat das Recht, gefördert zu werden, der Minderwertige hat es nicht. ... Wer Rassenpflege betreiben will, muß sich nach den Gesetzen der Natur richten. Er muß also auch hart sein wie sie ...»[685]

Es wurde das Wunschbild einer angeblich reinen Rasse entworfen, der alle Kulturschöpfungen zugeschrieben wurden: «... Menschliche Kultur und Zivilisation sind auf diesem Erdteil unzertrennlich gebunden an das Vorhandensein des Ariers ... Was wir heute an menschlicher Kultur, an Ergebnissen von Kunst, Wissenschaft und Technik vor uns sehen, ist nahezu ausschließlich schöpferisches Produkt des Ariers. Gerade diese Tatsache aber läßt den nicht unbegründeten

Rückschluß zu, daß er allein der Begründer höheren Menschentums überhaupt war, mithin den Urtyp dessen darstellt, was wir heute unter dem Worte ‹Mensch› verstehen ...»[686]

Den größten Gegensatz zum Arier stellte nach Hitlers Ausführungen in «Mein Kampf» der Jude dar: er schrecke «... vor gar nichts zurück und wird in seiner Gemeinheit so riesengroß, daß sich niemand zu wundern braucht, wenn in unserem Volke die Personifikation des Teufels als Sinnbild alles Bösen die leibhaftige Gestalt des Juden annimmt ...»[687] Die Nationalsozialisten unterstellten den Juden, daß deren Handeln nur auf die vermeintlich ständige «... Blutvergiftung ...» der «... schöpferischen Rasse ...»[688] ausgerichtet sei. In der von den Nationalsozialisten vorgenommenen Einteilung der Menschen in hoch- und minderwertige Rassen nahmen jüdische Menschen die unterste Stufe ein; außer den Juden erklärten die Nationalsozialisten auch Schwarze, Sinti und Roma, Polen, Russen und alle Slawen der Völker, die nicht mit Deutschland verbündet waren, zu *Untermenschen*.

Siehe *Blutschutzgesetz, Reichsbürgergesetz, Judenverfolgung, erbkranker Nachwuchs, Germanisierung.*

Rassenschande. Das – zu den Nürnberger Rassengesetzen zählende – *Blutschutzgesetz* vom 15. September 1935 untersagte den außerehelichen Geschlechtsverkehr «... zwischen Juden und Staatsangehörigen deutschen oder artverwandten Blutes ...»[689] Paragraph 5 des Gesetzes sah die Bestrafung des Mannes vor, der dem Verbot zuwiderhandelte; in einer Erläuterung zu dem Gesetz aus dem Jahre 1937 wurde ausgeführt: «... bei einem Verstoß gegen dieses Verbot wird der männliche Partner wegen Rassenschande mit Zuchthaus oder Gefängnis bestraft ...»[690]

In zahlreichen Gerichtsverfahren, die häufig auf Anzeigen aus persönlichen und niedrigen Beweggründen beruhten, wurden für das «Verbrechen der Rassenschande»[691] hohe Zuchthausstrafen verhängt. Unter Zuhilfenahme zusätzlicher Strafverordnungen, zum Beispiel der Verordnung gegen *Volksschädlinge*, war es den Gerichten möglich, wegen «Rassenschande» angeklagte Personen zum Tode zu verurteilen: «... Die rechtliche Würdigung des festgestellten Sachverhalts ergibt, daß der Angeklagte Katzenberger bei seinem rasseschänderischen Treiben darüber hinaus allgemein die außergewöhnlichen, durch den Kriegszustand verursachten Verhältnisse ausgenutzt hat ... indem er die Verdunklung ausnutzte ... Mithin hat sich der Angeklagte auch nach Paragraph 2 der Verordnung gegen Volksschädlinge verfehlt ... Dementsprechend erkannte das Gericht auf die Todesstrafe ...»[692]

Trotz der im Blutschutzgesetz nicht vorgesehenen Strafe für den weiblichen Partner wurden auch Frauen wegen des «Verbrechens der Rassenschande» in Konzentrationslager, *KZ*, eingewiesen.

«*Der Stürmer*» – eine nationalsozialistische Propagandazeitung – veröffentlichte 1936 unter der Überschrift «Eine Liste des Grauens»[693] Namen der wegen «Rassenschande» Verurteilten mit dem jeweiligen Strafmaß.

Siehe *Rassenkunde, Reichsbürgergesetz, Judenverfolgung.*

Reichsautobahnen. Am 27. Juni 1933, fünf Monate nach der *Machtübernahme*, wurde durch Gesetz die Gesellschaft «Reichsautobahnen»[694] gegründet; den Vorsitz der Gesellschaft hatte die Reichsbahn, die sich mit einem Grundkapital von 50 Millionen Reichsmark an der Gesellschaft beteiligte. In dem Gesetz über die Errichtung der Gesellschaft «Reichsautobahnen» war die Ausführung von sechs Fernstraßen vorgesehen: Mit dem Bau des ersten Teilstücks des Autobahnnetzes wurde im September 1933 bei Frankfurt am Main begonnen.

Zum «Generalinspektor für das deutsche Straßenwesen»[695] ernannte Hitler im Juni 1933 Dr. Fritz Todt, unter dessen Leitung bis Mitte Dezember 1938 die Hälfte des auf 6900 Kilometer geplanten Autobahnnetzes fertiggestellt wurde.

Der Bau der Reichsautobahnen kostete bis 1944 knapp 6,5 Milliarden Reichsmark. Rund 60 Prozent der Finanzierung wurden aus den Rücklagen der «Reichsanstalt für Arbeitsvermittlung und Arbeitslosenversicherung» genommen, bezeichnet als «Grundförderungszuschüsse»[696]. Die mit dem Rückgang der Arbeitslosigkeit nun nicht benötigten Arbeitslosenversicherungsbeiträge stellten eine entscheidende Geldquelle für den Autobahnbau dar.

In der nationalsozialistischen Propaganda wurden die Reichsautobahnen als «Straßen Adolf Hitlers» bezeichnet. Der Vorrang des Autobahnbaus vor anderen Bauvorhaben war für die Nationalsozialisten darin begründet, daß die Autobahnen vom Planungsbeginn an nicht nur friedlichen, sondern auch militärischen Zwecken dienen sollten. Im Dezember 1938 stand in der Zeitschrift «Straße»: «... Die Straßen Adolf Hitlers sind Straßen des Friedens. Aber selbstverständlich rollen auf ihnen auch die motorisierten Einheiten der neuen starken deutschen Wehrmacht, wenn es gilt, den Bestand und das Lebensrecht des deutschen Volkes zu sichern ...»[697]

Die Idee, Autobahnen zu bauen, stammte nicht von Adolf Hitler; er war auch nicht der erste, der Autobahnen bauen ließ. Als erste Autobahn wurde 1921 die Avus in Berlin, eine knapp zehn Kilometer lange kreuzungsfreie Kraftfahrstraße, fertiggestellt. In den Vereinigten Staaten von Amerika und in Italien begann man Anfang der zwanziger Jahre, Schnellstraßen anzulegen: Highways und Autostradas.

1932 wurde die 20 Kilometer lange Autobahn Köln–Bonn dem Verkehr übergeben. Aber trotz weitreichender Planungen und technischer Vorarbeiten war der Ausbau der Autobahnen im Deutschen Reich nicht zügig vorangetrieben worden. Das lag vor allem daran, daß unter den Fachleuten und Politikern keine Einigung darüber zustande kam, ob die erforderlichen riesigen Geldsummen nicht besser für den Wohnungsbau und eine Verbesserung des herkömmlichen Verkehrsnetzes aufgebracht werden sollten; der Bau von Autobahnen schien außerdem angesichts der geringen Motorisierung im Deutschen Reich für viele übertrieben.

Hitler nahm die vorhandenen Pläne für den Autobahnbau vor allem aus einem Grunde sofort auf: Tausende von Arbeitslosen konnten so – für einen Stundenlohn von 68 Pfennig – auf den vielen Baustellen eines einzigen riesigen Bauunternehmens eingesetzt werden. Hitler versprach sich davon eine große propagandistische Wirkung für seine Partei.

Auf Grund der Vorarbeiten der alten Regierung war es möglich, den ersten Spatenstich des Autobahnbaus im September 1933 bei Frankfurt als Erfolg für die NSDAP zu feiern.

Siehe *Organisation Todt, Volkswagen, Vierjahresplan.*

Reichsbürgergesetz. Das Reichsbürgergesetz vom 15. September 1935 war eines der beiden «Nürnberger Rassengesetze»[698], mit denen die Nationalsozialisten ihrer mörderischen *Judenverfolgung* eine gesetzliche Grundlage gaben.

Die Absicht der Judenverfolgung wurde schon 1920 in Punkt 4 des Parteiprogramms der *NSDAP* erkennbar: «... Staatsbürger kann nur sein, wer Volksgenosse ist. Volksgenosse kann nur sein, wer deutschen Blutes ist, ohne Rücksichtsnahme auf Konfession. Kein Jude kann daher Volksgenosse sein...»[699]

Unmittelbar nach der *Machtübernahme* am 30. Januar 1933 liefen nationalsozialistische Maßnahmen zur Verleumdung und zum Boykott jüdischer Staatsbürger an. Das erste Gesetz, das Juden offiziell benachteiligte, war das *Berufsbeamtengesetz* vom 7. April 1933. Nach geltendem Recht aber hatten die jüdischen Staatsbürger auch nach der Machtergreifung noch dieselben Rechte wie alle Staatsbürger. Das Reichsbürgergesetz erniedrigte sie zu Menschen zweiter Klasse und nahm ihnen die Möglichkeit, als Staatsbürger gleiche Rechte zu verlangen. In Paragraph 2 bestimmte das Gesetz: «...

Reichsbürger ist nur der Staatsangehörige deutschen oder artverwandten Blutes, der durch sein Verhalten beweist, daß er gewillt und geeignet ist, in Treue dem deutschen Volk und Reich zu dienen...»[700]

In der ersten Verordnung zum Reichsbürgergesetz vom 14. November 1935 wurde deutlich festgelegt: «... Ein Jude kann nicht Reichsbürger sein...»[701] Jüdische Bürger durften nun kein öffentliches Amt mehr bekleiden, jüdische Beamte mußten spätestens am 31. Dezember 1935 in den Ruhestand treten; ein Stimmrecht in politischen Angelegenheiten stand Juden nicht mehr zu.

In den Paragraphen 2 und 5 der Verordnung wurde bestimmt, wer als Jude oder «jüdischer Mischling»[702] zu gelten hatte: «... Jude ist, wer von mindestens drei der Rasse nach volljüdischen Großeltern abstammt ... Als volljüdisch gilt ein Großelternteil ohne weiteres, wenn er der jüdischen Religionsgemeinschaft angehört hat ... Jüdischer Mischling ist, wer von einem oder zwei der Rasse nach volljüdischen Großeltern abstammt ...»[703]

Daraus ist zu ersehen, daß die Nationalsozialisten mit den von ihnen aufgestellten rassischen Gesichtspunkten nicht bestimmen konnten, wer Jude sein sollte. Sie mußten auf die Zugehörigkeit zu einer Religionsgemeinschaft zurückgreifen, um ihre widersinnige Einteilung der Menschen in Juden, jüdische Mischlinge und *Deutschblütige* zu begründen.

Die von zwei jüdischen Großeltern abstammenden «jüdischen Mischlinge» wurden im amtlichen Sprachgebrauch als «Mischlinge 1. Grades»[704] oder auch als

Halbjude, die «jüdischen Mischlinge» mit nur einem jüdischen Großelternteil als «Mischlinge 2. Grades»[705] bezeichnet.

Nach der Verordnung galten «Mischlinge 1. Grades» als Juden – sie wurden als Geltungsjuden bezeichnet –, wenn sie bei Erlaß des Reichsbürgergesetzes der jüdischen Religionsgemeinschaft angehörten oder danach in sie aufgenommen wurden. Wie Juden behandelt wurden Halbjuden auch, wenn sie bei Erlaß des Reichsbürgergesetzes mit einem Juden verheiratet waren oder sich danach mit einem Juden verheirateten. «Mischlinge 1. Grades» wurden auch dann als Juden angesehen, wenn sie einer Ehe entstammten, die nach dem *Blutschutzgesetz* vom 15. September 1935 verboten war und dennoch geschlossen wurde oder wenn sie aus einer außerehelichen Beziehung mit einem Juden hervorgingen.

Zum Reichsbürgergesetz ergingen 13 Durchführungsverordnungen und im Rahmen des Gesetzes zahlreiche Erlasse und Bestimmungen. Bis ins einzelne und in den privaten Bereich hinein wurden die Arbeits- und Lebensbedingungen der rund 500 000 jüdischen Bürger im Deutschen Reich eingeschränkt.

Siehe *Blutschutzgesetz, Judenverfolgung, Endlösung.*

Reichsfilmkammer siehe *Reichskulturkammer.*

Reichsführer-SS, Reichsführer-SS und Chef der Deutschen Polizei. Reichsführer-SS, abgekürzt RFSS, war die Bezeichnung für den Führer der *SS.*

1929 ernannte Adolf Hitler Heinrich Himmler zum Reichsführer-SS. Himmler erhielt den Auftrag, aus der 280 Mann starken SS, damals eine Unterorganisation der *SA,* der *Sturmabteilung* der *NSDAP,* eine Elitetruppe zum Schutz Adolf Hitlers aufzubauen.

Im April 1933 wurde der Reichsführer-SS Chef der «Bayerischen Politischen Polizei»; bis zum Frühjahr 1934 gelang es ihm, in allen Ländern des Deutschen Reiches das Amt des Chefs der dortigen Politischen Polizeien zu erhalten und sie vom Geheimen Staatspolizeiamt in Berlin aus zentral zu lenken. Chef des Geheimen Staatspolizeiamtes (Gestapa) wurde der Leiter des Sicherheitsdienstes der SS, *SD,* Reinhard Heydrich.

Am 20. Juli 1934 – nach der Entmachtung der SA im Zusammenhang mit dem angeblichen *Röhm-Putsch* – wurde die SS zu einer selbständigen, von der SA unabhängigen Organisation erklärt. Sie wurde Adolf Hitler unmittelbar unterstellt. Das bedeutete, der Reichsführer-SS war für alle angeordneten Maßnahmen und Verfügungen niemand anderem als Adolf Hitler Rechenschaft schuldig.

Am 17. Juni 1936 wurde der Reichsführer-SS Heinrich Himmler auf Grund eines Erlasses von Adolf Hitler «über die Einsetzung eines Chefs der Deutschen Polizei im Reichsministerium des Innern»[706] zum Chef der gesamten Deutschen Polizei ernannt. Der Erlaß vom Juni vollzog die sowohl «vom Führer als auch vom Reichsführer» angestrebte «Verschmelzung von SS und Polizei»[707].

Der neue Titel Himmlers, der seine persönliche Amtsbezeichnung war, lautete vollständig: «Reichsführer-SS und Chef der Deutschen Polizei im Reichsministerium des Innern».

Um den Zusatz «im Reichsministerium des Innern» war vor dem endgültigen Zustandekommen des Erlasses zwischen dem Reichsminister des Innern, Wilhelm Frick, und Reinhard Heydrich, als dem Beauftragten Himmlers, nachdrücklich gerungen worden: Der Zusatz sollte eine Bindung der Polizei und ihres Chefs an die staatliche Verwaltung zum Ausdruck bringen. Entsprechend hieß es im Paragraphen 2 des Erlasses: «Er ist dem Reichs- und Preußischen Minister des Innern persönlich und unmittelbar unterstellt.»[708] In der Praxis wurde die Einschränkung aber dadurch aufgehoben, daß Himmler nur dem *Führer und Reichskanzler* Adolf Hitler persönlich und unmittelbar unterstellt war. Der Reichsinnenminister konnte also keinen Einspruch gegen Anordnungen Himmlers erheben; er hätte damit im gleichen Augenblick gegen die Autorität des Führers gehandelt. Adolf Hitler wiederum gab seine Weisungen in der Regel direkt an Himmler und ließ sie ihm nicht über den Innenminister erteilen.

Mit der Berufung des Reichsführers–SS zum Chef der Deutschen Polizei war die «Verreichlichung»[709], das bedeutete die Zentralisierung der Polizei, offiziell vollzogen. Gleichzeitig war ein wichtiger Teil der staatlichen Exekutive, die gesamte deutsche Polizei, einer nicht staatlichen Parteiorganisation, der SS, angegliedert worden. Dadurch konnte die Polizei der Verwaltung des Staates, deren Organ sie in einem Rechtsstaat ist, zunehmend entzogen werden.

Am 26. Juni 1936, wenige Tage nach seiner Ernennung zum Chef der Deutschen Polizei, bestimmte Himmler durch zwei Erlasse eine grundlegende Neuordnung der Polizei des Deutschen Reiches. Er verfügte ihre Aufteilung in die Hauptämter Ordnungspolizei und *Sicherheitspolizei*.

Das Hauptamt Ordnungspolizei wurde aus der uniformierten Schutzpolizei, Gendarmerie, Technische Nothilfe, Feuerschutz- und Gemeindepolizei gebildet. Das Hauptamt Sicherheitspolizei umfaßte die *Gestapo*, die *Geheime Staatspolizei* einschließlich der Grenzpolizei und die Kriminalpolizei. Die organisatorische Angleichung der Kriminalpolizei an die Gestapo bedeutete Abhängigkeit von der Gestapo: Nicht mehr der Schutz des Bürgers war ihre Hauptaufgabe, sondern als Hilfskraft der Gestapo die Verfolgung der Feinde und angeblichen Gegner des Nationalsozialismus.

Das Hauptamt Sicherheitspolizei wurde von Reinhard Heydrich, dem Chef des Sicherheitsdienstes der SS, SD, geleitet. Zu den Aufgaben des SD gehörten zu der Zeit unter anderen die Beobachtung politischer Gegner im In- und Ausland und die Bespitzelung der Bevölkerung.

Beide Hauptämter – Ordnungspolizei und Sicherheitspolizei – wurden Teile des neu errichteten Amtes «Reichsführer-SS und Chef der Deutschen Polizei». Siehe Schema S. 238–241.

1939 wurde die Sicherheitspolizei mit dem SD in dem so bezeichneten *Reichssicherheitshauptamt*, RSHA, zusammengefaßt.

Am 25. August 1943 wurde Heinrich Himmler zum Reichsinnenminister und Generalbevollmächtigten für die Reichsverwaltung ernannt.

Siehe *Gestapo, SS, SD, Reichssicherheits-*

hauptamt, Sicherheitspolizei, Gleichschaltung, Führergrundsatz, Führer und Reichskanzler.

Reichsgau war die Bezeichnung für die reichsumittelbaren Verwaltungsbezirke in den Gebieten, die seit 1938 dem Deutschen Reich angeschlossen wurden.

Die Reichsgaue waren Selbstverwaltungskörperschaften, die unmittelbar den Reichsbehörden unterstanden. An der Spitze eines Reichsgaus stand der *Gauleiter* der *NSDAP* als *Reichsstatthalter*. *Gaue* waren innerhalb der Organisation der NSDAP Gebietseinheiten von unterschiedlicher Größe; in den neugeschaffenen Reichsgauen stimmten die Grenzen des Parteigebiets mit denen des Reichsgaus überein. Damit bezeichnete der Begriff Reichsgau sowohl das staatliche Verwaltungsgebiet als auch die Gebietseinheit der Partei.

1939 – nach dem *Anschluß Österreichs an das Deutsche Reich* am 13. März 1938 – wurden die Reichsgaue Wien, Oberdonau, Niederdonau, Kärnten, Steiermark, Salzburg, Tirol-Vorarlberg gebildet. Das durch das *Münchener Abkommen* vom 29./30. September 1938 dem Deutschen Reich eingegliederte, mehrheitlich von Deutschsprachigen bewohnte Gebiet der Tschechoslowakei wurde zum Reichsgau Sudetenland. In den besetzten und dem Reich eingegliederten polnischen Gebieten wurden die Reichsgaue Danzig-Westpreußen und Wartheland eingerichtet.

Reichsstatthalter leiteten die gesamte Verwaltung – sowohl im Bereich der staatlichen Verwaltung wie in dem der Gau-Selbstverwaltung. Ausgenommen waren nur die Bahn-, Post-, Justiz- und Finanzverwaltungen. Der Reichsstatthalter hatte als Gauleiter auch die oberste politische Führung der Partei im Gau der NSDAP. Nach nationalsozialistischer Darstellung sollte so «... die Einheit von Partei und Staat ... in der Stufe des Reichsgaus gesichert»[710] werden. Tatsächlich bedeutete die Errichtung der Reichsgaue eine starke Ausweitung der Machtbefugnisse der Gauleiter.

Siehe *NSDAP, Gau.*

Reichsjugendführer. «Reichsjugendführer der NSDAP» war ab 1931, zwei Jahre vor der *Machtübernahme*, der Titel Baldur von Schirachs, des Führers der *Hitlerjugend*, abgekürzt HJ, die 1926 als Jugendorganisation der *NSDAP* gegründet worden war. Schirach war bereits seit 1928 Führer des Nationalsozialistischen Deutschen Studentenbundes.

Am 17. 6. 1933 wurde von Schirach von Adolf Hitler außerdem zum «Jugendführer des Deutschen Reiches» ernannt. Er war damit nicht nur der Führer der Hitlerjugend, sondern erhielt Entscheidungsgewalt über die Unternehmungen aller deutschen Jugendorganisationen. Die Mehrzahl der Jugendverbände der politischen Parteien und anderer Gruppierungen, außer zum Beispiel den kirchlichen, war aber zu diesem Zeitpunkt entweder bereits verboten worden, hatte sich unter Druck selbst aufgelöst oder war freiwillig in die Hitlerjugend übergetreten. Die gewaltsame Übernahme des «Reichsausschusses deutscher Jugendverbände», in dem alle Jugendorganisationen auf freiwilliger Basis vereinigt gewesen waren, hatte den Vorgang der *Gleichschaltung* beschleunigt. Geplante Neugründungen mußten jetzt vom «Jugendführer des Deutschen Reiches»[711] genehmigt werden, die bisherigen Einrichtungen des Staates und der Gemeinden zur Förderung der Jugendarbeit wurden ihm unterstellt. Die gesamte Jugendarbeit des Deutschen Reiches war damit unter der Kontrolle der Hitlerjugend.

Das «Gesetz über die Hitlerjugend» vom 1. 12. 1936 bestimmte dann, daß die Erziehung der gesamten deutschen Jugend der Hitlerjugend übertragen werde und der «Jugendführer des Deutschen Reiches» die «Stellung einer Obersten Reichsbehörde» erhalte und «dem Führer und Reichskanzler unmittelbar unterstellt»[712] sei. Die gesamte deutsche Jugend wurde mit diesem Gesetz in der Hitlerjugend zusammengefaßt, ohne daß allerdings die Teilnahme an den Veranstaltungen zur Pflicht gemacht wurde.

Zwei der Durchführungsverordnungen vom 25. 3. 1939 holten das nach. In ihnen wurde bestimmt, daß der «Dienst in der Hitler-Jugend ... Ehrendienst am Deutschen Volke»[713] sei, die Teilnahme polizeilich erzwungen werden könne und daß der «Jugendführer des Deutschen Reiches ... ausschließlich zuständig für alle Aufgaben der körperlichen, geistigen und sittlichen Erziehung der gesamten deutschen Jugend des Reichsgebietes außerhalb von Elternhaus und Schule»[714] sei. Damit war die Jugenddienstpflicht beschlossen, die gleichgeordnet neben Arbeitsdienstpflicht und Wehrdienstpflicht trat.

Baldur von Schirach wurde 1940 *Reichsstatthalter* und *Gauleiter* in Wien, sein Nachfolger in der Reichsjugendführung wurde Arthur Axmann.

Siehe NSDAP, *Gleichschaltung, Hitlerjugend, Wehrmacht, RAD, Führergrundsatz, Führer und Reichskanzler.*

Reichskammer der bildenden Künste
siehe *Reichskulturkammer.*

Reichskommissar. Schon in der Weimarer Republik, 1919–1933, war der Reichskommissar eine Sonderbehörde des Deutschen Reiches. Personen – Reichskommissare – oder Ämter – Reichskommissariate – erhielten für einen meist begrenzten Zeitraum oft sehr weitgehende Vollmachten zur Durchführung wichtiger Sonderaufgaben.

Nach der *Machtübernahme* am 30. Januar 1933 wurde diese Einrichtung auch im nationalsozialistischen Staat beibehalten.

Von Februar bis April 1933 war Hermann Göring Reichskommissar für die Luftfahrt; im Mai 1933 wurde er Reichsluftfahrtminister. Im April 1933 wurde ein «Reichsjustizkommissar»[715] – der spätere Generalgouverneur von Polen, Hans Frank – ernannt. Er wurde beauftragt, für die *Gleichschaltung* der Justiz in den Ländern und die Erneuerung des Deutschen Rechts zu sorgen. Das Reichskommissariat für Justiz endete im Dezember 1934. Zur Durchsetzung der Gleichschaltung der Länder mit dem Reich wurden 1933 in allen deutschen Ländern – das Deutsche Reich war bis zur Machtübernahme ähnlich wie die Bundesrepublik Deutschland in einzelne Länder gegliedert – kurzfristig Reichskommissare eingesetzt. Ihre Aufgaben wurden später von den *Reichsstatthaltern* übernommen.

Durch ein Gesetz vom 30. 1. 1935 wurde ein Reichskommissar für die Rückgliederung des Saargebietes bestimmt: *Gauleiter* Bürckel hatte als Reichskommissar für die «Rückgliederung»[716] des Saargebietes in das Deutsche Reich zu sorgen. Das von den Nationalsozialisten als Saarland bezeichnete Gebiet war nach dem von Deutschland verlorenen Ersten Weltkrieg, 1914–1918, auf Grund des Versailler Friedensvertrages für fünfzehn Jahre unter Treuhandschaft des Völkerbundes gestellt und 1925 in das französische Zollgebiet eingezogen worden. Die am 13. 1. 1935 durchgeführte Volksabstimmung ergab 90,8 Prozent der Stimmen für die Rückgliederung an das Deutsche Reich.

1938 – nach dem widerrechtlichen *Anschluß Österreichs an das Deutsche Reich* – wurde Bürckel durch Erlaß vom 23. 4. 1938 wieder als Reichskommissar – für die Eingliederung Österreichs in das Deutsche Reich – eingesetzt.

Nach dem *Münchener Abkommen* vom 29./30. September 1938 wurde durch Erlaß vom 1. 10. 1938 Konrad Henlein Reichskommissar für die Eingliederung des Sudetenlandes in das Deutsche Reich.

Seit 1940 wurden Reichskommissare auch für die Verwaltung der im Zweiten Weltkrieg, 1939–1945, von deutschen Truppen *besetzten Gebiete* ernannt. Durch Führererlaß wurden zu Reichskommissaren bestellt: Ende April 1940 Oberpräsident Terboven für Norwegen; am 18. 5. 1940 Reichsminister Seyss-Inquart für die Niederlande; Ende Juli beziehungsweise Anfang August 1940 die Chefs der Zivilverwaltungen für Luxemburg, Lothringen und Elsaß. Am 18. 8. 1941 wurden Gauleiter Lohse für das aus den baltischen Staaten Estland, Lettland, Litauen sowie Weißruthenien bestehende «Ostland»[717], am 20. 8. 1941 Gauleiter Koch für die in der Sowjetunion eroberte Ukraine zu Reichskommissaren bestellt.

Bereits am 7. Oktober 1939 war der *Reichsführer-SS* und *Chef der Deutschen Polizei* Heinrich Himmler durch *Führererlaß* mit der «Festigung deutschen Volkstums»[718] beauftragt worden und hatte daraufhin die Institution Reichsführer-SS/Reichskommissar für die Festigung deutschen Volkstums errichtet, die sich zu einem mächtigen Instrument der nationalsozialistischen *Germanisierung*politik entwickelte. Himmler hatte die Vollmacht, neben der Umsiedlung von im Ausland lebenden *Volksdeutschen* in das Reich oder in besetzte Gebiete auch alle anderen Maßnahmen zu ergreifen, die ihm zur Festigung des Volkstums richtig erschienen. Zur Erfüllung des Auftrages konnte Himmlers Behörde alle in Frage kommenden Dienststellen des Staates, der Partei und der SS heranziehen.

Aus der großen Zahl der für unterschiedliche Sonderaufgaben eingesetzten Reichskommissare sind die Reichsverteidigungskommissare hervorzuheben. Am 1. September 1939 – dem Beginn des Zweiten Weltkrieges – wurden die Gauleiter, die auch das Amt eines Reichsstatthalters innehatten, am 16. November 1942 auch alle anderen Gauleiter zu Reichsverteidigungskommissaren ernannt. Ihre Aufgabe war, «die gesamte zivile Reichsverteidigungsverwaltung einheitlich zu lenken»[719] und die Zusammenarbeit mit der *Wehrmacht* zu gewährleisten.

Siehe *besetzte Gebiete, Volksdeutsche, Germanisierung, Gleichschaltung.*

Reichskonkordat war die Bezeichnung für den am 20. Juli 1933 – knapp sechs Monate nach der *Machtübernahme* – unterzeichneten Vertrag zwischen dem Deutschen Reich und dem Vatikan. Er enthält in 33 Artikeln Bestimmungen zum Schutz des katholischen kirchlichen Lebens in Deutschland. Das Reichskonkordat war der erste bedeutende internationale Vertrag der Regierung Adolf Hitlers, der am 30. 1. 1933 zum Reichskanzler ernannt worden war.

Die Bedeutung dieses Vertragsabschlusses zwischen Nationalsozialisten und der weltweit als eine der höchsten sittlichen Instanzen anerkannten katholischen Kirche wurde von Vizekanzler von Papen, der den Vertrag aushandelte, klar erkannt und in einem Brief an Adolf Hitler vom 2. Juli 1933 hervorgehoben. Nachdem Papen in seinem Brief auf das anfängliche Zögern der katholischen Kirche eingegangen war – es war unter der Regierung Hitlers bereits zu «zahlreichen Verhaftungen und Mißhandlungen von Geistlichen»[720] gekommen –, fuhr er fort: «Ich selbst bin der Überzeugung, daß der Abschluß dieses Konkordats außenpolitisch als ein großer Erfolg für die Regierung der nationalen Erhebung gewertet werden muß, gerade weil eine Reihe fremder Mächte ihren ganzen Einfluß beim Vatikan aufgeboten haben, um ihn von einem Vertragsabschluß mit dem neuen Deutschland abzuhalten.»[721]

Der Vatikan ist ein selbständiger Staat, dessen Oberhaupt der gewählte Papst ist. Ein Konkordat ist ein völkerrechtlicher Vertrag, der die Rechte der katholischen Kirche in dem Staat bestimmt, mit dem der Vertrag geschlossen wird.

Das Reichskonkordat sicherte der katholischen Kirche unter anderem «die Freiheit des Bekenntnisses und der öffentlichen Ausübung der katholischen Religion»[722] zu. Es erlaubte zum Beispiel den ungehinderten Religionsunterricht an allen Schulen und die Gründung und Errichtung von katholischen Privatschulen. Der Vatikan sicherte zu: «Auf Grund der in Deutschland bestehenden besonderen Verhältnisse ... erläßt der Heilige Stuhl Bestimmungen, die für die Geistlichen und Ordensleute die Mitgliedschaft in politischen Parteien ausschließen.»[723] Neu ernannte Bischöfe wurden zu einem Treueid auf das Deutsche Reich verpflichtet, in dem es hieß: «... in der pflichtgemäßen Sorge um das Wohl und das Interesse des deutschen Staatswesens werde ich in Ausübung des mir übertragenen Amtes jeden Schaden zu verhüten trachten, der es bedrohen könnte ...»[724]

Für Adolf Hitler lag die Bedeutung des Reichskonkordates, wie aus dem Protokoll einer Sitzung der Reichsregierung im Juli hervorging, in drei Punkten: «1. daß der Vatikan überhaupt verhandelt habe ... 2. daß der Vatikan zur Herstellung eines guten Verhältnisses ... bewogen werden konnte. Er, der Reichskanzler, hätte es noch vor kurzer Zeit nicht für möglich gehalten, daß die Kirche bereit sein würde, die Bischöfe auf diesen Staat zu verpflichten. Daß das nunmehr geschehen wäre, wäre zweifellos eine rückhaltlose Anerkennung des derzeitigen Regiments; 3. daß mit dem Konkordat sich die Kirche aus dem Vereins- und Parteileben herauszöge, zum Beispiel auch die christlichen Gewerkschaften fallen ließe. Auch das hätte er, der Reichskanzler, noch vor einigen Monaten nicht für möglich gehalten.»[725]

Durch das Konkordat wurde – nach Hitlers Ausführungen – nicht nur die Sorge der Nationalsozialisten um eine mögliche nachträgliche Kritik des Vatikans an der bereits vollzogenen Zerschlagung der Gewerkschaften beseitigt. Papen kündete vielmehr in seinem Brief, den er kurz vor Abschluß des Vertrages an Hitler schrieb, eine zusätzliche Regelung an, die eine zukünftige Kritik des Vatikans an nationalsozialistischen Maßnahmen in einem weiteren Punkt ausschließen sollte: im Zusatzprotokoll zum Reichskonkordat wurde eine Bestimmung aufgenommen «über die Behandlung von Geistlichen im Falle, daß Deutschland die allgemeine Wehrpflicht wieder einführt».[726] Die Bedingungen des Versailler Friedensvertrages von 1919 verboten die allgemeine Wehrpflicht und erlaubten den Deutschen nur ein 100 000-Mann-Heer freiwilliger Berufssoldaten. Von Papen bemerkte dazu: «Dieser Zusatz ist mir weniger wertvoll wegen der sachlichen Regelung als wegen der Tatsache, daß hier der Heilige Stuhl bereits mit uns eine vertragliche Abmachung für den Fall der allgemeinen Wehrpflicht trifft.»[727] 1935 wurde die allgemeine Wehrpflicht eingeführt.

1936 wurden die Privatschulen der katholischen Orden zwangsweise geschlossen.

1938 wurde Beamten und Lehrern vom Reichsinnenminister die Zugehörigkeit zu besonderen berufsständischen Organisationen verboten, somit auch zu kirchlich gebundenen.

1938/39 wurden die letzten noch bestehenden katholischen Jugendverbände zwangsweise aufgelöst.

Das Bundesverfassungsgericht entschied am 26. 3. 1957, daß das Reichskonkordat, das 1933 zwischen dem Deutschen Reich und dem Vatikan geschlossen wurde, gültiges Recht sei.

Siehe *Deutsche Christen, gottgläubig, Judenverfolgung, Euthanasiebefehle.*

Reichskristallnacht siehe *Kristallnacht.*

Reichskulturkammer. Die Reichskulturkammer, RKK, war seit 1933 die «berufsständische Zusammenfassung ... aller Kulturschaffenden im Großdeutschen Reich ...»[728] mit der Aufgabe, «... die deutsche Kultur in Verantwortung für Volk und Reich zu fördern ...»[729] Die Reichskulturkammer konnte «... über Eröffnung und Schließung sowie über die Ordnung von Betrieben entscheiden»[730]. Jeder, der hauptberuflich an der Entstehung oder Verbreitung von Kulturleistungen beteiligt war, mußte Mitglied in der für seine Berufsgruppe zuständigen Einzelkammer sein, um seinen Beruf ausüben zu dürfen. Sechs – bis 1939 sieben – Einzelkammern waren in der Rechtskulturkammer zusammengefaßt. Für die im Kulturbereich Tätigen war die Mitgliedschaft Zwang; von der Reichskulturkammer konnte aber die Mitgliedschaft verweigert oder aberkannt werden: «Die Aufnahme in eine Einzelkammer kann abgelehnt oder ein Mitglied ausgeschlossen werden, wenn Tatsachen vorliegen, aus denen sich ergibt, daß die in Frage kommende Person die für die Ausübung ihrer Tätigkeit erforderliche Zuverlässigkeit und Eignung nicht besitzt.»[731] Der Ausschluß bedeutete für die Betroffenen absolutes Berufsverbot. Die Reichskulturkammer hatte die Vollmacht, über das gesamte Kulturleben und alle im Kulturbereich tätigen Menschen Aufsicht und Zensur auszuüben.

Die Reichskulturkammer wurde 1933 auf Grund des «Gesetzes über die Bildung der Reichskulturkammer» vom 22. September 1933 errichtet. Zum Präsidenten der Reichskulturkammer wurde von Adolf Hitler der Reichsminister für Volksaufklärung und Propaganda Dr. Joseph Goebbels ernannt, der zugleich *Reichsleiter* für Propaganda der *NSDAP* und *Gauleiter* von Berlin war.

Das Gesetz ermächtigte Goebbels, «... die Angehörigen der Tätigkeitszweige, die seinen Aufgabenkreis betreffen»[732], in berufsständischen Kammern zusammenzufassen und diese zu einer Reichskulturkammer zu vereinigen. Mitglied einer Einzelkammer mußte jeder sein, der «... bei der Erzeugung, der Wiedergabe, der geistigen oder technischen Verarbeitung, der Verbreitung, der Erhaltung, dem Absatz oder der Vermittlung des Absatzes von Kulturgut»[733] mitarbeitete. Alle Schriftsteller, Journalisten, Schauspieler, Regisseure, Maler, Musiker oder Kameramänner, Filmvorführer, Buchhändler und so fort mußten der Reichskulturkammer angehören, wenn sie ihren Beruf ausüben wollten. Die bis dahin bestehenden berufsständischen Vereinigungen wurden im Zuge der nationalsozialistischen *Gleichschaltung* in die Kammer übergeführt oder aufgelöst.

Die in der Reichskulturkammer zusammengefaßten Einzelkammern waren: 1. Reichsschrifttumskammer, 2. Reichstheaterkammer, 3. Reichsfilmkammer, 4. Reichsmusikkammer, 5. Reichskammer der bildenden Künste, 6. Reichspressekammer; anfänglich gab es als 7. Kammer die Reichsrundfunkkammer, die am 28. 10. 1939 aufgelöst wurde.

Die Reichskulturkammer gehörte mit allen Einzelkammern der DAF, der *Deutschen Arbeitsfront*, an.

Jeder Einzelkammer der Reichskulturkammer war eine entsprechende Abteilung im *Propagandaministerium* übergeordnet, die alle Tätigkeiten in der Kammer beaufsichtigte und steuerte.

Das Reichskulturkammergesetz bestimmte, daß der Propagandaminister die Aufsicht über die Kulturkammer habe und ermächtigt sei, «... zur Durchführung dieses Gesetzes Rechtsverordnungen und allgemeine Verwaltungsvorschriften auch ergänzender Art zu erlassen ...»[734]

Am 3. Januar 1939 ergingen «Arbeitsrichtlinien für die Reichskulturkammer»[735], nach denen die Mitgliedschaft jüdischer Künstler und anderer im Kulturbereich tätiger Juden gehandhabt werden sollte: «Jede Kammer hat die Entjudungsmaßnahmen für ihren Mitgliederkreis selbständig durchzuführen ... Die einheitliche Behandlung der Entjudungsfrage in der gesamten Reichskulturkammer wird durch regelmäßige Arbeitsbesprechungen ... sichergestellt.»[736] Von den «Entjudungsmaßnahmen» betroffen waren alle, die nach den *Nürnberger Gesetzen* als Juden zu gelten hatten.

Reichsschrifttumskammer In dieser Kammer waren die bis dahin freien Berufsverbände sowie unter anderen der im Juni 1933 von den Nationalsozialisten gegründete Reichsverband Deutscher Schriftsteller, der im September 1935 aufgelöst wurde, der Börsenverein der Deutschen Buchhändler, der Verein Deutscher Bibliothekare e. V. zusammengefaßt.

Ein Sonderreferat «für Überwachung des schädlichen und unerwünschten Schrifttums»[737] führte und veröffentlichte Listen, «... in die Werke des Schrifttums eingetragen werden, die den kulturellen und politischen Zielen des nationalsozialistischen Reiches widersprechen ...»; nach einer Anordnung der Kammer war es verboten, «... diese Werke zu verlegen, zu verkaufen, zu verteilen, zu verleihen, zu vermieten, auszustellen, anzupreisen, anzubieten oder vorrätig zu halten ...»[738] Wer dem Verbot zuwiderhandelte, konnte aus der Kammer ausgeschlossen werden. Die auf der Liste aufgeführten Werke waren von Autoren, die seit der *Bücherverbrennung* im Mai 1933 als verfemt galten, deren Werke als «Schriften und Bücher der Unmoral und der Zersetzung»[739] bezeichnet wurden. Die Schrifttumskammer wurde gelenkt und beaufsichtigt von der Abteilung VIII im Propagandaministerium, die «... zuständig für alle im Reich notwendigen Buchverbote ...»[740] war.

Reichspressekammer Die Reichspressekammer war nach Berufszweigen in Fachverbände und Fachschaften – zum Beispiel den Fachverband der Rundfunkpresse, die Fachschaft der Verlagsangestellten oder die Fachschaft der katholisch-kirchlichen Presse – unterteilt.

Die Pressekammer wurde von der Abteilung IV im Propagandaministerium überwacht; diese Abteilung kontrollierte über zahlreiche Landes- und Nebenstellen die gesamte Presse im Deutschen Reich.

Auf Grund der entsprechenden Bestimmungen in der ersten Durchführungsverordnung zum Kulturkammergesetz sowie entsprechender Anordnungen des Reichspressekammerpräsidenten Max Amann mußten in den Jahren von 1933 bis 1939 rund 1500 Zeitungsverleger ihre Tätigkeit aufgeben; von den rund 4700 deutschen Zeitungen im Jahre 1932 bestanden 1944 noch 977. Während des gleichen Zeitraumes stieg der Auflagenanteil der im Besitz der NSDAP befindlichen Zeitungen von rund 2,5 auf 82,5 Prozent.

Mit dem *Schriftleitergesetz* vom 4. Oktober 1933 erzwangen die Nationalsozialisten schon 1933 die Entfernung von Redakteuren, die selbst Juden oder mit Juden verheiratet waren, und von Redakteuren, die nach nationalsozialistischer Ansicht nicht die Eigenschaft hatten, die «... die Aufgabe der geistigen Einwirkung auf die Öffentlichkeit erfordert ...»[741]

Am 15. April 1936 erging eine Anordnung des Präsidenten der Reichspressekammer, nach der die Mitglieder der Kammer für sich und ihre Ehegatten den Nachweis *arischer* Abstammung bis zum Jahre 1800 zu erbringen hatten. Mit dieser Bedingung für den Abstammungsnachweis – sie war in dieser Form auch für Angehörige der *SS* vorgeschrieben – ging der Kammerpräsident mit seiner Forderung über die sonst üblichen Bestimmungen der *Arierparagraphen* zum Beispiel im Schriftleitergesetz hinaus: «... Wer diesen Nachweis nicht führen kann, hat innerhalb eines von mir zu bestimmenden Zeitraumes seine Tätigkeit in der deutschen Presse einzustellen, es sei denn, daß eine vorübergehende oder dauernde Ausnahme bewilligt worden ist ...»[742]

Reichsrundfunkkammer Die Reichsrundfunkkammer hatte den Zweck, «... den Fragenbereich des Rundfunks auf eine einheitliche Linie der politischen Rundfunkführung auszurichten ... Die Kammer dient dem Willen des Führers, das ganze Volk mit dem Rundfunk zu durchdringen, um Staatsführung und Volksgemeinschaft zu einer geschlossenen Einheit zu machen ...»[743]

Im Oktober 1939 löste Goebbels die Reichsrundfunkkammer auf; die Einzelmitglieder mußten sich je nach Beruf in den entsprechenden Einzelkammern der Reichskulturkammer einschreiben.

Die Ausrichtung des Rundfunks nach den Anschauungen und auf die Ziele des Nationalsozialismus übernahm die Abteilung III im Propagandaministerium, die zur «... Befehlszentrale des Deutschen Rundfunks ...»[744] werden sollte, wie es in einer nationalsozialistischen Darstellung aus dem Jahr 1940 hieß.

Reichstheaterkammer Die Organisation der Kammer umfaßte die Fachschaft Bühne, die Fachschaft Artistik, die Fachschaft Tanz, die Fachschaft Schausteller und das Opernreferat. Als Vertretungen der Theaterkammer wurden im gesamten Reichsgebiet 31 Landesstellen eingerichtet.

Bereits vor der Machtübernahme 1933 hatten Mitglieder und Anhänger der NSDAP an Theatern und Opernhäusern – wie in anderen Bereichen des Kunstlebens auch – jüdische Künstler und Künstler, die dem Nationalsozialismus ablehnend oder kritisch gegenüberstanden, bespitzelt. Nach Erlaß des Kulturkammergesetzes mußten die meisten dieser Künstler ihre Stellungen aufgeben. Die Spielpläne wurden radikal geändert. In Presseberichten hieß es dazu: «... Verschwunden sind die artfremden, den übelsten Instinkten schmeichelnden Sensationsstücke, die marxistisch eingestellten ‹Zeitdramen›, die aufhetzerischen ‹Reportagen›. An ihre Stelle sind – außer der Klassikerpflege und dem alten guten deutschen Unterhaltungsstück – das neue Geschichtsdrama, die völkische Zeitdramatik, die Schöpfungen des neuen jungen Dichtergeschlechts getreten ...»[745]

Die Durchführungsverordnung zum Theatergesetz vom 18. Mai 1934 bestimmte, daß dem Präsidenten der Reichstheaterkammer die vorgeschriebene Zulassung von Theaterveranstaltern übertragen wurde, soweit es sich um ständige Theaterveranstalter handelte, das heißt um Personen, die Aufführungen von «... Schauspielen, Opern oder Operetten ... für den allgemeinen Besuch ...»[746] veranstalteten.

Die Abteilung VI im Propagandaministerium, die Theaterabteilung, war «... die Führungsabteilung für die gesamte Personal-, Zuschuß- und Spielplanpolitik des deutschen Theaterlebens ...»[747]

Reichsmusikkammer Die Kammer war nach Berufszweigen in sechs Reichsfachschaften – Komponisten, Musiker,

Konzertwesen, Chorwesen und Volksmusik, Musikalienverleger und -händler – und in Fachschaften und Fachgruppen unterteilt.

Unter Anwendung des Paragraphen 10 der ersten Durchführungsverordnung zum Kulturkammergesetz mußten zahlreiche Komponisten, Dirigenten, Sänger und Konzertmusiker Deutschland verlassen. Die Kompositionen zum Beispiel von Arnold Schönberg oder Paul Hindemith wurden als «entartete Musik»[748] geächtet; Jazzmusik galt als «Niggerei und jüdische Frivolität»[749]; die Werke jüdischer Komponisten – auch bereits verstorbener – durften nicht aufgeführt werden.

Die Reichsmusikkammer führte einen «Tag der Hausmusik»[750] ein; als «rechte Unterhaltungsmusik»[751] galt die Blasmusik; «Liedgut»[752] der *Hitlerjugend* und der SA, Marschmusik und Volkslieder wurden als deutsche Musik empfohlen. Im Februar 1938 wurde – auf Grund der «Anordnung über unerwünschte und schädliche Musik» vom 18. Dezember 1937 – die «Reichsmusikprüfstelle»[753] eingerichtet, deren Aufgabe unter anderem war, «... daß diejenigen musikalischen Werke, die dem nationalsozialistischen Kulturwillen widersprechen, von der Reichsmusikkammer in einer Liste über unerwünschte und schädliche Musik geführt werden ...»[754] Die Anordnung bestimmte weiter, daß «... die Inverlagnahme, der Vertrieb und die Aufführung der in der Liste aufgenommenen Werke im deutschen Reichsgebiet ... verboten ist ...»[755]

Reichskammer der bildenden Künste Die Kammer war unterteilt in die zwei Hauptabteilungen Kulturerzeugung und Kulturförderung und aufgegliedert in Fachschaften wie Malerei, Baukunst, Kunsthandel und so fort.

Ähnlich dem Vorgehen auf den anderen Gebieten des kulturellen Lebens, war die Einrichtung der Kammer eine Maßnahme gegen «alle unliebsamen und schädlichen Elemente ...»[756] im Bereich der bildenden Kunst.

Am 3. April 1941 schrieb der Präsident der Reichskammer der bildenden Künste an den Berliner Maler Karl Friedrich Schmidt-Rottluff: «... Anläßlich der mir seinerzeit vom Führer aufgetragenen Ausmerzung der Werke entarteter Kunst in den Museen mußten von Ihnen allein 608 Werke beschlagnahmt werden ...» Der Präsident nahm dann zu den neu vorgelegten Werken des Malers Stellung und bemerkte, daß aus den «nunmehr zur Einsichtnahme hergereichten Original-Werken der Letztzeit» hervorgehe, daß Schmidt-Rottluff «auch heute noch dem kulturellen Gedankengut des nationalsozialistischen Staates» fernstehe. Es hieß weiter: «Auf Grund des Paragraphen zehn der ersten Durchführungsverordnung zum Reichskulturkammergesetz vom 1. 11. 1933 (RGBL. I. S. 797) schließe ich Sie aus der Reichskammer der bildenden Künste aus und untersage Ihnen mit sofortiger Wirkung jede berufliche – auch nebenberufliche – Betätigung auf den Gebieten der bildenden Künste ...»[757]

Reichsfilmkammer Unter Anwendung der ersten Durchführungsverordnung zum Kulturkammergesetz wurden auch aus der Filmwirtschaft alle Personen entfernt, die den Nationalsozialisten unbequem waren: «... Zunächst einmal wurden die Juden, die bis dahin stark im deutschen Filmwesen vertreten waren, radikal ausgemerzt ...»[758]

Die Filmkammer war der Abteilung V im Propagandaministerium, der Filmabteilung, unterstellt: «... So nimmt die Filmabteilung auf die gesamte Spielfilm- und Kulturfilmproduktion sowie auf den gesamten Filmeinsatz entscheidenden Einfluß ... so ist seit kurzem die Filmabteilung mit der vorherigen Prüfung der Filmvorhaben befaßt. Hierdurch ist es möglich, ungeeignete Vorhaben von vornherein zu unterbinden ...»[759]

Im Februar 1934 wurde durch das «Lichtspielgesetz»[760] die Einsetzung eines «Reichsfilmdramaturgen»[761] bestimmt, der sämtliche Filmentwürfe vor ihrer Verfilmung genehmigen mußte. Das Lichtspielgesetz gab nach nationalsozialistischer Darstellung «... die Grundlage für das Zensurverfahren und für die Entscheidungen des nationalsozialistischen Zensors ...»[762] Ohne Unterschied unterlagen alle Filme, die öffentlich zur Vorführung gelangen sollten, der Zensurpflicht durch die «Filmprüfstelle»[763]; bei den Zensurverfahren wirkten von Goebbels ernannte Mitglieder der Einzelkammern der Kulturkammer beratend, aber ohne Stimmrecht mit.

Siehe *Propagandaministerium, Rundfunkmaßnahmen, Wunschkonzert, Volksempfänger, Sondermeldung, Thingspiele, entartete Kunst, Bücherverbrennung, Deutsche Wochenschau, Judenverfolgung, Bauten des Führers.*

Reichsleiter, Reichsleitung. Reichsleiter waren die obersten *Politischen Leiter* der *NSDAP.* Sie gehörten zur Reichsleitung der Partei und waren zuständig für verschiedene Sachgebiete und parteieigene Aufgaben. Reichsleiter waren keine «Hoheitsträger» der Partei, die ein räumliches Gebiet, das als «Hoheitsgebiet»[764] bezeichnet wurde, leiteten. Den Reichsleitern übergeordnet war der Führer der Partei Adolf Hitler.

Die Reichsleitung stellte kein koordinierendes Führungsorgan an der Spitze der Partei dar, das heißt, die Reichsleiter stimmten sich nicht in gemeinsamen Sitzungen und nach gemeinsamen Beschlüssen auf ein bestimmtes Vorgehen ab. Reichsleitung war ein Sammelbegriff für die Reichsleiter als Inhaber höchster Parteiämter.

Die Reichsleiter wurden von Hitler für bestimmte Parteiaufgaben und -fachgebiete ernannt; sie waren ihm unmittelbar unterstellt und nur ihm verantwortlich. Im Bereich Presse und Propaganda setzte Hitler drei Reichsleiter ein. Joseph Goebbels war Reichsleiter für Propaganda, auch als Reichspropagandaleiter bezeichnet; der Pressechef der NSDAP, Otto Dietrich, wurde nach der *Machtübernahme* 1933 Reichsleiter der Partei, außerdem wurde er Staatssekretär im *Propagandaministerium* und Pressechef der Reichsregierung. Hier zeigte sich auch deutlich die für die nationalsozialistische Herrschaft typische Verflechtung von staatlichen und parteilichen Befugnissen. Reichsleiter Max Amann war zuständig für die gesamte Presse der Partei und ihre Verlage.

Die Reichsleitung der NSDAP sollte dem Parteiführer Adolf Hitler zur Lenkung, Beeinflussung und Beobachtung des deutschen Volkes dienen. In der Reichsleitung liefen «... die Fäden der

Organisation des deutschen Volkes und des Staates zusammen ...»[765]. Deshalb wurde «... der Aufbau der Reichsleitung ... so vorgenommen, daß der Weg von den untersten Stellen der Partei nach oben das Durchgeben der kleinsten Schwankungen und Stimmungsänderungen des Volkes ermöglicht ...»[766]. Entsprechend hatten die Reichsleiter die Zusammenarbeit mit den ihnen unterstellten Politischen Leitern der unteren Parteihoheitsgebiete zu organisieren.

Sitz der Parteiführung waren das *Braune Haus* und der Verwaltungsbau der Partei am Königsplatz in München. Es war jedoch nicht der Amtssitz aller Reichsleiter, da viele, wie Goebbels, mehrere Partei- und Staatsämter innehatten und deshalb ihre Büros in der Reichshauptstadt Berlin hatten.

Es gab in der Reichsleitung Ämter, die sich ausschließlich mit Parteiangelegenheiten befaßten, wie zum Beispiel das Amt des Reichsorganisationsleiters. Daneben gab es Ämter, deren Aufgabenstellung der von Ministerien entsprach, wie das «Außenpolitische Amt der NSDAP»[767]. Außerdem bestanden in der Reichsleitung Ämter, die die *Gliederungen* und die der NSDAP angeschlossenen Verbände beaufsichtigten. Das «Hauptamt für Volkswohlfahrt»[768] in der Reichsleitung zum Beispiel war zuständig für die *NSV*, die Nationalsozialistische Volkswohlfahrt.

Mit ähnlicher Aufgabenstellung wie die Reichsleiter und auch direkt Hitler unterstellt arbeiteten die Reichsführer. Zu den einflußreichsten Reichsführern gehörten der 1929 ernannte *Reichsführer-SS* Heinrich Himmler und der 1931 einge-setzte *Reichsjugendführer* Baldur von Schirach.

Siehe *Gliederungen und Angeschlossene Verbände der NSDAP, Führer und Reichskanzler, Propagandaministerium.*

Reichsministerium für Volksaufklärung und Propaganda   siehe *Propagandaministerium*

Reichsmusikkammer,   siehe *Reichskulturkammer*

Reichsnährstand.   Der Reichsnährstand wurde am 13. September 1933 durch das «Gesetz über den vorläufigen Aufbau des Reichsnährstandes und Maßnahmen zur Markt- und Preisregelung für landwirtschaftliche Erzeugnisse» als «Selbstverwaltungsorganisation der deutschen Ernährungswirtschaft»[769] gebildet, in der alle auf dem Gebiet der Ernährungs- und Forstwirtschaft tätigen Personen und Betriebe zusammengefaßt waren. Die straffe Organisation der Ernährungswirtschaft war für die nationalsozialistische Führung aus drei Gesichtspunkten wichtig. Erstens galt das Bauerntum auf der Grundlage der wissenschaftlich eindeutig widerlegten nationalsozialistischen *Rassenkunde* als eine wichtige Voraussetzung für die Entwicklung und Erhaltung der *nordischen Rasse*. Zweitens war die Kontrolle der Nahrungsmittelproduktion und ihrer Verteilung Voraussetzung für eine Marktordnung, in der die Partei die Preise weitgehend bestimmen konnte. Drittens war es für die nationalsozialistische Führung wichtig, die inländische Nahrungsmittelproduktion so zu steigern, daß die Bevölkerung in einem Krieg ohne Einfuhren aus dem Ausland ernährt werden konnte.

Der Reichsnährstand war eine Körperschaft des öffentlichen Rechts. Mitglieder mußten «... alle Eigentümer, Nutznießer, Pächter oder Verpächter landwirtschaftlicher Betriebe (Bauern und Landwirte), die Landfrauen und anderen mitarbeitenden Familienangehörigen sowie Landarbeiter, landwirtschaftliche Angestellte und Beamte, ferner alle natürlichen und juristischen Personen, die den Landhandel oder die Be- und die Verarbeitung landwirtschaftlicher Erzeugnisse betreiben einschließlich der industriellen und der handwerklichen Betriebe ... der Ernährungswirtschaft (z. B. Molkereien, Brotfabriken, Brauereien, Konservenfabriken, Sägewerke usw.) ...»[770] sein. «... Um die Aufgaben des Reichsnährstandes, besonders die Betreuung des Landvolkes als Blutsquelle der Nation, und die Ernährungssicherung mit Erfolg durchführen zu können, war eine straffe Gliederung bis in jedes Dorf hinein notwendig ...»[771] Oberster Führer des Reichsnährstandes war der Reichsbauernführer Dr. Walter Darré, Autor des 1929 erschienenen Buches «Das Bauerntum als Lebensquell der Nordischen Rasse» und seit 1931 Leiter des Rasse- und Siedlungsamtes der *SS*, der am 29. Juni 1933 zum Reichs- und Preußischen Minister für Ernährung und Landwirtschaft ernannt wurde. Zur Durchführung der Aufgaben des Reichsnährstandes wurden drei Reichshauptabteilungen eingerichtet: «I Der Mensch», «II Der Hof», «III Der Markt»[772].

Der Reichshauptabteilung «Der Mensch» waren die «... menschliche, die soziale und die kulturelle Betreuung des Landvolks sowie die Überwachung der Standesehre der Angehörigen des Reichsnährstandes übertragen.»[773] Weitere Aufgabenstellungen der Abteilung waren die Berufserziehung und Erziehung der Landjugend, um eine weitere Abwanderung von Landarbeitern in die Städte zu verhindern. Auf Veranlassung der Abteilung wurde am 15. Mai 1934 das «Gesetz zur Regelung des Arbeitseinsatzes» erlassen. Das Gesetz bestimmte, daß Personen, die in den letzten drei Jahren in der Landwirtschaft tätig gewesen waren, nur mit Genehmigung der Reichsanstalt für Arbeitsvermittlung eine nichtlandwirtschaftliche Beschäftigung aufnehmen konnten.

Die Reichshauptabteilung «Der Hof» betreute «... Hof, Acker und Forst des Landwirts und des Bauern, den gärtnerischen Betrieb sowie die Fischerei und alle Fragen des Acker- und Gartenbaus, des Privatwaldes, der Tierzucht, des Bau- und des landwirtschaftlichen Maschinen- und Gerätewesens ...»[774]

Die Reichshauptabteilung «Der Markt» hatte die gesamte Marktordnung zu organisieren und zu überwachen. Ihr unterstanden «... alle am Marktverkehr beteiligten Personen und Betriebe ...»[775]. Die Festlegung der Preise für landwirtschaftliche Produkte war eine Hauptaufgabe der Abteilung; das geschah durch Gesetze, die zum Beispiel Minimalpreise für Getreide oder zusätzliche Besteuerungen bestimmten, oder durch die Lenkung von Angebot und Nachfrage, zum Beispiel durch die Einführung von Pflichtablieferungen für bestimmte Erzeugnisse. Für die Landwirte bedeutete die Schaffung des Reichsnährstandes, daß der Absatz ihrer Produkte gesichert war. Für die Verbraucher äußerten sich die Neuerungen staatlicher Landwirtschaftspolitik in der Preiserhöhung für Agrarprodukte.

Allen drei Reichshauptabteilungen waren zahlreiche Organisationen und Verbände angegliedert.

Ohne Memelgebiet, das *Protektorat Böhmen und Mähren* und ohne die in das Reich eingegliederten Ostgebiete waren Ende 1939 nach nationalsozialistischer Darstellung im Reichsnährstand zusammengefaßt: 3 683 000 Betriebsinhaber der Land-, der Forst-, der Gartenbau- und der Fischwirtschaft, etwa 7 628 000 mitarbeitende Familienmitglieder ohne eigenen Beruf, ungefähr 2 483 000 Arbeiter, Angestellte und Beamte, rund 325 000 Betriebsinhaber aus Industrie und Handwerk, 120 000 Betriebsinhaber des Nahrungsmittelgroßhandels und etwa 450 000 Betriebe des Lebensmitteleinzelhandels. Die Beitragspflicht zum Reichsnährstand war durch eine besondere Beitragsordnung geregelt.

Sofort nach Beginn des Zweiten Weltkrieges am 1. September 1939 wurde eine «... Vereinfachung der ernährungswirtschaftlichen Verwaltung herbeigeführt. In der Reichsspitze des Reichsnährstandes trat eine engere sachliche und personelle Bindung zwischen Reichsernährungsministerium und Reichsnährstand ein ...»[776] Für die Bevölkerung bedeutete die angebliche Vereinfachung die Rationierung aller Lebensmittel und für die Bauern eine strenge Ablieferungspflicht aller landwirtschaftlichen Erzeugnisse. Der Verstoß gegen die Ablieferungspflicht wurde streng bestraft.

Siehe *Erbhof, Blut und Boden, Bückeberg, Lebensmittelkarten, Pflichtjahr, Deutsche Arbeitsfront, DAF.*

Reichsparteitage wurden die großen Versammlungen der NSDAP genannt. Von Anfang an dienten sie als Propagandaveranstaltungen der Partei, auf denen den Parteifunktionären die Beschlüsse der Führung bekanntgegeben und bestenfalls erläutert wurden. Seit 1927 wurden die Parteitage in Nürnberg veranstaltet und waren nach nationalsozialistischer Darstellung «... die großen Höhepunkte des nationalen Lebens ..., auf denen der Führer und seine Beauftragten die Pläne für die politische Arbeit des Jahres geben.»[777]

Der erste Parteitag der Nationalsozialisten fand 1923 in München statt, der zweite nach Verbot und Neugründung der NSDAP 1926 in Weimar. Seit dem dritten Parteitag 1927 wurde Nürnberg zum ständigen Versammlungsort bestimmt, Anfang September als Termin für die Parteitage festgelegt; der vierte Parteitag fand 1929 statt.

1933 – im Jahr der *Machtübernahme* – wurde in Nürnberg der «Reichsparteitag des Sieges»[778] gefeiert.

1934 beauftragte Adolf Hitler den Architekten Albert Speer mit Entwurf und Bau einer für Jahrtausende bestimmten Anlage auf dem Zeppelinfeld in Nürnberg. Speer baute «eine große Treppenanlage, oben gesteigert und abgeschlossen durch eine lange Pfeilerhalle, an beiden Enden flankiert von zwei abschließenden Steinkörpern»[779]. Der Bau hatte eine Länge von 390 Metern und war 24 Meter hoch.

Seit dem 14. Juli 1933 war die NSDAP die einzige Partei in Deutschland; am 1. Dezember 1933 wurde sie durch das «Gesetz zur Sicherung der Einheit von Partei und Staat» zur «... Trägerin des deutschen Staatsgedankens»[780] erklärt. Der folgende Parteitag 1934 mit dem Motto «Triumph des Willens»[781] wurde zu einem Staatsfest, an dem auch das Militär teilzunehmen hatte; zum erstenmal fand auf dem Parteitag eine Gefechtsvorführung statt.

Die Veranstaltungen auf dem Reichsparteitagsgelände wurden mit militärischer Disziplin und wohl berechneter Feierlichkeit inszeniert. Zwischen Hunderten von *Hakenkreuzfahnen* an riesigen Stangen bewegten sich Tausende von Menschen in streng ausgerichteten Formationen. Riesige Scheinwerfer strahlten in den Himmel, wobei die einzelnen Kegel sogenannte Lichtdome bildeten. Die Nationalsozialisten schilderten die gewaltigen Massendemonstrationen als «... Ausdruck einer erwachenden Nation und die Einheit von Führung und Volk ...»[782] Höhepunkte der Parteitage, die in der Regel eine Woche dauerten, waren die Ansprache Hitlers, die Vereidigung der *Politischen Leiter* der NSDAP, Volkstanz- und Sportvorführungen der *Hitlerjugend* und die Waffenschau der *Wehrmacht*.

Die Unverfrorenheit der Nationalsozialisten offenbarte die Wahl des Namens für den Reichsparteitag im Jahre 1935: Er wurde «Reichsparteitag der Freiheit»[783] genannt. Auf diesem Parteitag wurden das *Reichsbürgergesetz* und das *Blutschutzgesetz* verkündet, die später als Nürnberger Rassengesetze bezeichnet wurden und dem Völkermord an Millionen Juden und Sinti und Roma (Zigeuner) eine gesetzliche Grundlage gaben.

1938 wurde der «Reichsparteitag Großdeutschlands»[784] veranstaltet. Im März desselben Jahres hatte der gewaltsame *Anschluß Österreichs an das Deutsche Reich* stattgefunden; die Nationalsozialisten bezeichneten seitdem das Deutsche Reich als *Großdeutschland* oder auch Großdeutsches Reich. Während des Zweiten Weltkrieges, 1939–1945, wurden keine Reichsparteitage abgehalten.

Siehe *NSDAP, Marsch auf die Feldherrnhalle, Bauten des Führers, Propagandaministerium*.

Reichspressekammer, siehe *Reichskulturkammer*

Reichsschrifttumskammer, siehe *Reichskulturkammer*

Reichsrundfunkkammer, siehe *Reichskulturkammer*

Reichssicherheitshauptamt, abgekürzt *RSHA*, im Amt *Reichsführer-SS und Chef der Deutschen Polizei*. Das RSHA war das der SS unterstehende zentrale Amt, von dem alle offiziellen und geheimen Polizei- und Sicherheitsorgane des Deutschen Reiches geleitet wurden. Mit der Vielfalt seiner Ämter, Dienststellen, Gruppen, Abteilungen und Unterabteilungen war das Amt für Uneingeweihte praktisch undurchschaubar. Zu den Machtbefugnissen des RSHA gehörte die Verhängung der *Schutzhaft*, die Einweisung in ein *KZ* ohne Gerichtsverfahren und ohne Berufungsmöglichkeit für die Opfer bedeutete.

Das Reichssicherheitshauptamt wurde am 27. 9. 1939 durch Erlaß des Reichsführers-SS und Chefs der Deutschen Polizei Heinrich Himmler eingerichtet. Im RSHA waren Einrichtungen sowohl des Staates als auch der Partei, der NSDAP, zusammengefaßt: aus dem staatlichen Bereich die *Sicherheitspolizei*, zu der die *Gestapo*, die Geheime *Staatspolizei*, mit Grenz- sowie Kriminalpolizei gehörten, und aus dem Bereich der Partei der *SD*, der *Sicherheitsdienst*. Der Geheimdienst SD war eine Einrichtung der SS, die Teil der NSDAP war. Im RSHA erhielten diese Organisationen eine gemeinsame Zentrale unter einer mit nahezu unbegrenzten Vollmachten ausgestatteten Führung der SS. Bis 1942 war der Chef der Sicherheitspolizei und des SD Reinhard Heydrich Chef des RSHA. Sein Nachfolger wurde Ernst Kaltenbrunner. Der Chef des RSHA unterstand direkt dem Reichsführer-SS und Chef der Deutschen Polizei Heinrich Himmler, der seinerseits nur Adolf Hitler Rechenschaft zu geben hatte.

Dem RSHA unterstanden die Inspekteure der Sicherheitspolizei und des SD sowie die Staatspolizei- und Kriminalpolizei(Leit)stellen und die SD-(Leit-)stellen im gesamten Reichsgebiet. Weisungsgebunden an das RSHA und unabhängig von Befehlen der *Wehrmacht* waren die Befehlshaber der Sicherheitspolizei und des SD in den *besetzten Gebieten*.

Das RSHA bestimmte die Maßnahmen der unmittelbar hinter der Frontlinie operierenden *Einsatzgruppen* der Sicherheitspolizei und des SD, deren Aufgabe es war, angebliche Staatsfeinde und Juden aufzuspüren und zu töten.

Dem RSHA unterstanden auch die SS- und Polizeiattachés bei den deutschen diplomatischen Vertretungen im Ausland.

Das RSHA war 1940 in sieben Ämter unterteilt:

Das Amt I (Personal) hatte Verwaltungsaufgaben zu erfüllen und war verantwortlich für die im In- und Ausland tätigen Agenten und für die Ausbildung von Mitarbeitern, die vor keiner unrechtmäßigen Handlung zurückschrecken durften.

Das Amt II (Organisation, Verwaltung, Recht) hatte die Ausbürgerung von Staatsfeinden und Juden zu betreiben sowie die Beschlagnahme und Einziehung von Besitz und Vermögen der Entrechteten. Außerdem war dieses Amt verantwortlich für die Konstruktion der Fahrzeuge, in denen Juden durch Auspuffgase ermordet wurden.

Das Amt III (Inlandnachrichtendienst) sammelte und verwertete Berichte der einzelnen Leitstellen aus dem gesamten Reichsgebiet über die Wirkung von Maßnahmen der Regierung und der Partei auf die Bevölkerung. Das Amt erstellte auch Gutachten über die politische Zuverlässigkeit einzelner Bürger, nach denen oft über Ernennungen und Beförderungen in Verwaltung, Wirtschaft und Wissenschaft entschieden wurde.

Das Amt IV (das Geheime Staatspolizeiamt) war zuständig für die Verfolgung der tatsächlichen oder angeblichen Gegner des Nationalsozialismus. Das Amt konnte ohne Gerichtsbeschluß aus eigener Machtvollkommenheit jederzeit über jedermann die Schutzhaft verfügen. Politiker aller Richtungen, Geistliche aller Konfessionen, Juden und Staatsbürger, die unliebsam aufgefallen waren und nach Meinung des RSHA zu geringe Strafen erhalten hatten, wurden, ohne daß darüber Rechenschaft gegeben werden mußte, in Konzentrationslager, *KZ*, eingewiesen. Das Amt IV verfügte in der Prinz-Albrecht-Straße in Berlin über eigene Zellen, in denen mit grausamen Methoden verhört wurde.

Zu diesem Amt gehörte auch das Referat IV B 4, in dem Adolf Eichmann die *Endlösung* der Judenfrage, die systematische Ermordung der deutschen und europäischen Juden, in ihrer Ausführung plante. Von hier aus wurden die Transporte in die *Vernichtungslager* organisiert.

Das Amt V (Reichskriminalpolizeiamt) war verantwortlich für die Verfolgung der unpolitischen kriminellen Straftaten. Eine zusätzliche Aufgabe war die Verfolgung der Zigeuner. Im Amt V wurden aber auch Verfahren zur Ermordung von Geisteskranken entwickelt.

Das Amt VI (Auslandsnachrichtendienst) betrieb Spionage und Abwehr im Ausland.

Das Amt VII (Weltanschauliche Forschung) verwaltete Bücherbestände und Archivmaterial politischen und religiösen Inhalts, das bei Juden, Freimaurern und Politikern, in Gotteshäusern und Bibliotheken beschlagnahmt worden war, und wertete es aus.

1944 wurden auch die Abwehrabteilungen der Wehrmacht, das heißt die Abteilungen des militärischen Geheimdienstes, dem RSHA und damit letztlich dem Reichsführer-SS und Chef der Deutschen Polizei Heinrich Himmler unterstellt.

Ein Großteil der Akten des RSHA wurden vor Ende des Zweiten Weltkrieges, 1939–1945, von der SS vernichtet, um einen Nachweis der Verbrechen zu verhindern.

Siehe *Heimtückegesetz, Judenverfolgung, Gestapo, Endlösung, besetzte Gebiete, Euthanasiebefehl.*

Reichsstatthalter war ein durch das Gesetz zur Gleichschaltung der Länder mit dem Reich vom 7. April 1933 von der nationalsozialistischen Regierung geschaffenes Amt zur «einheitlichen Lenkung der staatlichen Verwaltung im Reich und in den Ländern»[785].

Das Reichsgebiet bestand nach der Weimarer Verfassung von 1919 aus den Gebieten der deutschen Länder; nach der Verfassung konnten die 17 Länder durch Länderparlamente und Landesregierungen in Landesangelegenheiten selbständig entscheiden.

Die Reichsstatthalter hatten im Auftrag der Reichsregierung unter Adolf Hitler in den Ländern die *Gleichschaltung* der Länder mit dem Reich zu überwachen und «...für die Beobachtung der vom Reichskanzler aufgestellten Richtlinien der Politik zu sorgen ...»[786] Mit dieser Aufgabenstellung waren die Reichsstatthalter Aufsichtsbeamte der Reichsregierung in den Ländern; die Länder unterlagen nach dem Gesetz vom 7. April 1933 der zentralen Lenkung durch die Reichsregierung.

Die Reichsstatthalter hatten das Recht, Mitglieder der Landesregierungen und Beamte der Länder zu ernennen und zu entlassen.

Nach der endgültigen Auflösung der Länderparlamente und -regierungen durch das «Gesetz über den Neuaufbau des Reiches» vom 30. Januar 1934 wurden die Länderverwaltungen der Reichsverwaltung unterstellt: die Reichsstatthalter wurden in ihren Zuständigkeitsbereichen Träger der Reichsgewalt.

Bis Mitte 1934 wurden die Reichsstatthalter auf Vorschlag des Reichskanzlers vom Reichspräsidenten ernannt. Da Adolf Hitler nach dem Tod des Reichspräsidenten Paul von Hindenburg auch dessen Vollmachten übernahm, verfügte er seit dem 1. August 1934 als *Führer und Reichskanzler* allein die Ernennung und Entlassung der Reichsstatthalter.

Die Posten der Reichsstatthalter wurden mit zwei Ausnahmen, Bayern und Preußen, mit *Gauleitern* der *NSDAP* besetzt; Gauleiter waren hohe Parteiführer der NSDAP und Hitler als höchstem Führer der Partei unmittelbar unterstellt. Als Gauleiter waren die Reichsstatthalter die obersten Parteiführer ihrer Amtsbereiche. Das staatliche Amt des Reichsstatthalters wurde somit oft in Personalunion mit einem Parteiamt ausgeübt.

Bis 1940 wurden in den Gebieten, die seit 1938 dem Deutschen Reich angeschlossen waren – in Österreich, der Tschechoslowakei und in Polen –, zehn *Reichsgaue* eingerichtet. Auch an ihrer Spitze standen Reichsstatthalter, das heißt, auch die Reichsgaue waren direkt der Reichsregierung unterstellt.

Die Reichsstatthalter hatten das Recht, im Rahmen der Gesetze und Richtlinien der obersten Reichsbehörden allen Behörden, den Organisationen der gewerblichen Wirtschaft und des Verkehrsgewerbes, den Dienststellen des *Reichsnährstandes* und der *Reichskulturkammer* Weisungen zu erteilen. Diese Machtbefugnis sollte dem Reichsstatthalter «... entsprechend dem nationalsozialistischen Füh-

rergrundsatz zum ersten verantwortlichen Mann seines Amtsbereiches machen und ihm die einheitliche Lenkung der staatlichen Verwaltung im Reichsgau ermöglichen ...»[787]

Die Machtfülle, die aus der Doppelstellung der Reichsstatthalter als staatliche und parteiliche Amtsträger erwuchs, führte in der Folgezeit häufig zu Auseinandersetzungen zwischen Reichsstatthaltern und Reichsministern.

Siehe *Ermächtigungsgesetz, Gleichschaltung, Führer und Reichskanzler, Führergrundsatz.*

Reichstagsbrand. Der Brand des Reichstagsgebäudes in Berlin ereignete sich am Abend des 27. Februar 1933, knapp vier Wochen nach der *Machtübernahme* und während des Wahlkampfes zu den Reichstagsneuwahlen am 5. März 1933.

Die Zerstörung des Reichstagsgebäudes – Sitz des Parlamentes der Weimarer Republik – durch Brandstiftung gab den Nationalsozialisten Gelegenheit, die entscheidenden Maßnahmen zur Errichtung der Diktatur in Deutschland einzuleiten. Noch in der Nacht des Brandes behaupteten die Nationalsozialisten, die Brandstiftung sei der Auftakt zu einem kommunistischen Staatsstreich, der von zahlreichen Sozialdemokraten unterstützt werde. Am folgenden Tag konnte Adolf Hitler den Reichspräsidenten Paul von Hindenburg zur Unterschrift einer Notverordnung «zur Abwehr kommunistischer staatsgefährdender Gewaltakte»[788] bewegen, mit der die wichtigsten demokratischen Grundrechte vorübergehend außer Kraft gesetzt werden sollten.

Die *Reichstagsbrandverordnung* wurde jedoch bis zum Ende der nationalsozialistischen Herrschaft 1945 nicht wieder aufgehoben.

Am 1. Februar 1933 – zwei Tage nach der Ernennung Hitlers zum Reichskanzler – war durch eine Notverordnung des Reichspräsidenten, zu der Hitler gedrängt hatte, der Reichstag aufgelöst und Neuwahlen für den 5. März angesetzt worden. Reichstagspräsident war Hermann Göring, da die Nationalsozialisten auf Grund der Wahlergebnisse vom 6. November 1932 die stärkste Partei im Reichstag bildeten.

Am 27. Februar, knapp eine Woche vor der Wahl, als der Wahlkampf auf Hochtouren lief, brach abends Feuer im Reichstagsgebäude aus. Innerhalb kurzer Zeit stand das ganze Gebäude in Flammen. Sehr bald danach wurde die Behauptung verbreitet, der Brand sei wenige Minuten, nachdem die kommunistischen Abgeordneten Torgler und Koenen das Haus verlassen hatten, ausgebrochen.

Nach Verlautbarungen der NSDAP über eine bevorstehende kommunistische Revolution begann noch in der Brandnacht die Verfolgung kommunistischer Parteimitglieder: 4000 Funktionäre und Reichstagsabgeordnete, außerdem Mitglieder der Sozialdemokratischen Partei Deutschlands und andere, der NSDAP mißliebige Personen wurden verhaftet.

Am folgenden Tag erließ Reichspräsident Paul von Hindenburg die ihm von Hitler vorgelegte «Verordnung des Reichspräsidenten zum Schutz von Volk und Staat», die Reichstagsbrandverordnung.

Die Verordnung gab der NSDAP die Möglichkeit, sämtliche Zeitungen der Kommunisten, viele Zeitungen der Sozialdemokraten und der Gewerkschaften zu verbieten; jede Art von Wahlpropaganda der Kommunisten wurde unterbunden. Da die NSDAP so vorbedacht, gut organisiert, jeden Vorteil für sich und jeden Nachteil für ihre Gegner beachtend auf den Reichstagsbrand reagierte, entstand bald die Vermutung, daß die Nationalsozialisten selbst diesen Brand gelegt hätten. Es wurde erklärt, *SA*-Männer in Zivil seien durch die Heizungsgänge vom Palais des Reichstagspräsidenten Göring in das Reichstagsgebäude eingedrungen und hätten an zahlreichen Stellen Feuer gelegt, um dadurch einen kommunistischen Staatsstreich vorzutäuschen.

In dem folgenden Reichstagsbrandprozeß, der vom September bis zum Dezember 1933 dauerte, konnte weder eine Schuld der Kommunisten noch der Nationalsozialisten erwiesen werden. Vier der Hauptangeklagten – drei bulgarische und ein deutscher Kommunist – wurden freigesprochen. Der noch während der Brandnacht verhaftete Holländer Marinus van der Lubbe wurde als Einzeltäter zum Tode verurteilt und hingerichtet. Van der Lubbe hatte gestanden, das Gebäude angezündet zu haben, um ein Signal zum Widerstand gegen Hitler und die Nationalsozialisten zu geben.

Da das geltende Recht für den Tatbestand der Brandstiftung nur Zuchthausstrafe vorsah, erwirkten die Nationalsozialisten das «Gesetz über Verhängung und Vollzug der Todesstrafe», das auch als «Lex van der Lubbe» bezeichnet wird. Dieses mit rechtsstaatlichen Grundsätzen nicht zu vereinbarende Gesetz vom

29. März 1933 ermöglichte rückwirkend, daß van der Lubbe mit dem Tode bestraft wurde.

Siehe *Machtübernahme, Ermächtigungsgesetz*.

Reichstagsbrandverordnung. Die Reichstagsbrandverordnung vom 28. Februar 1933 war nach der *Machtübernahme* am 30. Januar 1933 ein entscheidender Schritt der Nationalsozialisten zur Errichtung ihrer Diktatur in Deutschland.

Mit der «Verordnung des Reichstagspräsidenten zum Schutz von Volk und Staat», die einen Tag nach dem *Reichstagsbrand* auf Veranlassung des Reichskanzlers Adolf Hitler als Notverordnung von Reichspräsident Paul von Hindenburg erlassen wurde, wurden wesentliche Grundrechte der Verfassung außer Kraft gesetzt. Die Verordnung sah «... zur Abwehr kommunistischer staatsgefährdender Gewaltakte ... Beschränkungen der persönlichen Freiheit, des Rechtes der freien Meinungsäußerung einschließlich der Pressefreiheit»[789] vor.

Damit waren die wichtigsten Grundsätze der Verfassung der Weimarer Republik – ohne daß sie förmlich aufgehoben worden war – außer Kraft gesetzt: der Schutz des Bürgers vor staatlichen Übergriffen und die Sicherung demokratischer Regeln in der politischen Auseinandersetzung.

Das Recht, für einen begrenzten Zeitraum Notverordnungen zu erlassen, mit denen Grundrechte außer Kraft gesetzt werden konnten, stand dem Reichspräsidenten als Staatsoberhaupt des Deutschen Reiches nach Artikel 48 der Weimarer Verfassung zu. Mit der Behauptung,

daß der Reichstagsbrand Auftakt eines kommunistischen Staatsstreiches sein sollte, konnten die Nationalsozialisten Hindenburg zum Erlaß der Reichstagsbrandverordnung veranlassen.

Auf Grund der Verordnung konnten jetzt alle Menschen, die der Reichsregierung nicht genehm waren, zum Schweigen gebracht und eingesperrt werden. Alle kommunistischen Parteibüros und Versammlungslokale wurden geschlossen, die Parteizeitungen, Wahlplakate und Flugblätter der Kommunisten, der Sozialdemokraten und der Gewerkschaften verboten, desgleichen alle Kundgebungen und Versammlungen. Mit Terror und Gewalt setzten Polizei, *SA* und *SS* – als Hilfspolizei eingesetzt – die Absichten und Ziele der nationalsozialistischen Führung durch: die Bekämpfung aller politischen Gegner.

Allein der Verdacht eines Verstoßes gegen die Reichstagsbrandverordnung genügte den Polizeibehörden, das Zwangsmittel der *Schutzhaft* zu verhängen. Ohne Beweise, ohne Verhör durch einen Richter, ohne Anklage und ohne einen Rechtsbeistand wurden in Schutzhaft genommene Bürger festgehalten – im März/April 1933 mehr als 25000 Menschen. Viele von ihnen wurden in die von der SA und SS eingerichteten «Privatgefängnisse»[790], viele von ihnen in der ersten sogenannten wilden Lagern und den ab März 1933 errichteten *KZ* eingesperrt. Sie wurden gefoltert, oft zu Tode gequält.

Gegen die mutmaßlichen Reichstagsbrandstifter fand von September bis Dezember 1933 ein Prozeß statt. Das Reichsgericht mußte die der Kommunistischen Partei angehörenden Hauptangeklagten freisprechen. Der Holländer Marinus van der Lubbe wurde als Einzeltäter verurteilt und hingerichtet. Damit wäre der Vorwurf, daß Kommunisten im Bündnis mit Sozialdemokraten den Reichstag in Brand gesteckt hätten, um das Signal zu einem Aufstand zu geben, eigentlich widerlegt und die Notverordnung wieder aufzuheben gewesen. Die Reichstagsbrandverordnung blieb jedoch bis zum Zusammenbruch der nationalsozialistischen Herrschaft im Mai 1945 in Kraft. Sie wurde bis zuletzt angewendet. Ihre Bestimmungen ermöglichten den Nationalsozialisten, die Freiheit der Menschen willkürlich einzuschränken. Paragraph 1 bestimmte: «... Es sind daher Beschränkungen der persönlichen Freiheit, des Rechtes der freien Meinungsäußerung einschließlich der Pressefreiheit, des Vereins- und Versammlungsrechts, Eingriffe in das Brief-, Post-, Telegrafen- und Fernsprechgeheimnis, Anordnungen von Haussuchungen und von Beschlagnahme sowie Beschränkungen des Eigentums auch außerhalb der sonst hierfür bestimmten gesetzlichen Grenzen zulässig.»[791]

Siehe *Ermächtigungsgesetz, Machtübernahme, Heimtückegesetz, Sondergerichte.*

Reichstheaterkammer, siehe *Reichskulturkammer*

Reichsvereinigung der Juden in Deutschland war die Bezeichnung für die am 4. Juli 1939 durch die 10. Verordnung zum *Reichsbürgergesetz* zwangsweise angeordnete Vereinigung aller bis dahin in Deutschland bestehenden jüdischen Verbände. Der Reichsvereinigung muß-

ten alle in Deutschland lebenden Juden angehören. Die Leiter der Reichsvereinigung mußten vom *Reichssicherheitshauptamt* der *SS* und den örtlichen Leitstellen der *Gestapo*, der *Geheimen Staatspolizei*, bestätigt werden. Der Vereinigung wurde die Verantwortung für die Wohlfahrtspflege und das Schulwesen der Juden übertragen. Vorrangiger Zweck aber war, daß die von den Nationalsozialisten mit zunehmendem Druck betriebene Auswanderung der Juden aus Deutschland von den Juden selbst mit organisiert werden sollte.

1933 hatten sich die Juden bereits eine eigene Dachorganisation geschaffen, die «Reichsvertretung der deutschen Juden». Sie hatte die Organisation des Schul- und Bildungswesens übernommen, denn schon seit 1933 durften Juden Universitäten und Schulen nur noch in eingeschränktem Umfang besuchen. Sie leistete Wirtschaftshilfe und Wohlfahrtspflege für diejenigen, die aus ihren Berufen verdrängt worden waren, deren Renten nicht mehr bezahlt wurden, die ihrer Existenz und ihres Vermögens beraubt wurden. Finanziert durch Beiträge deutscher Juden, vor allem aber durch Spenden jüdischer Verbände in England und den Vereinigten Staaten, bemühte sich die freiwillig gebildete Reichsvertretung um die Vorbereitung und Durchführung von Auswanderungen. Die Auswandernden wurden nach Möglichkeit durch vorherige Umschulung auf Berufe vorbereitet, die in den Einwanderungsländern Arbeitsmöglichkeiten boten; das waren vor allem handwerkliche und landwirtschaftliche Tätigkeiten.

Die zwangsweise eingerichtete «Reichsvereinigung der Juden in Deutschland» übernahm somit eine funktionierende Organisation. Ihre Leiter kamen jetzt in die tragische Situation, mit der SS und der ihr unterstellten «Reichszentrale für jüdische Auswanderung» zusammenarbeiten zu müssen.

Die Leitung der Reichszentrale der SS, später nach einer Umorganisation kurz als Zentralamt bezeichnet, lag in den Händen der Chefs des zur SS gehörenden Sicherheitsdienstes, *SD*, Reinhard Heydrich, der gleichzeitig Chef der *Sicherheitspolizei* war. Auf einer Arbeitsbesprechung der Reichszentrale gab Heydrich unter anderem die Richtlinie, das Verfahren der Auswanderung sei «einheitlich auszurichten und für den Juden möglichst einfach zu gestalten»[792]. Das war keine Anordnung aus Menschenfreundlichkeit, sie sollte vielmehr ermöglichen, daß der einzelne Jude zu einem bestimmten Termin unter Zurücklassung seines Vermögens Deutschland verlassen konnte. Lediglich das sogenannte Vorzeigegeld durfte er behalten, das von dem jeweiligen Einwanderungsland als Bedingung zur Einreise vorgeschrieben war.

Von 1933 bis zu dem am 23. 10. 1941 erklärten Auswanderungsverbot wanderten von den 500 000 in Deutschland lebenden Juden 300 000 aus. Tausende von ihnen, die in das europäische Ausland emigriert waren, wurden im Verlauf des Zweiten Weltkrieges, 1939–1945, von den deutschen Truppen wieder eingeholt und von SS und Gestapo in die Konzentrations- und *Vernichtungslager* verschleppt und ermordet.

Die Reichsvereinigung der Juden in Deutschland war gezwungen, alle Maßnahmen der *Judenverfolgung* bis hin zu der Vorbereitung und Durchführung der zwangweisen Verschleppung der Juden in die Lager, Gettos und *Gaskammern* in Polen organisatorisch zu unterstützen und durchzuführen. Die Juden wurden zu Handlangern ihres eigenen Verderbens erniedrigt.

Siehe *Judenverfolgung, Warschauer Getto, Endlösung.*

Reichsvertretung der deutschen Juden

siehe *Reichsvereinigung der Juden in Deutschland.*

Röhm-Putsch

war die von der nationalsozialistischen Propaganda verbreitete Bezeichnung für die Ereignisse um die von Adolf Hitler angeordnete Ermordung des Stabschefs der *SA*, Ernst Röhm, zahlreicher anderer SA-Führer sowie weiterer, den Nationalsozialisten mißliebiger Personen im Juli 1934. Es wurde verbreitet, Ernst Röhm habe mit der von ihm geführten SA, der Sturmabteilung der *NSDAP*, einen Staatsstreich gegen Adolf Hitler und seine Regierung geplant. Mit dieser Behauptung rechtfertigten die nationalsozialistischen Führer die von ihnen veranlaßten und verübten Morde an mehr als 100 Personen. Die Ereignisse um die Röhm-Affäre werden heute als Entscheidung im Machtkampf zwischen SA und SS angesehen. 1934 war die SS noch eine von Heinrich Himmler geführte Untergliederung der SA.

Röhm, schon vor Hitler Mitglied der NSDAP, galt zunächst als dessen enger Freund. Von Anfang an hatte Röhm entscheidenden Einfluß auf den Aufbau der SA, der sogenannten Ordnertruppe der

NSDAP. Über ihre Aufgaben hatten Röhm und Hitler allerdings unterschiedliche Ansichten. Für Hitler war die SA eine Hilfstruppe der Partei auf dem Wege zur Macht, Röhm wollte sie zu einem militärisch geführten Wehrverband ausbauen: Politische und militärische Führung sollten gleichberechtigt den nationalsozialistischen Staat errichten.

Die unterschiedlichen Auffassungen führten dazu, daß Röhm sich 1925 von der NSDAP trennte und später ins Ausland ging. 1931 wurde er von Hitler zurückgeholt und wieder mit der Führung der SA beauftragt. Röhm wurde Stabschef der SA, war aber jetzt Hitler unterstellt, der sich selbst zum Obersten SA-Führer ernannt hatte.

Nach der *Machtübernahme* 1933 führten die alten Meinungsverschiedenheiten über die Rolle der SA und der Reichswehr – das war das seit 1919 bestehende freiwillige Berufsheer des Deutschen Reiches – wieder zu Auseinandersetzungen unter den nationalsozialistischen Führern: Röhm wollte die SA mit der Reichswehr zu einem nationalsozialistischen Volksheer, einer «braunen Armee»[793], vereinigen. Hitler aber wollte Röhm und der SA eine so beherrschende Stellung in dem neuen Staat nicht zubilligen. Auch wollte er bei der von ihm geplanten Aufrüstung nicht auf die erfahrenen Offiziere der Reichswehr verzichten, die sich dem Plan Röhms entschieden widersetzten. Außerdem war für Hitler – im Gegensatz zu Röhm – «die Revolution ... kein permanenter Zustand»[794]. Sein neues Ziel war, «klug und vorsichtig» die nationalsozialistischen «Gedankengänge zu verwirklichen»[795].

Der Konflikt um die SA wurde von anderen Parteiführern, die Röhm und die Macht der SA fürchteten, absichtlich geschürt. Um ihre eigene Machtstellung zu erweitern, schreckten sie auch vor Verleumdungen nicht zurück. Die Führung der SS, vor allem Reinhard Heydrich, der Chef des SD, des Sicherheitsdienstes der SS, verbreitete das Gerücht, die SA plane einen Putsch. Um den Gerüchten entgegenzuwirken, ordnete Röhm – nach einer Unterredung mit Hitler – ab 1. 7. 1934 einen einmonatigen Urlaub für die gesamte SA an, er selbst fuhr zu einer Kur nach Bad Wiessee in Bayern. Am 30. 6. 1934 wurden er und seine Begleiter dort auf Befehl Hitlers und in dessen Anwesenheit verhaftet. Am selben Tag wurden mehrere SA-Führer ermordet. Röhm wurde am 1. 7. 1934 erschossen.

Die Führung der NSDAP nutzte den angeblichen Putschversuch der SA, um gleichzeitig mit der Verhaftung und Ermordung Röhms weitere hohe SA-Führer und andere politische Gegner im ganzen Reich zu verhaften und zu ermorden. Dazu gehörten der ehemalige Reichskanzler General von Schleicher und seine Frau, der Leiter der katholischen Aktion in Berlin, katholische Politiker und mißliebige Parteigenossen. Hitler selbst hat die Zahl der Hinrichtungen mit 77 angegeben, ein in Paris herausgegebenes Dokument gibt dagegen 401 Personen an, davon 116 mit Namen.

Am 3. 7. 1934 erließ die Regierung Adolf Hitlers das «Gesetz über Maßnahmen der Staatsnotwehr», dessen einziger Artikel lautete: «Die zur Niederschlagung hoch- und landesverräterischer Angriffe am 30. Juni, 1. und 2. Juli 1934 vollzogenen Maßnahmen sind als Staatsnotwehr rechtens.»[796]

Siehe *Oberster Gerichtsherr, SA, Ermächtigungsgesetz, Wehrmacht.*

Rote Kapelle war der Name, den die *Gestapo,* die *Geheime Staatspolizei,* einer deutschen Widerstandsgruppe gab, die in der Zeit der nationalsozialistischen Herrschaft in Deutschland Nachrichten von Berlin nach Moskau gefunkt hat.

Die Rote Kapelle war Teil eines weitverzweigten Netzes von meist kommunistischen Widerstandsgruppen in Deutschland und den *besetzten Gebieten* Westeuropas – vor allem in den Niederlanden, in Belgien und Frankreich. Einer der wichtigsten Agenten funkte jahrelang aus der neutralen Schweiz.

Die Berliner Gruppe hatte sich bald nach dem *Reichstagsbrand,* am 27. Februar 1933, gebildet, als die Kommunisten, von den Nationalsozialisten brutal verfolgt, ihre Arbeit nur im Untergrund fortsetzen konnten.

Schon vor dem Überfall deutscher Truppen auf die Sowjetunion am 22. Juni 1941 nahmen sowjetische Agenten Kontakt mit der deutschen Widerstandsgruppe auf. Sie versorgten sie mit Funkgeräten und bildeten Mitglieder der Gruppe im Verschlüsseln der Nachrichten und der Technik, den Peilgeräten der Gestapo immer wieder zu entkommen, aus. Die Nachrichten wurden zum Teil direkt von Berlin, später über Brüssel und gelegentlich über die Schweiz an die Zentrale des sowjetischen Nachrichtendienstes in Moskau gefunkt.

Die deutsche Gruppe, die nicht ausschließlich aus Kommunisten bestand, wurde später auch als Harnack-Schulze-Boysen-Gruppe bezeichnet, benannt nach den Leitern der Gruppe, Arvid Harnack, einem Beamten im Reichswirtschaftsministerium, und Harro Schulze-Boysen, einem Luftwaffenoffizier im Reichsluftfahrtministerium. Zu der deutschen Gruppe, die etwa hundert Personen umfaßte, gehörten Regierungsbeamte, Professoren, Arbeiter und Künstler, außerdem Angestellte und Beamte in Ministerien und Dienststellen der deutschen *Wehrmacht.*

Die Gruppe gab Meldungen über militärische, wirtschaftliche und politische Vorgänge in Deutschland nach Moskau weiter; die sowjetische Führung erfuhr so Einzelheiten aus der deutschen Flugzeugproduktion, Daten über Truppenbewegungen und auch Angaben über deutsche Angriffsvorbereitungen an den Ostgrenzen des Deutschen Reiches. Über diese Agententätigkeit war nur ein kleiner innerer Kreis der Harnack-Schulze-Boysen-Gruppe informiert, der äußere größere Kreis der Organisation befaßte sich mit der Widerstandsarbeit in Deutschland. 1942 wurde die deutsche Gruppe der Roten Kapelle durch zwei von der Gestapo festgenommene sowjetische Agenten verraten. Mehr als 120 Mitglieder der Organisation wurden verhaftet; 49 von ihnen – darunter mehrere Frauen – wurden zum Tode verurteilt und hingerichtet, dazu gehörten Schulze-Boysen, Mildred und Arvid Harnack.

Siehe *Kreisauer Kreis, Weiße Rose, Edelweißpiraten, 20. Juli, Bekennende Kirche.*

RSHA, siehe *Reichssicherheitshauptamt.*

Rundfunkmaßnahmen. Am 1. September 1939, dem Tag, an dem der Zweite Weltkrieg begann, wurde die «Verordnung über außerordentliche Rundfunkmaßnahmen» erlassen, mit der allen Deutschen «... das absichtliche Abhören ausländischer Sender ...»[797] verboten wurde; Zuwiderhandlungen wurden mit Gefängnis- oder Zuchthausstrafen bedroht. Die Verordnung bestimmte weiter, daß mit Zuchthaus, in schweren Fällen mit dem Tode bestraft würde, wer Nachrichten ausländischer Sender, «... die geeignet sind, die Widerstandskraft des deutschen Volkes zu gefährden ...»[798], vorsätzlich verbreitete. Für Verstöße gegen diese Verordnung waren die *Sondergerichte* zuständig.

Die Verbote wurden in der Einleitung der Verordnung begründet: «... Im modernen Krieg kämpft der Gegner nicht nur mit militärischen Waffen, sondern auch mit Mitteln, die das Volk seelisch beeinflussen und zermürben sollen. Eines dieser Mittel ist der Rundfunk. Jedes Wort, das der Gegner herübersendet, ist selbstverständlich verlogen und dazu bestimmt, dem deutschen Volk Schaden zuzufügen ...»[799]

Das Verbot, ausländische Rundfunksendungen zu hören und ihre Nachrichten zu verbreiten, war nicht die erste Maßnahme, mit der die Nationalsozialisten die freie Meinungsbildung und -äußerung der deutschen Bevölkerung einschränkten. Schon vor Kriegsbeginn hatten die Sondergerichte auf Grund des *Heimtückegesetzes* vom 20. Dezember 1934 – es stellte Äußerungen gegen die *NSDAP* oder die Regierung unter Strafe – auch die Verbreitung ausländischer Nachrichten mit Gefängnis bestraft. Nach Verbüßung der von den Gerichten verhängten Gefängnisstrafen wurden die Betroffenen meist nicht entlassen, sondern in Konzentrationslager, *KZ*, gebracht.

Der Inhalt der Verordnungen vom 1. September 1939 wurde über die *Gauleitungen* der NSDAP bis in jeden einzelnen Haushalt bekanntgemacht: Es war die Aufgabe der *Ortsgruppenleiter* der Partei, dafür zu sorgen, daß «... jedes Rundfunkgerät im Bereich der Ortsgruppe ...»[800] mit einem Pappanhänger versehen war, auf dem stand: «... Das Abhören ausländischer Sender ist ein Verbrechen gegen die nationale Sicherheit unseres Volkes. Es wird auf Befehl des Führers mit schweren Zuchthausstrafen geahndet ...»[801]

Bereits während der ersten Kriegsmonate kam es zu Prozessen und Verurteilungen im Zusammenhang mit der Abhörverordnung. Die anfangs verhältnismäßig milden Urteile wurden vom Reichsminister für Volksaufklärung und Propaganda, Dr. Joseph Goebbels, gerügt. Schon 1940 sprachen Sondergerichte in Bromberg, Innsbruck, Magdeburg und Nürnberg fünf- bis zehnjährige Zuchthausstrafen aus; gegen Ende des Krieges wurden auch Todesurteile verhängt.

Das *Propagandaministerium* veröffentlichte immer wieder Merkblätter, deren warnender und drohender Inhalt die beabsichtigte einschüchternde Wirkung auf viele Deutsche nicht verfehlte. Unter der Überschrift «Zehn Gebote gegen Feindpropaganda» hieß es zum Beispiel in einem der Merkblätter: «... Gebrauche niemals das gefährliche Wort ‹etwas

Wahres wird schon dran sein›. Wer es gebraucht, ist schon angesteckt …»‚ oder «… Wenn du feindliche Aufrufe durch Lautsprecher oder Megaphone hörst, so melde diese Beobachtungen den Vorgesetzten …»[802] Trotz dieser Einschüchterungsversuche haben offensichtlich viele Menschen auch nach 1939 ausländische Sender gehört.

Die Verordnung über außerordentliche Rundfunkmaßnahmen bezog sich auf alle ausländischen Sender, auch auf die neutraler Länder und der Staaten, mit denen Deutschland im Bündnis stand. Italienischen Staatsangehörigen in Deutschland wurde erst im September 1940 erlaubt, Heimatsender zu hören.

Siehe *Deutsche Wochenschau, Reichskulturkammer, Achse, Dreimächtepakt, Volksempfänger, Propagandaministerium.*

Runen, die Schriftzeichen der Germanen, wurden von den Nationalsozialisten als Symbole, das heißt als Wahrzeichen benutzt.

Die ⚡ – oder Sig-Rune, die Siegesrune, war mit der Verdoppelung ⚡⚡ das Wahrzeichen der *SS*, der Schutzstaffel der *NSDAP*. Als «Sinnbild des Kampfes»[803] trugen sie die SS-Männer als Abzeichen unter anderem auf den Kragenspiegeln ihrer Uniformjacken und auf ihren Ehrendolchen. Als Einzelzeichen war diese Rune auch Symbol auf den Fahnen des *Jungvolks,* der Organisation der 10- bis 14jährigen Jungen in der *Hitlerjugend.*

Die zweite oft verwendete Rune war die Lebens- oder Geburtsrune ⍦. Sie wurde von begeisterten Nationalsozialisten und SS-Leuten häufig in die Geburtsanzeigen ihrer Kinder gesetzt.

Die Verwendung der Runen war ein Versuch unter vielen, einen Bezug zwischen der Gegenwart und der – wie die Nationalsozialisten behaupteten – germanischen Herkunft des deutschen Menschen herzustellen: «Wir danken es dem Wissen und Willen des Dritten Reiches, daß man sich in Deutschland wieder allgemein mit Runen befaßt, daß in seinen Fahnen und Wimpeln wieder uralte Zeichen siegreich und sichtbar zu unseren Häuptern wehen … denn mit den Runen, die einen der wichtigsten Bestandteile der arischen Kultur bilden, werden urtümliche Werte wieder heraufgeführt, die nur zu lange verschüttet und vergessen waren.»[804]

Siehe *arisch, Rassenkunde, Thingspiele, nordische Rasse, Der Mythus des 20. Jahrhunderts.*

S

SA. Die Sturmabteilung, abgekürzt SA, war seit 1921 die aus Freiwilligen gebildete militärisch organisierte und uniformierte Kampf- und Schutztruppe der NSDAP, die eine wesentliche Rolle im Kampf der NSDAP um die Erringung der Macht spielte.

Die Uniform der SA-Männer war braun, um den Ärmel wurde eine *Hakenkreuz*binde getragen, Schaftstiefel und Schulterriemen sowie Mütze mit Kinnriemen unterstrichen das militärische Aussehen. Die SA war eingeteilt in Schar, Trupp, Sturm, Standarte, Brigade und Gruppe. Die Führer der einzelnen Einheiten trugen die entsprechenden Bezeichnungen. Siehe dazu das Schema und die Übersicht S. 238 f.

In den politischen Wirren der Zeit nach dem Ersten Weltkrieg, 1914–1918, hatten viele der verschiedenen politischen Parteien und Gruppierungen eigene sogenannte Ordnertruppen, die oft auch als Turnvereine getarnt wurden. Die «Ordnertruppe»[805] der NSDAP, die SA, wurde in der Mehrzahl aus ehemaligen Soldaten gebildet, Männern, die, arbeitslos und unzufrieden, nach Kriegsende nicht in der Lage waren, sich ein geregeltes Leben aufzubauen. Im November 1921 – nach einer «Saalschlacht»[806] – gab Adolf Hitler «... der SA ... die bereits vorher gebrauchte Bezeichnung ‹Sturmabteilung› (SA) als Ehrenname bei».[807]

Im März 1923 übernahm Hermann Göring die Führung der Sturmabteilung.

Von Anfang an wurde die SA nicht nur zum Schutz der eigenen Parteiversammlungen benutzt, sondern auch, um Versammlungen anderer Parteien zu stören, sie notfalls zu sprengen. Außerdem hatte die SA die Aufgabe, mit nächtlichen Plakatklebeaktionen, Appellen und Aufmärschen und durch Schlägereien mit politisch Andersdenkenden Aufsehen zu erregen. Hitler sah in den Terroraktionen der SA eine wirksame Werbung für die Partei: «... Was schwatzen Sie da von Grausamkeiten und entrüsten sich über Qualen. Die Masse will das. Sie braucht etwas zum Grauen ...»[808]

1923, nach Hitlers gescheitertem Novemberputsch, dem so bezeichneten *Marsch auf die Feldherrnhalle*, wurden die NSDAP und damit auch die SA verboten. Adolf Hitler wurde zu fünf Jahren Festungshaft in Landsberg verurteilt. Von dort bestimmte er Ernst Röhm, der entscheidend zum Aufbau der SA beigetragen hatte, zum Führer der illegalen SA.

Unter der Bezeichnung «Frontbann» sammelte Röhm die alten SA-Männer und neue Anhänger in ganz Deutschland. Ende 1924 wurde Hitler aus der Haft entlassen, am 27. 2. 1925 wurde die NSDAP neu gegründet. Nach Hitlers Vorstellungen sollte die SA in alter Form – straff organisiert und eng an die Politische Organisation der Partei, abgekürzt PO, gebunden – ihre Aufgabe als Schutz- und Kampftruppe wieder aufnehmen. Röhm dagegen wollte die SA zu einem von der Politischen Organisation weitgehend unabhängigen militärischen Wehrverband ausbauen. Die Meinungsverschiedenheiten mit Hitler führten zum Rücktritt Röhms. Oberster SA-Führer wurde Franz Pfeffer v. Salomon.

Vor 1923 hatte die SA etwa 2000 Mitglieder, 1924 etwa 30 000 und 1931 etwa 80 000.

Nach Auseinandersetzungen über Einfluß- und Machtverteilung zwischen Politischer Organisation der NSDAP und der SA kam es im Herbst 1930 zum Bruch zwischen Pfeffer v. Salomon und Adolf Hitler, der nun selbst die Oberste SA-Führung übernahm. Röhm wurde zurückgerufen und 1931 zum Stabschef der SA ernannt.

Anfang 1932 hatte die SA etwa 220 000 Mitglieder, die von Röhm in immer heftigere, zum Teil blutige Auseinandersetzungen mit Parteigegnern geführt wurden, so daß es deshalb 1932 noch einmal zu einem kurzfristigen Verbot der SA kam.

Nach der *Machtübernahme* am 30. 1. 1933 erhielt ein Teil der SA hilfspolizeiliche Vollmachten und den Auftrag zur Verfolgung politischer Gegner sowie zur Durchführung von Terroraktionen gegen Juden. Zu den Gegnern zählten vor allem Kommunisten, Sozialdemokraten, Gewerkschafter und christlich-demokratische Politiker. Von der SS, die damals noch der SA unterstand, wurden die ersten Konzentrationslager, *KZ*, eingerichtet.

Die Machtansprüche Röhms für sich und die SA führten zu Auseinandersetzungen innerhalb der NSDAP: Die SA war mit nun weit über 2 Millionen Mitgliedern die größte *Gliederung* der NSDAP und sah sich bei der Verteilung der Posten nach der Machtübernahme nicht genügend berücksichtigt. Außerdem stieß Röhms Anspruch, die SA mit der Reichswehr – dem seit 1919 aus 100 000

Mann bestehenden freiwilligen Berufsheer des Deutschen Reiches – zu einem nationalsozialistischen Volksheer unter seiner Führung zu vereinigen, auf starken Widerstand des Offizierskorps der Reichswehr, auf dessen Mitarbeit Hitler bei dem geplanten Neuaufbau einer Armee nicht verzichten wollte.

Am 1. Juli 1934 ließ Adolf Hitler Ernst Röhm, weitere hohe SA-Führer und andere der Partei mißliebige Personen unter dem Vorwand ermorden, Röhm und seine Anhänger hätten einen Putsch vorbereitet. Die Mordaktionen wurden von der SS durchgeführt, die nach dem so bezeichneten *Röhm-Putsch* aus der SA herausgelöst und zu einer selbständigen Organisation erklärt wurde.

Nach 1934 spielte die SA – bis auf ihre Beteiligung an den Gewalttaten der *Kristallnacht* am 9. / 10. November 1938 – keine besondere politische Rolle mehr. Ihre Aufgabe blieb die vor- und nachmilitärische Ausbildung ihrer freiwilligen Mitglieder.

Siehe *Röhm-Putsch, Wehrmacht, Judenverfolgung, Kristallnacht, Marsch auf die Feldherrnhalle, KZ.*

Sara, siehe *Israel und Sara.*

Schönheit der Arbeit hieß ein Amt, das für Verschönerungen in Industriebetrieben zuständig war; das Amt wurde 1933, im Jahr der *Machtübernahme*, von einer Organisation der *Deutschen Arbeitsfront, DAF,* der NS-Gemeinschaft Kraft durch Freude, *KdF*, eingerichtet.

Es wurden propagandistische Schlagworte wie «Saubere Menschen im sauberen Betrieb» oder «Gutes Licht – Gute

Arbeit»[809] verbreitet; von 1933 bis 1938 wurden in vielen Betrieben Büchereien und Aufenthaltsräume eingerichtet, Fabrikhöfe und Kantinen ausgebaut, Büroräume und Werkstätten durch Licht und Farbe verschönt.

Die Materialkosten für die vom Amt Schönheit der Arbeit angeregten Verbesserungen – nach Angaben der DAF bis 1936 rund 200 Millionen Reichsmark – trugen die Unternehmer. Die Ausführung der Arbeiten übernahmen die Arbeitnehmer selbst, das heißt, sie mußten unbezahlte Arbeit leisten. «... Oft hilft die gesamte Gefolgschaft, vom Betriebsführer bis zum jüngsten Lehrling, in den Feierstunden tatkräftig mit, durch gemeinsame Arbeit dem ganzen Betrieb ein neues Gesicht zu geben ...»[810]

Daß die Arbeit nicht freiwillig geleistet wurde, geht aus einer Veröffentlichung der Zeitschrift «Schönheit der Arbeit»[811] hervor: «... es gibt auch solche, die glauben, jede irgendwie erzwungene Arbeit sei ‹Zwangsarbeit› ...»[812]

Siehe *Arbeitsbuch, Betriebsführer, Dienstverpflichtung, Vierjahresplan, Propagandaministerium.*

Schriftleitergesetz. Das Schriftleitergesetz wurde am 4. Oktober 1933, knapp neun Monate nach der *Machtübernahme*, erlassen. Es schrieb die nationalsozialistischen Bedingungen für den Beruf des Schriftleiters vor und verlangte vor allem die «arische Abstammung» aller Redakteure.

Schriftleiter war das von den Nationalsozialisten benutzte Wort für Redakteur; das Wort Redaktion wurde durch das Wort Schriftleitung ersetzt.

Im ersten Paragraphen bestimmte das Gesetz den Beruf des Schriftleiters: «... die ... ausgeübte Mitwirkung an der Gestaltung des geistigen Inhalts der im Reichsgebiet herausgegebenen Zeitungen und politischen Zeitschriften durch Wort, Nachricht oder Bild ist eine in ihren beruflichen Pflichten und Rechten vom Staat durch dieses Gesetz geregelte öffentliche Aufgabe. Ihre Träger heißen Schriftleiter. Niemand darf sich Schriftleiter nennen, der nicht nach diesem Gesetz dazu befugt ist ...»[813]

Paragraph fünf des Schriftleitergesetzes legte die Bedingungen für die «Zulassung zum Schriftleiterberuf»[814] fest; danach konnte Schriftleiter nur sein, wer «... arischer Abstammung ist und nicht mit einer Person nichtarischer Abstammung verheiratet ist ...»[815]

Diese auch als *Arierparagraph* bezeichnete Bestimmung war nach der Machtübernahme Bestandteil zahlreicher nationalsozialistischer Gesetze und Verordnungen. Für das Schriftleitergesetz galt die Bestimmung im Sinne des *Berufsbeamtengesetzes:* danach war nichtarisch, «wer von nichtarischen, besonders von jüdischen Eltern oder Großeltern»[816] abstammte. Im Gegensatz zu den späteren Bestimmungen der *Nürnberger Gesetze* galt ein Bürger bereits als Jude, wenn ein Eltern- oder Großelternteil «nichtarisch» war.

Punkt sieben des Paragraphen fünf gab den Nationalsozialisten die Handhabe, auch andere ihnen unbequeme Redakteure zu entlassen: «... Schriftleiter kann nur sein, wer ... die Eigenschaften hat, die die Aufgabe der geistigen Einwirkung auf die Öffentlichkeit erfordert ...»[817]

Diese Bestimmung gab den Nationalsozialisten eine rechtliche Handhabe gegen alle Redakteure, die den Nationalsozialisten kritisch oder ablehnend gegenüberstanden.

Siehe *Reichskulturkammer, Judenverfolgung, Bücherverbrennung, Propagandaministerium*.

Schutzhaft. Die Schutzhaft war während der Zeit der nationalsozialistischen Herrschaft, 1933–1945, das am häufigsten angewendete Mittel, politische Gegner oder andere, den Nationalsozialisten mißliebige Menschen aus dem öffentlichen Leben zu entfernen und in Konzentrationslagern, *KZ*, zu inhaftieren.

In gesetzlich festgelegtem Rahmen ist die vorläufige Festnahme in den meisten Staaten eine übliche polizeiliche Maßnahme. Sie ermöglicht der Polizei, einen Menschen kurzfristig ohne richterliche Verfügung festzunehmen. Der Festgenommene ist jedoch in der Regel spätestens vor Ablauf von 48 Stunden zu entlassen, wenn nicht durch einen Richter die Fortdauer der Freiheitsentziehung angeordnet wird. Die Rettung aus einer gegenwärtigen Gefahr für Leib und Leben des betreffenden Menschen oder auch die Gefährdung der öffentlichen Sicherheit oder des Staates durch den Betreffenden können Gründe für eine vorläufige Festnahme sein.

Seit der *Machtübernahme* 1933 benutzte man den Begriff Schutzhaft, um ohne gesetzliche Beschränkung mißliebige Bürger beliebig lange Zeit in Haft zu nehmen. Das Mittel der Schutzhaft wurde von den Nationalsozialisten im Verlauf der Zeit uneingeschränkt in die Hand der *Gestapo*, der Geheimen *Staatspolizei*, gegeben. 1936 wurde die bereits praktizierte Willkür gesetzlich untermauert: «Verfügungen und Angelegenheiten der Geheimen Staatspolizei unterliegen nicht der Nachprüfung durch die Verwaltungsgerichte.»[818] Die Gestapo mißbrauchte das Mittel der Schutzhaft immer rücksichtsloser zur Ausübung von Terror und Unterdrückung. Die Grundlage für diesen Mißbrauch war am 28. Februar 1933, kurze Zeit nach der Machtübernahme, mit dem Erlaß der *Reichstagsbrandverordnung* geschaffen worden. Zu den durch diese Verordnung aufgehobenen Grundrechten gehörte das der Unverletzlichkeit der persönlichen Freiheit.

Die auf Grund dieser Verordnung vorgenommenen Verhaftungen richteten sich anfangs vorwiegend gegen Kommunisten, später gegen alle anderen Gegner des Nationalsozialismus und gegen Menschen, die zu Gegnern erklärt wurden. Allein in Preußen, dem größten Land des Deutschen Reiches, wurden in den Monaten März / April 1933 etwa 25 000 Menschen in Schutzhaft genommen. Die ersten Konzentrationslager, *KZ*, wurden eingerichtet.

Die Schutzhaftbestimmungen wurden durch mehrere Erlasse erweitert. In einem Erlaß vom 25. Januar 1938 wurde offiziell die Einschränkung der Anwendung der Schutzhaft auf politische Gegner im engeren Sinne aufgehoben: «Die Schutzhaft kann als Zwangsmaßnahme der Geheimen Staatspolizei zur Abwehr aller volks- und staatsfeindlichen Bestrebungen gegen Personen angeordnet werden, die durch ihr Verhalten den Bestand und die Sicherheit des Volkes und des Staates gefährden».[819]

Wie die Bestimmung «volks- und staatsfeindliche Bestrebung» unter der nationalsozialistischen Herrschaft ausgelegt werden konnte, läßt der Fall eines Juden erkennen. Er hatte 1940 eine Gefängnisstrafe wegen Tierquälerei verbüßt und wurde am 1. Mai 1940 mit folgender Begründung in Schutzhaft genommen und in ein Konzentrationslager eingewiesen: «Er gefährdet nach dem Ergebnis der staatspolizeilichen Feststellungen durch sein Verhalten den Bestand und die Sicherheit des Volkes und Staates, indem er nach Verbüßung einer Gefängnisstrafe von 2 M wegen Tierquälerei erwarten läßt, er werde in Freiheit sein Treiben fortsetzen.»[820] Aus dem Vorgang ist eine weitere oft geübte Praxis der Gestapo ersichtlich. Mißliebige Personen, die ihre Gefängnisstrafe verbüßt hatten, verhaftete sie erneut – ohne richterlichen Beschluß – und überführte sie mit der Anordnung der Schutzhaft in ein KZ. Der Paragraph 6 des Erlasses vom 25.1.1938 bestimmte: «Die Schutzhaft ist grundsätzlich in staatlichen Konzentrationslagern zu vollstrecken.»[821]

Nach Schätzungen sollen von 1933 bis zum Beginn des Zweiten Weltkrieges 1939 350 000 bis 500 000 Menschen für kürzere oder längere Zeit in Schutzhaft gewesen sein.

Am 24. Oktober 1939, kurz nach Beginn des Krieges, bestimmte ein Erlaß: «Entlassungen von Häftlingen aus der Schutzhaft finden während des Krieges im allgemeinen nicht statt.»[822]

Siehe *KZ, Gestapo, Volksempfinden, Heimtückegesetz.*

Schutzhaftlager. Innerhalb der von der SS errichteten Konzentrationslager, KZ, die in fünf Abteilungen und Aufgabenbereiche gegliedert wurden, war das Schutzhaftlager der eigentliche Häftlings- oder Stacheldrahtbereich, umgeben von meterhohen elektrisch geladenen Zäunen. Auf Wachtürmen – in jeweils 75 m Abstand – befanden sich schwenkbare Maschinengewehre, die von Posten, die sich alle drei Stunden ablösten, bedient wurden. Leiter dieses Bereiches war der Lager- oder Schutzhaftlagerführer. Er hatte nahezu uneingeschränkte Gewalt über die Häftlinge. In größeren Lagern gab es drei Lagerführer, die sich täglich in der Leitung des Lagers ablösten. Die Verbindung zwischen Lagerführung und dem Lager selbst stellte der Rapportführer her. Über ihn und sein Büro liefen alle Häftlingsangelegenheiten. Dem Rapportführer waren die *Blockführer* unterstellt. Sie hatten jeweils einen Baracken-Wohnblock der Häftlinge unter ihrer Aufsicht und bewachten die Häftlinge während ihrer arbeitsfreien Zeit, wohnten selbst aber außerhalb des Schutzhaftlagerbereiches.

Der Arbeitseinsatz der Lagerinsassen unterstand den Arbeitsdienstführern, denen im späteren Verlauf des Zweiten Weltkrieges, 1939–1945, noch Arbeitseinsatzführer übergeordnet wurden. Sie teilten die Arbeit der Häftlinge für die Arbeitsstellen in und außerhalb des Lagers ein. Die einzelnen Arbeitskommandos unterstanden den SS-Arbeitskommandoführern.

Den Organisationsbereichen der SS zugeordnet, gab es die von der SS eingesetzten Hilfskräfte aus den Reihen der Häftlinge, die so bezeichnete Häftlingsselbstverwaltung. An deren Spitze stand der Lagerälteste. Es folgte die Schreibstube, die unter Aufsicht von SS-Männern von Häftlingen geführt wurde. Über die Schreibstube wurden unter anderem die Einweisungen in die Wohnblocks geregelt sowie die Vorbereitung für die Zählappelle, die täglich zweimal bei jedem Wetter im Freien stattfanden. Sie dauerten oft stundenlang und hatten für zahllose der geschwächten und meist unzureichend gekleideten Häftlinge Krankheit oder Tod zur Folge.

Die so bezeichnete Arbeitsstatistik der Häftlingsselbstverwaltung führte Berufskarteien und verrechnete die geleisteten Arbeitsstunden.

Den Befehl über die Arbeitskommandos hatten – unter Aufsicht der SS-Kommandoführer – die Kapos, die selbst nicht arbeiten mußten. Sie wurden von Vorarbeitern unterstützt.

In den Wohnblocks waren auf der Häftlingsseite die Blockältesten – die wiederum so bezeichnete Stubendienste als Hilfskräfte hatten – den SS-Blockführern unterstellt und für die Ausführung ihrer Aufträge verantwortlich. Die Blockältesten führten zum Beispiel die Essensverteilung durch. Für die Häftlinge war unter Umständen die Größe der ausgeteilten Portionen von lebensentscheidender Bedeutung. Die Forderung nach makelloser Ordnung in den Baracken war häufig Ausgangspunkt für Quälereien.

Die Aufgabenstellung der in der Selbstverwaltung tätigen Häftlinge brachte es mit sich, daß oftmals die Entscheidung über Leben oder Tod der Mithäftlinge in ihren Händen lag. Auf der einen Seite von vielen der Häftlinge – auch mit Bestechungsversuchen – umworben, auf der anderen Seite bedroht und getrieben von den Wachmannschaften der SS, waren viele von ihnen dieser menschlichen Belastung nicht gewachsen.

Die Verfügungsgewalt der Wachmannschaften über die Häftlinge war für alle Lager durch besondere «Dienstvorschriften»[823] und Anordnungen geregelt: Grausamkeiten und Mißhandlungen wurden nicht verboten, sondern angeordnet. Außer Strafen wie «harte körperliche oder besonders schmutzige Arbeit … unter besonderer Aufsicht»[824] waren unter anderen Prügelstrafe, Postsperre, Kostenzug, Pfahlbinden, Mißhandlungen und Erniedrigungen in der Lagerordnung als so bezeichnete Nebenstrafen vorgesehen. Es hieß: «Sämtliche Strafen werden aktlich vermerkt. Arrest und Strafarbeit verlängern die Schutzhaft um mindestens 8 Wochen; eine verhängte Nebenstrafe verlängert die Schutzhaft um mindestens 4 Wochen. In Einzelhaft verwahrte Häftlinge kommen in absehbarer Zeit nicht zur Entlassung.»[825]

Häftlinge, die «den Gehorsam oder an der Arbeitsstelle die Arbeit» verweigerten, konnten «als Meuterer auf der Stelle erschossen»[826] werden. Auf Gefangene, die einen Fluchtversuch unternahmen, war «ohne Anruf»[827] zu schießen.

Siehe *KZ, Schutzhaft, SS, Volksempfinden, Untermensch.*

SD ist die Abkürzung für Sicherheitsdienst des Reichsführers-SS. Er unterstand dem *Reichsführer-SS und Chef der Deutschen Polizei* Heinrich Himmler und wurde bis 1942 von Reinhard Heydrich, ab Januar 1943 von Ernst Kaltenbrunner geleitet. Zu den Aufgaben des SD gehörten die Beobachtung politischer Gegner und die Beschaffung politischer Nachrichten aus dem In- und Ausland. Der Auslandsnachrichtendienst des SD beteiligte sich an der Vorbereitung von Unruhen und Sabotageakten im Ausland.

Der SD wurde 1931 zunächst als parteiinterner Geheimdienst von der *SS*, der Schutzstaffel der *NSDAP*, eingerichtet. Seine Aufgabe waren die Überwachung gegnerischer Parteien und Organisationen sowie die Ausforschung möglicher Gegenströmungen in der eigenen Partei, der NSDAP.

Anfang 1933, nach der *Machtübernahme*, erhielt der SD eine zentrale Leitstelle, von der aus die Organisation der über das gesamte Reichsgebiet verteilten sogenannten SD-Abschnitte und -Oberabschnitte gelenkt wurde. Einen Teil der Aufgaben des SD übernahm 1933 die *Gestapo*, die *Ge*heime *Sta*atspolizei, deren Aufgabe die Überwachung und Ausschaltung der Feinde des nationalsozialistischen Regimes war. Am 1. 7. 1937 wurde durch eine Anordnung Reinhard Heydrichs einerseits eine Teilung der gleichgearteten Aufgaben bestimmt, andererseits die notwendige Zusammenarbeit zum Beispiel bei der Bekämpfung staatsfeindlicher Gruppen und der Juden angeordnet. Reinhard Heydrich war seit 1936 sowohl Chef der *Sicherheitspolizei*, zu der die Gestapo gehörte, als auch Chef des SD.

Im Inland wurden vom SD aus allen Bereichen des öffentlichen Lebens Berichte über die Wirkung der von Partei und Regierung verfügten Maßnahmen auf die Bevölkerung gesammelt. Zusammengefaßt wurden diese Berichte von allen SD-(Leit)abschnitten aus dem gesamten Reichsgebiet zwei- bis dreimal wöchentlich – unter wechselnden Bezeichnungen – den wichtigsten Staats- und Parteiführern übergeben.

Der SD gab – auf der Grundlage seiner Informationen – auch Beurteilungen über die politische Zuverlässigkeit zum Beispiel von hohen Offizieren und Parteiführern ab, die unter Umständen Auswirkungen auf deren weitere Laufbahn hatten. Zur Bespitzelung der Bevölkerung setzte der SD unter anderem auch die *Blockleiter* der NSDAP ein, die wirkungsvolle Dienste bei der Beobachtung und Aushorchung der Bewohner in den ihnen unterstellten Wohnblocks leisteten. Weiterhin standen dem SD unentgeltlich in nahezu allen Berufsgruppen Parteianhänger sowie bezahlte Agenten und sogenannte V-Leute – Vertrauensleute – als Spitzel zur Verfügung.

1939 wurden der SD und die Sicherheitspolizei in dem neu errichteten *Reichssicherheitshauptamt* der SS zu einer mächtigen Behörde unter der Leitung Heydrichs zusammengefaßt. Das Reichssicherheitshauptamt wiederum unterstand Heinrich Himmler, der seinerseits nur Adolf Hitler verantwortlich war. Zahlreiche maßgebende Posten in diesem mächtigen, kaum durchschaubar organisierten Apparat des nationalsozialistischen Terrors wurden von Angehörigen des SD besetzt. Gleichermaßen nahmen sie in allen *Einsatzgruppen* der Sicherheitspolizei und des SD und als Befehlshaber der Sicherheitspolizei in den *besetzten Gebieten* wichtige Positionen ein.

1944 gelang es dem Auslandsnachrichtendienst des SD, den Nachrichtendienst des Oberkommandos der *Wehrmacht* zu übernehmen, dessen Chef, Admiral Canaris, 1944 verhaftet und 1945 – kurz vor dem Ende des Zweiten Weltkrieges – im *KZ* Flossenbürg umgebracht wurde.

1944 hatte der SD 6482 hauptamtliche Mitarbeiter. 1946 erklärte der Internationale Militärgerichtshof in Nürnberg den SD zur verbrecherischen Organisation.

Siehe *SS, KZ, Gestapo, Reichsführer-SS und Chef der Deutschen Polizei, Führer und Reichskanzler.*

Sicherheitsdienst, siehe *SD.*

Sicherheitspolizei, abgekürzt *Sipo.* Am 17. Juni 1936 wurde der bisherige *Reichsführer-SS* Heinrich Himmler von Adolf Hitler zum *Reichsführer-SS und Chef der Deutschen Polizei* ernannt. Damit wurde ein wichtiger Teil der staatlichen Exekutive, die gesamte deutsche Polizei, einer nicht staatlichen Parteiorganisation, der *SS,* angegliedert.

Am 26. Juni 1936, wenige Tage nach seiner Ernennung, bestimmte Himmler durch zwei Erlasse eine grundlegende Neuordnung der Polizei des Deutschen Reiches. Er verfügte ihre Aufteilung in Ordnungspolizei und Sicherheitspolizei.

Die Ordnungspolizei wurde aus der uniformierten Schutzpolizei, Gendarmerie, Technischer Nothilfe, Feuerschutz- und Gemeindepolizei gebildet. Die Sicherheitspolizei umfaßte die *Gestapo,* die *Ge*heime *Staat*spolizei, einschließlich der Grenzpolizei und die Kriminalpolizei.

Die Gestapo war befugt, die ihr gestellte «Aufgabe, alle staatsgefährlichen Bestre-bungen ... zu erforschen und zu bekämpfen ...»[828], außerhalb der Rechtsordnung, ohne Kontrolle durch Gerichte, durchzuführen. Durch eine weitere Verfügung wurde die organisatorische Angleichung der Kriminalpolizei an die Gestapo angeordnet und damit ihre Abhängigkeit von der Gestapo beschlossen.

Nicht die Verteidigung der Rechtsstaatlichkeit und der Schutz des Bürgers waren somit Aufgabe der Sicherheitspolizei, sondern die Verfolgung der Feinde und angeblichen Gegner des Nationalsozialismus, und zwar «durch Verhütung entsprechender Handlungen, auch wenn sie nicht einen gesetzlichen Strafbestand erfüllen».[829] Nach Aussagen Himmlers hatte «die Polizei nur nach Befehlen der Führung und nicht nach Gesetzen»[830] tätig zu werden.

Die Grenzpolizei – wie die Kriminalpolizei Teil der Sicherheitspolizei –, die außer den üblichen grenzpolizeilichen Aufgaben auch zur «Mitarbeit bei der Bekämpfung staatsfeindlicher politischer Bestrebungen»[831] verpflichtet war, wurde mit Beginn des Zweiten Weltkrieges 1939 abgebaut. Auch ihre Aufgaben gingen auf die Gestapo über.

Am 27. 9. 1939 wurde die Sicherheitspolizei – ein staatliches Organ – mit dem SD – einer Einrichtung der Partei – in einer neuen Institution, dem *Reichssicherheitshauptamt,* RSHA, vereinigt. Eine weitere Machtkonzentration in den Händen der SS war vollzogen. Chef des RSHA wurde Reinhard Heydrich, der bereits seit 1936 die Sicherheitspolizei und den SD leitete.

Am 12. März 1938 – dem Tag des widerrechtlichen Einmarsches deutscher

Truppen in Österreich – folgten zum erstenmal *Einsatzgruppen* der Sicherheitspolizei den Verbänden der *Wehrmacht*. Ihre Aufgabe war die Verfolgung, Verhaftung und Ermordung der Gegner des Nationalsozialismus. Mit der gleichen Aufgabenstellung folgten Einsatzgruppen den deutschen Truppen vor und während des Krieges bei der Besetzung und Eroberung fremder Gebiete durch die deutsche Wehrmacht.

Nachdem in den *besetzten Gebieten* die jeweilige Besatzungsverwaltung gebildet worden war, wurden die mobilen Einsatzgruppen der Sicherheitspolizei und des SD in fest stationierte Organisationen umgewandelt. In jedem besetzten Land wurde ein Befehlshaber der Sicherheitspolizei und des SD eingesetzt, dem mehrere Kommandeure der Sicherheitspolizei und des SD unterstellt waren.

Mit rücksichtsloser Gewalt verfolgten die Sicherheitspolizei und der SD Juden, Gegner und angebliche Feinde des Nationalsozialismus in Deutschland und in den besetzten Gebieten.

Siehe *SD, SS, Anschluß Österreichs an das Deutsche Reich, Protektorat Böhmen und Mähren*.

Sippenhaftung. Der Begriff Sippe, der die Blutsverwandten eines Stammes bezeichnet, wurde von den Nationalsozialisten – in unterschiedlichen Wortverbindungen – auch als Kennzeichnung nur für die engere Familie häufig verwendet.

Sippenhaftung bedeutete, daß jeder in der Familie für die Handlung eines anderen Familienmitgliedes mithaften mußte, wenn sie in den Augen der Nationalsozialisten strafwürdig war.

Im Falle der *Wehrkraftzersetzung* – dazu gehörte zum Beispiel schon die Aufforderung zur Fahnenflucht – konnte nach der «Kriegssonderstrafrechtsverordnung» von 1938, wenn auf Todes- oder Zuchthausstrafe erkannt wurde, die Einziehung des Vermögens verfügt werden; große wirtschaftliche Schwierigkeiten für die ganze Familie konnten die Folge sein.

1944 wurden die Ehefrauen der Widerstandskämpfer des 20. *Juli* in Konzentrationslager, *KZ*, eingewiesen. Die Kinder wurden von den Müttern getrennt und in Heime gebracht.

Am 5. Februar 1945, drei Monate vor dem Ende des Zweiten Weltkrieges in Europa, wurde der Begriff Sippenhaftung in einer Anordnung des Chefs des Oberkommandos der *Wehrmacht*, Wilhelm Keitel, offiziell angewendet. Nach Ausführung darüber, daß «einzelne ehrvergessene Elemente in der Kriegsgefangenschaft Angaben über Stärke, Bewaffnung und Einsatzort ihrer Truppe gemacht» hätten, hieß es: «Auf Grund der Weisungen des Führers wird daher befohlen: 1. Für Wehrmachtsangehörige, die in der Kriegsgefangenschaft Landesverrat begehen und deswegen rechtskräftig zum Tode verurteilt werden, haftet die Sippe mit Vermögen, Freiheit oder Leben. Den Umfang der Sippenhaftung im Einzelfalle bestimmt der Reichsführer-SS und Chef der Deutschen Polizei.»[832]

Siehe *Wehrmacht, KZ, SS*.

Sonderbehandlung und sonderbehandeln waren im Sprachgebrauch der *SS* und der *Gestapo*, der Geheimen *Staats*polizei, Umschreibungen für Mord. Sie wurden auch mit der Abkürzung «SB» wie Fachausdrücke in amtlichen, zunächst geheimen Schreiben verwendet.

In den erhaltenen und bekannten Dokumenten tauchte der Begriff Sonderbehandlung zum erstenmal am 20. September 1939, kurz nach Beginn des Zweiten Weltkrieges, auf. Er wurde in einem Runderlaß an Dienststellen der Gestapo angewendet. Die Gestapo konnte mit Hilfe weitgehend unkontrollierter Vollmachten und ohne Gerichtsbeschluß Verhaftungen und Einweisungen in Konzentrationslager, *KZ*, vornehmen. In dem Erlaß ihres obersten Vorgesetzten, des Chefs der *Sicherheitspolizei* und des *SD*, Reinhard Heydrich, wurde verfügt, daß auch nur der Versuch, «den Kampfeswillen des deutschen Volkes zu zersetzen»[833], mit schwersten Strafen zu ahnden sei. Es hieß, daß in den Fällen unterschieden werden solle «zwischen solchen, die auf dem bisher üblichen Wege erledigt werden können und solchen, welche einer Sonderbehandlung zugeführt werden müssen. Im letzteren Falle handelt es sich um solche Sachverhalte, die hinsichtlich ihrer Verwerflichkeit, ihrer Gefährlichkeit oder ihrer propagandistischen Auswirkung geeignet sind, ohne Ansehung der Person durch rücksichtsloosestes Vorgehen (nämlich durch Exekution) ausgemerzt zu werden.»[834] Exekution heißt Hinrichtung.

Sechs Tage nach diesem Erlaß wurde in dem Protokoll einer Besprechung der Gestapo unter «a) Sonderbehandlung (Exekution)» vermerkt, daß für die «Sonderbehandlung gegen Geistliche, Theologen und Bibelforscher»[835] eine andere Stelle als die für übliche Fälle zuständig sei.

Zunächst waren politische Gegner die Opfer von Sonderbehandlungen. Später, in den Konzentrationslagern und bei den Unternehmungen der *Einsatzgruppen* der Sicherheitspolizei und des SD, wurden vor allem Juden, Ausländer und Sinti und Roma (Zigeuner) exekutiert.

In zahlreichen amtlichen Schreiben der SS wurden die Wörter Sonderbehandlung und sonderbehandeln vielfach benutzt: «An die Stapo Eichenau Schröttersburg – Geheim – Betrifft: Sonderbehandlung von Juden ... Der Reichsführer-SS und Chef der Deutschen Polizei hat angeordnet, daß die im vorstehend genannten Bericht näher bezeichneten Juden ... in Gegenwart ihrer Rassegenossen aufzuhängen sind.»[836] In einem anderen Bericht hieß es: «... Ich habe 21 Personen ... sonderbehandelt ... Die Exekution ging glatt vonstatten ...»[837]

Reichsstatthalter Greiser im *Reichsgau* Wartheland schrieb am 1. Mai 1942 an Heinrich Himmler: «Reichsführer! Die von Ihnen im Einvernehmen mit dem Chef des Reichshauptamtes SS-Obergruppenführer Heydrich genehmigte Aktion der Sonderbehandlung von rund 100000 Juden in meinem Gaugebiet wird in den nächsten 2 bis 3 Monaten abgeschlossen werden können.»[838]

Siehe *Judenverfolgung, Untermensch, Gestapo, KZ, Volksempfinden.*

Sondergerichte. Am 21. März 1933, nur kurze Zeit nach der *Machtübernahme*, wurden im Deutschen Reich durch eine Verordnung der Reichsregierung bei den jeweiligen Oberlandesgerichten besondere Strafgerichte eingerichtet, für deren

Rechtsprechung die gültige Prozeßordnung außer Kraft gesetzt wurde. Die neu eingerichteten Sondergerichte konnten danach Urteile fällen, ohne Zeugen und Sachverständige gehört oder Urkunden und andere Beweise geprüft zu haben. Unter Paragraph 16 der Verordnung hieß es: «Gegen Entscheidungen der Sondergerichte ist kein Rechtsmittel zulässig.»[839] Das bedeutete, eine Überprüfung des Urteils durch das Gericht selbst oder durch ein höheres zuständiges Gericht war ausgeschlossen. Die Einrichtung der Sondergerichte war ein eindeutiger Verstoß gegen die Grundsätze eines Rechtsstaates. Sie besagen unter anderem, daß ein Gericht eine Entscheidung nur fällen darf, wenn der Betroffene vorher gehört wurde, und daß Sondergerichte nicht eingerichtet werden dürfen.

Die während der Zeit der nationalsozialistischen Herrschaft, 1933–1945, bestehenden Sondergerichte waren zuständig für die Aburteilung von Verbrechen und Vergehen gegen die *Reichstagsbrandverordnung* und das *Heimtückegesetz*.

Die Reichstagsbrandverordnung vom 28. Februar 1933 hatte bis dahin verfassungsmäßig garantierte Grundrechte außer Kraft gesetzt, unter anderem das Vereins- und Versammlungsrecht, das Recht, seine Meinung mündlich und schriftlich frei äußern zu können, sowie das Recht auf das Brief-, Post-, Telegraphen- und Fernsprechgeheimnis.

Nach der Heimtückeverordnung vom 21. März 1933 konnte jeder bestraft werden, der in irgendeiner Form Kritik an der Regierung, an der *NSDAP* oder ihren Führern übte.

Die Sondergerichte waren mit einem Vorsitzenden und zwei Beisitzern, die vom Präsidium der Landgerichte bestellt wurden, besetzt.

Am 20. November 1938 wurde die Zuständigkeit der Sondergerichte auch auf unpolitische kriminelle Straftaten ausgedehnt. Sie wurden ab sofort zuständig für die Aburteilung nahezu aller Straftaten, «wenn mit Rücksicht auf die Schwere oder die Verwerflichkeit der Tat ... sofortige Aburteilung geboten ...»[840] erschien. Mit einer Verordnung vom 1. September 1939, dem Beginn des Zweiten Weltkrieges, wurde die Bildung neuer Sondergerichte, die Einschränkung der Verteidigung und die Aburteilung in Schnellverfahren angeordnet. Die Zahl der ursprünglich 26 Sondergerichte wurde bis 1942 auf 74 erhöht. Insgesamt wurden an den Sondergerichten 11 000 Todesurteile verhängt.

Siehe *Volksempfinden, Ermächtigungsgesetz, Volksgerichtshof, Oberster Gerichtsherr.*

Sondermeldung war die Bezeichnung für besondere Nachrichten, die während des Zweiten Weltkrieges, 1939–1945, im Rundfunk verlesen wurden; Sondermeldungen unterbrachen das laufende Rundfunkprogramm.

Zu Beginn des Krieges wurden nur Siegesnachrichten als Sondermeldungen übertragen. Ab 1943 mußten zunehmend Nachrichten über Verluste oder Niederlagen gebracht werden, die allerdings von der nationalsozialistischen Propaganda als militärisch notwendige Operationen und damit als scheinbare Erfolge hingestellt wurden.

Nach der Verlesung der Sondermeldung – durch einen Fanfarenruf angekündigt – wurde Marsch- oder Trauermusik gespielt.

Siehe *Deutsche Wochenschau, Propagandaministerium*.

Sonnwendfeier. Die sommerliche Sonnwendfeier, auch Johannisfeuer genannt, wurde während der Zeit nationalsozialistischer Herrschaft, 1933–1945, am 23. Juni gefeiert, oft «unter großer Beteiligung der Bevölkerung».[841] 1934, ein Jahr nach der *Machtübernahme*, wurde in dem «Erlaß zur Sonnwendfeier» bestimmt, daß alle Mitglieder der *Hitlerjugend* an der Sonnwendfeier ihrer HJ-Einheit teilnehmen, die Nichtmitglieder dagegen am Abend des 23. Juni von der Schule für diese Feier «erfaßt»[842] werden sollten. Die Mitgliedschaft in der Hitlerjugend, der Jugendorganisation der *NSDAP*, war zu diesem Zeitpunkt noch nicht für alle Jugendlichen Pflicht.

Mit der winterlichen Sonnwendfeier, auch Julfest genannt, versuchten die Nationalsozialisten erfolglos, das christliche Weihnachtsfest zu ersetzen.

Siehe *Runen, Thingspiele, arisch, nordische Rasse*.

SS. Die SS war die am meisten gefürchtete Organisation während der Zeit der nationalsozialistischen Herrschaft.

Der SS-Führung waren die *Geheime Staatspolizei*, die *Gestapo*, und der SS-eigene *Sicherheitsdienst, SD*, unterstellt.

In die Zuständigkeit der SS gehörte das gesamte Konzentrationslagersystem mit Bewachung, Verwaltung und wirtschaftlicher Ausnutzung der Konzentrationslager.

Zu der weitverzweigten, in allen Zusammenhängen noch immer nicht gänzlich durchschaubaren Organisation gehörten eine eigene bewaffnete Truppe, die *Waffen-SS*, und eigene Wirtschaftsunternehmen.

Die SS war verantwortlich für die *Einsatzgruppen* in den *besetzten Gebieten*, deren Aufgabe die Verfolgung politischer Gegner und rassisch Verfemter war. Die SS hat die *Vernichtungslager* errichtet, in denen der millionenfache Völkermord vollzogen wurde. In SS-eigenen Forschungsinstituten, auch im Rahmen der Gesellschaft «Ahnenerbe»[843], führte die SS grausame medizinische Menschenversuche durch, die meist tödlich endeten.

1925 wurde die SS – das war die Abkürzung für Schutzstaffel – zum persönlichen Schutz des Führers der *NSDAP* Adolf Hitler gegründet. In ihren Anfängen war die SS eine Unterorganisation der *SA*, der *S*turm*a*bteilung der NSDAP. Seit 1929 war Heinrich Himmler Führer der Schutzstaffeln. Sein Titel war *Reichsführer-SS*.

Mit seiner Ernennung hatte Heinrich Himmler von Adolf Hitler den Auftrag erhalten, aus der SS «... eine in jedem Falle verläßliche Truppe, eine Elitetruppe der Partei zu formen».[844] Himmler selbst stellte die Forderung auf, daß die von Hitler geforderte Elitetruppe «ein nationalsozialistischer, soldatischer Orden nordisch bestimmter Männer»[845] werden sollte, bestehend aus Männern, von denen jeder «bedingungslos jeden Befehl befolgt, der vom Führer kommt ... der ebenso bedingungslos gehorcht und zum Angriff geht, auch wenn er einmal glauben sollte, es in seinem Herzen nicht überwinden zu können».[846] Die SS sollte

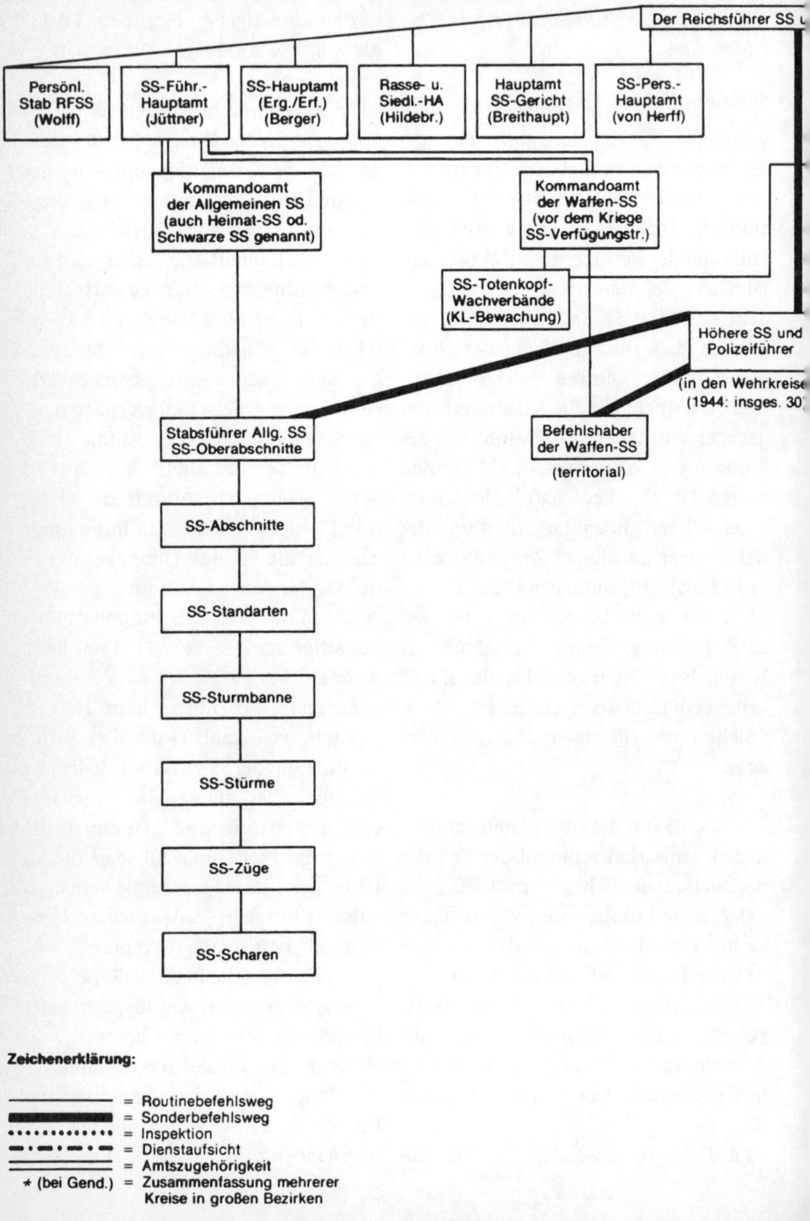

Der Reichsführer SS u⌐

| Persönl. Stab RFSS (Wolff) | SS-Führ.-Hauptamt (Jüttner) | SS-Hauptamt (Erg./Erf.) (Berger) | Rasse- u. Siedl.-HA (Hildebr.) | Hauptamt SS-Gericht (Breithaupt) | SS-Pers.-Hauptamt (von Herff) |

Kommandoamt der Allgemeinen SS (auch Heimat-SS od. Schwarze SS genannt)

Kommandoamt der Waffen-SS (vor dem Kriege SS-Verfügungstr.)

SS-Totenkopf-Wachverbände (KL-Bewachung)

Höhere SS und Polizeiführer

(in den Wehrkreise⌐
(1944: insges. 30⌐

Stabsführer Allg. SS
SS-Oberabschnitte

Befehlshaber der Waffen-SS

(territorial)

SS-Abschnitte

SS-Standarten

SS-Sturmbanne

SS-Stürme

SS-Züge

SS-Scharen

Zeichenerklärung:

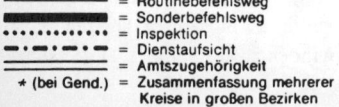

───────	= Routinebefehlsweg
▬▬▬▬▬▬	= Sonderbefehlsweg
•••••••••••	= Inspektion
─ ∙ ─ ∙ ─ ∙ ─	= Dienstaufsicht
═══════	= Amtszugehörigkeit
* (bei Gend.)	= Zusammenfassung mehrerer Kreise in großen Bezirken

Die Organisation der SS und der Polizei im Reichsgebiet

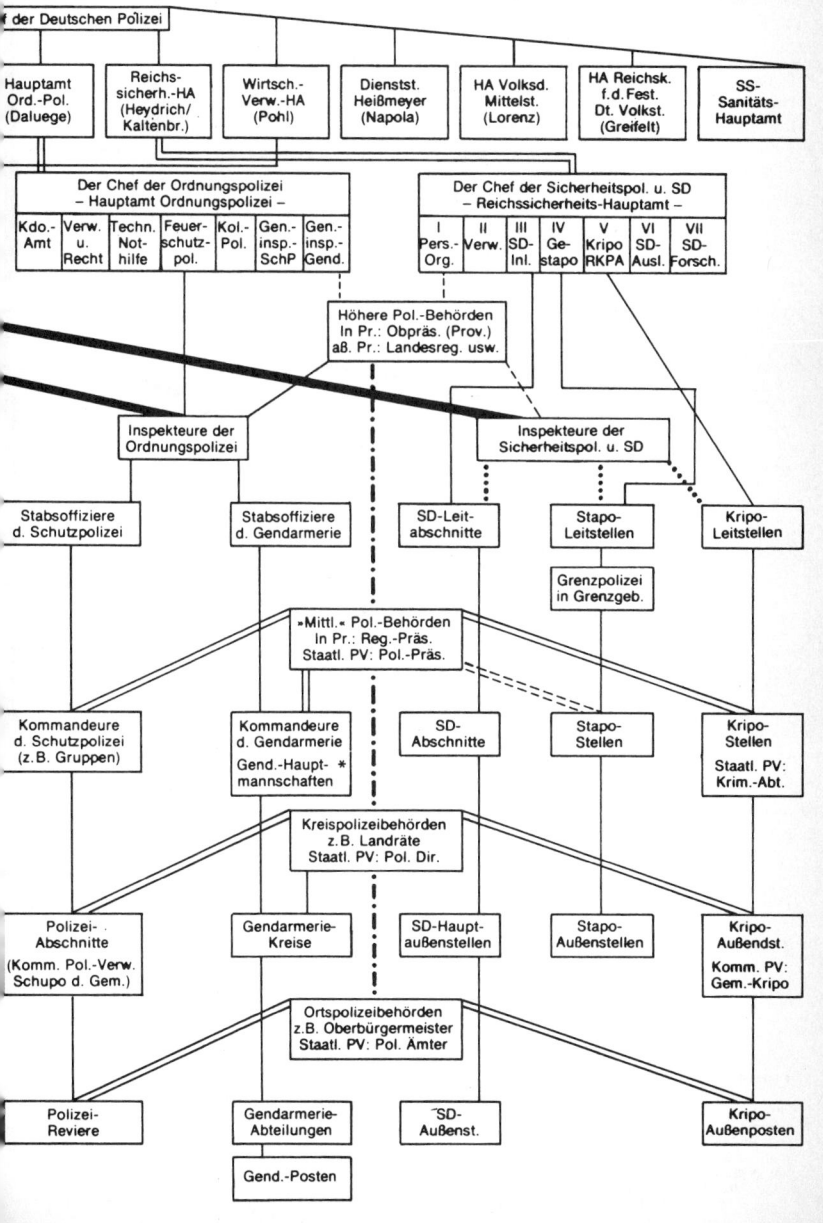

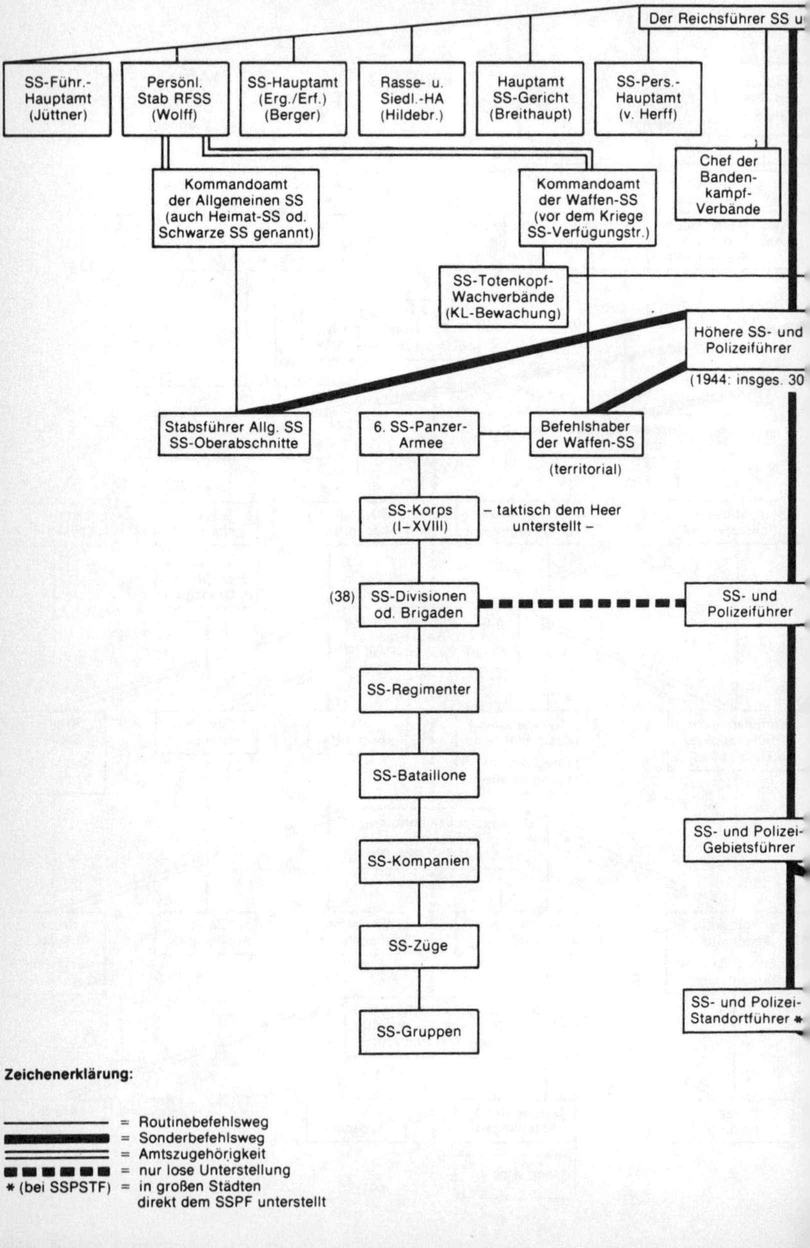

SS

Der Reichsführer SS u[...]

SS-Führ.-Hauptamt (Jüttner)	Persönl. Stab RFSS (Wolff)	SS-Hauptamt (Erg./Erf.) (Berger)	Rasse- u. Siedl.-HA (Hildebr.)	Hauptamt SS-Gericht (Breithaupt)	SS-Pers.-Hauptamt (v. Herff)

Chef der Bandenkampf-Verbände

Kommandoamt der Allgemeinen SS (auch Heimat-SS od. Schwarze SS genannt)

Kommandoamt der Waffen-SS (vor dem Kriege SS-Verfügungstr.)

SS-Totenkopf-Wachverbände (KL-Bewachung)

Höhere SS- und Polizeiführer

(1944: insges. 30

Stabsführer Allg. SS SS-Oberabschnitte

6. SS-Panzer-Armee

Befehlshaber der Waffen-SS

(territorial)

SS-Korps (I–XVIII)

– taktisch dem Heer unterstellt –

(38) SS-Divisionen od. Brigaden

SS- und Polizeiführer

SS-Regimenter

SS-Bataillone

SS-Kompanien

SS- und Polizei-Gebietsführer

SS-Züge

SS-Gruppen

SS- und Polizei-Standortführer *

Zeichenerklärung:

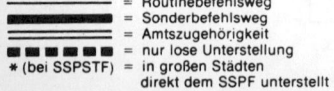

———	= Routinebefehlsweg
▬▬▬	= Sonderbefehlsweg
═══	= Amtszugehörigkeit
■ ■ ■ ■	= nur lose Unterstellung
* (bei SSPSTF)	= in großen Städten direkt dem SSPF unterstellt

Die Organisation der SS und der Polizei in den besetzten Gebieten

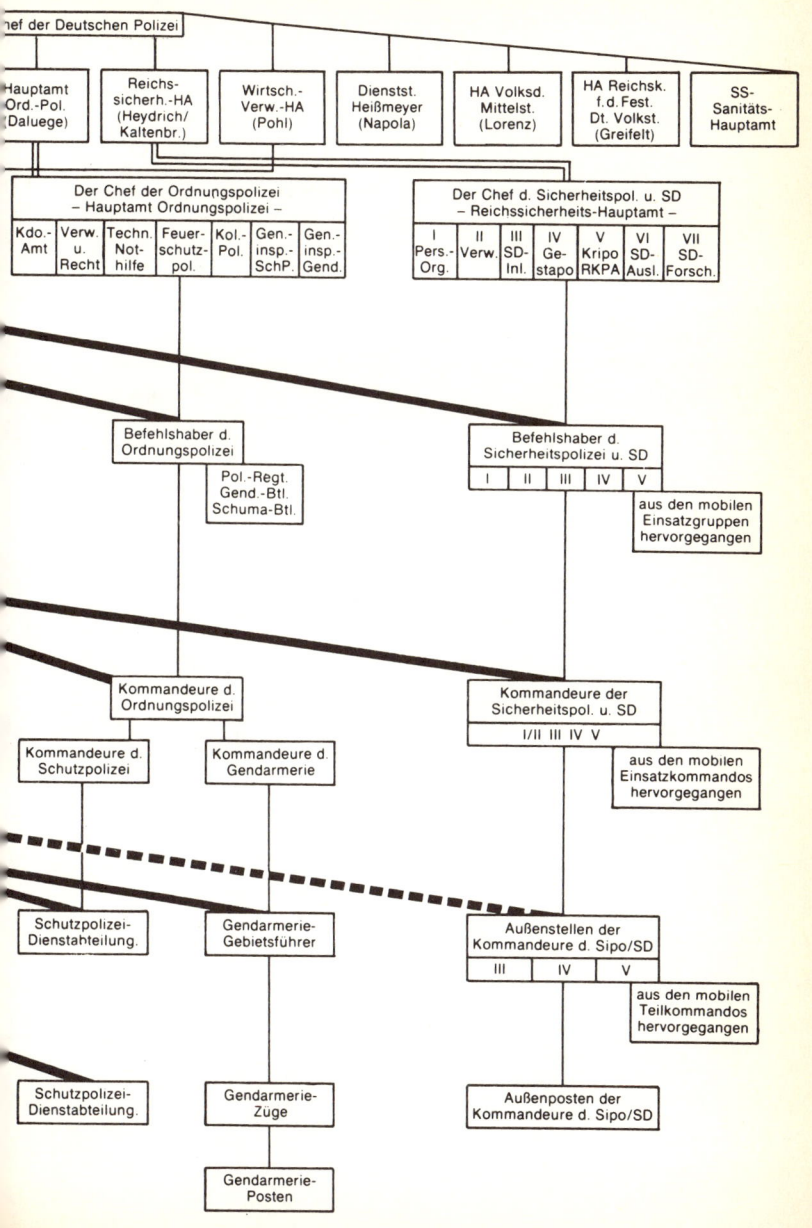

Rangtafel

Wehrmacht	Polizei	SS	Waffen-SS
Reichsmarschall			
Generalfeldmarschall Großadmiral	Reichsführer-SS und Chef der Deutschen Polizei		
Generaloberst Generaladmiral	Generaloberst		Oberstgruppenführer
General der Inf. usw. Admiral	General der Polizei	Obergruppenführer	Obergruppenführer
Generalleutnant Vizeadmiral	Generalleutnant	Gruppenführer	Gruppenführer
Generalmajor Konteradmiral	Generalmajor	Brigadeführer	Brigadeführer
		Oberführer	Oberführer
Oberst / Kapitän z. S.	Oberst	Standartenführer	Standartenführer
Oberstleutnant Fregattenkapitän	Oberstleutnant	Obersturmbannführer	Obersturmbannführer
Major Korvettenkapitän	Major	Sturmbannführer	Sturmbannführer
Hauptmann Kapitänleutnant	Hauptmann	Hauptsturmführer	Hauptsturmführer
Oberleutnant (zur See)	Oberleutnant	Obersturmführer	Obersturmführer
Leutnant (zur See)	Leutnant	Untersturmführer	Untersturmführer
Stabsoberfeldwebel		Sturmscharführer	Sturmscharführer
Oberfähnrich (zur See)			
Oberfeldwebel		Hauptscharführer	Hauptscharführer
Feldwebel	Meister	Oberscharführer	Oberscharführer
Fähnrich (zur See)			
Unterfeldwebel Matr. Ob. Maat	Hauptwachtmeister	Scharführer	Scharführer
Unteroffizier Matr. Maat	Rev. O. Wachtmeister Zugwachtmeister	Unterscharführer	Unterscharführer
Stabsgefreiter Hauptgefreiter			
Obergefreiter	Oberwachtmeister		
Gefreiter	Wachtmeister	Rottenführer	Rottenführer
Obersoldat	Rottwachtmeister	Sturmmann	Sturmmann
Soldat, Matrose	Unterwachtmeister	SS-Mann SS-Anwärter	SS-Mann

Rangtafel

SA	NSFK	NSKK	RADm	RADw
	Reichsminister der Luftfahrt			
Stabschef	Korpsführer	Korpsführer	Reichsarbeitsführer	
Obergruppenführer	Obergruppenführer	Obergruppenführer		
Gruppenführer	Gruppenführer	Gruppenführer	Obergeneral-arbeitsführer	
Brigadeführer	Brigadeführer	Brigadeführer	Generalarbeits-führer Generalarbeitsarzt	
Oberführer	Oberführer	Oberführer		
Standartenführer	Standartenführer	Standartenführer	Oberstarbeitsführer Oberstarbeitsarzt	Stabshauptführerin
Obersturmbann-führer	Obersturmbann-führer	Oberstaffelführer	Oberarbeitsführer Oberarbeitsarzt	Stabsoberführerin
Sturmbannführer	Sturmbannführer	Staffelführer	Arbeitsführer Arbeitsarzt	Stabsführerin
Hauptsturmführer	Hauptsturmführer	Hauptsturmführer	Oberstfeldmeister Arbeitsfeldarzt	Maidenhaupt-führerin
Obersturmführer	Obersturmführer	Obersturmführer	Oberfeldmeister Hauptmusikzug-führer	Maidenober-führerin
Sturmführer	Sturmführer	Sturmführer	Feldmeister Obermusikzug-führer	Maidenführerin
			Unterfeldmeister Musikzugführer	Maidenunter-führerin
Haupttruppführer		Haupttruppführer		
Obertruppführer	Obertruppführer	Obertruppführer		
Truppführer	Truppführer	Truppführer	Obertruppführer	Jungführerin
Oberscharführer	Oberscharführer	Oberscharführer		
Scharführer	Scharführer	Scharführer	Truppführer	Kameradschafts-älteste
			Untertruppführer Hauptvormann	
			Obervormann	
Rottenführer	Rottenführer	Rottenführer	Vormann	
Obersturmmann	Sturmmann	Obersturmmann		
Sturmmann SA-Anwärter	NSFK-Mann	Sturmmann	Arbeitsmann	Arbeitsmaid

eine «Kampftruppe»[847] werden, die nur aus den «blutsmäßig besten Deutschen»[848] bestehen sollte.

Die Forderung nach den «blutsmäßig besten Deutschen» wurde auf der Grundlage der wissenschaftlich eindeutig widerlegten nationalsozialistischen *Rassenkunde* gestellt, in der behauptet wurde, es gäbe eine hochwertige *nordische Rasse* und andere rassisch minderwertige Völker, zu denen die Nationalsozialisten vor allem die als *Untermenschen* verfemten Juden zählten.

1931 gab Himmler den Befehl, daß alle SS-Männer bei ihm um eine «Heiratsgenehmigung»[849] nachsuchen mußten. Himmler wollte in der SS nicht nur eine «männliche rassische Auslese … sammeln»[850], sondern durch sie auch «die erbgesundheitlich wertvolle Sippe deutscher nordisch-bestimmter Art»[851] aufbauen. Zuständig für die Überprüfung der Heiratswilligen wurde das «Rasseamt»[852], später Rasse- und Siedlungshauptamt der SS. Alle SS-Führer und deren Bräute mußten nachweisen, daß unter ihren Vorfahren bis 1750 kein Jude war. Unterführer, gewöhnliche SS-Männer und deren Bräute mußten diesen Nachweis bis zum Jahre 1800 erbringen.

Bis zur *Machtübernahme* 1933 war unter der Führung Heinrich Himmlers aus der 1929 aus 280 Mann bestehenden Sondereinheit der *SA* ein etwa 52 000 Mann starker Verband geworden. Männer aus allen Bevölkerungsschichten hatten sich der von Himmlers Ordensvorstellung geprägten Eignungsbeurteilung unterworfen. Zu den Beurteilungsmerkmalen gehörten «Körperbaubewertung» sowie «Soldatischer und persönlicher Allgemeineindruck im Stehen, Haltung und Bewegung»[853].

Bald nach der Machtübernahme wurden aus dem Verband der SS erneut 120 besonders geeignete Männer ausgewählt und eine neue bewaffnete Einheit zum persönlichen Schutz Adolf Hitlers gebildet: Sie erhielt im September 1933 den Namen «Leibstandarte Adolf Hitler». Dies war der erste militärische Verband, der auf Adolf Hitler persönlich vereidigt wurde und seiner ausschließlichen Kontrolle unterstand. Die Leibstandarte war somit eine militärische Einheit, die – ohne gesetzliche Grundlage – neben den Sicherheitsorganen des Staates, der Reichswehr und der Polizei, bestand. Gleichzeitig wurden weitere bewaffnete Sonderkommandos, die sogenannten «Politischen Bereitschaften», gebildet, die im Auftrag der Partei für polizeiliche und gewalttätige Maßnahmen eingesetzt wurden.

Einheiten dieser Verbände und der Leibstandarte führten am 30. Juni 1934 die Verhaftungen und Ermordungen des Stabschefs der SA, Ernst Röhm, anderer hoher SA-Führer und der Partei mißliebige Personen durch. Die von der nationalsozialistischen Propaganda als *Röhm-Putsch* bezeichneten Ereignisse wurden maßgeblich von dem späteren Chef des mächtigen *Reichssicherheitshauptamtes* Reinhard Heydrich vorbereitet. Seit 1931 war Heydrich Chef des als parteiinternem Geheimdienst gegründeten SD, des Sicherheitsdienstes des Reichsführers-SS. Am 20. 7. 1934 erklärte Adolf Hitler: «Im Hinblick auf die großen Verdienste der SS, besonders im Zusammenhang mit den Ereignissen vom 30. Juni 1934, erhebe ich dieselbe zu einer selbständigen Organisation im Rahmen der NSDAP.»[854] Seitdem war die SS Hitlers unmittelbarem Befehl unterstellt. Ihr Führer Heinrich Himmler war keinem anderen staatlichen Organ als dem *Führer und Reichskanzler* Adolf Hitler Rechenschaft schuldig.

1934 erhielt Himmler von Hitler außerdem die Genehmigung, aus Einheiten der Leibstandarte und der Politischen Bereitschaften die bewaffnete kasernierte SS-Verfügungstruppe aufzustellen, die den Kern der späteren *Waffen-SS* bildete. Eine weitere bewaffnete Sondereinheit waren die 1933 für die Konzentrationslager, KZ, aufgestellten SS-Wachverbände, die später den Namen *SS-Totenkopfverbände* erhielten.

Nach dem raschen Aufbau der Sondereinheiten wurde seit Mitte 1934 unterschieden zwischen den Sonderformationen und der Allgemeinen SS, die bis auf eine kleine Anzahl hauptberuflicher Führer weiterhin nur aus freiwilligen berufstätigen Mitgliedern bestand, die in vielen Bereichen des öffentlichen Lebens oft wichtige Positionen hatten. Ihre Uniform war schwarz mit Hoheitszeichen und Totenkopf an der Mütze, den SS-Runen am Kragenspiegel und der schwarz umrandeten *Hakenkreuz*binde um den Arm. Gliederung und Dienstränge siehe Schema S. 242–243.

Alle Mitglieder der SS leisteten den Eid auf Adolf Hitler: «... Ich gelobe Dir und den von Dir bestimmten Vorgesetzten Gehorsam bis in den Tod ...»[855]

Finanzielle Unterstützung erhielt die Allgemeine SS von dem «Freundeskreis Reichsführer-SS» und über die Organisation der Fördernden Mitglieder.

1936 wurde Himmler Chef der gesamten deutschen Polizei, nachdem er schon im Verlauf des Winters 1933/1934 in allen Ländern des Deutschen Reiches Chef der dortigen Politischen Polizeien war. Die Politischen Länderpolizeien wurden seit dieser Zeit von dem Geheimen Staatspolizeiamt, Gestapa, unter Leitung des SS-Führers Reinhard Heydrich –, gelenkt.

Durch den Erlaß Adolf Hitlers vom 17. Juni 1936 wurde Heinrich Himmler zum «Reichsführer-SS und Chef der Deutschen Polizei» ernannt. Gleichzeitig wurde der Titel Himmlers die Bezeichnung des neu gebildeten Amtes, in dem ein wichtiger Teil der staatlichen Exekutive, die Polizei, einer nicht staatlichen Parteiorganisation, der SS, angegliedert wurde.

Das Amt *Reichsführer-SS und Chef der Deutschen Polizei* war in Hauptämter aufgegliedert, deren Zahl und Organisation mehrfach geändert wurden.

Am 27. 9. 1939 wurde die staatliche *Sicherheitspolizei* mit dem von der Partei finanzierten Sicherheitsdienst der SS, dem SD im *Reichssicherheitshauptamt*, RSHA, zusammengelegt. Siehe Schema S. 238–239.

Das RSHA wurde das gefährlichste Werkzeug der SS und des nationalsozialistischen Terrors: Zu den Machtbefugnissen dieses Amtes gehörte die Verhängung der sogenannten *Schutzhaft*. Schutzhaft bedeutete im nationalsozialistischen Staat die Einweisung in ein KZ ohne Gerichtsverfahren und ohne Berufungsmöglichkeit für die Opfer.

Nach Kriegsbeginn – am 1. September 1939 – wurde das Konzentrationslagersystem, das ausschließlich der SS unterstand, mit allen Mittel ausgebaut. Die Arbeitskraft der Millionen meist jüdischen Häftlinge, die infolge der Eroberung immer neuer Gebiete in den Herrschaftsbereich der Nationalsozialisten gelangten, nutzte die SS auch zum Ausbau der SS-eigenen Wirtschaftsunternehmen.

Am 7. Oktober 1939 erhielt Himmler einen neuen Machtbereich zugewiesen. Durch *Führererlaß* wurde er beauftragt, die Rücksiedlung Reichs- und *Volksdeutscher* aus dem Ausland durchzuführen. Der Befehl enthielt die Maßgabe der «Ausschaltung des schädigenden Einflusses von solchen volksfremden Bevölkerungsteilen, die eine Gefahr für das Reich und die deutsche Volksgemeinschaft bedeuten».[856] Himmler errichtete daraufhin die neue Institution «Reichsführer-SS/Reichskommissariat für die Festigung deutschen Volkstums», abgekürzt RFK. Unter Leitung der in den von deutschen Truppen besetzten Gebieten amtierenden Höheren SS- und Polizeiführer, abgekürzt HSSPF, wurde, insbesondere in Osteuropa die Vertreibung von Menschen, die Ausbeutung ihrer Arbeitskraft und ihre Ermordung nach den Rassegesichtspunkten der Nationalsozialisten betrieben.

Die SS war das ausführende Organ für den von den Nationalsozialisten begangenen Völkermord: Einsatzgruppen der Sicherheitspolizei und des SD folgten seit 1939 mordend den in Polen und in die Sowjetunion einmarschierenden Truppen der *Wehrmacht*; seit der *Wannsee-Konferenz* 1942 fuhren Massentransporte aus ganz Europa die Juden in die *Gaskammern* der von der SS errichteten Vernichtungslager. Millionen Juden wurden Opfer der von den nationalsozialistischen Führern beschlossenen und von der SS ausgeführten *Endlösung* der Judenfrage.

Die Waffen-SS, zu der alle bewaffneten Verbände der SS einschließlich der KZ-Wachmannschaften gezählt wurden, stellte während des Zweiten Weltkrieges sowohl militärische Divisionen für den Fronteinsatz als auch Führer und Mannschaften für die Einsatzgruppen, der Sicherheitspolizei und des SD.

Im Juni 1944 gehörten etwa 600000 Mann zur Waffen-SS. Die Allgemeine SS bestand zu dieser Zeit aus etwa 40000 Mann.

Die SS – einschließlich der Waffen-SS, der SS-Totenkopfverbände und des SD – wurde im Nürnberger Prozeß zur verbrecherischen Organisation erklärt.

Siehe *Reichssicherheitshauptamt, Reichsführer-SS und Chef der Deutschen Polizei, Endlösung, Gaskammern, Warschauer Getto, Judenverfolgung, Lebensborn, Untermensch, Germanisierung, Eindeutschung, Sonderbehandlung, Führergrundsatz.*

SS-Totenkopfverbände waren besondere – bewaffnete und kasernierte – Einheiten der *SS.* Sie bewachten seit 1933 die von den Nationalsozialisten eingerichteten Konzentrationslager, *KZ.*

Die ersten KZ waren nach der *Machtübernahme* 1933 von der *SA*, der *Sturmabteilung der NSDAP*, und der SS errichtet worden. Der erste SS-Wachverband wurde im gleichen Jahr von dem SS-Standartenführer Theodor Eicke für das von ihm gebaute KZ Dachau aufgestellt. Nach den Ereignissen des sogenannten *Röhm-Putsches* am 30. 6. 1934, bei dem unter Beteiligung des Dachauer Wachverbandes der Chef der

SA, Ernst Röhm, und andere hohe SA-Führer sowie den nationalsozialistischen Führern mißliebige Personen ermordet worden waren, übernahm ausschließlich die SS die Einrichtung und Überwachung aller KZ. Am 4. 7. 1934 wurde Eicke vom *Reichsführer-SS* Heinrich Himmler offiziell zum «Inspekteur der Konzentrationslager und SS-Wachverbände» ernannt. Er wurde dem Reichsführer-SS unmittelbar unterstellt, was bedeutete, daß er nur ihm Rechenschaft über seine Maßnahmen und Befehle ablegen mußte.

1936 bekamen die Wachverbände offiziell die bereits gebräuchliche Bezeichnung SS-Totenkopfverbände. Sie trugen einen Totenkopf auf dem rechten Kragenspiegel ihrer Uniform und an den Mützen.

Der Dienst in den Verbänden war freiwillig und setzte in der Regel eine Dienstverpflichtung von anfangs vier, später zwölf Jahren voraus. Der Dienst in den Totenkopfverbänden wurde nicht als Ableistung der Wehrpflicht anerkannt. Im Gegensatz zu anderen SS-Einheiten war der Anteil der auf eigenen Antrag oder auf Antrag der Führer Entlassenen ziemlich hoch.

Die Schulung der Wachmannschaften schilderte der Lagerkommandant des KZ Auschwitz, Rudolf Höß. Er wiederholte Eickes Anweisungen aus der Erinnerung: «Jegliches Mitleid mit ‹Staatsfeinden› sei aber eines SS-Mannes unwürdig. Weichlinge hätten in seinen Reihen keinen Platz und würden gut tun, sich so schnell wie möglich in ein Kloster zu verziehen. Er könne nur harte, entschlossene Männer gebrauchen, die jedem Befehl rücksichtslos gehorchten. Nicht umsonst trügen sie den Totenkopf und die stets geladene scharfe Waffe. Sie stünden als einzige Soldaten auch in Friedenszeiten Tag und Nacht am Feind, am Feind hinter dem Draht … Eickes Absicht war, seine SS-Männer durch seine dauernden Belehrungen und entsprechende Befehle … von Grund auf gegen die Häftlinge einzustellen, sie auf die Häftlinge ‹scharf zu machen› …»[857]

Am 17. 8. 1938 wurden in einer Anordnung Adolf Hitlers über die Stellung der bewaffneten Verbände der SS die SS-Totenkopfverbände als «eine stehende bewaffnete Truppe der SS zur Lösung von Sonderaufgaben polizeilicher Natur» bestimmt, die «weder ein Teil der Wehrmacht noch der Polizei» seien. Es wurde weiter angeordnet, daß nur Freiwillige eingesetzt werden durften, «die ihrer Wehrpflicht grundsätzlich in der Wehrmacht genügt haben»[858]. Bis zu diesem Zeitpunkt waren meist sehr junge 16- bis 19jährige Männer Angehörige der Wachverbände gewesen.

Ende 1938 bewachten vier Totenkopfstandarten mit je etwa 1200 Mann die zu diesem Zeitpunkt bestehenden Konzentrationslager Dachau, Sachsenhausen, Buchenwald, Flossenbürg und Mauthausen. Bei Beginn des Zweiten Weltkrieges 1939 – inzwischen war das Frauen-KZ Ravensbrück errichtet worden – gab es etwa 25 000 KZ-Häftlinge.

Neben der KZ-Bewachung hatten Einheiten der Totenkopfverbände auch die militärische Ausbildung von Mitgliedern der Allgemeinen SS durchzuführen, die im Gegensatz zu den Angehörigen der besonderen kasernierten Einheiten der SS nicht bewaffnet waren.

Mit Beginn des Krieges wurde eine SS-Totenkopfdivision für den Einsatz an der Front aufgestellt. Gleichzeitig wurden neue Totenkopfstandarten zur Bewachung der KZ aus Mitgliedern der Allgemeinen SS gebildet.

1940 wurden die SS-Totenkopfstandarten aufgelöst und die Mannschaften von der *Waffen-SS* übernommen. Die Bewachung der KZ wurde von so bezeichneten Totenkopfwachsturmbannen durchgeführt. Diese wurden zum Teil von Angehörigen der Allgemeinen SS, zum Teil von alten SA-Männern oder Soldaten der *Wehrmacht* und Waffen-SS gestellt, die keinen Frontdienst mehr leisten konnten.

Siehe *SS, Waffen-SS, Führer und Reichskanzler, Untermensch, KZ, Auschwitz.*

Stahlpakt. Der Stahlpakt – die offizielle Bezeichnung war «Freundschafts- und Bündnispakt zwischen Deutschland und Italien» – war ein Militärbündnis und wurde am 22. Mai 1939 auf Betreiben Adolf Hitlers geschlossen.

Die Vertragsschließenden sicherten sich zu, «ständig in Fühlung miteinander» zu «bleiben, um sich über alle ihre gemeinsamen Interessen ... zu verständigen». Artikel III bestimmte, falls eines der beiden Länder in kriegerische Auseinandersetzungen verwickelt würde, das andere ihm «sofort als Bundesgenosse zur Seite treten» und mit allen militärischen Mitteln Unterstützung leisten müsse. Artikel IV sicherte Zusammenarbeit auf dem Gebiet der Kriegswirtschaft zu. Artikel V bestimmte: «Die Vertragschließenden Teile verpflichten sich schon jetzt, im Falle eines gemeinsam ge-

führten Krieges Waffenstillstand und Frieden nur in vollem Einverständnis miteinander abzuschließen.»[859]

Am 1. September 1939 begann durch den Einmarsch deutscher Truppen in Polen der Zweite Weltkrieg, 1939–1945. Entgegen dem Vertragstext, der sofortigen Beistand vorsah, erklärte Italien erst am 10. Juni 1940 seinen Kriegseintritt.

In der Präambel, das heißt in dem Vorspruch des Stahlpaktes, war von den «für alle Zeiten»[860] festgelegten Grenzen der beiden Länder die Rede. Diese Formulierung beinhaltete zwangsläufig den Verzicht des Deutschen Reiches auf Südtirol, das 1919 – nach dem Ersten Weltkrieg, 1914–1918 – Italien zugesprochen worden war. Der Verzicht fand in dem deutsch-italienischen Vertrag vom 21. 10. 1939 seinen Ausdruck, der die Umsiedlung derjenigen deutschsprachigen Südtiroler vorsah, die sich vor dem 31. 12. 1939 für die deutsche Staatsangehörigkeit entschieden. Von rund 260 000 deutschsprachigen Südtirolern optierten rund 180 000 für Deutschland. 1942 hatten rund 75 000 ihre Heimat verlassen.

Für Hitler wog das Zustandekommen des Stahlpaktes – ohne Rücksichtnahme auf die Wünsche oder Bedürfnisse der betroffenen Bevölkerung – den Verzicht auf Südtirol auf.

Siehe *Dreimächtepakt, Achse, Volksdeutsche, Großdeutsches Reich, Lebensraum, besetzte Gebiete.*

Stellvertreter des Führers. Im April 1933, knapp drei Monate nach der *Machtübernahme*, ernannte Adolf Hitler Rudolf Heß zu seinem Stellvertreter in Parteiangelegenheiten mit dem Auftrag, «... in allen Fragen der Parteiführung»[861] in seinem, Hitlers, Namen zu entscheiden.

Nach den Ausführungen im Organisationsbuch der *NSDAP* von 1936 bestand eine der Hauptaufgaben des Stellvertreters des Führers darin, «... die Gliederungen und angeschlossenen Verbände der NSDAP politisch einheitlich auszurichten und ihnen politische Richtlinien zu erteilen...»[862]

Gliederungen der NSDAP waren zum Beispiel die *SA*, die *S*turm*a*bteilung der NSDAP, die *SS*, die *S*chutz*s*taffel der NSDAP, die *Hitlerjugend* und die *NS-Frauenschaft*; zu den angeschlossenen Verbänden gehörten unter anderem die *NSV*, die Nationalsozialistische Volkswohlfahrt, und die *Deutsche Arbeitsfront*, DAF.

Heß und der ihm zur Verfügung stehende «Stab des Stellvertreters des Führers»[863] hatten ihren Amtssitz im *Braunen Haus* in München, in dem die Dienststellen der Parteiführung untergebracht waren.

Das im Dezember 1933 erlassene «Gesetz zur Sicherung der Einheit von Partei und Staat» sollte die Dauerhaftigkeit der Stellung, die die NSDAP im nationalsozialistischen Herrschaftsgefüge gewonnen hatte, rechtlich sichern; das Gesetz bestimmte, daß der Stellvertreter des Führers «... zur Gewährleistung engster Zusammenarbeit der Dienststellen der Partei mit den öffentlichen Behörden...»[864] Mitglied der Reichsregierung ohne Geschäftsbereich wurde.

Nach einem Erlaß Hitlers vom 25. Juli 1934 über die Beteiligung des Stellvertreters an der Gesetzgebung der Reichsregierung hatte Heß bei allen Gesetzes-

und Verordnungsentwürfen der einzelnen Reichsministerien die Stellung eines mitbeteiligten Ministers. Das bedeutete, daß Heß, der Hitlers Stellvertreter in Parteiangelegenheiten war, jetzt als Mitglied der Reichsregierung grundsätzlich an der Ausarbeitung aller Gesetzesvorlagen zu beteiligen war. Dadurch war es ihm möglich, die Tätigkeit aller Ministerien zu kontrollieren, die Arbeit an Gesetzesentwürfen zu beschleunigen oder zu verzögern. Die neue Stellung ermöglichte es Heß außerdem, in Verbindung mit dem Reichsinnenministerium bei der Einstellung, Beförderung und Entlassung von Beamten mitzuwirken. Auf Grund seiner Befugnisse konnte der Stellvertreter des Führers die besonderen Belange der NSDAP in der Regierung zur Geltung bringen.

Im Mai 1941, im dritten Jahr des Zweiten Weltkrieges, 1939–1945, flog Heß mit einer Jagdmaschine nach Großbritannien und sprang dort mit dem Fallschirm ab. Seine Motive sind bis heute nicht geklärt. Heß wurde in England inhaftiert.

Hitler verfügte am 12. Mai 1941, daß die Dienststelle des Stellvertreters des Führers von jetzt an die Bezeichung Parteikanzlei führte. Zum Leiter der Parteikanzlei ernannte Hitler *Reichsleiter* Martin Bormann, der bis dahin Leiter des Stabes bei Heß gewesen und der nun Hitler persönlich unterstellt war. Bormann wurde im April 1943 zum «Sekretär des Führers»[865] ernannt.

Siehe *Führer und Reichskanzler, NSDAP*.

Sühneleistung siehe *Kristallnacht*.

T

Thingspiele, eine Art Schauspiel, wurden bis etwa 1937 während der Zeit der nationalsozialistischen Herrschaft auf großen Freilichtbühnen aufgeführt. Sie sollten Ideen und Gedanken des Nationalsozialismus behandeln «... und setzen die Mitwirkung großer Volksmassen in Aufzügen und Sprechchören voraus, um so die enge Verbundenheit von Spielern und Zuschauern im Sinne nationalsozialistischer Festgestaltung zu sichern».[866]

Gefördert wurde die Idee der Thingspiele von dem «Reichsbund der deutschen Freilicht- und Volksschauspiele», der 1933 auf Anregung des *Propagandaministeriums* gegründet wurde.

Das Wort ‹Thing›, abgeleitet von dem indogermanischen Wortstamm ‹ding/ thing›, bedeutet so viel wie Gerichts- und Volksversammlung. Entsprechend schrieb ein Thingspielautor: «Von Theaterkünsten weg führt das Thingspiel an die Stätte, die Gerichtstag halten wird. Vom Theaterkunststück weg zum Richtplatz führt das Spiel, nun, da es Ernst wird.»[867]

Die Bezeichnung Thingspiele durfte nur benutzt werden, wenn der «Reichsdramaturg»[868] es zugelassen hatte, der sein Amt im Propagandaministerium Joseph Goebbels' hatte. Der Reichsdramaturg nahm auf die Spielpläne der gesamten deutschen Theater Einfluß.

Die vom Reichsdramaturgen genehmigten Thingspiele hatten Titel wie «Der Weg ins Reich»[869] oder «Deutsche Passion 1933»[870]. Nach Gesangs-, Sprech- und Bewegungschören, Pantomimen, Aufzügen und Paraden sowie Ballett, Ausdruckstanz und Reigen der Darsteller wurden in der Schlußszene häufig Darsteller und Publikum beim Singen von National- und Kampfhymnen vereint.

Für die Aufführungen wurden eigens «Thingplätze»[871] gebaut. Geplant waren 400; 1934 waren 66 im Bau, seit etwa 1937 aber wurde die Verwirklichung der Pläne nicht mehr nachdrücklich betrieben. Offenbar waren die Thingspiele bei der Bevölkerung nicht auf große Begeisterung gestoßen.

Siehe *Reichskulturkammer (Reichstheaterkammer), Volksgemeinschaft, Entartete Kunst, Bücherverbrennung, Nordische Rasse.*

Totaler Krieg. Am 18. Februar 1943 – 18 Tage nach der Kapitulation der 6. deutschen Armee in Stalingrad – verkündete Dr. Joseph Goebbels, Reichsminister für Volksaufklärung und Propaganda und *Gauleiter* von Berlin, auf einer Großkundgebung im Berliner Sportpalast den totalen Krieg.

Die Veranstaltung war vom *Propagandaministerium* wohl vorbereitet worden: in den vorderen Reihen der Zuhörer saßen Soldaten der *Wehrmacht*, viele Verwundete; in der Mehrzahl bestand das Publikum aus Parteigenossen. In der für die nationalsozialistische Propaganda typischen Kulisse mit riesigen *Hakenkreuzfahnen* und übergroßen Spruchbändern stellte Goebbels im Verlauf seiner Rede zehn Fragen an die Zuhörer, deren vierte lautete: «... Wollt ihr den totalen Krieg? Wollt ihr ihn, wenn nötig, totaler und radikaler, als wir ihn uns heute überhaupt noch vorstellen können? ...»[872]

Auf diese und alle anderen Fragen antworteten die Zuhörer laut mit Ja.

Die Bevölkerung in Deutschland – von der nationalsozialistischen Propaganda als *Heimatfront* bezeichnet – war 1943 nach Berichten des *SD*, des *S*icherheitsdienstes der *SS*, kriegsmüde und zermürbt, vor allem infolge der täglichen und nächtlichen Bombenangriffe englischer und amerikanischer Flugzeugverbände: «... Die Luftangriffe, die besonders in den letzten Tagen auf verschiedene Städte erfolgten, lösten ... erhebliche Bedrückung aus. Namentlich sind es die Frauen, bei denen sich wiederholt fast verzweifelte Stimmen über das Ausmaß der Luftangriffe und der dadurch bedingten Zukunftsaussichten bemerkbar machten ...»[873]. Die deutsche Luftabwehr war zu dieser Zeit nicht mehr in der Lage, die feindlichen Luftangriffe erfolgreich abzuwehren: «... Besorgte Stimmen werden in den betroffenen Gebieten auch darüber laut, daß die Flaksicherung angeblich in letzter Zeit bedeutend vermindert worden sei ... Eisenbahnflak sei überhaupt nicht mehr zu beobachten ...»[874]

Für die Bevölkerung begann der totale Krieg nicht erst mit seiner Verkündung durch Goebbels im Februar 1943. Bereits am 27. Januar 1943 hatte die «Verordnung über die Meldung von Männern und Frauen für Aufgaben der Reichsverteidigung» weitreichende *Dienstverpflichtungen* für Männer vom 16. bis 65. Lebensjahr, die nicht der Wehrmacht angehörten, und zum erstenmal auch für alle Frauen von 17 bis 45 Jahre gebracht. Für die Frauen gab es bestimmte Ausnahmeregelungen.

Auf Grund einer Anordnung des Reichswirtschaftsministeriums vom 4. Februar 1943 wurden alle nicht unbedingt kriegswichtigen Betriebe des Handels, des Handwerks und des Gaststättengewerbes geschlossen. Alle Theater wurden geschlossen, öffentliche Unterhaltungsveranstaltungen fanden nur noch in Ausnahmefällen statt. In den Rüstungsbetrieben wurde die tägliche Arbeitszeit zum Teil bis auf 12 und 14 Stunden verlängert. Die Anfang des Krieges erlassenen Kriegsstrafgesetze fanden verschärfte Anwendung: Wer zum Beispiel einen politischen Witz erzählte, in dem die deutschen Siegesaussichten bezweifelt wurden, oder wer Nachrichten ausländischer Rundfunksender weitergab, konnte wegen *Wehrkraftzersetzung* mit dem Tode bestraft werden.

Die Bevölkerung war außergewöhnlichen Belastungen ausgesetzt. Am 8. Mai 1945 endete der Zweite Weltkrieg mit der bedingungslosen Kapitulation der deutschen Wehrmacht, die am 9. Mai 1945 in Kraft trat.

Siehe *besetzte Gebiete, Heimatfront, Volkssturm, Volksgemeinschaft, Heimtückegesetz.*

Treuhänder der Arbeit waren dreizehn, nach dem «Gesetz über Treuhänder der Arbeit» vom 19. Mai 1933 durch Adolf Hitler einzusetzende Beamte, die die Aufgabe hatten, rechtsverbindliche Tarifordnungen und Arbeitsbedingungen festzulegen. Sie unterstanden der Dienstaufsicht des Reichsarbeitsministers.

Nach der von den Nationalsozialisten

am 2. Mai 1933 erzwungenen, gewaltsam durchgeführten Zerschlagung der Gewerkschaften bedeutete die Einsetzung der Treuhänder der Arbeit die Beseitigung der Tarifautonomie. Tarifautonomie ist das Recht und die Freiheit der Arbeitgeber und Arbeitnehmer, selbständig und ohne Einmischung des Staates Tarifverträge – in denen Arbeitsbedingungen und Löhne festgelegt werden – abzuschließen. Die Tarifbedingungen wurden nun nicht mehr durch gegenseitige Vereinbarungen zwischen Gewerkschaften und Unternehmern und deren Verbände festgesetzt, sondern von den Treuhändern, die staatliche Organe waren, vorgeschrieben.

Die am 10. Mai 1933 gegründete *Deutsche Arbeitsfront*, DAF – eine Einheitsorganisation für Arbeitnehmer und Arbeitgeber –, hatte keinen Einfluß auf die Festlegung von Lohntarifen.

Die Aufgaben der Treuhänder wurden mit dem «Gesetz zur Ordnung der nationalen Arbeit» vom 20. Januar 1934, das für die Arbeitnehmer einen weitgehenden Verlust ihres Einflusses im Betrieb bedeutete, erweitert: Die Treuhänder hatten die neu geschaffenen Vertrauensräte zu überwachen; unter bestimmten Bedingungen konnten sie Vertrauensmänner berufen oder absetzen. Vertrauensräte waren nach dem Arbeitsordnungsgesetz an die Stelle der bis dahin bestehenden Betriebsräte getreten, ohne allerdings deren Aufgaben als Mitbestimmungsorgan der Arbeitnehmer zu übernehmen.

Aufgaben der Treuhänder waren weiterhin, bei Konflikten zwischen dem Vertrauensrat und dem *Betriebsführer* zu vermitteln und die in jedem ihrer Bezirke neu eingerichteten «Ehrengerichte»[875] anzurufen; die Treuhänder waren befugt, bei Massenentlassungen einzugreifen.

Siehe *Betriebsführer, Deutsche Arbeitsfront (DAF), Dienstverpflichtung.*

U

Uk-Stellung war während des Zweiten Weltkriegs, 1939–1945, die Kurzform für Unabkömmlichstellung, das bedeutete die Freistellung vom Wehrdienst. Uk-gestellt wurden Personen, die in kriegswichtigen Stellungen tätig waren, besonders wichtige Facharbeiter, Ingenieure und Wirtschaftsfachleute in Rüstungsbetrieben, Untertagearbeiter im Bergbau, manche Bauern und Fachkräfte in der Landwirtschaft.

Mit den im November 1940 vom Oberkommando des Heeres herausgegebenen «Bestimmungen für Unabkömmlichstellung bei besonderem Einsatz»[876] wurde festgelegt, daß nur noch Uk-gestellt werden konnte, wer an seinem Arbeitsplatz «... im Reichsverteidigungsinteresse nachweislich unentbehrlich und unersetzlich war ...»[877]. Der Antrag auf eine Uk-Stellung konnte weder von der Einzelperson selbst noch dem Arbeitgeber, sondern nur von einer übergeordneten Dienststelle oder Aufsichtsbehörde vorgelegt werden. Dennoch hatte der *Betriebsführer* die Möglichkeit, Uk-Stellungen von Arbeitnehmern zu befürworten.

Wurde die Uk-Stellung einer Person aufgehoben, galt diese Person als kriegsverwendungsfähig, abgekürzt kv. Es gab dazu noch die Bezeichnung Gv – garnisonsverwendungsfähig. Die Gv-gestellten Männer waren nicht vom Wehrdienst freigestellt, durften aber nicht an der Front, sondern nur im Hinterland eingesetzt werden.

Siehe *Wehrmacht, Dienstverpflichtung, Vierjahresplan, Fremdarbeiter.*

Untermensch war eine Bezeichnung der Nationalsozialisten für Slawen, Juden, Sinti und Roma (Zigeuner) und für andere ihnen mißliebige Menschen. Die Bezeichnung ist Ausdruck brutaler Menschenverachtung, mit ihrer Verbreitung in Propaganda und weltanschaulicher Schulung wurde der Völkermord vorbereitet.

Die wissenschaftlich eindeutig widerlegte nationalsozialistische *Rassenkunde*, deren Auswirkungen für Millionen Menschen den Tod bedeuteten, stellte die Behauptung auf, es gebe eine höherstehende *nordische Rasse*, zu der in ihrer Mehrzahl die Deutschen gehörten, und andere minderwertige Rassen, zu denen unter anderen Slawen, Sinti und Roma und Juden gehörten. Auf der Grundlage der Rassenkunde wurden Juden und Slawen in Zeitungen, in Reden, Büchern, Filmen, auf Plakaten, auf Schulungsveranstaltungen der *NSDAP*, der *SS*, der *Hitlerjugend* und aller anderen Organisationen des Nationalsozialismus immer wieder und mit einhämmernden Wiederholungen diskriminiert, das heißt herabgewürdigt. In einer Schrift der SS von 1935 hieß es: «... Der Untermensch – jene biologisch scheinbar völlig gleichgeartete Naturschöpfung mit Händen, Füßen und einer Art von Gehirn, mit Augen und Mund, ist doch eine ganz andere, eine furchtbare Kreatur, ist nur ein Wurf zum Menschen hin, mit menschenähnlichen Gesichtszügen – geistig, seelisch jedoch tiefer stehend als jedes Tier ... Untermensch – sonst nichts ... Und diese Unterwelt der Untermenschen fand ihren Führer: – den ewigen Juden ...»[878]

In einer der Reichspressekonferenzen, durch die die gesamte Presse des Deutschen Reiches, gelenkt vom *Propagandaministerium*, ihre Anweisungen über Inhalt und Aufmachung ihrer Berichte erhielt, hieß es 1939, kurz nach Beginn des Zweiten Weltkrieges, 1939–1945: «... Dagegen muß erreicht werden, daß die gegenwärtige Abneigung gegen alles Polnische für Jahre aufrechterhalten wird ... Polen ist Untermenschentum. Polen, Juden, Zigeuner sind in einem Atemzug zu nennen ... Es muß auch der letzten Kuhmagd in Deutschland klargemacht werden, daß das Polentum gleichwertig ist mit Untermenschentum ... bis jeder in Deutschland jeden Polen, gleichgültig ob Landarbeiter oder Intellektuellen, im Unterbewußtsein schon als Ungeziefer ansieht. Diese Anweisung wird ausdrücklich über das Propagandaministerium an alle Zeitungen gegeben.»[879]

Menschen, die nicht mehr als Menschen angesehen wurden, als Untermenschen, als *Volksschädlinge* «auszurotten»[880], war der nächste Schritt. Die als Untermenschen und «Parasiten»[881] bezeichneten Menschen wie Ungeziefer «auszumerzen»[882], wurde als Absicht öffentlich verkündet. Auf einer Kundgebung der NSDAP 1933 sprach Hermann Göring es aus: «Volksgenossen! Meine Maßnahmen werden nicht angekränkelt sein durch irgendwelche juristischen Bedenken. Hier habe ich keine Gerechtigkeit zu üben, hier habe ich nur zu vernichten und auszurotten, weiter nichts.»[883]

Die für Menschen in amtlichen Dokumenten, Briefen und Reden wieder und wieder angewendeten Wörter, Untermensch, Schmarotzer, Ungeziefer und die als Notwendigkeit dargestellte Absicht, sie auszurotten, verfehlten ihre verrohende Wirkung auf die Menschen nicht. Tausende fanden sich bereit, andere Menschen zu quälen, zu mißhandeln, sie in die *Gaskammern* der *Vernichtungslager* zu schicken. Tausende ließen es geschehen.

Millionen Juden, Zigeuner und Slawen, aber auch Deutsche, die den Mut hatten, den Gequälten zu helfen und deswegen denunziert wurden, starben in den Konzentrationslagern des Nationalsozialismus.

Siehe *SS*, *Konzentrationslager*, *Rassenkunde*, *SS-Totenkopfverbände*, *Einsatzgruppen*, *artfremd*, *Der Stürmer*.

V

Vernichtungslager ist die Bezeichnung für Lager, die – in Polen von der *SS* errichtet – ausschließlich zur Tötung von Menschen bestimmt waren.

Seit Ende 1941 und im Laufe des Jahres 1942 wurden etwa 300 Kilometer von Warschau entfernt die vier Lager Chelmno-Kulm, Belzec, Sobibor und Treblinka errichtet, in denen die von den Nationalsozialisten beschlossene *Endlösung* der Judenfrage – die Ermordung von Millionen von Juden aus ganz Europa – durchgeführt wurde. Unmittelbar nach ihrer Ankunft in diesen Lagern wurden die Häftlinge in *Gaskammern* getötet, ihre Leichen möglichst spurlos beseitig.

Die beiden größten Vernichtungslager, *Auschwitz*-Birkenau und Lublin-Majdanek, waren sowohl Vernichtungs- als auch Konzentrationslager. In den *KZ*-Bereichen dieser beiden Lager wurden die Häftlinge, bevor sie umgebracht wurden, bis zu ihrer völligen Erschöpfung als Arbeitskräfte ausgenutzt.

Häftlinge, die nach der Ankunft im Lager bei der so bezeichneten Selektion von den SS-Ärzten als nicht kräftig genug für die Arbeit befunden wurden, kamen jedoch sofort in den für die Vernichtung der Menschen bestimmten Lagerbezirk.

Die Leichen der ermordeten Männer, Frauen und Kinder wurden in den Krematorien der KZ verbrannt oder in Massengräbern verscharrt.

In Deutschland waren die Juden bis 1941 in sich stetig steigerndem Maße entrechtet und nach und nach ihrer wirtschaftlichen Existenz beraubt worden. In den *besetzten Gebieten* wurden Juden und politische Gegner seit dem Beginn des Zweiten Weltkrieges 1939 einzeln und bei Massenerschießungen durch Kommandos der SS-*Einsatzgruppen* ermordet. Ende 1941 wurden dabei zu fahrbaren Gaskammern umgebaute Lastwagen, vor allem zur Tötung von Frauen und Kindern, eingesetzt. Im Dezember 1941 wurden auch in Chelmno, dem ersten Vernichtungslager, als dort mit den Massentötungen begonnen wurde, fahrbare Gaskammern zur Tötung von Juden, Polen und Sinti und Roma (Zigeuner) benutzt.

Am 20. Januar 1942 wurde auf der *Wannsee-Konferenz* in Berlin für die beteiligten Dienststellen und Ministerien die Koordinierung aller Maßnahmen zur schnellen Durchführung der von den nationalsozialistischen Führern beschlossenen Endlösung angeordnet.

Anfang 1942 wurde in Auschwitz-Birkenau mit den Tötungen in Gaskammern begonnen.

Im März 1942 wurde das Vernichtungslager Belzec fertiggestellt. Anfang April begannen die Tötungen in Sobibor und im Juni 1942 in Treblinka. Die Vernichtung der Juden in diesen drei Lagern und die Verwertung ihres Eigentums liefen unter dem Decknamen «Aktion Reinhard»[884]. Sie wurde vermutlich nach dem bei einem Attentat ums Leben gekommenen Chef der *Sicherheitspolizei* und des *SD* Reinhard Heydrich so bezeichnet. Die Aktion wurde nach einem Auftrag des *Reichsführers-SS und Chefs der Deutschen Polizei* Heinrich Himmler von dem SS- und Polizeiführer Odilo Globocnik geleitet. Zu Globocniks Mitarbeitern gehörte auch von «der Kanzlei des Führers zur Duchführung der Aktion Reinhard»[885] beauftragtes Personal. Die Kanzlei des Führers bearbeitete alle beim «Führer direkt einlaufenden Parteiangelegenheiten»[886]. Das zur Verfügung gestellte Personal war schon an der Entwicklung der ersten Tötungskammern beteiligt gewesen, die 1939 zur Tötung von Geisteskranken – so bezeichnetem *lebensunwerten Leben* – eingerichtet worden waren.

Ende 1941 begannen die großen Transporte von Juden aus dem Deutschen Reich und den von deutschen Truppen besetzten Gebieten in die Vernichtungslager. Auf den Transporten zu den Lagern wurden bis zu 200 Personen in Güter- oder Viehwagen zusammengepfercht. Die Züge waren meist tagelang unterwegs. Der Kompanieführer eines Polizeibataillons der Ordnungspolizei berichtete an seinen Kommandeur: «Die immer größer werdende Panik unter den Juden, hervorgerufen durch starke Hitze, Überfüllung der Waggons und den Leichengestank – es befanden sich beim Ausladen der Wagen etwa 2000 Juden tot im Zug – machten den Transport fast undurchführbar.»[887]

Nach der Ankunft in den Lagern erklärten SS-Männer den Juden, «daß sie ausgesiedelt werden und zuvor aus hygienischen Gründen gebadet und ihre Kleider entlaust oder entwest werden sollten. In der Entkleidungsbaracke befand sich sogar ein Schalter für die Abgabe von Wertsachen. Es wurde den Juden bedeutet, daß sie nach dem Baden ihre Wertsachen zurückbekämen.»[888]

Vor dem so bezeichneten Bad wurde den Frauen das Kopfhaar geschoren. Es wurde in der Kriegsindustrie, unter anderem für Dichtungen an Unterseebooten, verwendet. Dann wurden die Menschen nackt in die Gaskammern getrieben. Bei vielen trat der qualvolle Erstickungstod erst nach 30 Minuten ein. Arbeitshäftlinge mußten den Leichen Goldzähne und goldhaltigen Zahnersatz ausbrechen. Danach wurden die Toten in Gruben gekippt oder verbrannt.

Im März 1943, als die deutsche *Wehrmacht* sich vor den sowjetischen Truppen nach Westen zurückziehen mußte, versuchte die SS, die Spuren des Verbrechens zu beseitigen: Aus den Massengräbern wurden die Leichen wieder ausgegraben und verbrannt.

Nach dem Abschluß der Aktion Reinhard schrieb Heinrich Himmler im November 1943 an Globocnik: «Ich spreche Ihnen für Ihre großen und einmaligen Verdienste, die Sie sich bei der Durchführung der Aktion Reinhard für das ganze deutsche Volk erworben haben, meinen Dank und meine Anerkennung aus. Heil Hitler! Herzlich Ihr HH.»[889]

In den Lagern Chelmno, Belzec, Sobibor, Treblinka und Majdanek wurden über 2 Millionen Juden, Sinti und Roma (Zigeuner) und Polen umgebracht. Insgesamt kamen in den Konzentrations- und Vernichtungslagern mehr als 5 Millionen Menschen um.

Siehe *Endlösung, KZ, Judenverfolgung, Untermensch.*

Versailler Diktat war ein Schmähwort der antidemokratischen Kräfte in Deutschland für den Friedensvertrag von Versailles, den die demokratisch gewählten Vertreter der nach dem Zusammenbruch der Monarchie 1919 gebildeten Republik Deutschland am 28. Juni 1919 unterzeichnen mußten.

Schon im Waffenstillstand von Compiègne, mit dem der Erste Weltkrieg, 1914–1918, den Deutschland verloren hatte, am 11. November 1918 beendet wurde, waren von den Siegermächten sehr harte Bedingungen gestellt worden, die dann im Friedensvertrag von Versailles noch durch hohe Reparationszahlungen ergänzt wurden. Reparationszahlungen sind Ersatzzahlungen für Kriegskosten und Kriegsschäden, die der Unterlegene – in diesem Fall Deutschland und Österreich – an die Sieger zu bezahlen hat.

Unter allen Gegnern des Friedensvertrages tat sich insbesondere Adolf Hitler in der Schmähung der verantwortlichen Regierungspolitiker, die bemüht waren, den Friedensvertrag zu erfüllen, hervor. Die Forderung der Nationalsozialisten nach Aufhebung des Vertrages, der als «... Instrument einer maßlosen Erpressung und schmachvollsten Erniedrigung ...»[890] bezeichnet wurde, fand bei vielen Deutschen Zustimmung.

Die nationalsozialistische Propaganda verschwieg jedoch, daß schon sehr bald auch einsichtige Politiker der Siegerstaaten des Ersten Weltkrieges die Bemühungen der verantwortlichen deutschen Politiker um eine vernünftige Milderung der Vertragsbedingungen unterstützten.

Adolf Hitler verwendete den Ausdruck Versailler Diktat auch nach der *Machtübernahme* noch häufig in seinen Reden, um die Kriegsziele der Nationalsozialisten gewissermaßen geschichtlich zu begründen.

Siehe *Wehrmacht, besetzte Gebiete, Lebensraum.*

Vierjahresplan war die Bezeichnung für Maßnahmen nationalsozialistischer Wirtschaftsplanung, die 1933 verkündet und unter grundsätzlicher Beibehaltung der Privatwirtschaft teilweise auch durchgeführt wurden.

Das von Adolf Hitler am 1. Februar 1933 – zwei Tage nach seiner Ernennung zum Reichskanzler – in seiner Regierungserklärung verkündete Wirtschaftsprogramm wird häufig als erster Vierjahresplan bezeichnet: «... Die nationale Regierung wird das große Werk der Reorganisation der Wirtschaft unseres Volkes mit zwei großen Vierjahresplänen lösen: Rettung des deutschen Bauern zur Erhaltung der Ernährungs- und damit Lebensgrundlage der Nation, Rettung des deutschen Arbeiters durch einen gewaltigen und umfassenden Angriff gegen die Arbeitslosigkeit ...»[891]

Der – zweite und eigentliche – Vierjahresplan von 1936, der von Hitler auf dem *Reichsparteitag* in Nürnberg verkündet und am 18. Oktober 1936 durch die «Verordnung zur Durchführung des Vierjahresplans» erlassen wurde, hatte als wichtigste Ziele die verstärkte Aufrüstung und eine weitgehende Selbstversorgung mit Rohstoffen zum Inhalt. Bereits im August 1936 hatte Hitler diese Ziele in einer geheimen Denkschrift erläutert: «... Wenn es uns nicht gelingt, in kürzester Frist die deutsche Wehrmacht ... zur ersten Armee der Welt zu entwickeln, wird Deutschland verloren sein! ... Wir sind überbevölkert und können uns auf der eigenen Grundlage nicht ernähren ... Die endgültige Lösung liegt in einer Erweiterung des Lebensraumes bzw. der Rohstoff- und Ernährungsbasis unseres Volkes ... Es sind jetzt fast 4 kostbare Jahre vergangen. Es gibt keinen Zweifel, daß wir schon heute auf dem Gebiet der Brennstoff-, der Gummi- und zum Teil auch in der Eisenerzversorgung vom Ausland restlos unabhängig sein könnten ... Ich stelle damit folgende Aufgabe: I. Die Deutsche Armee muß in 4 Jahren einsatzfähig sein. II. Die deutsche Wirtschaft muß in 4 Jahren kriegsfähig sein ...»[892]

Die im Vierjahresplan angestrebte Unabhängigkeit von ausländischen Einfuhren bezog sich vor allem auf die Rohstoffe Eisen und Metallerze, Mineralöle und Kautschuk und auf Textilien. Die Notwendigkeit für eine Senkung der Einfuhren war unter anderem dadurch gegeben, daß die deutsche Wirtschaft nicht über genügend Devisen, das heißt Zahlungsmittel in ausländischer Währung, verfügte und weil Hitler damit rechnen mußte, daß im Fall eines Krieges England und Frankreich die für Deutschland bestimmten Rohstofflieferungen blokkieren würden.

Die am 18. Oktober 1936 erlassene «Verordnung zur Durchführung des Vierjahresplans» bestimmte unter anderem: «... Die Verwirklichung des ... neuen Vierjahresplans erfordert eine einheitliche Lenkung aller Kräfte des deutschen Volkes und die straffe Zusammenfassung aller einschlägigen Zuständigkeiten in Partei und Staat ...»[893] Die Ausführung des Vierjahrsplanes übertrug Hitler Hermann Göring, der von ihm zum Zeitpunkt der Verkündung des Plans zum «Beauftragten für den Vierjahresplan»[894] ernannt wurde.

Görings Auftrag zur Durchführung des Vierjahresplans enthielt die Befugnis, Rechtsverordnungen und Verwaltungsvorschriften zu erlassen. In seinem ersten Erlaß vom 22. Oktober 1936 legte Göring die Organisationsform für die Ausführung des Plans fest. Danach wurde ein so bezeichneter Generalrat gebildet, der «... in den laufenden Geschäften die notwendige Zusammenarbeit der verschiedenen am Vierjahresplan beteiligten Ressorts ...»[895] vornehmen sollte. Den Schwerpunkten des Plans entsprechend wurden neue zentrale «Geschäftsgruppen»[896] und eine Reihe von «Generalbevollmächtigten»[897] den bestehenden Einrichtungen der Wirtschaftsbürokratien neben- und übergeordnet.

Hjalmar Schacht, von 1934–1937 Reichswirtschaftsminister, schrieb 1948 in seinem Buch «Abrechnung mit Hitler» über die von Göring getroffenen Maßnahmen: «Das Programm der wirtschaftlichen Autarkie, auf das der Vierjahresplan zusteuerte, wurde von Göring mit aller dilettantenhaften Narretei in Angriff genommen.»[898]

Zum Abbau einheimischer Erzvorkommen bei Salzgitter wurden 1937 die staatlichen «Reichswerke Hermann Göring»[899] gegründet. Verstärkt wurde die Erzeugung von Ersatzrohstoffen; neben der bereits laufenden Produktion von Benzin aus Braunkohle und von Zellstoff wurde die Herstellung synthetischen Gummis – Buna – vorangetrieben.

Der Devisenknappheit begegnete die Regierung mit Devisenbewirtschaftung, durch die die Verwendung ausländischer

Zahlungsmittel eingeschränkt und kontrolliert wurde.

1936 wurden den einzelnen Behörden des Vierjahresplanes Entscheidungen über staatliche Lenkungsmaßnahmen im Bereich der Arbeitsvermittlung übertragen. Infolge der verstärkten Rüstungsproduktion hatte sich eine Verknappung der freien Arbeitskräfte ergeben; es wurden deshalb im Juni und Oktober 1938 Teildienstverpflichtungen eingeführt: Jeder deutsche Staatsbürger mußte, wenn er dienstverpflichtet wurde, für eine begrenzte Zeit an einem ihm zugewiesenen Ort arbeiten. Die Teildienstverpflichtungen wurden im Februar 1939 verschärft; jeder deutsche Staatsbürger konnte jetzt auch für unbefristete Zeit zu bestimmten Dienstleistungen herangezogen werden.

Trotz der verschiedenen Sonderprogramme wurden die Forderungen des Vierjahresplanes nach Selbstversorgung und Unabhängigkeit von Importen nicht erfüllt. Hitler bestätigte diese Tatsache im Juni 1941: «... Es ist unmöglich, alles, was uns fehlt, durch synthetische Verfahren oder sonstige Maßnahmen selber herstellen zu wollen ... Man muß einen anderen Weg gehen und muß das, was man benötigt und nicht hat, erobern ...»[900]

Nach dem deutschen Überfall auf Polen und dem damit ausgelösten Beginn des Zweiten Weltkrieges, 1939–1945, traten alle Einzelplanungen des Vierjahresplanes hinter der immer stärker betriebenen Rüstungs- und Kriegsproduktion zurück. Die vorrangige Herstellung von Waffen, Munition und kriegswichtigen Erzeugnissen bei gleichzeitig ausreichender Versorgung der deutschen Bevölkerung konnte während des Krieges nur duch eine rücksichtslose Ausbeutung der von deutschen Truppen *besetzten Gebiete* im Westen und Osten Europas – einschließlich der zwangsweisen Verpflichtung von Millionen *Fremdarbeitern* zur Arbeit in der Landwirtschaft und in Rüstungsbetrieben im Deutschen Reich – aufrechterhalten werden.

Aufgrund eines geheimen *Führererlasses* wurde 1942 die Sonderbehörde des Generalbevollmächtigten für den Arbeitseinsatz eingerichtet. Diese Behörde lenkte nicht nur den Einsatz aller dienstverpflichteten inländischen Arbeitskräfte, sie war vor allem zuständig für die Erfassung und Verteilung der Millionen ausländischer Zwangsarbeiter.

In einer Besprechung mit den *Reichskommissaren* und den Militärbefehlshabern der besetzten Gebiete am 10. August 1942 äußerte Göring: «... In jedem der besetzten Gebiete sehe ich die Leute vollgefressen, und im eigenen Volk herrscht der Hunger. Sie sind weiß Gott nicht hingeschickt, um für das Wohl und Wehe der Ihnen anvertrauten Völker zu arbeiten, sondern um das Äußerste herauszuholen, damit das deutsche Volk leben kann. ... Es ist mir dabei gleichgültig, ob Sie sagen, daß Ihre Leute wegen Hungers umfallen. Mögen sie das tun, solange nur ein Deutscher nicht wegen Hungers umfällt ...»[901]

Siehe *Dienstverpflichtung, Fremdarbeiter, Deutsche Arbeitsfront (DAF), KZ, Arbeitsscheue.*

völkisch, ein altes Wort mit der ursprünglichen Bedeutung von volkstümlich, wurde um 1875 von einem Germanisten als Ersatzwort für national in den deutschen Sprachgebrauch eingeführt. Im nationalsozialistischen Sprachgebrauch wurde der Begriff völkisch Ausdruck eines übersteigerten, entschieden judenfeindlichen Nationalgefühls, geprägt von den Vorstellungen der wissenschaftlich eindeutig widerlegten nationalsozialistischen *Rassenkunde*. In ihr wurde behauptet, daß es höherstehende und minderwertige menschliche Rassen gäbe und daß Juden Angehörige der minderwertigsten Rasse seien. Außerdem ging die Vorstellung «vom Volk als einer Bluts- und Artgemeinschaft»[902] in die nationalsozialistische Bedeutung des Wortes völkisch ein.

Adolf Hitler, der einerseits die «begriffliche Unbegrenztheit»[903] des Wortes tadelte, es andererseits aber vielfach benutzte, schrieb in seinem Buch *«Mein Kampf»*: «Demgegenüber erkennt die völkische Weltanschauung die Bedeutung der Menschheit in deren rassischen Urelementen ... Sie glaubt somit keineswegs an eine Gleichheit der Rassen, sondern erkennt mit ihrer Verschiedenheit auch ihren höheren oder minderen Wert und fühlt sich durch diese Erkenntnis verpflichtet ... den Sieg des Besseren, Stärkeren zu fördern, die Unterordnung des Schlechteren und Schwächeren zu verlangen.»[904]

In dem Zusammenhang erhob Hitler 1927 in seinem Buch die Forderung, die in Europa in der Zeit der nationalsozialistischen Herrschaft, 1933–1945, grausame Wirklichkeit werden und für Millionen Menschen den Tod bedeuten sollte: «Es ist im übrigen die Aufgabe eines völkischen Staates, dafür zu sorgen, daß endlich eine Weltgeschichte geschrieben wird, in der die Rassenfrage zur dominierenden Stellung erhoben wird.»[905]

Siehe *Judenverfolgung, Germanisierung, Untermensch, Rassenkunde, Blut und Boden*.

Völkischer Beobachter. Der «Völkische Beobachter», abgekürzt VB, mit dem Untertitel «Kampfblatt der nationalsozialistischen Bewegung Großdeutschlands», war die Parteizeitung der *NSDAP*. 1920 kaufte die NSDAP die bereits bestehende Tageszeitung, die 1887 unter dem Titel «Münchner Beobachter» gegründet worden war.

Der «Völkische Beobachter» erschien anfangs wöchentlich, ab Februar 1923 täglich. Während der Zeit des Verbotes der NSDAP im Jahr 1924 mußte auch die Zeitung ihr Erscheinen bis zum 26. 2. 1925 einstellen.

Chefredakteur des Völkischen Beobachters war seit 1923 Alfred Rosenberg, der 1934 auch «Beauftragter des Führers für die Überwachung der gesamten geistigen und weltanschaulichen Schulung und Erziehung der NSDAP» wurde.

Über die Bedeutung der Propaganda und damit auch der Presse hatte Adolf Hitler in seinem Buch *«Mein Kampf»* geschrieben: «Jede Propaganda hat volkstümlich zu sein und ihr geistiges Niveau einzustellen nach der Aufnahmefähigkeit des Beschränktesten unter denen, an die sie sich zu richten gedenkt ... Handelt es sich ... darum, ein ganzes Volk in ihren Wirkungskreis zu ziehen, so kann die Vorsicht bei der Vermeidung zu hoher geistiger Voraussetzungen gar nicht groß genug sein ... Die Aufgabe der Propaganda ist z. B. nicht ein Abwägen der verschiedenen Rechte, sondern das ausschließliche Betonen des einen eben durch sie zu vertretenden.»[906]

Der «Völkische Beobachter» entsprach diesen Überlegungen: Die Texte waren für jedermann verständlich geschrieben, alle Nachrichten wurden nach den nationalsozialistischen Absichten und Interessen ausgewählt und abgefaßt. Am Tag des widerrechtlichen Einmarsches deutscher Truppen in Österreich zum Beispiel meldete die Zeitung: «Deutsch-Österreich aus dem Chaos gerettet.»[907]

1944 hatte der «Völkische Beobachter» eine Auflage von 1,7 Millionen Exemplaren und erschien in einer süddeutschen, einer norddeutschen und seit 1938 auch in einer österreichischen Ausgabe.

Siehe *Das Reich*, *Der Stürmer*, *Reichskulturkammer*, *Anschluß Österreichs an das Deutsche Reich*, *NSDAP*, *Führer und Reichskanzler*, *Propagandaministerium*.

«Volk ohne Raum» war der Titel eines 1926 erschienenen Romans von Hans Grimm. In dem Buch, das in der Zielsetzung juden- und englandfeindlich war, entwickelte Grimm den Gedanken eines deutschen Anspruchs auf fremde Gebiete. Der Titel des Romans wurde von den Nationalsozialisten häufig als Schlagwort benutzt, um die von Adolf Hitler aufgestellte Forderung nach mehr *Lebensraum* für das deutsche Volk zu begründen.

Siehe *Lebensraum*.

Volksdeutsche war die amtliche Bezeichnung der Nationalsozialisten für Deutsche, die nicht die deutsche Staatsangehörigkeit besaßen und außerhalb der Grenzen des Deutschen Reiches von 1937 – dem so bezeichneten *Altreich* – und außerhalb der Grenzen Österreichs in sogenannten deutschen Sprachinseln oder Streusiedlungen lebten. Im Deutschen Reich und im Ausland lebende Deutsche mit deutscher Staatsangehörigkeit wurden als Reichsdeutsche bezeichnet. Von 1939–1945 wurden etwa 900 000 Volksdeutsche zur «Rückwanderung»[908] nach Deutschland veranlaßt: zum Teil wurden sie durch die Propaganda der Nationalsozialisten dazu verführt, zum Teil durch Verträge der nationalsozialistischen Regierung mit den Regierungen der entsprechenden Staaten dazu gezwungen.

Die Verbindung vom Deutschen Reich zu den Volksdeutschen wurde von verschiedenen Partei- und Regierungsstellen und zum Beispiel von dem Verein «Volksbund für das Deutschtum im Ausland», VDA, hergestellt und aufrechterhalten. Der Verein, der schon vor 1933 unter dem Namen «Verein für das Deutschtum im Ausland» bestanden hatte, erhielt nach der *Machtübernahme* die neue Bezeichnung, wurde seiner finanziellen Unabhängigkeit und Handlungsselbständigkeit beraubt und von den Nationalsozialisten für ihre Zwecke benutzt.

1936 wurde im Auftrag Adolf Hitlers von dem *Stellvertreter des Führers* Rudolf Heß die «Volksdeutsche Mittelstelle», Vomi, eingerichtet, um alle mit Fragen der Volksdeutschen befaßten Partei- und Regierungsstellen unter einer gemeinsamen Oberleitung zusammenzufassen. Die Volksdeutsche Mittelstelle unterstand, unter Leitung eines *SS*-Führers, der *NSDAP*, wurde aber 1938 dem *Führer und Reichskanzler* persönlich unterstellt.

Umsiedlung deutscher Volksgruppen
(1939–44)

Jahr	Herkunfts-gebiet	Haupt-ansiedlungs-gebiet	Zahl
1939	Südtirol	Nordtirol, Kärnten	100000
1939	Ost-Polen	Reichsgaue	28000
1940	Generalgou-vernement	Reichsgaue	30000
1939/40	Estland	Reichsgaue	13000
1939/40	Estland	Reichsgaue	49000
1941	Lettland	Reichsgaue	16000
1941	Estland, Lettland	Reichsgaue	50000
1940	Bessarabien	Reichsgaue, Steiermark	93000
1940	Nord-Bukowina	Reichsgaue, Steiermark	42000
1940	Süd-Bukowina	Reichsgaue	55000
1940	Nord-Dobrudscha	Reichsgaue	14000
1941–43	Bulgarien	Deutsch-land	2000
1941	Serbien	Reichsgaue	2000
1942	Gottschee	Südkärnten, Krain	13000
1942	Kroatien	Generalgou-vernement	30000
1942	Petersburger Geb.	Reichsgaue	4000
1942	Sowjetunion	Wolhynien	10000
1941	Kaukasusgebiet	Reichsgaue	11000
1943/44	Ukraine	Reichsgaue	72000
1943/44	Schwarzmeer-gebiet	Reichsgaue	73000
1943/44	Ost-Wolhynien	Reichsgaue	45000
1944	Galizien	Reichsgaue	135000
1944	Siebenbürgen	Deutschland, Österreich	70000
			957000

Die Volksdeutsche Mittelstelle nutzte – in Verbindung mit dem *SD*, dem Sicherheitsdienst der SS – ihren Einfluß, um die Volksdeutschen im Sinne des Nationalsozialismus zu beeinflussen und sie für die Ziele der nationalsozialistischen Politik zu mißbrauchen. In die Führung der Volksgruppen im Ausland wurden Nationalsozialisten eingeschleust, die zu gegebenem Zeitpunkt Unruhen und Sabotageakte vorbereiteten, die von Adolf Hitler als Vorwand benutzt wurden für die Einmischung in die inneren Angelegenheiten anderer Staaten. Auf diese Weise wurde zum Beispiel die Übernahme des Sudetenlandes vorbereitet, die 1938 auf der Grundlage des *Münchener Abkommens* vollzogen wurde.

Seit Sommer 1939 gehörten zum Auftrag der Volksdeutschen Mittelstelle vorrangig die technisch-organisatorische Vorbereitung und Bewältigung der Umsiedlung von Volksdeutschen, ihrer «Rückwanderung» in das Deutsche Reich. Zu diesem Zeitpunkt waren es vor allem Volksdeutsche aus dem Baltikum und aus Südtirol, die mit der von den Nationalsozialisten verbreiteten Parole «Wir wollen heim ins Reich»[909] zum Verlassen ihrer Heimat verführt und aufgefordert wurden.

Am 7. Oktober 1939 – einen Tag nach Beendigung der Kampfhandlungen in Polen – erhielt der *Reichsführer-SS und Chef der Deutschen Polizei* Heinrich Himmler durch den «Erlaß des Führers und Reichskanzlers zur Festigung deutschen Volkstums» den Auftrag der «... Zurückführung der für die endgültige Heimkehr in das Reich in Betracht kommenden Reichs- und Volksdeutschen im Ausland». Der Erlaß beauftragte ihn außerdem mit der «... Ausschaltung des schädigenden Einflusses von solchen volksfremden Bevölkerungsteilen, die eine Gefahr für das Reich und die deutsche Volksgemeinschaft bedeuten» sowie mit der «... Gestaltung neuer deutscher Siedlungsgebiete durch Umsiedlung ...». Himmler konnte laut Erlaß «den in

Frage stehenden Bevölkerungsteilen bestimmte Wohngebiete zuweisen».[910]

Für die Volksdeutschen, die umgesiedelt wurden, bedeutete das, daß die Mehrheit von ihnen nicht im Deutschen Reich, sondern in den so bezeichneten eingegliederten Ostgebieten ihre neue Heimat zugewiesen bekam. Um Wohnungen, Bauernhöfe und Arbeitsplätze für sie zu schaffen, war nach den Anweisungen Hitlers «das alte und neue Reichsgebiet zu säubern von Juden, Polacken und Gesindel»[911]. Ausgeführt wurden Richtlinien und Erlaß Adolf Hitlers einerseits von den Einheiten der *Sicherheitspolizei* und des SD in den besetzten polnischen Gebieten, die am 28. 11. 1939 von Reinhard Heydrich den Auftrag der «Räumung von Juden und Polen in den neuen Ostprovinzen»[912] erhielten, andererseits durch die von Heinrich Himmler infolge des *Führererlasses* vom 7. Oktober 1939 errichtete Institution «Reichsführer-SS / Reichskommissar für die Festigung deutschen Volkstums», RFK.

Dieses Amt wurde zu einem riesigen Behördenapparat des Reichsführers-SS, dessen Beauftragten weitgehende Befugnisse über andere Organisationen der SS sowie über Behörden und Einrichtungen des Deutschen Reiches und der *besetzten Gebiete* zustanden. Das Amt leitete die gesamte Aus- und Umsiedelung der Polen und Juden aus den dem Deutschen Reich eingegliederten Ostgebieten in das *Generalgouvernement* und die gesamte Rück- und Ansiedlung der Volksdeutschen aus den zumeist östlichen Gebieten Europas.

Vor ihrer Ansiedelung wurden die Volksdeutschen durch die Einwandererzentrale der SS einer politischen, gesundheitlichen und Abstammungsuntersuchung unterzogen: Hatten sie Juden unter ihren Vorfahren, ansteckende oder von den Nationalsozialisten als erblich bezeichnete Krankheiten, wurden sie entweder ins Generalgouvernement abgeschoben oder in ihre Herkunftsländer zurückgeschickt. Außerdem entschied die Zentrale, wo sie angesiedelt werden sollten. Die meisten von ihnen mußten unter schwierigsten Bedingungen in den besetzten Gebieten bleiben, Tausende warteten in Lagern vergeblich auf eine Entscheidung.

Von 1939–1945 haben insgesamt etwa 900000 Volksdeutsche ihre Heimat verlassen. Sie kamen unter anderem aus Südtirol, Estland, Lettland, Litauen, Ostpolen, Kroatien und der Ukraine. Siehe dazu die Tabelle S. 262.

Nach der Rückeroberung der polnischen Gebiete durch sowjetische Truppen flüchteten die meisten von ihnen oder wurden vertrieben. Die wenigsten von ihnen konnten nach dem Krieg in ihre Heimatländer zurückkehren.

Siehe *Eindeutschung, Germanisierung, Rassenkunde, Stahlpakt, erbkranker Nachwuchs, Generalgouvernement.*

Volksempfänger war die Bezeichnung für ein preiswertes Rundfunkgerät, dessen Entwurf und Herstellung 1933 vom *Propagandaministerium* veranlaßt wurden. Das Gerät kostete einschließlich Antenne 76 Reichsmark; die sonst üblichen Preise für Rundfunkempfänger lagen zwischen 200 und 400 Reichsmark.

Hinter der scheinbar großzügigen Geste, Rundfunkgeräte für jedermann erschwinglich zu machen, verbarg sich die Absicht der Nationalsozialisten, über das Massenmedium Rundfunk die öffentliche Meinung in ihrem Sinne zu bestimmen. Dieses Ziel wurde in einer Rede von Dr. Joseph Goebbels, Reichsminister für Volksaufklärung und Propaganda, am 25. März 1933 deutlich: «... Ich halte den Rundfunk für das allermodernste und für das allerwichtigste Massenbeeinflussungsinstrument, das es überhaupt gibt ... Damit ist der Rundfunk wirklicher Diener am Volk, ein Mittel zum Zweck, und zwar zu einem sehr hohen und idealen Zweck, ein Mittel zur Vereinheitlichung des deutschen Volkes in Nord und West, in Süd und Ost ...»[913]

Der Volksempfänger war nur mit einem Mittelwellenteil ausgestattet. Das bedeutete, daß ausländische Sender, die im Kurzwellenbereich sendeten, mit dem Gerät nicht empfangen werden konnten. Ausländische Sender, die Sendungen über Mittelwelle ausstrahlten, konnten nur in Grenznähe empfangen werden.

1933 besaßen nur etwa 25 Prozent aller Haushaltungen ein eigenes Rundfunkgerät. 1941 war in 65 Prozent aller Haushalte ein Rundfunkapparat – Volksempfänger oder andere Geräte – vorhanden.

Siehe *Rundfunkmaßnahmen*, *Reichskulturkammer*, *Propagandaministerium*.

Volksempfinden. In der Verbindung «gesundes Volksempfinden» wurde dieser verschwommene Begriff 1935 Teil des geänderten Paragraphen 2 des Strafgesetzbuches: «Bestraft wird, wer eine Tat begeht, die das Gesetz für strafbar erklärt oder die nach dem Grundgedanken eines Strafgesetzes und nach gesundem Volksempfinden Bestrafung verdient.»[914]

Schon kurz nach der *Machtübernahme* 1933 hatten die Nationalsozialisten Gerichte gebildet, für deren Rechtsprechung die gültige Prozeßordnung außer Kraft gesetzt worden war und die nicht nach den Grundsätzen eines Rechtsstaates Urteile fällten: die *Sondergerichte*, gebildet am 21. März 1933, und der *Volksgerichtshof*, gebildet am 24. April 1934.

Am 28. Juni 1935 erhielten – durch die Änderung des Paragraphen 2 des Strafgesetzbuches – auch die Richter der ordentlichen Strafgerichte die Möglichkeit, Angeklagte nach der nationalsozialistischen Weltanschauung als der «Grundlage der Auslegung aller Rechtsquellen»[915] zu verurteilen. Der Nachweis, daß ein Angeklagter gegen geltende Strafgesetze verstoßen habe, mußte nicht mehr geführt werden. Für den Urteilsspruch genügte die Begründung des Richters, der Angeklagte habe gegen das gesunde Volksempfinden gehandelt. Das bedeutete, jede Handlung konnte – nach Ermessen des Richters – zum Verbrechen erklärt werden.

Die Antwort auf die Frage, was denn nun das «gesunde Volksempfinden» sei, gab ein damals maßgebender Jurist, der spätere Vorsitzende des Volksgerichtshofes Roland Freisler. Seine Antwort entbehrte jeglicher Rechtsgrundlage: «Der Richter hat in erster Linie die autoritären Willenskundgebungen des Führers als Ausdruck des gesunden Volksempfindens anzuschauen und seinen Entscheidungen zugrundezulegen. Tut er das, wird er nicht fehlgehen können.»[916]

Die unverzichtbaren Grundlagen des

Rechtsstaates und seiner Rechtsprechung bestimmen: Es darf keine Sondergerichte geben, Strafgesetze müssen klar umrissene Straftatbestände und Strafandrohungen enthalten. Das bedeutet, ein Bürger muß wissen können, was strafbar ist und welche Strafe er für eine Straftat erhalten kann. Richter müssen sachlich und persönlich unabhängig sein. Das bedeutet, sie sind nur dem Gesetz unterworfen.

Diese unverzichtbaren Grundlagen eines Rechtsstaates waren während der Gewaltherrschaft der Nationalsozialisten, 1933–1945, außer Kraft gesetzt.

Siehe *Führergrundsatz, Rassenschande, Volksschädling, Oberster Gerichtsherr.*

Volksgemeinschaft, die Gemeinschaft aller *Volksgenossen* – ein von den Nationalsozialisten häufig angewendeter Begriff – sollte der «Zentralbegriff allen nationalsozialistischen Denkens»[917] werden.

Auch Adolf Hitler beschwor in zahlreichen Reden immer wieder die schicksalhaft verbundene Volksgemeinschaft: «Über Klassen und Stände, Berufe, Konfessionen und alle übrige Wirrnis des Lebens hinweg erhebt sich die soziale Einheit der deutschen Menschen ohne Ansehung des Standes und der Herkunft, im Blute fundiert, durch ein tausendjähriges Leben zusammengefügt, durch das Schicksal auf Gedeih und Verderb verbunden ... Unser Wille ist der Sieg der nationalsozialistischen Volksgemeinschaft!»[918]

Die *NSDAP*, die «weltanschauliche Gestalterin und politische Lenkerin des deutschen Schicksals»[919] sein wollte, hatte in Punkt 24 ihres Parteiprogramms versprochen: «Gemeinnutz geht vor Eigennutz.»[920] Diese Aussage übte sicher auf viele Menschen Anziehungskraft aus, die die Sicherheit und Geborgenheit in einer großen Gemeinschaft erhofften. In einem Leitartikel des Propagandaministeriums Joseph Goebbels aber war klar erkennbar, was die nationalsozialistischen Führer unter der immer wieder verkündeten Volksgemeinschaft eigentlich verstanden: «Wir sind keine Gleichmacher und Menschheitsanbeter ... Wir wollen Schichtung des Volkes, hoch und niedrig, oben und unten.»[921]

Auch wer Mitglied der Volksgemeinschaft sein durfte, behielten sich die Nationalsozialisten vor zu entscheiden: Deutsche Staatsbürger, die durch die Nationalsozialisten zu Juden erklärt wurden, gehörten nicht dazu.

Auf Grund der wissenschaftlich eindeutig widerlegten nationalsozialistischen *Rassenkunde* galten Juden als Angehörige einer minderwertigen Rasse. Auch politische Gegner oder Menschen, die zu Gegnern erklärt wurden, durften sich nicht zur Volksgemeinschaft zählen. Sie wurden «aus der politischen und sozialen Umwelt ... herausgenommen, um den Gemeinschaftsfrieden wieder herzustellen».[922] Sie wurden in *Schutzhaft* genommen, die in Konzentrationslagern, *KZ*, vollstreckt wurde. In einem Buch über Verwaltung aus dem Jahr 1937 hieß es, daß die Voraussetzungen für eine Gefährdung des Gemeinschaftsfriedens durch alle Handlungen gegeben seien, «die das nationalsozialistische Aufbauwerk stören».[923] So genügte es während der Zeit der nationalsozialistischen Herrschaft, 1933–1945, zu bezweifeln, daß

Handlungen der Regierung richtig seien, einer nicht nationalsozialistischen Gruppierung anzugehören oder einen Juden zu lieben, um aus der immer wieder verkündeten Volksgemeinschaft ausgeschlossen und in einem KZ festgesetzt zu werden.

Siehe *Arbeitsscheue, Heimtückegesetz, Volkempfinden, Rassenschande, Judenverfolgung, Rundfunkmaßnahmen, lebensunwertes Leben, Winterhilfswerk, Propagandaministerium.*

Volksgenossen und Volksgenossinnen war eine Anrede, die Adolf Hitler in vielen seiner Reden benutzte und die während der Zeit der nationalsozialistischen Herrschaft in Deutschland, 1933–1945, mit gleichbleibender Häufigkeit in Reden und Bekanntmachungen angewendet wurde. Sie sollte soziale Unterschiede, wie sie durch die Anrede mit Titeln oder Berufsbezeichnungen erkennbar werden, verwischen. Gelegentlich wurde der Begriff auch in Gesetzen verwendet.

Der Begriff Volksgenosse, den es schon im 18. Jahrhundert gab, hat im Verlauf der Zeit unterschiedliche Bedeutungen gehabt. Im Ersten Weltkrieg, 1914–1918, hatte er eher vaterländischen Anklang, wenn der Kaiser in einer Rede von «Millionen Volksgenossen im Felde»[924] sprach. Soziale, das heißt gesellschaftliche Bedeutung hatte der Begriff in Parteiprogrammen, in denen zu gemeinsamer brüderlicher Gesinnung ohne Unterschiede des Standes und der Klasse aufgerufen wurde. Im rassischen Sinne wurde er benutzt, als um die Jahrhundertwende in Veröffentlichungen von deutschen Volksgenossen im Gegensatz zu fremdvölkischen Menschen gesprochen wurde.

In der Zeit des Nationalsozialismus vermischten sich die Bedeutungen. Im Parteiprogramm der NSDAP, das 1920 verkündet wurde, überwog der rassische Gesichtspunkt entsprechend einer von den Nationalsozialisten verbreiteten, wissenschaftlich eindeutig widerlegten *Rassenkunde*, nach der Juden zu Angehörigen einer minderwertigen Rasse erklärt wurden. Punkt 4 des Parteiprogramms lautete: «Staatsbürger kann nur sein, wer Volksgenosse ist. Volksgenosse kann nur sein, wer deutschen Blutes ist, ohne Rücksichtnahme auf Konfession. Kein Jude kann daher Volksgenosse sein.»[925]

Siehe *Volksgemeinschaft, Judenverfolgung, Rassenkunde, Oberster Gerichtsherr.*

Volksgerichtshof. Der Volksgerichtshof wurde am 24. April 1934 auf Grund eines neu erlassenen Gesetzes errichtet. Er wurde zuständig für die Aburteilung von Hoch- und Landesverrat.

Unter Hochverrat wird der gewaltsame Angriff gegen die Staatsverfassung und das Staatsoberhaupt mit dem Ziel, die innere staatliche Ordnung zu stürzen, verstanden. Landesverrat liegt vor, wenn die äußere Sicherheit des Staates gefährdet wird, insbesondere durch Verrat von Staatsgeheimnissen oder Spionagetätigkeiten für fremde Staaten.

Die Aufgabenstellung des während der Zeit der nationalsozialistischen Herrschaft, 1933–1945, bestehenden Volksgerichtshofes beschrieb 1938 der Reichsanwalt Parisius: «Seine Aufgabe ist nicht die, Recht zu sprechen, sondern die, die

Gegner des Nationalsozialismus zu vernichten.»[926]

Der Volksgerichtshof bestand aus mehreren, zuletzt aus sechs Senaten. Ein Gerichtssenat wurde von meist drei bis fünf Berufsrichtern gebildet. Von den fünf Richtern des Volksgerichtshofes waren drei Laienrichter. Laienrichter sind Vertreter des Volkes ohne besondere juristische Sach- und Rechtskenntnisse. Sie wurden von Adolf Hitler auf Vorschlag des Reichsministers für Justiz für jeweils fünf Jahre ernannt. Sie kamen aus *Wehrmacht*, Polizei und *NSDAP*. Wichtigste Voraussetzung für ihre Ernennung war, daß sie «mit den politisch aufbauenden Kräften des Volkes vertrauensmäßig verbunden waren und die gesunde Rechtsauffassung des Volkes zur Geltung zu bringen hatten».[927] Wichtigste Voraussetzung für die Ernennung der beiden Berufsrichter war, daß sie dem Nationalsozialismus verpflichtet waren. In einem Erlaß an die Justizbehörden bezeichnete der Justizminister den deutschen Richter als «Lehensmann des Führers»[928], dessen Auftrag er auszuführen habe. In einem Rechtsstaat sind Richter nur der Verfassung und den geltenden Gesetzen verpflichtet.

Am Volksgerichtshof entschieden die «Lehensmänner des Führers», was als Hoch- und Landesverrat oder später auch als *Wehrkraftzersetzung* zu verurteilen sei. Schon die Teilnahme an einer Zusammenkunft konnte Landesverrat bedeuten, wenn den Teilnehmern Kritik an der politischen Lage nachgewiesen oder sie solcher Bemerkungen auch nur verdächtigt werden konnten.

Paragraph 5 des Gesetzes über die Errichtung des Volksgerichtshofes bestimmte: «Gegen die Entscheidungen des Volksgerichtshofes ist kein Rechtsmittel zulässig ...»[929] Das bedeutete, eine Überprüfung des Urteils durch das Gericht selbst oder ein höheres zuständiges Gericht war ausgeschlossen.

1934–1936 ergingen 23 Todesurteile, 1943 waren es 1662. Insgesamt sprach der Volksgerichtshof von 1934 bis 1944 5214 Todesurteile aus; für 1945 liegen keine Zahlen mehr vor.

Am 8. August 1944 wurden vom Volksgerichtshof die Todesurteile über die Widerstandskämpfer des 20. *Juli* gesprochen.

Siehe *Volksempfinden*, *Sondergerichte*, *Wehrkraftzersetzung*, *Rassenschande*, *NSDAP*, *Schutzhaft*, *Oberster Gerichtsherr*.

Volksschädling. Der Begriff Schädling wurde in der Verbindung Volksschädling von der nationalsozialistischen Propaganda für Menschen benutzt, die nach Ansicht der Nationalsozialisten den Sieg des Nationalsozialismus und die Verwirklichung der oft beschworenen *Volksgemeinschaft* gefährdeten.

1939 fand die Bezeichnung Eingang in die Gesetzessprache. Die «Verordnung gegen Volksschädlinge»[930] wurde im Zusammenhang mit der Verschärfung des Kriegssonderstrafrechts erlassen. Sie richtete sich gegen Plünderer, Diebe und andere Verbrecher, die ihre Straftaten unter Ausnutzung des Kriegszustandes begangen haben sollten. Als Strafe konnte die Todesstrafe durch Erhängen bestimmt werden.

Gegen Ende des Zweiten Weltkrieges, 1939–1945, wurde der Begriff auch auf

Deserteure angewendet, das heißt auf Soldaten, die ihre Truppe eigenmächtig verlassen hatten.

Siehe *Heimtückeverordnung, Wehrkraftzersetzung, Schutzhaft, Untermensch.*

Volkssturm. Der Volkssturm war einer der letzten Versuche der nationalsozialistischen Führung, dem ausweglos gewordenen Krieg unter Einsatz aller Mittel eine Wende zu geben. Durch einen Erlaß Adolf Hitlers vom 25. September 1944, acht Monate vor Ende des Zweiten Weltkrieges, 1939–1945, wurden alle 16- bis 60jährigen Männer verpflichtet, «den Heimatboden»[931] zu verteidigen.

In dem Erlaß voller unwahrer Behauptungen hieß es: «Nach fünfjährigem schwerstem Kampf steht … der Feind … an den deutschen Grenzen. Er strengt seine Kräfte an, um unser Reich zu zerschlagen, das deutsche Volk und seine soziale Ordnung zu vernichten. Sein letztes Ziel ist die Ausrottung des deutschen Menschen … Es muß und wird uns gelingen … ihn wieder zurückzuwerfen … Dem uns bekannten totalen Vernichtungswillen unserer jüdisch-internationalen Feinde setzen wir den totalen Einsatz aller deutschen Menschen entgegen. Zur Verstärkung der aktiven Kräfte unserer Wehrmacht … zur Führung eines unerbittlichen Kampfes überall dort, wo der Feind deutschen Boden betreten will … Ich befehle: Es ist … aus allen waffenfähigen Männern im Alter von 16 bis 60 Jahren der deutsche Volkssturm zu bilden. Er wird den Heimatboden mit allen Waffen und Mitteln verteidigen, soweit sie dafür geeignet erscheinen.»[932]

Die Ausbildung des Volkssturms war unzureichend. Die Jungen und die meist alten Männer – die Mehrzahl der Männer der mittleren Jahrgänge war seit langem an der Front – wurden hauptsächlich mit Nahkampfwaffen wie Panzerfäusten, Gewehren, Handgranaten, aber auch nur mit Spaten ausgerüstet.

Aufgestellt wurde der Volkssturm durch die *Gauleiter* und weitere Führer der Partei, der *SA, SS,* des *NSKK* und der *Hitlerjugend.* Der Kampfeinsatz sollte nach Weisungen Adolf Hitlers vom *Reichsführer-SS und Chef der Deutschen Polizei* Heinrich Himmler befehligt werden. Die Angehörigen des Volkssturms waren «während ihres Einsatzes Soldaten im Sinne des Wehrgesetzes».[933] Die Verweigerung des Dienstes beim Volkssturm konnte die Todesstrafe bedeuten.

Militärische Erfolge wurden durch die Aufstellung des Volkssturms nicht erzielt. Für viele der Männer bedeutete der sinnlose Einsatz Verwundung, Gefangenschaft oder Tod.

Siehe *Totaler Krieg, Heimatfront, Wehrkraftzersetzung, Lebensraum.*

Volkswagen. Der Name Volkswagen für ein preiswertes Kleinautomobil stammt aus der Zeit nationalsozialistischer Herrschaft in Deutschland, 1933–1945.

Der Volkswagen war eine der großen Propagandaideen der Nationalsozialisten: Ein leistungsfähiges, billiges Auto, das sich jeder Deutsche leisten könne, sollte hergestellt und die Produktion zum größten Teil durch die für den einzelnen Käufer geringen Vorauszahlungen finanziert werden. Der Gedanke, über kleine Sparraten in den Besitz eines eigenen Autos zu kommen, begeisterte viele. Der Volkswagen gelangte jedoch bis zum Zusammenbruch des *Dritten Reiches* nie zu privater Verfügung.

Mit der Verwirklichung des Planes beauftragte Adolf Hitler Dr. Robert Ley, den Leiter der *Deutschen Arbeitsfront*, DAF. Die DAF errichtete daraufhin 1938 bei Fallersleben das Volkswagenwerk zur Herstellung des Kleinwagens. Die technische Verwirklichung des Volkswagens, dessen Preis unter 1000 Reichsmark liegen sollte, wurde dem Kraftwagenbauer Dr. Ferdinand Porsche übertragen. Der billigste Kraftwagen, den die Autoindustrie 1936 anbot, war der Opel P-4 für 1450 Reichsmark.

Die DAF stellte 50 Millionen Reichsmark für die Produktion des Volkswagens zur Verfügung. Den weitaus höchsten Anteil an den Produktionskosten aber brachten die vermeintlichen zukünftigen Besitzer selber auf: Über die Kassen der Freizeitorganisation *KdF*, Kraft durch Freude – einer der DAF angeschlossenen Organisation –, sparten sie – meist wöchentlich und in Raten – zwischen fünf und fünfzehn Reichsmark an. Der Volkswagen wurde deshalb auch das Kraft-durch-Freude-Auto oder «KdF-Wagen»[934] genannt.

Wer 750 Reichsmark angespart hatte, erhielt eine Bestellnummer mit dem Anspruch auf Lieferung eines Wagens, sobald dieser fertiggestellt sein würde. In großen Werbeaktionen wurde die Begeisterung für den Erwerb des Wagens angereizt: «...Die zur Besichtigung in Berliner Betrieben bestimmte, aus sechs Wagen bestehende Volkswagenkolonne machte am Dienstag eine Rundfahrt durch die Straßen Berlins...»[935], berichtete die «*Berliner Rundschau*» am 11. Februar 1939.

Bis zum November 1940 hatten rund 300 000 Käufer Volkswagen-Sparbriefe erworben und dafür rund 236 Millionen Reichsmark eingezahlt. Im Zuge der verstärkten Aufrüstung – am 1. September 1939 hatte Adolf Hitler durch den Überfall deutscher Truppen auf Polen den Zweiten Weltkrieg ausgelöst – rollten inzwischen jedoch alle Arten von Militärfahrzeugen von den Fertigungsbändern in Fallersleben. Kriegszwecken entsprechend war der Volkswagen in ein geländegängiges Allzweckfahrzeug umgewandelt worden. An die Sparer wurde nie ein Volkswagen ausgeliefert. Die eingezahlten Prämien erhielten sie nicht zurück.

Siehe *Reichsautobahnen*.

W

Waffen-SS war seit 1940 die offizielle Bezeichnung für die im Rahmen des Heeres eingesetzten bewaffneten Truppen der SS. Mit dieser Begriffsbestimmung wurde die Bezeichnung auch nach dem Zweiten Weltkrieg in den Sprachgebrauch übernommen, obwohl sie eine unrichtige Einengung beinhaltet. Tatsächlich umfaßte die Waffen-SS alle Teile der SS, die nicht von der Partei, sondern vom Staat finanziert wurden: Neben den militärischen Verbänden, deren Ersatzeinheiten, den Totenkopfstandarten und den SS-Junkerschulen, die den Führernachwuchs für die SS-Verfügungstruppe ausbildeten, gehörte die gesamte Konzentrationslagerorganisation mit Verwaltung und Bewachungspersonal zur Waffen-SS. Dies geht aus den Unterlagen über den «Haushalt der Waffen-SS»[936] aus dem Jahr 1942 hervor.

Die Entwicklung der bewaffneten Sonderverbände der SS, die zur Grundlage der späteren Waffen-SS wurden, begann kurz nach der *Machtübernahme* 1933. Zu diesem Zeitpunkt wurden die «Leibstandarte Adolf Hitler» und die über das ganze Reich verteilten «Politischen Bereitschaften», die später auch «Kasernierte Hundertschaften» genannt wurden, aufgestellt. Alle diese Verbände waren von Anfang an bewaffnet. Die Leibstandarte war als so bezeichnete Stabswache für den persönlichen Schutz Adolf Hitlers eingerichtet worden. Sie bestand aus 120 ausgesuchten SS-Männern, die auf Adolf Hitler persönlich vereidigt wurden. Sie bildeten somit – ohne jede gesetzliche Grundlage – Hitlers Privattruppe, ein militärischer Verband neben den gesetzlichen Sicherheitsorganen der Polizei. Die «Politischen Bereitschaften» wurden für hilfspolizeiliche und gewalttätige Maßnahmen der Partei überall in Deutschland eingesetzt.

Leibstandarte und Einheiten der «Politischen Bereitschaften» waren 1934 – bei den Ereignissen des sogenannten *Röhm-Putsches* – an der Ermordung des Chefs der SA, Ernst Röhm, und anderer hoher SA-Führer sowie der Partei mißliebiger Personen beteiligt. Im gleichen Jahr erhielt der *Reichsführer-SS* Heinrich Himmler von Adolf Hitler die lange angestrebte Genehmigung, aus den bereits bestehenden Verbänden eine bewaffnete Truppe, die SS-Verfügungstruppe, vorerst in Form von drei Regimentern aufzustellen.

Für die Ausbildung der Führer dieser Truppe wurden 1934/1935 von der SS zunächst zwei Junkerschulen in Tölz und Braunschweig errichtet. Später gab es insgesamt vier Junkerschulen sowie 18 Waffen- und Fachschulen zur Ausbildung für die aktive und Reserve-Führerlaufbahn, die technischen und Sonderlaufbahnen.

Bis zu Beginn des Zweiten Weltkrieges 1939 wurden die freiwilligen Bewerber für die Verfügungstruppe nach strengen körperlichen und «rassischen»[937] Gesichtspunkten ausgesucht. Laut Himmler wurde in die Truppe bis «zum Jahre 1936» kein Mann aufgenommen, «der auch nur einen plombierten Zahn hatte. Es war das Herrlichste an Mannestum, was wir in dieser ersten Waffen-SS versammeln konnten.»[938] Die so bezeichnete rassische Eignung mußten die Bewerber durch einen «Abstammungsnachweis»[939] erbringen, der bewies, daß unter ihren Vorfahren kein Jude war.

Die freiwillige Dienstverpflichtung betrug für Mannschaften vier Jahre, für Unterführer zwölf und für Führer 25 Jahre. Die in den Junkerschulen ausgebildeten Führer wurden von der *Wehrmacht* anerkannt, der Dienst in der Verfügungstruppe galt als Wehrdienst. Trotzdem beobachtete das Offizierskorps der Reichswehr und späteren Wehrmacht die Entwicklung der SS-Verfügungstruppe mit Mißtrauen. Die Offiziere befürchteten, Hitler werde sein Versprechen nicht halten, daß die Armee «einziger Waffenträger in der Nation»[940] bleiben werde. Die Wehrmacht duldete daher die bewaffneten Truppen der SS nur widerwillig.

Am 17. August 1938 bestimmte Adolf Hitler durch einen Geheimerlaß die «Abgrenzung der gemeinsamen Aufgaben der SS und der Wehrmacht»[941]: «Die SS-Verfügungstruppe ist weder ein Teil der Wehrmacht noch der Polizei. Sie ist eine stehende bewaffnete Truppe zu meiner ausschließlichen Verfügung.»[942] Im Kriegsfall sollte sie im Rahmen des Heeres eingesetzt werden oder, so Hitler, «im Bedarfsfalle im Innern nach meinen Weisungen».[943]

Für die *SS-Totenkopfverbände*, die brutalen Wachmannschaften der 1933 von der SS eingerichteten und ihr ausschließlich unterstehenden Konzentrationslager, *KZ*, hieß es: «Sie sind eine stehende bewaffnete Truppe der SS zur Lösung von Sonderaufgaben polizeilicher Natur, die

zu stellen ich mir von Fall zu Fall vorbehalte.»[944]

1938 nahmen Einheiten der SS-Verfügungstruppen an der Besetzung des Sudetenlandes teil. Am 1. September 1939, dem Beginn des Zweiten Weltkrieges, marschierten Einheiten der SS-Verfügungstruppen und der Totenkopfverbände mit der Wehrmacht in Polen ein. Ihnen folgten die *Einsatzgruppen* der *Sicherheitspolizei*, zu denen wiederum Mannschaften der SS-Verfügungstruppen gehörten.

Zu Beginn des Krieges war die Verfügungstruppe etwa 25 000 Mann stark. Ein Austritt aus dem Verband war zu diesem Zeitpunkt nicht mehr möglich. Am 17. 10. 1939 wurden SS-Verfügungstruppen und Polizei der Militärgerichtsbarkeit entzogen und einer SS-eigenen Sondergerichtsbarkeit unterstellt. Das bedeutete eine neuerliche Bestätigung der zunehmenden Unabhängigkeit der SS von Wehrmacht und Staat.

1940 wurde nach einer Reichstagsrede Adolf Hitlers die Bezeichnung Waffen-SS für die bewaffnete SS allgemein üblich; in diesem Jahr waren bereits 150 000 Mann bei der Waffen-SS. Im Juni 1944 betrug ihre Gesamtstärke knapp 600 000 Mann, bestehend aus Reichs- und *Volksdeutschen* sowie Freiwilligen aus fast allen Ländern Europas.

Die Freiwilligkeit der Meldung zur Waffen-SS – nach wie vor Voraussetzung für die Aufnahme in die Verbände – war bei den Reichs- und Volksdeutschen seit etwa 1940 nur noch bedingt gegeben. Bei den Werbeaktionen der SS, zum Beispiel in Schulen und *Hitlerjugend*einheiten, wurden die Männer häufig mit unterschiedlichen, aber eindeutigen Drohungen aufgefordert, sich zur Waffen-SS zu melden. Die freiwilligen Angehörigen der Waffen-SS aus anderen Ländern kamen vornehmlich aus Frankreich, Belgien, Niederlande, Dänemark, Norwegen, Finnland, aber auch aus Osteuropa, aus der Ukraine und zum Beispiel aus Georgien und dem Kaukasus. Die ausländische Gruppe der SS-Freiwilligen stellte eine Mischung dar aus Abenteurern, Söldnern, eindeutigen Anhängern des Nationalsozialismus und Gegnern des Kommunismus. Die bedingungslose Einsatzbereitschaft der Waffen-SS bei ihren militärischen Aktionen wurde von der Wehrmacht anerkannt, die dabei entstehenden hohen Menschenverluste, die Grausamkeiten gegen die Zivilbevölkerung dagegen immer wieder kritisiert, in den meisten Fällen aber doch geduldet.

Im Verlauf des Krieges nahmen Einheiten der Waffen-SS an der Tötung von Kriegsgefangenen teil und stellten Mannschaften und Führer für die Einsatzgruppen der Sicherheitspolizei und des SD, die mordend den kämpfenden Truppen des Heeres folgten.

1944 mußte die Wehrmacht wesentliche Teile ihrer Befugnisse der Waffen-SS und der SS übergeben, zum Beispiel das Kriegsgefangenenwesen, das Ersatzheer und den militärischen Geheimdienst.

Zur Waffen-SS im weiteren Sinne gehörte auch der gesamte Konzentrationslagerbereich. Das bedeutete, daß auch KZ-Aufseher und -Aufseherinnen als Angehörige der Waffen-SS galten. Die Inspektion der Konzentrationslager, das bedeutete ihre Leitung, war seit 1940 Teil des SS-Führungshauptamtes / Kommandoamt der Waffen-SS, dessen Aufgabe die militärische Führung der Waffen-SS und die vormilitärische Ausbildung der Allgemeinen SS war. 1942 wurden die Konzentrationslager zwar dem Wirtschafts-Verwaltungshauptamt der SS unterstellt, aber auch danach blieb das SS-Führungshauptamt / Kommandoamt der Waffen-SS zuständig für die Bewachungsmannschaften, zum Beispiel für ihre Versetzung von einem KZ in ein anderes.

Als Teil der gesamten SS wurde die Waffen-SS im *Nürnberger Prozeß* zur verbrecherischen Organisation erklärt.

Siehe *SS*, *Einsatzgruppen*, *KZ*, *SS-Totenkopfverbände*, *Wehrmacht*.

Wannsee-Konferenz. Die Wannsee-Konferenz fand am 20. Januar 1942 in Berlin in der Straße am Großen Wannsee 56 / 58 auf Veranlassung Reinhard Heydrichs statt, des Chefs der deutschen *Sicherheitspolizei* und des *SD*, des Sicherheitsdienstes der *SS*. Ziel der Konferenz war, «Klarheit in grundsätzlichen Fragen zu schaffen», die «Endlösung der europäischen Judenfrage»[945] betreffend. Im Juli 1941 war Heydrich offiziell von Reichsmarschall Hermann Göring beauftragt worden, «einen Gesamtentwurf über die organisatorischen, sachlichen und materiellen Vorausmaßnahmen zur Durchführung der angestrebten Endlösung der Judenfrage vorzulegen».[946] Nach dem heutigen Stand der Kenntnis der erhaltenen und bekannten Dokumente war es das erste Mal, daß der Begriff *Endlösung* in Form eines Auftrages für die planmäßige Organisation der Maßnahmen angewendet wurde, durch die eine nahezu vollständige systematische Vernichtung der Juden in Europa durch organisierte Massenmorde herbeigeführt werden sollte.

Erste Massenerschießungen von Juden hatten bereits bei den Aktionen der SS-*Einsatzgruppen* nach dem Einmarsch der deutschen Truppen in Polen stattgefunden. Seit Oktober 1941 wurden Deportationen, das heißt Verschleppungen von Juden aus dem Deutschen Reich in die Gettos und *KZ* in Polen durchgeführt. Seit Dezember 1941 wurden Juden in dem *Vernichtungslager* Chelmno / Kulm in fahrbaren *Gaskammern* umgebracht.

In der Wannsee-Konferenz beabsichtigte Heydrich, die Organisation und die Form der Durchführung der «Endlösung der Judenfrage» mit allen daran zu beteiligenden Ämtern und Dienststellen aufeinander abzustimmen.

An der Konferenz nahmen mit Heydrich 15 Personen teil. Außer den hohen Parteifunktionären und SS-Führern der entsprechenden Dienststellen und aus dem *Reichssicherheitshauptamt* waren es:

Zwei Vertreter vom Reichsministerium für die besetzten Ostgebiete, ein Vertreter des Reichsministeriums des Innern, ein Vertreter des Beauftragten für den *Vierjahresplan*, ein Vertreter aus dem Reichsjustizministerium, einer aus dem Amt des Generalgouverneurs der besetzten polnischen Gebiete und ein Vertreter des Auswärtigen Amtes. SS-Obersturmbannführer Adolf Eichmann führte das Protokoll der Sitzung, dessen Sprache mit Worten wie Endlösung für Vernichtung und Evakuierung für Verschleppung den tatsächlichen Gesprächsinhalt für Uneingeweihte weitgehend verschleierte.

Heydrich, der den Vorsitz der Konferenz führte, machte den Anwesenden laut Protokoll klar, daß die «Federführung bei der Bearbeitung der Endlösung der Judenfrage ... ohne Rücksicht auf geographische Grenzen zentral beim Reichsführer-SS und Chef der Deutschen Polizei» liegen werde und somit stellvertretend bei ihm, dem Chef der Sicherheitspolizei und des SD.

Heydrich erläuterte das bisherige Ziel der «Auswanderung der Juden» – die durch sich stetig steigernde Druckmittel gegen die Juden erzwungen worden war – und das seit dem 23. 10. 1941 bestehende Auswanderungsverbot. Dann erklärte Heydrich, daß mit Genehmigung Adolf Hitlers an die Stelle der Auswanderung die Evakuierung der Juden nach dem Osten getreten sei und daß dabei praktische Erfahrungen gesammelt würden für die «kommende Endlösung der Judenfrage».

Nach den weiteren Ausführungen sollte es sich um 11 Millionen für die Endlösung in Frage kommende Juden handeln, wobei in diese Zahl auch die Juden aus Ländern einbezogen wurden, mit denen das Deutsche Reich sich nicht im Kriegszustand befand, wie zum Beispiel Schweden, Spanien und die Schweiz.

Im Protokoll folgten die Ausführungen: «Unter entsprechender Leitung sollen im Zuge der Endlösung die Juden in geeigneter Weise im Osten zum Arbeitseinsatz kommen. In großen Arbeitskolonnen, unter Trennung der Geschlechter, werden die arbeitsfähigen Juden straßenbauend in diese Gebiete geführt, wobei zweifellos ein Großteil durch natürliche Verminderung ausfallen wird. Der allfällig endlich verbleibende Restbestand wird, da es sich bei diesem zweifellos um den widerstandsfähigsten Teil handelt, entsprechend behandelt werden müssen, da dieser, eine natürliche Auslese darstellend, bei Freilassung als Keimzelle eines neuen jüdischen Aufbaus anzusprechen ist. (Siehe die Erfahrung der Geschichte.) Im Zuge der praktischen Durchführung der Endlösung wird Europa von Westen nach Osten durchkämmt.»

Das Reichsgebiet und das *Protektorat Böhmen und Mähren* sollten vorweggenommen, die Juden zunächst in Durchgangsgettos gebracht werden, um sie dann weiter nach Osten zu transportieren.

Im weiteren wurde auf der Konferenz erörtert, daß *Halbjuden*, als so bezeichnete Mischlinge ersten Grades, «im Hinblick auf die Endlösung der Judenfrage den Juden gleichgestellt» oder in bestimmten Fällen sterilisiert, das heißt unfruchtbar gemacht werden sollten. Die so bezeichneten Mischlinge zweiten Grades sollten weitgehend unbehelligt bleiben.

«Abschließend wurden die verschiedenen Arten der Lösungsmöglichkeiten besprochen ... wobei jedoch eine Beunruhigung der Bevölkerung vermieden werden müsse.»[947]

Im Protokoll ist die Erörterung der Lösungsmöglichkeiten nicht im einzelnen ausgeführt. Adolf Eichmann, Verantwortlicher für die organisatorische Entwicklung und Ausführung des Endlösungsplanes, sagte in seinem Prozeß in Jerusalem 1961 vor dem israelischen Gericht aus, daß mit den Lösungsmöglichkeiten die verschiedenen «Tötungsmöglichkeiten»[948] gemeint gewesen seien.

Siehe *Endlösung, Judenverfolgung, SS, Halbjude, Nürnberger Gesetze, Untermensch, Auschwitz.*

Warschauer Getto. Das Warschauer Getto war das größte der zahlreichen unter nationalsozialistischer Herrschaft in den *besetzten Gebieten* Polens und der Sowjetunion eingerichteten Zwangsgettos. Es bestand von November 1940 bis April/Mai 1943.

Nach dem Einmarsch deutscher Truppen in Polen im September 1939 kamen dort auch rund 3 Millionen Juden unter nationalsozialistische Herrschaft. Ein Befehl des Chefs der *Sicherheitspolizei* und des *SD*, Reinhard Heydrich, der dem *Reichsführer-SS und Chef der Deutschen Polizei* Heinrich Himmler unterstellt war, bestimmte am 21. September 1939: «Als erste Vorausnahme für das Endziel gilt zunächst die Konzentrierung der Juden vom Lande in die größeren Städte ...»[949]

Seit November 1939 mußten die Juden in Polen als öffentliche Brandmarkung den *Judenstern* tragen, ihre Vermögen wurden beschlagnahmt, ihr Besitz enteignet. Sie wurden aus ihren Berufen in Handel und Industrie ausgeschlossen, aus ihren Wohnungen vertrieben und in neu errichtete Zwangsgettos gepfercht, unter anderem in Krakau, Lublin und Warschau.

Das Warschauer Getto, 4 km lang und 2,5 km breit, war anfangs nur durch einen Stacheldrahtzaun von der übrigen Stadt getrennt. Später wurden die Juden gezwungen, sich in diesem Gebiet durch den Bau einer 3 m hohen Zielgemauer, die durch einen Stacheldrahtaufsatz noch um 1 m erhöht wurde, selbst einzumauern.

1941 war die Gettomauer fertiggestellt. An 14 Zugängen wurden bewachte Schranken errichtet. Nahezu 450 000 Menschen mußten in einem Gebiet leben, das für höchstens 160 000 Menschen groß genug war. In jedem Raum lebten fünf und mehr Männer, Frauen und Kinder. Sie lebten und arbeiteten unter katastrophalen sanitären Bedingungen und mit kleinsten Lebensmittelzuteilungen. Trotz strenger Bewachung gelang es mit Hilfe von Bestechung und durch Schmuggel, Lebensmittel und Waren aus dem nicht jüdischen Teil der Stadt ins Getto zu bringen. Wesentlichen Anteil am Nahrungsschmuggel hatten die Kinder. Durch die Kanalschächte krochen sie in den polnischen Stadtteil und sammelten aus den Abfällen der Deutschen und der Polen noch verwertbare Nahrungsreste auf.

Die innere Verwaltung des Gettos lag – wie in allen anderen Gettos auch – bei dem so bezeichneten Ältesten- oder Judenrat. Die Ältestenräte wurden laut Befehl der *SS* vom 21. 9. 1939 «... soweit möglich, aus den zurückgebliebenen maßgebenden Persönlichkeiten und Rabbinern»[950] gebildet. Sie waren «im Sinne des Wortes vollverantwortlich zu machen für die exakte und termingemäße Durchführung aller ergangenen oder zu ergehenden Weisungen. 2. Im Falle der Sabotage solcher Weisungen sind den Räten die schärfsten Maßnahmen anzukündigen ...»[951]

Außer dem Judenrat gab es den Ordnungsdienst, der, teilweise unter Umgehung des Judenrates, seine Anweisungen direkt von der *Gestapo*, der *Geheimen Staatspolizei*, erhielt. Mitglieder des Judenrates und des Ordnungsdienstes waren damit zwangsweise Erfüllungsgehilfen der SS und der Gestapo. Der ausweglose Konflikt, in den sie täglich gerieten und an dem viele Juden zerbrachen, wird in einer Tagebuchaufzeichnung aus dem Getto deutlich: «Die Leute, die, auf Suppe und trockenes Brot angewiesen, sich in den Suppenküchen ernähren, sterben eines langsamen Todes ... Die tragische Frage bleibt unbeantwortet: Soll das Wenige, das nicht genug ist, um das Leben zu erhalten, mit Tropfenzählern verteilt werden oder soll man einer kleinen, ausgesuchten Gruppe bis zum Äußersten helfen?»[952]

Die Judenräte und der Ordnungsdienst mußten bei den seit Ende 1941 laufenden Deportationen der Juden in die Vernichtungslager die von der SS bestimmte tägliche Anzahl von oft mehreren tausend Menschen auswählen und zur Verladestelle bringen. Viele kannten das Schicksal, dem die zur Deportation bestimmten Juden entgegengingen.

Die Transporte aus dem Warschauer Getto in das *Vernichtungslager* Treblinka begannen im Juli 1942. Bis zum September wurden 250 000 Menschen in überfüllten Viehwagen dorthin transportiert und in den *Gaskammern* umgebracht.

Mehr als 60 000 Menschen blieben zurück. Das Wissen der meisten von ihnen um den Weg ihrer Leidensgenossen und die Angst vor dem auch ihnen bestimmten Schicksal gaben ihnen vermutlich die Kraft, mit wenigen, den Bewachern gestohlenen oder aus polnischen Widerstandsgruppen in das Getto geschmuggelten Waffen der SS Widerstand zu leisten.

Nach ersten Versuchen eines bewaffneten Widerstandes der Juden im Januar 1943 erließ der Reichsführer-SS Heinrich Himmler den Befehl: «... das Getto Warschau ... abzureißen ... da wir Warschau sonst wohl niemals zur Ruhe bringen werden ... Auf jeden Fall muß erreicht werden, daß der für 500 000 Untermenschen bisher vorhandene Wohnraum, der für Deutsche niemals geeignet ist, von der Bildfläche verschwindet ...»[953]

Am 19. April 1943 begann der endgültige Aufstand. SS-Einheiten gingen mit Panzern, unterstützt von kleinen Spezialeinheiten der *Wehrmacht* und von polnischen Kollaborateuren, gegen die Gettobewohner vor. Die Kollaborateure waren Polen, die mit den Deutschen gegen die jüdischen Widerstandskämpfer im Getto zusammenarbeiteten.

Fast vier Wochen dauerte der Aufstand, in dem die kaum bewaffneten Juden der perfekten Militärmaschine der Deutschen verzweifelten Widerstand entgegensetzten. Sie zogen sich in Bunker und Keller und in die unter dem Getto verlaufende Kanalisation zurück, bis die SS-Einheiten die einzelnen Viertel systematisch niederbrennen, die Bunker sprengen und die Kanäle mit Nebelkerzen ausräuchern ließen. Der kommandierende SS-Brigadeführer und Generalmajor der Polizei Jürgen Stroop schrieb darüber in einem Bericht: «Immer wieder konnte man beobachten, daß trotz der großen Feuersnot Juden und Polen es vorzogen, lieber wieder ins Feuer zurückzugehen als in unsere Hände zu fallen.»[954]

Am 16. Mai 1943 meldete Stroop: «Das ehemalige jüdische Wohnviertel Warschau besteht nicht mehr. Mit der Sprengung der Synagoge wurde die Großaktion um 20.15 Uhr beendet.»[955] Nahezu alle Menschen, die hier noch gelebt hatten, waren getötet worden.

Der Aufstand der Juden im Warschauer Getto 1943 gehörte wie der Aufstand der polnischen Widerstandskämpfer in Warschau 1944 zu den wenigen großen Widerstandsversuchen gegen die Gewaltherrschaft der Nationalsozialisten.

Im Verlauf der Jahre 1943/44 wurden alle Zwangsgettos in Polen und der Sowjetunion aufgelöst. Die in ihnen lebenden Juden wurden entweder in Konzentrationslagern, *KZ*, der Vernichtung durch unmenschliche Arbeitsbedingungen ausgeliefert oder in den Gaskammern der Vernichtungslager ermordet.

Siehe *Judenverfolgung*, *Endlösung*, *Untermensch*, *Reichsvereinigung der Juden in Deutschland*.

Wehrertüchtigungslager waren Lager, die seit 1939 von der *Hitlerjugend* eingerichtet wurden, um den Angehörigen der *HJ* eine vormilitärische Ausbildung zu geben. Da zu diesem Zeitpunkt die Mitgliedschaft in der HJ bereits Pflicht für alle männlichen Jugendlichen zwischen 14 und 18 Jahren war, waren alle jungen Männer – bevor sie zum Reichsarbeitsdienst, *RAD*, und zur *Wehrmacht* eingezogen wurden – davon betroffen.

Nach einer nationalsozialistischen Darstellung aus dem Jahr 1943 waren bis 1942 «... 143 Wehrertüchtigungslager entstanden. 150 000 Hitlerjungen wurden dort in diesem einen Jahr in mehrwöchigen Lehrgängen von fronterfahrenen und ausgezeichneten Ausbildern der Wehrmacht und Führern der Hitler-Jugend bestens ausgebildet.»[956] Die vormilitärische Erziehung in den Lagern umfaßte «... die Bewegung im Gelände mit Marsch, Gepäckmarsch, Kurz- und Langstreckenlauf, die Geländekenntnis und -ausnutzung, die Tarnung, die Lösung taktischer Aufgaben im Gelände und die Handhabung der infanteristischen Waffen...»[957]

Die körperliche Ausbildung wurde ergänzt durch eine politische Schulung, die eine Ausrichtung auf die Absichten und Ziele des Nationalsozialismus zum Zweck hatte. Auf einem für Wehrertüchtigungslager ausgearbeiteten Schulungsplan standen Themen wie «Die Ursachen dieses Krieges» oder «Das anglo-amerikanische Weltherrschaftsstreben».[958]

Die Ausbildung in den Wehrertüchtigungslagern galt als Vorstufe für den Einsatz im Krieg. In den ersten Jahren des Zweiten Weltkrieges mußten die 18jährigen Jungen anschließend an die Zeit im Lager ihren Pflichtdienst im RAD, im Reichsarbeitsdienst, ableisten. In den letzten Jahren des Krieges, als aufgrund der «Verordnung über die Erweiterung der Wehrpflicht» vom 12. August 1943 Jungen unter 18 Jahren zum Kriegsdienst eingezogen wurden, gingen die Jungen auch direkt von den Lagern zur Wehrmacht.

Das für die Wehrertüchtigungslager zuständige Amt bei der Dienststelle des *Reichsjugendführers* hieß «Amt für körperliche Ertüchtigung»[959]. Seine Aufgabe war die «Wehrerziehung»[960] der männlichen Jugend.

Die Wehrerziehung war nach nationalsozialistischer Darstellung «... die Erziehung zur Wehrhaftigkeit ...»[961], zu ihr gehörte neben der militärischen Erziehung «... die gesamte, auf die charakterliche Haltung abzielende Erziehung zur Kampfbereitschaft, Wehrfreude und Wehrgesinnung, an der alle an der Erziehung beteiligten Kräfte mitwirken ...»[962].

Siehe *Hitlerjugend, Wehrmacht, Flakhelfer, Volkssturm.*

Wehrkraftzersetzung. Als Wehrkraftzersetzung konnte seit 1938 nahezu jede Äußerung gegen die nationalsozialistische Propaganda oder die Weitergabe sachlich richtiger, aber den Nationalsozialisten mißliebiger Fakten gewertet und somit bestraft werden.

Der Tatbestand der «Zersetzung der Wehrkraft»[963] war ein Begriff, den die Nationalsozialisten in das Strafrecht einführten. Nach Paragraph 5 der «Kriegssonderstrafrechtsverordnung» – sie wurde am 17. August 1938, ein Jahr vor Beginn des Zweiten Weltkrieges, erlassen – machte sich der Zersetzung der Wehrkraft schuldig, «... wer öffentlich dazu auffordert oder anreizt, die Erfüllung der Dienstpflicht in der deutschen oder einer verbündeten Wehrmacht zu verweigern oder sonst öffentlich den Willen des deutschen oder verbündeten Volkes zur wehrhaften Selbstbehauptung zu lähmen oder zu zersetzen sucht ...»[964]. Als Wehrkraftzersetzung galt außerdem die Verleitung eines Soldaten zum Ungehorsam oder zu Tätlichkeiten gegenüber Vorgesetzten oder zur Fahnenflucht, die Selbstverstümmelung oder ein anderes Täuschungsmittel mit der Absicht, sich dem Wehrdienst «... ganz, teilweise oder zeitweise zu entziehen ...».[965]

Für diese Fälle sah das Gesetz die Todesstrafe vor; in leichteren Fällen konnte auf Zuchthaus oder Gefängnis erkannt werden. Neben der Todes- und der Zuchthausstrafe war die Einziehung des Vermögens des Verurteilten zulässig.

Zu Beginn des Zweiten Weltkrieges wurden die Straftatbestände der Wehrkraftzersetzung durch die «Verordnung zur Ergänzung der Strafvorschriften zum Schutz der Wehrkraft des Deutschen Volkes» vom 25. November 1939 erweitert. Mit Zuchthaus konnte nun bestraft werden, wer zum Beispiel privaten Umgang mit Kriegsgefangenen hielt. Unter Hinweis auf die besonderen Kriegsbedingungen wurde außerdem eine Reihe von Kriegsstrafgesetzen erlassen, die eine bis dahin nicht gekannte Zahl von Todesstrafandrohungen enthielten; dazu gehörten die *Volksschädlings*verordnung vom 5. September 1939 und die Verordnung über außerordentliche *Rundfunkmaßnahmen* vom 1. September 1939. Für die Behandlung von Verbrechen der Wehrkraftzersetzung waren die *Sondergerichte* zuständig; die Zuständigkeit ging Anfang 1943 auf den *Volksgerichtshof* über, der leichte Fälle an die Oberlandesgerichte abgeben konnte.

Der Volksgerichtshof verhängte in der Regel die Todesstrafe, wie zum Beispiel im folgenden Fall: «Der Volksgerichtshof verurteilte am 23. 8. 1943 den Regierungsrat Dr. K. wegen Wehrkraftzersetzung zum Tode, weil er in Rostock in der Straßenbahn ... gesagt hatte: ... der Führer müsse zurücktreten, denn siegen können wir ja nicht mehr, und alle wollten

wir doch nicht bei lebendigem Leibe verbrennen ...».[966]

Siehe *Sondergerichte, Volksgerichtshof, Volksgemeinschaft, Sippenhaftung.*

Wehrmacht war seit der von Adolf Hitler im März 1935 angekündigten Wiedereinführung der allgemeinen Wehrpflicht die offizielle Bezeichnung für die deutschen Streitkräfte. Im Wehrgesetz vom 21. Mai 1935, mit dem die allgemeine Wehrpflicht gesetzlich eingeführt wurde, hieß es «... Die Wehrmacht ist der Waffenträger und die soldatische Erziehungsschule des Deutschen Volkes. Sie besteht aus dem Heer, der Kriegsmarine, der Luftwaffe ...».[967]

Die Wehrmacht war aus der Reichswehr hervorgegangen. Die Reichswehr war seit 1919 die bewaffnete Streitmacht des Deutschen Reiches; sie bestand aus dem Reichsheer und der Reichsmarine. Oberster Befehlshaber der Reichswehr war der Reichspräsident, das Staatsoberhaupt des Deutschen Reiches. Die Stärke der Reichswehr – Ausrüstung und Anzahl der Soldaten – war nach dem Ersten Weltkrieg, 1914–1918, den das Deutsche Reich verloren hatte, im Friedensvertrag von Versailles bestimmt worden.

Nach dem Vertrag war der Reichswehr der Besitz von Angriffswaffen, wie zum Beispiel Panzern, schwerer Artillerie, Flugzeugen und Kampfgas verboten, die Schiffszahl der Marine wurde beschränkt, die Stärke des Landheeres durfte höchstens 100000 Mann betragen. Weiterhin sollten nach den Bestimmungen des Versailler Friedensvertrages in der Reichswehr nur Berufssoldaten dienen; die einfachen Soldaten verpflichte-

Organisation des Oberkommandos der deutschen Armee

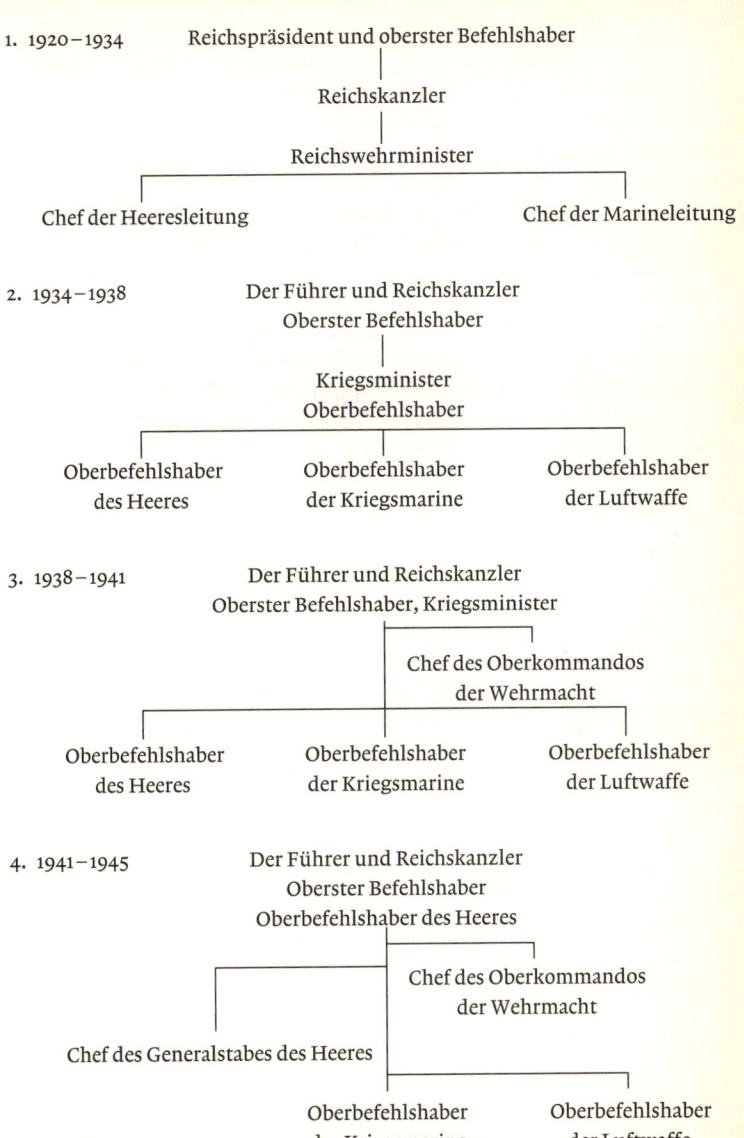

1. 1920–1934   Reichspräsident und oberster Befehlshaber

Reichskanzler

Reichswehrminister

Chef der Heeresleitung   Chef der Marineleitung

2. 1934–1938   Der Führer und Reichskanzler
Oberster Befehlshaber

Kriegsminister
Oberbefehlshaber

Oberbefehlshaber   Oberbefehlshaber   Oberbefehlshaber
des Heeres   der Kriegsmarine   der Luftwaffe

3. 1938–1941   Der Führer und Reichskanzler
Oberster Befehlshaber, Kriegsminister

Chef des Oberkommandos
der Wehrmacht

Oberbefehlshaber   Oberbefehlshaber   Oberbefehlshaber
des Heeres   der Kriegsmarine   der Luftwaffe

4. 1941–1945   Der Führer und Reichskanzler
Oberster Befehlshaber
Oberbefehlshaber des Heeres

Chef des Oberkommandos
der Wehrmacht

Chef des Generalstabes des Heeres

Oberbefehlshaber   Oberbefehlshaber
der Kriegsmarine   der Luftwaffe

ten sich auf 12, die Offiziere auf 25 Jahre Dienstzeit. Das bedeutete, es gab außer den freiwilligen Berufssoldaten keine Wehrpflichtigen, die alljährlich eingezogen, für eine bestimmte Zeit im Wehrdienst ausgebildet und anschließend wieder in ihre Berufe entlassen wurden.

Es gibt zahlreiche Berichte darüber, daß viele Offiziere der Reichswehr die politischen Methoden der Nationalsozialisten abgelehnt haben. Die Ziele von Hitlers Politik wurden jedoch weitgehend als richtig anerkannt. Hitler forderte die Aufhebung aller durch den Versailler Vertrag auferlegten militärischen Beschränkungen und die Wiederherstellung der Wehrhoheit. Unter den Offizieren, die sich Hitler schon sehr früh anschlossen, war Ernst Röhm, bis 1923 aktiver Offizier in der Reichswehr, der später Stabschef der *SA*, der *Sturmabteilung* der *NSDAP*, wurde. An Hitlers Putschversuch, der später *Marsch auf die Feldherrnhalle* genannt wurde, waren auch Mitglieder der Münchener Infanterieschule beteiligt.

In späterer Zeit verfolgten die Offiziere der Reichswehr den Auf- und Ausbau der nationalsozialistischen Kampfverbände SA und SS mit großem Mißtrauen. Es scheint dies jedoch meist nur der Widerwille gegen eine entstehende Konkurrenz gewesen zu sein, denn es gibt zahlreiche Zeugnisse, aus denen zu ersehen ist, daß führende Offiziere Hitler und seine Ziele eher wohlwollend eingeschätzt haben.

Sofort mit seiner Ernennung zum Reichskanzler am 30. Januar 1933 gab Hitler, bewußt gegen den Friedensvertrag von Versailles verstoßend, Anweisung zur Aufrüstung der deutschen Reichswehr durch Aufstellung motorisierter Verbände sowie von Panzertruppen, Fallschirm- und Fliegerverbänden, zum Ausbau der Flotte und einer Verstärkung des Landheeres. Die Reichswehrführung begrüßte und unterstützte die Aufrüstung. Hohe Reichswehroffiziere verhielten sich angesichts der nationalsozialistischen Machtergreifung politisch neutral: «... Ich habe es mir zur Richtschnur gemacht, mich nur auf mein militärisches Gebiet zu beschränken und mich von jeder politischen Tätigkeit fernzuhalten ...»[968]; andere wurden nun offene Parteigänger der Nationalsozialisten: «... Jetzt ist das Unpolitischsein vorbei und es bleibt nur eins: der nationalen Bewegung mit aller Hingabe zu dienen ...»[969]

Im Februar 1934 übernahm die Reichswehr den *Arierparagraphen*: Jüdische deutsche Männer wurden in die Reichswehr nicht mehr aufgenommen, jüdische Soldaten sollten entlassen werden. Der einzige Konflikt zwischen Reichswehr und NSDAP entstand durch die SA. Die Führer der SA wollten nach der Machtübernahme ihren Kampfverband zum entscheidenden Machtinstrumernt und dem eigentlichen «Waffenträger der Nation»[970] ausbauen. Anfang 1934 versuchten Reichswehrminister von Blomberg und Generalmajor – später Generalfeldmarschall – Reichenau, Hitler auf die von der SA ausgehende Gefahr für die Reichswehr aufmerksam zu machen. Da Hitler in diesem Streit die Reichswehr unterstützte – er benötigte die erfahrenen Offiziere dringend zum Ausbau der Streitkräfte –, warf Röhm ihm Treulosigkeit vor. Am 30. Juni 1934 fand das Ereignis statt, das die nationalsozialistische Propaganda später *Röhm-Putsch* nannte: Röhm wurde erschossen, die SA entmachtet.

Nach dem Tode des Reichspräsidenten Paul von Hindenburg im Sommer 1934 vereinigte Hitler durch Gesetz die Staatsämter des Reichskanzlers und des Reichspräsidenten in seiner Person. Hitler wurde dadurch auch Oberster Befehlshaber der Streitkräfte. Er bestimmte, daß von dem Zeitpunkt an Soldaten und Offiziere ihren Eid nicht mehr auf die Verfassung und die Gesetze des Staates, sondern auf seine Person ablegen mußten: «... Ich schwöre bei Gott diesen heiligen Eid, daß ich dem Führer des Deutschen Reiches und Volkes, Adolf Hitler, dem Obersten Befehlshaber der Wehrmacht, unbedingt Gehorsam leisten und als tapferer Soldat bereit sein will, jederzeit für diesen Eid mein Leben einzusetzen.»[971]

Für die widerstandslose Bereitschaft der Wehrmacht, einen persönlichen Gehorsamseid auf Hitler abzuleisten, gab Hitler im August 1934 der Reichswehr das Versprechen: «... So wie die Offiziere und Soldaten der Wehrmacht sich dem neuen Staat in meiner Person verpflichteten, werde ich es jederzeit als meine höchste Pflicht ansehen, für den Bestand und die Unantastbarkeit der Wehrmacht einzutreten ... getreu meinem eigenen Willen, die Armee als einzigen Waffenträger in der Nation zu verankern ...»[972]

Diese Zusicherung wurde durch den von Hitler befohlenen Aufbau bewaffneter Einheiten der SS, der Schutzstaffel der NSDAP, zur gleichen Zeit gebrochen.

1935 wurde durch Wehrgesetz die allgemeine Wehrpflicht eingeführt. Wehrdienstpflichtig wurden alle Männer vom 18. bis 45. Lebensjahr. Juden waren nach dem Gesetz vom aktiven Wehrdienst ausgeschlossen.

Mit dem Wehrgesetz war der Friedensvertrag von Versailles nicht nur durch heimliche Aufrüstung gebrochen, sondern auch durch Gesetzgebung. Die Westmächte protestierten, unternahmen aber nichts. Im Juni 1935 schloß England ein Flottenabkommen mit Deutschland.

Mit propagandistisch geschickt aufgebauten unfairen und ungesetzlichen Methoden entledigte sich Hitler nach und nach der führenden Offiziere, die ihm nicht ergeben waren.

Im Februar 1938 wurde der Reichsminister von Blomberg entlassen. Hitler übernahm selbst den unmittelbaren Oberbefehl über die gesamte Wehrmacht. Zu gleicher Zeit entließ Hitler den Oberbefehlshaber des Heeres, Generaloberst v. Fritsch. Hitler versammelte im Oberkommando der Wehrmacht ihm treu ergebene Offiziere, allen voran die Generale Keitel und Jodl.

Im September 1938 schied der Chef des Generalstabes des Heeres Ludwig Beck aus dem aktiven Dienst. Er wurde später zu einer zentralen Figur des Widerstandes deutscher Offiziere gegen Hitler.

1939 zählte das Landheer der deutschen Wehrmacht über 2,7 Millionen Mann, die Luftwaffe verfügte über 4000 Flugzeuge. Oberbefehlshaber der Luftwaffe war seit 1935 Hermann Göring.

Mit dem deutschen Überfall auf Polen am 1. September 1939 begann der Zweite Weltkrieg, 1939–1945. Die noch während der andauernden Kampfhandlungen in

Polen durch *Einsatzgruppen* der *Sicherheits-polizei* vorgenommenen Massenerschie-ßungen an Juden und Polen, die während der Besatzungszeit in Polen verübten Verbrechen der SS-Einheiten geschahen zumeist mit Duldung der Wehrmacht. Im Juli 1940 gab der Oberkommandie-rende der 18. Armee folgenden schrift-lichen Befehl: «... Ich betone die Not-wendigkeit, dafür Sorge zu tragen, daß sich alle Soldaten der Armee, besonders die Offiziere, jeder Kritik an dem im Generalgouvernement durchgeführten Kampf mit der Bevölkerung, zum Bei-spiel die Behandlung der polnischen Minderheiten, der Juden und kirchlichen Angelegenheiten, enthalten. Die völki-sche Endlösung dieses Volkskampfes, der an der Ostgrenze seit Jahrhunderten tobt, verlangt besonders strenge Maß-nahmen. Gewisse Einheiten von Partei und Staat sind mit der Durchführung dieses völkischen Ringens im Osten be-traut. Der Soldat hat sich diesen Belangen anderer Einheiten fernzuhalten...»[973]

Offiziere, die sich gegen die verbreche-rischen Handlungen der SS in Polen auf-lehnten, wurden von Hitler ihrer Posten enthoben. Ihm willfährige Offiziere ließ Hitler befördern und in einflußreiche Stellungen setzen.

Mit dem deutschen Angriff auf die Sowjetunion im Juni 1941 wurde die Wehrmacht aktiv in das nationalsozia-listische Vernichtungs- und *Lebensraum*-Programm einbezogen.

Bereits im März 1941 hatte Hitler der Wehrmachtsführung erklärt, daß der kommende Krieg gegen die Sowjetunion nicht nur ein Kampf der Waffen, sondern eine Auseinandersetzung zweier Weltan-schauungen sei, daß die Sowjetunion zer-schlagen, die «... jüdisch-bolschewisti-sche Intelligenz ...», die das Volk unter-drückt habe, «beseitigt ...»[974] werden müsse. Nach den Tagebuchaufzeichnun-gen des damaligen Generalstabschefs des Heeres führte Hitler aus, daß die deut-sche Wehrmacht in dem geplanten Krieg «... vom Standpunkt des soldatischen Kameradentums abrücken ...» müsse; es ginge um die «... Vernichtung der bol-schewistischen Kommissare und der kommunistischen Intelligenz ... Das ist keine Frage der Kriegsgerichte ...»[975]

Aufgrund der Weisungen Hitlers erließ das Oberkommando der Wehrmacht noch vor Beginn des Rußlandkrieges vor allem zwei Befehle, die in krassem Ge-gensatz zu den Bestimmungen des Völ-kerrechts und des Kriegsrechts standen und den Krieg gegen die Sowjetunion als einen Vernichtungskrieg bestimmten. Der «Erlaß über die Ausübung der Kriegsgerichtsbarkeit im Gebiet ‹Barba-rossa› und über besondere Maßnahmen der Truppe»[976] vom 13. Mai 1941 be-stimmte, daß «... Straftaten feindlicher Zivilpersonen ...» im Gebiet Barbarossa – damit war das Gebiet der Sowjetunion gemeint – der Zuständigkeit der Militär-gerichte bis auf weiteres entzogen waren. Das bedeutete, daß jeder Rechtsschutz für die Zivilbevölkerung beseitigt wurde. Jeder Truppenführer hatte nach dem Erlaß die selbständige Entscheidung, «Freischärler ... im Kampf oder auf der Flucht schonungslos zu erledigen ...»; auch «... alle anderen Angriffe feindli-cher Zivilgruppen gegen die Wehrmacht ... sind von der Truppe auf der Stelle mit den äußersten Mitteln bis zur Vernichtung des Angreifers niederzumachen.» Gegen Ortschaften, «... aus denen die Wehrmacht hinterhältig oder heimtückisch angegriffen wurde ...», sollten unverzüglich auf Anordnung eines Offiziers «... kollektive Gewaltmaßnahmen ...»[977] unternommen werden. Der Erlaß sah ebenfalls vor, daß der Verfolgungszwang im Fall von Vergehen deutscher Soldaten gegen feindliche Zivilpersonen aufgehoben wurde.

Hitlers schon im März 1941 im Zusammenhang mit seinen Kriegsabsichten geäußerter Standpunkt, daß die politischen Kommissare der sowjetrussischen Armee keine Soldaten und nach ihrer Gefangennahme durch die Truppe zu erschießen seien, wurde von der Wehrmacht in den «Richtlinien für die Behandlung politischer Kommissare»[978] übernommen. Der sogenannte Kommissarbefehl vom 6. Juni 1941 bestimmte, sowjetische Kommissare «... wenn im Kampf oder Widerstand ergriffen, grundsätzlich sofort mit der Waffe zu erledigen ...» Politische Kommissare, die sich keiner feindlichen Handlung schuldig gemacht hatten, sollten zunächst unbehelligt bleiben; erst bei «... der weiteren Durchdringung des Landes ...» sollte entschieden werden, ob sie «... an Ort und Stelle belassen werden können oder an die Sonderkommandos abzugeben sind ...» Kommissare, die im rückwärtigen Heeresgebiet «... wegen zweifelhalten Verhaltens ergriffen werden, sind an die Einsatzgruppe bzw. Einsatzkommandos der Sicherheitspolizei (SD) abzugeben ...»[979].

In der Einleitung zum Kommissarbefehl war aufgeführt: «... In diesem Kampf ist Schonung und völkerrechtli-

che Rücksichtnahme diesen Elementen gegenüber falsch ...»[980]

Die Truppenkommissare der sowjetischen Armee – verantwortlich für die politische Schulung der Soldaten – waren vollwertige Angehörige der kämpfenden Truppe; sie waren bewaffnete Uniformträger und an besonderen Abzeichen als Kommissare zu erkennen.

Entgegen den Bestimmungen des Völkerrechts und im besonderen des Kriegsrechts sollten nach diesem Befehl Kriegsgefangene, die alle rechtlichen Erfordernisse von Soldaten erfüllten, ohne kriegs- und standgerichtliche Verfahren getötet werden. Mit der Bereitschaft, Truppenkommissare zu erschießen, wurde die Wehrmacht unmittelbar in die Verbrechen der nationalsozialistischen Führung verstrickt. Sowohl persönliche eugenaussagen als auch dienstliche Vollzugsmeldungen geben Aufschluß darüber, daß der Kommissarbefehl in mehreren Fällen ausgeführt wurde.

Die im Kommissarbefehl angeführte Zusammenarbeit zwischen der Wehrmacht und Einsatzgruppen der Sicherheitspolizei und des SD beruhte auf einer Vereinbarung zwischen der Wehrmacht und dem *Reichsführer-SS und Chef der Deutschen Polizei*, Heinrich Himmler, vom 26. März 1941. Danach hatten Sicherheitspolizei und Sicherheitsdienst der SS, SD, im rückwärtigen Armee- und Heeresgebiet die Aufgabe, «... im Rahmen ihres Auftrages in eigener Veranwortung gegenüber der Zivilbevölkerung Exekutivmaßnahmen zu treffen ...»[981].

Ende 1943 wurde – um den nationalsozialistischen Einfluß in der Wehrmacht zu verstärken – auf Grund eines Befehls

Hitlers vom 22. Dezember 1943 ein NS-Führungsstab beim Oberkommando der Wehrmacht gebildet; der Befehl bestimmte weiterhin, daß den Kommandeuren der einzelnen Wehrmachtsteile «NS-Führungsoffiziere»[982], abgekürzt NSFO, beigegeben werden sollten.

Nach dem 20. Juli 1944 mußte die Wehrmacht wesentliche ihrer Befugnisse an die Waffen-SS und an die SS abgeben: die Führung des militärischen Geheimdienstes, das Kriegsgefangenenwesen und den Oberbefehl über das Ersatzheer, die Reservetruppen der Wehrmacht.

Generalfeldmarschall Wilhelm Keitel, Chef des Oberkommandos der Wehrmacht, und Generaloberst Alfred Jodl, Chef des Wehrmachtsführungsstabes im Oberkommando der Wehrmacht, wurden im *Nürnberger Prozeß* zum Tode verurteilt und hingerichtet.

Siehe *Schaubild Organisation des Oberkommandos der deutschen Wehrmacht* (S. 279), *Besetzte Gebiete, Generalgouvernement, 20. Juli, Waffen-SS, Nürnberger Prozeß, Germanisierung, Lebensraum, Reichskonkordat.*

Wehrwirtschaftsführer   war ein Begriff, der 1936 geprägt wurde.

Wehrwirtschaftsführer waren vor allem *Betriebsführer* und Unternehmer, die Betriebe der Rüstungsindustrie oder andere kriegswichtige Unternehmen leiteten.

Zu Wehrwirtschaftsführern – Wehrwirtschaft bedeutete Kriegswirtschaft – ernannten der Wehrwirtschaftsstab der *Wehrmacht* und das Reichswirtschaftsministerium «... deutsche Staatsbürger, die sich um den materiellen Aufbau der Wehrmacht besondere Verdienste erworben haben oder erwerben ...»[983]

Die Wehrwirtschaftsführer waren innerhalb ihrer Betriebe mit besonderen Vollmachten ausgestattet, um eine termin- und qualitätsgerechte Lieferung der in ihren Betrieben hergestellten Erzeugnisse garantieren zu können. Sie konnten Nachtarbeit anordnen oder Versetzungen von Belegschaftsangehörigen vornehmen, ohne die zuständigen Behörden um Genehmigung zu fragen.

Während des Zweiten Weltkrieges, 1939–1945, waren die Wehrwirtschaftsführer uk-gestellt, das hieß – weil unabkömmlich –, vom Wehrdienst freigestellt. Sie konnten auch für ihre Belegschaftsmitglieder *Uk-Stellungen* befürworten.

Nach nationalsozialistischer Darstellung aus dem Jahre 1937 kam mit der Ernennung zum Wehrwirtschaftsführer «... die freiwillige Mitarbeit der Wirtschaft an allen Aufgaben der Landesverteidigung zum Ausdruck, entsprungen aus der wehrwirtschaftlichen Gesinnung und aus der Verpflichtung jedes einzelnen an die Wehrmacht ...»[984]. Etwa seit März 1939 erhielten Wehrwirtschaftsführer ein besonderes Abzeichen, das an der linken Brustseite des Jacketts getragen werden konnte.

Siehe *Vierjahresplan, Wehrmacht, Organisation Todt.*

Weimarer System   (Weimarer Republik). System oder Weimarer System waren verächtliche Ausdrücke der Nationalsozialisten für die nach dem Ersten Weltkrieg 1919 gegründete Weimarer Republik. In Reden und Veröffentlichungen beschimpften die führenden Nationalsozialisten die Einrichtungen der Republik, setzten deren Vertreter herab und verhöhnten ihre Verdienste: «... Hitler erfüllt das Vermächtnis der zwei Millionen toten Kameraden des Weltkrieges, die nicht starben für das heutige System der langsamen Vernichtung unseres Volkes ... Sie alle werden ... den Männern des Systems, die ihnen Freiheit und Würde versprachen, aber Steine und Phrasen statt Brot geben, zurufen: Euch kennen wir zur Genüge, jetzt sollt ihr uns kennenlernen! ...»[985]

Die Bezeichnung Weimarer Republik bezog sich auf die republikanische Verfassung, die 1919 von der Verfassungsgebenden Deutschen Nationalversammlung in Weimar ausgearbeitet worden war. Danach war das Deutsche Reich eine demokratische Republik, das heißt, die Staatsgewalt ging vom Volke aus. Staatsoberhaupt war der Reichspräsident, der für sieben Jahre in geheimer Wahl vom Volk gewählt wurde. Der Reichspräsident ernannte den Reichskanzler. Die Gesetzgebende Versammlung war der Reichstag. Die Abgeordneten wurden von den demokratischen Parteien als Kandidaten benannt und vom Volk in geheimer Wahl gewählt.

Das deutsche Reichsgebiet war in 17 Länder aufgeteilt. Die Länder hatten eigene Verfassungen, eigene frei gewählte Parlamente – die Landtage – und für die Landesverwaltung eigene Regierungen. Finanzen, Außenpolitik und Verteidigung waren Reichsangelegenheiten. Der Reichsrat bildete die Vertretung der Länder auf Reichsebene.

Die Richtlinien der Politik des Reiches bestimmte der Reichskanzler als Chef der Reichsregierung.

Der Reichspräsident vertrat das Deutsche Reich nach außen, er war Oberbefehlshaber der Streitkräfte und hatte das Recht, den Reichstag aufzulösen und «... wenn im Deutschen Reiche die öffentliche Sicherheit und Ordnung erheblich gestört oder gefährdet wird, die zur Wiederherstellung der öffentlichen Sicherheit und Ordnung nötigen Maßnahmen ...»[986] zu treffen.

Eine dieser Maßnahmen war laut Artikel 48 der Weimarer Verfassung die Möglichkeit, für die Zeit eines Notstandes vorübergehend sogenannte Notverordnungen zu erlassen. Mit solchen Notverordnungen setzten die Nationalsozialisten unmittelbar nach der *Machtübernahme* die meisten der in der Verfassung garantierten demokratischen Grundrechte außer Kraft.

Die Weimarer Verfassung blieb auch nach der Machtübernahme 1933 gültig – sie war jedoch von Hitler durch den Mißbrauch ihrer Möglichkeiten tatsächlich außer Kraft gesetzt.

Siehe *Machtübernahme, Ermächtigungsgesetz, Gleichschaltung.*

Weiße Rose war der Name einer Widerstandsgruppe in München, in der sich vorwiegend Studenten zusammengefunden hatten und in deren Mittelpunkt die Geschwister Sophie und Hans Scholl, Alexander Schmorell, Christoph Probst und Willi Graf standen.

Mit dem Rat und der Unterstützung von Kurt Huber, einem Professor der Philosophie, begannen die Mitglieder der Weißen Rose im Frühjahr 1942, Flugblätter zu verteilen, in denen sie zum Kampf gegen Adolf Hitler und die Herrschaft der Nationalsozialisten aufriefen: «... Obgleich wir wissen, daß die nationalsozialistische Macht militärisch gebrochen werden muß, suchen wir eine Erneuerung des schwer verwundeten Geistes von innen zu erreichen. Dieser Wiedergeburt muß aber die klare Erkenntnis aller Schuld, die das deutsche Volk auf sich geladen hat, und ein rücksichtsloser Kampf gegen Hitler und seine allzu vielen Helfershelfer ... vorausgehen ...»[987]

Die Mitglieder der Gruppe verteilten die Flugblätter nicht nur in der Münchener Universität, sondern auch in anderen großen Städten wie Stuttgart, Frankfurt und Mannheim; die Gruppe unterhielt außerdem Verbindungen zu Widerstandsgruppen an den Universitäten Hamburg, Berlin und Wien.

Während einer Rede des *Gauleiters* der *NSDAP* vor den Studenten der Münchener Universität, in der er die Studentinnen aufforderte, lieber Kinder in die Welt zu setzen als zu studieren, kam es im Januar 1943 zu lauten Protesten in der Versammlung und am Nachmittag desselben Tages in der Münchener Innenstadt zu der ersten offenen Demonstration gegen Hitler und die Nationalsozialisten.

Anfang Februar 1943 wagten einige Mitglieder der Weißen Rose, mit weißer Ölfarbe Parolen gegen Hitler an die Wände der Universität zu malen. Am 18. Februar 1943 wurden die Geschwister Scholl in der Universität verhaftet, als sie erneut Flugblätter verteilten. In dem letzten Flugblatt der Weißen Rose stand unter anderem; «... Der Tag der Abrechnung ist gekommen, der Abrechnung der deutschen Jugend mit der verabscheuungswürdigsten Tyrannis, die unser Volk je erduldet hat. Im Namen der deutschen Jugend fordern wir vom Staat Adolf Hitlers die persönliche Freiheit, das kostbarste Gut des Deutschen, zurück, um das er uns in der erbärmlichsten Weise betrog ... Es gibt für uns nur eine Parole: Kampf gegen die Partei! Heraus aus den Parteigliederungen, in denen man uns weiter politisch mundtot halten will ...»[988]

Das Flugblatt schloß mit den Worten: «... Unser Volk steht im Aufbruch gegen die Verknechtung Europas durch den Nationalsozialismus, im neuen gläubigen Durchbruch von Freiheit und Ehre ...»[989]

In einem Prozeß vor dem *Volksgerichtshof* wurden Sophie und Hans Scholl, 22 und 25 Jahre alt, Alexander Schmorell, 26, und Willi Graf, 25 Jahre alt, zum Tode verurteilt. Christoph Probst, 24 Jahre alt, wurde am 19. Februar festgenommen. Alle fünf Widerständler wurden durch das Fallbeil hingerichtet.

Kurze Zeit später wurde Professor Huber verhaftet, im April 1943 begann der Prozeß gegen ihn und 13 weitere Mitglieder der Weißen Rose. In seinem Schlußwort bekannte sich Huber zu seinen Handlungen und sagte unter anderem: «... Was ich bezweckte, war die Weckung der studentischen Kreise, nicht durch eine Organisation, sondern durch das schlichte Wort, nicht zu einem Akt der Gewalt, sondern zur sittlichen Einsicht in bestehende schwere Schäden des politischen Lebens. Rückkehr zu klaren, sittlichen Grundsätzen, zum Rechtsstaat, zu gegenseitigem Vertrauen von Mensch zu Mensch, das ist nicht illegal, sondern umgekehrt die Wiederherstellung der Legalität ...»[990]

Huber wurde zum Tode verurteilt und im Juli 1943 hingerichtet, ebenso wie drei weitere Mitglieder der Weißen Rose.

Siehe *Kreisauer Kreis, Edelweißpiraten, Rote Kapelle, 20. Juli, Bekennende Kirche, Hitlerjugend.*

Winterhilfswerk, WHW. Das Winterhilfswerk, auch Winterhilfe genannt, war eine alljährlich während der Wintermonate von den Nationalsozialisten angeordnete Sammel- und Spendenaktion, die von der *NSV*, der Nationalsozialistischen Volkswohlfahrt, unter Einbeziehung verschiedenster Organisationen der *NSDAP* durchgeführt wurde. Das Winterhilfswerk unterstand der Aufsicht durch das *Propagandaministerium*; der Ertrag des WHW sollte zur Unterstützung ausgewählter Hilfsbedürftiger verwendet werden. Das Winterhilfswerk wurde im Winter 1933/34 zum erstenmal mit großem Propagandaaufwand veranstaltet, die Aktion wurde als «... das große Gemeinschaftsopfer der Nation» hingestellt, «zu dem jeder Deutsche das Seine beitragen muß ...»[991]. Das Winterhilfswerk sollte eine «... zusätzliche Fürsorgeaktion für alle wirklich hilfsbedürftigen Volksgenossen ...»[992] sein.

Wer hilfsbedürftig war, ging aus einer nationalsozialistischen Darlegung über die Aufgabenstellung der NSV hervor: «... Darum werden nur rassisch wertvolle, erbgesunde Familien von der NSV unterstützt ...»[993] Jüdische Familien oder Menschen mit vermeintlich erbbedingten Krankheiten wurden nicht zu den Hilfsbedürftigen gerechnet.

Bis zum Ende der nationalsozialistischen Herrschaft in Deutschland, 1945, war das Winterhilfswerk ein alljährlich in Werbeaufrufen angekündigtes und in Presse und Propaganda breit dargestelltes Ereignis. Die Bevölkerung wurde oft unter erheblichem Druck aufgefordert, ihre Beiträge zu den Spenden und Sammlungen zu leisten. In Aufrufen, die an alle Haushaltungen verteilt wurden, erinnerte die Winterhilfe säumige Spender daran, daß «... der nationalsozialistische Staat ... diese fahnenflüchtigen ... Menschen, die ... nur Rechte für sich beanspruchen, aber Pflichten und Volksgemeinschaft nicht kennen, auf die Dauer als Staatsbürger nicht anerkennen ...»[994] werde. Häufig wurden in der Presse Menschen, die sich den angeblich freiwilligen Spenden entzogen, als «... Saboteure des Winterhilfswerks ...»[995] angegriffen.

Neben den Haussammlungen, bei denen sich die Spender in Listen eintragen mußten, wurden in jedem Jahr im Rahmen des Winterhilfswerks mehrere «Reichsstraßensammlungen»[996] veranstaltet. Mitarbeiter der NSV, Angehörige der *Hitlerjugend*, der *SA*, der *SS* und der *Deutschen Arbeitsfront/DAF*, auch hohe Parteiführer der NSDAP, Offiziere, bekannte Künstler und Sportler verkauften bei diesen Sammlungen Abzeichen, Bildheftchen in der Form kleiner Taschenkalender mit Fotografien Adolf Hitlers, Holzfiguren oder Plaketten mit Märchenfiguren, Vögeln oder Blumen. Bei allen Abzeichen handelte es sich um Serien, wodurch die Sammelfreude – und damit Spendenfreude – geweckt werden sollte. Eine weitere Sammelaktion, die im Winter 1935/36 über 31 Millionen Reichsmark erbrachte, war der «Eintopfsonntag»[997]: Die gesamte Bevölkerung wurde an bestimmten Sonntagen aufgerufen, nur einfache Eintopfgerichte zu essen und das gesparte Geld dem Winterhilfswerk zu spenden; Mitarbeiter der NSV gingen in die Haushalte, um den Ertrag einzusammeln. Wenige Menschen hatten den Mut, eine Spende zu verweigern. An den Eintopfsonntagen veranstaltete das Winterhilfswerk auch häufig Gemeinschaftsessen auf öffentlichen Plätzen zugunsten des WHW.

1937 wurde nach nationalsozialistischen Angaben der höchste Spendenertrag durch die «Barspende»[998] erzielt. Barspende hieß, daß in den meisten Betrieben in den Monaten Oktober bis März allen Lohn- und Gehaltsempfängern ein Betrag für das WHW – zwischen zehn und fünfzehn Prozent der Lohnsteuer – zusammen mit ihren Pflichtabgaben als freiwillige Spende abgezogen wurde. Auf den Lohnstreifen war eine besondere Spalte für die Winterhilfsspende aufgeführt.

Dieses Abzugsverfahren wurde den Betroffenen einfach bekanntgegeben: «... Der Vereinfachung halber werden daher vom 1. Oktober ab die entsprechenden Beträge von den Lohn- und Gehaltsabzügen aller Arbeitskameraden einbehalten und an das WHW abgeführt werden ...»[999]

Außer den Geldspenden wurden Sachspenden gesammelt. Die Bauern wurden aufgefordert, zentnerweise Kartoffeln oder Zucker zu spenden, jeder Haushalt wurde zu «Lebensmittelpfundsammlungen[1000], zum Beispiel Mehl, Zucker oder Grieß, aufgerufen. Helfer des WHW verteilten dafür Tüten mit entsprechenden Aufdrucken: 1 Pfund Zucker, 1 Pfund

Mehl und so fort. Die gefüllten Tüten wurden nach etwa zwei Wochen von dem Blockwalter der NSV, dem zuständigen Vertreter der NSV im *Block*, abgeholt, wobei der Blockwalter wieder leere Tüten zur erneuten Füllung übergab.

Das Winterhilfswerk brachte sehr hohe Geldsummen ein. Nach nationalsozialistischen Angaben betrugen die Einnahmen des WHW 1933/34 358 Millionen Reichsmark, bei der letzten Sammlung vor Beginn des Zweiten Weltkrieges 566 Millionen Reichsmark. Während des Zweiten Weltkrieges wurde das Winterhilfswerk als Kriegswinterhilfswerk bezeichnet. Die Sammelaktionen gingen unverändert weiter. Im Winter 1942/43 erbrachten die Sammlungen 1595 Millionen.

Aus den nur unregelmäßig veröffentlichten Abrechnungen des WHW ging hervor, daß die Einnahmen zunehmend nicht im Rahmen der Winterhilfe verteilt, sondern für die laufende Wohlfahrtsarbeit der Nationalsozialisten, vor allem der NSV verwendet wurden.

Siehe *Wunschkonzert*, *Deutsche Arbeitsfront*, *Judenverfolgung*, *erbkranker Nachwuchs*, *Volksgemeinschaft*.

Wunderwaffen war während der letzten Jahre des Zweiten Weltkrieges, 1939–1945, ein Schlagwort der nationalsozialistischen Propaganda, das – nachdem sich seit dem Winter 1942/43 die deutsche Niederlage deutlich abzuzeichnen begann – in der deutschen Bevölkerung die Hoffnung auf eine entscheidende Wende der Kämpfe durch neue Waffen wecken sollte.

Mitte 1944 war die Stimmung der deutschen Bevölkerung verzweifelt und weitgehend hoffnungslos. In einem der regelmäßigen Stimmungsberichte des *Propagandaministeriums* stand: «... Die Bevölkerung treibe immer mehr dem Glauben entgegen, daß der Krieg nicht mehr gewonnen werden könne, wenn nicht ein Wunder geschehe ...»[1001]

Deshalb wurde vom Propagandaministerium die Hoffnung auf den Einsatz kriegsentscheidender deutscher Wunderwaffen genährt. Wie sich während des *Nürnberger Prozesses* herausstellte, hatte «... Goebbels ein Spezialressort zur Verbreitung dieser Gerüchte eingerichtet ...»[1002]

Der damalige Rüstungsminister Albert Speer erklärte dagegen: «... Ich kann von mir aus nur sagen, daß ich diesen Gerüchten aufs energischste entgegentreten werde ... Ich habe immer wieder gesagt, daß Wunderwaffen nicht zu erwarten sind, und habe auch dem Führer mehrmals schriftlich gegeben, daß ich diese ganze Propaganda für absolut verkehrt halte ...»[1003]

1944 verfügte die deutsche *Wehrmacht* tatsächlich über zwei neuartige Waffen, die seit Juni beziehungsweise September 1944 eingesetzt wurden, die V1 – ein ferngesteuerter Flugkörper mit Stahltriebwerk, der 1000 Kilogramm Sprengstoff beförderte – und die V2 – eine Flüssigkeitsrakete, die ebenfalls 1000 Kilogramm Sprengstoff transportierte. V war die Abkürzung für Vergeltungswaffe. Mit den weitreichenden Raumwaffen wurden insbesondere die Städte London und Antwerpen beschossen. Die Geschosse richteten schwere Schäden an, und sie verbreiteten Schrecken unter der Bevölkerung der beschossenen Städte, da es gegen die anfliegende V2 – auf Grund ihrer Geschwindigkeit – keine Vorwarnung gab.

Mit V1 und V2 wurde keine Wende des Krieges herbeigeführt – er wurde dadurch nur verlängert.

Siehe *Volkssturm, besetzte Gebiete, Totaler Krieg, Propagandaministerium, Deutsche Wochenschau.*

Wunschkonzert. Das «Wunschkonzert für die Wehrmacht»[1004] war von 1939, dem ersten Jahr des Zweiten Weltkrieges, bis 1944 eine der beliebtesten Rundfunksendungen in Deutschland. Es wurde jeden Sonntag von 16 bis 20 Uhr als öffentliche Sendung mit Publikum aus dem Großen Sendesaal in Berlin ausgetrahlt. Die Sendung sollte eine Verbindung zwischen den Soldaten an der Front und den Angehörigen in der Heimat herstellen und ihr Gefühl für die Zusammengehörigkeit aller in der oft beschworenen *Volksgemeinschaft* festigen.

Eingerahmt von klassischer Musik, vor allem aber von Schlagern, Schnulzen, Märschen, Volks- und Soldatenliedern, wurden Nachrichten, Grüße und Wünsche von der Front in die Heimat und umgekehrt übermittelt. Oft war es nach langer Zeit die erste Nachricht, die Menschen voneinander erhielten. Vorgelesen wurden die Grüße, häufig als Gedichte geschrieben, von berühmten Schauspielern, es sangen und spielten die bekanntesten Künstler.

Ein beliebter Teil der Sendung war, eingeleitet von Säuglingsgeschrei, das «Geburtenregister»[1005]: Oft erfuhren Soldaten so von der Geburt ihres Kindes, lange bevor die Feldpost mit der brieflichen Nachricht sie erreichen konnte.

Das erste Geschenk eines Hörers von ½ Pfund Butter für jede Mutter eines in der Sendung angesagten Babys löste eine nicht endenwollende Spendenaktion in den folgenden Sendungen aus: Von Kücheneinrichtungen über Babywagen zu Rasierklingen, Zigaretten, Lebensmitteln und Urlaubsplätzen für Soldaten wurde nahezu alles gespendet.

Die Live-Sendung wurde vom *Propagandaministerium* und von der *Wehrmacht* aufmerksam kontrolliert. Das Programm wurde vom Reichspropagandaminister Joseph Goebbels drei Tage vor der Sendung begutachtet; trotzdem gab es oft in letzter Minute Änderungen, wenn zum Beispiel noch telegrafische Grüße oder Nachrichten eintrafen. Ein Zensuroffizier der Wehrmacht hatte Vollmacht, die Sendung bei ihm verdächtigen Ablauf unter dem Vorwand einer technischen Störung sofort abzubrechen.

Entstanden war das «Wunschkonzert für die Wehrmacht» aus dem «Wunschkonzert für das Winterhilfswerk»[1006], das 1935 von einem Ansager beim Deutschlandsender in Berlin angeregt worden war. Diese Sendung lief jedes Winterhalbjahr bis März 1939. Für die Erfüllung der Hörerwünsche wurde Geld gespendet, das dem *Winterhilfswerk* übergeben wurde, einer Einrichtung der *NSV*, der Nationalsozialistischen Volkswohlfahrt.

Siehe *Heimatfront*, *Volksgemeinschaft*, *Reichsrundfunkkammer*.

Z

20. Juli. Das Datum ist zum Kennzeichen des aktiven militärischen Widerstandes gegen Adolf Hitler und die durch ihn ausgeübte nationalsozialistische Gewaltherrschaft geworden.

Am 20. Juli 1944 versuchte Oberst Claus Graf Schenk von Stauffenberg Adolf Hitler in dessen Wolfsschanze genannten Hauptquartier bei Rastenburg im ehemaligen Ostpreußen mit einer Sprengladung zu töten. Nach dem Attentat sollte General Fellgiebel die Nachrichtenzentrale des Führerhauptquartiers abschalten und damit die nationalsozialistischen Führer für die entscheidenden Stunden nach Hitlers Tod von der Außenwelt abschneiden. Zu gleicher Zeit sollten die im Berliner Oberkommando des Heeres in der Bendlerstraße versammelten Offiziere des Widerstandes das Stichwort «Walküre»[1007] ausgeben. Der «Walküre»-Plan war eine für den Fall innerer Unruhe in Deutschland vorgesehene Maßnahme: Alle verfügbaren Einheiten des Ersatzheeres sollten die strategischen Schlüsselpositionen, Kommandozentralen, Behörden, Ministerien, Rundfunk-, Bahn- und Fernmeldezentralen besetzen.

Vom Widerstandskreis sollte zugleich mit dem Stichwort Walküre der Befehl zur Verhaftung aller *SS*-, *Gestapo*- und Parteiführer gegeben werden. In der Bendlerstraße war auch der verabschiedete Generaloberst Ludwig Beck anwesend. Er war als zukünftiges Staatsoberhaupt vorgesehen und eine der zentralen Persönlichkeiten des Widerstandes.

Das Attentat auf Hitler mißlang jedoch, da die Besprechung, an der Stauffenberg teilnahm, statt im *Führerbunker* in der Lagebaracke des Führerhauptquartiers stattfand. In dem leicht gebauten Holzgebäude verpuffte die Hauptwirkung der Explosion. Hitler wurde nur leicht verletzt. Das Stichwort Walküre wurde zu spät ausgegeben und nur zum Teil befolgt. Nur in Paris und Wien waren alle SS- und Parteiführer vollzählig verhaftet worden. Der von Stauffenberg und hohen Offizieren der *Wehrmacht* geplante Staatsstreich konnte nicht stattfinden.

Der militärische Widerstandskreis hatte sich bereits 1938 gebildet; an seiner Spitze stand der Generaloberst Ludwig Beck, der damalige Chef des Generalstabes des Heeres. Auch nachdem Beck – er wollte nicht länger die Verantwortung für Hitlers militärische Pläne übernehmen – um seine Entlassung nachgesucht hatte, blieb er im Mittelpunkt der Widerstandsgruppen, an denen auch führende Männer aus dem bürgerlichen Widerstand beteiligt waren. Die Offiziere arbeiteten mehrere Umsturzpläne aus – zuerst vor dem deutschen Einmarsch in die Tschechoslowakei, dann vor dem Angriff auf Frankreich, schließlich während des Krieges gegen die Sowjetunion Ende 1941. Keiner der Pläne kam zur Ausführung. Im entscheidenden Augenblick zögerten immer wieder einige der Offiziere.

Angesichts der anfänglichen Erfolge der deutschen Wehrmacht zu Beginn des Zweiten Weltkrieges erschien vielen die Stimmung unter den jüngeren Offizieren und in der deutschen Bevölkerung für einen Staatsstreich nicht günstig. Die unmittelbaren Vorbereitungen für das

Attentat vom 20. Juli 1944 begannen erst im Laufe des Jahres 1943, als sich die militärische Niederlage der deutschen Wehrmacht bereits deutlich abzeichnete. In dem Bestreben, eine weitere Zerstörung Europas zu verhindern, entschieden sich die Offiziere jetzt zu einem Anschlag auf Hitler. Drei Versuche während des Jahres 1943 scheiterten infolge unvorhersehbarer Zufälle.

Im August 1943 schloß sich Stauffenberg dem Widerstandskreis an. Im Frühjahr 1944 erhielt er einen militärischen Posten, der ihm direkten Zugang zu Hitler verschaffte; Stauffenberg entschloß sich, den Anschlag selbst auszuführen. Am 20. Juli 1944 legte er eine Sprengstoffladung mit Zeitzünder, verborgen in seiner Aktentasche, im Besprechungsraum ab. In der Annahme, der Anschlag sei geglückt, flog Stauffenberg – wie im Plan vorgesehen – nach Berlin zurück. Er wußte nicht, daß Hitler bei dem Attentat nur leicht verletzt worden war.

Die von Hitler sofort befohlenen Gegenmaßnahmen machten den Umsturz zunichte. Noch am Abend desselben Tages wurden Stauffenberg und drei andere hohe Offiziere des Widerstandskreises standrechtlich erschossen. Beck beging einen qualvollen Selbstmord. Genaue Zahlen über die Opfer des Widerstandes, die im Zusammenhang mit dem 20. Juli 1944 verhaftet, angeklagt und hingerichtet wurden, sind nach dem heutigen Kenntnisstand nicht anzugeben. Gegen zahlreiche Widerständler – darunter viele Mitglieder des *Kreisauer Kreis*es, die schon 1941, verstärkt 1944 Kontakte zu dem Widerstandskreis der Offiziere aufgenommen hatten – fanden entwürdigende Prozesse vor dem *Volksgerichtshof* statt. Gegen alle Angeklagten wurde die Todesstrafe verhängt; viele wurden – um sie noch im Sterben zu entehren – an Fleischerhaken aufgehängt und erwürgt. Gegen vermutliche Mitwisser der Verschwörung entfesselte die Gestapo eine gnadenlose Menschenjagd; gegen die Familienangehörigen der Widerständler wurde *Sippenhaftung* verhängt.

Siehe *Kreisauer Kreis*, *Weiße Rose*, *Rote Kapelle*, *Edelweißpiraten*, *Bekennende Kirche*, *Wehrmacht*.

Quellenangaben

In dieser Liste sind die Bücher aufgeführt, aus denen die Zitate in den Artikeln entnommen sind.

Die vollständige Titel-, Autor- und Verlagsnennung bei abgekürzten Angaben ist unter der am Ende der Quellenangaben in Klammern angegebenen Ziffer zu finden.

Die häufigsten Abkürzungen in den Zitatnachweisen sind:

AA = Auswärtiges Amt
A. d. P. = Aus der Pressekonferenz
IfZ = Institut für Zeitgeschichte, München
IMT = International Military Tribunal (Kriegsverbrecherprozeß vor dem Internationalen Militärgerichtshof Nürnberg)
Nbg. Dok; N. D. = Nürnberger Dokumente
PS = Akten des IMT
RGBl = Reichsgesetzblatt

1 Rede Mussolinis am 28. 9. 1937; zit. nach P. Meier-Benneckenstein (Hg.), Dokumente der deutschen Politik, 2. Aufl., Bd. V, Nr. 28, S. 169
2 Dr. Kurt Zentner, Illustrierte Geschichte des Dritten Reiches, Südwest Verlag, München 1965, S. 378
3 Hans Buchheim, September 1955; Gutachten des Instituts für Zeitgeschichte, Selbstverlag, München 1958, S. 317
4 Adolf Hitler, Mein Kampf. Zentralverlag der NSDAP Frz. Eher Nachf. München 1938, S. 1
5 Walther Hofer, Die Diktatur Hitlers, VMA Verlag Wiesbaden 1965, S. 136

6 ITM Bd. XXXIV (102–C); zit. nach Walther Hofer, Der Nationalsozialismus, Dokumente 1933–1945, Fischer Taschenbuch Verlag, Frankfurt am Main, Februar 1974, S. 197
7 RGBl 1938, I, Nr. 21
8, 9 RGBl 1937, II, Nr. 4, S. 28 ff.
10 Akten zur deutschen auswärtigen Politik 1918–1945, Serie D, Bd. 1, Baden-Baden 1950, S. 600; zit. nach W. Hofer, Dokumente, S. 192 (6)
11 RGBl 1935, Nr. 23, S. 311
12 RGBl 1935, Teil I, Nr. 50, S. 602 ff.
13, 14 Erlaß des Reichsführers-SS und Chef der Deutschen Polizei vom 26. 1. 1938 (B. Nr. 9–PP–II E–7677/37g); zit. nach Gutachten des Instituts für Zeitgeschichte, dva, Stuttgart, Juni 1959, Hans Buchheim, S. 190.
15 Rundschreiben des Geheimen Staatspolizeiamtes vom 18. 11. 1938; zit. nach Gutachten des Inst. f. Zeitgeschichte, S. 191
16 RGBl 1933, I, Nr. 34, S. 175
17 RGBl 1933, I, Nr. 37, S. 195
18 Meyers Lexikon, Leipzig 1936–1942, Band 1, 1936, Spalten 556/557
19 Meyers Lex., Bd. 1, 1936, Sp. 52
20, 21 Meyers Lex., Bd. 1, 1936, Sp. 556/557
22 Lammers an Frick v. 9. 3. 1933; zit. nach H. D. Bracher, Stufen der Machtergreifung, Ullstein, Berlin 1974, S. 566, Anmerkung 96 zu S. 382
23 Meyers Lex., Bd. 1, 1936, Sp. 557
24 RGBl 1935, I, S. 1146
25 Das Leben, Bd. 4 A, Biologisches Unterrichtswerk für höhere Schulen, B. G. Teubner, Leipzig/Berlin 1941, S. 287
26 Das Leben, Band 4 A, S. 281 (25)
27 Juristische Wochenschrift, H 4, 1939, S. 219; zit. nach Cornelia Berning, Vom Abstammungsnachweis zum Zuchtwart, Vokabular des Nationalsozialis-

mus, Verlag W. de Gruyter u. Co., Berlin 1964, S. 23

28 Bericht der Untersuchungskommission über Arisierungen im Gau Franken 1938 / 1939, Prozeß (L 2), XXVIII, S. 238; zit. nach Eberhard Aleff, Das Dritte Reich, Edition Zeitgeschehen, Fackelträger Verlag Hannover 1970, S. 84

29 Jurist. Wochenschrift, H 4, 1939, S. 219; zit. nach C. Berning, Vokabular des Nationalsozialismus, S. 23(27)

30 Anatomie des SS-Staates, Band 2, Martin Broszat: Konzentrationslager, Hans-Adolf Jacobsen: Kommissarbefehl, Helmut Krausnick: Judenverfolgung, dtv dokumente, Deutscher Taschenbuch Verlag, München 1979, S. 274

31 Meyers Lex., Bd. 9, 1942, Sp. 61

32 RGBl 1935, I, S. 1146

33 Meyers Lex., Bd. 9, 1942, Sp. 63

34 Vortrag des Chefs der Dienststelle Vierjahresplan v. Januar 1939, Nbg. Dok. NO-5591; zit. nach Gutachten d. Inst. f. Zeitgesch., dva, Stuttgart, Juni 1959, S. 193

35 Erlaß des Reichsführers-SS und Chefs der Deutschen Polizei vom 26. 1. 1938 (B Nr. S–PP–II E–7677 / 37g); zit. nach Gutachten d. Inst. f. Zeitgesch., dva, Stuttgart Juni 1959, Hans Buchheim, S. 190

36–38 Schnellbrief des Reichskriminalpolizeiamtes Tgb. Nr. RKPA 60^{01} / 205.38; zit. nach Gutachten d. Inst. f. Zeitgesch., dva, Stuttgart Juni 1959, S. 191

39–41 Aussagen von SS-Bewachungspersonal des KZ Auschwitz in Interviews; zit. nach E. Demant (Hg.), Auschwitz – «Direkt von der Rampe weg ...», Rowohlt Taschenbuch Verlag, Reinbek b. Hamburg 1979, S. 38

42 Aussagen von SS-Bewachungspersonal zit. nach E. Demant, Auschwitz, S. 30(39)

43 Aussagen von SS-Bewachungspersonal zit. nach E. Demant, Auschwitz, S. 31(39)

44 Aussagen von SS-Bewachungspersonal zit. nach E. Demant, Auschwitz, S. 41(39)

45 Aussagen von SS-Bewachungspersonal zit. nach E. Demant, Auschwitz, S. 65(39)

46 Ernst Schnabel, Anne Frank, Spur eines Kindes, Fischer Taschenbuch Verlag, Frankfurt a. M. 1958, S. 134

47 H. Schmitz, Die Bewirtschaftung der Lebensmittel und Verbrauchsgüter 1939–1950, Essen 1956, S. 185

48, 49 RGBl 1940, I, S. 1547 und S. 1554

50 Verordnung über das Kriegsausgleichsverfahren v. 30. 11. 1939; zit. nach Die gesetzlichen und außergesetzlichen Maßnahmen zur wirtschaftlichen Vernichtung der Juden in Deutschland 1933–1945, Jewish Trust Corporation for Germany, Hamburg o. J ., S. 11, Nr. 139

51 Nationalsozialistische Baukunst, in: Mitteilungsblatt RKdbK vom 1. 9. 1937, S. 1; zit. nach Joseph Wulf, Die Bildenden Künste im Dritten Reich, Rowohlt Verlag, Reinbek 1966, S. 255

52 Protokoll Senatssyndikus Eiffe – Tagebuch Krogmann, Eintrag v. 21. 1. 1939; zit. nach Jochen Thiess, Architekt der Weltherrschaft, Die Endziele Hitlers, Droste Verlag, Düsseldorf 1976, S. 78

53 Libres Propos, S. 82, 17. 10. 41; zit. nach J. Thiess, Architekt d. Weltherrschaft, S. 81(52)

54 Kunst im Dritten Reich, Dokumente der Unterwerfung, Katalog, Frankfurt 1975, S. 60

55 Kunst im Dritten Reich, S. 56(54)

56 A. Teut, Architektur im Dritten Reich, S. 13; zit. nach Kunst im Dritten Reich, S. 106(54)

57, 58 Martin Klaus, Mädchen in der Hitlerjugend, Pahl-Rugenstein-Verlag, Köln 1980, S. 50

59 Günther Kaufmann, Das kommende Deutschland, Berlin 1940; zit. nach M. Klaus, Mädchen in der Hitlerjugend, S. 191(57)

60 M. Klaus, Mädchen in der Hitlerjugend, S. 207(57)

61 A. Hitler, Mein Kampf, S. 459(4)

62 Meyers Lex., Bd. 6, 1939, Sp. 630

63, 64 HJ im Krieg, Sept. 1943; zit. nach M. Klaus, Mädchen in der Hitlerjugend, S. 254(57)

65 RGBl 1935, I, S. 49

66 Die kirchlichen Aufgaben des Notbundes, formuliert von V. Rabenau im September 1933, in: Gauger, Chronik der Kirchenwirren, S. 103; zit. nach W. Hofer, Dokumente, S. 13(6)

67 RGBl 1935, I, Nr. 104, S. 1178

68 Gesetzblatt der Deutschen Evangelischen Kirche vom 10. 8. 1934; zit. nach W. Hofer, Dokumente, S. 137(6)

69 K. Zentner, Drittes Reich, S. 404(2)

70, 71 RGBl 1933, I, Nr. 34, S. 175

72 RGBl 1933, I, Nr. 37, S. 195

73 RdErlaß v. 14. 7. 1933, RMinbliV 1933, 887; zit. nach Diemut Majer, «Fremdvölkische» im Dritten Reich, Boppard a. Rhein 1981, S. 161

74 RGBl 1933, I, Nr. 34, S. 175

75 Meyers Lex., Bd. 1, 1936, Sp. 556

76, 77 RGBl 1933, I, Nr. 34, S. 175

78 Martin Broszat, Nationalsozialistische Polenpolitik 1939–1945, Fischer Taschenbuch Verlag, Frankfurt am Main, 1965, S. 36

79 Hektographierter Text d. Rede Franks v. 9. 2. 1940 in: Pol. Arch. AA: Pol V, Nr. 210 (Polit. Bez. Polens zu Dtschld.) S. 140 ff.; zit. nach M. Broszat, Nationalsoz. Polenpolitik, S. 70(78)

80, 81 Lexikon zur Geschichte und Politik im 20. Jahrhundert, Band L–Z, Büchergilde Gutenberg, Mainz 1971, S. 848

82 Meyers Lex., Bd. 1, 1936, S. 1268

83–87 RGBl 1934, I, Nr. 7, S. 45

88–92 RGBl 1934, I, Nr. 7, S. 50

93 RGBl 1934, I, Nr. 7, S. 45

94, 95 Organisationsbuch der NSDAP, Zentralverlag der NSDAP Franz Eher Nachf., München 1936, S. 98

96 Meyers Lex., Bd. 8, 1940, Sp. 127

97–99 Org.buch der NSDAP 1936, S. 100–103(94)

100 Org.buch der NSDAP 1936, S. 110(94)

101 Eugen Kogon, Der SS-Staat, Wilhelm Heyne Verlag, München 1977, S. 83

102 Brockhaus-Lexikon 1941

103 A. Hitler, Mein Kampf, s. Widmung Hitlers(4)

104–106 RGBl 1935, I, S. 1146

107 Meyers Lex., Bd. 9, 1942, Sp. 63

108 RGBl 1935, I, Nr. 125, S. 1333

109 RGBl 1935, I, S. 1334

110, 111 Org.buch der NSDAP 1936, S. 532 und 531(94)

112 RGBl 1935, I, S. 1334

113, 114 Meyers Lex., Band 1, 1936, Sp. 1488

115 RGBl 1933, I, S. 685

116 Das Leben, Bd. 4A, S. 303(25)

117, 118 Meyers Lex., Band 1, 1936, Sp. 1489

119 Gritzbach, Hermann Göring-Reden und Aufsätze, München 1939, S. 27, in: IMG, XXIX, S. 27, Dok. P. S. 1856; zit. nach Jacques Delarue, Geschichte der Gestapo, Athenäum/Droste Taschenbücher Geschichte, Königstein/Düsseldorf 1979, S. 41

120 Schallaufnahmen politischen Inhalts des Deutschen Rundfunks, 31. Januar

1933 bis 15. Januar 1935, Berlin 1935, S. 51; zit. nach Joseph Wulf, Literatur und Dichtung im Dritten Reich, Rowohlt Taschenbuch Verlag, Reinbek b. Hamburg 1966, S. 46

121 Deutsche Kultur-Wacht, 1933, Heft 9, S. 15; zit. nach J. Wulf, Literatur und Dichtung, S. 44 (120)

122 Deutsche Kultur-Wacht, 1933, Heft 9, S. 15; zit. nach J. Wulf, Literatur und Dichtung, S. 45 (120)

123 Neuköllner Tageblatt vom 12. 5. 1933; zit. nach J. Wulf, Literatur und Dichtung, S. 50 (120)

124 Die Schwarze Liste, in: Münchener Neueste Nachrichten vom 18. 5. 1933, gekürzt; zit. nach J. Wulf, Literatur und Dichtung, S. 64 (120)

125 Siegfried Bork, Mißbrauch der Sprache, Francke Verlag, Bern und München 1970, S. 82

126 Brief Amann an Frau Paul Ludwig Troost v. 30. Juni 1940; zit. nach Joseph Wulf, Presse und Funk im Dritten Reich, Rowohlt Taschenbuch Verlag, Reinbek b. Hamburg 1966, S. 160

127 A. d. P. v. 28. 1. 1942; zit. nach Jürgen Hagemann, Die Presselenkung im Dritten Reich, Bouvier u. Co., Bonn 1970, S. 82

128 Org.buch der NSDAP 1936, S. 418 (94)

129 Schreiben der Redaktion 21. 6. 38 RFSS Filmrolle 509; zit. nach Heinz Höhne, Der Orden unter dem Totenkopf, Die Geschichte der SS, Bertelsmann, München, o. J., S. 207

130 Alfred Rosenberg, Der Mythus des 20. Jahrhunderts, München 1938, S. 22/23

131 A. Rosenberg, Mythus, S. 688 (130)

132 Tischgespräch am 11. 4. 1942; zit. nach Henry Picker, Hitlers Tischgespräche im Führerhauptquartier, Stuttgart 1976, S. 213

133 A. Rosenberg, Mythus, S. 2 (130)

134 Fred Hahn, Lieber Stürmer!, Seewald Verlag, Stuttgart 1978, S. 7

135 Fred Hahn, Lieber Stürmer!, Seewald Verlag, Stuttgart 1978, Titel

136 F. Hahn, Lieber Stürmer!, S. 84f. (134)

137 F. Hahn, Lieber Stürmer!, S. 190 (134)

138 F. Hahn, Lieber Stürmer!, S. 228 (134)

139 F. Hahn, Lieber Stürmer!, S. 235 (134)

140 F. Hahn, Lieber Stürmer!, S. 228 (134)

141 Runderlaß des Reichs- und Preußischen Ministers des Innern vom 26. November 1935 (Ministerial-Blatt für die preußische innere Verwaltung 1935, S. 1429)

142 Meyers Lex., Bd. 9, 1942, Sp. 63

143 Das Leben, Bd. 3, B. G. Teubner, Leipzig/Berlin 1942, S. 44

144 Org.buch der NSDAP 1936, S. 185 (94)

145 BA: R 43 II/531 – «Aufruf an alle schaffenden Deutschen»; zit. nach Martin Broszat, Der Staat Hitlers, dtv Weltgeschichte, München, 8. Aufl., Juni 1979, S. 192

146 Hans-Gerd Schumann, Nationalsozialismus und Gewerkschaftsbewegung, Die Vernichtung der deutschen Gewerkschaften und der Aufbau der «Deutschen Arbeitsfront», Bd. 6 der Schriftenreihe des Instituts für wissenschaftliche Politik in Marburg/Lahn 1958, S. 173; zit. nach H. J. Winkler, Legenden um Hitler, Zur Politik und Zeitgeschichte, Heft 7, Berlin 1961, S. 19, hg. vom Otto-Suhr-Institut der Freien Universität Berlin und von der Landeszentrale für Politische Bildungsarbeit

147, 148 «Verordnung des Führers» v. 24. Oktober 1934, Org.buch der NSDAP 1936, S. 185 (94)

149 Org.buch der NSDAP 1936, S. 192 (94)

150 Meyers Lex., Bd. 2, 1937, Sp. 559

151 Hans Reichhardt, Die Deutsche Arbeitsfront, Ein Beitrag zur Geschichte des nationalsozialistischen Deutschlands und zur Struktur des totalitären Herrschaftssystems, Diss. 1956 Berlin, S. 63; zit. nach H. J. Winkler, Legenden, S. 23 (146)

152, 153 1. Reichstagung der Deutschen Christen in Berlin am 3. und 4. 4. 1933; zit. nach K. Zentner, Drittes Reich, S. 386 (2)

154 Richtlinien der Kirchenbewegung. Deutsche Christen in Thüringen, Joachim Beckmann, Kirchliches Jahrbuch für die Ev. Kirche in Deutschland 1933–1944; zit. nach W. Hofer, Dokumente, S. 131 (6)

155 Joachim Gauger (Hg.) Chronik der Kirchenwirren, S. 111; zit. nach W. Hofer, Dokumente, S. 132 (6)

156 Ludwig Heyde in: «Presse, Rundfunk und Film im Dienste der Volksführung». Dresden 1943; zit. nach F. Courtade / P. Cadars, Geschichte des Films im Dritten Reich, Büchergilde Gutenberg / Hanser, Mainz / München 1975 / 1976; S. 15

157 Léon Poliakov / Joseph Wulf, Das Dritte Reich und seine Diener, arani, Berlin 1955, S. 118

158, 159 RGBl 1938, I, S. 652

160 RGBl 1938, I, Nr. 170

161 RGBl 1939, I, S. 206 / 207

162–164 RGBl 1940, II, Nr. 41, S. 280 f.

165, 166 Meyers Lex., Bd. 3, 1937, Sp. 268 f.

167 Hans Schwarz, Das Dritte Reich, Hamburg 1931, S. 6; zit. nach C. Berning, Vokabular des Nationalsozialismus, S. 56 (27)

168 Anweisungen der Pressekonferenz (Sammlung Brammer, BA Koblenz); zit. nach C. Berning, Vokabular des Nationalsozialismus, S. 57 (27)

169 Aus einem Gestapobericht vom 9. 12. 1935, in: B. Vollmer, Volksopposition im Polizeistaat, Gestapo- und Regierungsberichte 1934–1936, Stuttgart 1957; zit. nach C. Berning, Vokabular des Nationalsozialismus, S. 58 (27)

170, 171 Bericht eines Kölner Jugendrichters vom 7. 11. 1943; zit. nach Detlev Peukert, Die Edelweißpiraten, Bund-Verlag Köln 1980, S. 40

172 Lagebericht der Stapo-Leitstelle Düsseldorf, undatiert (1943); zit. nach D. Peukert, Edelweißpiraten, S. 32 (170)

173–175 Reichsminister für Justiz, 4210–IV a ^{3} 317 / 44 vom 26. 10. 44; zit. nach Peukert, Edelweißpiraten, S. 135 ff. (170)

176 Hans Rothfels, Die Deutsche Opposition gegen Hitler, Fischer, Frankfurt am Main 1960, S. 18

177, 178 RGBl 1935, I, S. 1246

179, 180 RGBl 1935, I, S. 1334 ff.

181–185 Meyers Lex., Bd. 6, 1939, Sp. 1093

186 RdErlaß des RFK vom 16. 2. 1942, Akten des Stabshauptamtes des RFK Mikrofilm IfZ MA 125 / 3 Bl. 373 707 ff.; zit. nach M. Broszat, Nationalsoz. Polenpolitik, S. 120 (78)

187 Nbg. Dok. NO-4324 / 51; zit. nach M. Broszat, Nationalsoz. Polenpolitik, S. 123 (78)

188 Erlaß Himmlers als RKF vom 12. 9. 1940, PS-916, IMT Bd. XXXI, S. 291; zit. nach Joseph Ackermann, Himmler als Ideologe, Göttingen 1976, S. 207

189 Ausspruch Himmlers in: Deutsche Arbeit, Heft 6 / 7 1942 PS 2915, IMT, Bd. XXXI, S. 281; zit. nach J. Ackermann, Himmler als Ideologe, S. 205 (188)

190, 191 M. Broszat, Nationalsoz. Polenpolitik, S. 119 (78)

192 RGBl 1942, I, Nr. 9, S. 51

193–196 RdErl des RKF v. 16. 2. 1942, Mikrofilm IfZ, MA 125 / 3, Bl. 373 707 ff.; zit. nach M. Broszat, Nationalsoz. Polenpolitik, S. 120(78)

197 Schreiben v. 15. 12. 1942 des Hauptamtes für Volkstumsfragen i. d. Reichsltg. d. NSDAP, Mikrofilm IfZ MA 125 / 12, S. 385779; zit. nach M. Broszat, Nationalsoz. Polenpolitik, S. 201(78)

198 Archiv der Hauptkommission ATW Prozeß Nr. VIII NO 5235; zit. nach Roman Hrabar / Zofia Tokarz / Jacek E. Wilczur, Kinder im Krieg – Krieg gegen Kinder, Rowohlt Taschenbuch Verlag, Reinbek bei Hamburg 1981, S. 185

199 M. Broszat, Nationalsoz. Polenpolitik, S. 123(78)

200 Akte Stabs HA / RKF Mikrofilm IfZ MA 125 / 3, S. 373 796; zit. nach M. Broszat, Nationalsoz. Polenpolitik, S. 201(78)

201 Nbg. Dokumente PS-447 IMT Bd. XXVI, S. 54; zit. nach Anatomie des SS-Staates, Bd. 2, S. 298(30)

202 Aktenvermerk Reinhard Heydrichs v. 2. Juli 1940; zit. nach Anatomie des SS-Staates, Bd. 1, Hans Buchheim: Die SS – das Herrschaftsinstrument Befehl und Gehorsam, dtv dokumente, Deutscher Taschenbuch Verlag, München 1979, S. 72

203 Nbg. Dok. NOKW 256 u. 2080; zit. nach Anatomie des SS-Staates, Bd. 2, S. 299(30)

204 Chef d. Sicherheitspolizei u. d. SD, B Nr. IV – 1180 / 41 Gh. Rs. Berlin, d. 2. Juli 1941; zit. nach Anatomie des SS-Staates, Bd. 2, S. 300(30)

205 IMT Bd. XXXVII, S. 672, 687; zit. nach Anatomie des SS-Staates, Bd. 2, S. 301(30)

206 Verhör O. Ohlendorfs, Chef der Einsatzgruppe D, zit. nach W. L. Shirer, Aufstieg und Fall des Dritten Reiches, Manfred Pawlak Verlagsgesellschaft mbH, Herrsching, S. 877

207 IMT Bd. XXXVI, S. 317 ff., Nbg. Dok. NO 3146 (Fotokopie IfZ München); zit. nach Anatomie des SS-Staates, Bd. 2, S. 310(30)

208 Nürnberg, Dok. NG 2586 / PS-710; zit. nach Anatomie des SS-Staates, Bd. 2, S. 306 / 307(30)

209 Rede vor dem Reichstag 30. 1. 1939; zit. nach H. G. Adler, Der verwaltete Mensch, J. C. B. Moler, Tübingen 1974, S. 62

210 AA (ET / 66) u. (NG-3104); zit. nach H. Adler, Der verwaltete Mensch, S. 28 / 29 (209)

211 IMT Bd. XXXVII, S. 672 / 687; zit. nach Anatomie des SS-Staates, Bd. 2, S. 301(30)

212 Zit. nach Anatomie des SS-Staates, Bd. 2, S. 306 / 307(30)

213 IMT Bd. XXIX, S. 502 f. PS-2233; zit. nach Wolfgang Scheffler, Judenverfolgung im Dritten Reich, Colloquium Verlag, Berlin 1964, S. 80

214 Das Reich, Deutsche Wochenzeitung, Nr. 40, 1. Oktober 1944, S. 1, Sp. 5

215 Robert Scholz in: Deutsche Kultur-Wacht, 1933, Heft 10, S. 5 gekürzt; zit. nach: Joseph Wulf, Die Bildenden Künste im Dritten Reich, S. 54(51)

216 Westdeutscher Beobachter v. 28. 7. 1937; zit. nach J. Wulf, Bildende Künste, S. 358(51)

217 Aufsatz von Hermann Dames in: Nationalsozialistische Erziehung, 1935, S. 83–85; zit. nach J. Wulf, Bildende Künste, S. 343(51)

218 Aufsatz Hermann Dames; zit. nach J. Wulf, Bildende Künste, S. 342(51)

219 Gesetz über Einziehung von Erzeugnissen entarteter Kunst vom 31. 5. 1938, in: Deutschland 1938, bearbeitet von

Dr. Hans Volz, Bibliotheksleiter der Hochschule für Politik, Teil 2, Berlin 1939, S. 669; zit. nach J. Wulf, Bildende Künste, S. 377 (51)

220 Meyers Lex., Bd. 3, 1937, Sp. 938

221–226 RGBl 1933, I. S. 685

227–230 Meyers Lex., Bd. 3, Sp. 944

231 A. Hitler, Mein Kampf, S. 438 (4)

232 A. Hitler, Mein Kampf, S. 449 (4)

233 A. Hitler, Mein Kampf, S. 446 / 447 (4)

234, 235 RGBl 1933, I, S. 529

236, 237 Runderlaß des Reichsministerium des Innern v. 27. 2. 1934; Az IIla II 713 / 34 – MinBl. IV 1934, Nr. 10, 455; zit. nach D. Majer, «Fremdvölkische» im Dritten Reich, S. 182 (73)

238–240 Meyers Lex., Bd. 9, 1942, Sp. 56 / 57

241, 242 RGBl 1933, I, Nr. 25, S. 141

243 Regierungserklärung vor dem Reichstag am 23. 3. 1933, zit. nach: Max Domarus, Hitler, Reden 1932–1945, kommentiert von einem deutschen Zeitgenossen, Bd. I und IV, Wiesbaden 1973, S. 237

244 Aufzeichnung von Karl Bachem (Zentrum) v. 25. März 1933, in: Erich Matthias, Rudolf Morsey (Hg.), Das Ende der Parteien 1933, Veröffentlichung der Kommission für Geschichte des Parlamentarismus und der politischen Parteien, Düsseldorf 1960, S. 432

245 Nürnberger Dokumente NO-824, zit. nach: A. Mitscherlich, F. Mielke (Hg.), Medizin ohne Menschlichkeit, Dokumente des Nürnberger Ärzteprozesses, Frankfurt / M., Hamburg 1960, S. 184

246 Zit. nach: D. Majer, «Fremdvölkische» im Dritten Reich, S. 183 (73)

247 Zit. nach: L. Gruchmann, Euthanasie und Justiz im Dritten Reich, in: Vierteljahreshefte für Zeitgeschichte, Heft 3, 1972, dva, Stuttgart, S. 238

248 Zit. nach: L. Gruchmann, Euthanasie und Justiz im Dritten Reich, S. 242 (247)

249 RGBl 1935, I, S. 1146

250 Zit. nach: L. Gruchmann, Euthanasie und Justiz im Dritten Reich, S. 243 (247)

251 Zit. nach: L. Gruchmann, Euthanasie und Justiz im Dritten Reich, S. 243 (247)

252 Predigt von Bischof Clemens August von Galen in der St. Lamberti-Kirche in Münster am 3. August 1941, in: Johann Neuhäusler, Kreuz und Hakenkreuz. Der Kampf des Nationalsozialismus gegen die katholische Kirche und der kirchliche Widerstand, München 1946, 2. Teil, S. 365 f.; zit. nach W. Hofer, Dokumente, S. 164 (6)

253 RGBl 1933, I, S. 191

254 Kleines Politisches Wörterbuch, Dietz-Verlag, Berlin 1973, S. 209

255 Offizieller Text nach Eher-Broschüre, außerdem Wiedergabe im «Völkischen Beobachter» Nr. 122 v. 2. 5. 1933; zit. nach Domarus I, S. 261 (243)

256 Hagemann, Die Presselenkung, S. 273 (4. 1. 40) (127)

257 Personenstandsverordnung der Wehrmacht, RGBl 1942, I, S. 595 und 597

258 Schreiben vom Reichsminister der Luftfahrt und Oberbefehlshaber der Luftwaffe v. 26. 1. 1943; zit. nach Hans-Dietrich Nicolaisen, Die Flakhelfer, Ullstein, Berlin 1981, S. 234

259 R 41 / 289 / 112; zit. nach Hans Pfahlmann, Fremdarbeiter und Kriegsgefangene in der deutschen Kriegswirtschaft 1939–1945, Inaugural-Dissertation, Würzburg 1964, S. 21

260 RGBl 1942, I, S. 179, Nr. 40

261 ND III 487; zit. nach H. Pfahlmann, Fremdarbeiter, S. 22 (259)

Quellenangaben

262 C. Kuczak: Polscy robotnicy przymuso-
wi w III Rseszy podczas II wodny swia-
towej, Poznan 1974, S. 58; zit. nach
R. Hrabar, Kinder im Krieg, S. 78 (198)

263 Anatomie des Krieges, Berlin (DDR)
1969, S. 393 f.

264 Heinz Bergschicker, Deutsche Chronik
1933–1945, Ost-Berlin 1981, S. 461

265 M. Broszat, Nationalsozial. Polenpolitik, S. 109 (78)

266 Frauengruppe Faschismusforschung,
Mutterkreuz und Arbeitsbuch, Zur
Geschichte der Frauen in der Weimarer
Republik und im Nationalsozialismus,
Fischer Taschenbuch Verlag, Frank-
furt am Main 1981, S. 313

267 Frauengruppe Faschismusforschung,
Foto S. 293 (266)

268 Frauengruppe Faschismusforschung,
S. 313 (266)

269 D. Majer, «Fremdvölkische» im Dritten Reich, S. 306 (73)

270 BA Sammlung Schumacher, 271; zit.
nach D. Majer, «Fremdvölkische» im
Dritten Reich, S. 305 (73)

271 Anmerkung 33: Ermächtigung, zit.
nach den Ausführungen des Reichsju-
stizministers auf der Tagung der Ober-
landesgerichtspräsidenten und Gene-
ralstaatsanwälte vom 11./12. 2. 1943 in
Berlin, Niederschrift BA R 22/4200.
Nicht bekannt ist, ob diese Ermächtigung lediglich nur mündlich oder in
schriftlicher Form erfolgte; zit. nach
D. Majer, «Fremdvölkische» im Dritten Reich, S. 306 (73)

272 Vierteljahresschrift f. Zeitgeschichte,
5. Jg., Heft 2, April 1957, S. 196–198
(Auszug); zit. nach Terror und Widerstand 1933–1945, Herausgeber: Landeszentrale für politische Bildungsarbeit Berlin 1964, Blatt 88

273 Erlaß des Führers und Reichskanzlers
zur Festigung deutschen Volkstums
vom 7. Oktober 1939; zit. nach Anatomie des SS-Staates, Bd. 1, S. 182/183
(202)

274 Ilse Staff, Justiz im Dritten Reich, Fischer, Frankfurt am Main 1964,
S. 221–224; zit. nach Terror und Widerstand 1933–1945, Blatt B 14 (272)

275 Keitels Richtlinien zur Weisung 21 v.
13. März 1941; zit. nach Alexander Dal-
lin, Deutsche Herrschaft in Rußland
1941–1945, Droste Verlag, Düsseldorf
1958, S. 40

276 L. Poliakov/J. Wulf, Das Dritte Reich
und die Juden, Berlin-Grunewald,
[2]1955, S. 213

277, 278 Dr. Kurt Zentner, Illustrierte Geschichte des Zweiten Weltkrieges, Südwest Verlag München, 2. Aufl. 1964,
S. 28

279 PS-686, vgl. «Völkischer Beobachter»,
v. 26. 10. 1939; zit. nach Anatomie des
SS-Staates, Bd. 1, S. 182, Anmerkung
176 (202)

280, 281 Meyers Lex., Bd. 4, 1938, Spalten
802–806

282 Meyers Lex., Bd. 4, 1938, Sp. 1085

283 A. Hitler, Mein Kampf, S. 500 (4)

284 Meyers Lex., Bd. 4, Spalten 802–806

285–287 Ernst Rudolf Huber, «Verfassungsrecht des Großdeutschen Reiches», 2. Aufl. 1939, S. 213 und 230; zit.
nach Anatomie des SS-Staates, Bd. 1,
S. 16 (202)

288 RGBl 1934, Teil I, S. 747

289 Ernst Rudolf Huber, «Verfassungsrecht des Großdeutschen Reiches»,
2. Aufl. 1939, S. 213 und 230; zit. nach
Anatomie des SS-Staates, Bd. 1,
S. 16 (202)

290 Dr. Werner Best, «Die Deutsche Polizei»; zit. nach Anatomie des SS-Staates
Bd. 1, S. 17/18 (202)

291 Martin Broszat, Der Staat Hitlers, S. 353 (145)

292 Anordnung der Parteikanzlei v. 29. April 1944, zit. nach Anatomie des SS-Staates, Bd. 1, S. 19 (202)

293 Otto Koellreutter, «Der Deutsche Führerstaat», Tübingen 1934, S. 13, 15 ff.; zit. nach W. Hofer, Dokumente, S. 82 / 83 (6)

294 Wilhelm Hehlmann, Pädagogisches Wörterbuch, Alfred Kröner Verlag, Stuttgart 1941, S. 170

295 Prozeß I, NO 365; abgedruckt (englisch) in: Trials ... I, S. 870 und 888; zit. nach Gerald Reitlinger, Die Endlösung, Colloquium Verlag, Berlin 1979, S. 144

296 Gerstein Bericht (IMT , Dok. PS 1553–RF 350); zit. nach Adalbert Rückerl, NS-Vernichtungslager, dtv dokumente, München 1977, S. 65

297 Schilderung des Lagerkommandanten von Auschwitz Höß; zit. nach Das Urteil von Nürnberg, dtv dokumente, München 1961, S. 131

298 Aussage eines Angehörigen des SS-Bewachungspersonals in einem Interview; zit. nach Gitta Sereny, Am Abgrund. Eine Gewissensforschung, Ullstein, Frankfurt am Main 1979, S. 116

299, 300 Org.buch der NSDAP 1936, S. 98 (94)

301, 302 Org.buch der NSDAP 1936, S. 137 / 138 (94)

303 Meyers Lex., Bd. 9, 1942, Sp. 251

304, 306, 307 Meyers Lex., Bd. 4, 1938, Sp. 1085

305 A. Hitler, Mein Kampf, S. 510 (4)

308 Rede Dr. J. Goebbels am Vorabend des Geburtstags von Hitler am 19. April 1945 über Rundfunk; zit. nach Heinz Rein, Finale Berlin, Dietz-Verlag, Berlin 1951, S. 379 – 381

309, 310 Geheimes Zusatzprotokoll zum Deutsch-Sowjetischen Nichtangriffspakt v. 23. 8. 1939; Department of State (Hg.) Das Nationalsozialistische Deutschland und die Sowjetunion 1939 – 1941. Akten aus dem Archiv des Deutschen Auswärtigen Amtes (Berlin) 1948, S. 86; zit. nach W. Hofer, Dokumente, S. 230 (6)

311 M. Broszat, Nationalsozialistische Polenpolitik, S. 36 (78)

312 M. Broszat, Nationalsozialistische Polenpolitik, S. 71 (78)

313 Bericht über den Aufbau im Generalgouvernement bis 1. Juli 1940, v. d. Reg. d. GG f. d. Dienstgebr. ersg. masch. schriftl.; Inst. f. Zeitgesch. Arch. Sign. ED 6, Bd. 1, S. 62; zit. nach M. Broszat, Nationalsoz. Polenpolitik, S. 74 (78)

314 PS-686, vgl. «Völkischer Beobachter» v. 26. 10. 1939; zit. nach Anatomie des SS-Staates, Bd. 1, S. 182 / 183 (202)

315 Nürnberger Dokumente NO-3031; zit. nach M. Broszat, Nationalsozialistische Polenpolitik, S. 165 (78)

316 A. Hitler, Mein Kampf, S. 428 (4)

317 Erlaß Himmlers als RFK v. 12. 9. 40 PS 2916, IMT Bd. XXXI S. 291; zit. nach J. Ackermann, Himmler als Ideologe, S. 207 (188)

318 A. Rosenberg, Mythus, S. 81 (130)

319 A. Rosenberg, Mythus, S. 119 (130)

320 A. Hitler, Mein Kampf, S. 742 (4)

321 A. Hitler, Mein Kampf, S. 362 (4)

322 Rede Himmlers am 8. 11. 1938; zit. nach J. Ackermann, Himmler als Ideologe, S. 207 (188)

323 Niederschrift über die Behandlung der Fremdvölkischen; zit. nach J. Ackermann, Himmler als Ideologe, S. 218 (188)

324 A. Hitler, Mein Kampf, S. 438 (4)

325 Schreiben v. 15. 12. 1942 des Hauptam-

tes für Volkstumsfragen in der Reichsltg. der NSDAP, Mikrofilm IfZ MA 125/12 S. 385 779; zit. nach M. Broszat, Nationalsoz. Polenpolitik, W. 201(78)

326 Archiv IfZ Fotokopie Fa 78; zit. nach H. D. Loock, Zur «Großgermanischen Politik» des Dritten Reiches, S. 56

327 Preußisches Gesetz, S. 21; zit. nach Anatomie des SS-Staates, Bd. 1, S. 46 (202)

328 Anatomie des SS-Staates, Bd. 1, S. 47 (202)

329 Werner Best, Die Geheime Staatspolizei 1936; zit. nach E. Aleff, Das Dritte Reich, S. 74(28)

330 Meyers Lex., Bd. 6, 1939, Sp. 615

331 Hans-Helmut Dietze, Die Rechtsgestalt der Hitlerjugend, Berlin 1939; zit. nach K. Zentner, Drittes Reich, S. 353(2)

332 «Völkischer Beobachter» 27. 5. 1936 (Ausschnittbüro der Wiener Library, London); zit. nach George L. Mosse, Der Nationalsozialistische Alltag, So lebte man unter Hitler, Athenäum Verlag, Königstein 1978, S. 66

333 Meyers Lex., Bd. 3, 1937, Sp. 1439

334 RGBl 1933, I, S. 173

335 RGBl 1934, I, Nr. 11, S. 75

336 RBGl 1933, I, Nr. 135, S. 1016

337 «Berliner Lokalanzeiger» v. 11. 9. 1935, Morgenausgabe; zit. nach Joseph Wulf, Musik im Dritten Reich, Rowohlt Taschenbuch Verlag, Reinbek b. Hamburg 1966, S. 165/166

338 Meyers Lex., Bd. 1, 1936, Sp. 1303

339, 340 RGBl 1935, I, S. 502

341 Org.buch der NSDAP 1936, S. 88(94)

342 RGBl 1933, I, S. 1016

343 «Das Reich», Nr. 19/29. 9. 1940, S. 6; zit. nach C. Berning, Vokabular des Nationalsozialismus, S. 96(27)

344 «Völkischer Beobachter» Nr. 48 v. 17. 2. 1933; zit. nach M. Domarus, Hitlerreden 1932–1945, Bd. 1, S. 211(243)

345 S. Bork, Mißbrauch der Sprache, S. 82 (125)

346 «Das Reich», Nr. 19/29. 9. 1940; zit. nach C. Berning, Vokabular des Nationalsozialismus, S. 96(27)

347 A. Rosenberg (Hg.), Das Parteiprogramm, Wesen, Grundsätze und Ziele der NSDAP, München [2]1941, S. 15 ff.; zit. nach W. Hofer, Dokumente, S. 28(6)

348 A. Hitler, Mein Kampf, S. 741(4)

349 Anweisung der Pressekonferenz vom 21. 3. 1938, Nr. 392; zit. nach C. Berning, Vokabular des Nationalsozialismus, S. 97(27)

350 Rede A. Hitlers v. 26. 9. 1938; zit. nach Wolfgang Ruge und Wolfgang Schumann (Hg.), Dokumente zur Deutschen Geschichte 1936–1939, Berlin (DDR) 1975, S. 88

351 A. Hitler, Mein Kampf, S. 557(4)

352 Rosenberg-Aufsatz anläßlich des Parteitages der NSDAP im Juli 1926; zit. nach dtv-Lexikon politischer Symbole, dtv, München 1970, S. 113

353 Verordnung des Führers und Reichskanzlers über das Hoheitszeichen des Reiches v. 5. 11. 1935; zit. nach dtv-Lexikon politischer Symbole, S. 14 (352)

354 RGBl 1935, I. S. 1333

355, 356 Ergänzende Erläuterungen zu § 5 Absatz 2 der 1. Verordnung zum Reichsbürgergesetz; zit. nach Hitlergesetze XIII, Reclam Universalbibliothek Nr. 7321, S. 25

357 Ministerialblatt für die preußische innere Verwaltung 1935, S. 1429 f.; zit. nach Hitlergesetze, Reclam, S. 40 (355)

358 «Der Stürmer»; zit. nach K. Zentner, Drittes Reich, S. 515(2)

359 Hitlergesetze Reclam, S. 41 (355)

360 RGBl 1935, I, S. 1333

361 Geheimverfügung des OKW über «Die Behandlung jüdischer Mischlinge in der Wehrmacht»; zit. nach H. G. Adler, Der verwaltete Mensch, S. 295 (209)

362 Protokoll der Wannsee-Konferenz, Dokument des Intern. Militärgerichtshofes; zit. nach SS im Einsatz, Eine Dokumentation über die Verbrechen der SS, Kongreß-Verlag, Berlin 1957, S. 119

363 Verf. II, S. 157 der Partei-Kanzlei v. 25. Sept. 1942; zit. nach H. G. Adler, Der verwaltete Mensch, S. 296 (209)

364 Org.buch der NSDAP 1936, S. 437 (94)

365 RGBl 1936, I, Nr. 113, S. 993

366, 367 Aufbaudienst, Herausgeber Befehlsstelle Südost der Reichsjugendführung Wien 1938; zit. nach Arno Klönne, Hitlerjugend, Die Jugend und ihre Organisation im Dritten Reich, Norddeutsche Verlagsanstalt O. Goedel, Frankfurt/Main 1956, S. 32

368 B. v. Schirach, Die Hitlerjugend, Idee und Gestalt, Berlin 1934; zit. nach Elke Nyssen, Schule im Nationalsozialismus, Quelle und Meyer, Heidelberg 1979, S. 48

369 Der Großdeutsche Freiheitskampf, Reden Adolf Hitlers, III. Band, vom 16. März 1941, bis 15. März 1942, Zentralverlag der NSDAP, Franz Eher Nachf., München 1942, S. 84/85

370, 371 RGBl 1934, I, Nr. 137; S. 332 f.

372 Rede Hitlers zum Heldengedenktag 1940, in: Der Großdeutsche Freiheitskampf, Zentralverlag der NSDAP, München 1943, Bd. 1, S. 182

373 RGBl 1934, I, Nr. 98

374 RGBl 1936, I, Nr. 113, S. 993

375 Jugenddienstverordnung v. 25. März 1939, Zweite Durchführungsverordnung zum RGBl 1936, I, S. 993

376 B. v. Schirach, Die Hitlerjugend, S. 69; zit. nach A. Klönne, Hitlerjugend, S. 12 (366)

377 Meyers Lex., Bd. 6, 1939, Sp. 611

378 RGBl 1936, I, Nr. 113, S. 993

379, 380 Jugenddienstverordnung v. 25. 3. 39

381 Focke/Reimer, Alltag unterm Hakenkreuz, S. 44 (427)

382 Meyers Lex., Bd. 6, 1939, Sp. 619

383, 384 W. Hehlmann, Pädagog. Wörterbuch, S. 172 (294)

385 «Unser Dienst», Beilage zum Führerinnendienst Mädel-BDM-Werk (Kurhessen), 1944, S. 26 f.; zit. nach M. Klaus, Mädchen in der Hitlerjugend, S. 207 (57)

386 W. Hehlmann, Pädagog. Wörterbuch, S. 173 (294)

387 «Die HJ im Kriege», Jg. 1942, September, S. 2 f.; zit. nach M. Klaus, Mädchen in der Hitlerjugend, S. 252 (57)

388 RGBl 1939, II, Nr. 38, S. 968 f.

389, 390 Department of State (Hg.), Das nationalsozialistische Deutschland und die Sowjetunion 1939–1941. Akten aus dem Archiv des Deutschen Auswärtigen Amtes (Berlin) 1948, S. 86; zit. nach W. Hofer, Dokumente, S. 230/231 (6)

391 Neeße, Die Einigung der Jugend im Dritten Reich, in: Wille und Macht, Heft 21/1936, zit. nach A. Klönne, Hitlerjugend, S. 11 (366)

392 P. Aley, Jugendliteratur im Dritten Reich, Hamburg 1967, S. 137; zit. nach H. W. Koch, Geschichte der Hitlerjugend, Verlag R. S. Schulz, Percha 1979, S. 228

393 «Breslauer Beobachter» v. 1. 4. 1939; zit. nach K. Zentner, Drittes Reich, S. 355 (2)

394, 395 RGBl 1938, I, S. 1044

396 Runderlaß des Auswärtigen Amtes;

zit. nach Poliakov/Wulf, Das Dritte
Reich und seine Diener, S. 95 (157)

397 RGBl 1941, I, S. 547

398 St. 425 Dokumente über die Verfolgung der jüdischen Bürger in Baden-
Württemberg durch das nationalsozialistische Regime 1939–1945, Stuttgart
1966; zit. nach H. G. Adler, Der verwaltete Mensch, S. 54 (209)

399 St. 431; zit. nach H. G. Adler, Der verwaltete Mensch, S. 55 (209)

400 Fotografie in K. Zentner, Drittes Reich,
S. 80(2)

401 K. Zentner, Drittes Reich, S. 176(2)

402 «Der Stürmer», Mai 1934; zit. nach
K. Zentner, Drittes Reich, S. 179(2)

403 Fotografie in K. Zentner, Drittes Reich,
S. 522(2)

404 Fotografie in K. Zentner, Drittes Reich,
S. 522(2)

405 Dokument L-003; zit. nach L. Polia-
kov/J. Wulf, Das Dritte Reich und die
Juden, S. 199 (276)

406 A. Rosenberg, Das Parteiprogramm,
München 1941; zit. nach W. Hofer,
Dokumente, S. 28(6)

407 A. Hitler, Mein Kampf, S. 357(4)

408, 409 «Völkischer Beobachter», Süd-
deutsche Ausgabe, S. 1, Sp. 4 ff.; zit.
nach W. Scheffler, Judenverfolgung im
Dritten Reich, S. 68 (213)

410 RGBl 1933, I, S. 175

411, 412 Meyers Lex., Bd. 1, 1936, Sp. 556

413 Ausbildungsordnung für Juristen v.
22. 7. 1934; zit. nach L. Poliakov/
J. Wulf, Das Dritte Reich und seine Diener, S. 184 (157)

414 RGBl 1935, I, S. 1146

415 RGBl 1935, I, S. 1333 ff.

416 Zit. nach D. Majer, «Fremdvölkische»
im Dritten Reich, S. 294(73)

417 RGBl 1938, I, S. 1403

418 RGBl 1938, I, S. 1676

419 Polizeiverordnung v. 6. 12. 1938; zit.
nach Poliakov/Wulf, Das Dritte Reich
und seine Diener, S. 203 (157)

420 Nürnberg, Dok., NG 2586/PS 710; zit.
nach Anatomie des SS-Staates, Bd. 2,
S. 306/307(30)

421, 422 RGBl 1943, I, Nr. 64

423–425 G. Kaufmann, Das kommende
Deutschland, Berlin 1943; zit. nach
K. Zentner, Drittes Reich, S. 352(2)

426 «Unser Dienst», Beilage zum Führerinnendienst Mädel-BDM-Werk (Kurhessen), März 1944, S. 26 f.; zit. nach
M. Klaus, Mädchen in der Hitlerjugend, S. 207(57)

427 Aus dem Disziplinarrecht der Hitler-
Jugend; zit. nach Harald Focke/Uwe
Reimer, Alltag unterm Hakenkreuz.
Wie die Nazis das Leben der Deutschen
veränderten, Rowohlt Taschenbuch
Verlag, Reinbek 1979, S. 49

428 «Breslauer Beobachter» v. 1. 4. 1939;
zit. nach K. Zentner, Drittes Reich,
S. 355(2)

429 Focke/Reimer, Alltag unterm Hakenkreuz, S. 44 (427)

430 «Ewiges Deutschland», Monatsschrift
für den deutschen Volksgenossen, Januar 1937, S. 20

431 Org.buch der NSDAP 1936, S. 192 (94)

432 Hans von Tschammer und Osten, Der
Sport als Freizeitfaktor im neuen
Deutschland, Rede im Plenum des
Weltkongresses ‹Arbeit und Freude› in
Rom 1938, in: Reichardt, Die deutsche
Arbeitsfront, Diss. 1956, S. 175; zit.
nach H. J. Winkler, Legenden um Hit-
ler, S. 34 (146)

433, 434 Org.buch der NSDAP 1936,
S. 211(94)

435 Org.buch der NSDAP 1936, S. 210 (94)

436, 437 Org.buch der NSDAP 1936,
S. 192(94)

438 Die DAF, Berlin 1940, in: Hans-Gerd Schumann, Nationalsozialismus und Gewerkschaftsbewegung, Band 6 der Schriftenreihe des Instituts für wissenschaftliche Politik in Marburg/Lahn, 1958, S. 142; zit. nach H. J. Winkler, Legenden um Hitler, S. 36 (146)

439 Abbildung in H. Schmitz, Bewirtschaftung, S. 187 (47)

440 Focke/Reimer, Alltag unterm Hakenkreuz, S. 180 (427)

441, 442 H. Schmitz, Bewirtschaftung, S. 186 (47)

443 Focke/Reimer, Alltag unterm Hakenkreuz, S. 180 (427)

444, 445 Abbildungen in H. Schmitz, Bewirtschaftung, S. 112 u. 185 (47)

446 Meyers Lex., Bd. 8, 1940, Sp. 155

447 Org.buch der NSDAP 1936, S. 437 (94)

448 Das junge Deutschland, 1943, S. 103; zit. nach A. Klönne, Hitlerjugend, S. 30 (366)

449, 450 Org.buch der NSDAP 1936, S. 98 (94)

451, 452 Org.buch der NSDAP 1936, S. 131/132 (94)

453 RGBl 1935, I, S. 49

454 Ger van Roon, Neuordnung im Widerstand, München 1967, S. 403; zit. nach Ger van Roon, Widerstand im Dritten Reich, C. H. Beck, München 1979, S. 169/170

455 RGBl 1941, Teil I, Nr. 85, S. 463

456 Abgedruckt bei Michaelis-Schreeper (Hg.), Ursachen und Folgen, Eine Urkunden- u. Dokumentensammlung, Bd. XII, S. 682; zit. nach Bundeszentrale für politische Bildung, Bonn, S. 5

457 Aus dem Urteil d. Obersten Parteigerichts v. 28. Januar 1939 in Sachen des August Frühling und Genossen, S. 7 f.; Original im IfZ München; zit. nach W. Scheffler, Judenverfolgung, S. 73 (213)

458 Schnellbrief Reinhard Heydrichs an Hermann Göring v. 11. 11. 1938; zit. nach SS im Einsatz, S. 103 (362)

459 Original eines Durchführungsberichts in der Wiener Library London; zit. nach W. Scheffler, Judenverfolgung, S. 74 (213)

460 W. L. Shirer, Aufstieg und Fall, S. 402 (206)

461 RGBl 1938, I, S. 1581

462 RGBl 1938, I, S. 1579

463 Meyers Lex., Bd. 6, 1939, Sp. 1416

464 Vorläufige Bestimmungen über die Errichtung und Verwaltung von Konzentrationslagern; zit. nach SS im Einsatz, S. 151 (362)

465 Meyers Lex., Bd. 6, 1939, Sp. 1416

466 – 468 Bericht von Rudolf Diels, des damaligen Chefs der Politischen Abteilung des Berliner Polizeipräsidiums; zit. nach Anatomie des SS-Staates, Bd. 2, S. 22 (30)

469 IMG XXXVI, D-922; zit. nach Anatomie des SS-Staates, Bd. 2, S. 47 (30)

470 ND 778-PS; zit. nach W. L. Shirer, Aufstieg und Fall, S. 263 (206)

471 Kommandant in Auschwitz, Autobiographische Aufzeichnungen des Rudolf Höss, hg. von Martin Broszat, dtv, München 1963, S. 58 und S. 67

472, 473 Erlaßsammlung Vorbeugende Verbrechensbekämpfung; zit. nach Anatomie des SS-Staates, Bd. 2, S. 77 (30)

474 Kommandant in Auschwitz, S. 71 (471)

475, 476 BA: Sgl. Schumacher/271; zit. nach Anatomie des SS-Staates, Bd. 2, S. 87 und 88 (30)

477 Brief Heinrich Himmlers an Dr. S. Rasch v. 24. 10. 1942, Dokument des Intern. Militärgerichtshofes Nürnberg; zit. nach SS im Einsatz, S. 339 (362)

478, 479 Meyers Lex., Bd. 6, 1939, Sp. 245

480 B. v. Schirach, Die Hitlerjugend, 1938; zit. nach E. Nyssen, Schule im Nationalsozialismus, S. 40 (368)

481 A. Hitler, Mein Kampf, S. 739 (4)

482 Lexikon zur Geschichte und Politik im 20. Jahrhundert, Bd. L–Z, S. 462 (80)

483 A. Hitler, Mein Kampf, S. 438 (4)

484 Gunter d'Alquen, Die SS, Geschichte, Aufgaben und Organisation der Schutzstaffeln der NSDAP, Berlin 1939, S. 10

485–487 Bundesarchiv NS 19/1791 IfZ, Dokument Nr. 17, Himmlers «Grundgesetze» für den SS-Mann und SS-Führer

488 Erläuterungen zu § 2 Abs. 1 des Reichsbürgergesetzes, in: Hitlergesetze XIII, Reclam (355)

489 ND 1919-PS; zit. nach W. L. Shirer, Aufstieg und Fall, S. 855 (206)

490 Regierungsverordnung v. 28. Aug. 1939; zit. nach K. Zentner, Zweiter Weltkrieg, S. 369 (277)

491, 492 H. Schmitz, Bewirtschaftung, S. 41 und S. 42 (47)

493 H. Schmitz, Bewirtschaftung, S. 153 (47)

494 Abbildung in H. Schmitz, Bewirtschaftung, S. 174 (47)

495 A. Hitler, Mein Kampf, S. 438 (4)

496 A. Hitler, Mein Kampf, S. 731/732 (4)

497 A. Hitler, Mein Kampf, S. 739 (4)

498 Handschriftliche Aufzeichnungen des Generalleutnants Liebmann, IfZ, 167/51; zit. nach W. Hofer, Dokumente, S. 181 (6)

499 A. Hitler, Mein Kampf, S. 749 (4)

500 Offener Brief einer NS-Rassebiologin aus München v. 5. Nov. 1940, der NS-Dozentenschaft und dem NS-Dozentenbund überlassen; zit. nach G. Schmidt, Selektion in den Heilanstalten, Evangelisches Verlagswerk, Stuttgart 1965, S. 32

501 Das Leben, Bd. 3, S. 48 (143)

502 Das Leben, Bd. 3, S. 51 (143)

503 J. v. Ohlshausen (Hg.), Kommentar zum Strafgesetzbuch 12. Aufl. 3. Lieferung, S. 977; zit. nach Lothar Gruchmann, Euthanasie und Justiz im Dritten Reich, S. 237 (247)

504 Das Leben, Bd. 3, S. 50 (143)

505, 506 Meyers Lex., Bd. 7, 1939, Sp. 764

507 RGBl 1935, I, S. 827

508 Meyers Lex., Bd. 7, 1939, Sp. 766

509 Meyers Lex., Bd. 1, 1936, Sp. 556

510 Meyers Lex., Bd. 8, 1940, Sp. 142

511 Kurt Lüdecke, I knew Hitler, London 1938, S. 217/218; zit. nach A. Bullock, Hitler, Eine Studie über Tyrannei, Athenäum-Droste, Königstein/Düsseldorf 1977, S. 111

512 Meyers Lex., Bd. 3, 1937, Sp. 1435

513 Zit. nach A. Bullock, Hitler, S. 169 (511)

514 Meyers Lex., Bd. 3, 1937, Sp. 1436

515 Eidesstattl. Erklärung K. v. Schröders vor der amerikanischen Untersuchungsbehörde des IMT in Nürnberg zu den Verhandlungen in seinem Haus am 4. Januar 1933, zit. nach Geschichte der deutschen Arbeiterbewegung, Bd. 4, 1924–1933, Berlin (DDR) 1966, S. 606 ff.

516 Geschichte GET 17, Studiengemeinschaft Darmstadt

517 J. Goebbels, Wesen und Gestalt des Nationalsozialismus, Schriften der Deutschen Hochschule für Politik, Heft 6, Berlin 1934, S. 13; zit. nach W. Jäger, Ziele und Praxis des Nationalsozialismus, Hefte zum Zeitgeschehen, Verlag für Literatur und Zeitgeschehen, Hannover 1961, S. 5

518 Nbg. Dok. NG-5764; zit. nach Anatomie des SS-Staates, Bd. 2, S. 292 (30)

519 PS-2278; zit. nach H. G. Adler, Der verwaltete Mensch, S. 125 (209)

520 NG 3933; zit. nach G. Reitlinger, Die Endlösung, S. 89 (295)

521 Zit. nach A. Bullock, Hitler, S. 87 (511)

522 N. H. Baynes (Hg.), The speeches of Adolf Hitler, 1922–1939, Bd. 1, Oxford University Press, Oxford 1942, S. 155/56; zit. nach A. Bullock, Hitler, S. 99 (511)

523 A. Hitler, Mein Kampf, Impressum (4)

524 Meyers Lex., Bd. 5, 1938, Sp. 1276

525 Rundschreiben 41/39 der Parteikanzlei; zit. nach Hermann Hammer: Die deutschen Ausgaben von Hitlers ‹Mein Kampf›, in VfZ, 4 Jg. 1956, 2. Heft

526 Hinweis in 815–820 Tausend der Auflage von A. Hitler, Mein Kampf; zitiert nach H. Hammer, Die deutschen Ausgaben von Hitlers ‹Mein Kampf›, in: Vierteljahreshefte für Zeitgeschichte, 4. Jg., 1956, Heft 2

527 A. Rosenberg, Parteiprogramm 1941; zit. nach W. Hofer, Dokumente, S. 28 (6)

528 G. D. D. II No. 107; zit. nach A. Bullock, Hitler, Eine Studie über Tyrannei, Droste Verlag, Düsseldorf, 5. Aufl., 1957, S. 443

529 IMT Bd. XXV, S. 433 ff. (388-PS); zit. nach W. Hofer, Dokumente, S. 204 (6)

530 G. D. D. II No. 490; zit. nach A. Bullock, Hitler, S. 454 (528)

531 Rede Hitlers v. 26. 9. 1938, Nürnberger Prozeß Bd. 2, 9139 f.; zit. nach Dokumente zur Deutschen Geschichte 1936–1939, S. 88 (350)

532 Hitlers Rede vor den Oberbefehlshabern am 23. 11. 1939, NB 789-PS; zit. nach Dokumente zur Deutschen Geschichte 1939–1942, S. 29 (350)

533, 534 Meyers Lex., Bd. 6, 1939, Sp. 1093

535 Focke/Reimer, Alltag unterm Hakenkreuz, S. 127 (427)

536 «Völkischer Beobachter» 25. 12. 1938; zit. nach G. L. Mosse, Der nationalsozialistische Alltag, S. 69 (332)

537 J. Fest, Das Gesicht des Dritten Reiches, R. Piper + Co., München 1980, S. 368

538 H. Heiber, Der Generalplan Ost, in: Vierteljahreshefte für Zeitgeschichte, 6. Jg. 1958; S. 317/318

539–541 Auszug aus dem «Nacht-und-Nebel-Erlaß» zum Dienstgebrauch bei den Konzentrationslagern; zit. nach SS im Einsatz, S. 172 (362)

542 Meyers Lex., Bd. 8, 1940, Sp. 114

543 Jahrbuch des deutschen Zentralinstituts für Erziehung und Unterricht, Berlin 1943, «Nationalpolitische Erziehungsanstalten», Inst. f. Zeitgesch., 1961; zit. nach H. D. Loock, Nationalpol. Erziehungsanstalten, S. 139

544 Horst Überhorst, Elite für die Diktatur, Droste Verlag, Düsseldorf 1969, S. 82

545 H. W. Koch, Geschichte der Hitlerjugend, S. 276 (392)

546 Rede B. Rusts in Backnang am 22. 4. 1941, in: Deutsche Schulerziehung; zit. nach H. Überhorst, Elite für die Diktatur, S. 48 (544)

547 Jahrbuch des deutschen Zentralinstituts für Erziehung und Unterricht, Berlin 1943, Inst. f. Zeitgesch. Februar 1961; zit. nach H. D. Loock, Nationalpol. Erz.anstalten, S. 141

548 Walter Darré, Neuadel aus Blut und Boden, J. F Lehmanns Verlag, München/Berlin 1938, S. 188

549 Das Leben, Bd. 4 A, S. 276 (25)

550 A. Rosenberg, Mythus, S. 105 (130)

551 Das Leben, Bd. 4 A, S. 288 (25)

552 Neuordnung des höheren Schulwesens, Erlaß des Reichsministeriums für Wissenschaft, Erziehung und Volksbildung vom Januar 1938

553 Reichsministerialamtsblatt Deutsche Wissenschaft, Erziehung und Volksbildung 1939, S. 484

554 Meyers Lex., Bd. 8, 1940, Sp. 141

555 RGBl 1933, I, S. 1016

556 Meyers Lex., Bd. 8, 1940, Sp. 120

557 Meyers Lex., Bd. 8, 1940, Sp. 117

558 A. Hitler, Mein Kampf, S. 420/421(4)

559 Meyers Lex., Bd. 8, 1940, Sp. 120

560, 561 Org.buch der NSDAP 1936, S. 5 (94)

562 Org.buch der NSDAP 1936, S. 6(94)

563, 564 Org.buch der NSDAP 1936, S. 98(94)

565 Meyers Lex., Bd. 8, 1940, Sp. 125

566 Org.buch der NSDAP 1936, S. XIV (94)

567 Meyers Lex., Bd. 8, 1940, Sp. 129

568 Meyers Lex., Bd. 8, 1940, Sp. 122

569, 570 A. Hitler, Mein Kampf, S. 510(4)

571 Meyers Lex., Bd. 8, 1940, Sp. 133

572 Meyers Lex., Bd. 8, 1940, Sp. 134

573 Meyers Lex., Bd. 8, 1940, Sp. 134/135

574 Meyers Lex., Bd. 8, 1940, Sp. 137

575 Lüdecke S. 217/218; zit. nach A. Bullock, Hitler, S. 111(511)

576 Meyers Lex., Bd. 8, 1940, Sp. 137

577 Zit. nach A. Bullock, Hitler, S. 169(511)

578 Meyers Lex., Bd. 3, 1937, Sp. 1435

579, 580 Aus dem Urteil des Nürnberger Prozesses, verkündet am 30. 9. und 1. 10. 1946; zitiert nach Das Urteil von Nürnberg, S. 145 (297)

581–584 Nationalsozialistisches Jahrbuch 1944, Zentralverlag der NSDAP, Franz Eher Nachf., München, S. 216

585, 586 Nationalsoz. Jahrbuch 1939, S. 335

587 E. Benze, Die Nationalsozialistische Frauenschaft und das Deutsche Frauenwerk, in: Benze/Gräfer: Deutsche Schulerziehung 1941/42, Berlin 1943, S. 290; zit. nach Margret Lück, die frau im männerstaat, Verlag peter lang, Frankfurt 1979, S. 102

588 Nationalsoz. Jahrbuch 1944, S. 204 (580)

589 Org.buch der NSDAP 1940, S. 267f.; zit. nach Frauengruppe Faschismusforschung, S. 220 (266)

590 Meyers Lex., Bd. 8, 1940, Sp. 146

591 Ewiges Deutschland, Zeitschrift für den Volksgenossen, Januar 1937, S. 11

592 Benze/Gräfer, Deutsche Schulerziehung, S. 299f.; zit. nach M. Lück, frau im männerstaat, S. 109 (587)

593–595 Org.buch der NSDAP 1936, S. 394(94)

596 Org.buch der NSDAP 1936, S. 400 (94)

597, 598 Org.buch der NSDAP 1936, S. 274(94)

599 Dr. J. Goebbels, Rede Reichsparteitag 1938 (Tagung von NSV/WHW); zit. nach Gutachten Inst. f. Zeitgeschichte, S. 127: H. Buchheim, Mai 1958 (nach Störmer, S. 36)

600 Meyers Lex., Bd. 8, 1940, Sp. 155

601 Gutachten Buchheim, Institut für Zeitgeschichte, S. 126/127

602 Verfügung Hitlers v. 22. 8. 1944 (Verf. An. Bek. d. Part.Kzl., Bd. VII, S. 92); zit. nach Gutachten H. Buchheim, Institut für Zeitgeschichte, S. 131

603 W. Ruthe, Der Nationalsozialismus in seinen Programmpunkten, Organisationsformen und Aufbaumaßnahmen, Diesterweg, Frankfurt am Main 1937, S. 55, Schulbuch

604, 605 W. Ruthe, Der Nationalsozialismus, S. 52 (603)

606 W. Ruthe, Der Nationalsozialismus, S. 50 (603)

607, 608 Ewiges Deutschland, Monatsschrift für den deutschen Volksgenossen, Januar 1937, S. 6

609, 610 Hitlergesetze XIII, Reclam, Vorbemerkung von Rudolf Beyer (355)

611 RGBl 1942, I, Nr. 44

612 Hitler-Rede am 26. 4. 1942; zit. nach
M. Domarus, Bd. 4, S. 1875 (243)

613 Rede im Reichstag, 13. Juli 1934; zit.
nach Ab. Bullock, Hitler, S. 306 (528)

614 RGBl 1934, I, Nr. 71, S. 529

615 Org.buch der NSDAP 1937, S. 78; zit.
nach C. Berning, Vokabular des Nationalsozialismus, S. 147 (27)

616 Anordnungen des Stellvertreters des
Führers, München 1937, 22 / 36 v. 17.
Februar 1936; zit. nach David Schoenbaum, Die braune Revolution, Kiepen-
heuer & Witsch, Köln 1968, S. 329

617 Gauschulungsleiter Kölker vom Gau
Köln-Aachen mit Bezug auf seine Erfahrungen mit der Ordensburg Vogelsang; zit. nach H. W. Koch, Hitlerjugend, S. 302 (392)

618 Org.buch der NSDAP 1937; zit. nach
C. Berning, Vokabular, S. 147 (27)

619 RGBl 1933, I, S. 1057; zit. nach M. Broszat, Der Staat Hitlers, S. 330 (145)

620 Bilanz des Zweiten Weltkrieges, Er-
kenntnisse und Verpflichtungen für
die Zukunft, Gerhard Stalling Verlag,
Oldenburg / Hamburg 1953, S. 289

621 Kunst im Dritten Reich, S. 60 (54)

622–624 Org.buch der NSDAP 1936,
S. 98 (94)

625 Org.buch der NSDAP 1936, S. 124 (94)

626, 627 Org.buch der NSDAP 1936,
S. 122 / 123 (94)

628, 629 Meyers Lex., Bd. 8, 1940, Sp. 1113

630–635 Org.buch der NSDAP 1936,
S. 5–8 (94)

636, 637 Deutsche Auszeichnungen, «Die
Ordens-Sammlung» Berlin 1971,
S. 247 / 248

638 Org.buch der NSDAP 1936, S. 9 (94)

639 A. Klönne, Hitlerjugend, S. 34 (366)

640 Das Urteil von Nürnberg, S. 139 (297)

641, 642 Org.buch der NSDAP 1936,
S. 98 (94)

643 Org.buch der NSDAP 1936, S. 15 (94)

644 Das Urteil von Nürnberg, S. 140 / 141
(297)

645–648 RGBl 1933, I, S. 449

649 RGBl 1933, I, S. 659

650 G. W. Müller, Das Reichsministerium
für Volksaufklärung und Propaganda,
Berlin 1940, S. 23–24; zit. nach Joseph
Wulf, Theater und Film im Dritten
Reich, rororo 1966, S. 289

651 Müller, Das Reichsministerium für
Volksaufklärung und Propaganda,
S. 22; zit. nach J. Wulf, Presse und
Funk im Dritten Reich, S. 303 (126)

652 Mitteilungen der Reichsrundfunkge-
sellschaft (Sonderbeilage) 30. 3. 1933;
zit. nach Ansgar Diller, Rundfunkpolitik im Dritten Reich, dtv, München
1980, S. 144 f.

653 J. Hagemann, Die Presselenkung, S. 32
(127)

654 Presseanweisung des Propagandaministeriums am 22. 10. 1936; zit. nach
J. Wulf, Presse und Funk, S. 82 (126)

655, 656 A. d. P., 1. 11. 1940; zit. nach J. Hagemann, Die Presselenkung, S. 77 (127)

657 Int. Militärgerichtshof, Bd. XXXIV,
Nürnberg 1949, Dokument 136-C,
S. 478, 480; zit. nach W. Hofer, Doku-
mente, S. 219 (6)

658 RGBl 1939, II, Nr. 14, S. 607

659 IMT, Bd. XXXII, S. 16 f. (3061-PS); zit.
nach W. Hofer, Dokumente, S. 222 (6)

660, 661 «Völkischer Beobachter», Berliner
Ausgabe, 52, Jg., Nr. 75 v. 16. 3. 1939,
S. 7, Sp. 3–5; zit. nach W. Hofer, Doku-
mente, S. 221 / 222 (6)

662 Meyers Lex., Bd. 9, 1942, Sp. 233

663 RGBl 1939, II, Nr. 14, S. 607

664 Meyers Lex., Bd. 9, 1942, Sp. 233

665 RGBl 1939, I, S. 1682

666 Thilo Vogelsang, Zur Entwicklung des
Arbeitsdienstes, Oktober 1959, S. 145

667 RGBl 1935, I, Nr. 64, S. 769

668 Nationalsoz. Jahrbuch 1944, S. 214 (580)

669 Org.buch der NSDAP 1936, S. 465/466(94)

670 Nationalsoz. Jahrbuch 1944, S. 214 (580)

671 Org.buch der NSDAP 1939, S. 337 (585)

672 Lilly Marawske-Birkner, Der weibliche Arbeitsdienst, Leipzig 1942, S. 229; zit. nach Frauengruppe Faschismusforschung, S. 212(266)

673 Hans F. K. Günther, Rassenkunde des Deutschen Volkes, München 1934

674 Robert Ley, Wir alle helfen dem Führer, Verlag Franz Eher Nachf., München 1937, S. 150; zit. nach E. Aleff, Das Dritte Reich, S. 14(28)

675 A. Hitler, Mein Kampf, S. 420/421(4)

676 A. Rosenberg, Mythus, S. 81(130)

677 A. Rosenberg, Mythus, S. 83(130)

678 A. Hitler, Mein Kampf, S. 342(4)

679 A. Hitler, Mein Kampf, S. 444(4)

680 A. Hitler, Mein Kampf, S. 324(4)

681 A. Hitler, Mein Kampf, S. 437 und 436(4)

682 A. Hitler, Mein Kampf, S. 312(4)

683 A. Hitler, Mein Kampf, S. 439(4)

684 Das Leben, Bd. 4 A, S. 281(25)

685 Staemmler, Deutsche Rassenpflege, Tornisterschrift des OKW, Heft 25, 1941, S. 42

686 A. Hitler, Mein Kampf, S. 421 und 317(4)

687 A. Hitler, Mein Kampf, S. 355(4)

688 A. Hitler, Mein Kampf, S. 316(4)

689 RGBl 1935, I, S. 1146

690 Meyers Lex., Bd. 9, 1942, Sp. 63

691, 692 L. Poliakov/J. Wulf, Das Dritte Reich und seine Diener, S. 255–266 (157)

693 K. Zentner, Drittes Reich, S. 219(2)

694–696 Kunst im Dritten Reich, S. 70(54)

697 Waldemar Wucher, Die Straßen Adolf Hitlers im sechsten Jahr, Straße, 5. Jg., Nr. 29; Dezemberheft 1938, S. 765; zit. nach Kunst im Dritten Reich, S. 70(54)

698 Vorbemerkung von Rudolf Beyer; zit. nach Hitlergesetze XIII, Reclam Nr. 7321(355)

699 A. Rosenberg (Hg.), Das Parteiprogramm, S. 15 ff.; zit. nach W. Hofer, Dokumente, S. 28 ff.(6)

700 RGBl 1935; I, S. 1146

701–703 RGBl 1935, I, S. 1333

704, 705 Org.buch der NSDAP 1936, S. 531 u. 532(94)

706 RGBl 1936, I, Nr. 55

707 MA 433 Bl. 8158 ff., Archiv IfZ; zit. nach Anatomie des SS-Staates, Bd. 1, S. 102 (202)

708 RGBl 1936, I, Nr. 55

709 MA 433, Bl. 8158 ff., Archiv IfZ; zit. nach Anatomie des SS-Staates, Bd. 1, S. 102 (202)

710 Meyers Lex., Bd. 9, 1942, Sp. 208

711 RGBl 1933, I, S. 1016

712 RGBl 1936, I, Nr. 113, S. 993

713 2. Durchführungsverordnung zum RGBl 1936, I, S. 993

714 1. Durchführungsverordnung zum RGBl 1936, I, S. 993

715 Meyers Lex., Bd. 9, 1942, Sp. 219

716 Meyers Lex., Bd. 9, 1942, Sp. 218

717 Lexikon zur Geschichte und Politik im 20. Jahrhundert, Band L–Z, S. 848(80)

718 PS-686, vgl. «Völkischer Beobachter» v. 26. Oktober 1939; zit. nach Anatomie des SS-Staates, Bd. 1, S. 182 (202)

719 Meyers Lex., Bd. 9, 1942, Sp. 251

720, 721 Nach einer Fotokopie der Akten E 5814, 12–13 des Karlsruher Konkordatsprozesses 1955/57; zit. nach W. Hofer, Dokumente, S. 129(6)

722 Reichskonkordat; zit. nach W. Hofer, Die Diktatur Hitlers, S. 78(5)

723 Reichskonkordat; zit. nach W. Hofer, Die Diktatur Hitlers, S. 79 (5)

724 Faschismus / Renzo Vespignani, Katalog, hg. von der Neuen Gesellschaft für bildende Kunst und dem Kunstamt Kreuzberg, Berlin 1976, S. 85

725 Fotokopie nach der Akte E 581427–30; zit. nach W. Hofer, Dokumente, S. 130 (6)

726, 727 Nach einer Fotokopie der Akten E 5814 12–13 des Karlsruher Konkordatsprozesses 1955/57; zit. nach W. Hofer, Dokumente, S. 129 (6)

728–730 Meyers Lex., Bd. 9, 1942, Spalten 221/222

731 RGBl 1933, Teil I, S. 797

732, 734 RGBl 1933, Teil I, S. 661

733 RGBl 1933, Teil I, S. 797

735, 736 Arbeitsrichtlinien für die Reichskulturkammer vom 3. 1. 1939, in Schrieber / Metten / Collatz: Das Recht der Reichskulturkammer, Bd. 1, Berlin 1943, S. 36–37; zit. nach J. Wulf, Die Bildenden Künste, S. 330/331 (51)

737 J. Wulf, Literatur und Dichtung, S. 208 (120)

738 Neufassung der Anordnung der Reichsschrifttumskammer betr. Listen des schädlichen und unerwünschten Schrifttums vom 15. 4. 1940, gekürzt; zit. nach J. Wulf, Literatur und Dichtung, S. 209/210 (120)

739 Schallaufnahmen politischen Inhalts des Deutschen Rundfunks, 31. Januar 1933 bis 15. Januar 1935, Berlin 1935, S. 51; zit. nach J. Wulf, Literatur und Dichtung, S. 46 (120)

740 Georg Wilhelm Müller: Das Reichsministerium für Volksaufklärung und Propaganda, Berlin 1940, S. 15–27, gekürzt; zit. nach J. Wulf, Literatur und Dichtung, S. 233 (120)

741 RGBl 1933, Teil I, Nr. 111, S. 713

742 Anordnung betr. Nachweis der arischen Abstammung vom 15. 4. 1936 in: Schrieber / Metten / Collatz: Das Recht der Reichskulturkammer, Bd. 2, Berlin 1943, S. 9; zit. nach J. Wulf, Presse und Funk, S. 228 (126)

743 Reichskulturkammer, in: «Kölnische Zeitung» vom 1. 12. 1935; zit. nach J. Wulf, Presse und Funk, S. 306 (126)

744 Georg Wilhelm Müller: Das Reichsministerium für Volksaufklärung und Propaganda, Berlin 1940, S. 22, gekürzt; zit. nach J. Wulf, Presse und Funk, S. 303 (126)

745 Dr. Felix Zimmermann: Neubau des Theaters durch den Nationalsozialismus, in: «Dresdener Nachrichten» vom 20. 3. 1936, gekürzt; zit. nach J. Wulf, Theater und Film, S. 34/35 (650)

746 RGBl 1934, I, S. 413

747 Georg Wilhelm Müller: Das Reichsministerium für Volksaufklärung und Propaganda, Berlin 1940, S. 27–28; zit. nach J. Wulf, Theater und Film, S. 56 (650)

748 Wolfgang Steinecke, Entartete Musik, in: «Deutsche Allgemeine Zeitung» vom 25. 5. 1938; zit. nach J. Wulf, Musik im Dritten Reich, S. 465 (337)

749 Ludwig K. Mayer, Unterhaltungsmusik, in: Die Musik, Dezember 1938, S. 163, Auszug; zit. nach J. Wulf, Musik, S. 388 (337)

750 H. Schmidt-Leonhardt, Die Reichsmusikkammer, Berlin 1936; zit. nach J. Wulf, Musik, S. 121 (337)

751 Joseph Müller-Blattau: Geschichte der deutschen Musik, Berlin 1938, S. 308; zit. nach J. Wulf, Musik, S. 260 (337)

752 Herbert Gerigk: 10 Jahre nationalsozialistisches Musikleben, in: Die Musik, Januar 1943, S. 104–105, gekürzt; zit. nach J. Wulf, Musik, S. 233 (337)

753–755 Fritz von Borries: Die Reichsmusikprüfstelle und ihr Wirken für die
Musikkultur, in: Jahrbuch der deutschen Musik, 1944, S. 49–55, gekürzt;
zit. nach J. Wulf, Musik, S. 140 (337)

756 In: Germania vom 16. 11. 1933; zit. nach
J. Wulf, Die Bildenden Künste,
S. 104 (51)

757 Paul Ortwin Rave, Kunstdiktatur im
Dritten Reich, Hamburg 1949, S. 94;
zit. nach W. Hofer, Dokumente,
S. 97/98 (6)

758 Günther Schwark, Der Umbruch, in:
Wunderwelt Film, Herausgeber Heinz
W. Siska, Leipzig o. J., S. 117, Auszug;
zit. nach J. Wulf, Theater und Film,
S. 419 (650)

759 G. W. Müller, Das Reichsministerium
für Volksaufklärung und Propaganda,
Berlin 1940, S. 23–24; zit. nach J. Wulf,
Theater und Film, S. 289 (650)

760, 761 RGBl 1934, Teil I, S. 95; zit. nach
J. Wulf, Theater und Film, S. 321/322
(650)

762 Dr. Erich Schrade in: Presse-Dienst der
Reichsfilmkammer vom 12. 1. 1937,
S. 6–7, gekürzt; zit. nach J. Wulf,
Theater und Film, S. 302 (650)

763 J. Wulf, Theater und Film, S. 321/32
(650)

764 Org.buch der NSDAP 1936, S. 98 (94)

765, 766 Org.buch der NSDAP 1936,
S. 148 (94)

767 Org.buch der NSDAP 1936, S. XVII (94)

768 Nationalsoz. Jahrbuch 1939, S. 238/239
(585)

769 Meyers Lex., Bd. 9, 1942, Sp. 225

770 Meyers Lex., Bd. 9, 1942, Sp. 228

771 Meyers Lex., Bd. 9, 1942, Sp. 226

772–775 Meyers Lex., Bd. 9, 1942, Sp.
227/228

776 Meyers Lex., Bd. 9, 1942, Sp. 228

777, 778 Meyers, Lex., Bd. 9, 1942, Sp. 229

779 Albert Speer, Erinnerungen, Ullstein,
Frankfurt am Main 1969, S. 68

780 RGBl 1933, I, S. 1016

781 Meyers Lex., Bd. 9, 1942, Sp. 229

782 K. Zentner, Zweiter Weltkrieg, S. 341 –
Abb. Untertext (277)

783, 784 Meyers Lex., Bd. 9, 1942, Sp. 229

785 Meyers Lex., Bd. 9, 1942, Sp. 242

786 RGBl 1933, I, S. 173

787 Meyers Lex., Bd. 9, 1942, Sp. 244

788 RGBl I, 1933, Nr. 17, S. 83

789 RGBl 1933, I, S. 83

790 Bericht von Rudolf Diels, des damaligen Chefs der Politischen Abteilung
des Berliner Polizeipräsidiums; zit.
nach Anatomie des SS-Staates, Bd. 2,
S. 22 (30)

791 RGBl 1933, I, S. 83

792 Akten zur Auswärtigen Politik
1918–1945 Serie D (1937–1945), Bd. V,
Baden-Baden 1953, S. 786; zit. nach
Anatomie des SS-Staates, Bd. 2,
S. 285 (30)

793 W. Hofer, Die Diktatur Hitlers, S. 30 (5)

794, 795 Rede vor den Reichsstatthaltern
am 6. 7. 1933; zit. nach A. Bullock, Hitler, S. 280 (528)

796 RGBl 1934, I, Nr. 71, S. 529

797–799 RGBl 1939, Teil I, Nr. 169, S. 1683

800 Merkblatt – Instruktionen zu einer
Maßnahme gegen das Abhören ausländischer Rundfunksender, Fotokopie
des Originals aus dem Archiv des Instituts für Publizistik Universität Münster, Kennzahl 429; zit. nach Carin Kes-
semeier, Der Leitartikler Goebbels in
den NS-Organen «Der Angriff» und
«Das Reich», Münster 1967, Anhang

801 A. Diller, Rundfunkpolitik, S. 309 –
Abb. Anhängeschild für den Sender-
suchknopf (652)

802 A. Diller, Rundfunkpolitik, S. 314 –
Abb. 10 Gebote (652)

803, 804 K. Renck-Reichert, Runenfibel, Heilbronn 1935, S. 6 und S. 14; zit. nach S. Bork, Mißbrauch der Sprache, S. 69 (125)

805 A. Hitler, Mein Kampf, S. 550(4)

806, 807 H. Volz, Daten der Geschichte der NSDAP, Berlin/Leipzig [6] 1936, S. 119; zit. nach C. Berning, Vokabular des Nationalsozialismus, S. 166(27)

808 Hermann Rauschning, Gespräche mit Hitler, S. 81; zit. nach J. Fest, Das Gesicht des Dritten Reiches, S. 191(537)

809 Timothy W. Mason, Sozialpolitik im Dritten Reich, Arbeiterklasse und Volksgemeinschaft, Westdeutscher Verlag GmbH, Opladen 1977, S. 188

810 «Schönheit der Arbeit, Sozialismus der Tat», hg. von der DAF Berlin, o. Jg.; zit. nach Kunst im Dritten Reich, S. 88(54)

811, 812 «Schönheit der Arbeit», Jg. II, Heft 4; zit. nach Kunst im Dritten Reich, S. 88(54)

813–815 RGBl 1933, I, Nr. 111, S. 713

816 Meyers Lex., Bd. 1, 1936, Sp. 556

817 RGBl 1933, I, Nr. 111, S. 713

818 Preußisches Gesetz, S. 21; zit. nach Anatomie des SS-Staates, Bd. 1, S. 47 (202)

819 Allg. Erlaßsammlung (RSHA) 2 F VIII a, S. 3; zit. nach Anatomie des SS-Staates, Bd. 1, S. 74(202)

820 Schutzhaftbefehl vom 10. 5. 1940; zit. nach H. G. Adler, Der verwaltete Mensch, S. 720(209)

821 Allg. Erlaßsammlung (RSHA) 2 F VIII a, S. 3; zit. nach Anatomie des SS-Staates, Bd. 1, S. 75(202)

822 Allg. Erlaßsammlung (RSHA) 2 F VIII a, S. 3; zit. nach Anatomie des SS-Staates, Bd. 1, S. 121(202)

823 Nbg. Dok. PS-1216; zit. nach Anatomie des SS-Staates, Bd. 2, S. 50(30)

824–826 IMG, XXVI, PS-778 (Teilwiedergabe); zit. nach Anatomie des SS-Staates, Bd. 2, S. 51(30)

827 Nbg.Dok. PS-1216; zit nach Anatomie des SS-Staates, Bd. 2, S. 53(30)

828 Preußisches Gesetz, S. 21; zit. nach Anatomie des SS-Staates, Bd. 1, S. 46 (202)

829 Meyers Lex., Bd. 9, 1942, Sp. 1600

830 Festschrift «Dr. Wilhelm Frick und sein Ministerium», München 1937; zit. nach Anatomie des SS-Staates, Bd. 1, S. 84 (202)

831 Heinz Artzt, Mörder in Uniform, Kindler, München 1979, S. 41

832 Erich Kuby (Hg.), Das Ende des Schreckens, Dokumente des Untergangs, München 1955, S. 46 f.; zit. nach W. Hofer, Dokumente, S. 255(6)

833 BA. Slg. Schumacher/271; zit. nach Anatomie des SS-Staates, Bd. 2, S. 88(30)

834 Nbg.Dok. PS-1944 + NO 2263; zit. nach H. Auerbach, Der Begriff Sonderbehandlung im Sprachgebrauch der SS, Institut für Zeitgeschichte, München 1960, S. 182

835 NO-905; zit. nach H. Auerbach, Der Begriff Sonderbehandlung im Sprachgebrauch der SS, Institut für Zeitgeschichte, München 1960, S. 182

836, 837 Bericht aus den Akten des Bundesarchivs Koblenz R 20/17; zit. nach S. Bork, Mißbrauch der Sprache, S. 89 (125)

838 Brief des Reichsstatthalters Greiser an Heinrich Himmler vom 1. 5. 1942; zit. nach SS im Einsatz, S. 324(362)

839 RGBl 1933, I, S. 137

840 Der deutsche Sender, Ältestes Rundfunk-Kampfblatt der Bewegung, 11.–17.34/46, S. 3; zit. nach S. Bork, Mißbrauch, S. 71(125)

841 Brockhaus 1934, S. 666

842 E. Nyssen, Schule im Nationalsozialismus, S. 116 (368)

843–845 Gunter d'Alquen, Die SS, S. 25, S. 8, S. 25 (484)

846 Himmlers Kampfschrift; zit. nach Anatomie der SS-Staates, Bd. 1, S. 284 (202)

847, 848 Org.buch der NSDAP 1936, S. 417 (94)

849 G. d'Alquen, Die SS, S. 10 (484)

850 G. d'Alquen, Die SS, S. 9 (484)

851, 852 G. d'Alquen, Die SS, S. 10 (484)

853 Brief Rechenbachs; zit. nach Horst Gies, Zur Entstehung des Rasse- und Siedlungsamtes der SS, in: P. Kluke, Zum 60. Geburtstag, S. 134

854 «Völkischer Beobachter» 26. Juli 1934; zit. nach H. Höhne, Der Orden unter dem Totenkopf, S. 122 (129)

855 Der Weg des SS-Mannes, von Himmler verfaßte Richtlinien, etwa 1935, S. 13–27, RFSS, Filmrolle 155; zit. nach H. Höhne, Der Orden unter dem Totenkopf, S. 138 (129)

856 PS-686; zit. nach Anatomie des SS-Staates, Bd. 1, S. 183 (202)

857 Kommandant in Auschwitz, S. 58 u. S. 67 (471)

858 Anordnung Hitlers über die Stellung der bewaffneten SS-Verbände v. 17. August 1938 (Geheime Kommandosache); zit. nach Anatomie des SS-Staates, Bd. 1, S. 170 (202)

859, 860 RGBl 1939, II, Nr. 25, S. 826 ff.

861 Parteiverfügung Hitlers v. 21. 4. 1933; zit. nach M. Broszat, Der Staat Hitlers, S. 255 (145)

862, 863 Org.buch der NSDAP 1936, S. 152 (94)

864 RGBl 1933, I, Nr. 135, S. 1016

865 Lexikon des Zweiten Weltkrieges, Manfred Pawlak Verlagsgesellschaft mbH, Herrsching 1979, S. 35

866 Brockhaus 1934, S. 722

867 Henning Eichberg, Das nationalsozialistische Thingspiel, in: Faschistische Öffentlichkeit, Scriptor Verlag, Königstein 1976, S. 63

868 Brockhaus 1934, S. 723

869 K. Zentner, Drittes Reich, S. 280 (2)

870 H. Eichberg, Das nationalsozialistische Thingspiel, in: Faschistischer Öffentlichkeit, S. 63 (866)

871 Brockhaus 1934, S. 632

872 Alfred Ingemar Berndt / v. Wedel (Hg.), Deutschland im Kampf, Berlin, Nr. 83 / 84, Februar 1943, S. 80 ff.; zit. nach W. Hofer, Dokumente, S. 250 (6)

873, 874 SD-Bericht Nr. 349 v. 11. Januar 1943 (Auszug); zit. nach Meldungen aus dem Reich, Auswahl aus den geheimen Lageberichten des Sicherheitsdienstes der SS 1939–1944, dtv dokumente, München 1968, S. 283

875 RGBl 1934, I, Nr. 7, S. 45

876, 877 Bilanz des Zweiten Weltkrieges, S. 265 ff. (620)

878 Der Reichsführer-SS, SS Hauptamt (Hg.) Berlin 1935; zit. nach W. Hofer, Dokumente, S. 280 (6)

879 A. d. P. 24. 10. 1939; zit. nach J. Hagemann, Die Presselenkung, S. 271 (127)

880 Kundgebung der NSDAP in Frankfurt a. M. TC 927; zit. nach Hermann Glaser, Das Dritte Reich, Herder, Freiburg i. B., 1961, S. 124

881 A. Hitler, Mein Kampf, S. 334 (4)

882 Nbg. Dok. NO-2263; zit. nach Anatomie des SS-Staates, Bd. 2, S. 88 (30)

883 Kundgebung der NSDAP; zit. nach H. Glaser, Das Dritte Reich, S. 124 (880)

884 Original im NS-Document Center Berlin; zit. nach A. Rückerl, NS-Vernichtungslager, S. 117 (296)

885 Globocnik an v. Herff, 29. 10. 1943, Original im NS-Document Center Berlin;

zit. nach Anatomie des SS-Staates, Bd. 2, S. 336 (30)

886 Org.buch der NSDAP 1936, S. 152 (94)

887 Dok.Samml. Z Stl, Bd. 410, Bl. 508 – 510; zit. nach A. Rückerl, NS-Vernichtungslager, S. 60 (296)

888 AZ–Z Stl: 208 AR–Z 252/59 Bd. VII, Bl. 1421; zit. nach A. Rückerl, NS-Vernichtungslager, S. 139 (296)

889 Nbg.Dok. 4024-PS; zit. nach A. Rückerl, NS-Vernichtungslager, S. 131 (296)

890 A. Hitler, Mein Kampf, S. 714 (4)

891 Aufruf der Reichsregierung an das deutsche Volk, Rundfunkrede Hitlers am 1. Februar 1933, in: Hohlfeld (L 3) IV, S. 8 f., S. 10; zitiert nach E. Aleff, Das Dritte Reich, S. 19 (28)

892 Nuernberg Military Tribunals, Trials of War Criminals Before the Nuernberg Military Tribunals Under Control Council Law No 10 Washington (1952), Bd. XII, S. 431 ff. (Nr.–4955), Deutscher Text nach: Vierteljahreshefte für Zeitgeschichte, 3. Jg. (1955), 2. Heft (April), S. 204 ff.; zit. nach W. Hofer, Dokumente, S. 84 – 86 (6)

893 RGBl 1936, I, S. 887

894 Dieter Petzina, Autarkiepolitik im Dritten Reich. Der nationalsozialistische Vierjahresplan, Schriftenreihe der Vierteljahreshefte für Zeitgeschichte, dva, Stuttgart 1968, S. 57, Anmerkung 2

895 Erlaß über die Umbildung des Reichswirtschaftsministeriums und die Weiterführung des Vierjahresplans, Dok. NJD–13629, S. 4 f.; zit. nach D. Petzina, Autarkiepolitik, S. 58 (894)

896, 897 M. Broszat, Der Staat Hitlers, S. 371 (145)

898 H. Schacht, Abrechnung mit Hitler, Hamburg 1948; zit. nach Dr. W. Treue / Dr. G. Frede, Wirtschaft und Politik, Verlag Albert Limbach, Braunschweig 1953, S. 49

899 D. Petzina, Autarkiepolitik, S. 104 (894)

900 A. Hillgruber, Hitlers Strategie, Politik und Kriegführung 1940 – 41, Frankfurt 1965, S. 266

901 Dokument B–110. Auszüge aus dem stenograf. Bericht über die Besprechung Görings mit den Reichskommissaren der besetzten Gebiete und den Militärbefehlshabern über die Ernährungslage am Donnerstag, dem 6. August 1942; zit. nach L. Poliakov / J. Wulf, Das Dritte Reich und seine Diener, S. 471 (157)

902 M. H. Böhm, Das eigenständige Volk, Göttingen 1932, S. 17; zit. nach C. Berning, Vokabular d. Nationalsozialismus, S. 192 (27)

903 A. Hitler, Mein Kampf, S. 397 (4)

904 A. Hitler, Mein Kampf, S. 420 (4)

905 A. Hitler, Mein Kampf, S. 468 (4)

906 A. Hitler, Mein Kampf, S. 197, S. 200 (4)

907 «Völkischer Beobachter» v. 12. 3. 1938, Münchner Ausgabe

908 Leitstelle für Ein- und Rückwanderung; zit. nach H. Höhne, Der Orden unter dem Totenkopf, S. 284 (129)

909 G. D. D. II No. 490; zit. nach A. Bullock, Hitler, S. 454 (528)

910 PS 686; zit. nach Anatomie des SS-Staates, Bd. 2, S. 183 (30)

911 Nbg. Dok. PS-864, IMT, Bd. XXVI, S. 378 ff.; zit. nach M. Broszat, Nationalsoz. Polenpolitik, S. 25 (78)

912 Runderlaß des ChdSPudSD v. 28. 11. 1939, Biuletyn XII S. 15 F; zit. nach M. Broszat, Nationalsoz. Polenpolitik, S. 85 (78)

913 Mitteilungen der RRG, 30. 3. 1933; zit. nach A. Diller, Rundfunkpolitik, S. 144 (652)

914 RGBl 1935, I, Nr. 70, S. 839

915 Deutsches Recht, 6 Jg. (1936), S. 10; zit. nach W. Hofer, Dokumente, S. 101(6)

916 Gürtner / Freisler, Das neue Strafrecht, Verlag von Decker G. Schenck, Berlin, S. 77; zit. nach Dr. Wilhelm Püschel, Der Niedergang des Rechtes im Dritten Reich, Verlag ‹Die Zukunft›, Reutlingen 1947, S. 70

917 Meyers Lex., Bd. 2, 1937, Sp. 1279

918 Rede v. 10. 3. 1940 in Berlin, Heldengedenktag, in: Der Großdeutsche Freiheitskampf, Reden A. Hitlers, 1. Bd. S. 184 (372)

919 Meyers Lex., Bd. 2, 1937, Sp. 1279

920 A. Rosenberg (Hg.), Das Parteiprogramm; zit. nach W. Hofer, Dokumente, S. 31(6)

921 J. Goebbels in «Angriff», S. 224, Leitartikel vom 23. Juli 1928; zit. nach D. Schoenbaum, Die braune Revolution, S. 290 (616)

922, 923 Th. Maunz, Verwaltung, 1937; zit. nach H. G. Adler, Der verwaltete Mensch, S. 1033 (209)

924 Kaiserliche Osterbotschaft v. 7. 4. 1917, in: Dokumente der deutschen Politik und Geschichte, Bd. 2, 1952, Nr. 145, S. 346; zit. nach C. Berning, Vokabular d. Nationalsozialismus, S. 198(27)

925 A. Rosenberg (Hg.) Das Parteiprogramm, München 1941; zit. nach W. Hofer, Dokumente, S. 28(6)

926 Rede von Reichsanwalt Parisius 1938, zit. nach E. Aleff, Das Dritte Reich, S. 90(28)

927 RGBl 1935, I, Nr. 70

928 Erlaß v. 12. 10. 1942 (2200 I a 91631); zit. nach W. Püschel, Der Niedergang des Rechtes, S. 79 (916)

929 RGBl 1934, I, Nr. 47, S. 345 f.

930 RGBl 1939, I, Nr. 168, S. 1679

931 – 933 RGBl 1944, I, Nr. 53, S. 253 f.

934 Hans Dieter Schäfer, Das gespaltene Bewußtsein, Carl Hanser Verlag, München 1981, Plakat Abb. 17 im Bildteil

935 DAZ Nr. 54 (11. 2. 39) Berliner Rundschau; zit. nach H. D. Schäfer, Das gespaltene Bewußtsein, S. 119, Anmerkung 25 (934)

936 NO 504; zit. nach Anatomie des SS-Staates, Bd. 1, S. 179 (202)

937 G. d'Alquen, Die SS, S. 10 (484)

938 Rede des Reichsführers-SS auf der Tagung für Befehlshaber der Kriegsmarine in Weimar am 16. 12. 1943 RFSS / T –175 91 / 261 3342; zit. nach G. H. Stein, Geschichte der Waffen-SS, Athenäum-Droste, Königstein, Düsseldorf 1978, S. 9

939 Meyers Lex., Bd. 1, 1936, Sp. 52

940 «Völkischer Beobachter» v. 21. Aug. 1934; zit. nach E. Aleff, Das Dritte Reich, S. 60(28)

941 – 944 Geheime Kommandosache vom 17. 8. 1938; zit. nach Anatomie des SS-Staates, Bd. 1, S. 169 und 170 (202)

945 Nbg. Dok. NG–2586, Fotokopie im Institut für Zeitgeschichte München; zit. nach SS im Einsatz, S. 114 (362)

946 Nbg. Dok. NG 2586 / PS–710; zit. nach Anatomie des SS-Staates, Bd. 2, S. 307(30)

947 Nbg. Dok. NG–2586, Fotokopie im Institut für Zeitgeschichte München; zit. nach SS im Einsatz, S. 115 – 122 (362)

948 Anatomie des SS-Staates, Bd. 2, S. 324(30)

949 – 951 Wilhelmstraßenprozeß, PS–3363; zit. nach H. G. Adler, Der verwaltete Mensch, S. 108 (209)

952 Le Monde Juif, Nr. 27, 1950; zit. n. G. Reitlinger, Die Endlösung, S. 68 (295)

953 Dok. C. XXXIV–37; zit. nach L. Poliakov / J. Wulf, Das Dritte Reich und die Juden, S. 170 (276)

954 Bericht Jürgen Stroop IMT XXVI,
S. 628 ff., PS–106; zit. nach G. Reitlinger, Die Endlösung, S. 313 (295)

955 Der Nürnberger Prozeß, Bd. 2, Rütten + Loening, Berlin 1957; S. 553

956 Die HJ im Kriege, Jahrgang 1943; September, S. 2–6; zit. nach M. Klaus, Mädchen in der Hitlerjugend (57)

957 W. Hehlmann, Pädagogisches Wörterbuch, S. 443 (294)

958 Focke/Reimer, Alltag unterm Hakenkreuz, S. 67 (427)

959 Meyers Lex., Bd. 6, 1939, Sp. 622

960 W. Hehlmann, Pädagogisches Wörterbuch, S. 441 ff. (294)

961, 962 W. Hehlmann, Pädagogisches Wörterbuch, S. 442 ff. (294)

963–965 RGBl 1939, I, S. 1455

966 Meldungen aus dem Reich, S. 376 (873)

967 RGBl 1935, I, Nr. 52, S. 609

968 Brief von Fritschs v. 17. 5. 1937, in: Hermann Foertsch, Schuld und Verhängnis, Stuttgart 1951, S. 41; zit. nach E. Aleff, Das Dritte Reich, S. 144 (28)

969 Bracher/Sauer/Schulz (L23) – Aufzeichnung von General Liebmann, in: Jacobsen, Jochmann (L6) CF 1 V. 1933; zit. nach E. Aleff, Das Dritte Reich, S. 144 (28)

970 Dr. G. Freede u. Dr. O. E. Schüddekopf, Wehrmacht und Politik, Verlag Albert Limbach, Braunschweig 1953, S. 17

971 Anatomie des SS-Staates, Bd. 1, S. 18 (202)

972 Dankschreiben Hitlers an Reichswehrminister von Blomberg v. 20. 8. 1934, «Völkischer Beobachter» (Berliner Ausgabe, A), 47. Jg., Nr. 233 v. 21. August 1934, S. 1, Sp. 3; zit. nach W. Hofer, Dokumente, S. 71 (6)

973 Dokument NOKW – 1531. Einem Brief des Befehlshabers des rückwärtigen Heeresgebietes 550 v. 20. 8. 1940 entnommen, der abschriftlich ein Schreiben des Oberkommandierenden der XVIII. Armee v. 22. 7. 1940, mit Direktiven für den völkischen Kampf im Osten enthielt; zit. nach L. Poliakov/J. Wulf, Das Dritte Reich und seine Diener, S. 385/386 (157)

974 Hans-Adolf Jacobsen (Hg.) Kriegstagebuch des OKW (Wehrmachtsführungsstab), Bd. 1, Frankfurt/Main 1961, S. 341; zit. nach Jürgen Förster, Zur Rolle der Wehrmacht im Krieg gegen die Sowjetunion, Beilage zur Wochenzeitung «Das Parlament», 8. Nov. 1980, S. 345

975 Tagebuchaufzeichnungen Gen.oberst Franz Halder über Rede Hitlers v. 30. 3. 1941; zit. nach Terror und Widerstand, Landeszentrale für Politische Bildungsarbeit, Berlin 1964, Blatt B 10

976, 977 Dokument 8, in: Anatomie des SS-Staates, Bd. 2, S. 181 ff. (30)

978–980 Dokument 12, in: Anatomie des SS-Staates, Bd. 2, S. 188 ff. (30)

981 Dokument 2, in: Anatomie des SS-Staates, Bd. 2, S. 170 ff. (30)

982 Durchführungsbestimmungen v. 6. 2. 1944 zum Befehl Hitlers v. 22. 12. 1943; zit. nach Vierteljahreshefte für Zeitgeschichte, 9. Jg. 1962, W. Besson, Zur Geschichte des NS-Führungsoffiziers, NSFO, S. 96

983, 984 «Völkischer Beobachter» v. 15. 12. 1937, zit. nach: Dokumente zur deutschen Geschichte 1936–1939, S. 66; zit. nach: Ulrike Hörster-Philipps, Wer war Hitler wirklich? Großkapital und Faschismus 1918–1945, Dokumente; Pahl-Rugenstein Verlag, Köln 1978, S. 266

985 Wahlaufruf der NSDAP v. 1. März 1932, in: «Völkischer Beobachter» (Bayern-Ausgabe), 45. Jg, Nr. 63 v. 1. März 1932,

S. 1, Sp. 1–2; zit. nach W. Hofer, Dokumente, S. 24(6)

986 Weimarer Verfassung, Art. 48 (Auszug)

987 Inge Scholl, Die weiße Rose, Frankfurt 1955, S. 145; zit. nach K. D. Bracher, Die deutsche Diktatur, Ullstein, Berlin 1979, S. 482

988, 989 Inge Scholl, Die weiße Rose, S. 151 ff.; zit. nach W. Hofer, Dokumente, S. 328 ff. (6)

990 Inge Scholl, Die weiße Rose, S. 112 ff.; zit. nach W. Hofer, Dokumente, S. 332(6)

991 K. Zentner, Zweiter Weltkrieg, S. 364, Faksimile 859 (277)

992 W. Ruthe, Der Nationalsozialismus in seinen Programmpunkten, S. 53 (603)

993 Meyers Lex., Bd. 8, 1940, Sp. 155

994 Aufruf des Winterhilfswerkes des Deutschen Volkes 1934/35, Gau Ost-Hannover, Kreis Harburg-Wilhelmsburg, Name unleserlich, Kreisbeauftragter; zit. nach Deutschland-Berichte der Sozialdemokratischen Partei Deutschlands (Sopade) 1934–1940, Verlag Petra Nettelbeck/Zweitausendeins, Frankfurt am Main, 1980 (1934, 1. Jg.), S. 521

995 «Kieler Neueste Nachrichten» vom 6. Dezember 1934; zit. nach Deutschland-Berichte der SPD, 1935, 2. Jg., S. 200 (994)

996 Deutschland-Berichte der SPD 1938, 5. Jg., S. 85

997 Aufruf des Winterhilfswerkes des Deutschen Volkes Nov. 1937, Gau Berlin Kreis Tempelhof, Weber, Kreisbeauftragter; zit. nach Deutschland-Berichte der SPD, 1938, 5. Jg., S. 91 (994)

998 W. Ruthe, Der Nationalsozialismus, S. 54 (603)

999 Werksbekanntmachung Nr. 7. v. 15. Okt. 1937, der Betriebsführer; zit. nach Deutschland-Berichte der SPD, 1938, 5. Jg., S. 82 (994)

1000 Schreiben des Winterhilfswerkes des Deutschen Volkes, Kiel, 11. Oktober 1937, Kreisführung Kiel, Jensen, Kreisbeauftragter; zit. nach Deutschland-Berichte der SPD, 1938, 5. Jg., S. 94 (994)

1001 Wöchentlicher Tätigkeitsbericht des Leiters Pro. i. V. vom 28. 8. 1944, BA R 55/601; fol. 92–100; zit. nach Marlis G. Steinert, Hitlers Krieg und die Deutschen, Düsseldorf 1970, S. 495, Anm. 123

1002 A. Speer, Erinnerungen, S. 413 (779)

1003 A. Speer: 13. Januar 1945, in: Speer, Erinnerungen, S. 579 (779)

1004 Heinz Goedecke/Wilhelm Krug, Wir beginnen das Wunschkonzert für die Wehrmacht, Nibelungen-Verlag, Berlin–Leipzig 1940, S. 8

1005 Goedecke/Krug, Wunschkonzert, S. 72 (1004)

1006 Goedecke/Krug, Wunschkonzert, S. 8 (1004)

1007 Für und wider. Entscheidungen in Deutschland 1918–1945, Annedore Leber, Freya Gräfin von Moltke, Mosaik-Verlag Annedore Leber, Berlin 1961, S. 104 ff.

Zeittafel

Kursiv gesetzte Begriffe verweisen auf die entsprechenden Stichwörter des Lexikons.

1920 Gründung der *NSDAP*

1921 Aufstellung der Sturmabteilung, SA, als Kampf- und Schutztruppe der *NSDAP*

1923 **9. November** Putschversuch der Nationalsozialisten in München, siehe *Marsch auf die Feldherrnhalle*
November Verbot der *NSDAP*

1924 **26. Februar** Beginn des Hochverratsprozesses gegen Adolf Hitler und zehn weitere Angeklagte wegen des *Marsches auf die Feldherrnhalle*

1925 Adolf Hitlers «*Mein Kampf*», Band 1, erscheint
Gründung der Schutzstaffel, *SS*, zum persönlichen Schutz Adolf Hitlers
27. Februar Neugründung der *NSDAP*

1926 Gründung der *Hitlerjugend*, HJ, als Jugendorganisation der *NSDAP*

1929 **24. Oktober** «Schwarzer Freitag», Zusammenbruch der New Yorker Börse, siehe *Machtübernahme*

1930 **Frühjahr** Gründung des *BDM*, Bund Deutscher Mädel

1931 **15. Januar** Einrichtung der *NSBO*, der Nationalsozialistischen Betriebszellen-Organisation
Oktober Gründung der *NS-Frauenschaft*
11. Oktober Bildung der Harzburger Front, siehe *Machtübernahme*

1932 **31. Juli** Reichstagswahl, in der die *NSDAP* 37,3 Prozent der Wählerstimmen erhält und stärkste Partei im Reichstag wird

1933 **30. Januar** Ernennung Adolf Hitlers zum Reichskanzler, siehe *Machtübernahme*
1. Februar Notverordnung zur Auflösung des Reichstages und Abhaltung von Neuwahlen am 5. März, siehe *Machtübernahme*
27. Februar *Reichstagsbrand*
28. Februar Verordnung des Reichspräsidenten zum Schutz von Volk und Staat, siehe *Reichstagsbrandverordnung*
März Einrichtung des ersten staatlichen *KZ* in Dachau bei München
5. März Reichstagsneuwahlen: die *NSDAP* erhält 43,9 Prozent der Wählerstimmen, siehe *Machtübernahme*
13. März Einrichtung des *Propagandaministeriums* unter Leitung von Dr. Joseph Goebbels
21. März Bildung von *Sondergerichten*
24. März Gesetz zur Behebung

der Not von Volk und Staat, siehe
Ermächtigungsgesetz

29. März Gesetz über Verhängung und Vollzug der Todesstrafe, die sogenannte Lex van der Lubbe, siehe *Reichstagsbrand*

31. März Vorläufiges Gesetz zur *Gleichschaltung* der Länder mit dem Reich, siehe *Gleichschaltung*

1. April Die *NSDAP* ruft zur Ächtung jüdischer Geschäfte auf; mit dieser ersten öffentlichen Gewaltmaßnahme gegen jüdische Bürger im Deutschen Reich beginnt die nationalsozialistische *Judenverfolgung*

7. April Gesetz zur Wiederherstellung des Berufsbeamtentums, siehe *Berufsbeamtengesetz, Arierparagraph*

7. April Zweites Gesetz zur Gleichschaltung der Länder mit dem Reich, siehe *Gleichschaltung*

10. April Erklärung des 1. Mai zum *Feiertag der Nationalen Arbeit*

Mai Gründung der *NSV*, der Nationalsozialistischen Volkswohlfahrt e. V.

2. Mai Zerschlagung der Freien Gewerkschaften durch gewaltsame Aktion der Nationalsozialisten, siehe *Feiertag der Nationalen Arbeit*

10. Mai *Bücherverbrennung*

10. Mai Gründung der *Deutschen Arbeitsfront, DAF*

19. Mai Gesetz über *Treuhänder der Arbeit*

22. Juni Verbot der SPD, siehe *Gleichschaltung*

27. Juni Gesetz über die Gründung der Gesellschaft *Reichsautobahnen*

Juli Gesetz über den Widerruf von Einbürgerungen und die Aberkennung der deutschen Staatsangehörigkeit, siehe *Bücherverbrennung*

14. Juli Gesetz zur Verhütung erbkranken Nachwuchses, siehe *Erbkranker Nachwuchs*

14. Juli Gesetz gegen die Neubildung von Parteien, siehe *Gleichschaltung*

19. Juli Verbot der Nationalsozialisten in Österreich, siehe *Anschluß Österreichs an das Deutsche Reich*

20. Juli Vertrag zwischen dem Deutschen Reich und dem Vatikan, siehe *Reichskonkordat*

21. September Gründung des Pfarrernotbundes, aus dem die *Bekennende Kirche* hervorging

22. September Gesetz über die Bildung der Reichskulturkammer, siehe *Reichskulturkammer*

29. September Reichserbhofgesetz, siehe *Erbhof*

4. Oktober *Schriftleitergesetz*

November Gründung der NS-Gemeinschaft Kraft durch Freude, *K d F*

1. Dezember Gesetz zur Sicherung der Einheit von Partei und Staat, siehe *Gleichschaltung*

1934 Umsturzversuch der Nationalsozialisten in Österreich, Ermordung des Bundeskanzlers Engelbert Dollfuß, siehe *Anschluß Österreichs an das Deutsche Reich*

3. Januar Gesetz über den Neuaufbau des Reiches, siehe *Gleichschaltung*

20. Januar Gesetz zur Ordnung der nationalen Arbeit, siehe *Betriebsführer*

24. April Errichtung des *Volksgerichtshofes*

3. Juli Gesetz über Maßnahmen der Staatsnotwehr, siehe *Röhm-Putsch*

1. August Gesetz über das Staatsoberhaupt des Deutschen Reiches, siehe *Führer und Reichskanzler*

2. August Tod des Reichspräsidenten von Hindenburg, siehe *Führer und Reichskanzler*

19. August Volksabstimmung über das Gesetz über das Staatsoberhaupt des Deutschen Reiches, siehe *Führer und Reichskanzler*

20. Dezember Gesetz gegen heimtückische Angriffe auf Staat und Partei und zum Schutz der Parteiuniform, siehe *Heimtückegesetz*

1935

26. Februar Gesetz über die Einführung eines Arbeitsbuches, siehe *Arbeitsbuch*

21. Mai Wehrgesetz, siehe *Wehrmacht*

26. Juni Einführung der Arbeitsdienstpflicht, siehe *RAD*

15. September *Nürnberger Gesetze* (*Reichsbürgergesetz* und *Blutschutzgesetz*)

18. Oktober Gesetz zum Schutze der Erbgesundheit des deutschen Volkes, siehe *Ehetauglichkeitszeugnis*

14. November Erste von 13 Folgeverordnungen zum *Reichsbürgergesetz*, siehe *Judenverfolgung*

1936

August Olympische Spiele in Berlin, siehe *Judenverfolgung*

20. September Ausdehnung der Befugnisse der *Gestapo* Preußens auf ganz Deutschland

18. Oktober Verordnung zur Durchführung des *Vierjahresplans*

25. November *Antikominternpakt* zwischen dem Deutschen Reich und Japan

1. Dezember Gesetz über die *Hitlerjugend*

1937

7. Juli Beginn des japanisch-chinesischen Krieges, der sich ab 1941 im Zweiten Weltkrieg fortsetzt

6. November Beitritt Italiens zum *Antikominternpakt*

1938

Einrichtung der *Organisation Todt*, der staatlichen Bauorganisation für die Errichtung militärischer Anlagen

26. Januar Erlaß über *Arbeitsscheue*

15. Februar Einführung des *Pflichtjahrs* für weibliche Arbeitskräfte in der Land- und Hauswirtschaft

12. März Einmarsch der Deutschen Wehrmacht in Österreich, siehe *Anschluß Österreichs an das Deutsche Reich*

Erster Einsatz von *Einsatzgruppen*

13. März *Anschluß Österreichs an das Deutsche Reich*

Mai Gesetz über Einziehung von Erzeugnissen entarteter Kunst, siehe *Entartete Kunst*

22. Juni Verordnung zur Einführung der *Dienstverpflichtung*

17. August Kriegssonderstrafrechtsverordnung, siehe *Wehrkraftzersetzung*

29. / 30. September *Münchener
Abkommen*

1. Oktober Besetzung des Sudetenlandes durch die Deutsche *Wehrmacht*, siehe *Münchener Abkommen*

9. November Pogrome gegen
jüdische Bürger, siehe *Kristallnacht*

1939

15. März Besetzung der Tschechoslowakei durch die Deutsche
Wehrmacht, siehe *Münchener Abkommen*

16. März Gründung des *Protektorats Böhmen und Mähren*

19. Mai Militärpakt Frankreichs
mit Polen

22. Mai Freundschafts- und
Bündnispakt zwischen Deutschland und Italien, siehe *Stahlpakt*

23. August *Hitler-Stalin-Pakt*

25. August Beistandspakt Großbritannien – Polen

28. August Einführung der
Lebensmittelkarten

1. September Überfall auf Polen,
Beginn des Zweiten Weltkrieges,
siehe *Wehrmacht, Hitler-Stalin-Pakt*

3. September Kriegserklärungen
Großbritanniens und Frankreichs
an das Deutsche Reich

5. September Verordnung gegen
Volksschädlinge

27. September Einrichtung des
Reichssicherheitshauptamts, RSHA

Oktober *Euthanasiebefehl* Hitlers.
Erste Zwangsverpflichtungen von
Polen zum Arbeitseinsatz in
Deutschland, siehe *Fremdarbeiter*

23. November Einführung des
Judensterns in den von deutschen
Truppen besetzten polnischen Ge-
bieten, siehe *Generalgouvernement*

1940

9. April Besetzung Dänemarks
und Norwegens durch die Deutsche
Wehrmacht, siehe *besetzte Gebiete*

Mai Einrichtung des KZ *Auschwitz*

10. Mai Überfall der Deutschen
Wehrmacht auf Holland, Belgien,
Luxemburg und Frankreich, siehe
besetzte Gebiete

27. September *Dreimächtepakt*

1941

11. März Beschluß des Leih- und
Pachtgesetzes in den USA, das sofortige und umfangreiche Rü-
stungslieferungen an die Kriegsgegner Deutschlands ermöglicht

6. April Angriff deutscher Truppen auf Jugoslawien und Griechenland, siehe *besetzte Gebiete*

22. Juni Angriff der Deutschen
Wehrmacht auf die Sowjetunion,
siehe *Wehrmacht, besetzte Gebiete*

2. September Polizeiverordnung
zur Einführung des *Judensterns* im
Deutschen Reich und im *Protektorat
Böhmen und Mähren*

3. September Erste Massentötungen mit dem Giftgas Zyklon-B
im KZ *Auschwitz*

14. Oktober Beginn der Deportationen jüdischer Bürger aus dem
Deutschen Reich, siehe *Judenverfolgung*

23. Oktober Emigrationsverbot
für Juden

7. Dezember Überfall der Japaner auf den amerikanischen Flottenstützpunkt Pearl Harbor im Pazifik, siehe *Dreimächtepakt*

8. Dezember Kriegserklärung der USA und Großbritanniens an Japan, siehe *Dreimächtepakt*

11. Dezember Kriegserklärung des Deutschen Reiches und Italiens an die USA

1942
20. Januar Beschluß der Organisation der *Endlösung* der Judenfrage, siehe *Wannsee-Konferenz*

10. Juni Zerstörung des Dorfes *Lidice* in Böhmen und Ermordung seiner Bewohner durch die *SS*, siehe *Protektorat Böhmen und Mähren*

1943
14. Januar Konferenz von Casablanca: Großbritannien und die USA verlangen erstmals die bedingungslose Kapitulation Deutschlands und Japans

18. Februar Joseph Goebbels verkündet den *Totalen Krieg*

22. Februar Hinrichtung von Sophie und Hans Scholl, Mitgliedern der Widerstandsgruppe *Weiße Rose*

19. April Beginn des vierwöchigen Aufstandes der Juden im *Warschauer Getto*

28. November Konferenz von Teheran: Großbritannien, die Sowjetunion und die USA stimmen ihre militärischen Operationspläne für das Jahr 1944 ab

1944
6. Juni Landung der alliierten Invasionstruppen in der Normandie

10. Juni Zerstörung der Ortschaft *Oradour-sur-Glane* in Südfrankreich und Ermordung seiner Einwohner durch die *SS*

20. Juli Attentat auf Adolf Hitler, siehe *20. Juli*

1. August Beginn des Warschauer Aufstandes, siehe *Generalgouvernement*

25. September Aufstellung des *Volkssturms*

1945
4. Februar Konferenz von Jalta: Großbritannien, die USA und die Sowjetunion verhandeln unter anderem über die Aufteilung Deutschlands in Besatzungszonen und die Höhe der Reparationen nach der Kapitulation Deutschlands

9. Mai Bedingungslose Kapitulation des Deutschen Reiches

17. Juli Beginn der Potsdamer Konferenz: die alliierten Siegermächte beschließen die Politik in Deutschland nach dem Kriegsende

20. November bis 1. Oktober 1946 *Nürnberger Prozeß*

Personenregister

Begriffe der Entnazifizierungsmaßnahmen, die nach dem Zweiten Weltkrieg in Deutschland nach Richtlinien der Besatzungsmächte durchgeführt wurden: **Spruchkammer** oder **Spruchgericht**; die Mitglieder wurden nach politischen Gesichtspunkten ausgewählt. Einstufung der Verurteilten:

1. **Hauptschuldige** (in der sowjetischen Zone: **Hauptverbrecher**);
2. **Belastete** (sowjetische Zone: **Verbrecher 1. Stufe**);
3. **Minderbelastete** (sowjetische Zone: **Verbrecher 2. Stufe**);
4. **Mitläufer**;
5. **Entlastete**.

Sühnemaßnahmen waren unter anderen: Internierung oder Gefängnis bis zu 10 Jahre, Vermögenseinziehung, Amtsverlust, Berufsverbot, Geldbußen, Aberkennung der Wählbarkeit und der Wahlberechtigung.

1949 wurden die Maßnahmen weitgehend durch Entnazifizierungsschlußgesetze der Länder abgeschlossen, in einzelnen Ländern fanden aber auch später noch Verfahren statt.

Amann, Max Reichsleiter für die Presse, Präsident der Reichspressekammer
* 24. 11. 1891 München, † 30. 3. 1957 München. 1923 Teilnahme am Marsch auf die Feldherrnhalle; 1933 Präsident der Reichspressekammer; 1936 SS-Obergruppenführer. – 1948 in einem Spruchkammerverfahren als Hauptschuldiger eingestuft, zur Höchststrafe von zehn Jahren Arbeitslager verurteilt und Vermögenseinzug. *207, 210*

Axmann, Arthur Reichsjugendführer
* 18. 2. 1913 Hagen, † 24. 10. 1996 Berlin. Gründete 1928 die erste Hitlerjugendgruppe Westfalens; 1931 Mitglied der NSDAP; 1932 in die Reichsleitung der HJ berufen; 1940–1945 Reichsjugendführer. – 1949 durch Nürnberger Entnazifizierungskammer Einstufung als Hauptschuldiger und Verurteilung zu drei Jahren Haft. *202*

Beck, Ludwig Generalstabschef, Widerstandskämpfer
* 29. 6. 1880 Biebrich (Wiesbaden), † 20. 7. 1944 Berlin (Selbstmord). 1935–1938 Generalstabschef des Heeres; 1938 wegen seiner Kritik an Hitlers Kriegsvorbereitungen Abschied aus der Wehrmacht als Generaloberst; seitdem führende Persönlichkeit des Widerstandes, insbesondere auch als Mittler zwischen zivilen und militärischen Oppositionskreisen; im Falle eines erfolgreichen Attentats auf Hitler als Staatsoberhaupt vorgesehen; nach dem gescheiterten Attentat am 20. Juli 1944 inhaftiert, nach zwei fehlgeschlagenen eigenen Versuchen Tod durch erlösenden Kopfschuß eines Feldwebels. *281, 291, 292*

Beckmann, Max Maler und Graphiker
*12. 2. 1884 Leipzig, †27. 12. 1950 New York. 1925 Professor an der Städelschule in Frankfurt am Main; einer der bedeutendsten Vertreter des deutschen Expressionismus; 1933 Entlassung als Professor in Frankfurt; seine Bilder werden von den Nationalsozialisten als entartete Kunst bezeichnet, sie werden aus Museen und Galerien entfernt; 1937 Emigration nach Amsterdam. *71*

Blomberg, Werner von Generalfeldmarschall, Reichskriegsminister
*2. 9. 1878 Stargard (Pommern), †14. 3. 1946 Nürnberg. 1933 Reichswehrminister; 1935 Reichskriegsminister und Oberbefehlshaber der Wehrmacht; 1938 wegen einer aus damaliger Sicht nicht standesgemäßen Heirat aus der Wehrmacht entlassen. – 1946 in amerikanischer Haft verstorben. *281, 282*

Bodelschwingh, Friedrich von Evangelischer Theologe, Widerstandskämpfer
*14. 8. 1877 Bethel, †4. 1. 1946 Bethel. 1910 Leiter der von seinem Vater gegründeten Bodelschwinghschen Anstalten für Behinderte; 1933 wurde seine Wahl zum Reichsbischof von der nationalsozialistischen Führung nicht anerkannt; führte erfolgreichen Kampf zur Rettung seiner Anstaltspatienten vor den Maßnahmen des Euthanasiebefehls. *58*

Bonhoeffer, Dietrich Evangelischer Theologe, Widerstandskämpfer
*4. 2. 1906 Breslau, †9. 4. 1945 KZ Flossenbürg (hingerichtet). 1931 Studentenpfarrer in Berlin; 1934 beratendes Mitglied des Ökumenischen Rates; nach 1935 Leiter des illegalen Predigerseminars der Bekennenden Kirche in Zingst, später in Finkenwalde; half Juden, aus Deutschland zu fliehen, unterhielt laufend Kontakte zu Kirchen im Ausland; 1936 Lehr-, 1940/41 Rede- u. Schreibverbot; 1943 von der Gestapo verhaftet; 1945 im KZ Flossenbürg erhängt. *40*

Bormann, Martin Reichsleiter im Range eines Reichsministers, Chef der Parteikanzlei
*17. 6. 1900 Halberstadt, †2. 5. 1945 Berlin. 1927 Eintritt in NSDAP und SA; 1928–1930 im Stab der Obersten SA-Führung; 1933 Ernennung zum Reichsleiter und zum Stabsleiter des Stellvertreters des Führers, Rudolf Heß; wurde zu einem der mächtigsten Männer mit wichtigen Entscheidungsbefugnissen und direktem Einfluß auf Hitler; 1941 Nachfolger von Heß. – 1946 im Nürnberger Prozeß in Abwesenheit zum Tode verurteilt; galt Jahrzehnte als verschollen; 1954 vom Amtsgericht Berchtesgaden für tot erklärt; 1973 wurde nach einem Gutachten des Instituts für Gerichtsmedizin in Berlin ein auf dem Gelände des Lehrter Bahnhofs exhumiertes Skelett als das Bormanns identifiziert. *177, 249*

Brüning, Heinrich Politiker

* 26. 11. 1885 Münster, † 30. 3. 1970 Norwich (USA). 1924 – 1933 Mitglied des Reichstages für die Zentrumspartei, seit 1929 Fraktionsführer; 1930 Reichskanzler; 1931 auch Außenminister; 1932 im April veranlaßt er ein Verbot der SA, im Mai erzwungener Rücktritt; 1934 Emigration in die USA, Professur an der Havard-Universität. – 1951 zeitweilige Rückkehr nach Deutschland, Professur in Köln. *148, 149*

Bürckel, Josef Gauleiter, Reichsstatthalter

* 30. 3. 1895 Lingenfeld (Pfalz), † 28. 9. 1944 Neustadt (Haardt) (Selbstmord). 1921 Mitglied der NSDAP; 1926 Gauleiter und Reichsstatthalter der NSDAP in der Pfalz; 1930 Mitglied des Reichstages; 1935 Reichskommissar für die Rückgliederung des Saarlandes; 1938 Gauleiter und Reichsstatthalter von Wien und Reichskommissar für die Vereinigung Österreichs mit dem Deutschen Reich; 1940 Chef der Zivilverwaltung in Lothringen im besetzten Frankreich, wo er die Judendeportationen veranlaßte; 1944 Selbstmord. *203*

Canaris, Wilhelm Admiral, Chef des militärischen Geheimdienstes

* 1. 1. 1887 Aplerbeck (Westfalen), † 9. 4. 1945 KZ Flossenbürg (hingerichtet). 1935 Chef der Abwehrabteilung des Kriegsministeriums, seit März 1938 Amt Ausland / Abwehr des Oberkommandos der Wehrmacht; nach 1938 Kontakt zu militärischen Widerstandskreisen; 1944 weitgehende Entmachtung und Kontrolle seines Amtes durch das Reichssicherheitshauptamt der SS; nach dem Attentat am 20. Juli 1944 verhaftet; 1945 im KZ Flossenbürg erhängt. *233*

Chagall, Marc Russisch-französischer Maler und Graphiker

* 7. 7. 1887 Witebsk (Rußland), † 28. 3. 1985 St.-Paul-de-Vence (Südfrankreich). Mit der Aufhebung realer Zusammenhänge in seiner Malerei Anreger des Surrealismus; später auch berühmt durch Bühnendekorationen und Decken-, Wand- und Fenstermalereien; seine Bilder wurden von den Nationalsozialisten als entartete Kunst bezeichnet, sie wurden aus Museen und Galerien entfernt. *71*

Chamberlain, Arthur Neville Britischer Politiker

* 18. 3. 1869 bei Birmingham, † 9. 11. 1940 Heckfield bei Reading. 1937 – 1940 Premierminister; Vertreter der Appeasement-Politik, Mitunterzeichner des Münchener Abkommens. *40, 155, 158*

Chamberlain, Houston Stewart Publizist

* 9. 9. 1855 Southsea bei Portsmouth (England), † 9. 1. 1927 Bayreuth. Veröffentlichte rassistische und antisemitische Schriften, in denen er die Germanen als Kulturschöpfer verherrlichte. *195*

D'Alquen, Gunter Journalist
*24. 10. 1910 Essen. 1928 Mitglied der NSDAP; 1935 Hauptschriftleiter der SS-Wochenzeitung «Schwarzes Korps». – 1955 durch Berliner Entnazifizierungskammer Verurteilung zu 60 000 Mark Strafe und Aberkennung der bürgerlichen Ehrenrechte für drei Jahre. *53*

Daladier, Edouard Französischer Politiker
*18. 6. 1884 Carpentras, †10. 10. 1970 Paris. 1933, 1934 und 1938 – 1940 Ministerpräsident, 1938 Mitunterzeichner des Münchener Abkommens; 1940 von Vichy-Regierung vor Gericht gestellt; 1943 – 1945 Internierung in Deutschland. – Nach 1945 wieder als Politiker tätig. *155*

Darré, Richard Walter Reichsbauernführer, Reichsminister für Ernährung u. Landwirtschaft
*14. 7. 1895 Belgrano (Argentinien), †5. 9. 1953 München. Diplomlandwirt; 1930 Mitglied der NSDAP; 1931 – 1938 Leiter des SS-Rasse- und Siedlungs-Hauptamtes; 1933 Reichsminister für Ernährung und Landwirtschaft; 1934 Reichsbauernführer; Verfasser zahlreicher Blut-und-Boden-Schriften; seit etwa 1942 zunehmend ohne Einfluß. – 1945 interniert; 1949 im Nürnberger Wilhelmstraßen-Prozeß zu sieben Jahren Haft verurteilt; 1950 Begnadigung; 1952 trat er als Verfechter der biologisch-dynamischen Düngung noch einmal an die Öffentlichkeit. *49, 170, 212*

Delp, Alfred SJ Katholischer Theologe, Widerstandskämpfer
*15. 9. 1907 Mannheim, †2. 2. 1945 Berlin (hingerichtet). Trat mit 18 Jahren dem Jesuitenorden bei; 1937 zum Priester geweiht; in scharfem Gegensatz zum Nationalsozialismus 1942 Kontakt zum Kreisauer Kreis; nach dem Attentat am 20. Juli 1944 verhaftet, zum Tode verurteilt und gehängt. *130*

Dibelius, Otto Evangelischer Theologe
*15. 5. 1880 Berlin, †31. 1. 1967 Berlin. Vertreter der Bekennenden Kirche; zeitweise in Haft, Redeverbot; 1937 Freispruch von der Anklage des Hochverrats. – 1945 Mitautor des Stuttgarter Schuldbekenntnisses evangelischer Kirchenmänner; 1949 – 1961 Vorsitzender der Evangelischen Kirche in Deutschland; 1945 – 1966 Bischof von Berlin-Brandenburg. *40*

Dietrich, Otto Pressechef der Reichsregierung
*31. 8. 1897 Essen, †22. 11. 1952 Düsseldorf. 1929 Mitglied der NSDAP; 1931 Reichspressechef der NSDAP; 1932 Eintritt in die SS; 1933 Reichspressechef, Vorsitzender des Reichsverbandes der deutschen Presse und Vizepräsident der Reichspressekammer; 1941 SS-Obergruppenführer; 1937 – 1945 Pressechef der Reichsregierung. – 1949 im Nürnberger Wilhelmstraßen-Prozeß zu sieben Jahren Haft verurteilt, 1950 wegen guter Führung entlassen. *170, 210*

Dix, Otto Maler und Graphiker

* 2. 12. 1891 Untermhaus bei Gera, † 25. 7. 1969 Singen. Expressionist und bedeutender Vertreter der Neuen Sachlichkeit; seine Bilder wurden von den Nationalsozialisten als entartete Kunst bezeichnet, sie wurden aus Museen und Galerien entfernt; 1933 Entlassung als Professor der Dresdner Kunstakademie und Arbeitsverbot. *71*

Dönitz, Karl Großadmiral, Reichspräsident

* 16. 9. 1891 Grünau bei Berlin, † 24. 12. 1980 Aumühle bei Hamburg. 1943 Großadmiral und Oberbefehlshaber der Kriegsmarine; 1945 in Adolf Hitlers Testament zum Nachfolger und Reichspräsidenten ernannt, er übte das Amt vom 1. bis zum 23. Mai 1945 aus. – 1946 im Nürnberger Prozeß zu zehn Jahren Haft verurteilt. *178*

Dollfuß, Engelbert Österreichischer Politiker

* 4. 10. 1892 Texing (Niederösterreich), † 25. 7. 1934 Wien (ermordet). 1931 Österreichischer Landwirtschaftsminister; 1932 Bundeskanzler; er war gegen den Anschluß Österreichs an das Deutsche Reich; 1934 von nationalsozialistischen Aufrührern ermordet. *20, 320*

Eichmann, Adolf Judenreferent im Reichssicherheitshauptamt

* 19. 3. 1906 Solingen, aufgewachsen in Österreich, † 1. 6. 1962 Tel Aviv (hingerichtet). 1932 Mitglied der österreichischen NSDAP und SS; 1934 im SD-Hauptamt Berlin, zuständig für «Judenfragen»; 1938 Organisator in der Zentralstelle für jüdische Auswanderung in Wien, die anfangs die Auswanderung, später die Deportation der österreichischen Juden organisierte; 1939 im Reichssicherheitshauptamt der SS in Berlin, bald danach Leiter des Referats IV B 4, Judenangelegenheiten, in diesem Amt zuständig für die Deportation der Juden aus Deutschland und aus allen besetzten Gebieten in die Gettos, KZ und Vernichtungslager, maßgeblich beteiligt an der Organisation und Durchführung des Völkermordes; 1941 Beförderung zum SS-Obersturmbannführer. – 1946 Flucht aus amerikanischer Gefangenschaft; bis 1950 untergetaucht in der Lüneburger Heide, anschließend Flucht nach Argentinien; 1960 von israelischen Geheimagenten nach Israel entführt; 1961 achtmonatiger öffentlicher Prozeß in Tel Aviv; 1962 Hinrichtung. *69, 70, 216, 273, 274*

Eicke, Theodor Inspekteur der KZ

* 17. 10. 1892 Hampont (Elsaß-Lothringen), † 26. 2. 1943 Orelka (UdSSR). 1928 Mitglied der NSDAP und der SA; 1930 Eintritt in die SS; 1923 – 1932 Sicherheitskommissar der I.G. Farben; 1933 Kommandant des KZ Dachau; 1934 Inspekteur der KZ und der SS-Totenkopfverbände; 1942 SS-Obergruppenführer und General der Waffen-SS; 1943 bei einem Flugzeugabsturz tödlich verunglückt. *135, 246, 247*

Einstein, Albert Deutscher Physiker, Entwickler der speziellen Relativitätstheorie
*14. 3. 1879 Ulm, †18. 4. 1955 Princeton (USA). 1921 Nobelpreis für Physik für Arbeiten zur Quantentheorie; 1914–1933 Direktor des Kaiser-Wilhelm-Instituts für Physik in Berlin; 1933 Emigration in die USA. *50*

Elser, Johann Georg Schreiner, Widerstandskämpfer
*4. 1. 1903 Hermaringen in Württemberg, †9. 4. 1945 KZ Dachau (hingerichtet). Nach gescheitertem Attentat auf Hitler im Bürgerbräukeller in München am 8. 11. 1938 verhaftet und im KZ Dachau inhaftiert, dort 1945 erschossen. *51, 52*

Fellgiebel, Erich General der Nachrichtentruppe
*4. 10. 1886 Pöpelwitz in Schlesien, †4. 9. 1944 Berlin (hingerichtet). 1939–1944 Chef des Nachrichtenverbindungswesens der Wehrmacht im Oberkommando der Wehrmacht; Kontakte zur Widerstandsbewegung, im Zusammenhang mit dem Attentat am 20. Juli 1944 zum Tode verurteilt und hingerichtet. *291*

Flick, Friedrich Industrieller
*10. 7. 1883 Ernsdorf, †20. 7. 1972 Konstanz. 1932–1945 Unterstützung der NSDAP und SS mit Spenden von rund 7 Millionen Mark; 1937 Mitglied der NSDAP; 1938 Wehrwirtschaftsführer; Nutznießer der Arisierung, während des 2. Weltkrieges Beschäftigung Tausender von KZ-Häftlingen und Zwangsarbeiter in den Flick-Unternehmen. – 1947 im Nürnberger Flick-Prozeß zu sieben Jahren Gefängnis verurteilt; 1950 amnestiert; der Flick-Konzern weigerte sich entschieden, die von Juden erhobenen Ansprüche auf materielle Entschädigung zu zahlen. *178*

Frank, Hans Jurist, Generalgouverneur
*23. 5. 1900 Karlsruhe, †16. 10. 1946 Nürnberg (hingerichtet). 1923 Mitglied der NSDAP, Teilnahme am Marsch auf die Feldherrnhalle; 1934 Reichskommissar für die Gleichschaltung der Justiz in den Ländern des Deutschen Reiches und für die Erneuerung der Rechtsordnung; 1939 Generalgouverneur der nicht in das Deutsche Reich eingegliederten polnischen Gebiete (Generalgouvernement), mitverantwortlich für die mörderischen Gewalttaten von SS und Polizei im Generalgouvernement. – 1946 im Nürnberger Prozeß zum Tode verurteilt und hingerichtet, bekannte sich im Prozeß schuldig. *42, 70, 92, 152, 177, 202*

Frank, Karl Hermann Sudetendeutscher Politiker
*24. 1. 1898 Karlsbad, †22. 5. 1946 Prag (hingerichtet). 1933 gründet er im Kontakt mit Konrad Henlein eine Ortsgruppe der Sudetendeutschen Partei, die eine Tochterorganisation der in der Tschechoslowakei verbotenen NSDAP war; 1938 Mitglied der SS; 1939 Staatssekretär beim Reichsprotektor von Böhmen und Mähren; 1943 Staatsminister, verantwortlich für die gewaltsame Politik gegen die Tschechen; 1944 General

der Polizei und der Waffen-SS. – 1945 von Amerikanern verhaftet und an die Tschechoslowakei ausgeliefert; 1946 von einem tschechischen Gericht zum Tode verurteilt und öffentlich gehängt. *145*

Freisler, Roland Jurist, Präsident des Volksgerichtshofs
*30. 10. 1893 Celle, †3. 2. 1945 Berlin. 1925 Mitglied der NSDAP; 1933 Mitglied des Reichstages; 1935 Staatssekretär im Reichsjustizministerium; 1942 Präsident des Volksgerichtshofes, Beiname «Blutrichter», unter seiner Präsidentschaft Anstieg der Todesurteile des Volksgerichtshofes von 102 im Jahr 1941 auf 2097 im Jahr 1944; 1945 Tod bei Luftangriff. *264*

Freud, Sigmund Arzt, Begründer der theoretischen und praktischen Psychoanalyse
*6. 5. 1856 Freiberg (Mähren), †23. 9. 1939 London. 1938 Emigration nach Großbritannien. *50*

Frick, Wilhelm Reichsinnenminister, Reichsprotektor in Böhmen und Mähren
*12. 3. 1877 Alsenz (Pfalz), †16. 10. 1946 Nürnberg (hingerichtet). 1923 Teilnahme am Marsch auf die Feldherrnhalle; 1925 Mitglied der NSDAP; 1928 Mitglied des Reichstages, Fraktionsführer der NSDAP; 1930 Innen- und Volksbildungsminister in Thüringen; 1933–1943 Reichsinnenminister, verantwortliche Mitwirkung an zahlreichen Gesetzen der Judenverfolgung; 1943 Reichsprotektor in Böhmen und Mähren. – 1946 im Nürnberger Prozeß zum Tode verurteilt und hingerichtet. *168, 177, 200*

Fritsch, Werner Freiherr von Generaloberst, Oberbefehlshaber des Heeres
*4. 8. 1880 Benrath, †22. 9. 1939 Praga bei Warschau. 1934 Chef der Heeresleitung, 1935 umbenannt in Oberbefehlshaber des Heeres; 1938 wegen Widerspruchs gegen Hitlers Kriegspolitik unter unwürdigen Anschuldigungen zum Rücktritt veranlaßt; während des Polenfeldzugs gefallen. *281*

Fritzsche, Hans Ministerialdirektor, Rundfunkkommentator
*21. 4. 1900 Bochum, †27. 9. 1953 Köln. 1933 Mitglied der NSDAP; 1938 Leiter der Abteilung Deutsche Presse im Reichspropagandaministerium; 1942 Leiter der Rundfunkabteilung im Reichspropagandaministerium. – 1946 im Nürnberger Prozeß freigesprochen, distanzierte sich während des Prozesses von seiner nationalsozialistischen Vergangenheit; 1947 von einer Nürnberger Spruchkammer zu neun Jahren Arbeitslager verurteilt. *178*

Funk, Walther Wirtschaftsjournalist, Reichswirtschaftsminister
*18. 8. 1890 Trakehnen, †31. 5. 1960 Düsseldorf. 1931 Mitglied der NSDAP, in der Folgezeit Hitlers persönlicher Wirtschaftsberater; 1932–1933 Mitglied des Reichstages;

1933 Pressechef der Reichsregierung, als Unterstaatssekretär im Reichspropaganda-ministerium für Presse und Rundfunk zuständig; 1938 Reichswirtschaftsminister und Generalbevollmächtigter für die Kriegswirtschaft; 1939 Reichsbankpräsident; 1943 Mitglied der Zentralen Planung. – 1946 im Nürnberger Prozeß zu lebenslanger Haft verurteilt; 1957 wegen Krankheit entlassen. *177*

Galen, Clemens August Graf von Bischof von Münster
*16. 3. 1878 Dinklage, † 22. 3. 1946 Münster. 1933 Bischof von Münster; 1941 Predigten gegen die Staatsführung der Nationalsozialisten und gegen die Anordnungen des Euthanasiebefehls, wurde danach als «Löwe von Münster» bezeichnet, unter anderem seine Predigten führten zu einer zeitweiligen Einstellung der Euthanasiemaß-nahmen. – 1946 Kardinal. *77*

Gerstenmaier, Eugen Politiker, Widerstandskämpfer
*25. 8. 1906 Kirchheim/Teck, † 13. 3. 1986 Bonn. Anhänger der Bekennenden Kirche und Mitglied des Kreisauer Kreises; Verhaftung nach dem Attentat am 20. Juli 1944 und Verurteilung zu sieben Jahren Haft. – 1954–1969 Präsident des Deutschen Bun-destages. *130*

Globocnik, Odilo Gauleiter, SS-Gruppenführer, Generalleutnant der Polizei
*21. 4. 1904 Triest, † 21. 5. 1945 Paternion in Kärnten (Selbstmord). 1931 Mitglied der NSDAP; 1932 Eintritt in die SS; 1939 SS- und Polizeiführer im Distrikt Lublin im Ge-neralgouvernement; 1942 mit der Durchführung der Aktion Reinhard beauftragt, bei der in den Vernichtungslagern Belzec, Sobibor und Treblinka 1750000 Juden umge-bracht wurden; 1943 Höherer Polizeiführer für das Adriatische Küstenland in Triest. – 1945 Selbstmord nach seiner Verhaftung durch alliierte Truppen. *255, 256*

Gobineau, Joseph Arthur Comte de Französischer Schriftsteller, Diplomat
*14. 7. 1816 Ville d'Auvray bei Paris, † 13. 10. 1882 Turin. Vertrat in seinem Buch «Ver-such über die Ungleichheit der Menschenrassen» die Ansicht, es gebe eine höherste-hende arische Rasse gegenüber anderen minderwertigeren Rassen. *195*

Goebbels, Joseph Gauleiter von Berlin, Reichsminister für Volksaufklärung und Propaganda
*29. 10. 1897 Rheydt, † 1. 5. 1945 Berlin (Selbstmord). 1924 Mitglied der NSDAP; 1926 Gauleiter von Berlin; 1930 Reichspropagandaleiter der NSDAP, Hauptaufgabe propa-gandistische Vorbereitung des Wahlkampfes, nach dem Wahlsieg Mitglied des Reichstages; 1933 Reichsminister für Volksaufklärung und Propaganda und Präsi-dent der Reichskulturkammer, unterstützte mit außerordentlich organisierten und zentral gelenkten Propagandamaßnahmen in allen Medienbereichen die verbreche-rischen Aktionen der Nationalsozialisten und hatte meinungsbildenden Einfluß auf

große Teile der Bevölkerung; 1944 Generalbevollmächtigter für den Totalen Kriegs-einsatz; 1945 Selbstmord mit seiner Frau Magda und seinen sechs Kindern im Füh-rerbunker. *35, 50, 53, 59, 71, 91, 116, 132, 133, 150, 170, 174, 187, 188, 189, 206, 208, 210, 211, 224, 250, 251, 264, 265, 289, 290, 323*

Goerdeler, Carl Friedrich Kommunalbeamter, Politiker, Widerstandskämpfer
* 31. 7. 1884 Schneidemühl, † 2. 2. 1945 Berlin (hingerichtet). 1930–1937 Oberbürger-meister von Leipzig; 1931 und 1934/35 Reichskommissar für die Preisüberwachung; aus Protest gegen die Politik der Nationalsozialisten 1935 beziehungsweise 1937 Rücktritt von seinen Ämtern; er wurde zum eigentlichen Kopf des bürgerlichen Wi-derstands gegen Hitler; 1944 nach dem mißglückten Attentat am 20. Juli verhaftet und zum Tode verurteilt; 1945 hingerichtet. *131*

Göring, Hermann Reichsmarschall, Reichsminister für Luftfahrt
* 12. 1. 1893 Rosenheim, † 15. 10. 1946 Nürnberg (Selbstmord). 1922 Mitglied der NSDAP; 1923 Teilnahme am Marsch auf die Feldherrnhalle; 1928 Mitglied des Reichs-tages; 1932 Reichstagspräsident; 1933 Reichsminister für Luftfahrt; 1934 Reichsforst-und Reichsjägermeister; 1935 Oberbefehlshaber der Luftwaffe; 1936 Beauftragter für den Vierjahresplan mit Kontrolle über die gesamte Industrie; 1939 zum Nachfolger Hitlers bestimmt; 1940 Reichsmarschall. – 1946 im Nürnberger Prozeß zum Tode verurteilt, verübte Göring Selbstmord mit Gift, wobei bis heute nicht geklärt ist, wo-her er es erhalten hatte. *21, 26, 49, 70, 84, 95, 126, 133, 168, 171, 177, 178, 190, 202, 218, 226, 254, 258, 259, 272, 281*

Graf, Willi Student der Medizin, Widerstandskämpfer
* 2. 1. 1918 Kuchenheim/Euskirchen, † 12. 10. 1943 München (hingerichtet). 1937 als Mitglied des verbotenen «Grauen Orden», einer religiös-männerbündischen Gruppe, von der Gestapo für einige Wochen in Haft genommen; 1939 zum Kriegs-dienst eingezogen, Ausbildung zum Sanitäter; 1941 beurlaubt zum Weiterstudium der Medizin; 1942 Mitglied der Widerstandsgruppe Weiße Rose; 1943 vom Volksge-richtshof zum Tode verurteilt und hingerichtet. *285, 286*

Greiser, Arthur Gauleiter, SS-Obergruppenführer
* 22. 1. 1897 Schroda (Posen), † 14. 7. 1946 Posen (hingerichtet). 1929 Mitglied der NSDAP; 1930 Eintritt in die SS, NSDAP-Abgeordneter im Reichstag; 1939 Gauleiter und Reichsstatthalter des Reichsgaus Wartheland, einem Teil des von deutschen Truppen besetzten Westpolen; verantwortlich für brutale Maßnahmen zur Eindeut-schung und für Massendeportationen von Juden und Polen in die KZ und Vernich-tungslager; 1942 SS-Obergruppenführer. – 1946 von einem polnischen Gericht zum Tode verurteilt und öffentlich gehängt. *235*

Grimm, Hans Schriftsteller
*22. 3. 1875 Wiesbaden, †27. 9. 1959 Lippoldsberg a. d. Weser. 1932 Goethe-Preis der Stadt Frankfurt; 1933 Senator der Preußischen Akademie der Künste; 1933–1935 im Präsidialrat der Reichsschrifttumskammer; der Titel seines Romans «Volk ohne Raum» war ein von den Nationalsozialisten vielbenutztes Schlagwort für ihre verbrecherische Politik der Eroberung von Lebensraum. – Nach dem Ende des 2. Weltkrieges Veröffentlichungen und Vorträge nationalsozialistischen Inhalts. *261*

Grosz, George Maler und Zeichner
*26. 7. 1893 Berlin, †6. 7. 1959 Berlin. 1917 Mitbegründer des Berliner Dada; Mitglied der KPD; in seinen Werken scharfer Gesellschaftskritiker; seine Bilder wurden von den Nationalsozialisten als entartete Kunst bezeichnet, sie wurden aus Museen und Galerien entfernt; 1933 Emigration nach New York. *71*

Grynszpan, Herschel
*28. 3. 1921 Hannover. Ermordete am 7. November 1938 den Legationssekretär der deutschen Botschaft in Paris; wurde des Mordes angeklagt, aber nicht vor Gericht gestellt; 1940 nach dem Zusammenbruch Frankreichs an Deutschland ausgeliefert; bis zum Ende des 2. Weltkrieges, offensichtlich im Hinblick auf einen Schauprozeß nach dem Krieg, zunächst im KZ Sachsenhausen, später im Untersuchungsgefängnis Berlin-Moabit inhaftiert. – 1957 wurde bekannt, daß Grynszpan in Paris unter falschem Namen leben sollte; 1960 auf Antrag der Familie durch das Amtsgericht Hannover für tot erklärt. *132*

Hácha, Emil Tschechoslowakischer Politiker
*12. 7. 1872 Trhové Sviny, †1. 6. 1945 Prag (ermordet). 1938 Staatspräsident der Tschechoslowakei; 1939 Unterschrift unter das erzwungene Abkommen mit Adolf Hitler, das die Selbständigkeit der Tschechoslowakei aufhob und zur Bildung des Protektorats Böhmen und Mähren führte; bis 1945 Präsident des Protektorats Böhmen und Mähren. – 1945 als Kollaborateur verhaftet und vor Beginn eines Prozesses ermordet. *190*

Harnack, Arvid Jurist, Wirtschaftswissenschaftler, Widerstandskämpfer
*24. 5. 1901 Darmstadt, †22. 12. 1942 Berlin (hingerichtet). 1933 Tätigkeit im Reichswirtschaftsministerium; 1936 vertrauliche Kontakte zur amerikanischen und sowjetischen Botschaft; 1937 zur Tarnung der Widerstandsarbeit Eintritt in die NSDAP; zusammen mit seiner Frau Mildred Bildung eines Widerstandskreises; 1939 Zusammenschluß mit der von der Gestapo als Rote Kapelle bezeichneten Schulze-Boysen-Gruppe; 1942 als Mitglied der Widerstandsgruppe «Rote Kapelle» verhaftet, zum Tode verurteilt und hingerichtet. *223*

Harnack, Mildred, geb. Fish Literaturwissenschaftlerin, Widerstandskämpferin
*16. 9. 1902 Milwaukee (Wisconsin, USA), †16. 2. 1943 Berlin (hingerichtet). 1926 Heirat mit Arvid Harnack; 1931 Lektorin für amerikanische Literatur an der Berliner Universität; 1933 Entlassung, danach Unterricht an Abendgymnasium; 1941 Promotion an der Universität Gießen, Lehrauftrag an der Universität Berlin; Mitglied der «Roten Kapelle»; 1942 verhaftet, zunächst zu sechs Jahren Zuchthaus verurteilt, Aufhebung des Urteils durch Adolf Hitler und erneuter Prozeß; 1943 zum Tode verurteilt und hingerichtet. *223*

Haubach, Theodor Journalist, Widerstandskämpfer
*15. 9. 1896 Frankfurt a. Main, †23. 1. 1945 Berlin (hingerichtet). 1922 Mitglied der SPD; 1924 Redakteur bei der SPD-Zeitung «Hamburger Echo»; 1930 Pressechef im Berliner Polizeipräsidium; 1933 entlassen; mehrfach verhaftet, 1934–1936 im KZ Esterwegen; 1941 Kontakt zum Kreisauer Kreis; 1944 verhaftet; 1945 vom Volksgerichtshof zum Tode verurteilt und hingerichtet. *130*

Heißmeyer, August SS-Obergruppenführer, Inspekteur der Napola
*11. 1. 1897 Gellersen, †16. 1. 1979 Schwäbisch Hall. 1925 Mitglied der NSDAP; 1930 Eintritt in die SS; 1933 Mitglied des Reichstages; 1935 Inspekteur der Nationalpolitischen Erziehungsanstalten; 1936 SS-Obergruppenführer, Chef des SS-Hauptamtes; 1940 eigenes SS-Hauptamt unter der Bezeichnung Dienststelle Heißmeyer. – 1950 von der Spruchkammer Tübingen zu drei Jahren Internierungshaft und zehnjährigem teilweisem Berufsverbot verurteilt. *161*

Henlein, Konrad Führer der Sudetendeutschen Partei, Gauleiter
*6. 5. 1898 Maffersdorf bei Reichenberg, †10. 5. 1945 Pilsen (Selbstmord). 1933 Gründer der Sudetendeutschen Heimatfront, seit 1935 Sudetendeutsche Partei (SdP), ging in der NSDAP auf; 1938 Reichskommissar für die sudetendeutschen Gebiete; 1939 Gauleiter und Reichsstatthalter des Reichsgaus Sudetenland. – 1945 Selbstmord nach Gefangennahme durch die Amerikaner. *155, 158, 203*

Heß, Rudolf Stellvertreter des Führers
*26. 4. 1894 Alexandria (Ägypten), †17. 8. 1987 Berlin-Spandau (Selbstmord). 1920 Mitglied der NSDAP; 1923 Teilnahme am Marsch auf die Feldherrnhalle; seit 1927 Privatsekretär Hitlers; 1933–1941 Stellvertreter des Führers im Ministerrang; 1941 Flug nach Schottland wegen Friedensgesprächen, von den Engländern inhaftiert, von den Nationalsozialisten für geistesgestört erklärt. – 1946 im Nürnberger Prozeß zu lebenslangem Gefängnis verurteilt; 1987 Selbstmord nach 41jähriger Haft im Kriegsverbrechergefängnis Berlin-Spandau. *154, 164, 168, 169, 170, 177, 181, 248, 249, 261*

Heydrich, Reinhard SS-Obergruppenführer, Chef der Sicherheitspolizei und des SD

* 7. 3. 1904 Halle, † 4. 6. 1942 Prag (durch Attentat). 1931 Mitglied der SS; 1932 Chef des Sicherheitsdienstes der SS, SD, und wichtigster SS-Führer nach Himmler; 1936 Chef der Sicherheitspolizei und des SD; 1939 Zusammenfassung beider Bereiche zum Reichssicherheitshauptamt, RSHA, Heydrich damit Leiter der Zentrale aller obersten Kommandostellen der Gestapo, der Kriminalpolizei und des SD, womit ihm auch die Einsatzgruppen unterstanden; 1941 mit der Durchführung der Endlösung beauftragt; stellvertretender Reichsprotektor von Böhmen und Mähren; 1942 Leitung der Wannsee-Konferenz; 1942 an den Folgen eines Attentats gestorben. *23, 68, 70, 95, 133, 139, 145, 146, 192, 199, 200, 215, 221, 222, 231, 232, 233, 235, 244, 245, 255, 263, 272, 273, 274*

Hierl, Konstantin Reichsarbeitsführer

* 24. 2. 1875 Parsberg (Oberpfalz), † 23. 9. 1955 Heidelberg. 1929 Mitglied der NSDAP; 1933 Staatssekretär im Reichsarbeitsministerium und Beauftragter Adolf Hitlers für den Reichsarbeitsdienst; 1935 Chef des Reichsarbeitsdienstes mit dem Titel Reichsarbeitsführer; 1943 Reichsminister. – 1945 verhaftet und inhaftiert; 1948 durch Spruchkammerbeschluß als Hauptschuldiger eingestuft und zu fünf Jahren Arbeitslager verurteilt. *194*

Himmler, Heinrich Reichsführer-SS, Reichsinnenminister

* 7. 10. 1900 München, † 23. 5. 1945 Lüneburg (Selbstmord). 1923 Teilnahme am Marsch auf die Feldherrnhalle; 1925 Mitglied der NSDAP; 1929 Reichsführer-SS; 1936 Reichsführer-SS und Chef der Deutschen Polizei, nur Hitler direkt unterstellt; 1939 Reichskommissar für die Festigung deutschen Volkstums, mit der Aufgabe der Umsiedlungs- und Germanisierungspolitik verantwortlich für die Durchführung des Völkermordes; 1943 Reichsinnenminister; 1944 Befehl über das Ersatzheer. – 1945 nach Gefangennahme durch britische Truppen Selbstmord. *23, 29, 34, 65, 66, 68, 84, 85, 93, 94, 95, 96, 140, 142, 143, 145, 161, 169, 170, 172, 199, 200, 203, 211, 215, 216, 221, 231, 232, 233, 235, 237, 244, 245, 246, 247, 255, 256, 262, 263, 268, 270, 274, 276, 283*

Hindemith, Paul Komponist

* 16. 11. 1895 Hanau, † 28. 12. 1963 Frankfurt a. Main. 1927 – 1937 Professor für Komposition an der Berliner Hochschule für Musik; einer der bedeutendsten Komponisten des 20. Jahrhunderts; seine Kompositionen wurden ab 1934 in Deutschland nicht mehr aufgeführt; 1938 in der Ausstellung Entartete Musik in Düsseldorf öffentlich angefeindet, Emigration über die Schweiz in die USA. – 1953 Rückkehr nach Europa, zunächst nach Wien und Berlin, später nach Zürich. *209*

Hindenburg, Paul von Beneckendorff und von Reichspräsident, Generalfeldmarschall

* 2. 10. 1847 Posen, † 2. 8. 1934 Gut Neudeck bei Freystadt (Westpreußen). 1916 Chef der Obersten Heeresleitung; während des 1. Weltkrieges bedeutender und im Volk beliebter Heerführer; 1925–1934 Reichspräsident; ernennt 1933 Adolf Hitler zum Reichskanzler.   *87, 149, 150, 151, 170, 217, 218, 219, 281, 321*

Hitler, Adolf Führer und Reichskanzler

* 20. 4. 1889 Braunau (Österreich), † 30. 4. 1945 Berlin (Selbstmord). Teilnahme am 1. Weltkrieg als Gefreiter; 1919 Mitglied und Propagandist der Deutschen Arbeiterpartei, DAP; 1920 Umbenennung der DAP in NSDAP; 1923 Teilnahme am Marsch auf die Feldherrnhalle; 1924 in Hochverratsprozeß zu fünf Jahren Festungshaft verurteilt; 1925 nach vorzeitiger Entlassung Neugründung der NSDAP; 1933 Ernennung zum Reichskanzler; 1934 Führer und Reichskanzler, stufenweiser Abbau des Rechtsstaates und Errichtung der nationalsozialistischen Gewaltherrschaft; 1945 Selbstmord im Bunker unter der Reichskanzlei in Berlin.   *keine Seitenangaben wegen häufiger Nennung*

Höß, Rudolf Lagerkommandant von Auschwitz

* 25. 11. 1900 Baden-Baden, † 16. 4. 1947 Auschwitz (hingerichtet). 1922 Mitglied der NSDAP; 1923 Verurteilung zu zehn Jahren Haft wegen Fememord, 1928 amnestiert; 1933 Eintritt in die SS, Blockführer im KZ Dachau; 1938 SS-Hauptsturmführer, KZ Sachsenhausen; 1940–1943 Kommandant des KZ und Vernichtungslagers Auschwitz; anschließend Leiter der Amtsgruppe D (KZ) im Wirtschaftsverwaltungshauptamt der SS; 1944 nochmals Leitung von Auschwitz. – 1946 Verhaftung durch britische Militärpolizei und Auslieferung an Polen, zum Tode verurteilt und 1947 in Auschwitz gehängt.   *28, 34, 247*

Huber, Kurt Musikwissenschaftler, Widerstandskämpfer

* 24. 10. 1893 Chur (Schweiz), † 13. 7. 1943 München (hingerichtet). 1939 Lehrtätigkeit an der Universität München, in seinen Vorlesungen übt er Kritik an der nationalsozialistischen Staatsführung; 1942 beteiligt an den Aktivitäten der Widerstandsgruppe Weiße Rose; 1943 verhaftet, vom Volksgerichtshof zum Tode verurteilt und hingerichtet.   *285, 286, 287*

Huch, Ricarda Schriftstellerin

* 18. 7. 1864 Braunschweig, † 17. 11. 1947 Schönberg im Taunus. Vertreterin der neuromantischen Literatur; 1931 Goethepreis der Stadt Frankfurt; 1933 Austritt aus der Preußischen Akademie der Künste als Protest unter anderem gegen das Vorgehen der nationalsozialistischen Machthaber gegen Andersdenkende. – Nach 1945 trägt sie eine umfangreiche Materialsammlung über den deutschen Widerstand zusammen.   *50*

Hugenberg, Alfred Medienunternehmer, Reichsminister
*19. 6. 1865 Hannover, †12. 3. 1951 Kükenbruch bei Rinteln. 1909–1918 Vorsitzender des Direktoriums der Firma Krupp; ab 1916 Errichtung eines Presse- und Medienkonzerns aus Zeitschriften, Nachrichtenagenturen und Deutschlands größtem Spielfilm- und Wochenschauunternehmen, der Ufa; 1920 Mitglied des Reichstages; 1928 Vorsitzender der Deutsch-Nationalen Volkspartei; Wegbereiter des Nationalsozialismus in Deutschland; 1933 Minister für Wirtschaft, Ernährung und Landwirtschaft im ersten Kabinett Adolf Hitlers, noch 1933 zum Rücktritt gezwungen. – 1951 bei der Entnazifizierung als Entlasteter eingestuft. *149*

Jodl, Alfred Chef des Wehrmachtführungsstabes
*10. 5. 1890 Würzburg, †16. 10. 1946 Nürnberg (hingerichtet). Generaloberst und engster militärischer Berater Hitlers; 1945 Unterzeichner der Urkunde der bedingungslosen Kapitulation. – 1946 im Nürnberger Prozeß zum Tode verurteilt und hingerichtet; 1953 von einer Münchener Spruchkammer postum als Entlasteter eingestuft. *177, 281, 284*

Kaltenbrunner, Ernst Chef der Sicherheitspolizei und des SD, SS-Obergruppenführer
*4. 10. 1903 Ried (Innkreis), †16. 10. 1946 Nürnberg (hingerichtet). 1930 Mitglied der NSDAP; 1931 Eintritt in die SS in Österreich; 1937 Führer der gesamten österreichischen SS; 1943 SS-Obergruppenführer und als Nachfolger Reinhard Heydrichs Chef des Reichssicherheitshauptamtes, RSHA, wie sein Vorgänger rücksichtslos in der Durchsetzung nationalsozialistischer Ziele. – 1946 im Nürnberger Prozeß zum Tode verurteilt und hingerichtet. *177, 215, 232*

Keitel, Wilhelm Chef des Oberkommandos der Wehrmacht, Generalfeldmarschall
*22. 9. 1882 Helmscherode (Harz), †16. 10. 1946 Nürnberg (hingerichtet). 1938 Chef des Oberkommandos der Wehrmacht; im Nürnberger Prozeß zum Tode verurteilt und hingerichtet. *160, 177, 234, 281, 284*

Kerr, Alfred Schriftsteller, Theaterkritiker
*25. 12. 1867 Breslau, †12. 10. 1948 Hamburg. Ab 1890 Theaterkritiken und Essays, vor allem im «Berliner Tageblatt» veröffentlicht, einer der einflußreichsten Berliner Kritiker; 1933 Emigration über Prag, Lugano und Paris nach London, dort Mitarbeit an Emigrantenzeitschriften. – Nach 1945 auch Mitarbeit an Zeitungen in Deutschland *50.*

Klee, Paul Maler und Graphiker, Musiker
*18. 12. 1879 Münchenbuchsee bei Bern, †29. 6. 1940 Muralto bei Locarno. Dem Surrealismus nahestehend, bedeutender Vertreter der modernen Malerei; 1920–1931

Professur am Bauhaus in Weimar; 1934 konfiszieren die Nationalsozialisten eine Veröffentlichung seiner Zeichnungen; 1937 17 Werke Klees in der Ausstellung Entartete Kunst angeprangert; 102 Bilder in öffentlichen Sammlungen werden beschlagnahmt und versteigert. *71*

Koch, Erich Gauleiter, Reichskommissar
* 19. 6. 1896 Elberfeld, † 12. 11. 1986 Barczewo (Polen). 1922 Mitglied der NSDAP; 1928 Gauleiter von Ostpreußen; 1930 Mitglied des Reichstages; 1933 Oberpräsident der Provinz Ostpreußen; 1942 Reichskommissar für die Ukraine, er verfolgt eine Politik brutaler Unterdrückung, der Ausbeutung und Ermordung von Polen, Ukrainern und Juden. – Nach 1945 tauchte Koch unter falschem Namen als Landarbeiter in Norddeutschland unter; 1949 von britischer Militärpolizei verhaftet; 1950 Auslieferung an Polen, zum Tode verurteilt, wegen Unzurechnungsfähigkeit nicht hingerichtet, sondern lebenslange Haft. *203*

Koenen, Wilhelm Reichstagsabgeordneter der KPD
* 7. 4. 1886 Hamburg, † 19. 10. 1963 Ost-Berlin. 1933 nach dem Reichstagsbrand Emigration zunächst nach Frankreich, später in die Tschechoslowakei und nach Großbritannien; 1936 Ausbürgerung. – 1945 Rückkehr nach Deutschland. *218*

Kollwitz, Käthe Bildhauerin, Malerin und Graphikerin
* 8. 7. 1867 Königsberg, † 22. 4. 1945 Moritzburg bei Dresden. Vertreterin des deutschen Expressionismus, richtet sich in ihren Werken gegen den Schrecken des Krieges und das Elend der Arbeiterklasse; 1929 in den Orden Pour le mérite aufgenommen; 1918–1933 Professur an der Berliner Akademie der Künste; sie übt öffentlich Kritik an Adolf Hitler, muß 1933 die Akademie verlassen; 1937 Entfernung ihrer Werke aus den Museen, was Ausstellungsverbot bedeutete. *71*

Krupp von Bohlen und Halbach, Gustav Industrieller
* 7. 8. 1870 Den Haag, † 16. 1. 1950 Blühnbach bei Salzburg. 1909 Vorsitzender der Friedrich Krupp AG; 1921–1933 Preußischer Staatsrat, 1931 Vorsitzender des Reichsverbandes der Deutschen Industrie; 1933 Aufruf zur Adolf-Hitler-Spende der deutschen Wirtschaft; 1937 Wehrwirtschaftsführer. – Im Nürnberger Prozeß angeklagt, wegen Verhandlungsunfähigkeit Aussetzung des Verfahrens; 1947/48 im Krupp-Prozeß wurde an seiner Stelle sein Sohn Alfried angeklagt und unter anderem wegen der Beschäftigung von Fremdarbeitern und Kriegsgefangenen zu 12 Jahren Haft und Vermögenseinzug verurteilt; 1951 amnestiert, Wiederübernahme der Firma nach Abgabe einer Erklärung, kein Kriegsmaterial mehr herzustellen. *150, 177, 178*

Leber, Julius Politiker, Widerstandskämpfer
* 16. 11. 1891 Biesheim (Elsaß), † 5. 1. 1945 Berlin (hingerichtet). 1924–1933 SPD-Abge-

ordneter im Deutschen Reichstag; 1933 verhaftet und vier Jahre Haft im KZ Oranienburg; während des 2. Weltkrieges einer der führenden Männer des Widerstandes; noch vor dem Attentat am 20. Juli 1944 von der Gestapo verhaftet, vom Volksgerichtshof zum Tode verurteilt und gehängt. *130*

Ley, Robert Gauleiter, Leiter der Deutschen Arbeitsfront, DAF
* 5. 2. 1890 Niederbreidenbach, † 25. 10. 1945 Nürnberg (Selbstmord). 1923 Mitglied der NSDAP; 1925 Gauleiter Rheinland Süd; 1928 wegen Alkoholismus entlassen; 1930 Mitglied des Reichstages; 1932 Reichsorganisationsleiter; 1933 Leiter der DAF, die das Vermögen der freien und unabhängigen Gewerkschaften im Zuge der Gleichschaltung übernahm und alle Arbeitgeber und Arbeitnehmer in einer Massenorganisation zusammenfaßte. – 1945 verhaftet, vor Beginn des Nürnberger Prozesses Selbstmord. *17, 56, 57, 177, 181, 269*

Lohse, Hinrich Gauleiter, Reichskommissar
* 2. 9. 1896 Mühlenbarbek bei Itzehoe, † 25. 2. 1964 Mühlenbarbek. 1923 Mitglied der NSDAP; 1925 Gauleiter in Schleswig-Holstein; 1939 Reichsverteidigungskommissar; 1941 Reichskommissar Ostland. – 1948 von einem Spruchgericht zu zehn Jahren Haft verurteilt; 1951 aus Gesundheitsgründen entlassen. *89, 203*

Lubbe, Marinus van der Maurer
* 13. 1. 1909 Leiden (Niederlande), † 10. 1. 1934 Leipzig (hingerichtet). 1933 als Brandstifter des Reichstagsbrandes verhaftet, zum Tode verurteilt und hingerichtet. *218, 220, 320*

Ludendorff, Erich General
* 9. 4. 1865 Kruszewnia bei Posen, † 20. 12. 1937 Tutzing. 1916 Erster Generalquartiermeister in der Obersten Heeresleitung; 1923 Teilnahme am Marsch auf die Feldherrnhalle; 1924 – 1928 Mitglied des Reichstages für die Deutsch Völkische Freiheitspartei; 1928 zunehmende Abkehr von den Nationalsozialisten. *153*

Mann, Heinrich Schriftsteller
* 27. 3. 1871 Lübeck, † 12. 3. 1950 Santa Monica bei Los Angeles. 1905 Veröffentlichung seines Romans «Professor Unrat», dessen Verfilmung 1930 als «Der blaue Engel» mit Marlene Dietrich in der Hauptrolle Weltruhm erlangte; 1933 von den Nationalsozialisten aus der Preußischen Akademie der Künste ausgeschlossen, seine Werke werden bei der Bücherverbrennung am 10. Mai 1933 verbrannt; Flucht über die Tschechoslowakei, Frankreich und Spanien in die USA. – 1950 Ernennung zum Präsidenten der Deutschen Akademie der Künste in Berlin (Ost), stirbt unmittelbar vor seiner Rückkehr nach Deutschland in Kalifornien. *50*

Mann, Thomas Schriftsteller
*6. 6. 1875 Lübeck, †12. 8. 1955 Kilchberg bei Zürich. 1929 Nobelpreis für Literatur; 1933 Emigration über Holland, Belgien und Frankreich zunächst in die Schweiz; 1936 Ausbürgerung aus dem Deutschen Reich; 1939 Emigration in die USA, Vorträge und Rundfunkansprachen gegen den Nationalsozialismus, Gastprofessur an der Princeton University in New Jersey. – Nach 1945 Wohnsitz in der Schweiz, nur kurze Aufenthalte in Deutschland. *50*

Marc, Franz Maler
*8. 2. 1880 München, †4. 3. 1916 bei Verdun (gefallen). 1911 Mitbegründer der Künstlervereinigung Blauer Reiter; seine Bilder wurden von den Nationalsozialisten als entartete Kunst bezeichnet, sie wurden aus Museen und Galerien entfernt. *71*

Mierendorff, Carlo Politiker, Widerstandskämpfer
*23. 3. 1897 Großenhain (Sachsen), †4. 12. 1943 Leipzig. 1930 – 1933 SPD-Abgeordneter im Deutschen Reichstag; 1933 Verhaftung und bis 1938 in verschiedenen KZ; danach Aufbau des sozialdemokratischen Widerstandes und Kontakt zum Kreisauer Kreis; Tod bei Luftangriff. *130*

Miklas, Wilhelm Österreichischer Politiker
*15. 10. 1872 Krems, †20. 3. 1956 Wien. 1923 Präsident der Österreichischen Nationalversammlung; 1928 Bundespräsident; 1938 ernennt er auf Druck Adolf Hitlers den österreichischen Nationalsozialisten Seyß-Inquart zum Österreichischen Bundeskanzler; verweigert nach dem vollzogenen Anschluß Österreichs an das Deutsche Reich seine Unterschrift unter das Gesetz dazu; Rücktritt. *21*

Milch, Erhard Generalfeldmarschall, Reichskommissar
*30. 3. 1892 Wilhelmshaven, †25. 1. 1972 Wuppertal. 1933 Stellvertreter Görings als Reichskommissar für die deutsche Luftfahrt, Mitglied der NSDAP; 1938 Generalinspekteur der Luftwaffe; 1940 Generalfeldmarschall; 1945 Verlust aller Ämter. – 1947 im Nürnberger Milch-Prozeß zu lebenslanger Haft verurteilt; 1951 zu 15 Jahren begnadigt; 1954 freigelassen, anschließend Tätigkeit als Industrieberater. *178*

Modersohn-Becker, Paula Malerin
*8. 2. 1876 Dresden, †20. 11. 1907 Worpswede bei Bremen. Bedeutende Vertreterin des deutschen Expressionismus; ihre Bilder wurden von den Nationalsozialisten als entartete Kunst bezeichnet, sie wurden aus Museen und Galerien entfernt. *71*

Moltke, Helmuth James Graf von Jurist, Widerstandskämpfer
*11. 3. 1907 Gut Kreisau (Niederschlesien), †23. 1. 1945 Berlin (hingerichtet). 1939 als Sachverständiger für Kriegs- und Völkerrecht beim Oberkommando der Wehrmacht

eingezogen; Familiensitz Kreisau in Schlesien wird zum Treffpunkt der Widerstandskämpfer aus verschiedenen politischen Lagern; Moltke lehnte anfangs Attentat auf Hitler aus christlicher Überzeugung ab; 1944 verhaftet, obwohl am Attentat vom 20 Juli nicht beteiligt, zum Tode verurteilt und gehängt. *130, 131*

Müller, Ludwig Evangelischer Theologe
*23. 6. 1883 Gütersloh, †31. 7. 1945 Berlin (Selbstmord). 1926–1933 Wehrkreispfarrer in Königsberg, nationalistische und antisemitische Predigten; 1933 Wahl zum Reichsbischof der Evangelischen Kirche und führender Mann der nationalsozialistisch eingestellten Deutschen Christen in der evangelischen Kirche; eigenmächtige Überführung der evangelischen Jugendorganisation in die Hitlerjugend. – 1945 Selbstmord. *58, 59*

Mussolini, Benito Italienischer Diktator
*29. 7. 1883 Predappio, †28. 4. 1945 Giulino de Mezzegra/Como. 1922 Marsch auf Rom, in der Folge Errichtung faschistischer Diktatur; 1938 Erster Marschall des Imperiums; 1940 Kriegseintritt an der Seite Hitlers; 1943 Gefangennahme durch die Alliierten, später Befreiung durch deutsches Kommandounternehmen; 1945 von italienischen Partisanen gefangen genommen und erschossen. *17, 155, 158*

Neurath, Konstantin Freiherr von Diplomat, Reichsaußenminister
*2. 2. 1873 Klein-Gattbach (Württemberg), †14. 8. 1956 Enzweihingen (Württemberg). Ab 1901 im Auswärtigen Dienst; 1932–1938 Reichsaußenminister; 1937 Mitglied der NSDAP und Ernennung zum SS-Gruppenführer; 1939 Reichsprotektor in Böhmen und Mähren; 1941 beurlaubt; 1943 erzwungener Rücktritt und Ernennung zum SS-Obergruppenführer. – 1946 im Nürnberger Prozeß zu 15 Jahren Haft verurteilt; 1954 vorzeitig entlassen. *178, 192*

Niemöller, Martin Evangelischer Theologe
*14. 1. 1892 Lippstadt, †6. 3. 1984 Wiesbaden. 1933 Gründer des Pfarrernotbundes; 1934 Gründungsversammlung der Bekennenden Kirche; herausragende Rolle Niemöllers im Kampf gegen die Deutschen Christen; 1937 verhaftet, zu sieben Monaten Haft verurteilt, anschließend bis zum Ende des 2. Weltkrieges im KZ Sachsenhausen. – Oktober 1945 Mitverfasser des Stuttgarter Schuldbekenntnisses evangelischer Kirchenmänner; 1961–1967 Mitglied im Präsidium des Weltkirchenrates. *39, 40, 58, 59*

Ohlendorf, Otto SS-Gruppenführer, Amtschef im Reichssicherheitshauptamt, RSHA
*4. 2. 1907 Hoheneggelsen bei Hildesheim, †7. 6. 1951 Landsberg/Lech (hingerichtet). 1925 Mitglied der NSDAP; 1926 Eintritt in die SS; 1936 Mitarbeiter des SD; 1939–1945 Leiter des Amtes III im RSHA der SS; 1941/42 Führer der Einsatzgruppe D

in Südrußland und der Ukraine und verantwortlich für Massenmorde an ca. 90000 Zivilisten; 1944 SS-Gruppenführer. – 1948 im Nürnberger Einsatzgruppen-Prozeß zum Tode verurteilt und gehängt. *69*

Ossietzky, Carl von Publizist, Nobelpreisträger
*3. 10. 1889 Hamburg, † 4. 5. 1938 Berlin. 1919/20 Sekretär der Deutschen Friedensgesellschaft; 1927–1933 Herausgeber der «Weltbühne»; 1931 führte ein Artikel über die geheime Aufrüstung der Reichswehr zu einer Verurteilung zu 18 Monaten Gefängnis wegen Landesverrats; 1933 Verhaftung durch die Gestapo, Einweisung in KZ; seine Schriften werden bei der Bücherverbrennung am 10. Mai verbrannt; 1935 wird Ossietzky der Friedensnobelpreis in Abwesenheit verliehen; 1938 Tod in einem Krankenhaus an den Folgen der Haft. *50*

Papen, Franz von Politiker, Reichskanzler
*29. 10. 1879 Werl (Westfalen), † 2. 5. 1969 Obersasbach (Baden). 1932 Reichskanzler; 1933 Vizekanzler im Kabinett Hitler, Vermittler in den Konkordatsverhandlungen mit der Katholischen Kirche; 1934–1938 Gesandter, später Botschafter in Österreich; 1939–1944 Botschafter in der Türkei. – 1945 im Nürnberger Prozeß freigesprochen; 1947 verurteilt ihn eine Spruchkammer als Hauptschuldigen zu acht Jahren Arbeitslager und Einzug des Vermögens; 1949 erreichte von Papen seine sofortige Entlassung und eine Verringerung der Geldstrafe. *149, 150, 178, 204, 205*

Pfeffer von Salomon, Franz Gauleiter, oberster SA-Führer
*19. 2. 1888 Düsseldorf, † 12. 4. 1968 München. 1925 Mitglied der NSDAP, Gauleiter in Westfalen; 1926 Oberster SA-Führer, stellte den Posten 1933 zur Verfügung; 1942 verhaftet wegen Verdacht der Verbindung zu oppositionellen Kreisen. *226, 227*

Picasso, Pablo Spanischer Maler, Graphiker, Bildhauer und Keramiker
*25. 10. 1881 Malaga, † 16. 4. 1973 Mougins bei Cannes. Gilt als bedeutendster Maler des 20. Jahrhunderts; 1937 «Guernica», großformatiges Gemälde für den spanischen Pavillon der Weltausstellung in Paris, als Erinnerung an die totale Zerstörung der baskischen Stadt Guernica im Spanischen Bürgerkrieg und als Protest gegen den Krieg. *71*

Poelchau, Harald Theologe, Widerstandskämpfer
*5. 10. 1903 Potsdam, † 29. 4. 1972 Berlin. Theologiestudium, danach Studium der Wohlfahrtspflege an der Berliner Hochschule für Politik; 1933–1945 Gefängnispfarrer in Berlin-Tegel, Seelsorger für Opfer nationalsozialistischer Gewaltherrschaft; 1934 Mitglied der Bekennenden Kirche; 1941 Mitglied des Kreisauer Kreises, ohne von der Gestapo erkannt zu werden. – 1946 Tätigkeit in der Zentralen Justizverwaltung der Sowjetischen Besatzungszone in Berlin; 1949–1951 erneut Gefängnispfarrer in Tegel; danach landeskirchlicher Sozial- und Industriepfarrer in Berlin. *130*

Porsche, Ferdinand Automobilkonstrukteur
* 8. 9. 1875 Maffersdorf (Böhmen), †30. 1. 1951 Stuttgart. 1934 Auftrag zum Entwurf des Volkswagens; 1938 Geschäftsführer der neugegründeten Volkswagen GmbH; im 2. Weltkrieg Konstruktion von Panzern und gepanzerten Fahrzeugen. *269*

Probst, Christoph Student der Medizin, Widerstandskämpfer
* 6. 11. 1919 Murnau, †22. 2. 1943 München (hingerichtet). 1939 nach Reichsarbeits- und Wehrdienst Studium der Medizin; 1941 Heirat, zwei Kinder; 1942 Mitglied der Widerstandsgruppe Weiße Rose; 1943 vom Volksgerichtshof zum Tode verurteilt und hingerichtet. *285, 286*

Raeder, Erich Großadmiral, Oberbefehlshaber der Kriegsmarine
* 24. 4. 1876 Wandsbek in Hamburg, †6. 11. 1960 Kiel. 1928 Admiral; 1935 Oberbefehls- haber der Kriegsmarine; 1939 Großadmiral, Auseinandersetzungen mit Hitler; 1943 durch Karl Dönitz abgelöst. – 1946 im Nürnberger Prozeß zu lebenslanger Haft ver- urteilt; 1955 aus gesundheitlichen Gründen aus der Haft entlassen. *177*

Reichenau, Walter von Generalfeldmarschall
* 8. 10. 1884 Karlsruhe, †17. 1. 1942 Poltawa. 1929 Chef des Stabes der Nachrichtenin- spektion im Reichswehrministerium; 1933 Chef des Wehrmachtsamtes im Reichs- wehrministerium; 1940 Generalfeldmarschall; 1941 Befehlshaber der Heeresgruppe Süd in Rußland, vertrat in einem Tagesbefehl an die Truppen die verbrecherische Be- satzungspolitik der Nationalsozialisten in den besetzten Gebieten des Ostens; Tod durch Schlaganfall. *280*

Ribbentrop, Joachim von Reichsaußenminister
* 30. 4. 1893 Wesel, †16. 10. 1946 Nürnberg (hingerichtet). 1932 Mitglied der NSDAP; 1933 SS-Standartenführer; 1936 – 1938 Botschafter in London; 1938 Reichsaußenmini- ster; übte auf vom Deutschen Reich abhängige oder mit ihm verbündete Staaten Druck aus, die Deportationen der Juden aus ihren Ländern zu beschleunigen. – 1946 im Nürnberger Prozeß zum Tode verurteilt und hingerichtet. *177*

Röhm, Ernst Stabschef der SA, Reichsminister
* 28. 11. 1887 München, †1. 7. 1934 München (ermordet). 1923 Teilnahme am Marsch auf die Feldherrnhalle; 1930 Stabschef der SA; 1933 Reichsminister ohne Geschäftsbe- reich; 1934 Verhaftung wegen des von seinem Gegnern in der Partei so bezeichneten Röhm-Putsches und Ermordung. *151, 168, 221, 222, 226, 227, 244, 247, 270, 280, 281*

Rosenberg, Alfred Parteiideologe, Reichsleiter der NSDAP
* 12. 1. 1893 Reval, †16. 10. 1946 Nürnberg (hingerichtet). 1923 Chefredakteur des «Völ- kischen Beobachter», Teilnahme am Marsch auf die Feldherrnhalle; 1930 Mitglied

des Reichstages, Veröffentlichung des antichristlichen und judenfeindlichen Hauptwerks seiner Ideologie «Der Mythus des 20. Jahrhunderts»; 1933 Reichsleiter des außenpolitischen Amtes der NSDAP; 1934 Beauftragter des Führers für die Überwachung der gesamten geistigen und weltanschaulichen Schulung und Erziehung der NSDAP; 1940 Chef des «Einsatzstab Reichsleiter Rosenberg», der unschätzbare Kunstwerke in den von deutschen Truppen besetzten Gebieten beschlagnahmte (bis 1944 rund 1,5 Millionen Waggons); 1941 Reichsminister für die besetzten Ostgebiete. – 1946 im Nürnberger Prozeß zum Tode verurteilt und hingerichtet. *42, 54, 94, 103, 162, 168, 177, 182, 194, 260*

Rostock, Max SS-Hauptsturmführer
* 29. 9. 1912 Ludwigshafen. 1942 Leiter des SS-Kommandos aus Gestapo und Sicherheitsdienst, das in Lidice grausame Vergeltung übte für das Attentat auf Reinhard Heydrich. – 1951 vom Staatsgericht in Prag zum Tode verurteilt; 1953 aufgrund einer Amnestie zu lebenslanger Freiheitsstrafe, 1955 zu 25 Jahren Gefängnis verurteilt; 1960 aus der Haft entlassen und in die Bundesrepublik Deutschland ausgewiesen. *145, 146*

Rust, Bernhard Reichsminister
* 30. 9. 1883 Hannover, † 8. 5. 1945 Berne, Oldenburg (Selbstmord). 1925 Mitglied der NSDAP; 1925–1940 Gauleiter von Hannover, seit 1928 Südhannover-Braunschweig; 1930 Mitglied des Reichstages; 1934 Reichsminister für Wissenschaft, Erziehung und Volksbildung, versucht, das Schulwesen in nationalsozialistischem Sinn auszurichten. – 1945 Selbstmord. *160, 161, 182*

Sauckel, Fritz Gauleiter, Generalbevollmächtigter für den Arbeitseinsatz
* 27. 10. 1894 Haßfurt (Unterfranken), † 16. 10. 1945 Nürnberg (hingerichtet). 1922 Eintritt in die SA; 1923 Mitglied der NSDAP; 1927 Gauleiter von Thüringen; 1932 Ministerpräsident von Thüringen, 1933 Reichsstatthalter; 1942 Obergruppenführer der SS; Generalbevollmächtigter für den Arbeitseinsatz und verantwortlich für die rücksichtslose Ausbeutung von Fremdarbeitern für die deutsche Kriegswirtschaft. – 1945 im Nürnberger Prozeß zum Tode verurteilt und hingerichtet. *82, 83, 177*

Schacht, Hjalmar Reichsbankpräsident, Reichsfinanzminister
* 22. 1. 1877 Tinglev (Nordschleswig), † 3. 6. 1970 München. 1923 Reichsbankpräsident; 1930 Rücktritt; Schacht empfiehlt Reichspräsident von Hindenburg, Hitler zum Reichskanzler zu ernennen; 1933–1939 erneut Reichsbankpräsident; 1934–1937 Reichswirtschaftsminister; 1935–1937 Generalbevollmächtigter für die Kriegswirtschaft, hat damit großen Anteil an der Aufrüstung des Deutschen Reiches; bis 1943 Reichsminister ohne Geschäftsbereich; lose Kontakte zum Widerstand; 1944 nach dem Attentat am 20. Juli verhaftet und inhaftiert. – 1945 im Nürnberger Prozeß freigesprochen. *178, 258*

Schirach, Baldur von Reichsjugendführer, Gauleiter
* 9. 5. 1907 Berlin, † 8. 8. 1974 Kröv/Mosel. 1925 Mitglied der NSDAP; 1928 Leiter des Nationalsozialistischen Deutschen Studentenbundes; 1931 Reichsjugendführer der NSDAP; 1933 Jugendführer des Deutschen Reiches, zuständig für die gesamte außerschulische Erziehung der Jugendlichen; 1940–1945 Gauleiter und Reichsstatthalter in Wien. – 1946 im Nürnberger Prozeß zu 20 Jahren Haft verurteilt. *17, 37, 107, 109, 110, 170, 178, 181, 201, 202, 211*

Schleicher, Kurt von General, Reichskanzler
* 7. 4. 1882 Brandenburg, †30. 6. 1934 Neubabelsberg (ermordet). 1932 zunächst Reichswehrminister, dann Reichskanzler; 1933 Rücktritt; 1934 im Zuge des so bezeichneten Röhm-Putsches zusammen mit seiner Frau von den Nationalsozialisten ermordet. *150, 222*

Schmidt-Rottluff, Karl Friedrich Maler und Graphiker
* 1. 12. 1884 Rottluff bei Chemnitz, † 10. 8. 1976 Berlin. Mitbegründer der Künstlervereinigung Brücke; gehört zu den führenden Malern des deutschen Expressionismus; 1941–1945 Malverbot durch die Nationalsozialisten. – 1947 Professor an der Hochschule der Bildenden Künste in Berlin. *209*

Schmorell, Alexander Student der Medizin, Widerstandskämpfer
* 16. 9. 1917 Orenburg (Rußland), †13. 7. 1943 München (hingerichtet). Nach Reichsarbeits- und Wehrdienst Studium der Medizin; Mitglied der Widerstandsgruppe Weiße Rose; 1943 vom Volksgerichtshof zum Tode verurteilt und hingerichtet. *285, 286*

Schönberg, Arnold Österreichischer Komponist
* 13. 9. 1874 Wien, † 13. 7. 1951 Los Angeles. 1925–1933 Meisterklasse an der Berliner Akademie der Künste; berühmt für seine Kompositionen der sogenannten Zwölftontechnik oder auch atonalen Musik; 1933 Emigration zunächst nach Paris, dann in die USA; bis 1944 Professor an der University of California. *209*

Scholl, Hans Medizinstudent, Widerstandskämpfer
* 22. 9. 1918 Ingersheim (Crailsheim), † 22. 2. 1943 München (hingerichtet). HJ-Führer und zunächst begeisterter Anhänger der Hitlerjugend, dann entschiedener Gegner des Nationalsozialismus; 1942 gründet er zusammen mit anderen Gegnern der Nationalsozialisten die Widerstandsgruppe Weiße Rose, die vor allem in Flugblattaktionen tätig wird; 1943 verhaftet und enthauptet. *285, 286, 323*

Scholl, Sophie Studentin der Philosophie und Biologie, Widerstandskämpferin
* 9. 5. 1921 Forchtenberg (Württ.), † 22. 2. 1943 München (hingerichtet). Schwester von

Hans Scholl und Mitglied der Widerstandsgruppe Weiße Rose; 1943 verhaftet und enthauptet. *285, 286, 323*

Scholtz-Klink, Gertrud Reichsfrauenführerin
* 9. 2. 1902 Adelsheim, Baden – 24. 3. 1999 Bebenhausen bei Tübingen. 1928 Mitglied der NSDAP; 1934 Reichsführerin der NS-Frauenschaft und des Deutschen Frauenwerks, Reichsfrauenführerin. – 1950 von einer Spruchkammer als Hauptbelastete zum Verlust der bürgerlichen Ehrenrechte verurteilt; 1978 erscheinen Memoiren mit positiver Bewertung des Nationalsozialismus. *172*

Schröder, Kurt Freiherr von Bankier
* 24. 11. 1889 Hamburg, † 4. 11. 1966 Hamburg. 1921 – 1945 Mitinhaber des Kölner Bankhauses J. H. Stein; 1932 politisches Engagement für die Ernennung Hitlers zum Reichskanzler; 1933 Mitglied der NSDAP; 1936 Eintritt in die SS; Spenden an die NSDAP in Millionenhöhe. – Nach 1945 in Spruchkammerverfahren zu Bußgeldzahlungen verurteilt. *150*

Schulze-Boysen, Harro Offizier, Widerstandskämpfer
* 2. 9. 1909 Kiel, † 22. 12. 1942 Berlin (hingerichtet). 1933 über familiäre Beziehungen zu Göring Anstellung in der Nachrichtenabteilung des Reichsluftfahrtministeriums; seit 1935 Ausbau von Kontakten zu Gegnern der Nationalsozialisten; 1939 Zusammenschluß mit den Mitgliedern des Widerstandskreises um Arvid Harnack; 1941 Oberleutnant im Luftwaffenführungsstab und damit Zugang zu geheimen Dokumenten, Weitergabe kriegswichtiger Nachrichten an die Sowjetunion; 1942 mit anderen Mitgliedern der von der Gestapo als Rote Kapelle bezeichneten Widerstandsgruppe verhaftet, zum Tode verurteilt, gefoltert und gehängt. *223*

Schuschnigg, Kurt Edler von Österreichischer Politiker
* 14. 12. 1897 Riva/Gardasee, † 18. 11. 1977 Mutters (Österreich). 1934 Bundeskanzler; 1938 durch Drohungen Hitlers gezwungen, das österreichische NSDAP-Mitglied Seyß-Inquart zum Innenminister zu ernennen; versucht anschließend vergeblich, die Unabhängigkeit Österreichs durch eine Volksabstimmung zu retten; Verhaftung; 1941 – 1945 Haft in KZ. *20, 21, 40*

Seghers, Anna Schriftstellerin
* 19. 11. 1900 Mainz, † 1. 6. 1983 Ost-Berlin. 1928 Mitglied der KPD; 1933 werden ihre Bücher bei der Bücherverbrennung am 10. Mai verbrannt, Emigration nach Frankreich, Spanien, Mexiko. – 1947 Rückkehr nach Ost-Berlin; 1952 – 1978 Präsidentin des Deutschen Schriftstellerverbandes der DDR. *50*

Seldte, Franz Reichsarbeitsminister
*29. 6. 1882 Magdeburg, †1. 4. 1947 Fürth. 1933 Mitglied der NSDAP; 1935 SA-Obergruppenführer; 1933–1945 Reichsarbeitsminister; sollte als Kriegsverbrecher angeklagt werden, starb vorher in einem amerikanischen Militärlazarett. *149*

Seyß-Inquart, Arthur Reichskommissar für die besetzten Niederlande
*22. 7. 1892 Stannern (Mähren), †16. 10. 1946 Nürnberg (hingerichtet). Seit 1931 Verbindungen zur österreichischen NSDAP; 1937 Mitglied des Österreichischen Staatsrates; 1938 Mitglied der NSDAP, Innenminister; nach Hitlers Ultimatum an Österreich Bundeskanzler und bis 1939 Reichsstatthalter der «Ostmark»; 1940–1945 Reichskommissar für die besetzten Niederlande; verantwortlich für die Verfolgung, Deportation und Ermordung der Juden und politischen Gegner in den Niederlanden. – 1946 im Nürnberger Prozeß zum Tode verurteilt und hingerichtet. *18, 20, 21, 177, 203*

Speer, Albert Architekt, Reichsminister für Rüstung und Kriegsproduktion
*19. 3. 1905 Mannheim, †1. 9. 1981 London. 1931 Mitglied der NSDAP und SA, in der Folge Planung und Ausrichtung von Massenkundgebungen der NSDAP; 1937 Generalbauinspekteur für die Reichshauptstadt; 1942 Reichsminister für Bewaffnung und Munition, ab 1943 für Rüstung und Kriegsproduktion; Ankurbelung der Rüstung zu Höchstleistungen, rücksichtslose Ausbeutung der Arbeitskraft von Fremdarbeitern und KZ-Häftlingen. – 1946 im Nürnberger Prozeß Schuldeingeständnis und zu 20 Jahren Haft verurteilt. *36, 138, 178, 183, 213, 289*

Stalin, Jossif Wissarionowitsch Sowjetischer Politiker
*21. 12. 1879 Gori (Georgien), †5. 3. 1953 Kunzewo (Moskau). Seit 1904 Bolschewik; 1912 Mitglied des Zentralkomitees der KPdSU; 1922 dessen Generalsekretär; bis 1929 Errichtung der sowjetischen Diktatur; 1941 Ministerpräsident der UdSSR; 1943 Marschall; sicherte Vormachtstellung der Sowjetunion in Ost- und Südeuropa mit Abgrenzung gegen Westeuropa durch den so bezeichneten Eisernen Vorhang. *22, 42, 113, 114, 322*

Stauffenberg, Claus Schenk Graf von Oberst, Widerstandskämpfer
*15. 11. 1907 Jettingen bei Günzburg, †20. 7. 1944 Berlin (hingerichtet). Anfänglich Begeisterung für den Nationalsozialismus, 1938 nach der Kristallnacht Abwendung; 1939 bei Beginn des 2. Weltkrieges Teilnahme am Polenfeldzug; 1943 Chef des Stabes beim Allgemeinen Heeresamt; umfangreiche Widerstandsaktivitäten; 1944 Oberst und Stabschef des Befehlshabers des Ersatzheeres und damit Zugang zu den Besprechungen im Führerhauptquartier; am 20. Juli scheitert das Attentat auf Hitler; Verhaftung und noch am selben Tag standrechtliche Erschießung. *131, 291, 292*

Strasser, Gregor Apotheker, Reichsorganisationsleiter der NSDAP
* 31. 5. 1892 Geisenfeld (Oberbayern), † 30. 6. 1934 Berlin (ermordet). 1921 Mitglied der NSDAP; Vertreter des linken Flügels der Partei; 1923 Teilnahme am Marsch auf die Feldherrnhalle; 1926/27 Reichspropagandaleiter der NSDAP; 1928–1932 Reichsorganisationsleiter der NSDAP; 1932 Auseinandersetzungen mit Hitler und Rücktritt von allen Parteiämtern; 1934 im Zuge des so bezeichneten Röhm-Putsches ermordet. *150*

Streicher, Julius Gauleiter, Verleger des Hetzblattes «Der Stürmer»
* 12. 1. 1885 Fleinhausen bei Augsburg, † 16. 10. 1946 Nürnberg (hingerichtet). 1921 Mitglied der NSDAP; 1923 erstes Erscheinen von Streichers antisemitischem Hetzblatt «Der Stürmer»; Teilnahme am Marsch auf die Feldherrnhalle; 1928 Gauleiter in Franken; 1933 Leiter des «Zentralkomitees zur Abwehr der jüdischen Greuel- und Boykotthetze»; 1940 wegen Korruption Entlassung aus allen Parteiämtern, aber weiterhin Herausgeber des «Stürmer». – 1946 im Nürnberger Prozeß zum Tode verurteilt und hingerichtet. *55, 168, 177*

Stroop, Jürgen SS-Gruppenführer, Generalmajor der Polizei
* 26. 9. 1895 Detmold, † 6. 3. 1952 Warschau (hingerichtet). 1932 Mitglied der NSDAP und SS; 1939 SS-Oberführer und Oberst der Polizei; 1943 Kommandeur der Truppen, die den Warschauer Getto-Aufstand niederschlugen, Beförderung zum SS-Gruppenführer. – 1947 von einem amerikanischen Militärgericht wegen Erschießung von amerikanischen Kriegsgefangenen zum Tode verurteilt; anschließend an Polen ausgeliefert; 1952 als «Henker von Warschau» erneut zum Tode verurteilt und gehängt. *276*

Terboven, Josef Reichskommissar für die besetzten norwegischen Gebiete
* 23. 5. 1898 Essen, † 8. 5. 1945 Oslo (Selbstmord). 1923 Mitglied der NSDAP, Teilnahme am Marsch auf die Feldherrnhalle; 1928 Gauleiter von Essen; 1930 Mitglied des Reichstages; 1939 Reichsverteidigungskommissar Wehrkreis VI Münster; 1940 Reichskommissar für die besetzten norwegischen Gebiete; verantwortlich für äußerst brutale Maßnahmen gegen die Zivilbevölkerung; bei Kriegsende Selbstmord. *203*

Thälmann, Ernst Führer der KPD
* 16. 4. 1886 Hamburg, † 28. 8. 1944 KZ Buchenwald (hingerichtet). 1903 Mitglied der SPD; 1920 Hinwendung zur KPD; 1922 Mitglied des Zentralkomitees der KPD; 1924 Abgeordneter der KPD im Reichstag; 1925 und 1932 Kandidatur für das Amt des Reichspräsidenten; 1933 nach dem Reichstagsbrand verhaftet; 1944 im KZ Buchenwald erschossen. *149*

Todt, Fritz Reichsminister für Bewaffnung und Munition
*4. 9. 1891 Pforzheim, †8. 2. 1942 bei Rastenburg (Ostpreußen). 1922 Mitglied der NSDAP; 1931 Standartenführer der SA, später Obergruppenführer; 1933 Generalinspektor für das deutsche Straßenwesen; 1938 Generalbevollmächtigter für die Bauwirtschaft und Gründung der nach ihm benannten Organisation (OT), verantwortlich für den Autobahnbau und den Bau militärischer Anlagen; 1940 Reichsminister für Bewaffnung und Munition, Leitung aller im Rahmen des Vierjahresplanes durchzuführenden Baumaßnahmen; 1942 Tod bei einem Flugzeugunfall. *182, 183, 197*

Torgler, Ernst Vorsitzender der KPD-Fraktion im Reichstag
*25. 4. 1893 Berlin, †19. 1. 1963 Hannover. 1929–1933 Vorsitzender der KPD-Fraktion im Reichstag; 1933 Verhaftung nach dem Reichstagsbrand, im folgenden Reichstagsbrandprozeß angeklagt und freigesprochen; anschließend bis 1936 Schutzhaft. *218*

Tucholsky, Kurt Schriftsteller
*9. 1. 1890, Berlin, †21. 12. 1935 Hindas bei Göteborg (Selbstmord). Kritischer Publizist und überzeugter Pazifist; er schreibt für die «Schaubühne» und die «Weltbühne» in Berlin; seit 1929 in Schweden; 1933 werden seine Bücher bei der Bücherverbrennung am 10. Mai verbrannt, Ausbürgerung; 1935 Selbstmord. *50*

Wessel, Horst SA-Führer
*10. 1. 1907 Bielefeld, †23. 2. 1930 Berlin (erschossen). 1926 Mitglied der NSDAP und SA; 1929 SA-Sturmführer; bei einer persönlichen Auseinandersetzung erschossen und anschließend von Goebbels zum Märtyrer der NSDAP propagiert; ein Gedicht von Wessel, mit einer alten Marschmelodie unterlegt, wurde 1930 Parteihymne; ab 1933 wurde das so bezeichnete Horst-Wessel-Lied immer zusammen mit der Nationalhymne gesungen. *116*

Wurm, Theophil Landesbischof in Württemberg
*7. 12. 1868 Basel, †28. 1. 1963 Stuttgart. 1929 Kirchenpräsident der Württembergischen Evangelischen Landeskirche; 1933 Landesbischof in Württemberg, Opposition gegen nationalsozialistische Maßnahmen der Gleichschaltung in der Evangelischen Kirche; äußert unmißverständliche Proteste gegen den Judenmord und den Euthanasiebefehl; Kontakte zu Mitgliedern der Bekennenden Kirche. – 1945 Vorsitzender des Rates der Evangelischen Kirche in Deutschland; maßgeblich beteiligt bei der Abfassung des Stuttgarter Schuldbekenntnisses evangelischer Kirchenmänner. *40*

Zuckmayer, Carl Schriftsteller
*27. 12. 1896 Nackenheim (Rheinhessen), †18. 1. 1977 Visp (Schweiz). Schreibt zunächst expressionistische Texte gegen den Krieg; später Theatererfolge mit Volksstücken; 1931 «Der Hauptmann von Köpenick», satirisches Theaterstück gegen den

Untertanengeist; 1933 Aufführungsverbot seiner Stücke durch die Nationalsozialisten; 1938 Flucht aus Österreich in die USA. *50*

Zweig, Stefan Österreichischer Schriftsteller
*28. 11. 1881 Wien, † 23. 2. 1942 Petropolis bei Rio de Janeiro (Selbstmord). Nach dem 1. Weltkrieg Literatur gegen den Krieg; Übersetzungen und Veröffentlichungen französischer Dichter, deren Texte der Völkerverständigung dienen; 1934 wegen nationalsozialistischer Verfolgung zweiter Wohnsitz in England; 1938 endgültige Emigration nach Großbritannien; 1942 Selbstmord. *50*

Quellennachweis der Abbildungen

S. 19   Aus: Diercke-Weltatlas, © Westermann, Braunschweig

S. 30 f. Aus: Auschwitz, Reinbek 1980, S. 36 f., © Interpress, Warszawa

S. 32 f. Aus: Auschwitz, Reinbek 1980, S. 146 f., © Interpress, Warszawa

S. 75   Nach E. Aleff: Das Dritte Reich, Hannover 1970, S. 22

S. 110   Nach: Meyers Lexikon, Bd. 6, Leipzig 1939, Stichwort «Jugend»

S. 111   Nach: Rang- und Organisationsliste der NSDAP mit Gliederungen, angeschlossenen Verbänden und betreuten Organisationen, Stuttgart 1947

S. 156 f. Harms Handkarte «Deutschland unter nationalsozialistischer Diktatur 1933–1945», © Paul List Verlag, München

S. 165   Ditta Ahmadi / Peter Palm, Berlin

S. 238 f. Aus: Heinz Artzt: Mörder in Uniform, München 1979, S. 194 f., Kindler

S. 240 f. Aus: Heinz Artzt: Mörder in Uniform, München 1979, S. 196 f., Kindler

S. 242 f. Nach: Rang- und Organisationsliste der NSDAP mit Gliederungen, angeschlossenen Verbänden und betreuten Organisationen, Stuttgart 1947

S. 262   Nach: Der Große Brockhaus, Wiesbaden 1957, S. 743

S. 279   Aus: J. W. Wheeler-Bennet: Die Nemesis der Macht II, Königstein 1981, S. 768, Droste Verlag, Düsseldorf